CENT SOIXANTE DÉVELOPPEMENTS

DE

DISSERTATIONS

PHILOSOPHIQUES

Ouvrage du même auteur.

Cours de Philosophie, rédigé conformément au programme du baccalauréat ès lettres.

3 volumes in-12.................. 12 fr.

Typographie Firmin-Didot. — Mesnil (Eure).

CENT SOIXANTE DÉVELOPPEMENTS
DE
DISSERTATIONS
PHILOSOPHIQUES

DONNÉES AUX EXAMENS DU BACCALAURÉAT ÈS LETTRES

ET FORMANT UN COURS COMPLET DE PHILOSOPHIE

Conforme au programme du 2 août 1880,

Avec l'indication d'environ 600 textes de dissertations

PAR

L'ABBÉ THÉODORE DELMONT

LICENCIÉ ÈS LETTRES, PROFESSEUR DE PHILOSOPHIE.

PARIS
PUTOIS-CRETTÉ, LIBRAIRE-ÉDITEUR
90, RUE DE RENNES, 90

—

1884

Tous droits réservés.

PRÉFACE.

L'auteur de ces *Développements de Dissertations philosophiques* n'a pas la prétention d'offrir des modèles de devoirs aux professeurs de philosophie, ses collègues, ni même aux jeunes candidats au baccalauréat ès lettres.

Il voudrait seulement faciliter aux uns et aux autres le travail si délicat et si important de la préparation au baccalauréat.

Pour cela, il propose aux élèves, comme lectures de philosophie, un choix de compositions, qui pourront peut-être les habituer à disposer dans un ordre méthodique les éléments de leurs devoirs, peut-être aussi les initier aux secrets de ce style philosophique que Cicéron appelle « *æquabile et temperatum dicendi genus.* » (*De officiis*, ch. Ier.)

Quant aux professeurs de philosophie, ils voudront bien remarquer que ces *Cent soixante Dissertations* traitent, dans leur ordre naturel, toutes les questions indiquées par le dernier programme du baccalauréat ès lettres (*Introduction, Psychologie, Logique, Morale, Métaphysique et Théodicée, Histoire de la philosophie*). Elles forment ainsi un corps de doctrine, qui, sans avoir l'unité parfaite d'un *Cours élémentaire* de philosophie, peut avantageusement tenir lieu de *Manuel*, surtout à la fin d'une année scolaire, où l'on doit revoir rapidement toutes les matières, en n'insistant que sur les questions capitales.

Dans ces devoirs, l'auteur s'est inspiré des *Règles de la Dissertation philosophique* de M. Bénard, du *Traité théorique et pratique de la Dissertation* de M. Eugène Lévêque, du *Manuel de la Dissertation philosophique* de M. Ern. Labbé, du *Traité élémentaire de philosophie* de M. Paul Janet, du *Dictionnaire des sciences philosophiques* de M. A. Franck, des *Lectures de philosophie* de M. Émile Charles et enfin des *Compositions françaises* de M. Albert le Roy.

Que tous ces excellents auteurs trouvent ici l'expression des hommages reconnaissants d'un imitateur obscur qui voudrait les suivre de loin dans une carrière où il y a place pour toutes les bonnes volontés, pourvu qu'elles soient inspirées par un dévouement absolu à la jeunesse et un amour généreux et profond de cette noble et belle science qui s'appelle la philosophie.

PROGRAMME DE PHILOSOPHIE

du 2 août 1880.

INTRODUCTION.

La science (I) (1). — Classification des sciences (II). — Qu'appelle-t-on philosophie des sciences, de l'histoire, etc. ? (III). — Objet propre de la philosophie (IV) ; ses divisions (V).

PSYCHOLOGIE.

Objet de la psychologie (VI) : caractère propre des faits qu'elle étudie (VII). — Les degrés et les limites de la conscience (XVII).

Distinction et relation des faits psychologiques et des faits physiologiques (VII et LVIII).

Sources d'information de la psychologie : conscience, langues, histoire, etc. (VIII et IX). — Utilité de la psychologie comparée (VIII et IX). — De l'expérimentation en psychologie (LXXVIII). — Classification des faits psychologiques (X).

La sensibilité (X). — Émotions (plaisirs et douleurs) (XII). — Sensations et sentiments (XI et XIII). — Inclinations et passions (XIII et XIV).

L'intelligence (X). — Acquisition, conservation, élaboration de la connaissance (XV).

Acquisition : données de la conscience (XVI, XVII) et des sens (XVI, XVIII, XIX et XX).

Conservation et combinaison : mémoire (XXI), association des idées (XXII), imagination (XXIII, XXIV, XXV).

Élaboration (XXVI) : formation des idées abstraites et générales (XXVI, XXVII, XXVIII, XXIX, XXX) ; jugement (XXXI, XXXII) ; raisonnement (XXXIII).

Les principes directeurs de la connaissance (XXXV, XXXVI) : données de la raison (XXXIV, XXXV, XXXVI) ; peut-on les expliquer par l'expérience, l'association des idées ou par l'hérédité (XXXVII, XXXVIII, XXXIX, XL) ?

(1) Les chiffres romains indiquent les numéros des Dissertations où sont traitées les questions du programme.

Les résultats de l'activité intellectuelle : l'idée du moi (XLI), l'idée du monde extérieur (XLII), l'idée de Dieu (XLIII).

Notions d'esthétique (XLIV) : le beau (XLV). — L'art (XLIV). — Des principes et des conditions des beaux-arts (XLVI). — L'expression, l'imitation, la fiction et l'idéal (XLVI).

La volonté (L). — Analyse de l'acte volontaire (L) : la liberté (LI, LII et LIII).

Des modes divers de l'activité psychologique : instinct (XLVII et XLVIII), activité volontaire (L, LI, LII et LIII), habitude (XLIX).

Des manifestations de la vie psychologique : les signes et le langage (LIV, LV, LVI, LVII).

Rapports du physique et du moral (LVIII). — Le sommeil, le rêve, le somnambulisme, l'hallucination, la folie (LIX).

Éléments de psychologie comparée (LX).

LOGIQUE.

Définition et division de la logique (LXI).

Logique formelle (LXII). — Idées et termes (LXIII). — Jugements et propositions (LXIV). — Définition (LXV). — Déduction et syllogisme (LXVI, LXVII, LXVIII).

Logique appliquée. — Des méthodes (LXX) : analyse et synthèse (LXXI).

Logique inductive. — Méthodes des sciences de la nature (LXXII) : observation (LXXIII), hypothèse (LXXVI), expérimentation (LXXIII), classification (LXXIV), induction (LXXV), analogie (LXXVII). Définitions empiriques.

Application de ces méthodes aux sciences psychologiques (VIII, IX, LXXVIII) ; (LXIX) aux sciences historiques (LXXIX, LXXX). — Sources de l'histoire : critique du témoignage (LXXIX et LXXXI).

Logique déductive (XXXIII). — Méthode des sciences abstraites (LXXXII) : définitions rationnelles, axiomes, déduction, démonstration (LXIX). — Usage de la déduction dans les sciences expérimentales (LXXXII).

Part de la déduction et de l'expérience dans la morale, le droit et la politique (LXXXII).

Nature, causes et remèdes de l'erreur (LXXXIII, LXXXIV, LXXXV et LXXXVI).

MORALE.

Morale spéculative (LXXXVII). — La conscience (LXXXVIII), le bien (LXXXIX), la liberté (L, LI, LII, LIII et XC), le devoir (XCII, XCVI).

Diverses conceptions du souverain bien (XCIII) : doctrines utilitaires (XCII et XCIII) et sentimentales (XCIV).
Doctrine de l'obligation (XCV).
Le devoir et le droit (XCVI). — Valeur absolue de la personne (C).
La vertu (XCVII). — La responsabilité et la sanction (XCVIII).
Morale pratique (LXXXVII). — La morale personnelle (C) : tempérance, sagesse, courage, dignité humaine et relation avec les êtres inférieurs (XCVII et C).
La morale domestique : la famille (XCIX et CI).
La morale sociale (XCIX et CII) : la justice ou le respect du droit (XCVII). — Les droits (CII). — La charité (CII).
Éléments de la société : notion de l'État (CIII).
Distinction du droit naturel, du droit civil, du droit politique (CII et CIV). — Vote (CIII). — Obéissance à la loi (CIII). — Service militaire (CIII). — Dévouement à la patrie (CIII et (CII).
La morale religieuse. — Devoirs envers Dieu (CV).

NOTIONS D'ÉCONOMIE POLITIQUE.

Production de la richesse. — Les agents de la production : la matière, le travail (CVI), l'épargne, le capital, la propriété (CVII et CVIII).
Circulation et distribution des richesses. — L'échange, la monnaie, le crédit, le salaire et l'intérêt.
Consommation de la richesse : consommations productives et improductives. — La question du luxe. — Dépenses de l'État. — L'impôt, le budget, l'emprunt (CIII).

MÉTAPHYSIQUE ET THÉODICÉE (CIX, CX, CXI ET CXXV).

Le problème de la certitude (CXII, CXIII, CXIV, CXV). — Le scepticisme (CXVI, CXVII, CXVIII, CXIX). — L'idéalisme (CXV).
Diverses conceptions sur la matière et la vie (CXX).
L'esprit (CXXI, CXXII). — Matérialisme et spiritualisme (CXXIII, CXXIV).
Dieu : son existence (CXXVI), et ses attributs (CXXVII, CXXVIII, CXXIX, CXXX). — Le problème du mal (CXXXI). — Optimisme et pessimisme (CXXXIII et CXXXIV).
Immortalité de l'âme (CXXXV, CXXXVI).

CONCLUSION DU COURS.

Rôle de la philosophie (CXXXVII et CXXXVIII). — Son importance au point de vue intellectuel, moral et social (CXXXVII et CXXXVIII).

HISTOIRE DE LA PHILOSOPHIE (CXXXIX).

Des systèmes en général (CXL). — Définition des principaux systèmes philosophiques (CXL).

Notions sommaires sur la philosophie grecque avant Socrate : Ioniens, Atomistes, Pythagoriciens, Éléates, Sophistes (CXLI).

Socrate (CXLII). — Platon (CXLIII, CXLIV). — Aristote (CXLIV et CXLV).

Notions sommaires sur les écoles après Socrate (CXLV et CXLVI) : Pyrrhoniens (CXLVI), Épicuriens (CXLVI, CXLVII), Stoïciens (CXLVI, CXLVII), Académiciens (CXLV, CXLVI).

Notions sommaires sur la philosophie à Rome (CXLVIII, CXLIX et sur l'école d'Alexandrie (CL).

Notions sommaires sur la philosophie scolastique (CLI).

Notions sommaires sur la philosophie de la Renaissance (CXIX).

La philosophie au dix-septième siècle. — Bacon (CLII). — Descartes et ses principaux disciples (CLII, CLIII, CLIV). — Spinoza (CXXXII). — Malebranche (CXXXIII) — Leibniz (XXXVIII, CXXXIII, CLV) et Locke (XXXVIII et CLIV).

Notions sommaires sur la philosophie au dix-huitième (CLVII, CLVIII) et au dix-neuvième siècles (CLIX, CLX).

N.-B. — Dans le cours du volume, on devra lire Leibniz, *au lieu de* Leibnitz.

DISSERTATIONS PHILOSOPHIQUES.

INTRODUCTION.

I.

Expliquer cette assertion d'Aristote : « *Il n'y a pas de science du particulier.* » **La rapprocher de cette formule de la philosophie scolastique :** « *Nulla est fluxorum scientia.* » (Sorbonne, 7 août 1873.)

Socrate et Platon, pour faire ressortir la grandeur et la dignité de la science, méconnues et compromises par les Sophistes, disaient « qu'il n'y a de science que du général ». C'est dans la même pensée qu'Aristote, leur disciple et leur successeur, affirme au commencement de sa *Métaphysique* « qu'il n'y a pas de science du particulier ».

Il condamne par là l'empirisme, dont on l'a accusé bien à tort d'être le partisan et le théoricien. Il pense que ce serait rabaisser la science que de la réduire à n'être que l'étude expérimentale des vérités particulières et des phénomènes passagers du monde physique et du monde moral. Ces phénomènes et ces vérités ne sont aux yeux du philosophe Stagirite que les matériaux de la science : matériaux informes et qui ne constitueraient jamais la science véritable si la raison ne les mettait en œuvre et ne leur donnait en quelque sorte la forme et la vie.

L'objet de la science, d'après Aristote comme d'après tous les grands philosophes, c'est la connaissance des principes et des causes, des lois et des rapports des êtres, du pourquoi et du comment des choses. Sans doute, pour s'élever à cette connaissance, il faut bien partir des faits et des vérités particulières que nous révèle l'expérience, et Aristote est le premier à protester contre l'idéalisme absolu de Platon et à reconnaître qu'il n'y a de réalité que dans les individus. Mais là où l'expérience ne voit que des phénomènes, la raison et la science découvrent des vérités, c'est-à-dire des faits intelligibles, dépouillés de tous leurs caractères particuliers et accidentels, et rattachés aux autres faits de la même espèce par leurs caractères essentiels et immuables. Là où l'expérience ne saisit qu'une succession fortuite de phénomènes isolés et sans rapports, la raison et la science nous font entrevoir tout un enchaînement de causes et d'effets, de lois et de rapports : « Ἡ σοφία περὶ τίνας αἰτίας καὶ ἀρχὰς ἐστιν ἐπιστήμη, » comme l'a très bien dit Aristote.

Les philosophes scolastiques ne voulaient pas exprimer autre chose lorsque, traduisant cette parole de Platon : « Τῶν ῥεόντων οὐκ ἔστιν ἐπιστήμη, » ils disaient : « *Nulla est fluxorum scientia.* » Sous ce nom de « *fluxorum* », il faut entendre les phénomènes qui passent et se succèdent, comme les flots succèdent aux flots, suivant le mot d'Héraclite : πάντα ῥεῖ. Or, pour les scolastiques, il n'y a pas de science du fugitif et du passager ; il n'y a pas de science de tout ce qui change sans cesse et échappe par là même aux rigoureuses investigations de l'intelligence humaine. Il n'y a de science que de ce qui ne passe pas, de ce qui est permanent et immuable ; il n'y a de science que des caractères universels des phénomènes et des choses, de leurs lois et de leurs rapports inaltérables ; car cela seul donne prise aux recherches, aux investigations de la raison. Ramener à l'unité la multiplicité des phénomènes, tirer de ce chaos de vérités particulières fournies par l'expérience des vérités générales qui les dominent et les expliquent, faire une synthèse logique de cet amas désordonné de perceptions confuses que Cicéron appelle des ébauches de connaissances, « *adumbratas intelligentias,* » saisir, autant que le permet la faiblesse de notre intelligence, l'ordre admirable et l'harmonie merveilleuse du vaste plan de la création : voilà l'objet et la fin de la science vraiment digne de son nom.

Ainsi donc la maxime d'Aristote : « Il n'y a pas de science du particulier, » et celle des Scolastiques : « *Nulla est fluxorum scientia,* » sont au fond identiques. Il faut voir en elles une protestation contre l'empirisme et une revendication des droits de la science qui n'est vraiment la gloire de l'homme que parce qu'elle traverse le particulier et l'individuel pour s'élever jusqu'au général et à l'universel, que parce qu'elle sort, comme le dit Platon, de la sphère du monde sensible pour se jouer dans la lumière du monde intelligible, des idées et des vérités éternelles.

Sujets à traiter *avec les éléments fournis par ce devoir :*
1. Quel est le sens de cet aphorisme de Bacon : « *Vere scire per causas scire ?* » (Sorbonne, 1er avril 1873.)
2. Expliquer et apprécier cette proposition de Socrate et de ses successeurs « qu'il n'y a de science que du général ». (Sorbonne, 11 juillet 1878.)

II.

Énumérer, définir et classer les différentes sciences.
(Sorbonne, 9 août 1871.)

Il ne devrait rigoureusement y avoir qu'une science, qui serait la connaissance de tous les êtres de l'univers, de toutes leurs lois et de tous leurs rapports. Mais cette science universelle, à laquelle aspiraient, dans leur naïve présomption, les premiers philosophes de la Grèce, est le privilège du Créateur et de son intelligence infinie. Un esprit borné comme le nôtre ne peut saisir dans son ensemble l'immense plan de la création ; il faut qu'il morcelle, pour ainsi dire, ce tout indivisible pour en étudier isolément les diverses parties. Les générations qui passent et les génies qui se succèdent dans le cours des siècles expliquent peu à peu l'énigme de l'univers : c'est ainsi que se sont formés et que se forment les sciences particulières, dont le nombre s'accroît tous les jours, grâce au progrès incessant des lumières.

Il y a d'abord les sciences qui ont pour objet le monde matériel ou des corps :

La *géologie*, qui nous apprend par quelles transformations a passé le globe terrestre avant d'arriver à son état actuel ;

La *paléontologie*, qui, avec les débris fossiles ensevelis dans les entrailles de la terre, reconstitue la flore et la faune des premiers âges du monde ;

La *minéralogie*, qui s'occupe de la constitution des corps inorganiques et de leurs différentes formes ;

La *botanique*, qui est la science des végétaux, de leur constitution et de leurs diverses espèces ;

La *zoologie*, qui étudie les animaux vivants sur la terre, dans l'eau et dans les airs ;

La *physiologie*, qui décrit les fonctions organiques du corps humain, des animaux et des végétaux ;

L'*anatomie*, qui analyse les éléments constitutifs des êtres organisés et vivants ;

La *biologie*, qui s'occupe des diverses manifestations de la vie dans le monde ;

La *médecine*, qui apprend à connaître et à guérir les maladies auxquelles l'homme est sujet ;

La *physique*, qui est la science des grands agents de la nature, pesanteur, chaleur, électricité, magnétisme, lumière, et des phénomènes qui n'altèrent pas la constitution des corps ;

La *chimie* enfin, qui étudie les phénomènes qui altèrent la constitution des corps et les lois qui président à leurs combinaisons diverses.

Il y a ensuite les sciences qui s'occupent de l'homme intellectuel et moral :

La *psychologie*, science de l'âme humaine, de ses phénomènes et de ses facultés, de ses attributs et de sa nature ;

La *logique*, science du vrai ou des lois de la pensée ;

La *morale*, science du bien ou des lois de la volonté ;

L'*esthétique*, science du beau ;

La *rhétorique*, « qui apprend à parler éloquemment », comme dit Bossuet;

La *pédagogie*, qui s'occupe de l'art d'instruire et d'élever l'enfance et la jeunesse;

La *politique*, qui est la science du gouvernement des États;

L'*économie politique*, qui est la science des richesses ou plutôt des lois qui président à la production, à la distribution, à la circulation et à la consommation des richesses;

Le *droit*, qui est la science des lois diverses qui régissent un peuple;

La *jurisprudence*, qui est la science de l'interprétation et de l'application des lois;

La *grammaire*, qui apprend à parler et à écrire correctement une langue;

La *grammaire comparée*, qui étudie les rapports et les différences que présentent entre elles les langues humaines;

La *grammaire générale*, qui s'occupe des lois universelles et immuables du langage;

L'*histoire*, qui est la science des événements passés;

L'*archéologie*, qui étudie tous les monuments, tous les vestiges du passé;

L'*épigraphie*, qui apprend à lire les inscriptions antiques;

La *paléographie*, qui s'occupe de déchiffrer les vieux manuscrits, chartes, diplômes, etc.;

La *numismatique*, qui est la science des monnaies et des médailles;

La *géographie*, qui est la description des divers pays du globe avec leurs divisions politiques.

Il y a encore d'autres sciences qui s'occupent du monde et de l'homme, des esprits et des corps envisagés, non plus dans leur réalité concrète, mais bien dans leurs propriétés les plus abstraites et les plus générales; ce sont:

L'*arithmétique*, science du nombre et de la quantité;

L'*algèbre*, qui n'est que l'arithmétique généralisée;

La *géométrie*, qui est la science de l'étendue;

La *trigonométrie*, qui est la science de la résolution des triangles;

La *mécanique*, qui est la science du mouvement en général ;

L'*astronomie*, qui est la science du mouvement des corps célestes ;

La *science militaire*, qui a pour objet l'art de la guerre, tactique et stratégie ;

Le *génie*, qui est la science des travaux à exécuter pour les fortifications, les sièges, les passages de rivières et de fleuves, etc. ;

La *métaphysique* ou l'*ontologie*, qui est la science de l'être en général, de ses conditions essentielles et des rapports généraux des êtres ;

Enfin la *théodicée*, science de Dieu d'après les lumières de la raison,

Et la *théologie*, science de Dieu d'après les lumières de la révélation.

Telles sont les principales branches de la connaissance humaine.

M. Ampère les a divisées en deux grandes classes : les sciences *cosmologiques* ou de la matière, et les sciences *noologiques* ou de l'esprit, des êtres moraux.

Auguste Comte les ramène à six principales : la *mathématique*, l'*astronomie*, la *physique*, la *chimie*, la *biologie* et la *sociologie*.

On les divise ordinairement en trois grandes classes : sciences *physiques et naturelles*, sciences *morales* et sciences *abstraites*.

Les sciences *physiques et naturelles* sont celles qui ont pour objet le monde matériel ou des corps.

Les *sciences naturelles* étudient les propriétés particulières, les formes et les éléments constitutifs des êtres inorganiques, organisés et vivants, qui sont répandus à la surface de la terre ou en constituent la masse : elles embrassent la *géologie*, la *paléontologie*, la *minéralogie*, la *botanique*, la *zoologie*, la *physiologie*, l'*anatomie*, la *biologie* et la *médecine*.

Les sciences *physiques* étudient les propriétés générales des corps et les phénomènes qui s'accomplissent en eux. Elles comprennent la *physique* et la *chimie*.

Les *sciences morales* sont celles qui ont pour objet les êtres moraux, c'est-à-dire les êtres doués d'intelligence et de liberté.

Elles se subdivisent en sciences *psychologiques*, sciences *politiques et sociales*, sciences *philologiques* et sciences *historiques*.

Les sciences *psychologiques* étudient l'âme humaine telle qu'elle se trouve chez tous les individus : ce sont la *psychologie*, la *logique*, la *morale*, l'*esthétique*, la *rhétorique* et la *pédagogie*.

Les sciences *politiques et sociales* s'occupent de l'homme vivant en société et formant des peuples et des nations, des cités et des États : ce sont la *politique*, l'*économie politique*, le *droit* et la *jurisprudence*.

Les sciences *philologiques* sont celles qui étudient les formes particulières et les lois générales du langage et des langues : elles comprennent la *grammaire*, la *grammaire comparée* et la *grammaire générale*.

Les sciences *historiques* sont celles qui ont pour objet spécial les événements passés : ce sont l'*histoire*, l'*archéologie*, l'*épigraphie*, la *paléographie*, la *numismatique* et la *géographie politique*.

Les sciences *abstraites*, qui forment la troisième classe des sciences humaines, s'occupent des propriétés générales des esprits et des corps, envisagés au point de vue le plus abstrait et le plus élevé.

Elles comprennent les sciences *exactes* ou *mathématiques* et les sciences *métaphysiques*.

Les sciences *mathématiques* sont celles qui s'occupent des propriétés les plus générales des corps : quantité, étendue, mouvement.

Elles se subdivisent en *mathématiques pures* et *mathématiques mixtes*.

Les mathématiques *pures*, ainsi appelées parce qu'elles ne sortent pas du domaine de l'abstraction pure, sont l'*arithmétique*, l'*algèbre*, la *géométrie*, la *trigonométrie* et la *mécanique*.

Les mathématiques *mixtes*, ainsi nommées parce qu'elles tiennent à la fois des mathématiques pures et des sciences physiques et naturelles, sont l'*astronomie*, la *science militaire*, le *génie*, etc.

Les sciences *métaphysiques* sont celles qui s'occupent des premiers principes et des premières causes, comme la *métaphysique* proprement dite ou l'*ontologie*, la *théodicée* et la *théologie*.

Sujets à traiter : 1. Quelle différence y a-t-il entre les sciences physiques et les sciences naturelles? (Sorbonne, 28 mars 1873.)
2. Qu'appelle-t-on sciences morales? En quoi les sciences morales diffèrent-elles des sciences physiques? (Sorbonne, 1er août 1876.)
3. Que faut-il entendre par cette expression *sciences morales?* Quelles sont les principales différences des sciences physiques et des sciences morales? (Sorbonne, 25 octobre 1882.)
4. Qu'appelle-t-on sciences exactes? En quoi consiste la méthode de ces sciences? A quoi faut-il attribuer l'exactitude qui les caractérise? (Sorbonne, 27 novembre 1867.)
5. Donner la classification et indiquer la hiérarchie des sciences en laissant de côté la métaphysique. (Bordeaux, 24 juillet 1882.)
6. Donner le principe de la classification des sciences. (Faculté de Toulouse.)

III.

Qu'entend-on par philosophie de l'histoire, philosophie du droit, philosophie des beaux-arts, philosophie des sciences, et, en général, quel est le sens du mot philosophie dans toutes les expressions analogues ? (Sorbonne, 21 novembre 1872.)

La *philosophie de l'histoire* est l'explication raisonnée des événements humains et des lois générales qui les régissent. — S'élevant au-dessus de la poussière des détails, cette science nous ouvre les plus larges horizons : elle nous dit comment grandissent et prospèrent les nations, comment tombent et s'écroulent les empires; elle nous révèle les causes profondes des révolutions politiques et sociales; elle nous apprend ce qu'il faut entendre par progrès, par civilisation, quel en est le terme, quel en est l'idéal; elle nous montre la Providence veillant sur le monde, « tenant du plus haut des cieux les rênes de tous les royaumes, » et faisant servir les passions des hommes à l'accomplissement de ses mystérieux desseins. — Saint Augustin dans la *Cité de Dieu*, Bossuet dans son *Discours sur l'histoire universelle*, Montesquieu dans son *Traité des causes de la grandeur des Romains et de leur décadence*, ont magnifiquement posé et résolu les grands problèmes qu'agite la philosophie de l'histoire.

La *philosophie du droit* a pour objet de nous faire connaître l'origine, les principes et l'esprit véritable des législations humaines. — Elle nous enseigne comment naquirent les lois et à quels besoins sociaux elles correspondent. Elle nous dit quel est le véritable fondement du droit et de quels principes sacrés il doit être l'expression. Elle nous initie aux pensées profondes qui inspirèrent les grandes législations dont l'histoire a conservé le souvenir : législations de Minos en Crète, de Lycurgue à Sparte, de Dracon et de Solon à Athènes, des Douze Tables à Rome, des empereurs et de Justinien, des peuples modernes et de la Révolution. Elle nous apprend jusqu'à quel point la philosophie influa sur la jurisprudence romaine et comment le christianisme a fait pénétrer partout, dans le monde romain comme dans le monde barbare, des principes d'équité, de justice, de charité. — Le premier livre du *de Legibus* de Cicéron est le plus ancien et l'*Esprit des lois* de Montesquieu le plus bel essai de philosophie du droit qu'ait produit l'esprit humain.

La *philosophie des beaux-arts* a pour but de nous expliquer l'origine des beaux-arts et les causes générales de leurs progrès et de leur décadence. — A quels besoins de la nature humaine correspondent l'architecture, la sculpture, la peinture, la musique et la poésie? Doivent-elles se borner à imiter servilement la nature ou bien s'inspirer de la contemplation du beau idéal? Quels mouvements d'idées ont amenés les grands siècles de Périclès, d'Auguste, de Léon X et de Louis XIV? A quelles causes faut-il attribuer la décadence des beaux-arts en Grèce, à Rome, en Italie, en France? Quelle influence l'esprit de l'époque a-t-il exercé sur les artistes et les poètes? Quelle action ces derniers ont-ils eue sur leur siècle? Voilà quelques-unes des hautes questions que se pose et que résout la philosophie des beaux-arts, jetant ainsi une nouvelle lumière sur les plus belles productions du génie humain. — L'*Ion*, le *Phèdre*, et le *Banquet* de

Platon, le *Traité du sublime* de Longin, les ouvrages d'esthétique de Kant et de Hégel sont les principaux chefs-d'œuvre de la philosophie des beaux-arts.

La *philosophie des sciences* discute une foule de problèmes intéressants qui dominent les sciences physiques et naturelles comme les sciences mathématiques. — Qu'est-ce que le temps et l'espace, le mouvement et la matière, l'organisation et la vie? Le temps et l'espace sont-ils des réalités substantielles ou bien faut-il ne voir en eux que des rapports et des relations? Le mouvement dérive-t-il d'un premier moteur ou bien a-t-il son principe et sa cause dans la matière? Cette matière elle-même est-elle éternelle et infinie, ou bien a-t-elle été créée? D'où lui viennent ces formes et cette structure admirables qu'elle conserve et reproduit avec tant de persévérance dans les corps organisés et vivants? Qu'est-ce que cette force puissante et mystérieuse qu'on appelle la vie? Les espèces végétales et animales correspondent-elles à autant d'idées conçues et réalisées par une cause première ou bien ne sont-elles que des évolutions progressives et nécessaires de la nature et de la matière? Voilà des problèmes dont on chercherait vainement la solution dans les sciences particulières, dans les déductions de la géométrie et les inductions de la physique, de la chimie, de l'histoire naturelle? C'est la philosophie des sciences qui la donne et qui par là même pénètre au cœur de toutes les connaissances humaines pour les éclairer et les vivifier.

Outre la *philosophie de l'histoire*, la *philosophie du droit*, la *philosophie des beaux-arts* et la *philosophie des sciences*, il y a la *philosophie des langues*, la *philosophie de la grammaire*, la *philosophie de la littérature*, etc. Le mot philosophie est employé dans une foule d'expressions analogues. Il désigne alors la partie la plus élevée de chaque science, celle qui sans descendre aux détails particuliers et aux recherches spéciales s'occupe des questions les plus hautes et des principes les plus généraux. Chaque science, en effet, nous fait bien connaître les faits et les lois qu'elle étudie; mais ces faits et ces lois ne nous apparaissent dans leur vraie lumière qu'autant qu'on les rattache aux causes et aux principes qui les dominent : c'est ce que fait la philosophie, réalisant ainsi la parole d'Aristote : « Ἡ σοφία περὶ τίνας αἰτίας καὶ ἀρχὰς ἔστιν ἐπιστήμη; la philosophie est la science des premiers principes et des premières causes. »

Sujet à traiter *avec les éléments fournis par ce devoir :* Qu'appelle-t-on philosophie des sciences? (Sorbonne, 21 octobre 1882.)

IV.

La philosophie est-elle une science particulière ou la science universelle? Dans quel sens pourrait-elle être l'une et l'autre? (Sorbonne, 20 juillet 1874.)

La philosophie, à son origine, fut considérée comme la science universelle, et les premiers philosophes de la Grèce, depuis Thalès jusqu'à Socrate, crurent tous, dans leur naïve présomption, pouvoir résoudre le problème de l'univers. Leurs ouvrages étaient intitulés περὶ φύσεως ou même περὶ παντός, et ne promettaient rien moins que de donner le mot de l'énigme des choses.

Mais Socrate, avec son ferme et lumineux bon sens, comprit ce qu'avait d'étrange une si haute prétention, et, comme le dit Cicéron, « il ramena la philosophie du ciel sur la terre, *philosophiam devocavit e cœlo* » : il en fit une science particulière en lui assignant par sa fameuse maxime γνῶθι σεαυτόν, connais-toi toi-même, un objet plus modeste et plus restreint que celui qu'avaient poursuivi ses devanciers : τὰ ἀνθρώπινα, les choses humaines, c'est-à-dire notre nature, notre origine et notre destinée.

Néanmoins la philosophie garda toujours un certain caractère d'universalité, comme on peut le voir par la définition que donnaient de cette science les grandes écoles socratiques, l'Académie, le Lycée, le Portique. « La philosophie, disaient-elles selon le témoignage de Cicéron et de Sénèque, est l'amour de la sagesse et la sagesse est la science des choses divines et humaines et des principes qui renferment ces choses : *Sapientia autem est, ut a veteribus philosophis definitum est, rerum divinarum et humanarum, causarumque quibus hæ res continentur, scientia.* » Dieu, l'homme, le monde et leurs rapports, n'est-ce pas là l'objet de la science universelle?

Au moyen âge et dans les temps modernes, la philosophie n'a jamais eu la prétention d'être la science unique et totale. Qu'on la fasse consister avec Bossuet « dans la connaissance de Dieu et de soi-même », ou qu'on la définisse avec la plupart des philosophes « la science de l'homme, de Dieu et de leurs rapports entre eux et avec le monde, d'après les lumières de la raison », elle nous apparaît toujours comme une science particulière, parce qu'elle a un objet spécial et déterminé. Elle laisse aux sciences physiques et naturelles l'étude des propriétés et des lois de la matière brute et animée et se réserve l'examen d'autres problèmes que la méthode de ces sciences ne peut aborder : ceux qui tiennent à l'origine du monde, à l'essence de la matière, à la destinée de l'univers. Elle abandonne aux mathématiciens l'étude des propriétés des nombres, de l'espace et du temps, et se borne à se demander ce que peuvent être en eux-mêmes le nombre, l'espace et le temps. Enfin elle ne se confond ni avec l'histoire, qui étudie les événements passés, ni avec la politique qui s'occupe des rapports des hommes vivant en société, ni avec les autres sciences morales, qui, comme le droit, la rhétorique, la poétique, étudient l'homme intellectuel et moral, mais l'homme considéré à un point de vue particulier : la philosophie, elle, aspire à connaître ce qu'est l'homme en lui-même et au point de vue le plus général, d'où il vient, où il va et comment il doit y aller; elle nous dit aussi ce que c'est que Dieu, principe suprême et raison dernière de tout ce qui existe dans l'homme et dans le monde. C'est là assurément un objet distinct de celui des autres sciences humaines et qui fait de la philosophie, non pas la science universelle, une science qui absorberait en elle-même toutes les sciences, mais bien une science particulière et *sui generis*.

Toutefois elle est plus que cela aux yeux des modernes; comme les anciens, ils voient en elle la science des principes et des méthodes : des principes que l'on trouve à la base de toutes les sciences; des méthodes qu'elles emploient dans la recherche et la démonstration de la vérité. A ce titre, la philosophie est la science des autres sciences, parce qu'elle les domine, qu'elle rend compte de leur certitude et de leurs principes, qu'elle justifie et contrôle au besoin leur méthode. C'est dans ce sens général qu'on appelle philosophie des sciences la partie la plus élevée de chacune d'elles, celle qui, sans descendre aux détails particuliers et aux recherches spéciales, s'occupe des questions les plus hautes et des principes les plus généraux : tout le monde sait qu'il y a la philosophie de l'histoire, la philosophie du droit, la philosophie de la littérature et des beaux-arts, etc.

Aristote avait donc raison de définir la philosophie «la science des premiers principes et des premières causes, ἡ σοφία περὶ τίνας αἰτίας καὶ ἀρχὰς ἐστιν ἐπιστήμη». Ainsi entendue, la philosophie est tout ensemble une science particulière et la science universelle : une science particulière, puisque les premiers principes et les premières causes, Dieu et l'homme, les lois de la pensée et les lois de l'existence, constituent un objet spécial dont ne s'occupe aucune autre des sciences humaines; la science universelle, puisqu'elle étudie ce qu'il y a de plus général dans les sciences et qu'elle pénètre au cœur de chacune d'elles par ce qu'elles ont de plus intime et de plus profond, les principes qui leur servent de base, la méthode qui les dirige et la certitude qui est leur vie. C'est dans ce sens que Cicéron disait : « La philosophie est la mère de toutes les sciences, *Philosophia omnium mater artium*; » Descartes : « Toutes les sciences empruntent leurs principes de la philosophie; » et Bossuet : «Toutes les sciences sont comprises dans la philosophie. »

Sujets à traiter *avec les éléments fournis par ce devoir :*
1. La philosophie est-elle la science universelle, embrassant l'ensemble des connaissances humaines, ou a-t-elle un objet propre et déterminé? Quel est cet objet? (Sorbonne, juillet 1876.)
2. Qu'est-ce que la métaphysique? Montrer que la philosophie comme la plupart des sciences, a un côté spéculatif et un côté pratique. Établir cette distinction par des exemples. (Sorbonne, 3 août 1869.)

V.

Division de la philosophie. Comment peut-on justifier l'ordre suivi dans l'étude des diverses parties de la philosophie ? (Sorbonne, 14 août 1870.)

Les anciens divisaient la philosophie en trois grandes parties : *morale, physique* et *logique.*

C'était la division de Platon et de son école, au dire de Cicéron dans ses *Académiques* : « *Fuit ergo jam accepta à Platone philosophandi ratio triplex : una, de vita et moribus ; altera, de natura et rebus occultis ; tertia, de disserendo et quid verum, quid falsum.* »

C'était aussi la division d'Aristote et des Péripatéticiens, comme l'atteste encore Cicéron : « *Atque hæc illa sunt tria genera, quæ putant plerique Peripateticos dicere. Id quidem non falso ; est enim hæc partitio illorum.* »

C'était enfin celle des Stoïciens, ainsi que l'affirme Sénèque dans ses *Lettres à Lucilius* : « *Philosophiæ tres partes esse dixerunt et maximi et plurimi auctores : moralem, naturalem, rationalem.* »

Au moyen âge, les scolastiques divisèrent la philosophie en *logique, métaphysique* et *morale.*

De nos jours, on la divise généralement en quatre parties qui sont :

La *psychologie,* science de l'âme humaine, de ses phénomènes et de ses facultés, de ses attributs et de sa nature ;

La *logique,* science du vrai ou des lois de la pensée ;

La *morale,* science du bien ou des lois de la volonté (1) ;

Et la *métaphysique,* science de l'être en général, avec la *théodicée,* science de Dieu d'après les lumières de la raison.

A ces quatre parties de la science philosophique on ajoute ordinairement comme appendice l'*histoire de la philosophie,* qui a pour objet de nous faire connaître les principales écoles philosophiques et les systèmes qu'elles ont produits.

L'ordre dans lequel il convient d'étudier les diverses parties de la philosophie est celui-là même qui vient d'être indiqué.

(1) Beaucoup de philosophes contemporains placent entre la *logique* et la *morale* l'*esthétique,* science du beau.

La *psychologie* doit venir en premier lieu, parce qu'elle fournit des données indispensables à la *logique*, à la *morale* et à la *théodicée*.

Ainsi d'abord, elle nous fait connaître les facultés et les opérations intellectuelles, leur nature et leur objet, leur portée et leurs limites : connaissance sans laquelle on ne saurait faire un pas en logique. Que dirait-on, en effet, d'un législateur qui voudrait dicter des lois à un peuple dont il ignorerait les mœurs et le caractère, les traditions et l'histoire ? Ce législateur serait ridicule et sa législation chimérique. Eh bien, le logicien, lui aussi, est législateur, législateur de l'intelligence et de la pensée, et les lois qu'il donne ne seront sûres et fécondes qu'autant qu'elles auront été puisées dans la connaissance des facultés intellectuelles. Aristote n'a été grand logicien que parce qu'il était profond psychologue et si l'*Organon* est un chef-d'œuvre immortel, c'est qu'il a été inspiré par la connaissance la plus précise du mécanisme du raisonnement et de la pensée.

La *morale*, comme la *logique*, a besoin des données de la psychologie. C'est la psychologie, en effet, qui établit que nous sommes libres, responsables de nos actions et par là même susceptibles d'obligation et de devoir. C'est la psychologie qui, dans l'analyse qu'elle donne des notions premières, met en lumière les idées de bien et de devoir, leur caractère d'universalité et de nécessité, et pose ainsi les véritables fondements de la morale.

Nécessaire à la *logique* et à la *morale*, la *psychologie* l'est encore plus à la *théodicée*. « Rien ne sert tant à l'âme, dit Bossuet, pour s'élever à son auteur que la connaissance qu'elle a d'elle-même et de ses sublimes opérations. » — C'est, en effet, dans la connaissance de l'âme que sont puisés les éléments des principales preuves de l'existence de Dieu, preuves morales et preuves métaphysiques, qui ont pour point de départ les idées et les sentiments de l'âme humaine. — De plus, notre âme étant faite à l'image de la divinité,

> Exemplumque Dei quisque est in imagine parva,

comme dit le poète, c'est l'étude de notre nature intellectuelle et morale qui nous révèle le mieux la nature et les attributs du Créateur.

Aussi Socrate fît-il du γνῶθι σεαυτόν le point de départ de la philosophie. Après lui, les plus grands philosophes, académiciens, péripatéticiens, stoïciens accordèrent à la psychologie la préséance sur la logique, comme on peut le voir par leur division de la philosophie rapportée par Cicéron et Sénèque. Descartes, en faisant du *Cogito, ergo sum* le premier principe de sa philosophie, donne l'étude de la pensée, c'est-à-dire la psychologie, comme le préambule obligé des sciences philosophiques, et Bossuet exposant au pape Innocent XI le plan qu'il a suivi dans l'éducation philosophique du Dauphin, avoue qu'il a cru devoir commencer par la psychologie comme par la science la plus intéressante et la plus utile.

La *psychologie* doit donc être placée au début des sciences philosophiques pour rayonner de là sur toutes ces sciences. « Mais la *logique*, objectent les partisans des traditions scolastiques, trace les règles de la méthode d'observation applicable à la psychologie et, à ce titre, elle doit la précéder. » On répond d'abord que les règles de la *logique* seront fausses ou du moins arbitraires, si elles ne sont pas puisées dans la connaissance de l'esprit humain, c'est-à-dire dans la psychologie, et puis que pour s'étudier soi-même chacun n'a besoin d'autre méthode que l'observation, ni d'autre logique que cette logique naturelle à tout esprit droit et judicieux.

La *logique* doit venir après la *psychologie* parce qu'elle sort de cette science comme une fleur de sa tige, ainsi que Bossuet l'expose très bien dans la préface de sa *Logique*. « L'homme, dit-il, qui a fait réflexion sur lui-même, a connu qu'il y avait dans son âme deux puissances ou facultés principales, dont l'une s'appelle entendement et l'autre volonté, et deux opérations principales dont l'une est entendre et l'autre vouloir... Mais comme il ne lui arrive que trop souvent de s'égarer en l'une ou l'autre de ces actions, il a besoin d'être averti de ce qu'il faut savoir pour être en état, tant de bien connaître la vérité, c'est-à-dire de bien raisonner, que d'embrasser la vertu, c'est-à-dire de bien choisir. De là naissent deux sciences nécessaires à la vie humaine, dont l'une apprend ce qu'il faut savoir pour entendre la vérité et l'autre ce qu'il faut savoir pour embrasser la vertu. La première de ces sciences s'appelle *Logique*, et l'autre s'appelle *Morale*. »

La *logique* doit être placée avant la *morale* et la *théodicée*, parce qu'elle nous fait connaître la méthode qui est applicable à ces sciences : méthode à la fois expérimentale et rationnelle, nécessaire en morale pour déterminer la loi des actions humaines et en faire l'application aux diverses circonstances de la vie ; méthode inductive et méthode déductive, auxquelles il faut recourir en théodicée pour démontrer l'existence de Dieu et établir ses attributs métaphysiques et moraux.

C'est une question assez vivement débattue que celle de savoir si c'est la *morale* ou la *théodicée* qu'il faut placer après la *logique*.

Quelques philosophes prétendent que la *théodicée* doit précéder la *morale* parce qu'elle lui sert de fondement et de base. — En effet, si la morale est la science du bien, la théodicée nous montre en Dieu le principe de tout bien, ou plutôt le bien parfait et infini. — Si la morale est la science du devoir et des lois de la volonté, la théodicée nous fait connaître le principe suprême de toute obligation et de tout devoir, le véritable législateur du monde moral. — La morale enfin ne peut déterminer la sanction de la loi du devoir qu'autant qu'elle a recours à la justice de Dieu, qui seule peut rétablir l'équilibre si souvent troublé ici-bas entre le bien et la récompense, le mal et le châtiment.

Malgré ces raisons qu'on peut trouver décisives, on place souvent la *morale* avant la *métaphysique* et la *théodicée*, — parce que, dit-on tout d'abord, il ne faut pas couper en deux par la science de l'Être suprême, la science de l'homme, qui comprend dans son indivisible unité la psychologie, la logique et la morale ; — parce que, dit-on ensuite, la morale fournit à la théodicée des éléments précieux et même nécessaires pour établir l'existence de Dieu et surtout ses attributs moraux, justice, liberté, sainteté, etc.; — parce que, dit-on enfin, la morale, qui a pour objet le bien et le devoir, trouve ces notions, gravées, pour ainsi dire, dans la conscience et peut ainsi se constituer indépendamment de la théodicée. Cette dernière lui servira de couronnement comme à toute la philosophie.

Sujets à traiter *avec les éléments fournis par ce devoir :*
1. Pourquoi doit-on commencer l'étude de la philosophie par la psychologie? Si l'on admet un autre ordre, en donner les raisons. (Sorbonne, 13 août 1872.)

2. En quoi la psychologie est-elle nécessaire à la logique, à la morale, à la théodicée? (Sorbonne, 20 novembre 1867.)

3. En quoi la morale suppose-t-elle la psychologie? (Sorbonne, 5 mai 1870.)

4. Des rapports de la morale et de la théodicée. (Sorbonne, 22 août 1868.)

5. Exposer et discuter l'ordre dans lequel il convient de disposer les diverses parties de la philosophie. (Faculté de Toulouse.)

6. Quelle est l'importance en morale du γνῶθι σεαυτόν. (Sorbonne, 13 mars 1883.)

PSYCHOLOGIE.

VI.

De la science psychologique. Rapports et différences entre la méthode de la psychologie et la méthode des autres sciences. (Sorbonne, 4 mai 1868.)

La psychologie, comme son nom l'indique, ψυχή, λόγος, discours sur l'âme, est la science de l'âme humaine, de ses phénomènes et de ses facultés, de ses attributs et de sa nature. Elle a pour objet de répondre à cette question : que suis-je ? et de développer la célèbre maxime socratique : Γνῶθι σεαυτόν.

Mais est-on bien en droit de donner le nom de science à la psychologie ? Ne faut-il pas plutôt voir en elle, avec les positivistes et les matérialistes, une décevante création de l'esprit humain ou tout au plus un chapitre de la physiologie, qui, après avoir étudié les fonctions de la vie animale, digestion, circulation du sang, sécrétions, etc., doit s'occuper des opérations de la vie intellectuelle et morale, comme dérivant du même principe que les fonctions inférieures, c'est-à-dire de la matière organisée et vivante ? Pour répondre à cette question et établir les droits souvent méconnus de la psychologie, il suffit de faire voir qu'elle remplit toutes les conditions d'une science, qu'elle a un objet réel et un moyen infaillible de le connaître.

D'abord, que la psychologie ait un objet réel, c'est ce que personne ne peut sérieusement révoquer en doute. Les sensations et les sentiments, les idées et les souvenirs, les jugements et les raisonnements, les désirs et les passions, les volitions et les habitudes, sont des phénomènes d'une réalité aussi incontestable, d'une certitude aussi évidente que la certitude et la réalité des phénomènes physiologiques, circulation du sang, respiration, digestion, et des phénomènes physiques et chimiques, chute des corps, rayonnement de la chaleur, de la lumière, combustion, oxydation du fer, etc. Les matérialistes eux-mêmes n'ont jamais contesté le triple pouvoir que nous avons de penser, de sentir, de vouloir, et s'ils ne rapportent pas ces facultés à un principe spirituel et distinct de l'organisme, ils en reconnaissent tous l'existence et en étudient les opérations diverses.

Non seulement la science psychologique a un objet réel et distinct soit de celui des sciences mathématiques qui étudient les propriétés générales des corps envisagées de la manière la plus abstraite, soit de celui des sciences physiques et naturelles, qui s'occupent des grands agents de la nature et des êtres inorganiques, organiques et organisés de l'univers, soit de celui de la physiologie elle-même qui analyse les fonctions de la vie organique ; mais encore elle a un moyen infaillible de connaître cet objet, ces phénomènes et ces facultés intellectuelles et morales, ce monde intérieur qui est nous-mêmes, et dont les beautés ont mille fois plus de réalité que celles du monde visible. Ce moyen, c'est la conscience, qui, comme son nom l'indique, *mens sui conscia*, saisit directement et immédiatement tous les phénomènes qui s'accomplissent sur le théâtre de la vie intellectuelle et morale. Le témoignage de cette faculté intime et profonde est d'une valeur, d'une autorité aussi irrécusable que le témoignage des sens invoqué dans les autres sciences. Bien plus, comme le psychologue porte toujours en lui-même et l'objet et l'instrument de ses études, comme il n'a qu'à laisser aller sa vie intellectuelle et morale pour l'étudier et la comprendre, Descartes a pu dire en toute vérité que « l'âme est plus aisée à connaître que le corps ».

Il faut donc voir dans la psychologie une science dont la légitimité est aussi incontestable que celle des sciences dites positives. A ce titre, elle a sa méthode, c'est-à-dire qu'elle emploie un ensemble de procédés qui lui permettent d'arriver sûrement et facilement à son but ; cette méthode, c'est la méthode d'observation avec ses principaux procédés, observation, expérimentation, classification et induction. Réfléchir, rentrer en soi-même, s'écouter vivre, pour ainsi dire, étudier et analyser les phénomènes dont l'âme est le théâtre, noter leurs ressemblances et leurs différences, les classer, les grouper, déterminer les facultés dont ils émanent et les lois qui les régissent, voilà le principal travail du psychologue, travail qui n'a besoin que d'être complété par le raisonnement, nécessaire pour discuter les systèmes et établir les attributs de l'âme.

La méthode de la psychologie est donc à la fois expérimentale et rationnelle, inductive et déductive, et par conséquent la même au fond que celle des autres *sciences morales*, philosophie, logique, esthétique, pédagogie, politique, économie politique, droit, jurisprudence, etc., qui emploient tour à tour l'observation, l'induction pour étudier les phénomènes dont elles s'occupent et en déterminer les lois, et le raisonnement, la déduction pour faire l'application pratique des lois découvertes et des principes établis. La psychologie, d'ailleurs, est l'âme et la vie de toutes ces sciences, ou, comme le dit Thomas Reid, « leur racine commune et le tronc commun qui les nourrit ».

Si maintenant l'on compare la méthode de la psychologie avec celle des *sciences mathématiques*, voici les rapports et les différences que l'on découvre entre elles.

La méthode des sciences mathématiques, c'est la méthode démonstrative avec ses principaux procédés, définition, division, déduction et démonstration : or, la psychologie rationnelle n'emploie pas d'autres procédés pour établir les attributs de l'âme humaine et réfuter le fatalisme et le matérialisme.

Seulement, tandis que les sciences exactes raisonnent sur des abstractions et tirent leurs définitions de purs concepts de l'esprit, la science psychologique raisonne sur une réalité concrète et vivante et se voit obligée de conformer ses définitions aux données de l'observation et de l'expérience. « L'homme est ce qu'il est, a dit Royer-Collard ; observons-le, ne l'imaginons pas. »

En second lieu, les sciences mathématiques appliquent leur méthode avec une sûreté, une précision, une rigueur, qui leur ont valu le nom de sciences exactes ; tandis qu'en psychologie, comme dans toutes les sciences morales, il est difficile, pour ne pas dire impossible, d'obtenir cette précision mathématique, et jamais les découvertes des grands psychologues, Platon, Aristote, saint Thomas, Bossuet, Thomas Reid et Kant ne se sont formulées avec l'exactitude rigoureuse des découvertes des grands mathématiciens, Descartes et Newton, Lagrange et Laplace.

Quant à la méthode des *sciences physiques et naturelles*, elle présente aussi des rapports évidents avec la méthode psychologique.

Le physicien et le naturaliste, en effet, débutent, comme le psychologue, par l'observation et l'analyse des faits qu'ils veulent étudier; comme le psychologue, ils ont recours à l'expérimentation, à la classification et à l'induction, qui seule peut formuler les lois du monde physique et du monde moral; comme le psychologue enfin, ils s'adressent parfois au raisonnement soit pour vérifier les hypothèses émises, soit pour faire l'application pratique des vérités découvertes et des lois établies.

Mais, malgré ces analogies, il y a des différences profondes entre la méthode psychologique et la méthode des sciences physiques et naturelles.

Ainsi d'abord, le physicien et le naturaliste observent avec les sens, odorat, goût, vue, ouïe et toucher, — tandis que le psychologue emploie une faculté spéciale et distincte des sens, le sens intime ou la conscience.

De plus, dans l'étude des sciences physiques et naturelles, on a souvent besoin de recourir à des instruments qui augmentent ou régularisent la portée naturelle de nos sens; car, comme le dit le poète en parlant de l'homme :

> Il se donna des sens qu'oublia la nature.

Il faut au physiologiste le scalpel, la loupe, le microscope; au chimiste, un laboratoire; au physicien, des appareils très compliqués. — Le psychologue, lui, n'a besoin d'aucun instrument artificiel; il a toujours à sa disposition l'instrument de ses études il le porte en lui-même ou plutôt c'est lui-même, c'est l'âme en tant qu'elle voit ce qui se passe en elle.

Enfin, et c'est là une différence essentielle, dans les sciences physiques et naturelles, l'observateur ne saisit directement que des phénomènes, des effets, des manifestations de causes et de forces, chaleur, lumière, électricité, que l'on ne connaît que par l'induction et dont la nature intime et mystérieuse échappe complètement au savant. — En psychologie, au contraire, la conscience saisit directement, immédiatement, la cause véritable des phénomènes qu'elle étudie, la substance et la force dont ils sont les manifestations diverses : cette force, cette substance, cette cause, c'est l'âme, c'est le moi, c'est le principe pensant, sentant, voulant, qui se connaît lui-même comme sujet et comme cause dans chacune de ses modifications, dans chacun de ses actes. « Tandis que la science du monde extérieur n'a pour objet immédiat que des phénomènes, a dit un philosophe contemporain, l'expérience de la conscience est l'expérience d'une cause. »

La psychologie nous apparaît donc comme une science profondément originale, et si la méthode qu'elle emploie présente des rapports avec celle des autres sciences, elle a son caractère propre et distinct, qu'elle doit au procédé fondamental qu'elle emploie, l'observation interne ou la réflexion.

Sujets à traiter. — 1. De la méthode qu'il convient de suivre en psychologie. La comparer aux méthodes employées dans les autres sciences. (Sorbonne, 14 août 1866, 21 novembre 1868.)

2. En quoi consiste la méthode de la psychologie ? Qu'a-t-elle de commun et qu'a-t-elle de différent avec la méthode des sciences physiques ? (Sorbonne, 8 novembre 1867.)

3. La psychologie est-elle une science d'observation ou de raisonnement ? (Sorbonne, 10 avril 1877.)

4. Comparaison entre l'observation interne et l'observation extérieure et sensible. (Sorbonne, 29 octobre 1883.)

VII.

Marquer par des traits précis et par des exemples la distinction des faits psychologiques, des faits physiologiques et des fait physiques. (Sorbonne, 16 novembre 1870.)

La pensée et le souvenir, le sentiment et la sensation, l'amour et la haine, l'habitude et la volition, voilà des faits psychologiques.

La digestion, la respiration, la sécrétion de la bile, la circulation du sang, l'assimilation des aliments, voilà des faits physiologiques.

La chute des corps, les oscillations du pendule, le rayonnement de la chaleur, la propagation du son, la réflexion de la lumière, voilà des fait physiques.

Ainsi les faits psychologiques sont ceux qui s'accomplissent dans l'âme et constituent la vie intellectuelle et morale.

Les faits physiologiques sont ceux qui se produisent dans le corps et se rapportent à la vie organique et animale.

Les faits physiques sont ceux que déterminent dans la matière et les corps qui nous environnent les grands agents de la nature, pesanteur, chaleur, électricité, lumière.

Ces trois classes de faits se distinguent d'abord par leurs caractères essentiels.

Ainsi les faits physiologiques, circulation du sang, sécrétion de la bile, etc., et les faits physiques, chute des corps, réflexion et réfraction des rayons lumineux, etc., se ramènent à des formes et à des modes de l'étendue, à des mouvements et à des combinaisons de molécules matérielles. — Les faits psychologiques, sentiments, pensées, volitions, sont d'une nature toute différente : en eux rien de matériel, de divisible, d'étendu. On n'a jamais demandé le son, la couleur, l'odeur, la forme d'un sentiment, d'une idée, et si l'on parle parfois de la hauteur, de la profondeur des pensées, de l'étendue de l'esprit, ce sont là des métaphores sur le sens desquelles personne ne se méprend.

De plus, les faits physiologiques et les faits physiques sont toujours localisés, c'est-à-dire qu'ils s'accomplissent, les premiers dans telle ou telle partie déterminée du corps, comme la sécrétion de la bile dans le foie, la circulation du sang dans les veines et les artères; les seconds dans telle ou telle portion déterminée de l'espace, comme la propagation du son dans l'air ambiant, la production de l'électricité dans les piles, dans les nuages. — Il n'en est pas ainsi des phénomènes psychologiques et personne ne peut indiquer avec précision l'endroit du cerveau par lequel nous sentons, nous pensons, nous voulons.

Différents par leur nature, les faits psychologiques, les faits physiologiques et les faits physiques se distinguent encore par la manière dont nous les connaissons.

Les faits physiologiques et les faits physiques se révèlent aux sens, à la vue, à l'ouïe, au toucher, au goût, à l'odorat; tandis que les faits psychologiques sont connus par une faculté spéciale et distincte des sens, le sens intime ou la conscience, qui, comme son nom l'indique, *mens sui conscia*, saisit directement et immédiatement tous les phénomènes qui s'accomplissent dans l'âme.

En second lieu, la plupart des faits physiologiques, les sécrétions, la digestion, la circulation du sang, se produisent à notre insu, si bien qu'en dehors des physiologistes, personne ne les connaît. Si les faits physiques, dégagement de la chaleur, de l'électricité, propagation du son, etc., sont directement saisis par les sens, la connaissance qu'en a le vulgaire est toujours vague et confuse et souvent inconsciente. — Il n'en est pas ainsi des faits psychologiques : ils se révèlent à nous au moment même où ils ont lieu; la connaissance que nous en avons est inséparable de leur existence, si bien qu'il n'est personne qui n'ait clairement conscience des phénomènes dont son âme est le théâtre.

Enfin, pour connaître les faits physiologiques, il a fallu recourir à des observations faites sur les cadavres de nos semblables ou à des opérations pratiquées sur des animaux vivants; pour bien se rendre compte des faits physiques, il faut s'aider d'un grand nombre d'instruments que la science a inventés pour suppléer à l'impuissance des sens; car, comme le dit le poète en parlant de l'homme :

Il se donna des sens qu'oublia la nature.

— La connaissance des faits psychologiques est beaucoup plus aisée : pour savoir ce que c'est que le plaisir, la douleur, l'amour, la haine, le jugement, nous n'avons besoin ni du scalpel, ni du microscope, ni d'instrument d'aucune sorte; il nous suffit de rentrer en nous-mêmes, de nous écouter vivre, pour ainsi dire, et de recueillir attentivement le témoignage de la conscience.

Que si l'on considère la destination et la fin des faits psychologiques, des faits physiologiques et des faits physiques, on découvre encore entre eux une nouvelle différence. — Ainsi, tandis que la chute des corps, le rayonnement de la lumière et de la chaleur sont le résultat des grandes lois de la nature et concourent à l'ordre et à l'harmonie de l'univers, la digestion, la circulation du sang, ont pour fin évidente et unique le bien du corps, et les phénomènes psychologiques se rapportent à une fin plus noble et plus élevée, au développement de la vie intellectuelle et morale. « La distinction de ces deux dernières fins, a dit Jouffroy, est si réelle que très souvent elles se trouvent en opposition et qu'en allant à sa fin le moi compromet le bien du corps et dans certains cas même le sacrifie. »

Une dernière différence entre les faits psychologiques, les faits physiologiques et les faits physiques se tire de la manière dont nous connaissons leur cause. — La cause des faits psychologiques est toujours directement saisie; cette cause, c'est l'âme, c'est le moi sentant, pensant, voulant, qui se révèle à nous dans sa réalité vivante. — Quant à la cause des phénomènes physiologiques et à celle des phénomènes physiques, nous ne les apercevons jamais directement; nous n'arrivons à les connaître que par l'induction et encore ne savons-nous pas bien ce que c'est que la lumière, l'électricité, la chaleur, et si tous ces agents sont des forces réellement distinctes, ou bien, comme la science contemporaine incline à le croire, des transformations diverses d'une force unique et primordiale. Mêmes doutes sur le principe profond et mystérieux de la vie corporelle et organique : d'après Descartes et les mécanistes, cette vie serait le résultat des forces mécaniques de la matière; d'après les organicistes et les matérialistes, ce serait l'organisme lui-même qui serait doué de propriétés vitales; d'après les vitalistes, Barthez et Lordat, il y aurait en nous un principe vital distinct à la fois de l'âme et du corps; d'après les animistes enfin, Aristote, saint Thomas, Bossuet, et la plupart des spiritualistes modernes, c'est l'âme intelligente et libre qui est le principe de la vie du corps, comme elle est le principe de la vie intellectuelle et morale. Cette dernière doctrine est sans doute la seule admissible pour toute philosophie chrétienne : mais il reste toujours vrai de dire que la cause des faits physiologiques et celle des faits physiques ne sont pas clairement connues comme celle des faits psychologiques.

On conçoit donc que des faits si profondément différents aient donné lieu à des sciences parfaitement distinctes : les faits physiques aux sciences physiques, les faits physiologiques à la physiologie et les faits psychologiques à la psychologie. La diversité de l'objet de ces sciences est telle qu'il semble impossible qu'elles se confondent et s'identifient jamais.

Sujets à traiter. — 1. Par quels traits les phénomènes psychologiques se distinguent-ils des phénomènes physiologiques ? (Sorbonne, 14 novembre 1868.)

2. Distinguer la psychologie de la physiologie. En quoi cependant ces deux sciences peuvent-elles se rendre de mutuels services ? (Sorbonne, 23 juillet 1873.)

3. Établir la légitimité de la distinction entre la psychologie et la physiologie. (Sorbonne, 4 juillet 1878.)

VIII.

De la méthode psychologique. Ses difficultés. Objections élevées contre cette méthode. (Sorbonne, 28 juillet 1874.)

La méthode psychologique, c'est la méthode d'observation avec ses principaux procédés, observation, expérimentation, classification et induction.

Réfléchir, rentrer en soi-même, s'écouter vivre, pour ainsi dire, étudier et analyser les phénomènes dont l'âme est le théâtre, les comparer, les classer d'après leurs ressemblances et leurs différences, déterminer les facultés dont ils émanent et formuler les lois qui les régissent, voilà le principal travail du psychologue, travail qui n'a besoin que d'être complété par le raisonnement, nécessaire pour discuter les systèmes et établir les attributs et la nature de l'âme.

L'emploi de cette méthode en psychologie date de Socrate;

qui l'enseignait à ses disciples en leur répétant sa célèbre maxime : γνῶθι σεαυτόν, connais-toi, observe-toi toi-même. Négligée au moyen âge, où l'on faisait du raisonnement le procédé fondamental de la psychologie comme de toutes les sciences, elle a été remise en honneur par Bacon et Descartes et pratiquée après eux par Bossuet, Locke, Leibniz et surtout par Thomas Réid et l'école écossaise. « Il ne s'agira pas ici, dit Bossuet au commencement de son *Traité de la connaissance de Dieu et de soi-même*, de faire un long raisonnement sur ces choses ni d'en rechercher les causes profondes, mais plutôt d'observer et de concevoir ce que chacun de nous en peut connaître en faisant réflexion sur ce qui arrive tous les jours ou à lui-même ou aux autres hommes semblables à lui. » « L'homme est ce qu'il est, a dit Royer-Collard; observons-le, ne l'imaginons pas. »

La méthode psychologique présente des difficultés sérieuses : — difficultés qui naissent du peu d'habitude que nous avons de nous replier sur nous-mêmes : « Les hommes, dit Fénelon, sont fugitifs et errants hors d'eux-mêmes. » « Nous sommes hors de nous-mêmes, dit Nicole, dès le moment de notre naissance, et l'âme, de plus, ne s'occupant dans le temps de l'enfance que des choses extérieures et des sentiments de son corps, se rend par là ces objets et ces sentiments si familiers et s'y attache si fortement qu'elle ne saurait rentrer en elle-même qu'en se faisant une extrême violence; » — difficultés qui proviennent de la nature des phénomènes psychologiques, phénomènes si nombreux, si variés, si rapides, si complexes, qu'il est presque impossible à l'observateur même le plus attentif de les saisir au premier coup d'œil, dans leur réalité vivante; — difficultés qui résultent de la disposition où nous sommes de représenter et d'expliquer les phénomènes de l'ordre intellectuel et moral par des analogies tirées du monde physique et matériel; — difficultés enfin qui ont leur source dans les préjugés courants sur la vie psychologique et dans la nécessité où l'on est de se servir souvent de termes qui matérialisent en quelque sorte et par là même dénaturent les phénomènes du monde intérieur.

Mais quelque sérieuses que soient ces difficultés, elles ne semblent pas insurmontables et il suffit, pour y remédier, de s'habituer peu à peu à réfléchir et à se replier sur soi-même. D'abord rebelle à ce travail, l'âme devient peu à peu moins accessible aux distractions extérieures; elle apprécie plus sainement les faits de conscience; elle décompose ce qui tout d'abord lui avait paru simple; elle acquiert, en un mot, une grande puissance d'attention et de réflexion. Pour cela, il ne s'agit que de vouloir, mais de vouloir énergiquement; car c'est la volonté qui est maîtresse souveraine de l'activité de l'esprit et qui peut la diriger, la fixer sur les phénomènes psychologiques.

On voit par là le peu de fondement des objections élevées contre la méthode psychologique.

« Il en est de l'âme, a-t-on dit, comme de l'œil qui voit les objets et ne peut se voir lui-même : « *Ut oculus, sic animus se non videns, alia cernit.* » (Cicéron : 1re *Tusculane.*)

Cette comparaison est inexacte; car ce n'est pas l'œil qui voit les objets, c'est l'âme qui les voit par l'œil et peut tout aussi aisément saisir les réalités du monde intérieur que celles du monde extérieur.

« L'observation psychologique, dit-on encore, est une chimère; car l'âme ne peut être à la fois sujet et objet de son étude, acteur et spectateur de ce qui se passe en elle, et on n'expliquera jamais qu'au même moment le moi sente, pense, agisse et se regarde agir, penser, sentir : autant vaudrait un homme qui se mettrait à la fenêtre pour se voir passer dans la rue, et Sainte-Beuve a eu raison de représenter le psychologue sous les traits d'un pêcheur à la ligne, occupé à prendre son image dans un fleuve : « S'il veut tirer le poisson hors de l'eau, s'il agite sa ligne, comme en cette sorte de pêche, le poisson c'est sa propre image, c'est soi-même, au moindre effort et au moindre ébranlement, tout se trouble, la proie s'évanouit, le phénomène à saisir n'est déjà plus. »

Ces comparaisons plaisantes et ce matérialisme d'images ne prouvent absolument rien contre la conscience qui est une faculté spirituelle, et de même qu'il y aurait un grossier paralogisme à nier un fait de l'ordre matériel parce qu'on ne pourrait pas l'expliquer par un fait de l'ordre psychologique, de même il y a absurdité manifeste à révoquer en doute un fait de l'ordre intellectuel, sous prétexte qu'il ne peut s'expliquer par une loi physique. La conscience est sans doute une faculté merveilleuse et l'une des plus étonnantes prérogatives de l'esprit humain : « *Est quidem istud maximum,* a dit Cicéron, *animum ipsum animo videre.* » Mais il faut en admettre l'existence comme nous admettons l'existence de la lumière, bien que sa nature soit un mystère pour nous.

D'ailleurs l'expérience, dont le témoignage est ici péremptoire, établit que l'âme peut observer et observe en effet les phénomènes qui s'accomplissent sur le théâtre de la vie psychologique, qu'elle les retient, les fixe en quelque sorte par l'attention et la réflexion, qu'elle les redemande à la mémoire, les évoque par le souvenir et leur donne, pour ainsi dire, une existence nouvelle qui permet de les mieux saisir. « Voilà un homme, dit un philosophe contemporain, qui a passé par toutes les épreuves d'une guerre affreuse. Ému de ce qu'il souffrait et de ce qu'il voyait souffrir, il n'a certes pas étudié en psychologue ses impressions au moment même où il les éprouvait; mais maintenant, dans ses foyers, au ressouvenir, il peut étudier ce qu'il a éprouvé et analyser ses sentiments... Parfois même les souvenirs n'ont pas besoin d'être refroidis pour laisser à l'esprit toute sa clairvoyance. Quelle effrayante précision ne trouve-t-on pas dans ces descriptions des affres de la mort, descriptions faites avec un lugubre sang-froid, et laissées comme un testament suprême par les victimes du suicide! Pourquoi, en lisant le récit de ces tortures, sentons-nous leur vérité poignante? N'est-ce pas parce que si tous les hommes n'éprouvent pas les mêmes sentiments au même degré d'intensité, ils ont la faculté de les éprouver, de les observer et de s'en rendre parfaitement compte? »

« La conscience, dit-on enfin, est personnelle; elle ne peut donc fournir que des observations individuelles, une monographie plus ou moins riche, plus ou moins intéressante, mais nullement concluante pour la nature humaine et insuffisante pour la science qui a pour objet des vérités générales. »

On peut d'abord répondre que le psychologue, en s'étudiant lui-même, dirige son attention non sur ce qui est personnel, accidentel et particulier, mais sur ce qui est essentiel et immuable, tout comme l'anatomiste et le physiologiste négligent les particularités du corps humain pour ne s'attacher qu'aux caractères généraux et permanents des organes et des tempéraments. A côté de l'individu façonné par l'éducation et les circonstances, il y a toujours l'homme avec ce fonds commun et universel qui ne change pas. Quand Bossuet s'étonne « que les yeux d'une reine puissent contenir tant de larmes », il ne faut voir dans ces paroles qu'un magnifique mouvement oratoire; car tous, rois ou sujets, nous avons la même nature, les mêmes facultés intellectuelles et morales. Quand on se connait bien soi-même, on connaît aussi les autres.

En second lieu, il ne faudrait pas croire que le psychologue doive se borner à l'observation interne et personnelle : comme la nature de l'homme a des traits communs avec celle de l'animal, comme elle se révèle à nous dans les actions et les paroles de nos semblables, comme elle apparaît dans l'histoire avec ses facultés les plus hautes et ses passions les plus nobles et les plus basses; comme les langues, la poésie, la littérature et les beaux-arts portent l'empreinte du génie humain, il est bon de recourir à la psychologie comparée, à l'observation de ses semblables, à l'étude de l'histoire, de la philologie, de la poésie, de la littérature et des beaux-arts, comme à autant de moyens auxiliaires qui servent à compléter et à confirmer les résultats de l'observation intérieure. « Des philosophes comme Platon, Aristote, Malebranche, Reid et Kant, dit M. Vacherot; des moralistes comme Sénèque, Pascal, La Bruyère, La Rochefoucauld; des poètes comme Homère, Euripide, Virgile, Shakspeare, Racine, Molière; des écrivains et des romanciers comme Gœthe, Châteaubriand et Walter Scott ont parlé non de l'individu simplement, mais de l'homme, non de l'homme d'un pays et d'une époque seulement, mais de l'homme éternel et universel; ils ont les uns analysé, les autres décrit, ceux-ci chanté, ceux-là raconté les sentiments, les passions, les pensées propres à l'humanité et qui persistent à travers les nombreuses vicissitudes qu'elle subit. » C'est au psychologue de puiser à ces diverses sources d'information pour donner à la science qu'il étudie le plus de valeur et d'autorité possible.

Ainsi contrôlées par les analyses des philosophes et des moralistes, par les peintures des poètes et des écrivains, les données de la psychologie se présentent à nous avec le caractère de la certitude scientifique la plus incontestable, et les précieuses découvertes des grands psychologues, Platon, Aristote, Cicéron, Sénèque, dans l'antiquité; saint Augustin, saint Thomas, saint Bonaventure, au moyen âge; Descartes, Bossuet, Malebranche, Leibniz, Thomas Reid, Kant, Maine de Biran et Jouffroy dans les temps modernes, attestent hautement la puissance et la fécondité de la méthode psychologique.

Sujets à traiter. — 1. De l'observation psychologique. Difficulté de cette observation. Comment peut-on remédier à cette difficulté ? (Sorbonne, 3 août 1872.)

2. L'expérimentation est-elle possible en psychologie? (Sorbonne, novembre 1876.)

3. Est-il vrai de dire avec Descartes que l'esprit est plus aisé à connaître que le corps? (Faculté de Clermont, 6 novembre 1882.)

IX.

Quels sont les moyens auxiliaires dont dispose la psychologie pour compléter et confirmer les résultats de l'observation intérieure ? (Sorbonne, 6 novembre 1872.)

L'observation intérieure est le procédé fondamental de la méthode psychologique : il n'y a pas, en effet, de meilleur moyen pour connaître l'âme humaine, ses phénomènes et ses facultés, ses attributs et sa nature, que de rentrer en soi-même, de s'écouter vivre, pour ainsi dire, et de recueillir attentivement le témoignage de la conscience. La nature humaine se trouve tout entière dans chacun de nous, où, à côté de l'individu façonné par l'éducation et les circonstances, le psychologue peut toujours saisir l'homme avec ce fonds commun et universel et ces caractères généraux qui ne changent pas. Toutefois, comme la conscience est une faculté personnelle et semble ne fournir que des données individuelles, alors qu'il faut à la science des données générales et des lois universelles, la psychologie peut et doit puiser à d'autres sources d'information : elle a recours à certains moyens auxiliaires dont elle dispose soit pour compléter les résultats de l'observation intérieure, soit pour les contrôler, les corriger, s'il y a lieu, ou, dans le cas contraire, les confirmer.

De tous ces moyens, le plus sûr et le plus efficace, c'est l'*observation de nos semblables* : leurs actions et leurs paroles, expression vivante de leurs pensées, de leurs sentiments et de leurs passions, nous révèlent clairement leur nature. Pour la saisir et l'étudier à son aise, le psychologue n'a qu'à courir le monde, à cultiver la société, à vaquer à ses affaires. « La scène mobile de la vie, dit Jouffroy, le jeu varié du commerce social exciteront cent fois le jour et sous l'influence de circonstances différentes, le développement des phénomènes dont il cherche les lois. » Grâce à cette expérimentation continuelle, il pourra voir ce qu'il y a d'invariable et par là même d'essentiel et d'universel dans les inclinations et les désirs, les besoins et les facultés de la nature humaine.

Un second moyen de vérifier et de compléter les données de l'observation psychologique, c'est d'étudier les animaux, leurs instincts, leurs appétits et leurs facultés, c'est de s'aider des lumières de la *psychologie comparée* ou psychologie animale. Cette science, dont Aristote a posé les fondements dans son *Traité de l'âme* et dont Bossuet a tracé les grandes lignes dans le dernier chapitre du *Traité de la connaissance de Dieu et de soi-même* (*De la différence entre l'homme et la bête*), est éminemment utile pour nous faire bien connaître les facultés qui nous sont communes avec l'animal et dont les opérations sont intimement liées aux organes, comme aussi pour nous apprendre à apprécier sainement les analogies et les différences qui existent entre l'homme et les animaux.

Mais c'est surtout dans la vie sociale et sur le théâtre de *l'histoire* que la nature humaine nous apparaît dans tout son jour. Là, en effet, on voit se développer et s'épanouir ces grandes facultés, qui, comme l'imagination, le goût, le génie, demeureraient à l'état de germe, si elles n'avaient, pour se manifester, d'autre sphère que celle de la vie privée. Là éclatent ces passions, tantôt héroïques et sublimes, tantôt misérables et fatales, qui nous apprennent ce dont l'homme est capable en bien comme en mal. Là, en un mot, « on peut montrer en gros et solides caractères ce que l'analyse psychologique nous a fait voir en traits d'une profondeur et d'une délicatesse parfois subtiles. » C'est comme une intéressante contre-épreuve des résultats de l'observation interne.

La *philologie* peut aussi rendre les plus grands services au psychologue : les langues, en effet, sont l'œuvre de cette philosophie spontanée qui est commune à tous les hommes; l'esprit humain s'y réfléchit comme dans un miroir, de sorte qu'en étudiant leurs éléments essentiels et constitutifs, leur structure et leurs formes générales, ce sont les lois même de l'esprit et de la pensée qu'on saisit dans leur manifestation vivante et dont on peut ainsi constater l'importance.

Un dernier moyen de compléter et de confirmer les données de la réflexion, c'est de les comparer avec ce que nous apprennent de l'homme la *poésie*, la *littérature* et les *beaux-arts*. Toutes ces choses, en effet, portent l'empreinte profonde de l'âme humaine, dont elles sont l'œuvre la plus haute et la plus parfaite et dont elles nous racontent les sentiments les plus nobles et les pensées les plus délicates. « Des philosophes comme Platon, Aristote, Malebranche, Reid et Kant, a dit M. Vacherot; des moralistes comme Sénèque, Pascal, La Bruyère, La Rochefoucauld; des poètes comme Homère, Euripide, Virgile, Shakspeare, Racine, Molière; des écrivains et des romanciers comme Gœthe, Chateaubriand et Walter Scott, ont parlé non de l'individu simplement, mais de l'homme, non de l'homme d'un pays et d'une époque seulement, mais de l'homme éternel et universel; ils ont les uns analysé, les autres décrit, ceux-ci chanté, ceux-là raconté les sentiments, les passions, les pensées propres à l'humanité et qui persistent à travers les nombreuses vicissitudes qu'elle subit. » Le psychologue peut donc profiter des analyses des philosophes et des moralistes, des peintures des poètes et des écrivains pour contrôler sérieusement les résultats de ses expériences personnelles.

Ainsi *observation de nos semblables*, analyse de la nature des animaux dans la *psychologie comparée*, *étude de l'histoire*, des *langues*, de la *poésie*, de la *littérature* et des *beaux-arts* par une sorte de psychologie historique, sociale et ethnologique, voilà les moyens auxiliaires dont dispose le philosophe pour contrôler les données de la psychologie générale et dont l'ensemble constitue ce que l'on pourrait appeler la psychologie objective, par opposition à la psychologie subjective, fondée uniquement sur l'observation intérieure.

Sujet à traiter. — Passer en revue les sources d'information de la psychologie. (Sorbonne, 21 novembre 1883.)

X.

Classer les faits psychologiques. Sur quoi se fonde cette classification ? (Sorbonne, 9 mai 1870, 6 novembre 1871.)

Pour classer les faits psychologiques, il faut d'abord les observer, les analyser attentivement, noter avec soin leurs caractères essentiels, leurs ressemblances et leurs différences, puis mettre dans un même groupe et nommer d'un même nom tous ceux qui ont des caractères communs, et placer dans un groupe différent et sous une étiquette différente ceux qui ont des caractères différents ou opposés.

L'application de cette méthode a amené les philosophes à distinguer trois grandes classes de faits psychologiques : les faits *sensibles*, plaisirs, douleurs, joies, tristesses, sensations, sentiments, appétits, inclinations, affections et passions; les faits *intellectuels*, idées, pensées, connaissances, souvenirs, abstractions, comparaisons, jugements, raisonnements, etc., et les faits actifs et *volontaires*, résolutions, décisions, déterminations,

Qu'on interroge la conscience, qu'on examine tous les phénomènes qui s'accomplissent dans l'âme, on n'en trouvera pas un seul qui ne rentre dans l'une ou l'autre des trois classes générales de faits qu'on distingue ordinairement.

Cette classification d'ailleurs semble aussi exacte que complète, parce qu'elle est fondée sur les caractères essentiels des faits psychologiques.

Les faits *sensibles*, en effet, sont affectifs, tandis que les faits *intellectuels* sont représentatifs et les faits *volontaires* libres et personnels. Dans les premiers, l'âme est affectée, souffre ou jouit; dans les seconds, elle se représente et connaît quelque chose; dans les derniers, elle manifeste son énergie, son activité libre. Tout le monde comprend au premier abord qu'autre chose est sentir, autre chose est penser, autre chose est vouloir.

Les phénomènes *sensibles* ont encore pour caractère d'être subjectifs, c'est-à-dire qu'ils consistent uniquement dans une modification de l'âme ou du moi, modification qui dépend de nos dispositions internes bien plus que des objets avec lesquels nous sommes en rapport. — Les phénomènes *intellectuels*, au contraire, sont essentiellement objectifs, c'est-à-dire qu'ils impliquent toujours un objet réel ou chimérique : « Ὁ γιγνώσκων γιγνώσκει τί », disait Platon.

De plus, les faits *sensibles* sont essentiellement variables : les émotions et les désirs diffèrent d'un individu à l'autre :

> ... Trahit sua quemque voluptas,

a dit le poète, et Pascal : « Un homme a d'autres plaisirs qu'une femme; un riche et un pauvre en ont de différents; un prince, un homme de guerre, un bourgeois, un paysan, les vieux, les jeunes, les sains, les malades, tous varient. » Bien plus, les goûts et les plaisirs de chaque individu changent et sont d'une telle diversité, dit encore Pascal, « qu'il n'y a point d'homme plus différent d'un autre que de soi-même dans les divers temps, » et il nous arrive à tous de brûler le lendemain ce que nous adorions la veille. — Les faits *intellectuels* ne sont ni aussi mobiles ni aussi variables, et quoique les opinions humaines diffèrent profondément, il faut reconnaître qu'il y a dans nos idées une plus grande uniformité que dans nos humeurs : tandis que ce qui est agréable aux uns peut ne pas l'être aux autres, ce qui est vrai pour moi doit l'être pour tout le monde. Je dis « mon plaisir » : je ne dirai pas « ma vérité »; car la vérité est le patrimoine commun du genre humain.

Autant les faits *sensibles* diffèrent des faits *intellectuels*, autant les uns et les autres diffèrent des faits *volontaires*. — Nos émotions et nos désirs, nos conceptions et nos jugements ont un caractère commun de fatalité et de nécessité. C'est malgré nous que nous éprouvons telle ou telle souffrance, malgré nous que tel ou tel désir se produit dans notre cœur; malgré nous que nous sommes convaincus que 2 et 2 font 4, qu'il n'y a pas d'effet sans cause; malgré nous que nous nous rappelons ou que nous oublions les personnes et les choses. — Au contraire, quand nous prenons une résolution, une détermination, nous sentons que nous sommes essentiellement libres et maîtres de le faire ou de ne pas le faire. Il ne dépend que de nous, au moment où nous nous efforçons de résoudre un problème difficile, de suspendre ces efforts et de diriger ailleurs notre activité intellectuelle.

Les faits *sensibles*, les faits *intellectuels* et les faits *volontaires* ont donc des caractères parfaitement distincts, et s'ils sont tous des manifestations de l'activité du moi, ces manifestations nous semblent trop profondément diverses pour qu'on puisse les confondre et les ramener les unes aux autres. Il y a donc lieu de distinguer dans l'âme trois facultés générales, correspondant aux trois classes générales des faits psychologiques : la *sensibilité*, l'*intelligence* et la *volonté*.

Sujets à traiter. — 1. Comment détermine-t-on les facultés de l'âme? (Sorbonne, 6 novembre 1866, 17 novembre 1870.)

2. Montrer par des exemples quelle est la méthode à suivre pour déterminer les facultés de l'âme. (Sorbonne, 2 novembre 1873.)

3. Qu'est-ce qu'une faculté? La psychologie est-elle possible sans l'étude des facultés de l'âme? (Sorbonne, 28 novembre 1879.)

XI.

Analyse des sensations. Insister sur la distinction des sensations externes et des sensations internes. Expliquer en quoi la sensation diffère : 1° de la perception; 2° du sentiment. (Sorbonne, 18 août 1870.)

Quand un objet matériel est mis en contact direct ou indirect avec nos organes, les nerfs épanouis à l'extrémité de ces organes subissent aussitôt une modification; cette modification se transmet le long des nerfs jusqu'au cerveau; le cerveau lui-même est ébranlé, et à la suite de cet ébranlement, l'âme éprouve une émotion plus ou moins vive : c'est dans cette émotion que consiste la sensation.

Ainsi la douleur que j'éprouve quand on me pince, quand on me brûle, quand le froid me pénètre, le plaisir que je ressens quand je respire un doux parfum, quand j'entends une belle voix, quand je savoure un mets délicieux, voilà des sensations.

Les sensations sont donc les émotions déterminées dans l'âme par les diverses impressions faites sur les organes.

Au lieu que ces impressions sont des phénomènes purement physiologiques ou du corps, les sensations nous apparaissent comme des phénomènes essentiellement psychologiques ou de l'âme.

Elles présentent certains caractères généraux dont il est facile de se rendre compte.

Ainsi d'abord elles sont *passives,* c'est-à-dire qu'en les éprouvant l'âme les subit plutôt qu'elle ne les crée : elle n'agit pas, on agit sur elle.

En second lieu, les sensations sont *subjectives*, c'est-à-dire qu'elles consistent uniquement dans une modification du moi, du sujet sentant, modification qui dépend bien plus des dispositions internes de ce sujet que des objets avec lesquels il est en rapport.

En troisième lieu, les sensations sont *aveugles,* c'est-à-dire incapables par elles-mêmes de nous faire connaître quoi que ce soit; elles ont besoin pour être perçues d'un acte de l'esprit qui nous en donne la conscience : « C'est par quelque autre chose que la sensation, a dit Bossuet, que nous connaissons la sensation. »

En quatrième lieu, les sensations sont *fatales*, c'est-à-dire qu'elles ne dépendent pas de notre volonté libre et s'imposent à nous même malgré nous. « Les peines et les plaisirs nous viennent des dieux, » a dit Homère, et Sophocle : « Ce sont les dieux qui dispensent le rire et les larmes. »

Enfin les sensations sont essentiellement *variables*. — Elles diffèrent d'abord d'un individu à l'autre : « Un homme, dit Pascal, a d'autres plaisirs qu'une femme ; un riche et un pauvre en ont de différents ; un prince, un homme de guerre, un marchand, un bourgeois, un paysan, les vieux, les jeunes, les sains, les malades, tous varient. » — Les sensations diffèrent aussi dans le même individu, « avec une telle diversité, dit encore Pascal, qu'il n'y a point d'homme plus différent d'un autre que de soi-même dans les divers temps. »

Indépendamment de ces caractères essentiels qu'elles présentent, les sensations sont soumises à des lois dont voici les principales :

1° Elles ont pour unique organe le cerveau. En effet, qu'on coupe ou qu'on lie fortement les nerfs qui vont à l'œil, à l'oreille, à la main ; la partie de ces nerfs qui reste en communication avec le cerveau est encore sensible, tandis que le tronçon séparé du centre nerveux devient insensible.

2° Le cerveau est si bien l'organe des sensations qu'il peut les déterminer en l'absence de toute impression organique venue du dehors : c'est ce qui arrive pour les amputés qui croient souffrir, avoir froid au membre qui leur manque ; c'est ce qui a lieu dans les rêves, dans certaines maladies, où l'on peut voir, entendre, sans qu'on ait aucun objet sous les yeux, sans qu'aucun son se produise.

3° Chaque sens nous donne des sensations particulières et déterminées : l'odorat, les sensations d'odeur ; le goût, les sensations de saveur ; la vue, les sensations de lumière et de couleurs ; l'ouïe, les sensations de son ; le toucher, les sensations de froid et de chaud, de sec et d'humide, d'étendue et de résistance, etc.

4° Les nerfs ne provoquent et ne peuvent provoquer que le genre de sensations déterminées auxquelles ils sont affectés : ainsi piquez, pincez, frappez le nerf optique ; vous donnerez lieu, non à une douleur, mais à un éblouissement, à un scintillement éclatant ; la douleur est suscitée par les nerfs de la sensibilité générale.

5° Enfin les sensations sont localisées, c'est-à-dire que bien qu'elle se produisent nécessairement après l'ébranlement cérébral, elles sont invinciblement rapportées au point par lequel nous arrivent habituellement les impressions qui les déterminent. Les illusions des amputés sont une preuve curieuse de l'existence de cette loi, loi admirable par laquelle la Providence a voulu nous dire à chaque instant sur quelle partie de l'organisme doit se porter notre attention.

Les sensations sont si nombreuses et si variées qu'il semble bien difficile d'en donner une classification exacte. Néanmoins on peut dire qu'elles sont toutes *agréables* ou *désagréables* : dans le premier cas, elles s'appellent plaisirs physiques ou du corps; dans le second, douleurs physiques ou des sens.

On distingue aussi les sensations *externes* et les sensations *internes*.

Les sensations *externes* sont celles que déterminent les impressions venues d'objets extérieurs et reçues par les organes des sens : telles sont les sensations d'odeur, de saveur, de son, de lumière, de couleur, de résistance, etc.

Les sensations *internes* sont celles que provoquent les impressions venues de l'intérieur du corps et des profondeurs de l'organisme. Voici l'énumération de ces sensations d'après le psychologue anglais Bain : 1° sensations des muscles, v. g. sensations de coupure ou de déchirure, crampes, spasmes; 2° sensations des nerfs, v. g. fatigue nerveuse, effets des stimulants; 3° sensations de la circulation et de la nutrition, v. g. sensations causées par la faim, la soif, les nausées, les dégoûts; 4° sensations de la respiration; 5° sensations internes de chaud et de froid; 6° sensations électriques. Toutes ces sensations et beaucoup d'autres infiniment petites viennent se confondre dans une sensation générale, unique, qu'on peut appeler la sensation vitale et qui est tantôt vive et forte, tantôt inconsciente et presque nulle.

Parmi les sensations internes ou organiques, les unes sont *périodiques* comme les appétits qui les déterminent, la faim, la soif, le besoin de sommeil; les autres *accidentelles* comme les maladies auxquelles elles sont attachées.

Les *sensations*, quelles qu'elles soient, se distiguent parfaitement de la *perception* qui les accompagne invariablement.

En effet, la *perception* est la connaissance des objets extérieurs, c'est-à-dire un phénomène intellectuel et représentatif, tandis que la *sensation* est une émotion, une modification de l'âme, agréable ou désagréable, c'est-à-dire un phénomène purement affectif et sensible.

La *perception* d'un objet est à peu près fixe, constante, uniforme, non seulement pour le même individu, mais même pour des personnes différentes : le soleil apparaît à tout le monde comme un disque brillant. Rien de plus fugitif, au contraire, rien de plus variable que les *sensations* : il y a des nuances infinies entre les plaisirs et les douleurs éprouvées à l'occasion d'un même objet par des individus différents, voire même par la même personne dans l'espace d'un jour, quelquefois d'une heure.

La *sensation* n'a que deux modes; elle est agréable ou désagréable, de sorte que des sensations semblables se confondent bientôt et des sensations contraires ne peuvent exister simultanément sans que l'une absorbe l'autre : au contraire, les *perceptions* les plus opposées sont saisies par l'esprit dans lequel elles semblent s'attirer en vertu de leur contraste.

La mémoire reproduit directement les *perceptions*, tandis qu'elle ne peut pas faire revivre les *sensations* : elle se contente de rappeler la conscience que nous avons eue.

La raison ne peut rien sur les *sensations* qui se produisent en nous, sans nous et même malgré nous; elle corrige au contraire les *perceptions* :

> Quand l'eau courbe un bâton, ma raison le redresse,

a dit la Fontaine.

Sous l'influence de l'habitude, la *perception* devient plus nette, plus facile et plus vive; la *sensation*, au contraire, s'affaiblit, s'émousse et s'efface.

Enfin les *sensations* sont tellement différentes des *perceptions*, que la vivacité des premières est en raison inverse de la vivacité des secondes, comme l'ont établi Maine de Biran et Hamilton. « Si vous vous heurtez violemment contre un objet, la prédominance de la sensation douloureuse annule ou entrave la perception de l'objet résistant que vous avez rencontré; au contraire, touchez le même objet légèrement, faites que la sensation soit si faible qu'on puisse la négliger et vous distinguerez aisément la forme, les contours et peut-être la matière de l'objet que vous palpez. »

La *sensation* diffère donc profondément de la perception; elle diffère aussi du *sentiment*.

Le langage lui-même, qui est l'œuvre de cette psychologie spontanée, naturelle à tous les hommes, distingue la *sensation* du *sentiment* et n'emploie pas indifféremment ces deux termes. Me voilà en wagon, attendant avec impatience le départ du train; tout à coup retentit à mon oreille le coup de sifflet de la locomotive : j'appellerai *sensation* l'émotion désagréable que me cause ce bruit strident, et *sentiment* le plaisir que j'éprouve en entendant le signal du départ.

L'observation psychologique confirme la distinction établie par le langage entre la *sensation* et le *sentiment*.

Elle nous dit d'abord que la *sensation* est toujours précédée d'une impression organique, tandis que le *sentiment* a pour cause occasionnelle un phénomène intellectuel ou moral. Ainsi, dans le cas précédent, c'est le coup de sifflet qui a donné lieu à la sensation et l'idée du départ qui a provoqué le sentiment.

En second lieu, la *sensation* est localisée, comme nous l'avons vu, tandis que le *sentiment* ne l'est pas et personne ne s'imaginera jamais ressentir la tristesse, les joies de la conscience, le remords par un lobe particulier du cerveau, une partie quelconque de son corps.

En troisième lieu, les *sensations* sont communes à l'homme et à l'animal, qui parfois, à cause de la délicatesse de ses organes, les ressent avec plus de vivacité que nous : le *sentiment* est le privilège de l'homme, qui seul peut éprouver des émotions intellectuelles, esthétiques et morales.

Ce n'est pas tout : la *sensation* devance l'intelligence; pour sentir que le feu brûle, je n'ai pas besoin de connaître le feu. Le *sentiment* au contraire, suppose toujours un certain degré d'intelligence et ne se produit qu'à la suite de la connaissance : ce n'est que parce que je connais le vrai, le beau, le bien, que j'éprouve du plaisir à les contempler. Cette différence entre la sensation et le sentiment est si réelle que l'homme éprouve des sensations bien avant d'éprouver des sentiments et que ces derniers ne se développent dans l'âme qu'autant que la raison commence à s'épanouir.

Que si maintenant l'on compare le rôle et la fin des *sentiments* et des *sensations*, on découvre entre eux une nouvelle différence. Les *sensations*, en effet, ont été établies par le Créateur pour être comme les gardiennes de la vie physique. Les *sentiments*, eux, ont une fin plus noble et plus élevée; ils sont placés dans le cœur de l'homme comme un ressort puissant, sous l'impulsion duquel se développe la vie intellectuelle et morale. Aussi, tandis que les *sensations*, viles et grossières, ne peuvent jamais être recherchées pour elles-mêmes et que s'y arrêter comme à une fin c'est se dégrader et s'avilir, les *sentiments* sont par eux-mêmes une fin digne de notre âme et tout le monde admire et applaudit celui qui recherche les nobles jouissances de l'art, de la science et de la vertu.

Ainsi donc, les *sensations* et les *sentiments* tout en ayant une même origine, la faculté de sentir, demeurent profondément distincts. « Ce sont, comme le dit l'abbé Bautain, deux branches d'un même tronc, ou plutôt, pour me servir d'une comparaison qui rend assez bien ma pensée, ce sont, si vous le voulez, ces deux parties de la plante qui sortent du même nœud vital, l'une s'élevant dans l'air, vers le ciel et donnant la foliation, la floraison, la fructification, tout ce qu'il y a de beau dans le végétal; l'autre, opposée à la première, qui descend dans la terre par les racines. Toutes deux sont souverainement nécessaires pour constituer la vie de la plante, mais elles prennent des directions contraires, la première se portant toujours en haut vers la lumière, vers le soleil ; la seconde s'enfonçant dans les profondeurs de la terre, dans les ténèbres. »

Sujets à traiter. — 1. Caractériser par une analyse psychologique la différence entre les sensations et les perceptions. (Sorbonne, 16 novembre 1870.)

2. Distinguer les sentiments des sensations. Vérifier cette distinction en étudiant tour à tour chacun de nos sentiments principaux. (Sorbonne, 28 novembre 1871.)

3. Distinguer le sentiment de la sensation. Énumérer et classer les principaux sentiments du cœur humain. (Sorbonne, 15 novembre 1867, 5 mai 1870.)

XII.

Du plaisir et de la douleur. Quelles sont les causes de ces deux genres d'émotions ? Existe-t-il des émotions indifférentes ? (Sorbonne, 31 juillet 1871.)

Le *plaisir* et la *douleur* sont des phénomènes si simples qu'il semble inutile et impossible de les définir : inutile ; parce que tout le monde les connaît pour les avoir éprouvés maintes fois ; impossible, parce qu'on ne trouverait pas, pour expliquer ces phénomènes, de mots plus clairs que ceux qui les désignent.

Les émotions agréables que je ressens quand je respire un doux parfum, quand j'entends une belle musique, une voix harmonieuse, quand je contemple un beau ciel étoilé, un chef-d'œuvre de l'art, voilà des *plaisirs*.

Ce sont des *douleurs*, au contraire, que les émotions désagréables que j'éprouve quand le froid me pénètre, quand une mauvaise odeur me suffoque, quand on m'annonce une fâcheuse nouvelle.

Le *plaisir* et la *douleur* ne semblent donc être que les émotions agréables et désagréables dont notre âme est le sujet.

Cependant il y a deux opinions différentes sur la nature du *plaisir* et de la *douleur*.

Épicure dans l'antiquité, Jérôme Cardan et Emmanuel Kant dans les temps modernes ont prétendu que la *douleur* est le fait primitif de la sensibilité et que le *plaisir* n'est qu'un phénomène négatif, la cessation, l'*absence de la douleur*, « *indolentia, carentia doloris* ».

Aristote, au contraire, et avec lui Descartes, Leibnitz, Hamilton, Bouillier, voient dans le *plaisir* un fait positif, le sentiment de quelque perfection, « *perfectionis alicujus conscientia* »; la *douleur*, d'après eux, est un sentiment d'imperfection.

La première de ces deux opinions ne semble pas acceptable. — Car d'abord, s'il est des *plaisirs* qui ne viennent que de la cessation d'une douleur, d'une souffrance plus ou moins pénible, il en est d'autres et en plus grand nombre qui ne succèdent à aucune douleur, comme, par exemple, les plaisirs que nous procurent les belles couleurs, les odeurs suaves. — En second lieu, la *douleur* n'est pas le fait primitif de la sensibilité, puisqu'il y a des douleurs qui ne sont provoquées que par la suppression d'un plaisir, comme celle qu'éprouve l'enfant à qui l'on enlève ses jouets. — Enfin, tout le monde distingue parfaitement le *plaisir* de l'*absence de la douleur*, qui n'est qu'un état intermédiaire entre le *plaisir* et la *douleur* et n'a jamais la vivacité du *plaisir*.

Il faut donc dire avec Aristote : « Le *plaisir* achève l'acte et le complète, comme la fleur de la jeunesse complète l'âge heureux qu'elle anime..... Il complète aussi la vie que tous les êtres chérissent avec passion; ils ont donc raison de chérir le *plaisir*, puisque, pour chacun d'eux, il est le complément de cette vie à laquelle ils sont fort attachés. »

Quoi qu'il en soit, le *plaisir* et la *douleur* nous apparaissent comme des faits sensibles et affectifs, et, à ce titre, parfaitement distincts soit des faits intellectuels et représentatifs, soit des faits volontaires et libres.

En second lieu, ils sont passifs, c'est-à-dire que l'âme les subit, plutôt qu'elle ne les crée. Sans doute, elle ne les éprouverait pas si elle était inerte et il n'y a que l'être vivant et actif qui ait des *plaisirs* et des *douleurs* ; mais enfin quand nous en éprouvons, nous sentons non pas que nous faisons quelque chose, mais que quelque chose se fait en nous.

En troisième lieu, le *plaisir* et la *douleur* sont subjectifs, c'est-à-dire qu'ils supposent un sujet sentant et rien de plus, qu'ils n'ont par eux-mêmes aucune objectivité, qu'ils sont incapables de nous faire connaître un seul objet et ne peuvent être connus que par un acte de l'esprit qui nous en donne conscience : « C'est par quelque autre chose que la sensation que nous connaissons la sensation, » dit Bossuet.

En quatrième lieu, le *plaisir* et la *douleur* sont fatals, c'est-à-dire qu'ils ne dépendent pas directement de notre volonté libre et s'imposent à nous même malgré nous. Homère nous dit qu'ils viennent du ciel, et d'après Sophocle, « ce sont les dieux qui dispensent le rire et les larmes. » Il ne faudrait pas croire cependant que ces phénomènes échappent complètement à l'empire de la volonté; celle-ci demeure toujours maîtresse de réagir contre les émotions du cœur.

Enfin le *plaisir* et la *douleur* sont essentiellement mobiles et variables. Ils diffèrent d'un individu à l'autre, d'après le tempérament, le sexe, le climat :

... Trahit sua quemque voluptas,

a dit Virgile, et Pascal : « Un homme a d'autres plaisirs qu'une femme; un riche et un pauvre en ont de différents; un prince, un homme de guerre, un marchand, un bourgeois, un paysan, les vieux, les jeunes, les sains, les malades, tous varient. » Le *plaisir* et la *douleur* varient non seulement avec les individus, mais encore dans le même individu, « avec une telle diversité, dit Pascal, qu'il n'y a point d'homme plus différent d'un autre que de soi-même dans les divers temps ».

Lenit albescens animos capillus,

disait Horace, et Boileau :

Le temps qui change tout change aussi nos humeurs;
Chaque âge a ses plaisirs, son esprit et ses mœurs.

Telle est la nature, tels sont les caractères du *plaisir* et de la *douleur*. Quant aux causes de ces deux sortes d'émotions, la psychologie les trouve dans les inclinations et les penchants. Nous n'éprouvons du *plaisir* et de la *douleur*, que parce qu'il y a en nous des dispositions naturelles et innées, qui nous portent à l'accomplissement de notre destinée physique, intellectuelle et morale. Le *plaisir* naît de la satisfaction de ces tendances et du déploiement de notre activité; la *douleur*, au contraire, a pour cause une compression quelconque de notre activité et n'est la plupart du temps qu'une inclination gênée et contrariée dans son exercice et son développement.

Ainsi les *plaisirs physiques* viennent de l'accomplissement normal des fonctions organiques, de la satisfaction des besoins du corps, faim, soif, et des impressions favorables à la santé que les objets extérieurs font sur les organes. Les *douleurs physiques* sont toujours provoquées par la non-satisfaction des appétits, par les impressions défavorables ou nuisibles à l'organisme, que nous ressentons à l'intérieur ou à l'extérieur du corps.

Les *plaisirs intellectuels* sont les joies que nous causent la connaissance de la vérité et le libre jeu de nos facultés marchant à la conquête de la science. Les *douleurs* et les *peines de l'esprit* viennent du doute, de l'ignorance, des difficultés et des obstacles que rencontrent nos facultés et nos opérations intellectuelles dans leur exercice et leur développement.

Les *plaisirs esthétiques* naissent de la contemplation de la beauté physique, intellectuelle et morale, et la vue de la laideur, sous quelque forme qu'elle se présente à nous, engendre toujours une *douleur* plus ou moins vive.

Le plaisir du bien ou plutôt la *satisfaction morale* est la joie pure et profonde que nous fait éprouver le témoignage d'une bonne conscience, après l'accomplissement d'un acte de vertu, de dévouement, d'héroïsme; et la *douleur morale,* ou le *remords,* n'est que la souffrance secrète et amère que provoque dans l'âme la désobéissance à la loi du devoir.

Les *plaisirs religieux* enfin ont pour cause les douces espérances que nous inspirent la bonté du Créateur et sa miséricorde infinie; tandis que la pensée de la majesté divine offensée et des rigueurs inexorables de la justice éternelle provoque en nous une *émotion* plus ou moins *douloureuse.*

C'est une question vivement débattue entre les philosophes que celle de savoir si toutes nos émotions sont des *plaisirs* ou des *douleurs* ou bien s'il faut admettre qu'il y a des *émotions* in-

différentes, c'est-à-dire des émotions qui ne sont par elles-mêmes ni agréables ni désagréables.

Quelques philosophes affirment, d'autres nient l'existence d'*émotions indifférentes* : on pourrait peut-être concilier ces deux opinions.

En fait, un grand nombre d'émotions ne semblent pas affectives, car la perception est toujours précédée d'une sensation, et pourtant il nous arrive à chaque instant de voir, d'entendre, de toucher certaines choses, sans être affectés, à aucun degré, de plaisir ou de peine.

Seulement cette indifférence de l'émotion est un effet de l'habitude qui émousse la sensibilité, ou de la distraction de l'âme, qui assiégée par diverses passions ou pensées, ne remarque pas une peine ou une jouissance légères; mais « le plaisir ou la peine, dit M. Jules Simon, est à l'origine le caractère fondamental de toute sensation ».

Ainsi donc les émotions ne sont pas *indifférentes* par elles-mêmes; elles le deviennent avec le temps et il faut admirer en cela la sagesse du Créateur qui n'a pas voulu que des sensations destinées à nous avertir de la présence des objets tinssent l'âme trop occupée et l'absorbassent en quelque sorte par le *plaisir* ou la *douleur* qu'elles lui feraient éprouver.

Sujets à traiter. — 1. Du plaisir et de la peine. Quelle est la nature de ces deux sortes de phénomènes ? Des différentes espèces de peines et de plaisirs. (Sorbonne, 9 novembre 1871.)

2. Montrer le rôle et la part de la douleur dans l'éducation de l'intelligence et de la volonté. (Sorbonne, 30 mars 1878.)

XIII.

Définir, classer et caractériser les sentiments, les inclinations, les appétits, les penchants et les passions.
(Sorbonne, 18 novembre 1871.)

On appelle *sentiments* les émotions agréables et désagréables déterminées dans l'âme par les divers phénomènes de la vie intellectuelle et morale.

Les *sentiments* se divisent en quatre classes : sentiments *intellectuels*, sentiments *esthétiques*, sentiments *moraux* et sentiments *religieux*.

Les sentiments *intellectuels* sont ceux que nous éprouvons par suite des divers états de notre intelligence : telle est la joie que nous cause la connaissance de la vérité, la peine que nous ressentons quand nous sommes en proie à l'ignorance ou au doute.

Les sentiments *esthétiques* sont les plaisirs que nous procure la contemplation du beau et les émotions pénibles que nous cause la vue de la laideur.

Les sentiments *moraux* sont les joies que nous fait éprouver le témoignage d'une bonne conscience et les souffrances secrètes et amères qui accompagnent nos actions coupables et portent le nom de remords.

Les sentiments *religieux* enfin sont les émotions joyeuses et douloureuses que déterminent en nous nos rapports avec l'Infini.

Tous ces *sentiments* ont des caractères communs. — Ainsi d'abord, ils naissent de l'âme dans l'âme et ne sont pas provoqués, comme les sensations, par des impressions organiques. — Ainsi encore ils ne sont pas localisés, c'est-à-dire rapportés, comme les plaisirs et les douleurs physiques, à telle ou telle partie du corps, et personne ne s'imaginera jamais ressentir la tristesse, les joies et les remords de la conscience par un lobe particulier du cerveau, une partie quelconque de son corps. — Ainsi enfin les sentiments sont le privilège exclusif de l'homme, qui seul peut éprouver des plaisirs intellectuels, esthétiques, moraux et religieux : l'animal, lui, n'a que des sensations. Aussi, tandis que les sensations, viles et grossières, ne peuvent être recherchées pour elles-mêmes et que s'y arrêter comme à une fin, c'est se dégrader et s'avilir, les sentiments nous apparaissent comme une fin digne de notre âme et tout le monde admire et applaudit celui qui recherche les nobles jouissances de la science, de l'art et de la vertu.

Les *inclinations* sont ces tendances naturelles, ces dispositions primitives et spontanées qui nous portent à rechercher ou à fuir certains objets, à agir d'une façon plutôt que d'une autre.

On divise ordinairement les inclinations d'après leur objet en trois grandes classes : inclinations *personnelles*, inclinations *sociales* et inclinations *supérieures*.

Les inclinations *personnelles* sont celles qui nous font aimer notre bien propre, physique, intellectuel et moral. De ces inclinations, les unes sont relatives au corps, comme les appétits; d'autres sont relatives à l'âme, comme l'amour de l'activité et de l'indépendance, l'amour de la supériorité et des honneurs, l'amour de la gloire; d'autres enfin sont mixtes, c'est-à-dire relatives à la fois à l'âme et au corps, comme l'amour de la vie, l'amour du bien-être, l'amour de la propriété.

Les inclinations *sociales* sont celles qui nous portent à aimer nos semblables. On les ramène à quatre clases générales : affections *philanthropiques* qui ont pour objet le genre humain tout entier, instinct de sociabilité, philanthropie, sympathie, pitié, reconnaissance; affections *patriotiques*, amour de la patrie, du sol natal; affections *domestiques*, amour paternel, maternel, filial, conjugal, fraternel; affections *électives* enfin qui viennent de notre choix et de notre préférence libre : amour et amitié. On rattache ordinairement aux affections *sociales* les inclinations que nous éprouvons pour les êtres animés et inanimés : amour de la nature, des fleurs, des oiseaux.

Les inclinations *supérieures* sont ces nobles instincts qui nous portent vers l'idéal et la perfection : inclinations *intellectuelles* ou amour du vrai; inclinations *esthétiques* ou amour du beau; inclinations *morales* ou amour du bien; inclinations *religieuses* ou amour de Dieu.

Ces inclinations diverses ont pour caractères communs : 1° d'être inconscientes et aveugles, car elles se manifestent en nous avant l'usage de la raison et le développement de l'intelligence; 2° d'être instinctives et fatales, car nous les portons en naissant et si la volonté peut réagir contre elles, elle ne saurait les empêcher de se faire sentir au fond de notre cœur.

Les *appétits* ou inclinations physiques sont les besoins naturels qui ont pour objet la conservation et le développement de la vie du corps.

On distingue deux sortes d'*appétits*, les appétits qui se rapportent à la conservation de l'individu, comme la faim, la soif, le besoin de sommeil, et les appétits qui ont trait à la conservation de l'espèce, comme l'instinct de la reproduction.

En dehors de ces appétits *naturels*, il y a les appétits *factices* que nous nous créons à nous-mêmes, comme le besoin de priser, de fumer, et les appétits *accidentels* qui ne se produisent que dans certaines circonstances exceptionnelles, dans certaines maladies.

Trois caractères principaux distinguent les *appétits naturels* des autres *inclinations* : 1° ils sont périodiques et se font sentir à des intervalles à peu près réguliers; au lieu que nos autres inclinations sont constantes et permanentes; 2° ils s'apaisent quand on les satisfait, au lieu que nos autres inclinations ne font que croître et se fortifier à mesure qu'elles sont mieux satisfaites; 3° ils ont pour effet des sensations localisées, au lieu que les autres inclinations engendrent des sentiments.

On confond souvent les *penchants* avec les *inclinations* et on voit en eux les dispositions naturelles qui constituent le fond de l'homme en général et de chacun de nous en particulier.

Il semble cependant que le mot *penchant* désigne surtout les tendances mauvaises qui viennent de ce que Pascal appelle le vilain fond de l'homme, « *figmentum malum*, » ou que nous laissons s'enraciner en nous par l'habitude: telles sont la colère, l'envie, la jalousie, la vengeance.

Les penchants sont innés et par là même originairement aveugles et fatals comme les inclinations; ils relèvent pourtant de la volonté qui peut et doit, sinon les étouffer entièrement, du moins travailler à les détruire autant que possible.

Les *passions* ont été diversement définies.

Les Stoïciens voyaient en elles des mouvements de l'âme contraires à la nature et à la raison : « ἀλόγος καὶ παρὰ φύσιν ψυχῆς κινήσις. »

« J'appelle *passions*, dit Aristote dans sa *Morale à Nicomaque*, le désir, la colère, la crainte, la hardiesse, l'envie, la joie, l'amitié, le regret, la jalousie, la pitié, en un mot tous les sentiments qui entraînent à leur suite le plaisir ou la peine. »

« Il me semble, dit Descartes dans son *Traité des passions*, que l'on peut définir les *passions* des perceptions ou des sentiments ou des émotions de l'âme qu'on rapporte principalement à elle et qui sont causées, entretenues, fortifiées par quelque mouvement des organes. »

Bossuet, dans son *Traité de la connaissance de Dieu et de soi-même*, définit la *passion* « un mouvement de l'âme qui, touchée du plaisir ou de la douleur ressentie ou imaginée dans un objet, le poursuit ou s'en éloigne ».

Aujourd'hui on entend généralement par *passions* des inclinations impétueuses et violentes, aveugles et exclusives, « le plus haut degré d'excitation et de persistance où puisse arriver le désir », comme dit M. Franck dans le *Dictionnaire des sciences philosophiques*.

Les classifications des passions sont aussi diverses que les définitions de ces phénomènes.

Aussi les stoïciens distinguent quatre passions principales, le *désir* et la *joie*, la *crainte* et la *tristesse*, auxquelles ils rapportent toutes les passions secondaires.

D'après Aristote, saint Thomas et Bossuet, il y a onze passions principales dont six se rapportent à l'appétit concupiscible : l'*amour* et la *haine*, le *désir* et l'*aversion*, la *joie* et la *tristesse*, et cinq à l'appétit irascible : l'*audace* et la *crainte*, l'*espérance* et le *désespoir*, enfin la *colère*.

Descartes compte six passions primitives : l'*admiration*, l'*amour*, la *haine*, le *désir*, la *joie*, la *tristesse*.

Charles Fourier a distingué dans notre siècle trois sortes de passions : les passions *sensitives*, les passions *affectives* et les passions *distributives*.

Il semble qu'on devrait distinguer autant de classes de passions qu'il y a de classes d'inclinations, puisque toutes nos inclinations peuvent devenir véhémentes, impétueuses et par là même passionnées.

Il y aurait donc : 1° les passions *personnelles*, gourmandise, ivrognerie, luxure, orgueil, égoïsme, ambition, avarice, etc.; 2° les passions *sociales*, amour de nos semblables, amour de la patrie, amour proprement dit, amitié, etc.; 3° les passions *supérieures*, passion du vrai, du beau, du bien, de la vertu.

Quoi qu'il en soit, l'amour est « la première et la plus universelle de nos *passions* ». « Otez l'amour, dit Bossuet, il n'y a plus de passions, et posez l'amour, vous les faites naître toutes. »

Les *passions* sont ces orages du cœur, ces feux dévorants, ces torrents furieux dont les moralistes, les poètes et les romanciers nous ont si souvent retracé l'image. Ne voyant que l'objet de leur convoitise, elles ne nous laissent vivre que de lui et que pour lui; elles n'écoutent ni la raison ni la conscience et sacrifient tout pour se satisfaire. Cependant elles demeurent toujours sous l'empire de la volonté qui peut à son gré les exciter et les enflammer, les apaiser et les étouffer, ou du moins « les réduire aux termes de la raison », comme le veut Bossuet.

Tous les phénomènes que nous venons de définir, de classer et de décrire appartiennent à une seule et même faculté, la sensibilité, le cœur. Les *inclinations*, les *appétits* et les *penchants* constituent comme le fond de cette faculté et sont la source des *sentiments* et des *passions* : des *sentiments* qui naissent en nous de la satisfaction des tendances primitives ou de l'opposition qu'elles éprouvent; des *passions*, qui ne sont que les inclinations, les appétits et les penchants portés à un haut degré de force et de véhémence.

Sujets à traiter. — 1. Énumérer et classer les principales inclinations de la nature humaine. (Sorbonne, 1er août 1867.)

2. Énumérer et définir les principales inclinations, affections et passions de l'âme. (Sorbonne, 12 juillet 1880.)

3. Énumérer et classer les inclinations, affections et passions de l'âme. (Sorbonne, 21 mars 1879.)

4. Faire voir comment toutes les passions dérivent de l'amour et de la haine. (Sorbonne, 27 octobre 1877.)

5. L'amour de soi est-il l'unique principe de tous nos sentiments et de toutes nos affections? (Sorbonne, 21 mars 1880.)

6. Tous les sentiments du cœur humain se ramènent-ils à l'amour-propre, comme l'a pensé La Rochefoucauld? (Sorbonne, 5 août 1873.)

7. Influence du sentiment sur le bonheur. (Faculté de Montpellier, 12 juillet 1883.)

8. De l'amour-propre. Ses effets sont-ils toujours funestes? (Faculté de Montpellier, 17 juillet 1883.)

XIV.

Quel est le rôle des passions dans la nature humaine ? L'homme doit-il chercher à les détruire entièrement ou seulement à les modérer et à les diriger ? Quelles sont les deux écoles philosophiques de l'antiquité qui ont soutenu l'une et l'autre de ces doctrines ? (Sorbonne, novembre 1875.)

Il y a longtemps que les moralistes, les poètes et les romanciers ont décrit le rôle des passions et représenté ces mouvements impétueux et violents de notre cœur tantôt comme des orages terribles, tantôt comme des torrents furieux, tantôt comme des flammes dévorantes.

Les philosophes, de leur côté, ont de tout temps constaté l'influence profonde des passions sur la vie humaine. — C'est d'elles, en effet, que dépend le bonheur ou le malheur de chacun de nous : car, ou bien elles atteignent l'objet de leur convoitise, et alors elles nous font goûter les charmes de la jouissance; ou bien leurs élans et leurs ardeurs trouvent des résistances et des obstacles insurmontables, et alors la douleur arrive, profonde, amère, d'autant plus poignante que la passion est plus vive : la mesure de l'amour est la mesure de la souffrance. — Les passions ne font pas seulement le bonheur et le malheur de la vie : elles en constituent encore la gloire ou la honte. Si c'est la passion du vrai, la passion du beau, la passion du bien qui enflamment le cœur de l'homme, il accomplit sans peine et sans effort les plus beaux actes de dévouement, de sacrifice et de vertu; il consacre généreusement sa vie à la science, aux beaux-arts, ou bien il sait mourir comme Léonidas aux Thermopyles et le chevalier d'Assas sous les baïonnettes ennemies. Si ce sont, au contraire, des passions comme l'envie, la haine, la vengeance, la cupidité, l'ambition, la soif de la volupté, qui se rendent maîtresses de son âme, il subit tristement le plus dur des esclavages, et de défaillance en défaillance, de chute en chute, il tombe dans la fange du vice ou même l'opprobre du crime.

Quel est donc notre devoir vis-à-vis des passions? Faut-il les déraciner, les détruire, les anéantir ou seulement les modérer et les diriger? La première de ces deux doctrines a été soutenue dans l'antiquité par l'école stoïcienne et la seconde par l'école péripatéticienne.

Zénon et les philosophes du Portique ne voyaient dans les passions que des mouvements contraires à la nature et à la raison, « ἄλογος καὶ παρὰ φύσιν ψυχῆς κίνησις, » que des troubles et des séditions de l'âme, « *perturbationes animi*, » que des maladies incurables et mortelles, « νοσήματα, ἀρρωστήματα »; aussi pensaient-ils qu'il n'y a pas lieu de songer à contenir et à diriger les passions et qu'il est impossible d'assigner une mesure à ce qui, de sa nature, échappe à toute règle : autant vaudrait se précipiter du haut du rocher de Leucade avec la prétention de s'arrêter à son gré. D'après les Stoïciens, le sage doit donc rester étranger au désir, comme à la crainte, à la joie, à la tristesse, lutter sans trêve et sans relâche contre les mouvements du cœur et arriver à cette constance inaltérable, à cette fière impassibilité dont parle le poète :

> Justum ac tenacem propositi virum
> . . . .
> Si fractus illabatur orbis,
> Impavidum ferient ruinæ...

Aristote et les Péripatéticiens entendaient par passions tous les mouvements naturels de notre cœur, sentiments, inclinations et affections, et enseignaient que les passions, n'étant ni bonnes ni mauvaises par elles-mêmes, le deviennent par l'usage qu'on en fait et que par conséquent il faut non pas les détruire, mais seulement les modérer, les discipliner, leur imposer un frein et une direction : à cette condition, elles peuvent concourir et concourent, en effet, à l'accomplissement du bien. Ainsi la colère soutient le courage du guerrier et inspire à l'orateur ses plus beaux mouvements d'éloquence; ainsi encore la honte vient en aide au devoir et nous fait accomplir, pour éviter le déshonneur, ce que n'eût jamais obtenu de nous le simple attachement à la vertu; ainsi enfin l'émulation enfante des prodiges et les lauriers de Miltiade qui empêchaient Thémistocle de dormir valurent à la Grèce la victoire de Salamine.

Que penser de ces deux opinions ?

Celle des Stoïciens a le tort d'être exagérée ; vouloir proscrire absolument toutes les passions, c'est mutiler en quelque sorte la nature humaine et immoler, pour ainsi dire, le cœur à la raison. Aussi le bon sens souscrit-il à ce que dit la Fontaine :

> Celui-ci retranche de l'âme
> Désirs et passions, le bon et le mauvais,
> Jusqu'aux plus innocents souhaits.
> Contre de telles gens, quant à moi, je réclame :
> Ils ôtent à nos cœurs le principal ressort,
> Et font cesser de vivre avant que l'on soit mort.

La doctrine des Péripatéticiens semble plus près de la vérité et Bossuet dit avec eux et comme eux dans son *Traité de la Connaissance de Dieu et de soi-même :* « Le principal devoir de la vertu doit être de réprimer les passions, c'est-à-dire de les réduire aux termes de la raison. »

Parmi les passions, en effet, les unes sont bonnes comme l'amour de la patrie, l'amour du vrai, l'amour du bien, l'amour de Dieu, qui, contenus et développés sous l'empire de la raison, peuvent accomplir des prodiges ; les autres, au contraire, sont mauvaises comme l'égoïsme, l'avarice, la jalousie, la gourmandise, la soif de la volupté et tous ces sentiments qui viennent de ce que Pascal appelle le vilain fond de l'homme, « *figmentum malum* ». Il faut donc combattre, extirper, s'il est possible, ces dernières passions et favoriser les premières qui sont comme autant de ressorts énergiques sous l'impulsion desquels nous nous sentons portés vers toutes les grandes et belles choses : « La passion dans l'homme, dit le père Lacordaire, est le glaive de l'amour, et celui qui voudrait le lui ravir à cause des maux dont il est l'instrument, serait semblable à l'infortuné qui voudrait briser la lyre d'Homère par ce qu'Homère a chanté les faux dieux. Ah ! ne brisez pas la lyre : prenez-la des mains du poète aveugle et chantez avec elle le nom, les bienfaits et la gloire du Dieu visible. Chantez, la terre vous écoute et le ciel vous répond ; car la lyre d'Homère est aussi la lyre de David, et la passion qui tue l'homme a sauvé l'homme au Calvaire. »

XV.

Tableau raisonné des facultés, des opérations et des procédés de l'intelligence. (Sorbonne, 14 mars 1877.)

L'*intelligence* est la faculté qu'a l'âme humaine de connaître et de penser et à laquelle on rapporte tous les phénomènes représentatifs ou objectifs, idées et pensées, perceptions et conceptions, souvenirs et abstractions, comparaisons et généralisations, jugements et raisonnements.

Cette faculté est aussi indivisible que l'âme à laquelle elle appartient, néanmoins comme elle nous représente des objets divers et qu'il y a diverses manières de connaître et de penser, on distingue dans l'*intelligence* ou dans l'entendement plusieurs facultés et opérations particulières qui en sont les modes, les fonctions, les manifestations variées.

Ainsi d'abord il y a des facultés intellectuelles qui servent à l'*acquisition* des idées et nous mettent en rapport avec les objets de la connaissance : on les appelle ordinairement *facultés de perception*, du latin *percipere*, parce qu'elles nous font saisir directement et immédiatement les réalités qui se manifestent à nous.

Comme ces réalités sont de trois sortes, comme il y a les réalités physiques et matérielles, phénomènes et propriétés des corps; les réalités psychologiques ou spirituelles, phénomènes et facultés de l'âme, et les réalités nécessaires et absolues, la substance, la cause, l'ordre, la fin, le vrai, le beau, le bien, le temps, l'espace, etc., on distingue trois *facultés de perception :*

La *perception extérieure* ou des *sens* qui nous fait connaître l'existence et les propriétés des corps;

La *perception interne* ou le *sens intime* qui nous révèle les phénomènes de l'âme, de la vie intellectuelle et morale, et qu'on désigne souvent sous le nom de *conscience psychologique;*

Et enfin la *raison* qui nous fait concevoir les notions et les vérités premières, les principes et les rapports généraux des choses.

Les *sens extérieurs* et le *sens intime*, qui n'ont pour objet que des choses contingentes, relatives et particulières, constituent ce que l'on appelle l'*expérience*, ou les facultés expérimentales, par opposition à la *raison*, qui saisit le nécessaire, l'universel et l'absolu.

Les connaissances que nous donnent les facultés de perception ne s'évanouissent pas avec les objets qui les déterminent : l'esprit les garde, les conserve et les combine, grâce à d'autres facultés qu'on désigne ordinairement sous le nom de *facultés de conception* et qui sont la *mémoire*, *l'association des idées* et *l'imagination :*

La *mémoire*, qui est le pouvoir de reproduire et de reconnaître les idées qu'on a déjà eues, ou bien comme le dit Fénelon, « ce je ne sais quoi qui est tour à tour toutes les choses que j'ai connues depuis que je suis au monde; »

L'association des idées, qui est moins une faculté qu'une loi générale de l'esprit, d'après laquelle nos idées s'enchaînent les unes aux autres et s'appellent mutuellement;

L'imagination enfin, qui est la faculté de concevoir sous forme sensible les objets et les idées, et qui présente trois formes principales : l'imagination *reproductrice* ou mémoire imaginative, qui se contente de faire revivre sous les yeux de l'esprit les personnes et les choses qui ont frappé les sens; l'imagination *combinatrice* ou la fantaisie, la faculté du rêve et de la chimère, qui a pour fonction de fondre et d'associer les données des sens et de la mémoire pour en former des conceptions artificielles plus ou moins opposées aux lois de la nature et de la raison et qu'on appelle fictions; et l'imagination *créatrice* qui est la faculté d'inventer dans les sciences et dans les beaux-arts, la faculté de l'idéal, qui fait les artistes, les littérateurs et les poètes.

Une fois en possession des connaissances que lui fournissent les facultés de perception et que conservent les facultés de conception, l'intelligence les élabore, les transforme et en tire des connaissances nouvelles; c'est là la fonction propre des *opérations intellectuelles,* ainsi appelées du latin *operari*, travailler.

La première de toutes est l'*attention,* ou l'application de l'esprit aux objets de la connaissance, la concentration de l'activité intellectuelle sur les choses pour les mieux comprendre : cette opération rend claires, distinctes et lumineuses les idées et les connaissances primitives, qui sont toujours complexes, et par là même vagues, obscures et confuses.

A l'attention succède l'*abstraction*, qui comme son nom l'indique, *abstrahere*, séparer de, consiste à séparer mentalement d'une idée ou d'un objet ce qui en réalité en est inséparable, pour le considérer isolément : grâce à elle, l'esprit, qui lorsqu'il saisit les choses dans leur ensemble, dans leur réalité concrète, ne les connaît que confusément, peut fixer successivement son attention sur chacun des éléments qui les constituent et s'en faire aussi une idée nette et exacte.

Mais l'intelligence ne se contente pas de notions éparses et de connaissances isolées; elle veut saisir le lien des choses, leurs ressemblances et leurs différences : c'est à ce besoin que répond la *comparaison*, qui consiste à étudier attentivement deux ou plusieurs objets pour en connaître les rapports.

Les rapports une fois connus, nous les étendons à tous les objets de la même espèce et nous nous formons des idées générales qui s'appliquent à toute une classe d'individus, « *unum aptum prædicari de multis*, » comme disaient les Scolastiques, c'est là l'œuvre propre de la *généralisation*.

Mais que l'esprit perçoive ou conçoive, qu'il fasse des abstractions, qu'il compare ou qu'il généralise, il ne s'arrête jamais à de pures idées, à de simples représentations des choses : il juge toujours, c'est-à-dire qu'il affirme que les choses sont ou ne sont pas. Le *jugement* est la vie même de l'intelligence et sa principale opération.

Toutefois les facultés et les opérations que nous venons d'énumérer et de décrire ne comprennent pas tout le travail intellectuel; notre esprit qui n'a l'intuition que d'un petit nombre de vérités, peut élargir le cercle de ses connaissances en ayant recours à des procédés qu'analyse la logique et qu'on peut ramener aux suivants, *analyse* et *synthèse, déduction* et *induction, classification, hypothèse* et *analogie.*

L'*analyse*, du grec ἀναλυῶ, je décompose, consiste à décomposer un tout en ses éléments constitutifs, pour les considérer chacun à part.

La *synthèse*, du grec σὺν τιθήμι, je mets ensemble, est une opération par laquelle on réunit des éléments divers pour en former un tout.

Ces deux procédés généraux de l'esprit se retrouvent dans tout développement régulier de la pensée et ne doivent jamais se séparer : il faut que l'analyse précède la synthèse et que la synthèse succède à l'analyse :

> ... alterius sic
> Altera poscit opem res et conjurat amice.

« Toutes choses, dit Pascal, étant causées et causantes, aidées et aidantes, médiates et immédiates, et toutes s'entretenant par un lien naturel et insensible, qui lie les plus éloignées et les plus différentes, je tiens impossible de connaître les parties sans connaître le tout, non plus que de connaître le tout, sans connaître les détails, les parties. »

La *déduction* et l'*induction* sont les deux principales formes du *raisonnement*, de cette opération de l'esprit qui va du connu à l'inconnu, d'un jugement à un autre jugement.

La *déduction*, du latin *deducere*, tirer de, consiste à tirer une vérité particulière d'autres vérités qui la renferment plus ou moins explicitement; v. g. : Tout ce qui est beau est aimable, or la vertu est belle, donc elle est aimable.

L'*induction*, elle, s'élève des phénomènes aux lois, des effets aux causes, du particulier au général; elle étend à tous les êtres, à tous les faits de la même espèce, à tous les points de l'espace et de la durée ce qui n'a été remarqué que dans quelques individus seulement, dans certains temps et certains lieux déterminés. Ainsi je constate que dans un tube où l'on a fait le vide, du papier, du liège, des plumes, tombent aussi vite que du fer, du plomb, des pierres, etc.; l'expérience renouvelée me donne toujours le même résultat; je crois qu'il en a été, qu'il en sera toujours ainsi; j'affirme que tous les corps tombent dans le vide avec une égale vitesse : voilà une loi résultant de l'induction.

Il y a bien des cas et bien des sciences où l'induction n'est pas applicable : on a alors recours à la *classification*, à l'*hypothèse* et à l'*analogie*.

La *classification* est une opération qui consiste à distribuer les objets, d'après leurs ressemblances et leurs différences, en groupes subordonnés les uns aux autres.

L'*hypothèse* est la supposition d'une cause, d'une loi qu'on imagine pour suppléer à la connaissance des causes et des lois véritables qui échappent à l'esprit.

L'*analogie* enfin est un raisonnement qui de certains rapports observés et connus entre des objets de nature diverse, conclut à d'autres rapports qui se dérobent à nos regards; v. g. : J'ai remarqué entre deux personnes des ressemblances physiques, j'en conclus à leur ressemblance morale.

L'ensemble de ces procédés intellectuels constitue la méthode, dont l'application permet à notre esprit d'étendre sans cesse ses connaissances et d'élever peu à peu l'édifice de la science, qui est une des plus belles et des plus pures gloires de l'humanité.

Sujets à traiter. — 1. Tableau de l'activité intellectuelle. (Sorbonne, novembre 1876.)

2. Énumérer en les caractérisant d'une manière précise nos diverses facultés intellectuelles. (Sorbonne, 20 août 1868.)

3. Classer et caractériser les facultés auxquelles nous devons toute connaissance élémentaire, les éléments et les principes de toutes nos idées. (Sorbonne, 14 novembre 1871.)

XVI.

Objet et instruments de la perception externe. Objet et instrument de la perception interne. Comparer entre elles ces deux espèces de perceptions. (Sorbonne, 22 novembre 1872.)

L'objet de la *perception externe*, ce sont les choses extérieures, les corps et leurs propriétés que les sens nous font connaître directement et immédiatement.

Ainsi par l'*odorat* nous percevons les odeurs; par le *goût*, les saveurs; par l'*ouïe*, les sons, dans lesquels l'esprit distingue l'intensité ou le degré de force, le timbre ou le plus ou moins d'éclat, de douceur, le ton ou le degré d'élévation ou d'abaissement, et enfin l'articulation ou les inflexions diverses produites par l'organe vocal.

La *vue* a pour objet les surfaces colorées ou bien les couleurs et l'étendue sous deux de ses dimensions, longueur et largeur. Si les yeux jugent de la forme, de la distance des objets extérieurs, ce n'est qu'indirectement et par suite de l'éducation des sens. Primitivement et par elle-même, la vue nous révèle tous les objets sur un même plan, tangent à l'orbite de l'œil : ce fait a été mis hors de doute par des observations minutieuses faites sur les enfants en bas âge et surtout par la célèbre expérience de Chelseden, qui, après avoir pratiqué pour la première fois sur un aveugle de naissance l'opération de la cataracte, remarqua que le nouveau voyant n'avait aucune notion de la vraie distance des corps environnants.

Enfin le *toucher* nous fait percevoir l'étendue sous ses trois dimensions, la résistance avec ses degrés divers, solidité, fluidité, mollesse, dureté, pesanteur, le mouvement et le repos, et enfin la température, le chaud et le froid.

Ces diverses propriétés des corps n'agissent pas directement sur l'âme, mais seulement sur les *organes* : on appelle ainsi des appareils du corps destinés à recueillir et à transmettre à l'âme les impressions venues du dehors. Ce sont là les *instruments* de la *perception externe*.

Le *goût* a pour organes la langue, le palais et les nerfs épanouis à leur surface; l'*odorat* les fosses nasales, la membrane pituitaire et le nerf olfactif; l'*ouïe*, les oreilles, le tympan et le nerf acoustique; la *vue*, les yeux et le nerf optique; le *toucher*, tout le corps et plus particulièrement les mains.

L'objet de la *perception interne* ce sont toutes les modifications de l'âme, tous les faits suprasensibles, sensations et sentiments, penchants et passions, volitions et pensées, dont la trame constitue la vie intellectuelle et morale. Cette faculté nous fait aussi connaître, comme le pensent la plupart des philosophes contemporains, l'âme elle-même avec ses facultés et ses attributs. « On pourrait définir la conscience le sentiment du moi, » dit M. Vacherot, et M. Bénard : « J'ai conscience de mon moi sentant, pensant, voulant, non d'une collection de pensées, de sensations, d'actes sans support et qui flottent dans le vide. »

Pour se connaître ainsi directement, l'âme n'a besoin d'aucun organe, d'aucun *instrument :* elle est à la fois acteur et spectateur de ce qui se passe en elle; au même moment, le moi pense, sent, agit, et se regarde agir, penser, sentir. C'est là, sans doute, un pouvoir merveilleux et l'une des plus étonnantes prérogatives de l'esprit humain : « *Est quidem istud maximum animum ipsum animi videre.* » Mais on n'est pas autorisé à nier la *perception intime* parce qu'on ne la comprend pas et il faut admettre l'existence de cette faculté qu'a l'âme de se servir de miroir à elle-même, comme nous admettons l'existence de la lumière, bien que sa nature soit un mystère pour nous.

Que si maintenant nous comparons entre elles la *perception externe* et la *perception interne*, nous verrons qu'elles présentent des rapports étroits et des différences réelles.

N'est-il pas vrai d'abord que la *perception externe* n'est que l'intelligence en tant qu'elle connaît les phénomènes et les propriétés des corps, et que la *perception interne* n'est que cette même intelligence en tant qu'elle connaît les phénomènes et les facultés de l'âme? Nous pouvons donc dire, en appliquant à l'intelligence et aux deux facultés intellectuelles qui nous occupent ce que Bossuet dit de l'âme et des facultés générales de l'âme : « Perception externe et perception interne ne sont au fond que la même intelligence qui reçoit divers noms à cause de ses différentes opérations. »

En second lieu, la *perception externe* et la *perception interne* nous donnent l'une et l'autre des connaissances directes, immédiates et supposent également la présence de leur objet : ce n'est qu'autant que les réalités extérieures tombent sous nos sens que ceux-ci nous les révèlent; ce n'est qu'autant que nous pensons, que nous sentons, que nous voulons, que nous avons conscience de nos pensées, de nos sensations et nos volitions.

Enfin la *perception externe* et la *perception interne* se ressemblent en ce qu'elles n'ont pour objet que des choses contingentes, particulières, relatives : ce sont bien là, en effet, les caractères des phénomènes des corps et des modifications de l'âme, qui existent mais pourraient parfaitement ne pas exister ou exister autrement, et qui ne se rapportent jamais qu'à tel temps, à tel lieu, à tel individu déterminé; aussi désigne-t-on la *perception externe* et la *perception interne*, les sens et la conscience, sous le nom générique d'*expérience*, par opposition à la *raison*, qui à l'occasion du contingent, du particulier, du relatif, conçoit le nécessaire, l'universel, l'absolu.

Malgré ces rapports étroits, la *perception externe* et la *perception interne* demeurent parfaitement distinctes, quoi qu'en ait dit un philosophe contemporain, Hamilton, le dernier représentant de l'école écossaise.

En effet, la *perception externe* nous fait connaître les réalités physiques et matérielles, tandis que la *perception interne* nous révèle les réalités psychologiques, les phénomènes et les actes de la vie intellectuelle et morale : les sens ne peuvent pénétrer dans la sphère de la conscience ni la conscience dans la sphère des sens.

Distinctes par leur objet, la *perception externe* et la *perception interne* le sont aussi par la manière dont elles le connaissent. Les sens ne saisissent les propriétés des corps que par l'intermédiaire des organes et il est vrai de dire que parmi tous les corps de la nature nous ne percevons directement que notre propre corps. La conscience, au contraire, saisit directement et sans intermédiaire les phénomènes et les attributs de l'âme.

Enfin, comme il est aisé de le voir, la *perception interne* est une faculté plus noble que la *perception externe* : autant la matière le cède à l'esprit, autant les sens qui nous mettent en communication avec le monde matériel et des corps sont au-dessous de la conscience qui nous fait connaître le monde de l'âme, « ce monde intérieur qui est nous-mêmes, dit Laromiguière, monde rempli de merveilles que l'œil ne peut voir, mais dont les beautés ont mille fois plus de réalité que celles du monde visible ».

Pour les sujets à traiter, *voir à la fin des dissertations suivantes.*

XVII.

De la conscience et de l'inconscience. Des différents degrés de la conscience. (Sorbonne, 2 décembre 1879.)

La *conscience*, comme son nom l'indique, *mens sui conscia*, c'est l'âme en tant qu'elle se connaît elle-même.

Le caractère propre de cette connaissance, c'est l'identité du sujet et de l'objet. Dans tous les autres actes intellectuels, l'objet connu et le sujet connaissant se distinguent l'un de l'autre : le sujet, le moi, l'esprit, τὸ ἐγώ *cogitans*, comme disent les Allemands, est d'un côté; l'objet ou le non-moi connu, τὸ *cogitatum*, est de l'autre. Mais dans la *conscience*, qui est-ce qui connaît? C'est le moi. Qui est-ce qui est connu? C'est encore le moi; car les sensations, les pensées, les volitions ne sont que le moi sentant, pensant, voulant. C'est donc le moi qui connaît le moi : la *conscience* n'a pas d'autre objet. « Si elle change elle-même, si elle paraît se diversifier à l'infini, c'est qu'elle suit exactement les modifications et les variations infinies du moi. On pourrait définir la *conscience* le sentiment du moi dans tous les phénomènes de la vie morale. »

Mais tous ces phénomènes tombent-ils réellement sous le regard de la *conscience*? Faut-il croire, comme le dit Jouffroy, que le moi agit toujours avec conscience de lui-même et de ses actes? Ou bien doit-on admettre des états d'*inconscience*, c'est-à-dire des états dans lesquels le moi s'échappe à lui-même et agit sans en avoir conscience? Leibnitz dans la préface de ses *Nouveaux essais sur l'entendement humain*, Hartmann dans sa *Philosophie de l'inconscient*, Bouillier dans son traité *De la conscience*, M. de Rémusat dans son mémoire à l'Académie des sciences morales, *Des facultés inconnues*, ont enseigné que l'activité de l'âme n'est pas embrassée tout entière par la *conscience*, et l'observation psychologique confirme ces paroles de Leibnitz : « Il y a à tout moment une infinité de perceptions en nous, mais sans aperception et sans réflexion, c'est-à-dire des changements dans l'âme même dont nous ne nous apercevons pas. »

Ainsi d'abord que de sensations, que d'émotions indifférentes, que de perceptions qui passent inaperçues, soit parce qu'elles sont trop faibles, soit parce que l'habitude nous y a rendus comme insensibles! Nous ne prenons pas garde au mouvement d'un moulin, à une chute d'eau, au bruit de la mer, quand nous avons habité tout auprès depuis quelque temps. Ce n'est pas que ces divers mouvements ne frappent plus nos organes; mais les impressions qu'ils font sur nous ne sont plus assez fortes pour attirer notre attention et provoquer un acte de *conscience*.

N'est-il pas vrai encore que « quand les hautes vérités du monde intelligible, l'idée du bien, l'idée du beau, l'idée de l'infini, illuminent la pensée humaine de leurs vives clartés », la *conscience* s'éteint et sa lumière pâlit devant l'éclat des vérités éternelles : le sentiment du moi se perd dans cet enthousiasme de l'extase, qu'on a si bien défini le ravissement de l'âme en Dieu et qui n'est qu'une contemplation inconsciente.

Qu'est-ce que l'inspiration, sinon l'état de l'âme ravie, illuminée par le beau, dont elle reflète à son insu les divines splendeurs? Ce n'est pas le poète qui parle, c'est le Dieu présent en lui : « *Deus, ecce Deus!* »

Est Deus in nobis, agitante calescimus illo,

disait Lucrèce, et Platon avant lui appelait l'inspiration un délire divin.

Ne voyons-nous pas tous les jours que dans la plupart des

phénomènes instinctifs, dans beaucoup d'actes d'habitude, dans les accès et les transports de la passion, nous échappons à nous-mêmes, et suivant l'expression vulgaire, nous ne savons plus ce que nous faisons?

L'*inconscience* est donc un état de l'âme beaucoup plus fréquent qu'il ne paraît de prime abord, et s'il se produit ainsi dans la veille, que doit-ce être dans le sommeil ! La *conscience* est la première faculté qui s'endort en nous, tandis que l'imagination et l'association des idées continuent à s'exercer d'une manière plus ou moins suivie ou désordonnée. Aussi pour quelques rêves dont nous nous souvenons, parce que nous en avons eu une certaine conscience, il y en a une infinité d'autres qui nous échappent complètement : combien de personnes, qui après avoir pleuré et parlé en dormant, ont été suprises d'en être informées le lendemain par ceux dont leurs cris avaient troublé le repos! L'activité de l'âme, qui ne cesse jamais absolument, si bien qu'on peut dire avec Descartes « que l'âme étant une substance pensante, pense toujours », l'activité de l'âme est, pendant le sommeil, presque toujours inconsciente.

Sans doute, nous avons peine à comprendre une perception inaperçue, une sensation qui n'est pas sentie, une connaissance qui ne se connaît pas, parce qu'une perception, une sensation, une connaissance n'existent pour nous qu'autant qu'elles sont aperçues, senties et connues. « Mais enfin il n'est point d'homme qui n'ait été frappé de tel raisonnement, de tel jugement qu'il trouvait tout formulé en lui et qui sortait, pour ainsi dire, tout d'une pièce de son esprit. Force nous est donc d'admettre des courants d'idées ignorées de nous qui font peu à peu germer ces productions si complexes et pourtant si soudaines de l'intelligence. Il y a comme une secrète circulation de la pensée qui, invisible à la *conscience*, alimente notre vie spirituelle. »

La *conscience* d'ailleurs, toutes les fois qu'elle s'exerce, ne le fait ni avec la même netteté ni avec la même puissance : de là les différents *degrés de la conscience* qu'ont distingués les philosophes.

Il y a d'abord ce sentiment intérieur et immédiat, qui nous fait saisir tous les phénomènes de l'âme au moment même où ils ont lieu et dont on a dit avec raison : « *Non sentimus nisi sentiamus nos sentire* » : ce sentiment s'appelle le *sens intime*; c'est la *conscience empirique* de Kant.

Il y a, en second lieu, l'acte supérieur de l'intelligence par lequel le moi sentant, pensant, voulant, se connaît lui-même en tant que principe et sujet des phénomènes psychologiques et se distingue de tout ce qui n'est pas lui : c'est la *conscience de soi* ou *conscience pure*, comme on dit quelquefois avec Kant.

Enfin il y a la réflexion ou *conscience réfléchie*, qui, comme son nom l'indique, est le retour de l'âme sur elle-même et sur ses opérations pour les mieux étudier et les mieux connaître.

Dans la *conscience simple* ou *empirique*, le moi sujet ne se distingue pas du moi objet, ou, pour mieux dire, il n'y a pas encore de moi. « Le moi ne s'est pas dégagé des phénomènes où il est enveloppé; » cette conscience primitive, élémentaire ne s'élève pas jusqu'à la première personne du pronom personnel. — La *conscience de soi* commence avec le premier *je :* elle se détermine, elle se précise, elle se complète avec la différence du *je* et du *me* lorsqu'on dit : *Je me* connais moi-même. — Enfin elle s'élève jusqu'à la *réflexion*, dont on peut dire avec Maine de Biran qu'elle est « cette lumière intérieure qui luit dans les profondeurs de l'âme et dirige l'homme méditatif appelé à visiter ces galeries souterraines ». Cet homme, c'est le psychologue qui, mettant en pratique la célèbre maxime de Socrate : γνῶθι σέαυτον, s'observe lui-même, s'écoute vivre, pour ainsi dire, et doit presque entièrement à la réflexion la science de ce monde intérieur qui est nous-mêmes, « monde rempli de merveilles que l'œil ne peut voir, mais dont les beautés ont mille fois plus de réalité que celles du monde visible ».

Sujets à traiter. — 1. Par quelle faculté l'âme se connaît-elle elle-même et quelles sont les idées qu'elle doit à cette faculté ? (Sorbonne, 11 avril 1881.)

2. Qu'est-ce que la conscience ? Montrer que c'est à elle et non aux sens que nous devons les idées de substance, de cause et de fin. (Sorbonne, 18 mars 1879.)

3. Y a-t-il dans l'esprit humain des perceptions sans conscience ? (Sorbonne, 2 décembre 1880.)

4. Exposer avec précision les divers sens du mot conscience en philosophie. (Sorbonne, 17 novembre 1868.)

5. De la conscience psychologique. De son objet et de ses limites. (Sorbonne, 15 mars 1883.)

6. La conscience est-elle une faculté spéciale de l'âme qu'on doive rapporter à l'intelligence ou constitue-t-elle l'essence même de l'âme? (Faculté de Toulouse, 10 juillet 1883.)

7. Quelle est la part de la conscience dans l'acquisition des idées? (Sorbonne, 23 novembre 1883.)

XVIII.

Énumérer et classer les sens sous le double rapport de l'utilité pratique et de la dignité morale. (Sorbonne, 27 novembre 1869.)

Intelligence revêtue d'une enveloppe matérielle, l'homme a reçu du Créateur des facultés qui le font entrer en communication avec le monde physique : ces facultés, ce sont les *sens* que Cicéron appelle « les interprètes et les messagers des choses, *interpretes ac nuntii rerum* », les sens dont un philosophe contemporain a dit qu'ils sont « comme les ministres de l'âme à l'extérieur, ses ministres des affaires étrangères ».

Il y a cinq *sens*, que tout le monde connaît : l'*odorat*, le *goût*, l'*ouïe*, la *vue* et le *toucher*. Leur importance est fort inégale et on doit les classer diversement suivant que l'on considère leur utilité pratique ou leur dignité morale.

Au point de vue de leur utilité pratique dans la vie animale, les *sens* semblent devoir être énumérés dans l'ordre suivant : *toucher*, *goût*, *odorat*, *vue*, *ouïe*.

Le *toucher*, en effet, répandu dans tout le corps, nous avertit à chaque instant de ce qui est utile ou nuisible à la conservation et au développement de notre vie organique. Grâce à lui, nous pouvons nous tenir en garde contre toutes les causes d'altération et de destruction qui menacent notre existence, comme aussi nous procurer tout ce qui est nécessaire au bien-être du corps.

Le *goût*, et l'*odorat*, bien moins utiles sans doute que le *toucher*, sont cependant d'une grande importance pour la vie physique, dont ils surveillent les deux principales fonctions, la digestion et la respiration.

Quant à la *vue* et à l'*ouïe*, elles ne font guère que seconder l'*odorat*, le *goût* et le *toucher* dans les services précieux qu'ils nous rendent pour la conservation et le développement de la vie du corps.

Si l'on considère l'utilité pratique des *sens*, non plus au point de vue physique, mais au point de vue intellectuel, il faut placer en premier lieu le *toucher*, en second lieu la *vue* et l'*ouïe*, en dernier lieu le *goût* et l'*odorat*.

C'est le *toucher*, en effet, qui nous donne les connaissances les plus nombreuses, les plus importantes et les plus sûres : il nous fait percevoir l'étendue sous ses trois dimensions, la résistance avec ses degrés divers, solidité, fluidité, mollesse, dureté, pesanteur, le mouvement et le repos, et enfin la température, le chaud et le froid. Le *toucher* est de plus le sens régulateur de tous les autres sens, le principal instrument de leur éducation et de la multiplication des perceptions acquises. Enfin, il a un organe d'une souplesse et d'une dextérité merveilleuses, la main, qui se perfectionne au point de pouvoir jusqu'à une certaine mesure remplacer la vue. Il y a des aveugles qui lisent très bien et distinguent les couleurs au simple toucher.

La *vue* semble être, après le toucher, la source des perceptions les plus nombreuses : primitivement et par elle-même, elle ne nous fait percevoir que les surfaces colorées; mais par suite de l'éducation, elle nous révèle bientôt la forme, la grandeur, la distance des objets extérieurs, leur distribution dans l'espace et tous les beaux spectacles que la nature offre à nos regards.

L'*ouïe* perçoit les sons, dans lesquels l'esprit distingue l'intensité ou le degré de force, le timbre ou le plus ou moins d'éclat, de douceur; le ton ou le degré d'élévation ou d'abaissement, et enfin l'articulation ou les réflexions diverses produites par l'organe vocal. C'est à l'ouïe que s'adresse la parole, écho profond de l'âme et expression vivante de la pensée; par là, ce sens devient l'instrument de l'éducation et de la perfectibilité humaines et nous met en communication avec nos semblables, mieux que la vue elle-même : l'aveugle est certainement moins isolé que le sourd au milieu de la société.

Le *goût* et l'*odorat* sont peu utiles au point de vue intellectuel et comme instruments de la perception externe : ils ne nous font connaître que les odeurs et les saveurs, et leur rôle semble se réduire à nous donner des sensations.

Que si maintenant nous envisageons les *sens* au point de vue de leur dignité morale, il faudra les classer dans l'ordre suivant : *vue, ouïe, toucher, goût* et *odorat*.

La *vue* est le plus noble de nos sens : c'est à elle que s'adressent les arts du dessin, architecture, sculpture, peinture; c'est elle qui, par la merveilleuse sagacité dont elle est douée, sait lire sur la physionomie humaine les passions et les pensées les plus secrètes; elle distingue la vertu et le vice, la colère et la douceur, la tristesse et la joie, la bienveillance et l'énergie, le courage et la lâcheté, comme dit Cicéron : « *Et virtutes et vitia cognoscunt (oculi); iratum, propitium, lœtantem, dolentem, fortem, ignavum, timidumque cognoscunt.* » La noblesse de la vue lui vient surtout de son analogie avec l'intelligence et ses actes. L'acte simple et parfait de l'esprit, c'est l'intuition : ainsi nous disons que Dieu voit tout. Enfin la lumière physique, intermédiaire entre l'œil et les objets, a des rapports frappants avec la lumière intellectuelle qu'on appelle l'évidence intellectuelle : ces rapports ont été signalés par tous les philosophes et en particulier par Platon dans le septième livre de la *République*.

L'*ouïe* vient après la *vue* et elle a des prérogatives qui peuvent faire hésiter sur la prééminence de celle-ci. Elle est d'abord le sens musical ou de l'harmonie et, à ce titre, la source de l'une de nos plus nobles et plus profondes jouissances. Elle est ensuite le sens social, par le lien qu'elle établit entre les hommes. Elle est enfin le sens intellectuel par excellence, parce qu'elle perçoit le son, phénomène inétendu et successif, vrai signe de la pensée.

Le *toucher* est le sens fondamental : il a un organe admirable, la main, qu'Aristote appelle l'instrument des instruments; la main qui façonne la matière et la met au service de l'homme; la main qui a bâti les villes et élevé ces monuments immortels, témoins glorieux de la puissance du génie humain; la main, qui par les merveilles de l'industrie, semble créer un monde nouveau au milieu du monde physique, « *in rerum natura alteram naturam efficere* »; la main qui sert pour traduire toutes les conceptions de l'artiste, qui tient le ciseau du sculpteur, le pinceau du peintre, anime la toile, fait vivre le marbre, respirer l'airain et jaillir sous les doigts de l'artiste des flots d'harmonie.

Le *goût* est un sens tout matériel : lui accorder trop et rechercher les grossières jouissances qu'il nous procure, c'est méconnaître notre dignité d'être raisonnable et nous ravaler au niveau de la brute. Le *goût* a pourtant une certaine analogie avec l'intelligence; c'est ce qui nous fait souvent transporter à l'esprit les expressions propres à ce sens, goûter la vérité, goûter une opinion; c'est ce qui fait aussi la supériorité du goût sur l'*odorat*, le plus borné de nos sens.

Quoi qu'il en soit de l'utilité pratique et de la dignité morale de nos divers *sens*, il ne faut pas oublier que l'une et l'autre viennent de l'esprit lui-même ou plutôt de la raison, de cette faculté supérieure qui interprète et utilise si bien les données des sens. Aristote nous l'enseigne quand il dit : « L'homme n'est pas supérieur aux animaux parce qu'il a une main; mais il a une main parce qu'il est supérieur aux animaux. » Avant lui Socrate disait : « L'animal qui aurait les pieds du bœuf et l'intelligence de l'homme aurait les mêmes volontés que nous sans pouvoir les accomplir; accordez-lui les mains de l'homme et privez-le de l'intelligence, il n'en sera pas moins un animal. » (Xénophon : *Mémoires sur Socrate*, liv. Ier, chap. IV.)

Sujets à traiter. — 1. Des cinq sens. Des notions que nous devons à chacun d'eux en particulier. Des notions que nous devons à deux ou plusieurs sens. (Sorbonne, 19 novembre 1867.)

2. Qu'appelait-on dans la philosophie du dix-septième siècle le *sensorium commune* (sens commun)? Quel est le rôle attribué à cette

faculté par la philosophie contemporaine? (Sorbonne, 20 novembre 1871.)

3. Qu'entend-on par les qualités premières et les qualités secondes de la matière? (Sorbonne, 13 août 1869.)

4. Les sens nous font-ils connaître le monde extérieur tel qu'il est réellement? (Faculté de Poitiers, novembre 1883.)

XIX.

En quoi consiste la différence des perceptions naturelles et des perceptions acquises? De l'éducation des sens par l'esprit. (Sorbonne, 19 novembre 1868.)

Ce sont les philosohes de l'école écossaise, Thomas Reid et Dugald Stewart, qui ont accrédité en psychologie la division des perceptions sensibles en perceptions *naturelles* et perceptions *acquises*.

Les perceptions *naturelles*, appelées aussi *primitives* et *originelles*, sont les connaissances propres et particulières que chaque sens nous donne directement et immédiatement : telles sont la perception des odeurs par l'odorat, la perception des saveurs par le goût, la perception des sons par l'ouïe, la perception des surfaces et des couleurs par la vue, la perception de la résistance, du mouvement, de la température, de l'étendue sous ses trois dimensions par le toucher.

Les perceptions *acquises* sont de véritables inductions que nous formons à l'occasion des perceptions *primitives* ou *naturelles* et par suite de l'expérience et de l'association des idées : ainsi quand nous jugeons, à la simple perception d'un son, de la nature et de la distance des objets sonores, nous ne le faisons qu'en vertu des perceptions *acquises*; ce sont encore des perceptions *acquises* que les idées que nous avons de la forme et de la grandeur des corps qui frappent nos yeux; car, primitivement et par elle-même, la vue nous révèle tous les objets sur un même plan, tangent à l'orbite de l'œil : ce fait a été mis hors de doute par des observations minutieuses faites sur les enfants en bas âge et surtout par la célèbre expérience de

Chelseden, qui après avoir pratiqué pour la première fois sur un aveugle de naissance l'opération de la cataracte, remarqua que le nouveau voyant n'avait aucune notion de la distance vraie des corps environnants.

Les perceptions *naturelles* et les perceptions *acquises* diffèrent donc profondément : tandis que les premières sont le résultat direct et immédiat de l'application des sens aux objets de la connaissance, les perceptions *acquises*, qui n'ont de la perception que le nom et la facilité avec laquelle elles se produisent, doivent être regardées comme le résultat du travail ultérieur de l'esprit, du jugement et du raisonnement. Voilà pourquoi il n'y a pas d'erreur dans les perceptions *naturelles*, chaque sens étant infaillible dans l'acte même qui lui est propre, pourvu cependant que les organes soient dans leur état normal, au lieu que l'erreur est facile et fréquente dans les perceptions *acquises*, parce que la raison et le jugement peuvent mal interpréter les données primitives des sens ou se prononcer avec trop de précipitation et sans tenir compte des lois de la nature.

De plus, les perceptions *naturelles* sont communes à l'homme et à l'animal et se retrouvent à peu près identiques chez tous les individus; la plupart des perceptions *acquises*, au contraire, sont le privilège exclusif de l'homme et varient d'un individu à l'autre, suivant le degré et le genre d'éducation, les habitudes professionnelles et surtout les expériences plus ou moins nombreuses, les comparaisons plus ou moins répétées que chacun a pu faire. Ainsi placez un cultivateur, un peintre, un militaire en présence d'un vaste champ : ils percevront tous également l'étendue et la forme du terrain, la nature des produits dont il est couvert; mais tandis que le cultivateur jugera de l'avantage plus ou moins grand de l'exposition de ce champ et du genre de culture auquel il est propre, tandis que le peintre saisira l'effet qu'il pourrait produire dans un paysage, le militaire se rendra compte du genre de manœuvres auxquelles il conviendrait. On le voit donc, les perceptions *acquises* diffèrent suivant les individus et dépendent de l'*éducation des sens* par l'esprit.

L'*éducation des sens* consiste à multiplier les perceptions ac-

quises et à étendre, pour ainsi dire, le domaine de chaque sens. Elle se fait d'une manière naturelle et spontanée et, comme le dit le poète :

> Chaque sens, par un heureux concours,
> Prête aux sens alliés un mutuel secours. (*Delille.*)

Dès que nos différents sens, vue, ouïe, toucher, se sont exercés simultanément sur un même objet et nous en ont fait connaître les propriétés diverses, étendue, couleur, forme, nous associons ensemble ces propriétés, nous les croyons inséparables les unes des autres, et s'il nous arrive d'en percevoir une seule, nous concluons aussitôt à la présence des autres. Grâce à l'habitude, cette conclusion devient si prompte et si rapide, que nous la prenons pour une intuition, pour une connaissance directe, immédiate : nous raisonnons et nous croyons percevoir.

L'expérience est là pour nous attester les heureux résultats de *l'éducation des sens*. — L'*odorat* et le *goût*, quoique peu susceptibles de perfectionnement, arrivent à nous donner des connaissances tout à fait en dehors de leur portée naturelle : à la simple perception d'une odeur, un chimiste dira quel est le corps d'où elle se dégage ; au seul goût du vin, un habile connaisseur en distinguera le cru, l'âge, la qualité. — La *vue*, qui primitivement ne perçoit que les surfaces colorées, nous fait bientôt connaître la forme, la grandeur, la distance des objets extérieurs : un habile officier d'artillerie calcule, à vue d'œil, les distances avec une étonnante précision. — L'*ouïe* acquiert par l'éducation une telle finesse qu'un musicien exercé, un chef d'orchestre saisissent dans une symphonie les moindres dissonances et perçoivent une foule de beautés, de nuances, d'harmonies, qui échappent aux oreilles du vulgaire. — Le *toucher* enfin, la main surtout, se perfectionne au point de pouvoir jusqu'à une certaine mesure remplacer la vue : il y a des aveugles qui lisent très bien et distinguent les couleurs au simple toucher. L'illustre Saunderson a professé l'optique : il discernait parfaitement dans une série de médailles les vraies d'avec les fausses, quoique celles-ci fussent assez bien contrefaites pour tromper un connaisseur qui avait de bons yeux ; il jugeait de l'exactitude d'un instrument de mathématiques en faisant passer l'extrémité de ses doigts sur les divisions de cet instrument.

Tous ces beaux résultats, il faut le dire, sont dus bien moins aux sens qu'à la raison qui seule interprète les données de la perception, et sans laquelle le nombre des perceptions *acquises* serait singulièrement restreint.

Sujets à traiter. — 1. Comment se forment les perceptions de la vue? (Sorbonne, 21 octobre 1878.)

2. Des perceptions de la vue. Part de l'expérience et de l'habitude dans ces perceptions. (Sorbonne, 2 décembre 1877, mars 1875.)

3. Quelle est la part de la mémoire, de l'imagination et de l'induction dans la connaissance que nous avons du monde extérieur? (Sorbonne, 12 juillet 1878.)

XX.

De la théorie des idées images. Discuter cette théorie. En indiquer les conséquences. (Sorbonne, 16 août 1874.)

La théorie des *idées images* a pour objet d'expliquer le phénomène de la perception extérieure et de rendre compte de la connaissance que nous avons de l'existence et des propriétés des corps.

Ce sont les philosophes de l'école d'Abdère, Leucippe et Démocrite, qui l'ont mise en vogue : d'après eux, il se dégage des corps certaines émanations ou effluves matérielles, ἀπόρροαι, qui en sont les images, εἴδωλα, τύποι, et qui, venant s'imprimer dans le cerveau et dans l'esprit, y produisent la connaissance des objets extérieurs qu'elles représentent.

Cette hypothèse fut adoptée par Épicure et les Épicuriens et elle trouva dans Lucrèce un interprète inspiré. « *Dico igitur*, lisons-nous au commencement du quatrième livre du *De rerum naturâ*,

> Dico igitur rerum effigies, tenuesque figuras
> Mittier ab rebus, summo de corpore, earum
> Quæ quasi membranæ, vel cortex nominitanda est,
> Quod speciem ac formam similem gerit ejus imago.

« Je dis donc que des images et des figures légères des choses s'échappent de la surface des corps, et qu'elles doivent être appelées leur enveloppe, leur écorce, pour ainsi dire, parce qu'elles ont une forme et un aspect semblables aux corps dont elles émanent. » Le poète appelle souvent ces images « *simulacra, vestigia,* » et il les compare à la dépouille des serpents et des cigales ou à celle dont le veau se débarrasse en naissant. Elles sont expresses, *expressæ*, en tant qu'elles se dégagent des corps, et impresses, *impressæ*, en tant qu'elles viennent, par le canal des sens, s'imprimer dans le cerveau.

Zénon et les Stoïciens qui, eux aussi, disaient que l'âme est matérielle, expliquaient comme les Atomistes les sensations et les perceptions et les faisaient consister dans des formes gravées dans l'esprit (ἐνογραφίσεις), en des empreintes semblables à celles qu'un cachet produit sur la cire (ὡς ἐν κηρῷ τυπώσεις).

Certains philosophes spiritualistes ont adopté la théorie des *idées images* en la modifiant, en faisant des idées intermédiaires entre l'esprit et les objets extérieurs non plus des images matérielles, mais des représentations spirituelles de ces objets : aussi a-t-on appelé cette théorie théorie des *idées représentatives.*

C'est la théorie des espèces sensibles et intelligibles (*species sensibiles, intelligibiles*), adoptée au moyen âge par la plupart des Scolastiques, qui ont mal compris les fantômes, φαντάσματα, dont parle Aristote.

C'est encore la théorie de Gassendi, qui a ressuscité la doctrine d'Épicure et prétendu que l'âme ne connaît les corps que par des images ou espèces qui les représentent.

C'est enfin la doctrine de Locke, qui nous dit dans son *Essai sur l'entendement humain* : « Il est évident que l'esprit ne connaît pas les choses immédiatement, mais seulement par l'intermédiaire des idées qu'il en a. » La plupart des disciples de ce philosophe, Berkeley et David Hume entre autres, ont reproduit cette doctrine.

Telle est l'histoire de la théorie des *idées images* depuis son apparition jusqu'au dix-huitième siècle.

Le premier philosophe qui l'ait combattue c'est Plotin, le

chef de l'école d'Alexandrie : il démontre, dans ses *Ennéades*, que la perception des objets extérieurs n'est pas une modification passive de l'âme, qu'elle est un acte intellectuel (ἐνέργεια), qui consiste dans la connaissance de l'impression éprouvée par le cerveau et dans le jugement porté sur elle. « Si nous percevions seulement, dit-il, les images des objets visibles, au lieu de voir ces objets mêmes, nous ne percevrions que leurs traces et leurs ombres. Alors les réalités seraient autres que les choses que nous voyons. »

Roger Bacon au treizième siècle et Guillaume d'Occam au quatorzième répudièrent, eux aussi, la théorie des *idées images*.

Au dix-septième siècle, Descartes opposait à Gassendi le dilemme suivant : « Ou les images dont vous parlez sont matérielles, ou elles sont immatérielles; si elles sont matérielles, comment peuvent-elles arriver à l'esprit qui est immatériel ? si elles sont immatérielles, comment peuvent-elles se dégager des objets qui sont matériels? »

Quelque temps après, le grand Arnauld, dans son traité *Des vraies et des fausses idées*, montrait les défauts de l'hypothèse des idées images et la condamnait comme aboutissant au matérialisme.

Mais c'est à Thomas Reid que revient l'honneur d'avoir le mieux réfuté la doctrine des *idées représentatives*.

Pourquoi d'abord supposer des intermédiaires entre l'esprit et les objets extérieurs ? On n'en a jamais donné une raison plausible : *quod gratis asseritur gratis negatur*.

Pourquoi ensuite parler d'images matérielles ou immatérielles des corps et de leurs propriétés ? Descartes a fait justice de cette hypothèse; la science nous dit bien que les substances odorantes émettent autour d'elles des particules qui produisent les sensations d'odeur, mais on ne saurait soutenir qu'il se dégage sans cesse des corps, dans toutes les directions possibles, des milliers d'images circulant à travers l'espace, s'y croisant, s'y heurtant, et variant suivant l'éloignement des personnes et la nature de leurs organes. « On ne peut pas concevoir, dit Malebranche, comment il se peut faire qu'un corps ne diminue point sensiblement et envoie toujours hors de soi des espèces de tous côtés, qu'il en remplisse continuellement de fort grands espaces, tout à l'entour, et cela avec une vitesse inconcevable. »

Aussi le sens commun proteste-t-il contre la théorie des *idées représentatives* : tous les hommes sont persuadés, quand ils aperçoivent le soleil, que c'est le soleil lui-même qu'ils voient et non pas seulement son image.

Enfin l'histoire est là pour nous dire quelles sont les conséquences dangereuses de la théorie des *idées images*.

Gassendi ou plutôt ceux dont il oppose les objections à Descartes en tirent le matérialisme par le raisonnement suivant qu'Arnauld nous rapporte et qui lui semble irréfutable : « Notre âme ne connaît les corps que par les idées qui les représentent; or, ces idées ne pourraient pas représenter des choses matérielles et étendues, si elles n'étaient elles-mêmes matérielles et étendues; elles le sont donc ; mais afin qu'elles servent à l'âme à connaître les corps, il faut qu'elles soient reçues dans l'âme; or, ce qui est étendu ne peut être reçu que par une chose étendue; donc il faut que l'âme soit étendue et par conséquent corporelle. »

Berkeley, au commencement du dix-huitième siècle, a déduit logiquement son scepticisme idéaliste de la théorie des *idées images*. Si nous ne percevons, dit-il dans ses *Dialogues entre Hylas et Philonoüs*, que des *images*, des représentations des choses, comme nous ne sommes sûrs que de l'existence de ces représentations et de ces *images*, et que rien ne nous dit qu'elles sont conformes aux réalités, nous voilà réduits à douter du monde extérieur et à affirmer qu'il n'existe que des esprits.

David Hume, venu après Berkeley, a été encore plus hardi que lui et, dans son *Traité de la nature humaine*, il tire de la théorie des *idées images* de Locke un scepticisme si absolu qu'on l'a appelé le nihilisme. « Comment prouvera-t-on jamais, dit-il, que les *représentations* soient produites par des objets extérieurs qui diffèrent essentiellement de ces représentations?... Comment d'ailleurs les corps pourraient-ils envoyer ces représentations? Nous ne pouvons savoir si ces représentations sont produites par les objets extérieurs, car nous ne voyons que ces représentations et non les objets eux-mêmes. »

Enfin, dans son *Histoire de la philosophie au dix-huitième siècle*, M. Cousin fait voir que le matérialisme de Hartley, de Darwin, de Priestley, n'a pas eu d'autre source que la théorie des *idées images*.

On conçoit donc que la saine philosophie rejette absolument une hypothèse qui engendre nécessairement le matérialisme et le scepticisme et qui d'ailleurs ne saurait rendre compte de toutes nos idées : quelle serait, en effet, l'*image* de nos sensations, de nos sentiments, de nos pensées, du vrai, du beau, du bien, de l'être, de l'essence, de la substance, de la cause, en un mot de toutes les réalités psychologiques et métaphysiques? on ne l'a jamais dit et on ne le dira jamais.

Sujets à traiter. — 1. Qu'est-ce que la théorie des idées images? Discuter cette théorie. (Sorbonne, 16 juillet 1878.)

2. Quelles sont les théories principales que vous connaissez sur la perception extérieure? Les classer et les apprécier. (Sorbonne, juillet 1877.)

3. Comment l'idée se distingue-t-elle de l'image? Y a-t-il idée sans image? (Sorbonne, 15 juillet 1879.)

XXI.

De la mémoire. Lois de la mémoire. Qualités d'une bonne mémoire. Des divers genres de mémoire. De la mnémotechnie. (Sorbonne, 10 août 1870.)

Si l'intelligence humaine n'avait que ses facultés de perception, sens et conscience, elle verrait ses connaissances s'évanouir aussitôt après leur formation et serait semblable au tonneau des Danaïdes ou bien à ce miroir et à ces flots qui reflètent les objets sans en garder aucune trace. Heureusement il n'en est pas ainsi et nous avons une faculté grâce à laquelle le passé ne tombe pas tout entier dans le néant et peut revivre, pour ainsi dire, sous nos yeux. Cette faculté, c'est la *mémoire*, « ce je ne sais quoi, comme dit Fénelon, qui est tour à tour toutes les choses que j'ai connues depuis que je suis au monde ».

Je me rappelle en ce moment la bataille d'Actium, qui décida des destinées de Rome et du monde : voilà un acte de *mémoire*, un *souvenir*. Or, dans ce souvenir, l'analyse distingue deux éléments essentiels : la reproduction de la connaissance que j'ai eue autrefois du grand événement de l'histoire romaine qui me revient en mémoire et la conscience, l'affirmation que je ne le connais pas pour la première fois.

Quand la reproduction des idées a lieu sans la reconnaissance, comme cela arrive dans les plagiats inconscients de bien des auteurs qui croient créer des idées, alors qu'ils ne font que citer, ou bien quand la reconnaissance est vague, obscure, incomplète, comme dans certains moments où nous sommes convaincus que nous savons une chose, un nom, un fait, tout en étant incapables de nous les rappeler nettement et de dire où et comment nous les avons connus, on dit qu'il y a *réminiscence*, c'est-à-dire souvenir incomplet ou inconscient.

On peut donc définir la *mémoire* le pouvoir qu'a l'intelligence humaine de reproduire et de reconnaître les connaissances passées.

La *mémoire*, comme toutes les facultés et les opérations intellectuelles, est soumise à des lois qui régissent son exercice et dont voici les principales :

1° Les souvenirs ont besoin d'être excités, provoqués en quelque sorte par l'association des idées qui les éveillent dans l'esprit. « Mettez-moi sur la voie, » disons-nous, quand nous voulons qu'on nous aide à retrouver un souvenir. Lorsqu'un mot nous échappe, nous en prononçons successivement plusieurs, espérant que le hasard nous en fera trouver un qui, plus semblable que les autres à celui que nous voudrions savoir, nous y amènera naturellement.

2° La *mémoire* se développe étonnamment par l'exercice, et s'il est vrai que l'habitude est en toute chose le maître par excellence, « *usus efficacissimus omnium rerum magister*, » comme dit Quintilien, cela est vrai surtout pour la mémoire. « C'est une puissance qu'on multiplie en la chargeant, » a dit Lamartine. Le meilleur moyen d'acquérir une bonne mémoire, c'est d'apprendre beaucoup, d'apprendre par cœur, d'apprendre parfaitement.

3° L'attention est éminemment propre à fixer les souvenirs ; aussi l'a-t-on appelée le *burin de la mémoire* et l'expérience nous apprend que les choses auxquelles nous ne donnons que peu ou point d'attention s'oublient bien vite, tandis que celles qui sont l'objet d'une attention soutenue, nous laissent des souvenirs nets et durables.

4° Ce qui facilite encore l'heureux exercice de la *mémoire*, c'est l'ordre méthodique dans la liaison des idées qui fait qu'elles forment comme une chaîne que l'on tire à soi tout entière dès qu'on en tient le premier anneau. « *Fertur Simonides*, dit Cicéron, *primus invenisse ordinem esse maxime qui memoriæ lucem afferret.* »

5° Enfin l'écriture est un moyen très efficace et très sûr d'aider la *mémoire* : elle favorise, en effet, l'attention et par conséquent le souvenir; il faut cependant s'en défier, car elle favorise aussi la paresse ; il y a du vrai dans ce que Platon fait dire par Thamus à Teuth, inventeur de l'écriture : « Ingénieux Teuth, père de l'écriture, par amour pour ta découverte, tu lui attribues des effets qu'elle n'a pas; car ceux qui sauront cet art négligeront leur mémoire et feront naître l'oubli dans leurs âmes, parce que, se reposant sur la fidélité de l'écriture, ils chercheront à se rappeler les choses extérieurement, à l'aide de caractères étrangers, et non intérieurement, par leurs propres efforts. » (*Le Phèdre.*) Il faut donc se garder de se faire « une mémoire de papier », comme dit Montaigne.

La *mémoire* est une des facultés les plus inégalement réparties chez les hommes : les uns se plaignent de ses défauts, les autres n'ont que quelques-unes de ses qualités. Ces qualités se ramènent à trois principales : *promptitude, ténacité, fidélité.* La *promptitude* de la mémoire consiste à apprendre vite, sans peine et sans effort ; la *ténacité* à retenir longtemps les souvenirs qu'on lui a confiés ; la *fidélité* à reproduire et à reconnaître avec exactitude ces souvenirs. La réunion de ces trois qualités constituerait la perfection de la mémoire, mais cette réunion est bien rare, cependant l'histoire cite certains hommes qui se sont fait remarquer par une mémoire prodigieuse : Thémistocle, Cyrus, Mithridate, Hortensius, Simplicius, dans l'antiquité; Scaliger, Grotius, Pascal, Leibnitz, Euler, Wallis, Muratori, Niebuhr, Piron, Casimir Delavigne, le cardinal Mezzofanti, dans les temps modernes.

La *mémoire* présente des différences profondes non seulement à cause de ses qualités et de ses défauts, mais encore par suite des objets qu'elle rappelle de préférence : de là les divers genres de mémoire qui proviennent de notre constitution, de nos goûts, de nos habitudes et surtout de nos associations d'idées. Ainsi, il y a la mémoire *sensible*, qui nous fait souvenir des données des sens, et la mémoire *intellectuelle*, qui a pour objet de reproduire les idées et les vérités de la raison; la mémoire *des mots*, qui ne nous rappelle que les sons qui ont frappé nos oreilles, et la mémoire *des choses*, qui reproduit les idées et leurs rapports; la mémoire *des sons*, la mémoire *des couleurs* et la mémoire *des lieux* ou mémoire *locale*, qui constituent le musicien, le peintre, le paysagiste; la mémoire *des chiffres*, et la mémoire *des faits et des dates*, qui font le mathématicien et l'historien. Chacun doit cultiver et développer en lui le genre de mémoire qui lui est nécessaire ou utile et pour cela il peut recourir à la *mnémotechnie*.

La *mnémotechnie*, comme le mot l'indique, μνήμης τέχνη, est l'art de se souvenir ou plutôt d'aider la mémoire par des moyens artificiels. Cet art repose sur ce principe fort juste qu'il y a des idées plus faciles à retenir que d'autres et qu'il faut associer celles qui pourraient nous échapper à celles dont nous sommes sûrs.

C'est ainsi que les orateurs anciens attachaient les divisions de leurs discours aux différentes parties d'un édifice connu, afin de retrouver l'ordre des pensées et tout le détail des développements avec autant d'aisance qu'on parcourt les appartements d'une maison que l'on connaît parfaitement. Cicéron lui-même ne déconseille pas l'usage de cette mémoire topique : « *Locis pro cerá, simulacris pro litteris utamur,* » dit-il quelque part et Quintilien, qui le cite et s'en autorise, explique longuement cette méthode. « *Primum sensum vestibulo quasi assi-*

gnant, secundum atrio; tum impluvia circumeunt, nec cubiculis modo aut exedris, sed statuis etiam simillbusque per ordinem committunt. »

La *mnémotechnie* fut souvent employée au moyen âge et les Scolastiques imaginèrent bien des vers mnémoniques pour se rappeler tantôt la classification des sept arts libéraux :

Lingua, tropus, ratio, numerus, tonus, angulus, astra,

tantôt les catégories d'Aristote :

Arbor sex servos ardore refrigerat ustos :
Ruri cras stabo, sed tunicatus ero ;

tantôt les règles, les figures et les modes du syllogisme :

Barbara, Celarent, Darii, Ferio, etc.

Enfin on a vu dans les temps modernes Lancelot faire des vers pour aider l'esprit à retenir les racines grecques.

Bacon ramène les procédés *mnémotechniques* à six principaux : 1° la limitation de l'infini, par laquelle il entend l'ordre et la division, la considération des lieux et la cadence des vers ; 2° le passage de l'intellectuel au sensible ; 3° une vive impression sur la sensibilité ; 4° l'impression des idées sur une âme encore libre ; 5° la multitude des circonstances ou auxiliaires extérieures ; 6° enfin l'attention.

Il faut toujours donner la préférence aux procédés sérieux, réguliers et rationnels ; quant à ceux qui sont proprement artificiels et fondés sur des associations d'idées accidentelles et bizarres, on peut les admettre à titre de curiosité ; mais leur emploi trop exclusif donnerait à l'esprit de funestes habitudes en le familiarisant avec des rapports futiles, étranges ou absurdes. On ne doit jamais sacrifier le jugement à la *mémoire* de manière à mériter l'épitaphe du père Hardouin : *Vir beatæ memoriæ, exspectans judicium,* ou le reproche qu'adresse Malebranche aux hommes de mémoire : « Ils font de leur tête une espèce de garde-meuble dans lequel ils entassent sans discernement et sans ordre tout ce qui porte un certain caractère d'érudition. Ils se font gloire de ressembler à ces cabinets de curiosités et d'antiques qui n'ont rien de riche et de solide. »

Sujets à traiter. — 1. Analyse de la mémoire. (Sorbonne, 26 mars 1878.)

2. Des conditions psychologiques de la mémoire. Analyse du souvenir. (Sorbonne, 2 août 1867.)

3. Quelles sont les conditions psychologiques de la réminiscence? Quelles sont celles du souvenir? (Sorbonne, 11 juillet 1879.)

4. Montrer par des exemples la différence de la réminiscence et du souvenir. Analyser les éléments et les lois du souvenir. (31 octobre 1871.)

5. De la mémoire sensible et de la mémoire intellectuelle. Distinguer et comparer ces deux espèces de mémoire. (23 juillet 1874.)

6. Théorie de la mémoire. (Sorbonne, 20 juillet 1883.)

7. Expliquer et apprécier ce mot d'un philosophe : « On ne se souvient que de soi-même. » (Sorbonne, 22 novembre 1883.)

8. En quel sens est ce vrai mot de Royer-Collard : « On ne se souvient pas des choses ; on ne se souvient que de soi-même? » (Sorbonne, 13 novembre 1873.)

9. Marquer par des analyses et des exemples l'influence de la volonté sur la mémoire. (Sorbonne, 21 août 1868.)

XXII.

Quelles sont les principales lois de l'association des idées ? Montrer l'importance de l'association des idées dans la formation de l'intelligence et du caractère. (Sorbonne, 8 novembre 1872.)

C'est un fait d'expérience que nos idées s'enchaînent les unes aux autres et s'appellent mutuellement. Comme le dit le poète :

> Nulle pensée en nous ne languit solitaire :
> L'une rappelle l'autre et grâce aux nœuds secrets
> Par qui sont alliés les différents objets,
> En images sans fin une image est féconde.

Qu'on prononce devant nous les mots de patrie et de liberté, d'Athènes et de Rome, d'Alexandre et de César, de Louis XIV et de Napoléon : aussitôt mille pensées, mille souvenirs se rapportant à ces hommes, à ces lieux, à ces choses, se présentent à nous et se pressent dans notre esprit.

Pour peu que nous observions le cours de nos pensées, nous verrons qu'elles ne se succèdent pas au hasard. Hobbes nous en donne un exemple remarquable. Il assistait un jour à une conversation sur les guerres civiles qui désolaient l'Angleterre, lorsqu'un des interlocuteurs lui demanda combien valait le denier romain. Cette question inattendue semblait amenée par un caprice du hasard et parfaitement étrangère au sujet de l'entretien; mais en y réfléchissant mieux, Hobbes ne tarda pas à découvrir ce qui l'avait suggérée. La conversation était tombée sur la trahison qui avait livré Charles Ier à ses ennemis; ce souvenir avait rappelé Jésus-Christ également trahi par Judas et les trente deniers, prix de cette trahison.

Ainsi en est-il de toutes nos *associations d'idées*; elles ont toujours pour principe les rapports qui existent ou que nous établissons entre nos connaissances.

Ces rapports sont très nombreux et très variés et il semble difficile d'en donner une énumération complète : voici du moins les principales *lois de l'association des idées* que constate l'observation pychologique.

D'abord nous enchaînons souvent nos idées d'après le rapport de la *cause* à l'*effet* et de l'*effet* à la *cause* : ainsi le père nous fait songer aux enfants et les enfants au père; le spectacle de l'univers élève notre cœur vers Dieu et la pensée du Créateur fait naître en nous celle des créatures.

Nous passons aussi facilement de la conception de la *fin* à celle des *moyens* et réciproquement ; un projet nous est révélé par les actes qui en préparent l'exécution et si, par exemple, nous voyons un inconnu pénétrer dans un appartement en forçant les portes, nous présumons qu'il y va pour voler.

Le rapport de *principe* à *conséquence* et de *conséquence* à *principe* est encore une source féconde d'associations d'idées. Ainsi, à propos de la Réforme, nous songeons aux longues luttes de l'Italie et de l'Allemagne, à l'affaiblissement de l'autorité politique du saint-siège, à la corruption du seizième siècle, à l'esprit d'indépendance propagé par la Renaissance, à tous les faits, en un mot, qui ont été causes de la grande révolution religieuse des temps modernes; puis, par une pente naturelle, notre esprit passe aux conséquences de cette révolution et voit se dérouler devant lui les phases diverses des guerres de religion en France, de la guerre de trente ans en Allemagne, le despotisme des Tudors et les malheurs des Stuarts en Angleterre.

Nos idées s'associent peut-être encore plus souvent d'après des rapports de *ressemblance* et d'*analogie* entre les choses : ainsi le siècle de Louis XIV nous rappelle celui d'Auguste et celui de Périclès ; la mort de Louis XVI nous fait penser à celle de Charles Ier. C'est sur des rapports de ce genre que reposent la métaphore, l'allégorie, la plupart des figures, des jeux de mots et des traits d'esprit qui font le charme de la conversation.

Nos idées s'appellent par le *contraste* et l'*opposition* aussi bien que par la ressemblance et l'analogie : la nuit fait penser au jour, la santé à la maladie, l'esclavage à la liberté, la guerre à la paix. Souvent on songe à une chose et on en dit une autre qui y est contraire ; les poètes ont donné aux Furies le nom d'Euménides ou de bonnes déesses ; la mer Noire, funeste aux navigateurs, était appelée Pont-Euxin, mer hospitalière : ces antiphrases sont comprises par tout le monde.

Les rapports de *simultanéité* dans le temps et de *contiguïté* dans l'espace donnent aussi lieu à de nombreuses associations d'idées. Ainsi à propos de 1769, on songe à Napoléon, à Chateaubriand, à Cuvier, à Wellington, qui sont nés cette année-là ; le Tibre et la Seine nous font penser à Rome et à Paris ; le Nil et les Pyramides, à l'Égypte, au Caire, à la mer Rouge.

Souvent encore nos idées s'associent d'après des *rapports arbitraires*, qui n'ont aucun fondement dans les choses et dont la seule raison d'être est la volonté qui les forme, le caprice, le préjugé, la mode : tels sont les rapports qu'on établit entre l'idée de ténèbres et celle de fantômes, entre l'apparition d'une comète et l'arrivée prochaine d'une guerre, d'une famine, entre le nombre de treize personnes à table et la certitude de la mort de l'une d'elles dans l'année, etc.

Enfin, une dernière loi de l'association des idées, c'est qu'elle dépend de la *constitution intellectuelle* et des *passions* de chacun, comme aussi de l'empire que la *volonté* exerce sur elle. — Ainsi d'abord tous les hommes naissent avec un penchant plus ou moins énergique qui les porte dès le bas âge à unir leurs idées d'une manière plutôt que d'une autre : c'est ce qui explique en partie la diversité de leur vocation. — Ainsi encore nos intérêts et nos *passions* influent beaucoup sur la formation de nos associations d'idées : on pense nécessairement à ce que l'on aime et on s'habitue à ne considérer que ce qui est conforme à ses désirs et à ses goûts. — Enfin la *volonté* exerce un empire indirect mais absolu sur l'enchaînement de nos idées. Comme le fait remarquer Thomas Reid, nous en usons avec nos pensées ainsi qu'un grand prince avec les courtisans qui se pressent à son lever : il salue l'un, sourit à l'autre, adresse une question à un troisième; le plus grand nombre s'en va comme il était venu; ainsi parmi les pensées qui s'offrent à nous, nous sommes maîtres de choisir celles qui nous plaisent et de rejeter celles qui nous répugnent.

Que si l'*association des idées* est soumise à l'influence de notre constitution intellectuelle et de notre volonté, elle exerce à son tour une influence profonde sur la *formation de notre intelligence* et de notre *caractère*.

D'abord il n'est pas de faculté dans l'exercice de laquelle elle n'intervienne. — Les *perceptions acquises* ne sont que des associations d'idées que l'habitude a rendues familières et aussi rapides que des intuitions. — Dans la *réflexion* il n'y a qu'une suite, un enchaînement de pensées que forme et que dirige l'activité de l'esprit. — La *raison* elle-même semble consister uniquement à associer les idées de substance et de mode, de cause et d'effet, de fin et de moyen, etc.; seulement cette association inséparable est le résultat d'un acte primitif, direct, immédiat de l'esprit, et non pas de l'habitude et de la répétition de l'expérience. — Quant à la *mémoire*, l'association des idées est la condition, la loi même de son exercice. — L'*imagination*, sous ses formes diverses, ne fait que reproduire, combiner, associer les données des sens et de la mémoire. — La *comparaison* a besoin, pour saisir les rapports des choses, que l'association des idées les fasse passer successivement sous les yeux de l'esprit. — Le *jugement* et le *raisonnement* sont d'autant plus faciles et plus prompts que le lien entre les idées qu'ils rapprochent est plus logique et plus évident. — Enfin le *langage* ne s'explique que par une association d'idées naturelle ou conventionnelle qui nous fait passer du signe à la chose signifiée.

Outre cette influence générale qu'elle exerce sur les facultés et les opérations de l'esprit, l'association des idées explique un grand nombre de faits très intéressants. — Ainsi elle rend compte des différences qu'on remarque dans la *trempe d'esprit* de chacun : tel n'envisage que les rapports fondamentaux des choses, leur lien naturel et leur suite nécessaire : ce sera un philosophe, un mathématicien; tel autre, au contraire, n'associe ses idées que d'après les rapports de ressemblance et d'analogie, de contraste et d'opposition : ce sera un littérateur, un poète, un homme d'esprit. — La *faculté d'improvisation* si rare et si précieuse ne vient que de ce que les idées sont si bien enchaînées entre elles qu'elles se présentent, au premier appel de la volonté, dans un ordre lumineux. — La *faiblesse* des esprits vulgaires, l'*idiotisme* et la *stupidité* semblent n'être que le manque d'associations d'idées, comme la *monomanie* n'est qu'une association fixe et permanente, et la *folie* l'habitude d'associations inconscientes et involontaires, étranges et absurdes. C'est avec raison qu'on appelle les fous aliénés (*alienus*) : ils ne s'appartiennent pas, en effet, ils appartiennent à certaines idées fixes que tout ou presque tout éveille en eux.

Le *caractère* comme l'intelligence est sous la dépendance de l'association des idées : un homme habitué à enchaîner ses connaissances d'après leurs rapports *essentiels* et *nécessaires*, aura un caractère ferme et droit comme son esprit, mais enclin à la raideur et à l'opiniâtreté; quelqu'un qui ne cultive que les associations d'idées *accidentelles* fondées sur les rapports de ressemblance et d'analogie, de contraste et d'opposition, sera spirituel, aimable, enjoué, mais léger et inconstant; enfin les associations d'idées *fausses* et *arbitraires* produisent toujours un caractère bizarre, fantasque, excentrique.

Puisque l'association des idées joue un si grand rôle dans la vie, il importe extrêmement de la bien diriger; c'est là le devoir de toute éducation intelligente; elle veillera avec le plus grand soin sur l'esprit de l'enfant, pour en écarter toutes les associations d'idées fausses et dangereuses et n'y laisser pénétrer que celles qui sont saines et légitimes. Quand on est en état de prendre en main la direction de ses facultés, on doit tout d'abord se débarrasser de toutes les associations d'idées arbitraires et chimériques : *sapientia prima stultitiâ caruisse*. Il faut ensuite assurer à la volonté l'empire qu'elle doit toujours avoir sur les associations d'idées, pour repousser celles qui répugnent à la raison et n'accueillir que celles qui sont favorables au développement et à la formation de l'intelligence, du cœur et du caractère.

Sujets à traiter. — 1. Des différents rapports par lesquels s'enchaînent nos idées. (Sorbonne, 7 novembre 1867.)
2. Lois de l'association des idées. (Sorbonne, mars 1875.)
3. De l'association des idées et de son influence sur nos habitudes intellectuelles et morales. (Sorbonne, 1872.)
4. Quelle est l'influence qu'exerce sur la nature et le développement de l'esprit l'habitude des associations logiques ou celle des associations accidentelles ? (Sorbonne, 1er décembre 1880.)
5. Peut-on expliquer par l'association des idées toutes les opérations de l'intelligence ? (Sorbonne, 18 juillet 1879.)

XXIII.

Distinguer la mémoire imaginative de l'imagination créatrice. (Sorbonne, 13 novembre 1868, 22 novembre 1871.)

Un riant paysage, un tableau de Raphaël que nous avons admirés autrefois revivent pour ainsi dire sous nos yeux, et il nous semble les revoir et les contempler encore ; des paroles éloquentes qui nous ont émus, des accords harmonieux qui nous ont charmés ou ravis, reviennent en quelque sorte vibrer à nos oreilles, si bien que nous croyons les entendre de nouveau : voilà tout autant de conceptions que nous devons à la *mémoire imaginative*.

Lorsque Michel-Ange, sentant tout ce que peuvent donner de grandeur à la physionomie humaine l'intelligence, la force et la majesté, se les représentait sous les traits de son Moïse ; lorsque Raphaël concevait ses incomparables Madones avec leur grâce céleste et leur pureté divine; lorsque Corneille créait le *Cid* ou *Polyeucte*, Racine, *Phèdre* ou *Athalie*, Molière, l'*Avare* ou le *Misanthrope* : Michel-Ange, Raphaël, Corneille, Racine, Molière devaient ces conceptions et ces créations à l'*imagination créatrice*.

La *mémoire imaginative* est donc la faculté qu'a l'intelligence humaine de se représenter sous forme sensible les personnes et les choses qui ont affecté les sens et qui ne les affectent plus : c'est « ce je ne sais quoi, comme dit Fénelon, qui est tour à tour toutes les choses que j'ai connues depuis que je suis au monde ».

L'*imagination créatrice*, que les philosophes ont longtemps méconnue et que les travaux de Hégel et de l'école allemande ont enfin mise en lumière, est une des plus nobles prérogatives de l'esprit humain : c'est la faculté d'inventer dans les sciences et dans les arts. De là, deux sortes d'imagination créatrice : l'imagination *scientifique* et l'imagination *esthétique*.

L'imagination *scientifique* a pour fonction de faire découvrir au mathématicien les figures et les formules sur lesquelles il travaille, au naturaliste et au physicien les hypothèses ou les applications pratiques qui font leur gloire : c'est elle qui a inspiré à Descartes ses tourbillons, à Newton la théorie de la gravitation, à Laplace son système du monde, à Graham-Bell le téléphone, à Edison le phonographe, etc.

L'imagination *esthétique* ou poétique, du grec ποιέω, faire, créer, est la faculté de concevoir et de se représenter sous forme sensible les idées de la raison : elle prend les conceptions les plus hautes, les sentiments les plus délicats et les incarne, pour ainsi dire, les fait briller et resplendir dans un symbole animé et vivant, comme l'âme brille et resplendit dans les formes du corps.

Si telle est la nature de la *mémoire imaginative* et de l'*imagination créatrice*, on comprend aisément que ces deux facultés présentent des différences profondes.

Ainsi d'abord la *mémoire imaginative* est commune à l'homme et à l'animal : l'animal a comme nous le pouvoir de faire revivre les perceptions passées, de se représenter sous forme sensible les objets qui l'ont frappé, et Lucrèce constate un fait authentique lorsqu'il décrit en ces termes les rêves des chiens :

> Venantûmque canes, in molli sæpe quiete,
> Jactant crura tamen subito, vocesque repente
> Mittunt et crebro reducunt naribus auras,
> Ut vestigia si teneant inventa ferarum,
> Expergefactique sequuntur inania sæpe
> Cervorum simulacra, fugæ quasi dedita cernant,
> Donec discussis redeant erroribus ad se.

— *L'imagination créatrice*, au contraire, est le privilège exclusif de l'homme : il n'y a que lui qui puisse concevoir le beau idéal et qui sache le faire vivre dans d'immortels chefs-d'œuvre : « *Vivos de marmore vultus, spirantia æra*, » comme dit le poète.

De plus, la *mémoire imaginative* est une faculté simplement passive et reproductrice : elle se borne à faire passer sous nos yeux les objets qui nous ont déjà frappés :

> Elle n'est qu'une immense et fidèle mémoire.

— *L'imagination créatrice*, au contraire, est essentiellement active ; elle forme des conceptions idéales dont le monde réel ne lui a pas fourni le modèle. Demandez à Apelles et à Phidias, à Michel-Ange et à Raphaël où donc ils ont vu ces figures sublimes qui vivent dans leurs chefs-d'œuvre. Demandez à Corneille où donc il a trouvé ces caractères héroïques qui parlent dans ses tragédies et faisaient verser des larmes au grand Condé ? Cicéron nous répond pour eux : « Quand ce grand artiste, nous dit-il en parlant de Phidias, faisait la statue de Jupiter ou de Minerve, il n'avait pas sous les yeux un modèle qu'il pût imiter; mais il contemplait dans les profondeurs de son âme un type de beauté accomplie dont la vue l'inspirait et dirigeait son art et sa main : « *Neque enim ille artifex, quum faceret Jovis formam aut Minervæ, contemplabatur aliquem e quo similitudinem duceret; sed ipsius in mente insidebat species pulchritudinis eximia quædam, quam intuens, in eáque defixus, ad illius similitudinem artem et manum dirigebat.* » C'est ce procédé de Phidias que Raphaël déclare avoir suivi dans la composition de ses chefs-d'œuvre : « Comme je manque de beaux modèles, dit-il, je me sers d'un certain idéal que je me forme dans l'esprit. » Il y a donc entre la *mémoire imaginative* et l'*imagination créatrice* la même différence qu'entre se souvenir et créer, reproduire des perceptions passées et former des conceptions idéales.

Ce n'est pas tout : la *mémoire imaginative* ne s'exerce et ne fait passer sous les yeux de l'esprit les objets disparus qu'autant qu'elle y est déterminée par l'association des idées. — Tout autre est le mode d'action de l'*imagination créatrice :* elle procède par inspiration, et l'inspiration c'est cet enthousiasme, ce délire poétique dont Platon décrit dans l'*Ion* les merveilleux effets, cette flamme intérieure, ce feu sacré que Lucrèce nous représente embrasant le poète de ses ardeurs divines :

Est deus in nobis; agitante calescimus illo;

ce souffle puissant et fécond, que Voltaire appelait le « diable au corps » et qui, passant dans l'âme de l'artiste et du poète, le ravit, le transporte, lui fait concevoir, sentir et exprimer spontanément le beau. L'inspiration sans doute a besoin d'être contenue et dirigée par le jugement et le goût, corrigée et épurée par la réflexion et le travail de l'esprit qui l'achèvent et la perfectionnent; mais c'est elle qui est le tout de l'art; c'est elle qui donne aux œuvres des maîtres cette touche simple et grande, naïve et profonde, forte et gracieuse, que les plus laborieux efforts ne sauraient contrefaire et qui se trouve tout entière dans le premier jet, dans la production spontanée et vivante du génie créateur. Les philosophes ont donc raison d'affirmer que l'inspiration donne à l'âme comme des ailes divines qui l'emportent vers les régions supérieures de l'idéal. « Le poète, dit Platon, est chose légère, ailée et sacrée. »

Enfin le rôle de l'*imagination créatrice* est bien supérieur à la *mémoire imaginative*. Si cette dernière est une faculté précieuse dont il est vrai de dire avec Fénelon : « De ce trésor inconnu sortent tous les parfums, toutes les harmonies, tous les goûts, tous les degrés de lumière, toutes les couleurs, toutes les nuances, enfin toutes les figures qui ont passé par nos sens; » si elle reproduit les plaisirs et les joies de l'âme, si elle nous donne des souvenirs vivants du bonheur qui n'est plus, prolonge le charme des beaux jours écoulés et multiplie en quelque sorte les rares instants de bonheur que nous goûtons ici-bas, il faut avouer que l'*imagination créatrice* est un pouvoir bien plus merveilleux. C'est à elle que les grands géomètres, Archimède, Descartes, Pascal, les grands mathématiciens, Newton, Leibnitz, Lagrange, Laplace, les grands naturalistes Linné, Jussieu, Cuvier, sont redevables de leur génie et de ces grandes et belles découvertes qui font leur gloire. C'est à elle qu'on doit ces figures et ces images tantôt gracieuses et tantôt sublimes qui font le charme du langage. C'est elle qui donne la vie aux œuvres littéraires et leur assure un succès durable ou une glorieuse immortalité. C'est elle qui inspire à l'orateur ces beaux mouvements qui électrisent un auditoire et cette éloquence magnifique dont l'écho prolongé retentit à travers les siècles. C'est elle enfin qui est la mère des beaux-arts et qui doit revendiquer comme lui appartenant la gloire de Phidias et de Michel-Ange, d'Apelles et de Raphaël, de Mozart et de Beethowen, d'Homère et de Virgile, de Sophocle et de Pindare, de Shakespeare et de Corneille, de Gœthe et de Schiller.

La *mémoire imaginative* et l'*imagination créatrice* sont donc profondément distinctes ; néanmoins il ne faut voir en elles que deux formes d'une seule et même faculté, l'imagination. D'ailleurs elles agissent presque toujours simultanément et se prêtent un mutuel secours. Comme on l'a fait souvent remarquer, l'imagination ne crée pas au vrai sens du mot ; elle ne tire pas du néant ses conceptions ; elle se contente d'embellir, d'idéaliser les éléments empruntés à la réalité et au souvenir, et on a pu dire en toute vérité « que les Muses sont filles de la Mémoire ».

Sujets à traiter *avec les éléments fournis par ce devoir.* —
1. De l'imagination et de la mémoire : leurs rapports et leurs différences. (Sorbonne, 14 août 1867.)
2. Distinguer l'imagination de l'entendement. (Sorbonne, 14 août 1866, 17 août 1869.)
3. De l'imagination poétique ou créatrice. (Faculté de Caen, Rouen, juillet 1869.)

4. De l'imagination créatrice ; faire la part de la mémoire et de la réflexion dans les produits de cette faculté. (Sorbonne, 8 juillet 1880.)

5. Rapports entre la mémoire, l'association des idées et l'imagination. (Sorbonne, 1821.)

XXIV.

Peut-on dire que l'imagination crée quelque chose ? En quoi consiste le travail créateur de l'art ? (Sorbonne, 16 novembre 1867.)

C'est une expression consacrée dans le langage philosophique comme dans le langage ordinaire que celle d'*imagination créatrice*, et l'on dit souvent que l'artiste et le poète ont le talent de *créer*, que leurs œuvres sont de puissantes et admirables *créations*. Mais a-t-on bien le droit de parler ainsi et l'homme, en le faisant, ne s'arroge-t-il pas un pouvoir qui n'appartient qu'à Dieu ?

Si l'on prend le mot *créer* dans son sens rigoureux et technique, en tant qu'il signifie tirer les êtres du néant, faire quelque chose de rien, il faut reconnaître que l'imagination n'est pas véritablement *créatrice* : elle ne tire pas ses conceptions du néant ; elle n'invente ni les idées qui sont le fond de ses œuvre, ni la forme sensible dont elle les revêt.

Ainsi d'abord c'est la raison qui conçoit les *idées* du monde physique, du monde intellectuel et moral que mettent en œuvre le poète et l'artiste et qui animent et vivifient les plus belles conceptions de leur génie : quand Homère nous peint l'ardeur bouillante et héroïque d'Achille, l'orgueil superbe d'Agamemnon, la courageuse habileté d'Ulysse, la sagesse de Nestor, l'amour paternel de Priam et d'Hector ; quand Corneille nous fait admirer l'héroïsme de l'honneur dans le Cid, l'héroïsme du patriotisme dans les Horaces, l'héroïsme de la clémence dans Auguste, l'héroïsme du martyre dans Polyeucte, l'héroïsme du respect aux vaincus dans César, l'héroïsme de la fierté royale dans Nicomède, l'héroïsme de la vertu républicaine dans Sertorius, l'héroïsme de la fidélité conjugale dans Pauline et Cornélie, ni Corneille ni Homère ne doivent à leur imagination la *création* de sentiments et de pensées qui avaient existé avant eux et existeront aussi longtemps que le cœur humain.

Quant à la *forme sensible*, lignes, figures, couleurs, sons, dont l'imagination revêt les *idées* de l'intelligence, elle est encore empruntée à la réalité et au souvenir. Aussi les Grecs disaient-ils avec raison que « les Muses sont filles de la mémoire », indiquant par là que c'est cette faculté qui fournit à l'architecte, au sculpteur, au peintre, au musicien, au poète, les images qu'ils emploient. Ainsi quand Raphaël peint ses divines madones, il n'invente pas de toutes pièces ces ravissantes figures; il prend les traits les plus purs, les plus gracieux qu'il a recueillis dans ses observations sur la physionomie humaine. L'imagination de Racine n'a pas *créé* les faits qu'il expose dans *Athalie* les crimes de Jézabel et de sa fille, la pieuse fraude de Joad et de Josabeth, la reconnaissance et le couronnement de Joas : tous ces détails, le poète les a trouvés dans la Bible avec les caractères des personnages qu'il met en scène.

Il y a cependant quelque chose de profondément original dans les conceptions de l'imagination esthétique et c'est à bon droit qu'on parle du travail *créateur de l'art*. S'il ne crée ni les idées ni les êtres, il semble créer les images, les symboles dans lesquels il incarne ses conceptions, pour les y faire vivre et resplendir à peu près comme l'âme vit et resplendit dans le corps.

Voyez, en effet, l'artiste et le poète : ils empruntent bien à la réalité les formes sensibles qu'ils emploient; mais ils ne copient pas servilement la nature, ils combinent sous forme nouvelle les éléments fournis par l'expérience; ils épurent, ils simplifient, ils ajoutent, ils agrandissent, ils idéalisent, en un mot, et l'idéal ainsi conçu et exécuté nous apparaît vraiment comme leur œuvre propre et personnelle, que ce soit l'*Apollon* de Phidias ou le *Moïse* de Michel-Ange, la *Vierge aux raisins* de Raphaël ou le *Requiem* de Mozart, le *Polyeucte* de Corneille ou l'*Athalie* de Racine.

Il faut en dire autant des idées, des sentiments et des caractères qu'immortalisent l'art et la poésie. La réalité sans doute les leur fournit ; mais comme ils savent les embellir, les transfigurer en quelque sorte ! Aussi quand la pensée sort de l'âme d'un poète, d'un artiste digne de ce nom, cette pensée est vraiment leur œuvre, parce qu'elle porte l'empreinte et le sceau de leur génie *créateur*.

Oui, c'est une *création* que la fusion harmonieuse de l'idée et de la forme sensible, qui constitue le véritable travail de l'art et produit ces symboles vivants que célèbre la poésie : « *Vivos de marmore vultus, spirantia œra.* » Si le sculpteur fait vivre le marbre et respirer l'airain, le peintre anime la toile, le musicien fait jaillir des flots d'harmonie et le poète *crée* des personnages vivants, des héros immortels, plus vrais souvent que ceux de l'histoire, comme le reconnaît Aristote. Quand Michel-Ange, frappé de l'expression et de la vie de son Moïse, s'écriait : « Eh bien ! parle maintenant ! » Michel-Ange avait conscience d'avoir produit une œuvre vivante et tous les véritables artistes peuvent saluer comme lui la vie qui semble palpiter dans leurs chefs-d'œuvre.

Voilà comment l'artiste et le poète ressemblent à Dieu : Dieu *crée* des êtres réels et à ces êtres il donne la vie ; le poète et l'artiste, eux, ne que *créent* des symboles ; mais à ces symboles ils donnent je ne sais quel souffle de vie, qui fait que leurs œuvres passent à la postérité glorieuses et immortelles. La distance sans doute, est toujours infinie entre l'art et le Créateur ; pourtant il ne faut pas trop rabaisser l'homme et les œuvres de son imagination ; car si l'homme imite, ce ne sont pas seulement les œuvres de Dieu qu'il imite, c'est la création divine elle-même.

Sujets à traiter *avec les éléments fournis par ce devoir.* — 1. A quelle condition l'imagination peut-elle devenir créatrice ? En quoi peuvent la servir la psychologie et la morale ? (Faculté de Rennes, 17 novembre 1874.)

2. Déterminer le rapport de l'imagination et du goût ; donner des exemples et montrer les applications. (Sorbonne, juillet 1878.)

(*Voir les sujets indiqués à la fin du devoir précédent.*)

XXV.

Du rôle de l'imagination dans la vie humaine.
(Sorbonne, 10 août 1866.)

Il n'est peut-être pas de faculté qui joue dans la vie humaine un rôle plus important que l'*imagination*, ou le pouvoir que nous avons de nous représenter sous forme sensible les objets et les idées. Les philosophes en ont dit tant de bien et tant de mal qu'il semble difficile, pour ne pas dire impossible, d'apprécier avec une juste mesure ses avantages et ses inconvénients. Pour se préserver de toute exagération, il faut passer en revue les diverses formes de l'*imagination* et en faire ressortir l'influence tour à tour heureuse et malheureuse, salutaire et funeste.

A son premier degré, en tant que *passive et reproductrice*, l'imagination fait repasser sous nos yeux toutes les beautés qui ont frappé nos sens. « De ce trésor inconnu, dit Fénelon, sortent tous les parfums, toutes les harmonies, tous les goûts, tous les degrés de lumière, toutes les couleurs et toutes leurs nuances. » Miroir et écho de la nature, cette précieuse faculté reproduit aussi les plaisirs et les joies de l'âme, nous donne des souvenirs vivants du bonheur qui n'est plus, prolonge le charme des beaux jours écoulés et multiplie en quelque sorte les rares instants de félicité que nous goûtons ici-bas. Mais si elle fait revivre les émotions agréables et joyeuses, l'imagination *reproductrice* nous retrace aussi les souvenirs lugubres, les images désolantes, les scènes de deuil et de douleur, éternisant ainsi la tristesse et enveloppant la vie de voiles douloureux et d'ombres funèbres.

L'imagination, en tant que *faculté du rêve et de la chimère*, présente encore plus d'avantages et surtout d'inconvénients. « Elle a, dit Pascal, ses heureux, ses malheureux, ses sains, ses malades, ses riches, ses pauvres,... ses fous, ses sages. » — Ainsi, souvent ses bienfaisantes illusions sont comme des nuages dorés qui nous dérobent les tristesses de l'heure présente : quand la vie est amère, quand la douleur brise l'âme, il y a du bonheur à se transporter par la pensée dans un avenir meilleur, dans un monde peuplé de riantes fictions. Illusions, chimères! dirat-on peut-être : sans doute; mais ces illusions consolent, ces chimères guérissent notre cœur désenchanté de la vie. — Il ne faut pas croire pourtant qu'on doive lâcher la bride « à la folle du logis, à cette folle qui fait la folle, » comme parle Malebranche. Elle devient souvent, en effet, fatale au *jugement* qu'elle fausse et qu'elle corrompt. « C'est cette partie décevante dans l'homme, dit Pascal, cette maîtresse d'erreur et de fausseté, et d'autant plus fourbe qu'elle ne l'est pas toujours... La raison a beau crier, elle ne peut mettre le prix aux choses... Cette superbe puissance ennemie de la raison, qui se plaît à la contrôler et à la dominer pour montrer combien elle peut en toutes choses, a établi dans l'homme une seconde nature... Qui dispense la réputation? qui donne le respect et la vénération aux personnes, aux ouvrages, aux lois, aux grands sinon cette faculté imaginante? Toutes les richesses de la terre sont insuffisantes sans son consentement. L'imagination dispose de tout : elle fait la beauté, la justice et le bonheur, qui est le tout du monde. » Les illusions et les rêves de l'imagination ne sont pas moins funestes au *cœur* qu'à l'esprit : ils nous présentent souvent le mal et le vice sous les dehors les plus attrayants; de sorte que, gagnée par le charme de ces séductions, l'âme sent se flétrir en elle la virginité du sentiment et se laisse aller à une corruption d'autant plus incurable qu'elle s'insinue plus agréablement. Le *caractère* enfin se gâte d'une façon souvent irrémédiable, sous l'influence de cette fatale enchanteresse : elle fait ces hommes rêveurs et inconstants qui ne sont jamais bien que là où ils ne sont pas, ces hommes légers et romanesques qui n'apportent que des illusions en face des réalités de la vie et qui lorsque,

Partout l'illusion s'effeuille sous leurs pas,

ne savent que se laisser aller à un désespoir fatal et mortel. Que de suicides affreux qui n'ont eu d'autre cause que les tristes écarts d'une imagination sans frein!

Funeste aux individus, l'imagination l'est encore plus aux peuples chez lesquels elle domine. Grâce à elle, les illusions et les mots exercent sur les masses un empire magique, si bien qu'un célèbre diplomate a pu dire avec raison : « L'art de gouverner les hommes n'est que l'art de les occuper et de les amuser. » L'imagination est aussi pour beaucoup dans ces brusques changements des États, dans ces secousses politiques, dans ces crises sociales parfois terribles qu'on appelle révolutions : les peuples se figurent qu'il leur suffira de changer de gouvernement pour voir se réaliser tous leurs rêves de bonheur; illusion fatale que ne tarde pas à dissiper la douloureuse expérience de la réalité !

L'imagination *créatrice* exerce une influence généralement plus salutaire. — Sans doute, il y a des dangers pour le savant à suivre en aveugle les inspirations hardies de son imagination, et ces dangers sont attestés par l'histoire des cosmogonies plus ou moins inintelligibles des premiers philosophes de la Grèce, comme aussi par celle des songes creux de l'alchimie. Il faut reconnaître cependant que l'hypothèse, lorsqu'elle accepte le contrôle de la raison et de l'expérience, peut être très utile, et que c'est à l'imagination que les grands géomètres, Archimède, Descartes, Pascal, les grands mathématiciens, Newton, Leibnitz, Lagrange, Laplace; les grands naturalistes, Linné, Jussieu, Cuvier ont dû leur génie et ces heureuses anticipations, ces grandes et belles découvertes qui font leur gloire. — L'imagination *créatrice* est encore plus utile dans les lettres et les arts que dans les sciences. C'est à elle qu'on doit ces figures et ces images tantôt gracieuses et tantôt sublimes qui font le charme du langage. C'est elle qui donne la vie aux œuvres littéraires et leur assure une glorieuse immortalité. C'est elle qui inspire à l'orateur ces beaux mouvements qui électrisent un auditoire et cette éloquence magnifique dont l'écho prolongé retentit à travers les siècles. C'est elle enfin qui est la mère des beaux-arts et qui, à ce titre, doit revendiquer comme lui appartenant la gloire de Phidias, de Michel-Ange, d'Apelles et de Raphaël, de Mozart et de Beethoven, d'Homère et de Virgile, de Sophocle et d'Euripide, de Sapho et de Pindare, de Dante et de Shakspeare, de Corneille et de Molière, de Racine et de la Fontaine, de Gœthe et de Schiller. Il peut arriver pourtant que l'imagination devenue déréglée et tyrannique, emporte le poète dans les champs illimités de la fantaisie, communique sa fougue au pinceau du peintre et lui fasse commettre toute sorte d'excès de forme et de couleur : l'art alors, oublieux de sa haute origine et de sa noble mission, semble se prostituer en se consacrant à la glorification du vice et à la corruption des mœurs. C'est un mal déplorable que le poète et l'artiste doivent religieusement éviter en planant toujours dans les régions supérieures de la beauté morale et la sphère radieuse de l'idéal.

Sujets à traiter *avec les éléments fournis par ce devoir.* —
1. Quel est le rôle de l'imagination créatrice dans les beaux-arts? (Sorbonne, 4 août 1874.)
2. La suppression de l'imagination dans l'âme humaine augmenterait-elle ou diminuerait-elle le bonheur? (Faculté de Toulouse.)
3. Influence de l'imagination sur le bonheur. Suffit-il de se croire malheureux pour l'être? (Faculté de Montpellier, 11 juillet 1883.)

XXVI.

Analyser l'attention. Son rôle dans la formation de nos idées. (Sorbonne, 16 juillet 1874.)

Voilà des auditeurs suspendus, pour ainsi dire, aux lèvres d'un orateur; voilà des spectateurs, qui, les yeux fixés sur la scène, suivent avec intérêt une représentation théâtrale : ces spectateurs, ces auditeurs sont *attentifs*. Nous le sommes tous, quand absorbés par une idée qui nous préoccupe, nous l'approfondissons en tout sens.

L'*attention* nous apparaît donc comme l'application de l'esprit aux objets de la connaissance, la concentration de l'activité intellectuelle sur les choses pour les mieux comprendre.

C'est un effort de l'âme, un phénomène essentiellement volontaire. L'*attention* subit bien sans doute l'influence des causes extérieures; mais elle demeure toujours soumise à l'autorité supérieure du moi. Je la donne ou je la retire à mon gré; je la dirige tour à tour sur plusieurs objets; je la concentre sur chacun d'eux aussi longtemps que ma volonté peut soutenir son effort.

Il ne faut donc pas voir dans l'*attention* « une *sensation* transformée, une sensation prédominante, que nous éprouvons comme si elle était seule », ainsi que le dit Condillac dans son *Traité des sensations* et dans sa *Logique*. — Sans doute, l'*attention* est souvent provoquée par une *sensation* très forte et très vive; mais cette *sensation* ne la constitue pas. Un coup de foudre éclate subitement et passe presque instantanément : je n'étais pas attentif au moment où il a éclaté, puisqu'il m'a surpris; mon *attention* ne s'éveille que quand la sensation a cessé, et si le coup ne se renouvelle pas, je suis attentif sans qu'il y ait *sensation*. — L'*attention* porte donc sur d'autres objets que les *sensations*; elle s'applique, par exemple, aux souvenirs, aux jugements, aux raisonnements, aux sentiments, aux volitions, pour leur donner plus de vivacité, plus d'intensité. — Dans la *sensation* d'ailleurs l'âme est passive, c'est-à-dire qu'elle n'agit pas, mais subit l'action des objets extérieurs, tandis que dans l'*attention* son activité est toujours en jeu, ou plutôt l'attention n'est que l'activité de l'âme se portant, se concentrant sur un objet pour en saisir et en pénétrer la nature. Aussi, comme le remarque Laromiguière en réfutant la doctrine de son maître, le langage lui-même établit une différence entre les *sensations* et les *actes d'attention*; on dit *sentir* et *flairer*, *goûter* et *savourer*, *voir* et *regarder*, *entendre* et *écouter*, *toucher* et *palper*.

Si l'*attention* n'est pas une *sensation* transformée; elle n'est pas davantage une *faculté intellectuelle* : car d'abord elle n'a pas d'objet propre et distinct, elle peut porter et elle porte, en effet, sur l'objet de toutes les facultés et de toutes les opérations de l'esprit, et même sur les phénomènes sensibles et volontaires. Ensuite l'expérience nous apprend qu'autre chose est l'*attention* et autre chose l'*intelligence* : je puis m'appliquer avec *attention* à un objet sans le comprendre, tandis qu'à côté de moi, un esprit moins attentif mais plus intelligent le saisira sans peine et sans effort.

L'*attention* n'est qu'un mode général de l'exercice de nos facultés et en particulier des facultés intellectuelles : c'est la liberté appliquée à la direction de l'intelligence.

Cependant comme il y a des cas où l'*attention* est commandée imposée en quelque sorte par les choses elles-mêmes, v. g. par un événement considérable qui nous préoccupe en dépit de nous-mêmes, par un malheur dont l'image nous poursuit envers et malgré tout, on distingue l'attention *spontanée* de l'attention *volontaire*, qui vient de nous-mêmes et d'un libre effort de la volonté concentrant les forces vives de l'intelligence sur l'objet de son étude.

De plus, comme l'*attention* porte tantôt sur des objets extérieurs, sur des choses tombant sous nos sens, et tantôt sur l'esprit lui-même et sur ses idées, elle s'appelle dans le premier cas *attention proprement dite* et dans le second *réflexion*. A un enfant qui n'écoute pas, le maître dira : Faites attention; à un enfant attentif, qui répond légèrement et trop vite, il dira : Réfléchissez ! La *réflexion*, comme le mot l'indique, *reflectere*, est le retour de l'âme sur elle-même et sur sa pensée : c'est l'attention en dedans.

Quand l'*attention* proprement dite est concentrée, condensée péniblement sur un objet, c'est la *contention :* quand la *réflexion* est profonde et prolongée, c'est la *méditation*.

Enfin quand l'âme attentive se sent attirée et charmée par un objet qu'elle admire et qui lui semble sublime et beau, c'est la *contemplation* qui peut aller jusqu'à l'*extase*, si l'âme sort, pour ainsi dire, d'elle-même, pour s'identifier à l'objet de son culte et ne penser, n'aimer, ne vivre qu'en lui et pour lui.

Quoi qu'il en soit de ces diverses formes de l'*attention*, cette opération est une des plus précieuses ressources de l'esprit humain et elle joue un rôle très important dans la formation de nos idées.

A l'origine, en effet, les idées sont vagues, obscures et confuses; car elles nous représentent les choses dans leur réalité concrète, et telle est la faiblesse de notre intelligence qu'elle ne voit rien quand elle veut tout voir. Pour que la lumière se fasse dans l'esprit, pour que ses idées deviennent claires, distinctes et lumineuses, il faut que l'*attention* porte successivement sur les divers points de vue des choses, et qu'elle nous les fasse saisir par une application vive et soutenue : cette application est une sorte « de prière naturelle par laquelle nous obtenons que la raison nous éclaire », comme dit Malebranche, et un ingénieux écrivain nous la représente comme un microscope qui grossit les objets et nous permet d'en saisir les plus fines nuances. Sans aller jusqu'à prétendre avec Buffon que « le génie n'est qu'une longue patience. », il faut reconnaître que l'*attention* fortifie et développe l'intelligence et le talent d'une manière étonnante et dire avec Bossuet : « C'est l'*attention* qui rend les hommes graves, sérieux, prudents, capables des grandes affaires et des hautes spéculations. »

Sujets à traiter. — 1. De l'attention et de ses différentes formes. (Sorbonne, 4 mars 1880.)

2. De l'attention. La distinguer de la sensation; en décrire les diverses formes et en montrer l'importance dans l'acquisition et la conservation des connaissances humaines. (Sorbonne, 27 octobre 1879.)

3. De l'attention et de la réflexion. Leur nature et leurs effets. (Sorbonne, 7 juillet 1880, 14 mars 1883.)

4. Quels sont les effets de l'attention sur la sensibilité et l'intelligence? (Sorbonne, 26 mars 1879.)

XXVII.

Des idées abstraites. En donner des exemples dans les différentes sciences. (Sorbonne, 15 mai 1867, 19 mars 1874.)

Je me représente une substance sans ses modes, v. g. l'âme sans ses facultés et ses phénomènes; ou bien des modes sans la substance à laquelle ils appartiennent, v. g. la couleur et la forme de ce papier indépendamment de ce papier lui-même; ou bien encore un mode, une propriété d'une chose à l'exclusion des autres, v. g. la longueur ou la largeur de cette table sans sa profondeur : voilà tout autant d'idées *abstraites*.

Ainsi donc les idées *abstraites*, du latin *abstractus*, séparé de, sont celles qui ne représentent qu'un point de vue d'un objet isolé par la pensée de ce dont en réalité il est inséparable. Elles se distinguent par là des idées *concrètes*, qui représentent les choses telles qu'elles existent réellement avec l'ensemble de leurs éléments constitutifs, comme les idées de soleil, de Socrate, de Paris, etc.

Les idées abstraites passent aux yeux de bien des gens pour des idées supérieures, réservées aux intelligences d'élite : c'est là une erreur. Rien de plus naturel et de plus familier que les idées abstraites : l'enfant en a aussitôt que son intelligence commence à se développer; penser, c'est toujours abstraire. « Les sens, dit Laromiguière, sont des machines à abstraction. » Chacun d'eux, en effet, semble *abstraire* les propriétés particulières des corps qu'il perçoit à l'exclusion des autres. — La réflexion ne s'exerce guère que sur des idées abstraites et envisagées séparément par l'esprit. — La raison, qui fait la grandeur et la gloire de l'homme, paraît n'être que le pouvoir d'abstraire, de distinguer le nécessaire du contingent, l'universel du particulier, l'absolu du relatif. — Nous ne pouvons comparer deux ou plusieurs choses, qu'autant que les idées abstraites nous représentent isolément les propriétés et les points de vue divers de ces choses. — Enfin toute idée générale est abstraite et l'esprit ne conçoit l'universel qu'à la condition d'éliminer par la pensée le particulier et le relatif.

Un autre préjugé vulgaire, c'est celui qui attribue l'obscurité aux idées abstraites et fait du mot abstrait le synonyme de difficile. L'idée abstraite doit être nécessairement claire, parce qu'elle est simple et que le plus haut degré de clarté correspond au plus haut degré d'abstraction.

Bien plus, les idées abstraites sont les seules distinctes et lumineuses : les objets de la connaissance, en effet, étant complexes et composés, notre intelligence ne les connaît que confusément si elle les envisage dans leur réalité concrète; elle est si faible qu'elle ne voit rien quand elle veut tout voir. Pour que la lumière se fasse dans l'esprit, il faut analyser, décomposer les choses que l'on étudie, fixer nécessairement l'attention sur chacun des éléments qui les constituent, en un mot, se faire des idées abstraites.

Aussi les idées *abstraites* jouent-elles un rôle important dans le *langage* et dans la *science*. — Tous les noms des *langues*, à l'exception des noms propres, expriment des idées abstraites et plus il y a de mots abstraits dans une langue, plus cette langue est riche et parfaite. — Il en est des esprits comme des langues; ceux qui sont peu cultivés n'ont qu'un petit nombre d'idées abstraites; ce nombre s'accroît avec l'instruction et peut varier depuis une cinquantaine jusqu'à cinquante mille et davantage.
— Le principal travail de la *science* consiste à *abstraire*, et les notions sur lesquelles elle s'exerce ne sont que des idées abstraites.
— Ainsi l'arithmétique et l'algèbre roulent tout entières sur les idées abstraites de grandeur et de quantité, d'unité et de nombre; la géométrie, sur les idées de point et de ligne, de surface et de volume; la mécanique sur les idées de mouvement et de repos, de force et d'équilibre; — la physique sur les idées de corps et de propriétés des corps, d'inertie et d'élasticité, d'impénétrabilité et de pesanteur, de chaleur et de lumière; la chimie sur les idées d'atomes, de molécules, d'affinité, de cohésion, de cristallisation; l'histoire naturelle sur les idées de règne, d'embranchement, d'ordre, de famille, de type, de genre, d'espèce, de variété; — la psychologie sur les idées de phénomènes, de facultés et d'attributs; la logique sur les idées de vrai et de faux, de certitude et de méthode; la morale sur les idées de bien et de mal, de devoir et de droit, de mérite et de démérite; l'esthétique sur les idées de beau et d'art; le droit sur les idées de propriété, de contrat, de vente, d'hypothèque, de caution, de nantissement; la jurisprudence sur les idées de délit et de crime, de punition et de châtiment; la politique sur les idées de gouvernement et d'État, de pouvoir et de lois; l'économie politique sur les idées de richesses et de production, de capital et de travail, etc.

Laromiguière a donc raison de critiquer la dénomination de sciences *abstraites* donnée exclusivement aux sciences *mathématiques* : au fond toutes les sciences sont abstraites, puisqu'elles ont toutes pour objet des idées et des vérités générales et par là même abstraites. « Il n'y a pas de science du particulier, » disait Aristote; « *Non est fluxorum scientia*, » ont dit les Scolastiques et après eux Bacon, traduisant cette maxime de Platon : Τῶν ῥεόντων οὐκ ἔστιν ἐπιστήμη.

Sujets à traiter. — 1. Qu'est-ce qu'une idée abstraite ? Comment les idées abstraites se forment-elles dans l'esprit ? Qu'entend-on par genre, espèce, extension, compréhension ? (Sorbonne, 23 novembre 1882.)

2. Comment se forment les idées abstraites de genres et d'espèces ? Définir ces deux termes. Qu'entend-on par extension et compréhension ? (Sorbonne, 9 juillet 1878.)

3. De l'abstraction : utilité et dangers des notions abstraites. Quels sont les correctifs des abus des abstractions ? (Sorbonne, novembre 1876.)

4. De l'usage de l'abstraction : 1° Dans nos opérations intellectuelles les plus simples et les plus élémentaires ; 2° Dans les sciences. (Sorbonne, août 1875.)

XXVIII.

De la comparaison. Son rôle dans la formation de nos connaissances. (Sorbonne, 12 novembre 1873.)

Telle est la nature de l'intelligence humaine qu'elle ne se contente pas des notions particulières et des connaissances isolées que lui fournit l'expérience ; elle veut saisir le lien des choses, leurs ressemblances et leurs différences : pour cela, elle les rapproche, elle les *compare*.

La *comparaison*, est donc une opération qui consiste à étudier attentivement deux ou plusieurs objets pour en saisir les rapports. Ainsi j'ai sous les yeux deux fleurs : j'étudie successivement les éléments constitutifs de chacune d'elles, pistil, étamine, corolle, calice ; je note leurs caractères communs et leurs traits distinctifs : voilà une comparaison.

La comparaison n'est pas une faculté spéciale, *sui generis*, parce qu'elle n'a pas d'objet spécial et distinct : il faut voir en elle une forme de l'attention, c'est-à-dire de l'intelligence dirigée par la volonté et s'appliquant à connaître les caractères semblables et différents de certains objets déterminés. Mais comme souvent l'attention ne suffit pas, comme il est nécessaire, pour peu que les objets soient complexes, de les analyser pour étudier successivement leurs éléments constitutifs, la comparaison nous apparaît, la plupart du temps, comme une suite, une conséquence de l'abstraction, qui isole mentalement les divers points de vue des choses, pour les considérer à part. Mais qu'elle succède à l'abstraction ou seulement à l'attention, la comparaison est toujours un acte, une fonction de la raison ou plutôt elle n'est que la raison elle-même volontairement appliquée à la connaissance des rapports des choses. Seule, en effet, cette faculté supérieure peut apercevoir et aperçoit ces rapports qui échappent toujours à l'animal privé de raison. « Entre l'homme et la bête, dit Cicéron dans le *De officiis*, il y a cette grande différence que celle-ci, n'obéissant qu'aux sens, s'attache uniquement à ce qui est immédiat et présent, tandis que l'homme, qui a reçu la raison en partage, aperçoit par elle l'enchaînement des choses et compare leurs ressemblances. « *Inter hominem et belluam hoc maxime interest, quod hæc tantum quantum sensu movetur, ad id solum quod adest quodque præsens est se accommodat;..... homo autem, quod rationis est particeps, per quam consequentia cernit,... similitudines comparat.* »

La comparaison est une des opérations les plus fécondes de l'esprit humain, une de celles qui jouent le rôle le plus important dans la formation de nos connaissances.

Ainsi d'abord elle est la source de toutes les idées relatives, idées de grandeur et de petitesse, de supériorité et d'égalité, de changement et de progrès, etc., qui interviennent à chaque instant dans le travail intellectuel et le langage.

Elle est aussi un auxiliaire puissant pour la *mémoire*, car en établissant un lien entre nos idées et nos souvenirs, elle fait que nos connaissances forment comme une chaîne que l'on tire à soi tout entière dès qu'on en tient le premier anneau.

La *comparaison* est encore le principe de l'*association des idées*, puisque nos connaissances ne s'enchaînent que d'après les rapports qui existent ou que nous établissons entre elles, rapports tantôt naturels et nécessaires, comme ceux de cause à effet, de fin à moyen, de principe à conséquence, tantôt accidentels, comme ceux de ressemblance et d'analogie, de contraste et d'opposition, de simultanéité dans le temps et de contiguïté dans l'espace, tantôt enfin arbitraires, comme ceux qu'on imagine quelquefois entre l'idée de ténèbres et celle de fantômes.

C'est à la *comparaison* encore que l'*imagination* emprunte la plupart des matériaux qu'elle met en œuvre et dont elle forme ces images et ces figures qui font la vie des œuvres historiques et poétiques : les métaphores ne sont que de rapides et hardies comparaisons; l'allégorie est aussi une comparaison longuement développée.

La *généralisation*, qui de caractères communs à plusieurs objets fait une notion unique applicable à tous, *unum aptum prædicari de multis*, ne peut saisir et ne saisit ces caractères que par la comparaison.

Parmi nos *jugements*, il n'y a que les jugements *primitifs*, qui, étant directs et spontanés, soient antérieurs à la *comparaison* : tous les autres en dépendent et c'est même pour cela qu'on les a nommés jugements *comparatifs*. Pour affirmer, par exemple, que Dieu est bon, que l'âme est immortelle, il me faut analyser plus ou moins exactement l'idée de bonté et celle de Dieu, l'idée d'âme et celle d'immortalité, et ce n'est qu'après avoir par la comparaison constaté la convenance de ces idées que je puis l'affirmer.

Enfin la comparaison joue dans la *science* un rôle considérable. D'abord elle est l'âme de certaines branches des connaissances humaines qui lui doivent leur nom, comme l'anatomie comparée, la psychologie comparée, la grammaire comparée, etc. De plus, toute science a pour objet des vérités et des lois générales; car, comme l'a dit Aristote : « Il n'y a pas de science du particulier; » or, pour arriver aux lois et aux vérités générales, qui sont le dernier mot de la science, la comparaison est indispensable; car seule elle saisit les rapports des choses, l'ordre et l'harmonie merveilleuse qui règnent dans l'univers.

Sujet à traiter. — De la comparaison ; rôle de cette opération dans les actes divers de l'intelligence. (Sorbonne, 9 juillet 1879.)

XXIX.

Comment se forment les idées abstraites de genres et d'espèces ? Définir ces deux termes. Qu'entend-on par extension et compréhension ? (Sorbonne, 9 juillet 1878.)

Les idées de *genres* et d'*espèces* se forment par le travail de l'esprit s'exerçant sur les données de l'expérience au moyen de l'*abstraction*, de la *comparaison* et de la *généralisation*.

L'expérience, soit externe, soit interne, ne nous donne que des notions particulières et individuelles : ainsi nous ne percevons pas l'homme, ni même un homme, mais bien Pierre, Paul, Jean, etc.

De ces notions concrètes et complexes, l'*abstraction* dégage l'idée de telle ou telle propriété qu'elle considère indépendamment de toutes les autres : v. g. la taille de Pierre, l'intelligence de Paul, leur qualité d'homme.

La *comparaison* remarque que cette dernière qualité est commune à Pierre, à Paul, à Jean, à tous ceux de nos semblables que nous connaissons, quelles que soient d'ailleurs les différences qu'ils présentent sous d'autres rapports.

De cette qualité d'homme, commune à une foule d'individus, l'esprit fait une idée *générale* applicable à tous, l'idée d'homme : voilà une idée d'*espèce*, qui, dans sa généralité, embrasse l'humanité tout entière et comprend tous ceux de nos semblables qui ont existé, existent ou existeront.

Par un travail analogue, notre intelligence se forme d'autres idées d'*espèces :* elle conçoit, par exemple, l'espèce cheval, l'espèce chien, l'espèce lion, l'espèce oiseau, etc. Puis, faisant abstraction des différences qu'il y a entre ces diverses *espèces* pour ne songer qu'à une propriété commune à toutes, elle aboutit à l'idée d'un groupe supérieur : le *genre* animal, qui comprend toutes les *espèces* d'animaux, animaux raisonnables et animaux privés de raison, chevaux, chiens, lions, oiseaux, etc.

Les *genres* ne sont donc que des groupes si étendus et si larges qu'ils embrassent d'autres groupes qui leur sont subordonnés : ainsi la substance est un genre, parce qu'elle comprend les substances étendues et les substances pensantes, les corps et les esprits.

Les *espèces* sont des groupes d'individus compris dans un groupe plus général et plus large : ainsi les esprits et les corps sont les espèces du genre substance; le losange, le trapèze, le carré, le rectangle, sont les espèces du genre quadrilatère.

Le même groupe peut être à la fois *genre* et *espèce* : *genre* par rapport aux *espèces* qui le composent; *espèce* par rapport au *genre* dont il fait partie. Ainsi le quadrilatère est genre à l'égard du carré, du rectangle, du losange, et espèce à l'égard du genre : figure géométrique. — Les dénominations de genre et d'espèce ne sont absolues qu'aux deux extrémités d'une classification : à l'extrémité inférieure où le groupe formé de la réunion des individus s'appelle toujours espèce, et à l'extrémité supérieure où le genre le plus élevé, celui qui embrasse toutes les espèces, s'appelle toujours genre.

Dans tout genre et dans toute espèce, il y a deux choses bien distinctes à considérer : les objets, les individus réunis dans ce genre, dans cette espèce, et le caractère ou les caractères qui ont servi à les réunir : c'est à ces deux choses que correspondent l'*extension* et la *compréhension*.

L'*extension* est le plus ou moins grand nombre d'individus auxquels s'applique une idée générale de genre ou d'espèce : ainsi l'extension de l'idée d'homme est l'ensemble des créatures raisonnables qui ont existé, existent ou existeront.

La *compréhension* est le plus ou moins grand nombre de propriétés essentielles qu'embrasse une idée de genre ou d'espèce : ainsi la compréhension de l'idée d'homme, c'est *animal* et *raisonnable*, c'est-à-dire les deux attributs essentiels de l'humanité.

L'extension et la compréhension sont en raison inverse l'une de l'autre : à mesure que l'extension augmente, la compréhension diminue : en effet, plus il y a d'êtres auxquels s'applique une idée et moins sont nombreux les attributs qu'elle représente. A mesure que la compréhension augmente l'extension diminue : en effet, plus une idée générale comprend d'attributs et moins sont nombreux les êtres auxquels elle convient. L'idée d'*être* est celle de toutes nos idées qui a le plus d'*extension* comme aussi le moins de *compréhension*.

Sujets à traiter. — 1. De la généralisation. Comment se forment les idées générales? Extension et compréhension des idées générales. (Sorbonne, 10 août 1870.)
2. Comment se forment les idées générales? Qu'appelle-t-on la compréhension et l'extension des idées générales? (Sorbonne, 11 novembre 1867, 6 mai 1870.)
3. Marquer par des exemples l'importance des idées générales dans le langage et la science. (Sorbonne, 5 juillet 1879.)

XXX.

Quelle est la nature et la valeur des idées générales? Qu'appelle-t-on dans l'histoire de la philosophie Nominalisme, Conceptualisme, Réalisme? (Sorbonne, 11 novembre 1871.)

On entend par *idées générales* des idées qui s'appliquent à toute une classe d'êtres : *unum aptum prædicari de multis*, comme disaient les Scolastiques.

Telles sont les idées d'homme, d'animal, de plante, de substance, de cause, de fin, de moyen, etc.

Elles se distinguent à la fois des idées *singulières* qui ont pour objet un individu déterminé, comme les idées de Socrate, de Paris, et des idées *particulières* qui représentent un ou plusieurs individus indéterminés, comme l'idée d'un philosophe, de quelques soldats.

Il y a deux grandes classes d'*idées générales :* les idées générales *nécessaires*, absolues, comme les idées d'être, de substance, de cause, de fin, d'ordre, que la raison conçoit par une intuition directe, immédiate, spontanée, à l'occasion des perceptions expérimentales; et les idées générales *contingentes* et relatives, comme les idées de genres, d'espèces, de blancheur, de couleur, qui sont le résultat de l'abstraction, de la comparaison et de cette autre opération de l'esprit qu'on appelle la généralisation.

Les idées générales, quelles qu'elles soient, présentent deux caractères importants par lesquels elles se distinguent les unes des autres : ces deux caractères sont l'*extension* et la *compréhension*.

L'*extension* d'une idée générale est le plus ou moins grand nombre d'individus auxquels elle convient : ainsi l'extension de l'idée d'homme est l'ensemble des créatures raisonnables qui ont existé, existent ou existeront.

La *compréhension* des idées générales est le plus ou moins grand nombre de propriétés essentielles qu'elles représentent : ainsi la compréhension de l'idée d'homme c'est *animal et raisonnable,* c'est-à-dire les deux attributs essentiels de l'humanité.

L'extension et la compréhension des idées générales sont en raison inverse l'une de l'autre : à mesure que la compréhension augmente, l'extension diminue; en effet, plus une idée générale comprend d'attributs et moins sont nombreux les êtres auxquels elle s'applique; à mesure que l'extension augmente, la compréhension diminue; en effet, plus il y a d'êtres auxquels convient une idée générale et moins elle représente d'attributs essentiels. Ainsi les idées d'Européen et d'homme ont plus d'étendue et moins de compréhension que celles de Français et de Gascon.

L'idée d'*être* est de toutes nos idées celle qui a *le plus d'extension* comme aussi le *moins de compréhension.*

Les *idées générales* étant plus étendues les unes que les autres présentent entre elles une sorte de hiérarchie dont Porphyre et les Scolastiques semblent avoir marqué les degrés par leur théorie des *Universaux.*

Les *Universaux,* genres, espèces, différences, propres, accidents, sont les cinq sortes d'idées universelles auxquelles se ramènent toutes nos idées générales : ces idées, en effet, ne peuvent être qu'idées de *genre* ou idées d'*espèce,* ou idées de *différence,* ou idées de *propre* ou idées d'*accident.*

Mais à quoi correspondent les *idées générales* et les *Universaux?* quelle en est la valeur et la portée? Telle est la question qui depuis longtemps agite et passionne l'esprit humain : c'est que, sous une apparence bien simple, elle domine la philosophie et la science tout entière; comme le dit M. Cousin : « Il n'y a pas une question qui ne contienne celle-ci : tout cela n'est-il qu'une combinaison de notre esprit faite par nous à notre usage ou tout cela a-t-il, en effet, un fondement dans la nature des choses ? »

C'est à ce problème, célèbre au moyen âge sous le nom de problème des *Universaux*, que se rattachent les systèmes connus dans l'histoire de la philosophie sous le nom de *nominalisme*, de *réalisme* et de *conceptualisme*.

Le *nominalisme*, comme son nom l'indique, consiste à dire que les Universaux ne sont que des mots, *flatus vocis*, qui ne correspondent à aucune réalité. Il a été soutenu au onzième siècle par Roscelin, chanoine de Compiègne, et au quatorzième par le franciscain Guillaume d'Occam.

Le *réalisme* est un système qui attribue aux idées générales une existence réelle, en fait des entités véritables et soutient, par exemple, que l'humanité existe substantiellement. C'est Guillaume de Champeaux, archidiacre de Paris, au commencement du douzième siècle, qui est l'auteur de ce système.

Le *conceptualisme* a été soutenu par le célèbre Abélard, au douzième siècle, et combattu par saint Bernard : il consiste à dire que les *Universaux* ne sont ni des réalités existantes, ni des mots, mais des conceptions de l'intelligence.

Que faut-il penser de ces trois systèmes ?

D'abord *nominalisme* et *conceptualisme* ne sont qu'une seule et même doctrine sous des noms différents : car, faire des idées générales de simples mots ou de pures conceptions de l'esprit, c'est méconnaître leur véritable nature, c'est oublier qu'elles ont un objet réel, les caractères constants des choses, leurs ressemblances et leurs différences, qui n'ont souffert aucune altération essentielle durant la longue suite de siècles que peut embrasser l'esprit humain.

D'un autre côté il est absurde de dire avec les *réalistes* que les genres et les espèces sont des entités, des réalités substantielles : une qualité abstraite, même générale, n'est pas un être; il y a des objets bleus, rouges et blancs, mais la couleur en général n'est pas un objet réel qui ait une existence indépendante; il y a des hommes, des Français, mais le Français type, l'homme type n'existent pas réellement.

Où se trouve donc la vraie solution du problème des Universaux et de la question de la valeur des idées générales ? Dans la conciliation des divers systèmes que l'histoire de la philosophie a vu se produire et qui ne sont faux que parce qu'ils sont exclusifs. Les *Universaux*, les idées générales, sont des conceptions de l'esprit, comme le disaient Abélard et les *conceptualistes*; les mots servent à les former, comme le soutenaient Roscelin et les *nominalistes*; mais en même temps ces idées correspondent, en dehors de l'intelligence, non pas à des êtres réels, ce qui est une exagération manifeste, mais à certaines analogies constantes, à certaines relations uniformes des choses, analogies et relations qui sont distinctes de l'élément individuel. Il faut donc reconnaître aux *idées générales* une valeur à la fois subjective et objective, et si l'on cherche leur fondement dernier, on le trouvera dans l'intelligence divine qui a conçu les caractères, les rapports essentiels des choses et les lois générales qui régissent l'univers.

Sujets à traiter. — 1. Est-il vrai de dire avec quelques philosophes contemporains qu'une idée générale n'est qu'un mot ? (Sorbonne, 24 octobre 1873.)

2. Des genres et des espèces. Méthode pour les déterminer scientifiquement. Quelle est la valeur et la portée des idées générales ? (Sorbonne, 17 mai 1870.)

3. Des termes généraux. Leur utilité. Leurs inconvénients. (Sorbonne, 5 mai 1870.)

XXXI.

Du jugement et de ses diverses espèces.
(Sorbonne, 8 novembre 1866; 27 mars 1874.)

Le *jugement* est cette opération de l'esprit par laquelle nous affirmons qu'une chose est ou n'est pas. « Juger, dit Aristote, c'est affirmer quelque chose de quelque chose, κατηγορεῖν τι τινός. » Dieu est bon, l'âme est immortelle, voilà des *jugements*.

L'*affirmation* est donc l'essence même du *jugement*; elle se retrouve sous toutes les formes qu'il revêt, sous la forme négative, car nier c'est affirmer qu'une chose n'est pas, et sous la forme dubitative, car douter c'est toujours affirmer son doute et, la plupart du temps, porter à la fois deux ou plusieurs affirmations entre lesquelles l'esprit hésite.

Dans tout jugement, il y a trois éléments : l'idée de la chose dont on affirme, l'idée de la chose qui est affirmée et l'affirmation elle-même.

Le *jugement* se distingue soit de l'*idée*, soit de la *proposition*, soit du *raisonnement*, avec lesquels il est souvent mêlé et confondu. — L'*idée*, c'est la représentation pure et simple d'un objet dans l'esprit, c'est une conception sans affirmation d'existence, de qualités ou de rapports, au lieu que le jugement est l'adhésion, la croyance de l'esprit à l'existence, à la réalité d'une chose. — La *proposition* est l'expression du jugement : tant que l'affirmation demeure dans l'esprit, elle s'appelle jugement; traduite dans le langage, elle constitue la proposition, dans laquelle il y a, comme dans le jugement, trois éléments ou plutôt trois termes : le *sujet* qui exprime l'idée de la chose dont on affirme, l'*attribut* qui exprime l'idée de la chose affirmée, et le *verbe* qui exprime l'affirmation, « *vox significans affirmationem* ». — Le *raisonnement* enfin n'est pas le *jugement*, mais un groupe de jugements liés les uns aux autres.

Il ne faudrait pas voir dans le *jugement* une faculté spéciale et distincte; il n'est qu'une fonction de la raison ou plutôt la raison elle-même affirmant que les choses sont ou ne sont pas. « La faculté distinctive de l'être actif et intelligent, dit très bien J.-J. Rousseau, c'est de pouvoir donner un sens au mot *est*. »

Quelques philosophes pensent que tous nos jugements sont le résultat de la comparaison. « On appelle *juger*, dit la *Logique de Port-Royal*, l'action de notre esprit, par laquelle joignant ensemble diverses idées, il affirme de l'une qu'elle est l'autre ou nie de l'une qu'elle soit l'autre. » Locke définit aussi le *jugement* « l'acte par lequel nous affirmons un rapport de convenance ou de disconvenance entre deux idées. » D'après Condillac, le *jugement* c'est l'attention apercevant les ressemblances et les différences entre deux sensations.

Il y a une grande part de vérité dans ces affirmations, et bien des *jugements*, v. g. : Dieu est bon, l'âme est immortelle, sont, comme le pensent Condillac, Locke et Port-Royal, le résultat de la comparaison et ne se forment dans l'esprit que parce qu'après avoir conçu les idées d'âme et d'immortalité, de Dieu et de bonté, on saisit le rapport qu'elles présentent.

Mais il n'en est pas ainsi de tous les *jugements*, de ceux-ci, par exemple : J'existe, les corps sont étendus; je n'ai pas successivement l'idée d'existence et celle du moi, l'idée de corps et celle d'étendue, et il n'est pas nécessaire que je les compare pour savoir si elles se conviennent ou non; je connais et j'affirme en même temps le moi et son existence, les corps et leur étendue. Cette affirmation est spontanée, directe, immédiate, inséparable de la perception et par là même antérieure à tout travail de l'esprit, à toute comparaison. L'esprit ne débute ni par la comparaison ni par l'abstraction que la comparaison suppose; il perçoit et, après avoir perçu, il juge, il affirme.

Il y a donc deux grandes classes de jugements : les jugements *primitifs, immédiats* ou *à priori*, qui se produisent spontanément dans l'esprit, accompagnent invariablement la perception et ne sont aucunement le résultat de la comparaison, v. g. : Je pense, il y a des corps, le tout est plus grand que sa partie, et les jugements *ultérieurs, abstraits, comparatifs*, ou *à posteriori*, qui ne se forment dans l'esprit que par l'intermédiaire de l'abstraction et de la comparaison, v. g. : La vertu est aimable, le vice contagieux.

On distingue en outre diverses espèces de jugements suivant les divers points de vue sous lesquels on envisage le *jugement*; or, d'après Kant, le jugement peut être envisagé au point de vue de la *quantité*, de la *qualité*, de la *relation* et de la *modalité*.

Au point de vue de la *quantité*, c'est-à-dire du plus ou moins grand nombre d'individus auxquels ils s'appliquent, les jugements sont *singuliers*, quand ils se rapportent à un individu déterminé, v. g. Néron fut un tyran; *particuliers*, quand ils ont pour

7.

objet un ou plusieurs individus indéterminés, v. g. : Plusieurs princes ont été des tyrans; *universels*, quand ils s'entendent de toute une classe d'individus, v. g. : Tous les tyrans sont cruels.

Au point de vue de la *qualité*, c'est-à-dire de la manière dont les idées sont unies ou séparées, il y a les jugements *affirmatifs*, qui déclarent que l'attribut convient au sujet, v. g. : Dieu est adorable; les jugements *négatifs*, qui séparent l'attribut du sujet, v. g. : Les méchants ne sont pas heureux, et les jugements *dubitatifs*, qui n'affirment ni la convenance ni la disconvenance du sujet et de l'attribut, v. g. : La matière est-elle divisible à l'infini?

Au point de vue de la *relation*, c'est-à-dire du rapport qui existe entre les idées que le jugement rapproche ou sépare, il faut distinguer les jugements *catégoriques*, qui affirment purement et simplement l'attribut du sujet, v. g. : L'orgueil est un vice; les jugements *hypothétiques*, dans lesquels l'affirmation est subordonnée à une condition, v. g. : Les méchants seront punis s'ils ne se repentent pas, et les jugements *disjonctifs*, qui affirment la nécessité de choisir entre deux attributs qui s'excluent mutuellement, v. g. : L'âme est mortelle ou immortelle.

Au point de vue de la *modalité*, c'est-à-dire de la manière dont l'esprit conçoit l'existence des choses qu'il affirme, les jugements sont *problématiques*, quand ils présentent une chose comme purement concevable, v. g. : Les centaures ont pu exister; *assertoires*, quand l'esprit donne aux choses son adhésion pleine et entière, v. g. : Il y a un Dieu; *apodictiques* (du grec ἀποδείκνυμι) quand on indique qu'on peut énoncer les raisons de son assertion, v. g. : L'existence de Dieu peut s'établir par l'ordre admirable qui règne dans l'univers.

Kant distingue encore les jugements *analytiques*, dans lesquels l'attribut ne fait que développer l'idée du sujet, v. g. : Le triangle est une figure de trois côtés, et les jugements *synthétiques*, dans lesquels l'attribut ajoute quelque chose à l'idée du sujet, v. g. : Cet homme est savant.

Il y a aussi les jugements *nécessaires*, qui affirment des rapports qui existent et ne peuvent pas ne pas exister ou exister autrement, v. g. : Il n'y a pas d'effet sans cause, de mode sans substance; et les jugements *contingents,* qui portent sur des choses qui pourraient ne pas exister ou exister autrement, v. g. : Je souffre, je pense, etc.;

Les jugements *vrais,* qui affirment les choses telles qu'elles existent dans la réalité, v. g. : L'âme humaine est identique, et les jugements *faux,* qui affirment le contraire de la vérité, v. g. : Le vice et la vertu sont des produits comme le sucre et le vitriol;

Les jugements *certains,* qui sont une adhésion ferme et inébranlable de l'esprit, v. g. : 2 et 2 font 4 ; et les jugements *incertains* ou *douteux,* qui supposent la crainte de se tromper ou l'hésitation de l'esprit qui demeure en suspens entre deux affirmations, v. g. : Je ne sais s'il viendra demain;

Les jugements *probables,* qui reposent sur une raison capable de déterminer l'assentiment d'un homme sérieux sans toutefois produire la certitude, v. g. : Racine est peut-être plus près de la perfection que Corneille ; et les jugements *improbables* qui n'ont en leur faveur aucune raison sérieuse, v. g. : Il neigera à Paris le jour du 15 août;

Enfin les jugements *objectifs,* par lesquels nous affirmons les choses telles qu'elles sont en elles-mêmes, v. g. : Cette tour est ronde, et les jugements *subjectifs,* par lesquels nous affirmons ce que les choses nous semblent être, v. g. : Cette tour me paraît ronde.

Telles sont les principales formes que présente le jugement, dans lequel il faut voir l'une des opérations de l'esprit les plus importantes : toutes nos connaissances, en effet, se résolvent en affirmations et la force ou la faiblesse de notre intelligence dépend de la solidité ou de la fausseté de notre jugement. « La vraie perfection de l'entendement est de bien juger, » dit Bossuet. « Celui qui a un grand sens sait beaucoup, » dit Vauvenargues; le sens ici c'est le jugement, qui constitue la rectitude des esprits vulgaires et la plus précieuse qualité du génie.

Sujets à traiter *avec les éléments fournis par ce devoir.* —
1. Quels sont les trois éléments du jugement auxquels correspondent les trois parties de la proposition? (Sorbonne, 2 août 1873.)

2. Du jugement. Tous les jugements sont-ils, comme on l'a prétendu, le résultat d'une comparaison? (Sorbonne, 27 novembre 1868.)

3. Quelles sont les principales espèces de jugements ? Qu'appelle-t-on jugements analytiques ou synthétiques, jugements *à priori* ou *à posteriori*, jugements nécessaires ou contingents ? (Sorbonne, 24 août 1870.)

4. Montrer comment les jugements diffèrent entre eux au point de vue de la qualité et de la quantité. Donner des exemples. (Sorbonne, 20 juillet 1880.)

5. Vous exposerez la célèbre classification des jugements analytiques et synthétiques. Vous direz quelle en est la valeur. (Faculté de Clermont, juillet 1881.)

XXXII.

« *Tout le monde,* **dit un moraliste,** *se plaint de sa mémoire, et personne ne se plaint de son jugement.* » **Sur quoi se fonde cette préférence donnée au jugement ?** (Sorbonne, 22 novembre 1882.)

Descartes affirme au commencement de son Discours de la méthode que « chacun pense être si bien pourvu de bon sens ou de *jugement* que ceux mêmes qui sont les plus difficiles à contenter en toute autre chose, n'ont point coutume d'en désirer plus qu'ils n'en ont ». C'est à cette présomptueuse confiance des hommes en leur sens propre que La Rochefoucauld a voulu faire allusion lorsqu'il a écrit cette maxime spirituelle et profonde : « Tout le monde se plaint de sa mémoire, et personne ne se plaint de son jugement. »

C'est qu'aux yeux de tout le monde la *mémoire* est une faculté secondaire et que la vanité se résigne facilement à reconnaître qu'elle manque de facilité, de promptitude ou de fidélité ; tandis qu'on voit dans le jugement la faculté maîtresse de l'intelligence et que l'amour-propre, « qui est le plus grand de tous les flatteurs, » persuade aisément à chacun de nous qu'il n'a rien à envier à autrui au point de vue du bon sens et que son jugement a toute la rectitude, toute la justesse, toute la sûreté désirables.

Une raison de cette préférence donnée au jugement sur la mémoire semble être ce préjugé vulgaire qu'un grand développement de la mémoire est incompatible avec un haut degré d'intelligence : l'épigramme « *vir beatæ memoriæ exspectans judicium* » a été appliquée à l'expression de cette prétendue incompatibilité entre une grande mémoire et un jugement droit. Il arrive bien quelquefois sans doute qu'une mémoire très puissante se trouve alliée à des facultés médiocres; mais la faiblesse de ces facultés ne tient pas à la prédominance de la mémoire et bien des hommes dont le talent et même le génie sont incontestables, comme Thémistocle, Cyrus, Hortensius, Pascal, Bossuet, Leibnitz, étaient aussi remarquables par la puissance de leur mémoire que par leur supériorité intellectuelle.

Mais si la saine philosophie condamne le préjugé vulgaire qui consiste à dire qu'un homme est peu intelligent parce qu'il a beaucoup de mémoire, elle reconnaît que la préférence qu'on accorde au jugement est très légitime et très fondée.

Sans doute, il faut voir dans la mémoire une faculté utile et précieuse, soit parce qu'elle recueille et conserve les connaissances primitives fournies par les perceptions, soit parce qu'elle rend possibles toutes les opérations de la pensée, soit enfin parce qu'elle nous apparaît comme la condition indispensable de la science. Mais après tout, ce n'est pas la mémoire qui crée la science, la pensée, la connaissance : c'est le jugement, le jugement qui nous dit ce que les choses sont ou ne sont pas, le jugement qui est l'acte essentiel de l'intelligence, le jugement qui, comme le dit excellemment La Rochefoucauld, « n'est que la grandeur de la lumière de l'esprit. Cette lumière pénètre le fond des choses; elle y remarque tout ce qu'il faut remarquer et aperçoit celles qui semblent imperceptibles. »

N'est-il pas vrai encore que le jugement est une faculté beaucoup plus personnelle que la mémoire? Celle-ci, en effet, semble vivre des idées d'autrui : « *Les gens de mémoire* sont ceux qui retiennent ce qui est inventé par les autres, » dit Bossuet dans le passage de son *Traité de la connaissance de Dieu et de soi-même* où il distingue l'homme d'esprit d'avec l'homme d'imagination et l'homme de mémoire. L'*homme d'esprit*, d'entendement ou de jugement, vit de ses propres idées et des opinions qu'il se forme, et qu'il défend comme son œuvre personnelle, comme portant l'empreinte profonde de son activité et de sa puissance intellectuelles.

Enfin, au lieu que la *mémoire* est incapable de nous éclairer et de nous diriger dans notre conduite, le *jugement* ou « le bon sens est le maître de la vie humaine », comme l'a dit Bossuet. C'est lui qui discerne le vrai d'avec le faux, le bien d'avec le mal, l'utile d'avec le nuisible et nous porte toujours vers ce qui doit faire notre honneur et notre gloire. « Celui qui a un grand sens sait beaucoup, » dit Vauvenargues, indiquant par là que les lumières du bon sens ou d'un jugement droit valent mieux que les lumières plus hautes mais moins pratiques d'une science élevée. En effet, tandis que des esprits heureux et brillants échouent toujours dans ce qu'ils entreprennent, faute de jugement, des hommes aux facultés moins remarquables mais au jugement sain et droit arrivent presque infailliblement à leur but. « On est quelquefois un sot avec de l'esprit; mais on ne l'est jamais avec du jugement. » (La Rochefoucauld.)

Sujet à traiter *avec les éléments fournis par ce devoir.* — Établir que le jugement est l'acte essentiel de l'intelligence. (Sorbonne, août 1876.)

XXXIII.

Distinguer et comparer les principales espèces de raisonnement.

Il y a deux principales espèces de raisonnement : le raisonnement *déductif* et le raisonnement *inductif*.

Le raisonnement *déductif* ou la *déduction*, du latin *ducere de*, tirer de, est une opération de l'esprit qui consiste à tirer une vérité d'autres vérités qui la renferment plus ou moins explicitement. Je fais une déduction quand je dis : Tout être qui a des devoirs a des droits, or l'homme a des devoirs, donc il a des droits.

Le raisonnement *inductif* ou *l'induction* est une opération par laquelle on s'élève des phénomènes aux lois, on étend à tous les êtres, à tous les faits de la même espèce, à tous les points de l'espace et de la durée, ce qu'on a remarqué dans quelques individus seulement, dans certains temps, dans certains lieux déterminés. Je constate que dans un tube où j'ai fait le vide, du papier, du liège, des plumes, tombent aussi vite que du fer, du plomb, des pierres; l'expérience renouvelée me donne toujours le même résultat; je crois qu'il en a été, qu'il en sera toujours ainsi et j'affirme que tous les corps tombent dans le vide avec une égale vitesse : voilà une loi, résultat du raisonnement *inductif*.

Distincts par leur nature, le raisonnement déductif et le raisonnement inductif le sont aussi par la marche qu'ils suivent : le premier descend du général au particulier, des principes aux conséquences; le second s'élève du particulier au général, des effets aux causes.

La déduction et l'induction diffèrent encore par les principes qui leur servent de base. — La *déduction* s'appuie sur le principe de contradiction : la même chose ne peut pas en même temps être et n'être pas, ou plutôt sur cet autre axiome qui n'est que le développement du principe de contradiction : deux idées qui conviennent à une troisième se conviennent entre elles; deux idées, dont l'une convient à une troisième et l'autre non, ne se conviennent pas entre elles. — *L'induction* a pour fondement le principe de la stabilité des lois de la nature; tous les phénomènes sont soumis à des lois; les mêmes causes placées dans les mêmes circonstances produisent les mêmes effets; « *effectuum generalium ejusdem generis cædem sunt causæ*, » comme a dit Newton; les caractères essentiels des êtres sont universels et permanents.

Autre différence entre le raisonnement *déductif* et le raisonnement *inductif*. — Le premier, dont Aristote a tracé les règles dans son *Organon* d'une manière si parfaite que durant tant de siècles qui se sont écoulés depuis on n'a pu y rien retrancher, y rien ajouter, a régné presque exclusivement au moyen âge, où on le regardait comme la clef d'or de toutes les sciences, et il est le procédé fondamental des sciences mathématiques, de la théologie, du droit, de la jurisprudence. — Le second, dont la théorie n'a été donnée que par Bacon, au commencement du dix-septième siècle, dans le *Novum organum*, est l'âme et la vie des sciences physiques et naturelles, qui ont fait des progrès merveilleux depuis qu'elles ont adopté la méthode sûre et féconde dont M. Claude Bernard a si bien complété les lois dans son *Introduction à la médecine expérimentale*.

Le raisonnement *déductif* et le raisonnement *inductif* sont donc profondément distincts et quand M. Hamilton et M. de Rémusat veulent ramener à une seule ces deux opérations, en disant, le premier, que l'*induction* n'est qu'un syllogisme par énumération incomplète, le second que toute induction suppose cette majeure sous-entendue : Les mêmes causes placées dans les mêmes circonstances produisent les mêmes effets, ils semblent méconnaître la nature intime et la diversité profonde de ces deux opérations de l'esprit.

Toutefois, il y a des rapports incontestables entre le raisonnement *déductif* et le raisonnement *inductif*.

Ainsi l'un et l'autre sont des opérations discursives, dans lesquelles l'esprit va du connu à l'inconnu, passe d'un jugement à un autre jugement.

L'un et l'autre nous apparaissent aussi comme des applications de la raison ; car ils s'appuient également sur des principes rationnels et supposent nécessairement l'intervention de cette faculté supérieure qui seule saisit les rapports des choses et rattache les effets à leurs causes, les phénomènes à leurs lois.

De plus la déduction et l'induction ont une valeur égale : car si l'on est autorisé à conclure du général au particulier, on ne l'est pas moins à conclure du particulier au général. Le principe de la stabilité des lois de la nature une fois admis, rien de plus simple et de plus légitime que l'induction : puisqu'il y a des lois dans la nature, c'est-à-dire un ordre constant et permanent dans la production des phénomènes, il me suffit de constater un effet de ces lois pour être sûr que cet effet se produira partout et toujours, les mêmes circonstances étant données. Puisque les caractères essentiels des êtres sont universels et permanents, il me suffira de noter un de ces caractères pour avoir le droit de l'étendre à tous les individus de la même espèce.

Enfin l'*induction* fournit souvent à la *déduction* les vérités générales dont celle-ci tire les conséquences; la déduction de son côté sollicite le raisonnement inductif à vérifier par l'expérience les faits et les vérités qu'elle affirme. Aussi les sciences exactes ont-elles souvent recours à la méthode inductive et M. Claude Bernard affirme que l'induction et la déduction sont inséparables dans les sciences physiques et naturelles :

. . . . Alterius sic
Altera poscit opem res et conjurat amice.

Sujets à traiter *avec les éléments fournis par ce devoir.* —
1. Comparer la déduction et l'induction. Ces deux espèces de raisonnements sont-elles entièrement opposées? Peut-on à un certain point de vue réduire l'une à l'autre? (Sorbonne, 22 mars 1872.)
2. Distinguer par des traits précis la déduction et l'induction. (Sorbonne, 7 août 1866, 4 mai 1868.)
3. Qu'est-ce que le raisonnement? Analyse psychologique et logique de ce procédé. (Sorbonne, 5 juillet 1878.)
4. Montrer en quoi diffèrent la raison et le raisonnement. (Sorbonne, 31 juillet 1866.)
5. Comment a-t-on pu opposer la raison au raisonnement, ainsi que l'a fait Molière, en ce vers :

Et le raisonnement en bannit la raison?

(Sorbonne, 9 août 1873.)

XXXIV.

Qu'entend-on par raison? Quel est le rôle de cette faculté dans la formation et le développement de nos connaissances? (Sorbonne, 8 avril 1881.)

Dans le langage ordinaire, on entend par *raison* tantôt l'ensemble des facultés intellectuelles, comme lorsqu'on parle des progrès de la *raison*; tantôt le bon usage de ces facultés, comme lorsqu'on dit de quelqu'un qu'il *a raison*; tantôt enfin les lumières naturelles de l'esprit humain par opposition aux lumières surnaturelles de la révélation, comme dans cette expression : l'alliance de la *raison* et de la foi.

Dans le langage philosophique, la *raison* est une faculté particulière de l'intelligence, la faculté de comprendre et de penser au vrai sens de ces mots, ou la faculté de concevoir les rapports et les principes généraux, la faculté qui nous fait saisir le pourquoi et le comment des choses, la faculté « de bien juger et de distinguer le vrai du faux », comme dit Descartes, la faculté « de concevoir l'absolu ou l'infini », comme disent Kant et beaucoup d'autres philosophes.

C'est à la *raison* que nous devons ces connaissances fondamentales qu'on appelle les *notions* et les *vérités premières* : — idées d'être, d'essence et d'existence; idées de substance et d'accident; idées de cause et d'effet; idées de fin, de moyen et d'ordre; idées de vrai et de faux, de beau et de laid, de bien et de mal, d'unité et de nombre, d'identité et de changement, de temps et d'espace, d'esprit et de matière, de parfait et d'imparfait, de fini et d'infini, de contingent et de nécessaire; — principe de contradiction : la même chose ne peut pas en même temps être et n'être pas; principe de substance : il n'y a pas de mode sans substance; principe de causalité : il n'y a pas d'effet sans cause ou tout ce qui commence d'exister a une cause; principe de finalité : tout ce qui existe a une fin; principe de la stabilité des lois de la nature : les mêmes causes placées dans les mêmes circonstances produisent les mêmes effets; principe du devoir : il faut faire le bien et éviter le mal, etc. — Tel est l'objet propre de la raison, que Cicéron a admirablement indiqué lorsqu'il nous dit, au commencement du *De officiis*, que l'homme se distingue de l'animal parce qu'il est raisonnable et qu'il prévoit les conséquences, saisit les causes et les effets, aperçoit l'enchaînement et les progrès des choses, connaît leurs rapports et lie l'avenir au présent et au passé : « *Homo autem, quod rationis est particeps, per quam consequentia cernit, causas rerum videt, carumque progressus et quasi antecessiones non ignorat, similitudines comparat et rebus præsentibus adjungit atque annectit futuras, facile totius vitæ cursum videt.* »

Les données de la *raison* sont les principes directeurs, ou, comme le dit Kant, la *forme* de la connaissance humaine, dont l'expérience ne fournit que la *matière* : l'expérience, en effet, nous révèle seulement des phénomènes qui passent, existence et propriétés des corps, modes et modifications de l'âme, et elle n'atteint, pour ainsi dire, que l'écorce et la surface des choses; tandis que la *raison* pénètre au cœur de chacune d'elles, et saisit « ce je ne sais quoi plus foncier » dont parle Bossuet et qui est la nature et l'essence des êtres. C'est par elle, en un mot, que notre esprit est vraiment intelligent (*intus legit*) et transforme les ébauches de connaissance, « *adumbratas intelligentias,* » comme dit Cicéron, que nous donnent les sens extérieurs et le sens intime, en connaissances lumineuses et véritablement intellectuelles.

Mais là ne s'arrête pas le rôle de la *raison* : elle s'empare de ces connaissances primitives; elle les élabore; elle les féconde et en tire une foule de connaissances nouvelles. Par l'abstraction, elle sépare mentalement ce qui en réalité est inséparable, pour mieux analyser les choses; par la comparaison, elle saisit leurs rapports, leurs ressemblances et leurs différences; par la généralisation, elle s'élève à des conceptions universelles qui s'appliquent à toute une classe d'individus ; par le raisonnement enfin, tantôt elle descend du général au particulier, des principes aux conséquences qu'ils renferment plus ou moins explicitement, et tantôt elle remonte des effets aux causes, des phénomènes aux lois, en étendant à tous les êtres ou à tous les faits de la même espèce, à tous les points de l'espace et de la durée, ce qui n'a été remarqué que dans quelques individus seulement, dans certains temps et certains lieux déterminés.

C'est ce travail continuel de la *raison* qui permet à l'esprit humain de s'élever jusqu'à la science, qui est la connaissance des principes et des causes : « Ἡ σοφία περὶ τινας αἰτίας καὶ ἀρχάς ἐστιν ἐπιστήμη, » comme disait Aristote, et Bacon : « *Vere scire per causas scire.* » Les principes et les causes, les lois et les rapports généraux des êtres, soit dans le monde physique, soit dans le monde moral, ne se révèlent qu'à cette faculté supérieure qui distingue l'homme de la brute, fait de lui le roi de la création et lui permet d'entrevoir le plan harmonieux de l'univers. C'est donc la raison qui préside au développement de toutes les sciences, sciences physiques et naturelles, sciences mathématiques et sciences morales. C'est la raison qui donne aux savants ces illuminations, ces révélations soudaines que consacrent l'expérience et l'induction. C'est la raison aussi qui soutient l'artiste et le poète dans leurs créations idéales, et leurs chefs-d'œuvre paraissent d'autant plus admirables qu'ils sont plus conformes à ses lois éternelles :

Le génie est la raison sublime,

a dit le poète. C'est la raison enfin qui nous fait concevoir, par delà les êtres finis et contingents du monde physique et du monde moral, un Être nécessaire, parfait et infini, qui est la cause première et la fin dernière de tout ce qui existe.

Platon a donc pu dire à bon droit qu'il y a en nous « un sens divin, un génie divin, un démon qui par sa parenté céleste nous élève au-dessus de ce monde, et fait de l'homme un fruit du ciel plutôt que de la terre », et Fénelon que la *raison* est comme « un soleil des esprits qui les éclaire tous beaucoup mieux que le soleil visible n'éclaire les corps » ; que « cette lumière universelle découvre et représente à nos esprits tous les objets », et que « nous ne pouvons rien juger que par elle, comme nous ne pouvons discerner aucun corps qu'aux rayons du soleil ».

Sujets à traiter. — 1. Commenter cette parole de Pascal : « Je puis bien concevoir un homme sans mains, pieds, tête, mais non sans pensée. » (Sorbonne, 29 mars 1882.)

2. Qu'entend-on par sens commun ? Montrer que s'il est des choses parfaitement démontrées qui sont au-dessus du sens commun, rien ne saurait cependant lui être contraire. (Sorbonne, 2 août 1869.)

XXXV.

Des notions et des vérités premières. Quelles sont les différences principales entre les unes et les autres ? A combien d'idées fondamentales peut-on réduire les notions premières ? (Sorbonne, 12 mars 1872.)

Il y a dans l'intelligence humaine un certain nombre de connaissances élémentaires et fondamentales d'où dérivent toutes les autres et qu'elles-mêmes ne dérivent d'aucune autre : ce sont les *notions* et les *vérités premières* ou, comme les appelle Kant, les *concepts* et les principes *à priori*.

Les idées d'être et d'essence, de substance et de cause, de fin et d'ordre, d'espace et de temps, voilà des *notions premières*.

Tout ce qui est, est; la même chose ne peut pas en même temps être et n'être pas; il n'y a pas d'effet sans cause; il n'y a pas de mode sans substance, voilà des *vérités premières*.

Ainsi d'abord les *notions premières* sont des idées, c'est-à-dire des représentations pures et simples sans affirmation ou négation d'existence, de qualités ou de rapports : les *vérités premières*, elles, sont des jugements, c'est-à-dire des affirmations ou des négations portant sur des rapports évidents, nécessaires, universels.

En second lieu, les *notions premières* ne sont que des fragments, des ébauches de connaissance, « *adumbratas intelligentias*, » comme dit Cicéron, tandis que les *vérités premières* sont des connaissances complètes qui satisfont pleinement l'esprit.

Enfin les *notions* précèdent dans l'intelligence les *vérités premières* dont elles sont les matériaux et les éléments indispensables : c'est ainsi que le principe de causalité suppose les notions de cause et d'effet et le principe de substance celles de substance et de mode.

Telles sont les principales différences qui existent entre les *notions* et les *vérités premières*. Les philosophes ont essayé à diverses reprises de donner une liste de ces connaissances fondamentales.

Ainsi Aristote a distingué dix catégories, c'est-à-dire dix idées générales auxquelles se ramènent toutes nos idées. Ce sont :

1° La substance, οὐσία;
2° La quantité, ποσόν;
3° La relation, πρὸς τι;
4° La qualité, ποιόν;
5° L'action, ποιεῖν;
6° La passion, πάσχειν;
7° Le lieu, ποῦ;
8° Le temps, πότε;

9° La situation, κεῖσθαι;
10° La manière d'être, ἔχειν.

Les Scolastiques, pour retenir aisément ces catégories, avaient composé deux vers mnémoniques dont les divers termes correspondent aux dix idées d'Aristote :

Arbor sex servos ardore refrigerat ustos ;
1ᵉ   2ᵉ   3ᵉ   4ᵉ   5ᵉ   6ᵉ

Ruri cras stabo, sed tunicatus ero.
7ᵉ   8ᵉ   9ᵉ   10ᵉ

Emmanuel Kant, dans sa *Critique de la raison pure*, a distingué trois classes de *concepts purs* ou *à priori* : 1° les *formes de la sensibilité*, idées de temps et d'espace; 2° les *catégories de l'entendement*, dont trois se rapportent à la quantité, idées d'unité, de pluralité, d'universalité; trois à la qualité, idées de réalité, de négation et de limitation; trois à la relation, idées de substance ou d'accident, de cause ou d'effet, de communauté ou d'action réciproque; trois enfin à la modalité, idées de possibilité ou d'impossibilité, d'existence ou de non-existence, de contingence ou de nécessité ; 3° enfin les *idées de la raison pure*, idées du moi, du non-moi et de l'absolu.

On pourrait, en s'inspirant de cette célèbre classification de Kant, distribuer les notions premières en trois classes : notions premières de l'ordre *physique*, notions premières de l'ordre *métaphysique*, notions premières de l'ordre *moral*.

Les notions premières de l'ordre *physique* sont les idées de matière et de corps, de temps et d'espace, de force et de mouvement, de grandeur et de quantité.

Les notions premières de l'ordre *métaphysique* sont les idées d'être, d'essence et d'existence, de substance et de mode, de cause et d'effet, d'unité et de nombre, d'identité et de changement, de simplicité et de composition, de fin, de moyen et d'ordre.

Les notions premières de l'ordre *moral* sont les idées d'âme et d'esprit, de vrai et de faux, de beau et de laid, de bien et de mal, de responsabilité et de mérite, de parfait et d'imparfait, de fini et d'infini.

Que si maintenant on veut simplifier et réduire cette classification il faut reconnaître, dans l'ordre physique, deux notions fondamentales, l'*espace* et le *temps*, conditions de toute perception sensible, comme l'a très bien dit Kant ; dans l'ordre métaphysique, deux idées principales, celles de *substance* et de *cause*, auxquelles M. Cousin a parfois ramené toutes les notions premières, et dans l'ordre moral une notion unique, celle de *parfait*, d'*absolu*, d'*infini*, qui achève et termine les connaissances humaines et rend compte de l'origine et de la fin des choses.

Sujets à traiter. — Quelle différence y a-t-il entre les notions et les vérités premières ? Donner des exemples des unes et des autres. (Sorbonne, 28 novembre 1872.)

2. Distinguer l'idée du jugement. Appliquer cette distinction à la définition des notions et des vérités premières. (Sorbonne, 1er août 1873.)

3. Qu'appelle-t-on axiomes ? Les définir et les caractériser. Classer les principaux axiomes selon les différentes sciences auxquelles ils appartiennent. (Sorbonne, 21 novembre 1867.)

4. Qu'appelle-t-on principes *à priori* ? En donner des exemples dans les différentes sciences. (Sorbonne, 10 août 1871, 29 juillet 1873, 15 novembre 1874.)

XXXVI.

Expliquer cette pensée de Leibnitz : « *Que les principes entrent dans toutes nos pensées, et qu'ils sont nécessaires pour penser, comme les muscles et les tendons le sont pour marcher, quoiqu'on n'y pense point.* » (Sorbonne, 22 novembre 1877.)

Les *principes* dont parle Leibnitz sont les *vérités premières*, vérités évidentes par elles-mêmes, universelles et nécessaires, qui constituent comme le fond de l'entendement ou de la raison humaine.

Le principe d'*identité* : ce qui est, est ; le principe *de contradiction* : la même chose ne peut pas en même temps être et n'être pas ; le principe *de substance* : il n'y a pas de mode sans substance ; le principe de *causalité* : il n'y a pas d'effet sans cause, ou plutôt, tout ce qui commence d'exister a une cause; le principe *de la raison suffisante* : rien n'existe sans raison; le principe *de finalité* : tout ce qui est a une fin; le principe *d'espace* : tout corps occupe un lieu dans l'espace; le principe *de durée* : tout événement a lieu dans le temps; le principe *de la stabilité des lois de la nature* : les mêmes causes placées dans les mêmes circonstances produisent les mêmes effets, ou bien, les caractères essentiels des êtres sont universels et permanents; le principe *du devoir* : il faut faire le bien et éviter le mal, voilà les *principes* les plus importants et les plus connus, que Leibnitz suppose innés, « comme des inclinations, des dispositions, des habitudes ou des virtualités naturelles ».

Quoi qu'il en soit de cette hypothèse, quand l'auteur des *Nouveaux essais sur l'entendement humain* affirme que « les principes entrent dans toutes nos pensées », il constate un fait que l'observation psychologique peut aisément vérifier.

Si je vous disais qu'un meurtre a eu lieu, pourriez-vous ne pas me demander quelle en est la victime, quel en est l'auteur, où, quand et pourquoi ce meurtre a-t-il été commis? Mais vous ne pensez à tout cela, vous ne me posez ces questions si simples et si naturelles que parce que pour vous il n'y a pas d'accident sans sujet ou de mode sans substance, d'acte sans agent ou d'effet sans cause, de phénomène sensible qui ne s'accomplisse dans un lieu, d'événement qui ne se passe dans un temps déterminé, d'action qui n'ait sa raison d'être, son but et sa fin. Ne sont-ce pas là tout autant de *vérités premières*, de *principes* éternels et nécessaires que vous appliquez à votre insu, pour ainsi dire, mais qui n'en sont pas moins l'âme et la vie de vos pensées? Vous ne pourriez même qualifier de crime le meurtre dont je vous parle, si vous n'aviez plus ou moins présent à l'esprit ce principe absolu qui est le fondement de tous nos jugements moraux, à savoir qu'entre le bien et le mal il y a une différence essentielle et radicale.

Que si au lieu des pensées et des jugements de la vie pratique et ordinaire, nous analysons des connaissances plus élevées qui résultent du travail et des opérations de l'esprit, nous verrons qu'elles ne s'expliquent que par les *principes premiers* qui nous éclairent et nous dirigent. — Si je dis : Toutes les vertus sont belles, or tout ce qui est beau est aimable; donc toutes les vertus sont aimables, je fais un raisonnement déductif; mais ce raisonnement suppose le principe d'*identité* ou *de contradiction*, ou plutôt l'axiome *de l'égalité* qui en est la formule vulgaire : deux idées qui conviennent à une troisième se conviennent entre elles; deux idées, dont l'une convient à une troisième et l'autre non ne se conviennent pas entre elles. — J'ai remarqué que si l'air, l'hydrogène, l'oxygène, sont soumis à de fortes pressions, leur volume diminue à mesure que ces pressions augmentent; l'expérience renouvelée dans des circonstances différentes me donne toujours le même résultat; j'affirme donc que le volume des gaz est en raison inverse des pressions qu'ils supportent : voilà une loi, résultat de l'induction. Mais je ne l'aurais jamais formulée si je n'étais convaincu de la vérité du principe de la *stabilité des lois de la nature*, qui seul m'autorise à étendre à toute une classe d'êtres ou de faits, à tous les points de l'espace et de la durée ce que je n'ai remarqué que dans quelques individus seulement, dans certains temps et dans certains lieux déterminés.

Non seulement les *principes* entrent dans toutes nos pensées, mais encore « ils sont nécessaires pour penser », comme le dit très bien Leibnitz. Sans ces connaissances fondamentales, en effet, nous ne pouvons rien comprendre, rien affirmer, rien concevoir au vrai sens de ces mots; car toute conception, toute affirmation, toute connaissance véritable suppose au moins cette vérité préliminaire, ce principe absolument indispensable à toute pensée: Ce qui est, est; la même chose ne peut pas en même temps être et n'être pas. Supposez par impossible un esprit qui n'aurait aucune idée du principe *de substance* et du principe *de causalité* : il ne verrait dans le monde qu'un chaos inintelligible de phénomènes succédant à d'autres phénomènes : il ne pourrait jamais saisir le lien qui les unit, le pourquoi et le comment des choses. Un tel esprit serait-il intelligent et raisonnable? Penserait-il véritablement? Non certes, puisque penser, du latin *pensare*, peser, c'est connaître la nature intime des choses, « ce

8

je ne sais quoi plus foncier, » dont parle Bossuet et qui est l'essence, la substance et la causalité des êtres.

Les *principes premiers* sont donc la condition indispensable de toute connaissance et de toute pensée; seulement l'habitude nous les a rendus si familiers et si naturels que nous n'en avons pas conscience. Ils pénètrent nos idées et nos jugements; ils les animent et les vivifient; ils les inspirent même sans que nous y prenions garde. En dehors des philosophes, il n'est personne qui songe à ces principes, qui soit capable de les formuler dans leur abstraite généralité. Voilà pourquoi Leibnitz a parfaitement raison de les comparer « aux muscles et aux tendons qui sont nécessaires pour marcher, quoiqu'on n'y pense point », et quoique en dehors des physiologistes il n'y ait personne qui connaisse la nature et le mécanisme de ces organes si indispensables.

Le rôle merveilleux et pour ainsi dire inconscient des *vérités premières* a de tout temps frappé l'esprit des grands philosophes, de Bossuet entre autres, qui disait avant Leibnitz « que Dieu nous a donné ces *principes* pour nous diriger, sans même que nous y fassions une réflexion actuelle, à peu près comme nos nerfs et nos muscles nous servent à nous mouvoir, sans que nous les connaissions ».

Sujets à traiter. — 1. Quels sont dans l'intelligence les idées et les *principes* irréductibles à l'expérience? Quelle en est la portée légitime? Est-il vrai que ces *principes* ne représentent que des lois formelles de la pensée, des conditions à la fois subjectives et nécessaires, nécessaires parce qu'elles sont subjectives? (Sorbonne, juillet 1877.)

2. Expliquer le sens de cette parole de Vauvenargues : « Les choses que l'on sait le mieux sont celles qu'on n'a jamais apprises. » (Faculté de Clermont, 3 novembre 1882.)

3. Qu'entend-on par sens commun? Montrer que s'il est des choses parfaitement démontrées qui sont au-dessus du sens commun, rien ne saurait cependant lui être contraire. (Sorbonne, 2 août 1869.)

4. Qu'appelle-t-on jugements synthétiques *à priori*, *vérités premières*, *axiomes*? Montrer comment se forment et se développent dans l'esprit les *vérités premières*. (Sorbonne, 22 juillet 1875.)

XXXVII.

Exposer et discuter le système de la sensation transformée. (Sorbonne, 1er août 1872.)

Le système de la *sensation transformée* a été imaginé par Condillac, le chef de l'école sensualiste française au dix-huitième siècle, et développé par ce philosophe dans son *Traité des sensations*.

Il consiste à faire de l'âme, à son origine, une table rase, « *tabula rasa*, » et de la sensation le principe générateur de toutes nos facultés intellectuelles et morales.

Pour expliquer comment la sensation en se transformant devient successivement toutes ces facultés, Condillac a recours à la célèbre hypothèse de *l'homme-statue*, marbre inerte, enveloppe vide, qui, peu à peu, sous l'excitation unique de la sensation, s'élève aux plus hautes opérations de l'ordre intellectuel et moral.

La sensation, en tant que *représentative*, se transforme d'abord en *attention* et devient ainsi le principe de la *comparaison*, de la *mémoire*, du *jugement*, de la *réflexion*, de l'*imagination* et du *raisonnement* : l'*attention* n'est qu'une sensation unique, prédominante, qui en raison de sa vivacité absorbe l'esprit tout entier; la *comparaison*, c'est une double attention, c'est-à-dire deux sensations qu'on éprouve comme si elles étaient seules; la *mémoire*, c'est l'attention donnée à un objet absent; le *jugement*, c'est l'attention apercevant les ressemblances et les différences de deux sensations; la *réflexion*, c'est l'attention se portant successivement sur les diverses parties d'un objet; l'*imagination*, c'est la réflexion se représentant les choses sous forme sensible; le *raisonnement* enfin, c'est l'attention tirant un jugement d'autres jugements qui le renferment plus ou moins explicitement. L'ensemble de ces facultés constitue l'*entendement*.

La sensation, en tant qu'*affective*, agréable ou désagréable, est le principe du *besoin*, qui présente divers degrés, *malaise*, *inquiétude*, *tourment*; du *désir*, qui n'est que le besoin dirigeant toutes les forces de nos facultés sur un objet; de la *passion*, qui n'est que le désir tourné en habitude; de la *liberté* enfin, qui n'est que le désir rendu plus énergique et plus fixe par l'espérance, le désir absolu. On appelle *volonté* la réunion de ces facultés morales : besoin, désir, passion et liberté.

« Nous commençons par sentir, dit Condillac, et cette première impression, en se développant, devient l'*attention*, la *comparaison*, la *mémoire*, le *jugement*, la *réflexion*, l'*imagination*, le *raisonnement*, le *désir*, la *volonté* : à peu près comme le grain de blé broyé par la meule se convertit en farine, puis en pain. »

Voilà comment Condillac prétend établir que toutes nos facultés ne sont que des *sensations transformées*. Quant à l'âme, elle n'est pour lui que « la collection des sensations que chacun éprouve et de celles que la mémoire lui rappelle : c'est tout à la fois la conscience de ce qu'il est et le souvenir de ce qu'il a été. »

Mais le système de Condillac est-il aussi exact qu'il paraît régulier et ingénieux?

D'abord, l'âme humaine en venant au monde n'est ni une *statue* ni une *table rase* : c'est une force vivante et animée : le marbre inerte, que Condillac s'efforce de rendre intelligent et libre, ne ressemble pas plus à l'homme véritable que l'automate de Vaucanson ne ressemblait à un canard vivant et nageant.

De plus, quand Condillac veut nous persuader que la *sensation*, en se transformant, devient toutes les facultés de l'âme, il se met lui-même derrière la sensation pour lui faire subir toutes ces métamorphoses intelligentes, et l'on songe involontairement à la supercherie de ces prêtres païens qui se cachaient derrière l'autel ou dans l'intérieur de l'idole pour lui faire rendre des oracles. Certes les dieux antiques n'étaient pas plus incapables de parler que la sensation de rendre compte de toutes nos facultés.

Ainsi l'*attention* n'est pas une *sensation dominante* : car d'abord elle peut porter sur d'autres objets que les sensations, par exemple sur les souvenirs, les jugements, des raisonnements, les sentiments, les volitions, etc.; — en second lieu, dans la sensation l'âme est passive, c'est-à-dire qu'elle n'agit pas, mais qu'elle subit l'action des objets extérieurs, tandis que dans l'attention son activité est toujours en jeu et fait un effort pour saisir et pénétrer la nature des choses auxquelles elle s'applique. Aussi, comme le remarque Laromiguière, tout le monde établit-il une différence entre les sensations et les actes d'attention, entre *sentir* et *flairer*, *goûter* et *savourer*, *voir* et *regarder*, *entendre* et *écouter*, *toucher* et *palper*.

La *comparaison*, d'après Condillac, est une *double attention :* — mais on peut faire attention à deux objets sans les comparer, et c'est une faculté supérieure à la sensation, la raison, dont Condillac ne parle même pas, qui compare les choses et saisit leurs rapports.

Il n'est pas vrai non plus de dire que la *mémoire* est l'attention donnée aux sensations passées : — c'est là une partie de la mémoire; ce n'est pas la mémoire tout entière, car on se souvient plus que des sensations; — d'ailleurs, autre chose est la sensation, la connaissance sensible des objets extérieurs, autre chose est le souvenir, la reproduction et la reconnaissance de toutes nos idées antérieures.

Quant au *jugement*, en faire, avec Condillac, le résultat de la comparaison, c'est en donner une théorie inexacte : il y a des jugements qui ne sont pas comparatifs et qui se produisent spontanément dans l'esprit à la suite de la perception qu'ils accompagnent invariablement; tels sont ces jugements : Je pense; il y a des corps; le tout est plus grand que sa partie, en un mot, toute la classe des jugements primitifs et immédiats.

La définition que donne Condillac de la *réflexion* n'est pas même spécieuse : — cette opération, comme son nom l'indique, *reflectere*, n'est que le regard de l'âme se repliant sur elle-même et sur ses idées, ou l'application de la conscience aux faits de la vie intellectuelle et morale.

L'*imagination* ne saurait être regardée comme une suite de la réflexion : — on ne réfléchit pas sur des images, on les conçoit; — d'ailleurs Condillac ne connaît et ne décrit que l'imagination passive et reproductive, qui fait revivre les perceptions sensibles : or, ce n'est là que la forme la plus humble de l'imagination et comme la condition de ses formes supérieures qui nous font concevoir la fiction et l'idéal.

Enfin définir le *raisonnement* une opération qui tire un jugement d'autres jugements, c'est oublier que la déduction seule présente ce caractère, et que l'induction, qui est une forme aussi naturelle et aussi importante du raisonnement, ne saurait entrer dans cette définition.

La théorie des facultés intellectuelles, telle que l'a donnée Condillac, est donc fausse, inacceptable, et la saine philosophie la condamne avec d'autant plus de raison que le système de la sensation transformée ne saurait expliquer toutes nos idées et toutes nos connaissances. — D'abord la sensation ne peut être la source de nos *idées contingentes spirituelles*, idées de sentiments, de pensées, de volitions : ces idées ont des caractères si opposés à ceux des connaissances sensibles que Locke lui-même leur assigne une autre source que la perception extérieure, la réflexion ou la conscience, et on s'étonne qu'un esprit pénétrant comme celui de Condillac n'ait pas su reconnaître l'existence de cette faculté. — Que si les *idées contingentes suprasensibles* n'ont pas leur source dans la sensation, il est évident que les *idées fondamentales* de l'intelligence, idées d'être, de substance, de cause, ne peuvent en venir ni directement ni indirectement. Elles n'en viennent pas directement, car elles sont universelles, nécessaires, absolues, au lieu que la sensation est particulière, contingente, relative. Elles n'en viennent pas indirectement, c'est-à-dire par le travail de l'esprit s'exerçant sur la sensation; car on aura beau élaborer, transformer la sensation : on n'en fera jamais sortir ce qu'elle ne contient pas; on ne tirera jamais le nécessaire du contingent, l'universel du particulier, l'absolu du relatif.

La théorie de la *volonté* n'est pas moins erronée que celle de l'*entendement* dans le système de Condillac.

Ainsi d'abord ce n'est pas la sensation qui engendre le *besoin*, c'est le besoin qui engendre la sensation et nous n'éprouvons d'émotions agréables et désagréables que parce qu'il y a en nous des besoins innés, des penchants primitifs, qui satisfaits nous causent du plaisir, et contrariés, de la douleur.

De plus, pourquoi distinguer le *besoin* du *désir?* Le besoin n'est qu'une espèce de désir, c'est le désir des choses nécessaires ou utiles au bien du corps; on l'appelle ordinairement *appétit*.

Mais l'erreur la plus palpable et la plus dangereuse du système de Condillac, c'est la confusion du *désir* et de la *volonté*. Le *désir* est fatal; la *volonté* est libre; nous ne disposons pas de nos désirs, qui se produisent en nous sans nous et même malgré nous; nous sommes maîtres de toutes nos résolutions, de toutes nos *déterminations volontaires* : « Τῶν γὰρ πράξεων κύριοι ἐσμεν, » comme dit Aristote. — Le désir est mobile, inconstant, capricieux; la volonté est forte, calme, sereine; au désir les élans désordonnés qui trahissent la faiblesse; à la volonté, la force et l'énergie véritables. — Le désir et la volonté sont si profondément distincts qu'à chaque instant il y a lutte entre eux au fond de l'âme : « *Sæpe aliud volumus, aliud optamus,* » a dit Sénèque;

> Mon Dieu! quelle guerre cruelle!
> Je sens deux hommes en moi,

dit à son tour Racine. Méconnaître avec Condillac l'existence de ces deux hommes, faire de la *volonté* un *désir* absolu, c'est se condamner logiquement au fatalisme et à la négation de la responsabilité et de la moralité humaines.

Enfin, quand Condillac nous dit que « le *moi* de chaque homme n'est qu'une *collection* de sensations », nous sommes en droit de lui demander où se fait cette collection : une collection suppose nécessairement un quelque chose, une substance, en qui elle puisse se produire; sans cela elle serait inintelligible, car les phénomènes évanouis, tout s'évanouit avec eux et il ne reste rien, absolument rien. Aussi bien Condillac se contredit-il lui-même en affirmant que le moi est tout à la fois la conscience de ce qu'il *est* et le souvenir de ce qu'il *a été*; il en fait, non plus une collection de sensations, mais un être, une substance véritable, et c'est bien là ce que le sens commun nous affirme de l'âme et du moi.

Le système de la *sensation transformée* croule donc de toutes parts, et si l'on veut le soutenir, il faut nécessairement aboutir au matérialisme. Spiritualiste convaincu, Condillac a su échapper aux conséquences de son système : mais ces conséquences ont été acceptées et développées avec une inflexible rigueur, sinon par ses disciples directs, Charles Bonnet et Destutt de Tracy, du moins par les philosophes du dix-huitième siècle, qui, comme Lamettrie, Helvétius, d'Holbach, Cabanis et Broussais, s'inspirent de ses principes. Aussi Maine de Biran, Royer-Collard, V. Cousin, et avec eux tous les philosophes spiritualistes, ont-ils protesté et protestent-ils encore contre un système, qui, sous une apparence de régularité parfaite, contient les plus dangereuses erreurs.

Sujets à traiter. — 1. Que pensez-vous de la théorie de la sensation transformée? (Sorbonne, 19 juillet 1880.)
2. Les facultés intellectuelles et les facultés morales peuvent-elles être, comme le prétend Condillac, le résultat de la sensation transformée? (Sorbonne, 23 juillet 1875.)
3. Que savez-vous de la philosophie de Condillac? (Sorbonne, 22 novembre 1873.)
4. En quoi Condillac est-il le disciple de Locke? En quoi se distingue-t-il de ce philosophe? (Sorbonne, 25 juillet 1881.)
5. Prouver que toutes nos idées ne viennent pas des sens. (Sorbonne, 19 juillet 1883.)

XXXVIII.

Exposer et discuter la théorie des idées innées et celle de la table rase. (Sorbonne, 2 août 1866, 22 novembre 1869.)

La théorie des *idées innées* et celle de la *table rase* ont été imaginées au dix-septième siècle pour résoudre le grand problème de l'origine de nos connaissances.

C'est Descartes qui le premier a parlé d'*idées innées* : « Entre mes idées, dit-il dans sa troisième *Méditation*, les unes me semblent nées avec moi, les autres être étrangères et venir du dehors, et les autres être faites et inventées par moi... » Il n'énumère nulle part les *idées innées;* mais on voit que d'après lui, ce sont les idées de la conscience et les idées de la raison, en particulier l'idée d'être parfait ou de Dieu, « qui, dit-il, est née et produite avec moi dès lors que j'ai été créé, ainsi que l'est l'idée de moi-même. Et de vrai, on ne doit pas trouver étrange que Dieu, en me créant, ait mis en moi cette idée pour être comme la marque de l'ouvrier empreinte sur son ouvrage. » Sommé de s'expliquer sur la manière d'entendre l'innéité des idées, Descartes dit dans ses *Lettres au père Mersenne* : « Je les ai nommées naturelles, mais je l'ai dit au même sens que nous disons que la générosité ou quelque maladie est naturelle à certaines familles... Je ne me persuade pas que l'esprit d'u petit enfant médite dans le ventre de sa mère sur les choses métaphysiques... Il a les idées de Dieu et de toutes les vérités qui de soi sont connues, comme les personnes adultes les ont lorsqu'elles n'y pensent point. » Il dit encore plus clairement dans sa *Réponse aux objections de Hobbes* : « Quand je dis qu'une idée est née avec nous, je n'entends pas dire qu'elle est toujours présente à notre pensée, mais j'entends seulement que nous avons en nous-mêmes la faculté de la produire. » A ce compte, il n'y aurait d'inné en nous que la raison.

Mais on n'a guère tenu compte de ces explications de Descartes, et Locke, voyant en lui un partisan absolu de l'innéité des idées, a consacré à le combattre le premier livre de son *Essai sur l'entendement humain*, *Des notions innées* : il s'efforce d'établir que ni les principes spéculatifs ni les principes pratiques, ni les idées qui leur servent de base, ne peuvent s'appeler innés, parce que d'abord ils ne sont pas primitifs, les enfants ne les possédant pas, parce qu'ensuite ils ne sont pas universels, les idiots et les sauvages en étant dépourvus. Il expose ensuite dans le deuxième livre de l'*Essai* sa théorie de *la table rase*. Ce mot de *table rase* vient d'Aristote qui compare quelque part l'âme à une tablette sur laquelle il n'y a rien d'actuellement écrit : « Ὥσπερ ἐν γραμματείῳ ᾧ μηδὲν ὑπάρχει ἐντελεχείᾳ γεγραμμένον. » Rien de plus fréquent au moyen âge que cette expression *tabula rasa*. Voici comment Locke expose sa théorie : « Supposons, dit-il, qu'au commencement l'âme soit une table rase, *tabula rasa*, vide de tout caractère, sans aucune idée quelle qu'elle soit ; comment vient-elle à recevoir des idées ? Par quel moyen en acquiert-elle cette prodigieuse quantité que l'imagination de l'homme toujours agissante lui présente avec une variété presque infinie ? A cela je réponds en un mot : par l'*expérience*. » Or, l'expérience, d'après Locke, comprend les *sens* et la *réflexion* : les sens qui ont la priorité sur la réflexion ; la réflexion « par laquelle nous acquérons les idées de ce qu'on appelle percevoir, penser, douter, croire, raisonner, connaître, vouloir, et de toutes les différentes opérations de l'âme. » Voilà la double source des idées *simples*. L'intelligence unissant, combinant ces idées simples en forme les idées *complexes*, qui, quelque élevées qu'elles soient, quelque différentes qu'elles paraissent des données des *sens* et de la *réflexion*, en découlent nécessairement.

Leibnitz a combattu cette théorie dans ses *Nouveaux essais sur l'entendement humain,* où il oppose à la devise du sensualisme et de Locke : *Nihil est in intellectu quod prius non fuerit in sensu,* sa fameuse exception : *Excipe, nisi ipse intellectus.* Or, l'intelligence renferme l'être, la substance, l'unité, l'identité, la cause, toutes les notions premières. Ainsi l'âme n'est pas, à sa naissance, une table rase sur laquelle rien n'est écrit, *tabula rasa,* elle est plutôt comme un bloc de marbre où seraient marqués d'avance, par des veines naturelles, les contours de la future statue ; de même que le ciseau de l'artiste n'aurait qu'à les faire jaillir, de même l'expérience n'a qu'à faire fructifier les germes d'idées que le Créateur a déposées dans notre esprit. « C'est ainsi, conclut Leibnitz, que les idées et les vérités nous sont *innées,* comme des inclinations, des dispositions, des habitudes ou des virtualités naturelles. »

Que faut-il penser de la théorie des *Idées innées* et de celle de *la table rase ?*

La première est excellente en tant qu'elle combat le sensualisme et l'empirisme, qu'elle affirme que les idées universelles et nécessaires ne peuvent venir de l'*expérience* et qu'elle proclame la nécessité d'admettre une faculté supérieure aux *sens* et à l'*expérience,* l'entendement ou la *raison.*

Mais elle ne semble pas acceptable quand elle nous dit que

les notions premières ont été gravées par le Créateur dans notre intelligence. — D'abord ni Descartes, ni Leibnitz ne donnent aucune raison pour légitimer leur assertion : *quod gratis asseritur, gratis negatur*. — Ensuite, c'est un procédé par trop commode et une méthode par trop antiscientifique que de recourir à la toute-puissance de Dieu pour résoudre un problème comme celui de l'origine des idées. « La supposition de quelque chose d'inné, dit avec raison Maine de Biran, est la mort de l'analyse et le coup de désespoir du philosophe qui, sentant qu'il ne peut remonter plus haut et que la chaîne des faits est prête à lui échapper, se résout à la laisser flotter dans le vide. » — Enfin il est dangereux de faire des idées universelles et nécessaires des conceptions tout à fait indépendantes de l'expérience. Qui nous garantit, en effet, que ces conceptions *à priori* correspondent à la réalité et que ce qu'elles nous représentent est la vérité absolue? qui nous garantit que lorsque nous affirmons d'un être qu'il est beau, qu'il est bon, nous ne tombons pas dans l'erreur d'un cachet de cire intelligent, qui, posant son empreinte sur les objets, croirait que les objets sont ce qu'il les fait? Le scepticisme objectif découle logiquement de la théorie des *idées innées*.

Quant à la théorie de *la table rase*, la saine philosophie la condamne encore plus énergiquement.

D'abord il semble étrange qu'un philosophe qui se pique, comme Locke, de n'écouter que l'expérience, débute par une hypothèse et suppose qu'au commencement l'âme est une table rase.

Cette supposition d'ailleurs paraît inadmissible, parce qu'une table rase est indifférente à recevoir tels ou tels caractères et peut même n'en recevoir aucun; tandis que l'âme, au lieu d'être un marbre inerte, est essentiellement active et apporte en naissant des dispositions, des facultés appelées à se développer et à produire telles idées plutôt que telles autres.

L'expérience dément encore ce que dit Locke de la priorité des idées *simples* sur les idées *complexes* : l'esprit saisit d'abord les objets dans leur réalité concrète et nos premières idées sont synthétiques, *complexes* et confuses; ce n'est que par une série d'analyses qu'elles deviennent *simples*, claires et distinctes.

Enfin, et c'est là le défaut capital de la théorie de Locke, elle ne peut aucunement rendre compte des *idées fondamentales* de l'intelligence, idées d'être, d'essence, de substance, de cause, etc. Ces idées, en effet, ne viennent de l'expérience ni directement ni indirectement. Elles n'en viennent pas directement, car les données de l'expérience sont nécessairement contingentes, particulières et relatives, tandis que ces idées sont nécessaires, universelles, absolues. Elles n'en viennent pas indirectement, c'est-à-dire par le travail de l'esprit s'exerçant sur les données de l'expérience; car on aura beau élaborer, transformer, combiner ces données; jamais on n'en fera sortir ce qu'elles ne contiennent pas; jamais on ne tirera le nécessaire du contingent, l'universel du particulier, l'absolu du relatif.

Il faut donc reconnaître avec les partisans des *idées innées* l'absolue nécessité de la *raison* pour rendre compte des idées nécessaires et universelles; seulement il faut aussi faire sa part à l'*expérience* dans la formation de ces idées : l'*expérience*, les *sens* et la *réflexion*, comme dit Locke, sont la cause occasionnelle, la condition indispensable de l'exercice de la *raison*; cette faculté ne s'éveille, pour ainsi dire, qu'autant qu'elle est excitée par les perceptions expérimentales, et ce n'est que lorsque les données des *sens* et de la *conscience* ont mis en jeu l'activité de l'esprit que la *raison* peut saisir le nécessaire sous le contingent, l'universel sous le particulier, l'absolu sous le relatif.

Sujets à traiter. — 1. L'esprit est-il une *table rase*? (Sorbonne, 22 juillet 1873.)

2. Exposer et discuter la théorie de la *table rase*. Expliquer comment il faut entendre la fameuse exception proposée par Leibnitz. (Sorbonne, 29 novembre 1872.)

3. Prouver que toutes nos idées ne viennent pas des sens. (Sorbonne, 4 août 1870, 14 novembre 1874.)

4. De l'origine de nos idées. Toutes nos idées viennent-elles des sens? (Sorbonne, 18 août 1868.)

5. L'idée d'infini peut-elle être tirée de l'expérience? (Sorbonne, 8 août 1878.)

XXXIX.

Peut-on expliquer les principes premiers de la connaissance par l'association des idées ? (Sorbonne, novembre 1876.)

« Oui, répondent David Hume, Thomas Brown, Stuart Mill et les principaux représentants de l'école empirique anglaise. D'après ces philosophes, le principe de causalité : tout ce qui commence d'exister a une cause; le principe de substance : il n'y a pas de mode sans substance; le principe de contradiction : la même chose ne peut pas en même temps être et n'être pas; le principe de la raison suffisante : tout ce qui est a sa raison d'être ; le principe de la stabilité des lois de la nature, en un mot tous les principes premiers de la connaissance s'expliquent par une *association d'idées inséparable* qui fait que nous ne pouvons concevoir isolément des notions que l'expérience nous présente toujours unies. « Une bille en frappe une autre, dit David Hume; celle-ci se meut ; les sens extérieurs ne nous apprennent rien de plus. Mais dès que des événements ont été toujours et dans tous les cas aperçus ensemble, nous nommons l'un de ces objets cause et l'autre effet et nous les supposons dans un état de connexion. » « Certains faits succèdent, dit Stuart Mill, et, croyons-nous, succéderont toujours à d'autres faits; l'antécédent invariable s'appelle la cause; le conséquent invariable s'appelle l'effet, » et nous affirmons qu'il n'y a pas d'effet sans cause parce que nous voyons qu'il en est toujours ainsi. La prétendue universalité des premiers principes n'est donc que la généralité de l'expérience, et leur nécessité, que l'impuissance où nous sommes de concevoir isolé ce qui est inséparablement associé.

Cette théorie est assurément la plus ingénieuse des théories empiriques sur l'origine de nos connaissances : on ne peut contester, en effet, que l'association des idées joue dans le monde intellectuel et moral le même rôle que l'attraction dans le monde physique. Toutefois il ne faut pas se méprendre sur la véritable portée de cette loi primordiale de l'intelligence et croire qu'elle suffit pour rendre compte de toutes les vérités premières.

Thomas Reid a fait à David Hume, à propos du principe de causalité, une objection qui semble renverser la *théorie de l'association inséparable :* « Il y a, dit-il, des successions invariables dans lesquelles l'antécédent n'est nullement la cause du conséquent : le jour succède à la nuit, la jeunesse à l'enfance, la mort à la vie, et personne ne dit que la nuit soit la cause du jour, l'enfance la cause de la jeunesse, la vie la cause de la mort. L'idée de cause et le principe de causalité ne se forment donc pas en nous parce que l'expérience nous a présenté l'effet et la cause inséparablement associés, mais parce que nous concevons clairement qu'il est impossible, formellement impossible qu'ils soient séparés, et qu'il est nécessaire, absolument nécessaire que tout effet ait une cause. La conception de cette nécessité a été directe, immédiate, contemporaine du premier acte intellectuel et rationnel : il en est de même de tous les autres principes premiers de la connaissance, dans lesquels il ne faut nullement voir le fruit de l'expérience et de l'association des idées.

Ce qui le prouve invinciblement, c'est que des associations également inséparables n'engendrent pas la conviction de la même nécessité. Ainsi nous avons toujours vu le soleil se lever à l'orient et se coucher à l'occident, comme nous avons toujours vu les modes n'exister que dans une substance qui leur sert de support : l'universalité de l'expérience et de l'association est égale dans les deux cas. Et pourtant, tandis que nous affirmons que tous les modes, dans tous les temps, dans tous les lieux, supposent et supposeront une substance, nous concevons très bien que le soleil peut cesser de se lever à l'orient et de se coucher à l'occident, par le seul effet de la volonté du Législateur des mondes : preuve incontestable que l'universalité et la nécessité de nos connaissances ne viennent pas de l'expérience et de l'association des idées. « Quelque nombre d'expériences qu'on ait d'une vérité universelle, dit Leibnitz, on ne saurait s'en assurer pour toujours par l'induction sans en connaître la nécessité par la raison. »

D'ailleurs, s'il fallait en croire les partisans de la *théorie de l'association inséparable*, les principes premiers de la connaissance n'auraient aucune valeur objective, aucune certitude absolue. D'après M. Stuart Mill, il peut y avoir un monde où les faits ne soient pas soumis à des lois, où les effets n'aient pas de cause, où la morale et la géométrie soient tout autres qu'ici-bas. Des assertions si étranges nous éclairent suffisamment sur la valeur du système dont elles sont les corollaires; le bon sens proteste énergiquement contre elles et dit avec Fénelon : « Que l'univers se bouleverse et s'anéantisse; qu'il n'y ait plus même aucun esprit pour raisonner sur les êtres, sur les lignes, sur les cercles et sur les angles; il sera toujours également vrai en soi que la même chose ne peut tout ensemble être et n'être pas; qu'un cercle parfait ne peut avoir aucune portion de ligne droite; que le centre d'un cercle parfait ne peut être plus près d'un côté de la circonférence que de l'autre, etc. On peut bien ne penser pas actuellement à ces vérités; il pourrait même se faire qu'il n'y aurait ni univers, ni esprits capables de penser à ces vérités; mais enfin ces vérités n'en seraient pas moins constantes en elles-mêmes, quoique nul esprit ne les connût, comme les rayons du soleil n'en seraient pas moins véritables, quand même tous les hommes seraient aveugles et que personne n'aurait des yeux pour en être éclairé. »

On ne saurait exprimer en termes plus éloquents l'universalité et la nécessité absolues des principes premiers de la connaissance, et après les avoir ainsi proclamées, il ne reste qu'à reconnaître avec la plupart des grands philosophes l'existence d'une faculté supérieure à l'expérience et à l'association des idées, la raison, qui, à l'occasion des données expérimentales, s'élève à la conception du nécessaire et de l'absolu, associe inséparablement l'effet à la cause, le mode à la substance, les moyens à la fin, et arrive peu à peu à formuler les principes premiers de la connaissance dans leur abstraite généralité.

Sujet à traiter. — Les idées nécessaires et universelles peuvent-elles s'expliquer par l'association des idées ? (Sorbonne, 21 juillet 1882.)

XL.

Qu'est-ce que le principe de causalité ? Qu'est-ce que le principe de substance ? Ces deux principes tirent-ils leur origine des sens ? (Sorbonne, 20 août 1869, 25 novembre 1871.)

Le principe de causalité et le principe de substance sont les deux vérités premières les plus importantes, les deux jugements *à priori* qui interviennent le plus souvent soit dans nos connaissances spéculatives soit dans notre conduite pratique.

« Il n'y a pas d'effet sans cause ; tout effet a une cause, ou plutôt, tout ce qui commence d'exister a une cause : » voilà le principe de causalité.

« Il n'y a pas de mode sans substance ; tout mode suppose une substance : » voilà le principe de substance.

Ces deux principes de causalité et de substance ont tous les caractères des vérités premières : *évidence parfaite, universalité* et *nécessité*.

Ainsi d'abord ils sont d'une *évidence intuitive*, immédiate, qui nous frappe sur-le-champ et à laquelle l'esprit ne saurait refuser son adhésion. Il suffit d'être raisonnable pour être invinciblement convaincu que tout fait, tout phénomène a une cause qui le produit, et appartient à un être qui subsiste et sert de support (*sub-stat*) à toutes les modifications qui s'accomplissent en lui.

En second lieu ces principes sont *universels*, c'est-à-dire qu'ils s'appliquent à tous les effets et à toutes les causes, à tous les modes et à toutes les substances possibles et imaginables ; c'est-à-dire encore qu'ils existent chez tous les hommes, les mêmes dans tous les temps et tous les lieux. « Ce sont eux, peut-on dire avec Fénelon, qui font qu'un sauvage du Canada pense beaucoup de choses comme les philosophes grecs et romains les ont pensées... Ce sont eux qui donnent des pensées uniformes aux hommes les plus jaloux et les plus irréconciliables entre eux. »

Enfin ils sont *nécessaires* et absolus, et le rapport qu'ils expriment ne peut pas ne pas exister ou exister autrement. Que l'univers se bouleverse et s'anéantisse; qu'il n'y ait plus même aucun esprit pour raisonner sur les effets et les causes, les modes et les substances; il sera toujours également vrai en soi que toute substance est distincte du mode, que tout mode suppose une substance; il sera toujours impossible, absolument, métaphysiquement impossible qu'il y ait un effet sans cause. « On peut bien ne penser pas actuellement à ces vérités; il pourrait même se faire qu'il n'y aurait ni univers ni esprits capables de penser à ces vérités; mais enfin ces vérités n'en seraient pas moins constantes en elles-mêmes, quoique nul esprit ne les connût, comme les rayons du soleil n'en seraient pas moins véritables, quand même tous les hommes seraient aveugles et que personne n'aurait des yeux pour en être éclairé. » (FÉNELON.)

Mais d'où viennent les principes de causalité et de substance? Faut-il dire avec les sensualistes anciens et modernes, Leucippe, Démocrite, Zénon, Épicure, Lucrèce, et Gassendi, Hobbes, Condillac, David Hume, qu'ils tirent leur origine des sens, *directement* ou *indirectement* :

Nihil est in intellectu quod prius non fuerit in sensu?

Cette opinion ne saurait soutenir un examen sérieux et ce n'est pas des sens que nous viennent les principes fondamentaux dont il s'agit.

Que sont, en effet, les données des sens? Elles sont toujours relatives, particulières et contingentes : l'ouïe, la vue, le toucher, le goût et l'odorat ne saisissent que ce qui est ou ce qui a été, et ne nous font connaître que ce qui se passe dans tel lieu, dans tel temps, dans tel individu déterminé. Les principes de causalité et de substance, au contraire, expriment non seulement ce qui est, mais ce qui doit être, ce qui convient à tous les temps, à tous les lieux, à tous les objets et dont le contraire est absolument impossible : ils sont, en un mot, nécessaires, universels, absolus, et à ce titre, ils ne sauraient venir *directement* des sens, dont les données ont des caractères tout opposés.

Ils n'en peuvent pas venir non plus *indirectement*, c'est-à-dire par le travail de l'esprit s'exerçant sur les données de la perception sensible; car on aura beau élaborer, transformer ces données, jamais on n'en fera sortir ce qu'elles ne contiennent pas; jamais on ne tirera le plus du moins, le nécessaire du contingent, l'absolu du relatif, l'universel du particulier. « Votre esprit, disait Malebranche aux sensualistes, est un merveilleux ouvrier : il sait tirer l'infini du fini ! Je ne sais si c'est ainsi que vous l'avez appris ; je crois que vous ne l'avez jamais bien compris. » (*Entretiens sur la métaphysique.*)

Il faut donc reconnaître que les principes de causalité et de substance viennent d'une faculté supérieure aux sens : cette faculté, c'est la raison, la raison qui est la source de toutes les notions et vérités premières, la raison qui saisit directement, immédiatement le rapport de la cause à l'effet, de la substance au mode et arrive peu à peu à les formuler dans leur abstraite généralité.

On se tromperait toutefois, si on croyait les sens et l'expérience absolument étrangers à la formation des principes de causalité et de substance. La raison ne conçoit le nécessaire, l'universel et l'absolu qu'à l'occasion du contingent, du particulier, du relatif; les données des sens et de la conscience sont la condition indispensable du développement de la raison. C'est la gloire de Maine de Biran d'avoir placé l'origine de l'idée de cause et du principe de causalité dans la conscience réfléchie de l'activité volontaire, de l'effort moteur, de la force agissante qui est le moi. « La première cause pour nous, dit M. Cousin, est la volonté dont le premier effet est une volition. Là est la source la plus haute et la plus pure de la notion de cause qui s'y confond avec celle de la personnalité. » Jouffroy dit encore avec plus de précision : « L'âme se sent comme *cause* dans chacun de ses actes, comme *sujet* dans chacune de ces modifications. » Cela est si vrai que l'enfant croit tout d'abord que toutes les causes, toutes les forces, toutes les substances sont semblables à lui-même : il leur attribue la personnalité, la conscience, la responsabilité. Il punit la pierre, la chaise contre lesquelles il s'est heurté, jusqu'au moment où la raison, arrivée à son entier épanouissement, lui fait distinguer clairement les diverses espèces de causes et de substances et concevoir avec une parfaite intelligence les principes de causalité et de substance.

Sujets à traiter. — 1. Du principe de causalité. Sa vraie formule. Dérive-t-il de l'expérience? (Sorbonne, 16 novembre 1867, 5 novembre 1872, 29 octobre 1874.)

2. De l'origine de l'idée de cause et du principe de causalité. (Sorbonne, 16 novembre 1869).

3. Origine psychologique de l'idée de cause. Ses rapports avec le principe de causalité. (Sorbonne, 8 juillet 1878.)

4. Qu'est-ce que le principe de causalité ? Est-il *à priori* ou *à posteriori* ? Vient-il des sens ou de la conscience ou bien de la raison ? (Sorbonne, 23 août 1870.)

XLI.

De la notion du moi. Caractères distinctifs de cette notion. Son importance en psychologie et en morale. (Sorbonne, 3 août 1874.)

La notion du *moi* est l'idée que chacun de nous a de sa propre personne, c'est-à-dire de ce composé humain qui embrasse dans son indivisible unité l'âme et le corps, le principe pensant et la substance matérielle qui constituent notre être. C'est en vertu de cette notion que nous disons tous les jours : *je* pense, *je* marche, *je* veux, *je* parle, rapportant au même *je* ou *moi* tous les phénomènes qui s'accomplissent dans l'âme et tous ceux dont le corps est le sujet.

Il ne faut donc pas identifier absolument la notion du moi et celle de l'âme comme l'a fait Descartes en disant : « Le moi, c'est-à-dire l'âme par laquelle je suis ce que je suis. » Sans doute l'âme est la plus noble et la plus belle partie de nous-mêmes et nous lui devons tout ce qui fait notre grandeur et notre dignité morales, l'intelligence et la liberté; mais la personne humaine ou *le moi* n'est pas seulement une chose pensante, « *res cogitans* » : c'est une intelligence incarnée, une âme revêtue d'une enveloppe matérielle.

Il faut encore moins dire avec Condillac que la notion du moi ne nous représente qu'une « collection de sensations », ou avec David Hume que le moi n'est qu'une « série de perceptions », et avec M. Taine « qu'il n'est que la trame continue de nos événements successifs ». La conscience, en effet, nous affirme clairement que le moi est plus qu'une collection, qu'une série, qu'une trame de phénomènes, et qu'il faut voir en lui une substance réelle et véritable, ou plutôt le résultat de l'union intime et profonde des deux substances, esprit et matière, qui forment le composé humain.

Il faut surtout éviter de dire avec Kant que la notion du moi est un concept *à priori* ou une forme subjective de la raison pure, et avec ses disciples, Fitche, Schelling, Hégel, que le moi n'est qu'une des formes des manifestations de l'absolu, celle qui le révèle à lui-même. Ces conceptions de l'idéalisme transcendantal et panthéistique des Allemands sont absolument contredites par la notion si claire que nous avons de notre moi, comme d'une réalité personnelle et distincte non seulement de l'absolu, mais de tout ce que les philosophes allemands appellent le non-moi.

Cette notion est une des idées fondamentales de la raison, une de ces connaissances primordiales dont on peut dire qu'elles sont comme les rayons « de ce soleil des esprits qui éclaire tout homme venant en ce monde ».

A ce titre, elle est d'une évidence immédiate : le moi se connaît et s'affirme par une intuition directe et non par un raisonnement inductif. Aussitôt que la raison s'épanouit dans l'homme, elle prend conscience du moi et de sa personnalité : l'âme se connaît elle-même, elle se distingue du corps et de tout ce qui n'est pas elle ou lui; elle comprend qu'elle est une force consciente, *vis sui conscia*, une force qui se possède pleinement elle-même et constitue ainsi une personne morale.

Aussi la notion du moi est-elle universelle : tous les hommes intelligents et raisonnables la possèdent; ils savent qu'ils sont des personnes et non pas des choses, et qu'on est en droit de leur demander compte de l'usage qu'ils font de leur activité libre, dont ils se sentent invinciblement responsables.

Mais si cette notion du moi est commune à tous les hommes,

elle ne se trouve chez la plupart qu'à l'état de connaissance implicite et obscure; seuls les philosophes peuvent l'analyser et en rendre clairement compte.

Qu'est-ce en effet que la *psychologie?* c'est la science du moi, en tant qu'il a conscience de lui-même, c'est le γνῶθι σεαυτόν de Socrate approfondi et développé. Analyser et décrire les diverses manifestations du moi, saisir sa nature, ses caractères et ses attributs, le distinguer de la matière et de l'animal privé de raison et de liberté, voilà bien l'objet de la psychologie, expérimentale, rationnelle et comparée, qui roule tout entière sur la notion du moi.

Si importante en psychologie, cette notion ne l'est pas moins en *morale.* Ce n'est que parce que le moi est une personne intelligente et libre, qu'il est susceptible d'obligation et de devoir : on force, on violente, on contraint les choses; on n'oblige que les personnes, les agents raisonnables et libres comme le moi.

Le droit comme le devoir découle de la notion du moi et de la personnalité humaine : il n'est au fond que l'inviolabilité de cette personne, comme Kant l'a très bien fait sentir par cette maxime célèbre : « Agis de telle sorte que tu traites toujours l'humanité, soit dans ta personne, soit dans la personne d'autrui, comme une fin et que tu ne t'en serves jamais comme d'un moyen. »

Le respect de la dignité personnelle, voilà le principe de tous les devoirs de l'homme envers lui-même et envers ses semblables. « Αἰδοῦ σεαυτόν, respecte-toi, » disait la sagesse antique, et si nous avons des devoirs envers le corps, c'est uniquement parce qu'il fait partie du moi et qu'il participe à la dignité de la personne humaine soit en nous-mêmes soit dans nos semblables.

Enfin comme c'est le moi qui mérite et qui démérite, et que lui seul est digne de châtiment et de récompense, la morale nous enseigne « que l'immortalité véritable, c'est l'immortalité du moi, l'immortalité de la personne, de cette âme qui a pensé, aimé, agi, lutté, souffert, durant une vie plus ou moins longue; c'est la persistance de cette existence individuelle, gardant, après la mort, la physionomie qu'elle s'est créée, le signe de sa réalité distincte et séparée. Cette immortalité seule nous intéresse; tout autre genre d'immortalité nous laisse indifférents. » (Caro.)

XLII.

Comment arrivons-nous à la connaissance de la matière ? Cette connaissance est-elle proprement une perception ou une conception ?

C'est par les sens que nous connaissons l'existence et les propriétés de la matière, et, pour se rendre compte de la manière dont se produit cette connaissance, il suffit d'analyser le fait de la perception sensible.

Lorsqu'un objet matériel est mis en contact direct ou indirect avec nos organes, les nerfs épanouis à l'extrémité de ces organes subissent une impression; cette impression se transmet le long des nerfs jusqu'au cerveau; le cerveau est ébranlé; à la suite de cet ébranlement, l'âme éprouve une émotion agréable ou désagréable; enfin elle comprend, elle connaît qu'il y a hors d'elle un objet d'où viennent l'impression organique et la sensation : c'est dans cette connaissance que consiste la perception extérieure et c'est ainsi que nous avons l'idée de l'existence de la matière.

Cette notion n'est pas la donnée exclusive du toucher, comme l'ont cru Thomas Reid et les autres philosophes de l'école écossaise; car l'observation psychologique nous montre que l'ouïe localise les sons, la vue les couleurs, le goût les saveurs et l'odorat les odeurs, tout aussi bien que le toucher localise les résistances. Tous les sens nous donnent, d'une manière inégale sans doute, mais directe et immédiate, le sentiment de l'extériorité, du *non-moi* matériel.

Tout d'abord, ce sentiment est vague, obscur et confus : ce n'est qu'à mesure que l'expérience s'accroît, à mesure que la raison se développe et s'épanouit, à mesure que le moi, prend plus nettement conscience de lui-même et se sent comme cause dans chacun de ses actes, comme sujet dans chacune de ses modifications, que nous arrivons à la notion claire et distincte d'une force, d'une substance, qui est le principe et le sujet d'inhérence des manifestations sensibles et que nous appelons la matière.

Mais quelle est l'essence de la matière?

D'après Descartes, c'est l'étendue, que nous percevons clairement et distinctement comme la qualité première des corps.

D'après Leibnitz, qui démontre avec une admirable précision que l'étendue cartésienne, abstraite et inerte, ne peut servir de base à de véritables existences, la force est l'essence de l'être matériel aussi bien que de l'être spirituel, et la matière, comme l'esprit, se ramène à un ensemble de forces simples ou monades.

Kant, dans sa *Critique de la raison pure,* a prétendu que nous ne connaissons la matière que comme phénomène de la pensée et que nous ignorerons toujours ce qu'elle est en elle-même.

La science et la saine philosophie ne peuvent admettre que l'étendue, qui nous est donnée comme une forme objective et réelle des choses matérielles, ne soit qu'une forme purement subjective de notre esprit, et un concept à *priori* de l'intelligence, comme le prétend le philosophe de Kœnigsberg. — D'un autre côté, elles demandent à Leibnitz et aux partisans du dynamisme comment des forces indivisibles et inétendues peuvent constituer la matière divisible et étendue. — Enfin elles enseignent, à l'encontre de Descartes, que l'étendue n'est pas une qualité première plus clairement et plus distinctement connue que les autres qualités des corps, et elles n'éprouvent aucun embarras à avouer que l'essence de la matière leur est inconnue et demeure encore un mystère pour l'esprit humain.

Néanmoins on peut conclure de ce qui précède que la connaissance de la matière n'est pas une *perception* proprement dite, une donnée directe et immédiate des sens, et qu'il faut voir en elle une *conception* de la raison, une des notions fondamentales de cette faculté supérieure qui élève l'homme au-dessus de l'animal, qui pénètre jusqu'au cœur des choses, dont les sens n'atteignent, pour ainsi dire, que l'écorce, et qui saisit

« ce je ne sais quoi plus foncier », comme parle Bossuet, qu'on appelle la substance, la cause, la force matérielle.

Sujets à traiter. — 1. Montrer que parmi tous les corps de la nature nous ne percevons directement que notre propre corps. (Sorbonne, 28 juillet 1873.)
2. Dans quelle mesure pouvons-nous prétendre à la connaissance du monde extérieur ? (Faculté de Toulouse, 11 juillet 1882.)
3. Sur quel fondement repose notre croyance à l'existence du monde extérieur ? (Sorbonne, juillet 1877.)

XLIII.

Comment peut-on dire que l'idée de Dieu résume en elle tous les principes directeurs de l'entendement humain ? (Sorbonne, 10 juillet 1882.)

Les principes directeurs de l'entendement humain sont ces vérités évidentes par elles-mêmes, universelles et nécessaires, qui constituent comme le fond de notre faculté de connaître et dont on peut dire avec Fénelon qu'elles sont les rayons de ce soleil des esprits « qui éclaire tout homme venant en ce monde ».

C'est à la lumière de ces vérités éternelles que notre esprit conçoit, comme Platon l'a admirablement montré, l'Être suprême dont l'idée est le dernier mot de la raison humaine.

Ainsi l'un des principes les plus importants de l'intelligence, c'est celui *de causalité :* il n'y a pas d'effet sans cause, ou plutôt tout ce qui commence d'exister a une cause ; or, nous voyons dans le monde un enchaînement indéfini de causes secondes, d'effets et de mouvements, mouvement des astres dans les cieux, mouvement des corps sur la terre ; mouvement des êtres organiques, mouvement des êtres organisés et vivants; mouvement des créatures intelligentes et raisonnables; il y a donc un premier moteur, principe nécessaire de tous ces mouvements; il y a donc une cause première, à laquelle toutes les autres doivent leur causalité, et ce premier moteur, cette cause première, véritablement infinie et par là même créatrice, c'est Dieu.

Un autre principe de la raison, c'est celui *de finalité :* tout ce qui existe a une fin; tout ce qui montre de l'ordre, c'est-à-dire une disposition harmonieuse de moyens pour atteindre une fin, suppose nécessairement un ordonnateur intelligent; or, il suffit d'ouvrir les yeux pour voir l'ordre merveilleux qui éclate de toutes parts dans l'univers, où des lois d'une puissance admirable et d'une simplicité plus admirable encore régissent tous les êtres de la création, depuis les astres qui roulent dans le firmament jusqu'à ces infiniment petits qui étonnaient le génie de Pascal; cet ordre merveilleux suppose donc un ordonnateur infiniment intelligent, qui est Dieu, principe premier et raison dernière de l'harmonie du monde.

C'est encore un principe directeur de l'entendement humain que celui de *la raison suffisante*, mis en lumière par Leibnitz : tout ce qui est a sa raison d'être; rien n'existe sans raison suffisante; il faut donc que l'univers ait sa raison d'être, et c'est Dieu qui nous apparaît comme la raison suffisante de tout ce qui existe et peut exister.

L'entendement humain conçoit encore ce qu'on appelle la *corrélation du contingent et du nécessaire :* les êtres contingents, c'est-à-dire les êtres qui existent mais pourraient ne pas exister puisqu'ils n'ont pas en eux-mêmes leur raison d'être, supposent un être nécessaire, c'est-à-dire un être qui existe et ne peut pas ne pas exister, un être qui a en lui-même la raison de son existence. « Qu'il y ait un moment où rien ne soit, dit admirablement Bossuet, éternellement rien ne sera. » Il y a donc un Être nécessaire, qui porte en lui-même sa raison d'être et la raison d'être de toute chose, et cet Être c'est Dieu.

C'est aussi une vérité admise par tout le monde que le *principe de la stabilité* des lois de la nature : les mêmes causes placées dans les mêmes circonstances produisent les mêmes effets, les caractères essentiels des êtres sont universels et permanents, ou plus simplement, il y a des lois dans la nature; mais ces lois supposent nécessairement un législateur qui les a établies et les fait exécuter; or, ce Législateur du monde, c'est Dieu.

Mais s'il y a des lois dans le monde physique, il y en a aussi dans le monde moral : « Deux choses, dit Kant, remplissent l'âme d'une admiration et d'un respect toujours renaissants et toujours plus grands : le ciel étoilé au-dessus de nos têtes et la loi morale au dedans de nous-mêmes. » Il faut faire le bien et éviter le mal, pratiquer la vertu et fuir le vice : voilà le grand principe qui nous dirige dans notre conduite privée et publique. Mais cette *loi du devoir*, cet *impératif catégorique*, comme l'appelle Kant, suppose nécessairement un législateur suprême qui ait le droit de nous commander et auquel nous devions obéissance ; ce Législateur existe donc, et c'est Dieu, auteur et promulgateur de la loi morale, comme il en sera l'adorable justicier.

Voilà comment l'idée de Dieu résume en elle les grands principes directeurs de l'entendement humain : principe *du devoir*, principe *de la stabilité des lois de la nature*, principe de la *corrélation du contingent et du nécessaire*, principe *de la raison suffisante*, principe *de finalité*, principe *de causalité*. Voilà comment Bossuet a raison de dire en s'inspirant de Platon : « L'entendement a pour objet des vérités éternelles... : or, ces vérités supposent un sujet dans lequel elles subsistent éternelles et immuables comme elles sont ; cet objet éternel, c'est Dieu éternellement subsistant, éternellement véritable, éternellement la vérité même... Ces vérités éternelles, que tout entendement aperçoit toujours les mêmes, par lesquelles tout entendement est réglé, sont quelque chose de Dieu ou plutôt sont Dieu même. » Fénelon ne parle pas autrement dans la seconde partie de son *Traité de l'existence de Dieu* : « Tout ce qui est vérité universelle et abstraite, dit-il, est une idée. Tout ce qui est idée est Dieu même. »

Sujets à traiter. — 1. Comment se forme et se développe dans l'esprit l'idée de Dieu ? (Sorbonne, 26 novembre 1880.)

2. L'idée d'infini peut-elle être tirée de l'expérience ? (Sorbonne, 8 août 1878.)

XLIV.

Y a-t-il une science du beau ? S'il y en a une, quels doivent en être les caractères et la méthode ? (Faculté de Toulouse, Cahors, 8 août 1881.)

S'il fallait en croire certains philosophes, le beau ne serait qu'une affaire de sentiment ; il échapperait par là même à toutes les théories scientifiques et il ne faudrait ni « disputer des goûts », ni vouloir tracer des règles et des lois à ce qu'il y a de plus libre au monde, l'inspiration de l'artiste et du poète.

Ce n'est là que le scepticisme appliqué à l'art et à la littérature : ceux qui le professent se démentent ordinairement eux-mêmes en portant des jugements aussi absolus sur le beau que sur le vrai et le bien ; en tout cas, on est en droit de leur dire avec Vauvenargues : « On peut disputer des goûts et c'est cette maxime qui est la vraie. Il y a un bon et un mauvais goût. » La science d'ailleurs ne profane pas plus les œuvres de l'art et du génie en cherchant à les comprendre, en se demandant quels sont les procédés et les lois qui ont présidé à leur libre production, qu'elle ne profane les œuvres de Dieu, lorsque, armée de sa méthode, elle essaie de découvrir les lois de la nature et de lui arracher ses secrets.

Ainsi donc, de même qu'il y a une science du vrai qui est la *logique*, et une science du bien qui est la *morale*, de même il y a une science du beau, qu'un philosophe allemand du dernier siècle, Baumgarten, disciple de Wolf, a appelée l'*esthétique*.

Pour qu'une science existe et soit légitime, il suffit qu'elle ait un objet réel, clairement déterminé et distinct de celui de toutes les autres sciences : or, tel est le cas de l'esthétique. — Cette science s'occupe d'abord d'analyser l'idée du beau et les idées qui s'y rattachent, celle du sublime en particulier, de décrire les phénomènes que la vue du beau détermine dans l'âme, de distinguer le beau de tout ce qui n'est pas lui, et d'en caractériser les diverses formes : beau absolu, beau réel, beau idéal : tel est l'objet de l'esthétique générale. — Vient ensuite la théorie des beaux-arts, architecture, sculpture, peinture, musique et poésie : théorie qui détermine la nature et le rôle de chacun d'eux et en marque la place et le rang par une classification méthodique et régulière. — Enfin, comme cette théorie ne serait pas complète si la critique ne venait l'éclairer, l'histoire générale de l'art, art païen, art chrétien, art classique, art romantique, forme comme une troisième partie de l'esthétique et le couronnement de la science du beau.

C'est ainsi qu'ont entendu cette science, non pas Platon et Aristote, Plotin et saint Augustin, qui ne l'ont pas traitée comme science indépendante et se sont contentés d'en jeter magnifiquement les bases dans leurs ouvrages, mais tous les philosophes modernes qui depuis Baumgarten, Hutcheson, Thomas Reid et Kant jusqu'à Schelling, Hégel, Cousin et Jouffroy, ont définitivement constitué l'esthétique et élevé des monuments plus ou moins glorieux à la philosophie des beaux-arts.

L'esthétique a donc désormais sa place marquée parmi les sciences philosophiques et ses caractères doivent être les caractères mêmes de ces sciences. Comme la logique et la morale, dont elle est le pendant obligé, l'esthétique sera à la fois *spéculative* et *pratique*. — La théorie du beau et celle des beaux-arts répondront à des questions purement théoriques comme celles-ci : Qu'est-ce que le beau? qu'est-ce que le sublime? le beau peut-il se confondre avec l'utile, avec l'agréable? quels rapports y a-t-il entre le beau idéal et le beau réel, le beau absolu? quelle est la nature de l'art? quels en sont les principes? quelle en est la mission? — Ces questions spéculatives une fois résolues, l'esthétique en examinera d'autres éminemment pratiques : elle se demandera quelles sont les facultés qui inspirent et dirigent l'artiste et le poète? comment se fait l'éducation du goût chez les peuples et chez les individus? quelles ont été les causes du progrès des beaux-arts? qu'est-ce qui a amené leur décadence en Grèce, à Rome, dans les temps modernes? l'art doit-il être l'imitation de la nature ou bien a-t-il pour but de représenter le beau idéal sous forme sensible? Voilà comment la science du beau, descendant de la théorie à la pratique, pourra donner à l'art d'utiles conseils et de précieuses leçons, et le rappeler au sentiment de sa dignité et de sa grandeur, lorsqu'elle le verra s'écarter des grands et impérissables principes du beau pour sacrifier à la mode et flatter les passions du vulgaire.

Mais elle n'aura l'autorité dont elle est digne, qu'autant qu'elle suivra la vraie méthode qui lui convient, cette méthode psychologique, à la fois *expérimentale* et *rationnelle*, dont tous les grands philosophes ont proclamé la nécessité. — Dans l'esthétique, en effet, comme dans la plupart des sciences morales, il y a des faits à observer, sentiments et idées qu'éveille en nous le spectacle de la beauté, formes diverses de l'art et du beau, etc. : or, l'expérience peut seule guider sûrement le philosophe dans l'étude de ces faits, qui doit servir de point de départ à toutes ses théories et leur donner leur véritable valeur. — Mais dans la philosophie de l'art il y a plus que des faits à analyser : il y a des lois à établir, des principes à poser, des conséquences à déduire, des applications pratiques à faire; pour cela la raison et le raisonnement sont indispensables; seuls, ils peuvent constituer scientifiquement l'esthétique; seuls, ils peuvent en dire le dernier mot et nous montrer en Dieu le principe suprême, la raison dernière et l'éternel idéal de la beauté physique, intellectuelle et morale.

XLV.

Distinction du beau et du sublime.
(Sorbonne, 18 juillet 1881.)

On a cru pendant longtemps que le sublime n'était que la forme supérieure du beau, le plus haut degré de la beauté; il y a même des philosophes qui le croient encore. Cependant Burke, Kant et Hégel semblent avoir démontré qu'il y a des différences profondes entre le sublime et le beau.

Le langage lui-même les distingue. — On dit qu'un parterre émaillé de fleurs, qu'un ruisseau serpentant dans la plaine au milieu de riantes prairies, sont beaux, et que l'immensité de l'Océan, les profondeurs des cieux étoilés, sont sublimes. —

Dans le monde moral, on appellera beau un acte de dévouement et sublime la magnanimité de l'homme qui sauve son ennemi au péril de sa propre vie. — Dans l'art, on trouvera belles une statue de Praxitèle ou de Phidias, une madone de Raphaël, une sonate de Mozart, une page de Sophocle, de Virgile ou de Racine, et sublimes une cathédrale gothique, les *Naufragés de la Méduse* de Géricault, les mélodies de Beethoven, tel épisode de la *Divine Comédie* de Dante, du *Macbeth* de Shakespeare, du *Faust* de Gœthe, ou bien les accents des héros cornéliens, le « Qu'il mourût ! » du vieil Horace, le « Soyons amis, Cinna ! », d'Auguste.

Le beau nous apparaît donc comme la splendeur du vrai et du bien ; c'est le vrai et le bien revêtus d'une lumière, d'un éclat qui nous charme et nous ravit ; c'est le vrai rayonnant à travers un symbole gracieux et parlant à l'âme par les sens ; c'est le bien resplendissant dans un acte généreux et digne d'admiration.

Le sublime, lui, semble se résoudre dans l'idée d'infini : c'est l'infini, avec son incommensurable grandeur, se manifestant à nous dans la petitesse et le néant du fini. Ce contraste constitue l'essence même du sublime qu'on peut définir le beau infini, pour ainsi dire, le beau éveillant en nous l'idée d'infini, ou bien avec M. Bénard, « une apparition soudaine de l'infini au sein du fini ».

Sans doute, dans le beau, comme dans le sublime, il y a deux éléments, le visible et l'invisible, la forme et l'idée, le fini et l'infini ; mais ces éléments sont combinés dans une juste proportion, dans une parfaite mesure : l'harmonie est nécessaire au beau ; c'est sa loi fondamentale, ou pour mieux dire, sa nature même. — Dans le sublime, l'accord et l'harmonie n'existent plus : des deux éléments, des deux termes qui le constituent, l'un dépasse infiniment l'autre, qui s'efface pour laisser apparaître le premier dans sa grandeur absolue et son accablante majesté ; le symbole qui nous frappe fait éclater l'opposition et la disproportion entre le fini et l'infini.

Le beau est parfaitement saisi par nos facultés : nos sens en perçoivent aisément les détails ; notre raison saisit l'heureuse harmonie de toutes ses parties et l'imagination se la représente distinctement. — Il n'en est pas ainsi du sublime, qui « ne tombe pas sous toutes nos prises », comme le dit M. Cousin. La raison le conçoit, mais les sens ne le perçoivent pas tout entier et l'imagination ne se le représente pas distinctement. Les sens et l'imagination s'efforcent en vain de le saisir et de le comprendre : il leur échappe et les surpasse en les laissant convaincus de leur faiblesse et de leur impuissance à s'élever jusqu'à lui.

De là viennent les différences qu'il y a entre le sentiment du beau et le sentiment du sublime.

En présence d'une belle fleur, d'une belle statue, d'un beau temple antique, l'âme éprouve une satisfaction sans mélange, une joie douce et calme, une sorte d'épanouissement. — Le sublime, au contraire, la frappe et l'émeut si violemment, qu'il y a en elle un saisissement, un frémissement intérieur, qui mêlent à sa jouissance je ne sais quelle mélancolique tristesse : c'est comme une crise d'enthousiasme, un accès d'extase et de délire esthétiques, et en même temps une souffrance, une crainte, une religieuse frayeur en présence de l'infini et de sa grandeur écrasante.

Voilà pourquoi, tandis que le beau excite l'amour, le sublime inspire l'admiration et le respect. L'un nous charme ; l'autre nous transporte à des hauteurs où l'âme éprouve comme un commencement de vertige.

Voilà pourquoi encore si l'émotion du sublime est la plus puissante que nous éprouvions ici-bas, elle fatigue l'âme qui ne peut en jouir longtemps et se refuse de suivre l'artiste sur ces sommets de l'idéal trop élevés pour la faiblesse de l'imagination humaine.

La différence du sentiment du beau et du sentiment du sublime est si profonde qu'elle se traduit, au dire de Kant, dans les traits de la physionomie. « La figure de l'homme absorbé par le sentiment du sublime est sérieuse, quelquefois fixe, étonnée. Au contraire, le vif sentiment du beau se manifeste par l'éclat brillant des yeux et souvent par une joie bruyante. »

Il ne faudrait pourtant pas pousser trop loin la distinction du beau et du sublime ; car il y a entre eux des rapports étroits.

— Ainsi d'abord le sublime comme le beau est un spectacle, un objet d'intuition et de contemplation, et non pas de conception abstraite et de pure réflexion. Tous deux expriment l'invisible sous des formes visibles; tous deux se composent des mêmes éléments. — Ainsi encore ils engendrent l'un et l'autre une émotion essentiellement désintéressée et qu'on ne saurait confondre avec aucun de nos sentiments égoïstes. — Enfin il y a bien des objets où le sublime et le beau se trouvent mêlés et confondus, si bien qu'il est difficile, pour ne pas dire impossible, d'établir entre eux une ligne de démarcation et que les mêmes épithètes leur conviennent et leur sont indistinctement appliquées.

Sujets à traiter. — 1. Le beau peut-il se confondre avec l'utile et l'agréable? L'art doit-il être exclusivement l'imitation de la nature? (Sorbonne, 8 août 1873.)

2. Analyser les principaux sentiments que fait naître en nous la vue du beau. (Sorbonne, 18 juillet 1882.)

XLVI.

Quel est le sens de ces diverses expressions employées dans la théorie des beaux-arts, l'imitation, la fiction, l'idéal ? (Sorbonne, 19 juillet 1882.)

On entend par *imitation*, dans la théorie des beaux-arts, la reproduction de la réalité, la copie aussi fidèle que possible des choses telles qu'elles existent et se présentent à nous dans la nature.

La *fiction* est une conception chimérique, une combinaison de formes et d'images plus ou moins étrangère ou opposée aux lois de la nature et de la raison.

L'*idéal* est un type de beauté accompli, « *species pulchritudinis eximia quædam*, » comme dit Cicéron, une conception qui, réunissant les traits de beauté épars dans la nature, en forme un harmonieux ensemble, un tout aussi parfait que possible, « *quo nihil possit esse præstantius*, » dit encore Cicéron.

DE L'IMITATION, DE LA FICTION ET DE L'IDÉAL. 165

C'était une imitation que ces raisins du peintre Zeuxis que venaient becqueter les oiseaux; ce sont des imitations que ces sculptures qui représentent dans le bois ou la pierre, le marbre ou l'airain, des fleurs et des fruits, des animaux et des hommes; c'est une imitation des bruits harmonieux de la nature que l'on reconnaît souvent dans les soupirs et les accords de l'orgue; c'est une imitation du galop du cheval que Virgile nous donne dans ce vers célèbre :

> Quadrupedante putrem sonitu quatit ungula campum.

La Fontaine imite aussi admirablement quand il dit des chevaux de son coche :

> L'attelage suait, soufflait, était rendu.

Ce sont des fictions que ces sculptures représentant, en Assyrie les rois avec un corps de taureau et des ailes d'aigle; en Perse les griffons, animaux fabuleux qui ont le corps d'un lion, le bec et les serres d'un aigle, deux ailes et une longue queue; ce sont des fictions que ces sphinx, accroupis dans l'ancienne Égypte à la porte des temples avec un corps de lion ou de chien et une poitrine et une tête d'homme ou de femme; ce sont encore des fictions que ces ornements sculptés ou peints, connus sous le nom d'arabesques et formés par un assemblage capricieux de fleurs, de fruits, d'animaux réels ou imaginaires, de figures de toute espèce; ce sont enfin des fictions que l'outre d'Éole et les enchantements de Circé, dans Homère, que les chœurs de *Guêpes*, de *Nuées*, d'*Oiseaux*, dans Aristophane, que la description de la Renommée dans Virgile; que les métamorphoses d'hommes et d'animaux dans Ovide; que les enchantements magiques racontés dans les poèmes chevaleresques du moyen âge, dans le *Roland furieux* de l'Arioste, la *Jérusalem délivrée* du Tasse, etc.

C'est au contraire l'idéal de la grâce et de l'élégance que l'on admire dans le Parthénon; l'idéal de la majesté sereine et divine qui resplendit dans l'Apollon du Belvédère; l'idéal de l'intelligence et de la grandeur qui brille dans le Moïse de Michel-Ange; l'idéal de la grâce et de la pureté célestes qui nous ravit dans les madones de Raphaël. Lorsque Homère nous dépeint Ulysse luttant avec une habileté énergique contre la fureur des dieux, des hommes et des éléments déchaînés contre lui, il nous représente l'idéal du héros unissant la prudence à la force, la sagesse à la valeur.

> ... Quid virtus et quid sapientia possit,
> Utile proposuit nobis exemplar Ulyssem,

a dit Horace. Lorsque Corneille met en scène les immortels personnages de ses tragédies, c'est l'idéal de l'héroïsme qu'il fait vivre, pour ainsi dire, sous nos yeux; idéal de l'honneur chevaleresque dans le Cid; idéal du patriotisme dans le vieil Horace; idéal de la clémence dans Auguste ; idéal de la foi et de la charité chrétiennes volant au martyre dans Polyeucte. L'Andromaque de Racine est l'idéal de la tendresse maternelle; Iphigénie, l'idéal de la résignation filiale, Junie, Bérénice, Monime, l'idéal de la passion chaste et contenue.

L'*imitation*, la *fiction* et l'*idéal* sont donc l'âme et la vie de tous les beaux-arts, architecture, sculpture, peinture, musique et poésie; mais ils le sont à des titres fort divers et d'une manière très différente.

Ainsi l'*imitation* a son principe dans cet instinct naturel qui porte l'homme à essayer de reproduire ce qui le frappe autour de lui et à calquer ses œuvres sur celles de la nature.

La *fiction* est l'œuvre de l'imagination combinatrice, de la faculté du rêve et de la chimère, qui, prenant sur ses ailes l'artiste et le poète, les emporte dans les espaces sans bornes du caprice et de la fantaisie.

L'*idéal*, lui, est conçu par l'imagination esthétique et créatrice, par cette grande et merveilleuse faculté qui, s'inspirant des données des sens et de l'expérience, les épure, les rectifie, les transfigure et ose entreprendre de se mesurer avec la nature en produisant des œuvres dont le modèle n'existe nulle part.

Condamner les beaux-arts, comme le fait le réalisme, à n'être que l'*imitation* de la nature, c'est méconnaître leur véritable grandeur et rabaisser étrangement leur dignité : quel mérite peut-il y avoir dans des productions qui ne sont que des copies banales de la réalité? Et quel travail plus stérile que celui de calquer des œuvres essentiellement inimitables par la vie dont elles sont douées? « Si l'art est un écolier servile, il est condamné à n'être jamais qu'un écolier impuissant. »

Il ne faut donc pas enlever aux beaux-arts ce qui fait leur mérite et leur gloire, l'invention, la création. Seulement cette invention, cette création ne doit pas être l'œuvre capricieuse d'une imagination sans frein. Si une brillante fiction nous intéresse quelquefois, si, comme le dit Boileau,

> Dans un roman frivole aisément tout s'excuse :
> C'est assez qu'en courant la fiction amuse,

généralement les conceptions bizarres et chimériques de la fantaisie ne nous plaisent qu'autant qu'elles sont un symbole plus ou moins heureux de la vérité :

> Rien n'est beau que le vrai; le vrai seul est aimable.

Voilà pourquoi l'*idéal* doit animer et vivifier toutes les œuvres de l'art qui veulent être dignes de l'admiration des siècles. Voilà pourquoi Cicéron a raison de nous dire, en parlant de Phidias, que « lorsque ce grand artiste faisait une statue de Jupiter ou de Minerve, il n'avait pas sous les yeux un modèle particulier dont il s'appliquât à exprimer la ressemblance; mais qu'au fond de son âme résidait un certain type accompli de beauté, sur lequel il tenait ses regards attachés, et qui conduisait son art et sa main : « *Neque enim ille artifex (Phidias), quum faceret Jovis formam aut Minervæ, contemplabatur aliquem a quo similitudinem duceret; sed ipsius in mente insidebat species pulchritudinis eximia quædam, quam intuens, in eoque defixus, ad illius similitudinem artem et manum dirigebat.* » C'est ce procédé de Phidias que Raphaël déclare avoir suivi dans la composition de ses chefs-d'œuvre : « Comme je manque de beaux modèles, écrit-il à un ami, je me sers d'un certain idéal que je me forme dans l'esprit. » Ainsi fera tout artiste, tout poète, qui voudra que ses œuvres passent à la postérité glorieuses et immortelles.

Sujets à traiter. — 1. Quelle différence y a-t-il, dans la poésie et les beaux-arts, entre la fiction et l'idéal? (Sorbonne, 30 mars 1874.)
2. Quelles sont les différences entre les principes, les moyens et les

fins de la science, de l'art et de l'industrie? (Sorbonne, 5 novembre 1874.)

3. L'art doit-il être exclusivement l'imitation de la nature? (Faculté de Clermont, août 1881; Faculté de Bordeaux, 24 juillet 1882.)

XLVII.

L'instinct peut-il se ramener à une habitude devenue héréditaire? (Sorbonne, 12 juillet 1882.)

« Oui, » disent les philosophes de l'école évolutionniste anglaise, Darwin, Herbert Spencer, Lewes, Murphy, d'après lesquels les individus de chaque espèce vivante ayant pris à l'origine des habitudes conformes à leur nature et à leurs besoins, ces habitudes, fortifiées par le temps, se sont transmises et se transmettent de génération en génération comme le patrimoine commun de l'espèce et le legs précieux du passé.

Quelque ingénieuse que semble cette théorie sur l'origine de l'instinct, elle ne saurait résister à un examen sérieux et approfondi.

Et d'abord, si l'instinct n'était qu'une habitude héréditaire, les premiers représentants de chaque espèce animale en auraient été dépourvus : mais comment auraient-ils pu subsister, puisque l'instinct est nécessaire à la conservation de l'animal, puisque l'instinct seul lui fournit les moyens de se défendre contre ceux qui l'attaquent, de se renouveler par la nourriture, de perpétuer son espèce par la génération? Sans les instincts que nous admirons en elles et qui sont leur vie, les espèces primitives auraient péri infailliblement, au lieu de se développer par une série de progrès successifs, comme le prétendent les évolutionnistes.

N'est-il pas vrai d'ailleurs que, si l'instinct propre à chaque espèce s'était formé peu à peu par l'habitude et transmis par l'hérédité, il y aurait des traces historiques de ces développements progressifs et de ces heureuses évolutions? Or, l'histoire est muette, absolument muette sur ces transformations de l'instinct.

Elle nous le montre à l'origine des espèces aussi parfait qu'aujourd'hui : les animaux dont Aristote décrivait les mœurs il y a plus de deux mille ans ressemblaient de tout point aux animaux de la même espèce qui existent de nos jours; les abeilles, par exemple, recueillent leur miel et construisent leurs rayons ni mieux ni plus mal qu'au temps où Virgile chantait harmonieusement leurs travaux.

« Mais, diront les évolutionnistes, quand Aristote et Virgile ont écrit, les instincts des animaux étaient formés depuis des siècles; pour les voir naître, grandir et se transmettre par l'hérédité, il aurait fallu vivre à l'époque de l'origine des espèces qui se perd dans la nuit des temps. » — On peut leur répondre que cela n'est nullement nécessaire; car si les espèces avaient eu à l'origine le merveilleux pouvoir de se créer des instincts, elles l'auraient encore et nous les verrions faire aujourd'hui comme par le passé des progrès continuels, acquérir de nouvelles habitudes et les transmettre avec la vie à leurs descendants. Mais non; les espèces sont stationnaires et incapables de tout perfectionnement : Pascal fait admirablement ressortir cette immobilité de l'instinct qu'il oppose aux progrès incessants de la raison humaine : « La nature, dit-il, instruit les animaux à mesure que la nécessité les presse; mais cette science fragile se perd avec les besoins qu'ils en ont : comme ils la reçoivent sans étude, ils n'ont pas le bonheur de la conserver... Il n'en est pas de même de l'homme qui n'est produit que pour l'infinité. » Bossuet montre aussi, dans le dernier chapitre de son *Traité de la connaissance de Dieu et de soi-même*, que les animaux n'ont rien inventé, « pas une arme pour se défendre, pas un signal pour se rallier et s'entendre contre les hommes qui les font tomber dans tant de pièges ».

L'instinct est donc invariable et il semble d'autant plus difficile de le ramener à une habitude devenue héréditaire que l'histoire naturelle nous montre des espèces où il y a des différences profondes, essentielles, entre les parents et leurs descendants, v. g. entre la chenille et le papillon : comment donc les animaux peuvent-ils tenir de l'hérédité des habitudes, des besoins, des instincts absolument différents des habitudes, des besoins, des instincts de ceux auxquels ils doivent le jour?

Il faut donc voir dans l'instinct l'œuvre de la nature ou plutôt celle de la Providence. « Cet instinct ou cette sagesse, qui pense ou qui veille pour la bête, dit Fénelon, dans les choses indélibérées où elle ne pourrait ni veiller, ni penser, quand même elle serait aussi raisonnable que nous, ne peut être que la sagesse de l'ouvrier qui a fait cette machine. Qu'on ne parle donc plus d'instinct ni de nature : ces noms ne sont que de beaux noms dans la bouche de ceux qui les prononcent. Il y a dans ce qu'ils appellent nature et instinct une industrie supérieure dont l'invention humaine n'est que l'ombre. »

Sujets à traiter. — 1. Rapports et différences de l'instinct et de l'habitude. (Sorbonne, 29 juillet 1871.)

2. Au lieu de dire, comme Aristote, que l'habitude est une seconde nature, faut-il penser, comme Pascal paraît le supposer, que la nature n'est elle-même qu'une première coutume? En d'autres termes, les analogies de l'habitude et de l'instinct autorisent-elles à supposer que l'instinct n'est que le résultat de l'habitude? (Sorbonne, août 1876.)

3. Opposer par leur origine et leurs caractères l'instinct, la volonté, l'habitude. (Sorbonne, juillet 1875.)

XLVIII.

Qu'appelle-t-on instinct soit dans les animaux soit dans l'homme? Quels en sont les caractères? Comment le distingue-t-on de l'habitude et de la liberté? (Sorbonne, 17 août 1868.)

On appelle instinct dans les animaux et dans l'homme une impulsion intérieure et spontanée qui les détermine à produire certains actes sans connaissance et sans délibération.

C'est par instinct que l'abeille construit ses rayons, l'araignée ses toiles, le castor ses digues, par instinct que mes paupières se meuvent et s'agitent, par instinct que mes mains se portent en avant, quand j'ai perdu l'équilibre et que je suis sur le point de tomber.

L'instinct est la sagesse de l'animal, qui, comme Fénelon l'établit admirablement dans la première partie de son *Traité de l'existence de Dieu*, a reçu de la nature des instincts qui le portent : 1° à conserver sa vie et à la défendre contre ceux qui l'attaquent; 2° à se renouveler par la nourriture et à se procurer tous les aliments qui lui sont nécessaires; 3° enfin à perpétuer son espèce par la génération. Grâce à cette force intérieure qui le dirige à son insu, l'animal accomplit les choses les plus étonnantes, les plus merveilleuses.

Moins développé chez l'homme que chez l'animal, l'instinct n'en joue pas moins un rôle considérable dans notre vie. Il nous prend, pour ainsi dire, au berceau et nous dirige à peu près exclusivement dans nos premières années. C'est lui qui, par les inclinations naturelles et spontanées qui se manifestent invinciblement en nous, préside à l'épanouissement de notre vie physique, intellectuelle et morale. C'est lui aussi qui nous fait produire à chaque instant une foule de mouvements, les uns si rapides que la raison n'aurait pas le temps de les prévoir, les autres si fréquents qu'ils absorberaient toute l'attention de l'esprit.

L'observation psychologique a depuis longtemps constaté les grandes lois qui régissent l'instinct et les caractères essentiels qu'il présente chez l'homme et chez l'animal.

D'abord l'instinct est *aveugle* : mille faits prouvent que dans les actes instinctifs l'homme et l'animal n'ont aucune connaissance ni de leur action ni du but de leur action : les abeilles, en façonnant leurs rayons avec un art merveilleux, ne se doutent pas qu'elles construisent des figures géométriques, des hexagones d'une régularité si irréprochable qu'elles mériteraient, a-t-on dit spirituellement, d'entrer d'emblée à l'Académie des sciences, si elles avaient conscience des prodiges qu'elles accomplissent; l'enfant qui vient de naître et qui est allaité par sa mère n'a évidemment aucune idée de la faim ni de la soif, ni de l'action bienfaisante du lait; il sent le besoin, il en souffre et il l'apaise, voilà tout.

En second lieu, l'instinct est *fatal* : car les actes qu'il produit viennent d'une force qui est bien dans l'homme et dans l'animal, mais qu'ils ne dirigent pas et qui agit en eux sans eux, même malgré eux; quand je perds l'équilibre et que mes mains s'avancent aussitôt pour protéger le corps dans sa chute, c'est là un mouvement que je ne commande pas et qui s'accomplit sans aucune participation de ma volonté.

En troisième lieu, l'instinct est *infaillible* : dans les actes qui relèvent de lui l'homme et l'animal réussissent du premier coup, sans tâtonnements et sans essais préalables : l'oiseau n'a pas besoin d'étudier pour faire son nid; le carnassier n'hésite pas quand il se trouve pour la première fois en présence de la proie que la nature lui destine, et, parmi les herbes de la prairie, le ruminant sait toujours choisir celle qui lui convient; jamais, dans leurs migrations, les cailles et les hirondelles n'ont essayé plusieurs routes et ne se sont engagées dans des directions variées avant d'adopter l'une d'entre elles.

Quatrièmement, l'instinct est *invariable* : les abeilles recueillent leur miel et construisent leurs alvéoles ni mieux ni plus mal qu'au temps où Virgile chantait harmonieusement leurs travaux. Cette immobilité de l'instinct, cette absence de progrès ont été signalées par Pascal dans un passage célèbre de son opuscule *De l'autorité en matière de philosophie*, et par Bossuet dans le cinquième chapitre du *Traité de la connaissance de Dieu et de soi-même*, où il montre que les animaux n'inventent rien, parce qu'ils n'ont ni la liberté ni la réflexion qui sont les deux causes des inventions humaines.

Cinquièmement, l'instinct est *uniforme* chez tous les êtres de la même espèce : toutes les abeilles qui font des rayons les font hexagonaux; toutes les araignées qui ont la même organisation construisent les mêmes toiles.

Enfin l'instinct a pour caractère la *spécialité*. « Au lieu que la raison, comme le dit Descartes dans son *Discours de la méthode*, est un instrument universel qui peut servir en toutes sortes de rencontres, » l'instinct est une aptitude particulière et précise : l'oiseau est fait pour bâtir tel nid, et non pas un nid quelconque.

Ces caractères de l'instinct le distinguent profondément soit de l'habitude, soit de la liberté.

Ainsi d'abord l'habitude est une disposition acquise à produire certains actes, tandis que l'instinct est une disposition primitive et spontanée, qui vient de la nature et non pas de nous.

En second lieu, les instincts sont communs à toute l'espèce humaine et à tous les animaux de la même famille : les habitudes, au contraire, sont particulières à chaque individu, homme ou animal, qui les a contractées.

En troisième lieu, l'instinct est fatal et les actes qu'il produit ne nous sont pas imputables, tandis que l'habitude étant notre œuvre, nous sommes responsables des actes qui en découlent.

Enfin l'instinct est infaillible, parfait dès le premier acte : l'habitude, au contraire, naît en nous, grandit et se développe peu à peu, puis disparaît pour faire place à une autre qui grandira et disparaîtra à son tour.

On voit par là ce qu'il faut penser de la théorie de Condillac qui fait de l'instinct « une habitude privée de réflexion », comme aussi de la théorie des philosophes et des savants contemporains qui prétendent expliquer tous les instincts par des habitudes héréditaires et soutiennent que les espèces se sont transformées sous l'influence de modifications d'abord accidentelles, puis fixées par l'habitude et transmises de génération en génération.

Profondément différent de l'habitude, l'instinct l'est encore plus de la liberté.

Ainsi d'abord les actes instinctifs sont irréfléchis, inconscients et aveugles ; — les actes libres, au contraire, sont essentiellement éclairés et réfléchis : quand nous les produisons, nous avons pleine et entière conscience de leur nature et de leur valeur; cette conscience est même la condition indispensable de la liberté, qui cesse dès que l'homme n'est plus « *sui compos* ».

En second lieu, les actes instinctifs sont fatals et nécessaires : — dans les actes libres au contraire nous nous possédons pleinement nous-mêmes et la liberté n'est que le pouvoir de se déterminer par soi-même et de son propre mouvement, *per se et proprio motu*, ou bien, comme le dit Aristote, le pouvoir d'être maître de ses actes, τῶν γὰρ πράξεων κύριοί ἐσμεν.

Enfin l'instinct est commun à l'homme et à l'animal, tandis

que la liberté est le privilège exclusif de l'homme qui seul, ici-bas, tient en main son activité et la dirige à son gré.

Quoi qu'il en soit, l'instinct, l'habitude et la liberté ne sont que des formes de l'activité : l'instinct en est le premier degré; il caractérise la vie animale et règne dans l'enfant encore privé de l'usage de la raison; la liberté, qui se développe plus tard, s'élève plus haut et donne à l'homme l'indépendance et l'autonomie personnelle; vient enfin l'habitude qui est le fruit de la liberté et par laquelle nous nous créons comme une seconde nature : « Ὥσπερ γὰρ ἡ φύσις ἤδη τὸ ἦθος. »

Sujets à traiter. — 1. Qu'appelle-t-on instinct dans l'animal et dans l'homme? Quelles sont les lois de l'instinct? (Sorbonne, 3 mai 1869.)

2. Rapports et différences de l'instinct et de l'habitude. (Sorbonne, 29 juillet 1871.)

3. L'instinct n'est-il autre chose qu'une habitude héréditaire? (Sorbonne, 29 novembre 1883.)

(*Voir les sujets indiqués à la fin du devoir précédent.*)

XLIX.

Distinguer et définir les différentes sortes d'habitudes : habitudes organiques, habitudes instinctives, habitudes intellectuelles, habitudes morales. (Sorbonne, 29 juillet 1872.)

Quand une plante s'acclimate dans un pays qui n'est pas le sien, quand un animal apprend à faire ce à quoi on le dresse, quand un acrobate s'exerce à danser sur la corde, cette plante, cet animal, cet acrobate contractent des habitudes *organiques*.

Si les animaux marchent, si les hommes parlent avec tant d'aisance et de facilité, c'est grâce à des habitudes *instinctives*.

La rapidité et la sûreté avec lesquelles un mathématicien fait des calculs difficiles, un philosophe des raisonnements abstraits, un moraliste des observations fines et judicieuses, sont le fruit des habitudes *intellectuelles* qu'ils ont acquises.

La vivacité et la douceur, la bonté et la méchanceté, la sobriété et la gourmandise, toutes nos qualités et tous nos défauts, toutes nos vertus et tous nos vices, sont des habitudes *morales*.

On peut donc définir les habitudes *organiques* des dispositions acquises par un organisme vivant à se plier à telle ou telle manière d'être, à se prêter à telle ou telle action.

Les habitudes *instinctives* consistent dans l'aptitude qu'acquièrent l'homme et l'animal à accomplir avec aisance et facilité des actes inspirés par l'instinct.

Les habitudes *intellectuelles* sont les diverses manières dont chacun dirige ordinairement son esprit et ses pensées, ses facultés et ses opérations.

Les habitudes *morales* ne sont autre chose que le pli que nous imprimons à notre volonté, à notre caractère et à notre conduite.

Ces différentes sortes d'habitudes se distinguent donc par leur objet ou plutôt par les formes de l'activité auxquelles elles s'appliquent.

Les végétaux sont susceptibles, aussi bien que les animaux et les hommes, de contracter des habitudes *organiques*.

L'homme et l'animal, qui seuls ont des instincts, peuvent seuls acquérir des habitudes *instinctives*.

Il n'y a que l'homme enfin qui puisse se créer des habitudes *intellectuelles* et *morales*, parce qu'il n'y a que l'homme ici-bas qui soit doué d'intelligence et de liberté, qui ait la conscience et la pleine possession de lui-même.

Les habitudes *organiques* s'emparent des forces vitales, tantôt pour les multiplier en quelque sorte, tantôt pour les perfectionner, tantôt pour leur donner une direction autre que celle qu'elles tiennent de la nature : les organismes s'accoutument même aux substances toxiques, et on sait que Mithridate dut se donner la mort par le fer, parce que l'habitude l'avait rendu réfractaire aux poisons les plus violents.

Les habitudes *instinctives* achèvent en quelque sorte ce que la nature n'a fait que commencer par l'instinct et c'est à elles que sont dues les merveilles de dressage auxquelles on arrive avec les chiens, les chevaux, les éléphants, les singes.

Les habitudes *intellectuelles* fortifient les facultés et les opérations de l'intelligence et leur donnent une puissance, une facilité parfois étonnantes. C'est sous leur influence que se fait l'éducation des sens et que se multiplient les perceptions acquises; sous leur influence que la réflexion devient comme un besoin et une seconde nature; sous leur influence que la mémoire arrive à faire des prodiges, le jugement à acquérir une solidité, une rectitude remarquables, l'imagination une vie, une fécondité extraordinaires. Il faut reconnaître cependant que cette influence est parfois fatale à cause de la persistance qu'elle donne à certaines opinions erronées et surtout à certains travers de l'esprit.

Les habitudes *morales*, qui s'appliquent non plus à l'intelligence, mais à la volonté, ont pour objet de combler en quelque sorte la distance qui sépare la faculté de l'action, de supprimer l'effort et de substituer à la peine plus ou moins grande que nous coûtent certains actes une heureuse facilité à les accomplir. Bonnes, ces habitudes sont la gloire de l'homme; car il n'y a rien de plus beau pour lui que ce penchant qui le porte toujours vers le bien, comme l'aiguille aimantée se tourne toujours vers le nord. Mais aussi quand les habitudes sont mauvaises, elles font tristement déchoir l'être libre et le ravalent au niveau de la brute. La perversité acquise est le dernier châtiment du vice et le plus grand des malheurs : « *Tunc autem*, dit Sénèque, *est consummata infelicitas, ubi turpia non solum delectant, sed etiam placent, et desinit esse remedio locus, ubi quæ fuerunt vitia mores sunt.* »

Les habitudes *organiques, instinctives, intellectuelles* et *morales* diffèrent donc par leur objet et leur rôle; mais elles se ressemblent et par leur nature et par leur origine : par leur nature, puisqu'elles consistent toutes dans des dispositions acquises, qui constituent en nous « comme une seconde nature », suivant le mot d'Aristote : « Ὥσπερ ἡ φύσις τὸ ἦθος » ; par leur origine, puisque toutes aussi proviennent ou d'une situation prolongée qui nous familiarise avec certaines choses, ou de la répétition fréquente des mêmes actes, qui en rend l'exécution plus facile et plus sûre.

Sujets à traiter. — 1. Qu'est-ce que l'habitude? Quelles en sont les principales lois? (Sorbonne, 12 mai 1870, 14 novembre 1874.)

2. Influence de l'habitude sur le développement intellectuel et moral de l'homme. (Sorbonne, 5 août 1867.)

3. De l'influence de l'habitude sur la sensibilité et l'intelligence. (Sorbonne, avril 1876.)

4. De l'habitude; son origine, ses effets. (Faculté de Toulouse.)

5. De l'habitude dans la vie intellectuelle. (Faculté de Toulouse.)

L.

Analyser le phénomène de la résolution volontaire.
(Sorbonne, 4 novembre 1871.)

Pour bien se rendre compte des circonstances qui précèdent et qui accompagnent le phénomène de la résolution volontaire et distinguer l'acte libre de tout ce qui n'est pas lui, il faut prendre un exemple.

On a confié un secret à mon honneur; je puis en le trahissant perdre mon ennemi le plus acharné : voilà un *but*, la satisfaction de ma haine; un *moyen*, la révélation du secret confié.

J'ai parfaitement conscience que je suis maître de parler tout aussi bien que de me taire, qu'il ne dépend que de moi de me venger de mon ennemi ou de garder la parole donnée; je me *possède* pleinement moi-même et je me sens libre d'agir comme il me plaira.

Dans cette parfaite possession de moi-même, je me sens sollicité par des *motifs* divers : d'un côté, c'est le devoir, l'honneur, le plaisir de me montrer généreux; de l'autre, c'est la haine, le désir de la vengeance, le besoin de me débarrasser d'un ennemi dangereux.

Je compare ces divers motifs, je les pèse, je les discute; je *délibère*, en un mot, pour savoir s'il ne vaut pas mieux écouter la voix sacrée de l'honneur que les sollicitations égoïstes et aveugles de la passion.

Enfin je me *décide* et je me dis : « Que mon ennemi vive : je garderai mon secret! »

Il ne me reste plus qu'à *exécuter* ma résolution et à garder le silence dans toutes les occasions où je serais tenté de parler.

Il y a donc dans la résolution volontaire : 1° la conception d'un *but* et des *moyens* de l'atteindre; 2° le sentiment de la *possession de soi-même*; 3° l'action des *motifs*; 4° la *délibération*; 5° la détermination ou *résolution*; 6° enfin l'action ou l'*exécution* de la résolution.

Corneille nous présente le tableau complet de ces faits moraux, lorsqu'il nous peint, dans *le Cid*, Rodrigue en proie à une cruelle perplexité et se demandant si, pour venger son père, il ira se battre en duel contre le père de Chimène : voilà un *but* et un *moyen* d'y arriver.

Voici l'énumération des *motifs* dans la bouche du jeune héros :

> Contre mon propre honneur mon amour s'intéresse;
> L'un m'anime le cœur, l'autre retient mon bras!

Voici maintenant la *délibération* :

> Faut-il laisser un affront impuni?
> Faut-il punir le père de Chimène?

La *détermination* vient ensuite :

> Je m'accuse de trop de négligence :
> Courons à la vengeance!

Rodrigue n'a plus qu'à *exécuter* cette résolution et il le fait héroïquement :

> A moi, comte, deux mots! »

La *conception d'un but et des moyens* de l'atteindre est un acte d'intelligence, un acte que la raison réclame tout entier.

Le sentiment de la *possession de soi-même* est encore un phénomène intellectuel, un acte de la conscience nous attestant notre liberté morale. « Il y a sans doute pour les différents individus et pour le même individu suivant l'âge, l'éducation et les circonstances, des degrés innombrables dans cette possession de soi-même qui mesure en chacun la faiblesse ou la fermeté du caractère; mais tout homme, même le plus ignorant, hors le cas d'idiotisme et de folie, est susceptible de prendre conscience de soi, de se posséder, et par suite, capable de volonté, de mérite et de vertu. » (Labbé.)

Parmi les *motifs* qui agissent sur nous, les uns viennent du cœur, comme la passion, l'intérêt; les autres ont leur source dans l'intelligence et la raison, comme le devoir, l'honneur.

La *délibération* est l'œuvre du jugement qui pèse la valeur des motifs et discute le pour et le contre.

Vient ensuite le choix, la préférence, la décision, la *détermination* : voilà l'acte libre, l'acte de la volonté, l'acte qui n'appartient qu'à elle et dont elle est maîtresse souveraine. C'est par là que se manifeste la force, l'énergie volontaire et que l'homme affirme sa puissance et sa personnalité.

« Quant à l'*exécution*, qui suit d'ordinaire la résolution, elle ne fait point partie du phénomène volontaire, car elle dépend autant des circonstances extérieures que du moi lui-même. » Il faut cependant rapporter à la volonté l'effort que nous faisons soit pour mettre en mouvement nos membres et nos organes, soit pour agir sur la matière et produire des changements dans les choses qui nous environnent. Cet effort n'est pas toujours heureux; mais cet insuccès physique, ce manque d'exécution n'ôte rien à la volonté libre, ni par conséquent à la responsabilité de l'agent moral.

Les diverses circonstances de la résolution volontaire que nous venons de signaler ne se présentent pas toujours avec le même éclat que dans les exemples précédents. Parfois même la détermination est si prompte qu'il n'y a pas place pour la *délibération* : quand le chevalier d'Assas, sous les baïonnettes hanovriennes, s'écriait : « A moi, d'Auvergne! » il n'avait pas pris le temps de peser tous les motifs de son action. Mais la promptitude avec laquelle s'accomplissent ces dévouements héroïques, loin d'en diminuer la valeur morale, en augmente la beauté : car ces actes résument toute une vie et l'absence d'hésitation, dans laquelle il faut voir un heureux effet de l'habitude de faire le bien, offre une lointaine image de la puissance absolue de Dieu, de l'acte pur et exempt d'incertitude de sa volonté souverainement libre et bonne.

Sujets à traiter *avec les éléments fournis par ce devoir :*
1. Examiner le phénomène de la résolution volontaire. (Sorbonne, 25 novembre 1869 ; Faculté de Toulouse, juillet 1874.)
2. Théorie de la volonté. (Sorbonne, 3 novembre 1879.)
3. Exposer le fait psychologique de la délibération. En tirer les conséquences. (Sorbonne, juillet 1875.)
4. Du rôle de l'intelligence dans les phénomènes volontaires. Pourrait-il y avoir volonté sans raison ? (Sorbonne, 3 août 1868).
5. Apprécier la théorie psychologique de Bossuet qui classe la volonté parmi les opérations intellectuelles. (Sorbonne, 9 août 1867.)
6. Y a-t-il des degrés dans la liberté morale ? S'il y en a, en donner l'explication. (Sorbonne, 27 octobre 1882.)
7. Énumérer et expliquer les différents sens du mot liberté. (Sorbonne, 30 juillet 1873.)
8. Définir et distinguer : 1° la liberté d'action ; 2° la liberté civile et politique ; 3° la liberté morale. (Sorbonne, 17 mars 1874.)
9. Décrire le phénomène de la volonté ; principales circonstances ; donner surtout les preuves de la liberté. (Faculté de Toulouse.)

LI.

Distinction du désir et de la volonté.
(Sorbonne, 3 août 1866.)

Le *désir* et la *volonté* ont été souvent confondus par les philosophes : ainsi, d'après Hobbes, « l'on nomme délibération les désirs et les craintes qui se succèdent les uns aux autres ; dans la délibération, le dernier désir ainsi que la dernière crainte s'appelle volonté ». Malebranche appelle volonté « la faculté de recevoir plusieurs inclinations, d'aimer et de désirer ». « On entend par volonté, dit Condillac, un désir absolu et tel que nous pensons qu'une chose désirée est en notre pouvoir. Leibnitz dit aussi que « le désir n'est qu'une manière de velléité par rapport à une volonté plus complète ».

Cette confusion du *désir* et de la *volonté* entraîne en morale les conséquences funestes qui découlent du fatalisme : aussi a-t-elle été vivement combattue par Locke, Maine de Biran, V. Cousin, et il est vrai de dire avec ces philosophes que le *désir* la volonté sont des phénomènes si profondément distincts qu'il est absurde de vouloir les identifier.

En effet, le *désir* nous apparaît comme une aspiration, un élan spontané de l'âme vers certains objets qu'elle aime et dont elle convoite la possession et la jouissance : le désir du vrai nous porte vers la science, le désir de la gloire vers les grandes et belles choses qui la procurent, le désir du bonheur vers l'idéal dans lequel nous plaçons la félicité. — La *volonté*, elle, est le pouvoir de se déterminer par soi-même et de son propre mouvement, *per se et proprio motu,* ou le pouvoir d'être maître de ses actes : τῶν γὰρ πραξεῶν κύριοι ἐσμεν, dit Aristote. On m'a confié un secret : je puis en le trahissant perdre mon ennemi le plus acharné ; je me décide à garder fidèlement le silence, tout en ayant conscience qu'il ne dépendrait que de moi de parler : voilà une décision, une résolution volontaire ou libre.

Ainsi le *désir* est fatal : il naît en nous sans nous, même malgré nous ; il s'élève ou tombe, s'accroît ou diminue sans aucune intervention de notre volonté ; on ne désire pas et on ne cesse pas de désirer à son gré. C'est instinctivement, c'est invinciblement, pour ainsi dire, que nous désirons le vrai, le beau, le bien, les honneurs, la gloire, la félicité. Nous pouvons bien, il est vrai, réagir contre ces élans spontanés de la nature, et non seulement nous le pouvons, mais souvent nous le devons. Toutefois il faut reconnaître que nos désirs sont originairement involontaires et que leur caractère primitif et essentiel est la fatalité. — La *volonté*, au contraire, est parfaitement libre et maîtresse d'elle-même : quand elle se détermine, elle sait à n'en pas douter qu'elle n'obéit à aucune force étrangère, à aucune nécessité invincible et qu'il ne dépend que d'elle de vouloir ou de ne pas vouloir ; elle règne en souveraine sur ses décisions et peut dire dans sa parfaite indépendance :

Sic volo, sic jubeo : sit pro ratione voluntas. (JUVÉNAL.)

Un exemple nous fera mieux comprendre cette opposition du *désir* et de la *volonté* : si l'on m'outrage, je sens aussitôt naître au fond de mon cœur un vif *désir* de vengeance ; ce désir se produit spontanément, fatalement, sans qu'il dépende de moi de l'empêcher. Mais ma *volonté* n'est-elle pas libre de le réprimer ou de le satisfaire? Ne puis-je pas dire en moi-même : « Ma seule vengeance, ce sera le pardon? » Si certes, et c'est même là un beau triomphe pour la liberté.

Ce qui montre encore, au dire de Locke, que la *volonté* est distincte du *désir*, c'est que, dans la même action, « le désir peut avoir un but tout à fait différent de celui où nous porte la volonté ». Ainsi un homme qui a une violente attaque de goutte désire naturellement en être soulagé; cependant si la douleur de la goutte le délivre d'une douleur plus grande, sa volonté le portera à ne rien faire contre la goutte. (*Essai sur l'entendement humain*; liv. II, ch. XXI.)

Si le *désir* et la *volonté* étaient la même chose, les désirs les plus violents seraient les actes les plus volontaires : or, c'est le contraire qui a lieu; plus un désir est ardent, moins il est libre et volontaire. « Le désir est si peu la volonté, dit M. Cousin, que souvent il l'abolit et arrache à l'homme des actes ou plutôt des mouvements qu'il ne s'impute pas parce qu'ils ne sont pas volontaires. » (*Du vrai, du beau et du bien* : dix-huitième leçon.)

Enfin l'expérience nous apprend que le *désir* et la *volonté* sont tellement distincts qu'on les voit presque continuellement en lutte au fond du cœur humain. C'est cette lutte dont parlait le poète quand il disait :

>..... Video meliora, proboque;
> Deteriora sequor.   (OVIDE.)

C'est cette lutte que décrivait Racine :

> Mon Dieu! quelle guerre cruelle!
> Je trouve deux hommes en moi!

« Ah! que je connais bien ces deux hommes, » pouvons-nous tous dire avec Louis XIV. C'est cette lutte enfin que l'antiquité nous a représentée sous le voile d'une allégorie célèbre : Hercule au sortir de l'adolescence, à cet âge où les désirs frémissants voudraient gouverner la vie, se retira dans la solitude et vit se présenter à lui deux femmes d'une beauté surhumaine, la Volupté et la Vertu; la première cherchait à le séduire en lui montrant les plaisirs et les joies d'une vie oisive, au sein de la mollesse; la seconde lui tenait un langage plus austère et lui parlait de la gloire qui ne s'achète que par de difficiles et généreux efforts. Qui ne reconnaît sa propre histoire dans cet apologue de Prodicus? qui ne voit dans cet antagonisme de la volupté et de la vertu la lutte incessante du *désir* et de la *volonté* au fond de nos consciences? « *Sæpe aliud volumus, aliud optamus,* » dit Sénèque; autres sont nos désirs, autres nos résolutions volontaires : heureux seulement quand c'est la *volonté* qui triomphe et règne en souveraine; malheureux, au contraire, quand c'est le *désir* qui l'emporte et nous impose la satisfaction de ses mille caprices.

Sujets à traiter *avec les éléments fournis par ce devoir.* —
1. Montrer en quoi la volonté diffère du désir. (Sorbonne, 25 octobre 1877.)
2. Définir et distinguer l'un de l'autre le désir et la volonté. Importance de cette distinction. (Sorbonne, 24 août 1879.)

LII.

Des divers phénomènes moraux par lesquels se manifeste la croyance universelle des hommes à l'existence du libre arbitre. (Sorbonne, 27 août 1867 et 28 novembre 1868.)

Tous les hommes croient qu'ils sont libres et véritablement maîtres de leurs actes, qu'ils ont le pouvoir de se déterminer par eux-mêmes et de leur propre mouvement, *per se et proprio motu*, et que leur volonté n'est pas le jouet d'une force aveugle et d'un invincible destin. Cette croyance universelle se manifeste et par les *idées* morales communes à tous les peuples, et par les *sentiments* que tous les hommes éprouvent à l'occasion de leur conduite et de la conduite d'autrui, et par un grand nombre de *faits moraux* qui se produisent toujours et partout.

Ainsi d'abord tous les hommes ont les *idées* de *bien* et de *mal*, d'*obligation* et de *devoir*, de *responsabilité*, de *mérite* et de *démérite*, de *récompense* et de *châtiment*: or, ces idées qui sont le fondement de l'ordre moral, ne s'expliquent et ne se comprennent qu'autant que nous sommes libres. — Il n'y aurait pas plus de *bien* et de *mal* pour l'être qui agirait sous l'impulsion d'une invincible nécessité qu'il n'y en a pour la pierre qui tombe ou l'eau qui coule d'après les lois fatales de la nature. — L'*obligation*, le *devoir*, la loi morale ne s'imposent et ne peuvent s'imposer qu'à une volonté libre et maîtresse d'elle-même; car, comme l'affirme Kant dans sa *Critique de la raison pratique*, il est *inutile* de dire : Fais cela, à quelqu'un qui serait contraint de le faire par une nécessité irrésistible, et il est *absurde* de le dire à quelqu'un qui serait empêché de le faire par la même nécessité. — Ne serait-il pas puéril de se croire *responsable* d'une action dont on ne serait pas l'auteur, de s'attribuer quelque *mérite* ou quelque *démérite* pour des œuvres qu'on aurait accomplies nécessairement, fatalement, comme l'instrument d'une force supérieure? « Que Néron à la vue de Rome incendiée chante l'embrasement de Troie, ou que saint Louis rende la justice sous le chêne de Vincennes : l'un et l'autre ne font que remplir leur inévitable destinée... Que Titus soit les délices du genre humain et que Caligula en soit l'effroi, ce sont deux anneaux également nécessaires de la chaîne des êtres : l'un est de fer et l'autre est d'or, si l'on veut, mais voilà tout. » — Le *châtiment* et la *récompense* appliqués à des êtres qui ne seraient pas libres nous apparaîtraient comme une iniquité révoltante, et le coupable, comparaissant devant ses juges, serait autorisé à leur dire : « J'ai tué mon semblable aussi nécessairement que vous êtes les vengeurs de sa mort; j'ai dû être le tigre qui dévore sa proie et vous avez dû être le chasseur qui le poursuit : vous êtes plus heureux que moi, mais je ne suis pas plus coupable que vous. » La conscience du genre humain proteste contre ces assertions impies, et elle croit à la justice du châtiment et de la récompense, parce qu'elle croit à l'existence du libre arbitre.

Si les *idées morales* témoignent en faveur de cette croyance universelle, elle ressort aussi des *sentiments* que les hommes éprouvent à la suite des jugements qu'ils portent soit sur leur conduite soit sur celle d'autrui. — Ils ressentent tous, en effet après avoir fait leur devoir, une *satisfaction*, une joie pure, profonde, sereine, incomparable; tous aussi, après avoir fait le mal, ils souffrent de cette souffrance secrète et amère qui empoisonne les joies coupables et qu'on appelle le *remords;* mais s'ils ne se croyaient pas, s'ils ne se sentaient pas libres, auraient-ils le droit de se féliciter d'un bien dont ils ne seraient pas les auteurs? auraient-ils raison de se reprocher un mal qui ne serait pas leur œuvre? — Tous les hommes encore professent de l'*estime*, de l'*admiration* pour la vertu et l'héroïsme, tandis qu'ils ont des sentiments de *mépris* et d'*indignation* pour le vice et pour le crime; mais tous ces sentiments n'existeraient point si les hommes ne croyaient pas que leurs semblables sont libres : supposons-les soumis à une force aveugle, il n'y aura plus de louange ni de blâme, plus d'admiration ni de mépris; il faudra absoudre les tyrans et dégrader les héros.

La croyance au libre arbitre, impliquée dans les idées et les sentiments les plus familiers au genre humain, l'est aussi dans certains *faits moraux* qu'on voit se produire toujours et partout; ces faits sont les *conseils et les exhortations*, les *menaces et les prières*, les *délibérations* et les *promesses*, les *lois* et l'*éducation :* tout autant de choses ridicules et insensées, si les hommes ne sont pas libres. — A quoi bon *conseiller, exhorter, menacer, prier,* conjurer des êtres dont les résolutions seraient arrêtées d'avance et irrévocablement arrêtées? — A quoi bon dépenser tant d'éloquence dans les assemblées *délibérantes* pour influencer des votes nécessairement acquis à telle ou telle opinion? — A quoi bon instituer des *lois* pour des hommes qui ne pourraient qu'obéir aux ordres immuables du destin? — A quoi bon faire de généreux efforts pour *élever*, au vrai sens de ce mot, les jeunes générations, si les hommes naissaient tous vicieux ou vertueux? — « Déchirez donc vos codes, faudrait-il dire à nos semblables; supprimez vos tribunaux, renvoyez vos juges et n'essayez pas de violenter le cours fatal des choses! » — Mais non : le genre humain garde ses mœurs, ses lois, ses tribunaux, ses institutions sociales, comme il garde ses idées et ses sentiments moraux, témoignant ainsi de son invincible croyance au libre arbitre.

Sujets à traiter *avec les éléments fournis par ce devoir.* —
1. Prouver que l'âme de l'homme est libre. (Faculté de Toulouse.)
2. Décrire le phénomène de la liberté; principales circonstances; donner surtout les preuves de la liberté. (Faculté de Toulouse.) !
3. Montrer combien la connaissance de l'activité libre est importante pour les sciences morales. (Sorbonne, 20 mars 1872.)

(*Voir à la fin des dissertations précédentes* (50 et 51) *ainsi que de la suivante* (53).

LIII.

Distinguer le fatalisme et le déterminisme. Réfuter ces deux systèmes. (Sorbonne, novembre 1876.)

Le *fatalisme* est tout système qui nie absolument la liberté morale et rapporte toutes choses à une invincible nécessité : nécessité de l'immuable Destin dont parlaient le stoïcisme et les religions antiques, nécessité du *Fatum mahumetanum*, nécessité géométrique ou métaphysique de Spinoza, nécessité des décrets éternels de la prédestination divine telle que l'entendent les Calvinistes et les Jansénistes.

Le *déterminisme* est la doctrine de ceux qui prétendent que la volonté, en se déterminant, cède à l'influence des motifs et d'un enchaînement de causes et d'effets, de circonstances et d'événements contre lesquels elle ne peut réagir. « Tout fait, disent les déterministes, a sa cause dans des faits antérieurs : ainsi en est-il de nos déterminations. Elles n'arrivent jamais sans *raison suffisante* et l'âme n'agit pas sans motif : si un seul motif se présente à elle, elle se détermine nécessairement en sa faveur; si plusieurs motifs la sollicitent à la fois, c'est toujours le plus fort qui l'emporte, sans qu'elle puisse résister à son influence déterminante : il en est de l'âme comme d'une balance qui penche toujours du côté du plateau le plus chargé. « L'homme, dit Leibnitz, est un automate spirituel. »

Ainsi donc, au lieu que le *fatalisme* est la négation pure et simple du libre arbitre, le *déterminisme* n'attaque pas directement la liberté morale, et il prétend sauvegarder la spontanéité de l'âme en disant qu'elle trouve en elle-même, dans ses inclinations, dans ses penchants, dans sa nature morale, en un mot, le principe de ses déterminations. « La liaison des causes avec les effets, dit Leibnitz, loin de causer une fatalité insupportable, fournirait plutôt un moyen de la lever. »

En second lieu, le *fatalisme*, s'il veut être conséquent avec lui-même, condamne l'homme à l'inertie, puisqu'il n'y a rien à faire contre la destinée : ce qui doit arriver arrivera nécessairement, qu'on le veuille ou qu'on ne le veuille pas. « *Ducunt volentem fata, nolentem trahunt,* » disaient les Stoïciens. — Le *déterminisme*, au contraire, laisse à l'homme toute son initiative : il lui dit que rien n'arrivera sans raison suffisante, que les effets seront proportionnés aux causes posées et que, s'il veut une fin, il faudra qu'il prenne les moyens pour y arriver.

Le *fatalisme*, et le *déterminisme* sont donc deux systèmes différents. Toutefois cette différence est plus apparente que réelle : car si l'influence des motifs dont parlent les déterministes, est nécessitante, si la volonté ne peut s'affranchir de leur empire, que devient le libre arbitre? Il disparaît devant une nécessité, psychologique et interne, il est vrai, mais aussi invincible que la nécessité extérieure à laquelle nous soumettent les fatalistes. Le déterminisme aboutit aux mêmes conséquences que le fatalisme ou plutôt il n'est qu'un fatalisme déguisé. Aussi la saine philosophie condamne-t-elle également ces deux systèmes.

Elle invoque d'abord contre le *fatalisme* le témoignage de la conscience qui nous dit à tous que nous sommes libres, parfaitement libres et maîtres de nos actions, que nous avons le pouvoir de nous déterminer par nous-mêmes et de notre propre mouvement. « Nous savons, dit un philosophe ancien, le cynique OEnomaüs, nous savons que nous sommes libres, avec autant de certitude que nous savons que nous existons. » « Que chacun de nous, dit Bossuet, s'écoute et se consulte lui-même, il sentira qu'il est libre comme il sentira qu'il est raisonnable. »

Ce sentiment de notre liberté, nous l'éprouvons *avant, pendant* et *après* nos déterminations. — « *Avant* de prendre un parti, dit encore Bossuet, on raisonne en soi-même, on délibère, et qui délibère sent que c'est à lui de choisir. » — *Pen-*

dant nos déterminations, nous avons conscience que nous nous possédons pleinement nous-mêmes; nous sentons que, si nous prenons un parti, c'est que nous le voulons bien et qu'il ne dépendrait que de nous de prendre un parti opposé. — Enfin, *après* nos déterminations, nous nous croyons responsables : « La notion si claire de nos fautes, dit Bossuet, est une marque certaine de la liberté que nous avons eue de les commettre. »

L'existence du libre arbitre est donc un fait d'une évidence éclatante. « Il y a liberté morale, dit le père Gratry, parce que je la sens et la touche et l'exerce à chaque instant du jour. C'est un fait que je vois; je l'ai vu mille fois :

> Je l'ai vu, dis-je, vu, de mes propres yeux vu,
> Ce qu'on appelle vu. »

Aussi semble-t-il qu'on devrait appliquer à ceux qui nient le libre arbitre ce que Fénelon dit des panthéistes : « C'est une secte non de philosophes, mais de menteurs. »

Le *fatalisme*, d'ailleurs, s'il veut être logique, aboutit aux plus dangereuses conséquences. — « Si les hommes ne sont pas libres dans ce qu'ils font de bien ou de mal, dit Fénelon, le bien n'est plus bien, le mal n'est plus mal! Si une nécessité inévitable et invincible nous fait vouloir tout ce que nous voulons, notre volonté n'est pas plus responsable de son vouloir qu'un ressort de machine n'est responsable du mouvement qui lui est inévitablement et invinciblement imprimé. Encore une fois, ôtez la liberté, vous ne laissez sur la terre ni vice, ni vertu, ni mérite; les récompenses sont ridicules et les châtiments sont injustes et odieux. » — S'il n'y a plus ni mérite ni démérite, que devient le dogme de la vie future, que devient la consolante espérance de l'immortalité? — Que devient la société elle-même? Une arène sanglante où luttent des passions sans frein et sans loi, où le faible est opprimé, écrasé par le puissant, comme dans la mer « les petits poissons sont dévorés par les gros ». (Spinoza.) — Négation de toute moralité, négation de la vie future, bouleversement complet de la société, telles sont les conséquences rigoureuses du fatalisme. S'il est vrai qu'on doit juger d'un arbre par ses fruits, d'une doctrine par ses résultats, « *à fructibus eorum cognoscetis eos,* » que penser d'un système d'où découlent logiquement les plus monstrueuses erreurs ?

Ces erreurs découlent aussi du *déterminisme,* quoique les partisans de ce système soient les premiers à les désavouer. Ils devraient donc reconnaître les dangers de leur doctrine, qui est d'ailleurs condamnée par l'expérience et l'observation psychologique.

Il est très vrai de dire avec les déterministes que l'âme n'agit pas sans motif, quoique les partisans de la théorie de la *liberté d'indifférence* enseignent le contraire ; mais il faut bien se garder de soutenir que les motifs ont une vertu, une influence nécessitante, qui fait de nous « des automates spirituels ».

La conscience, en effet, nous dit à tous que la liberté porte en elle-même le principe de ses déterminations ; elle se décide, elle se résout parce qu'elle le veut et non parce que les motifs l'y contraignent ; elle se détermine dans son autonomie, dans son indépendance, dans sa souveraineté parfaite et semble dire :

Sic volo, sic jubeo, sit pro ratione voluntas.

N'est-il pas vrai d'ailleurs qu'en nous prononçant en faveur d'un motif nous sentons invinciblement qu'il ne dépendrait que de nous de nous décider en faveur du motif opposé ? — N'est-il pas vrai encore que le motif le plus fort n'est tel qu'après la détermination et par la détermination, et que, s'il semble l'emporter alors sur les autres, c'est que la volonté l'a rendu prédominant par son adhésion consciente et libre ? — N'est-il pas vrai enfin que nous nous rendons souvent au motif le plus faible et que tous les hommes peuvent dire comme la Médée d'Ovide :

..... Video meliora, proboque ;
Deteriora sequor.

Quant à la comparaison par laquelle les déterministes assimilent la liberté à une balance et les motifs à des poids inégaux, elle semble tout à fait inexacte ; car une balance est purement passive, tandis que la liberté et une force essentiellement active. — De plus, les motifs sont d'ordres trop divers pour pouvoir être

11.

comparés comme des poids : ils n'ont pas de commune mesure.

Enfin, si l'influence des motifs était nécessitante, plus nos actions seraient fortement motivées et plus elles nous paraîtraient fatales; moins, au contraire, elles seraient raisonnées et plus nous les jugerions volontaires et libres. Or, c'est tout le contraire qui a lieu : que nous fassions une action soudaine, imprévue, réfléchie, sans en peser les motifs, c'est à peine si nous nous en croyons responsables; quand nous agissons, au contraire, après y avoir mûrement réfléchi, notre action nous paraît souverainement libre. Si donc le maximum de la liberté est atteint quand les motifs exercent le mieux leur action, il faut en conclure que cette action laisse intacte la puissance de détermination qui constitue la liberté.

« Mais, diront les déterministes, un homme raisonnable sera porté par des motifs tirés de sa raison à agir raisonnablement et la sagesse de ses pensées décidera la sagesse de sa conduite. » Sans doute; mais cette influence de la raison sollicite sans contraindre, sans nécessiter. Un avis donné par un ami dans une circonstance délicate ne nous enlève pas l'usage de notre liberté : eh bien, il en est des avis que nous nous donnons nous-mêmes comme des avis que nous donnent les autres; ils nous éclairent, mais ne nous déterminent pas.

Sujets à traiter *avec les éléments fournis par ce devoir.* —
1. Qu'est-ce que le fatalisme? Cette doctrine peut-elle se concilier avec la responsabilité morale? (Sorbonne, 26 juillet 1873.)

2. La volonté peut-elle être comparée à une balance qui penche du côté le plus lourd? (Sorbonne, 21 août 1866.)

3. On oppose souvent à la liberté la nécessité où nous sommes d'agir conformément à notre caractère. Cette objection est-elle irréfutable? Comment peut-on y répondre? (Sorbonne, 24 nov. 1877, 17 avril 1878.)

4. Le principe rationnel qui veut que tout ait sa raison d'être est-il en contradiction, comme on l'a quelquefois soutenu, avec la libre détermination de la volonté? (Sorbonne, 23 mars 1874.)

5. Qu'appelle-on liberté d'indifférence? (Sorbonne, 28 mars 1874.)

6. Qu'appelle-t-on liberté d'indifférence? L'influence des motifs sur la volonté constitue-t-elle une objection valable contre la liberté? (Sorbonne, 14 août 1872.)

7. La liberté morale peut-elle s'accorder avec le matérialisme? (Sorbonne, 25 mars 1879.)

8. Comment a-t-on essayé de concilier la prescience divine avec la liberté humaine ? (Sorbonne, 7 novembre 1873.)

9. Réfuter les objections des matérialistes contre la liberté. (Faculté de Toulouse.)

10. Établir la thèse de la liberté et réfuter les objections des fatalistes. (Faculté de Toulouse.)

LIV.

Qu'entend-on par signes ? Des différentes classes de signes, selon qu'elles correspondent aux différentes modifications de l'âme : nos besoins, nos désirs, nos idées. Donner des exemples. (Sorbonne, 8 août 1868.)

On entend par *signe*, dans le sens le plus général et le plus large, tout phénomène ou tout objet présent ou sensible, qui éveille en nous l'idée d'un autre phénomène, d'un autre objet absent ou inaccessible à nos sens : ainsi la fumée est le signe du feu, l'éclair le signe de l'orage, la verdure le signe du printemps, telle œuvre d'art le signe du progrès ou de la décadence des mœurs ; tout est signe en ce monde, car tout parle à l'intelligence et provoque en elle des idées ou des souvenirs.

Dans un sens plus restreint, les *signes* sont les phénomènes sensibles par lesquels l'homme traduit au dehors, volontairement ou involontairement, les différentes modifications de son âme. Intelligence revêtue d'une enveloppe matérielle, il aurait beau avoir des sentiments et des pensées ; ces sentiments et ces pensées demeureraient inaccessibles dans le sanctuaire de la conscience, s'il n'avait dans les signes un moyen aussi simple qu'efficace de les manifester au dehors et d'entrer en communication avec ses semblables.

Mais si les *signes* sont tous des moyens d'expression, ils n'expriment pas tous indifféremment les mêmes phénomènes psychologiques : de là différentes classes de *signes* que l'on détermine d'après les différentes modifications de l'âme auxquelles ils correspondent.

Ainsi d'abord il y a une première classe de signes qui servent plus spécialement à traduire nos besoins, c'est-à-dire les appétits naturels et instinctifs qui ont pour objet la conservation et le développement de notre vie physique, comme la faim, la soif, le besoin de sommeil, et nos désirs, c'est-à-dire les aspirations, les élans spontanés de notre âme vers le vrai, le beau, le bien, les honneurs, la gloire, etc. Ce sont les *signes naturels*, que l'homme emploie instinctivement et comprend sans autre maître que la nature et qui par là même sont universels, fixes, permanents et immuables.

De ces signes les uns s'adressent à l'ouïe et les autres à la vue.

Ceux qui s'adressent à l'ouïe sont les sons inarticulés, les soupirs, les cris que l'enfant fait entendre dès qu'il vient au monde et que nous poussons tous instinctivement dans certaines circonstance critiques : ces signes révèlent clairement à nos semblables nos besoins, nos désirs, et tout le monde comprend les cris aigus, vibrants, déchirants, arrachés par la colère, la douleur, l'épouvante.

Les signes naturels qui s'adressent à la vue sont l'attitude, le geste, le jeu de la physionomie et du regard.

L'attitude, *habitus corporis*, comme disaient les anciens, exprime fort bien la menace et la prière, l'espérance et la crainte, l'orgueil et la joie.

Le geste est encore plus expressif et c'est par les mouvements des bras et surtout des mains que nous manifestons ordinairement nos besoins et nos désirs et que nous pouvons le mieux appeler, repousser, prier et menacer.

La physionomie est le miroir de l'âme; tout parle dans le visage, sa rougeur, sa pâleur, le froncement des sourcils, le plissement des lèvres et surtout le rire et les larmes, interprètes si éloquents de la joie et de la douleur.

Le regard enfin est le signe le plus expressif des émotions de l'âme et on peut lire dans les yeux de chacun les sentiments, les intérêts, les passions qui l'agitent.

Tous ces *signes naturels*, excellents pour traduire les phénomènes de sensibilité et de volonté, parce qu'ils expriment instantanément, simultanément toute une situation et qu'ils forment ce que Cicéron appelle « l'éloquence du corps », sont presque impuissants à exprimer nos pensées, et c'est d'une autre classe de signes, des signes *artificiels* et *conventionnels*, et en particulier des sons articulés, de la parole, que nous nous servons pour traduire nos idées.

Oui, la parole est avant tout le langage de l'intelligence et de la pensée : non pas qu'elle ne puisse point être un interprète fidèle de tous les phénomènes de l'âme; mais elle n'exprime les actes de volonté et les faits de sensibilité qu'autant que notre esprit les a revêtus d'abord d'une forme intellectuelle et les a convertis en jugements afin de pouvoir les traduire par des propositions. Essentiellement analytique, la parole présente les éléments de la pensée dans un ordre successif et méthodique, nous permet ainsi de la communiquer à nos semblables et sert même à la former, à la rendre claire et précise. « *Ipsa ratio*, dit Quintilien, *neque tàm nos juvaret, neque tàm esset in nobis manifesta, nisi quæ concepissemus mente promere etiam loquendo possemus.* »

Cependant la parole est essentiellement fugitive et la pensée qu'elle exprime s'évanouirait avec les sons qui frappent nos oreilles, s'il n'y avait des signes destinés à la fixer. Ces signes fixes et permanents dont l'homme se sert pour représenter ses idées constituent l'*écriture*.

On distingue deux principales espèces d'écriture : l'écriture *idéographique*, qui représente directement les idées, et l'écriture *phonétique* ou *phonographique*, qui représente directement les sons, les mots et indirectement les idées.

L'écriture *idéographique* elle-même est *imitative*, *symbolique* ou *indicative* : *imitative*, quand elle peint les objets dans leur nature propre; *symbolique*, lorsque les signes qu'elle emploie sont des figures, des symboles des objets qu'elle veut faire connaître; v. g., une faulx est le symbole de la mort, deux épées qui se croisent le symbole d'une bataille livrée, etc.; *indicative*, lorsqu'elle consiste dans des signes arbitraires, conventionnels, qui n'ont aucun rapport avec les objets qu'ils représentent, v. g. les signes algébriques, les chiffres arabes, l'écriture chinoise.

L'écriture *phonétique* est *syllabique* ou *alphabétique* : *syllabique*, quand elle se compose de signes exprimant chacun une syllabe, v. g. la sténographie; *alphabétique,* quand chacun de ses signes ne représente qu'un son, qu'une articulation, qu'un élément de syllabe, comme l'écriture ordinaire.

C'est grâce à cet ensemble de signes fixes et permanents qui transmettent à travers les âges les idées et les pensées exprimées par la parole que les générations et les peuples s'instruisent, s'éclairent mutuellement et se passent de siècle en siècle, comme les anciens coureurs dans le stade, le flambeau de la civilisation :

Et quasi cursores vitaï lampada tradunt.

Sujets à traiter *avec les éléments fournis par ce devoir.* — 1. Quelles sont les différentes espèces de signes que l'homme peut employer pour exprimer sa pensée? Décrire et classer les langages d'après ces différents signes. (Sorbonne, novembre 1878.)

2. De l'interprétation des signes expressifs. Comment l'homme apprend-il la valeur des signes? (Sorbonne, 25 mars 1874.)

LV.

Qu'appelle-t-on langage naturel et langage artificiel ? Dans laquelle de ces deux classes doit être rangée la parole humaine ? (Sorbonne, 20 novembre 1869.)

On appelle langage *naturel* l'ensemble des signes que l'homme emploie instinctivement pour exprimer ses états de conscience et qu'il comprend sans autre maître que la nature.

On donne le nom de langage *artificiel* ou *conventionnel* à tout ensemble de signes employés par les hommes en vertu d'un libre choix et de conventions volontairement établies.

Ainsi ce sont des signes du langage *naturel* que les cris et les sourires de l'enfant au berceau, que l'expression et le jeu de la physionomie et du regard, que le froncement des sourcils, le plissement des lèvres, le rire et les larmes.

Ce sont au contraire des formes du langage *artificiel* quel e *chiffre* ou la langue secrète employée en diplomatie, que la nomenclature chimique, la notation musicale, la langue sténographique, le langage des sourds-muets inventé par l'abbé de l'Épée et l'abbé Sicard.

Ce qui caractérise essentiellement le langage *naturel*, c'est qu'il est instinctif, « intelligible sans discipline, » comme dit Montaigne, c'est-à-dire employé et interprété sans avoir besoin d'être appris ; — tandis que le langage *artificiel*, œuvre de la réflexion et de conventions librement établies, demande et exige de ceux qui l'emploient une initiation préalable.

En second lieu, le langage *naturel* est universel, parlé et compris par tous les hommes, à toutes les époques et sur tous les points du globe ; — au lieu que le langage *artificiel* n'a de valeur que pour ceux qui sont convenus de l'employer.

Enfin le langage *naturel* est fixe, permanent, immuable comme la nature des choses : le rire et les larmes ont toujours été et seront toujours les signes de la joie et de la douleur. — Le langage *artificiel*, au contraire, peut changer et change en effet comme la volonté de ceux qui l'établissent.

S'il en est ainsi, dans laquelle de ces deux classes de langage faut-il ranger la *parole* humaine? La *parole*, on le sait, est une combinaison de sons articulés, c'est-à-dire modifiés par le jeu du gosier, du palais, de la langue, des lèvres et des dents : elle forme les langues, dont se servent les hommes de chaque nation pour exprimer leurs pensées et leurs sentiments.

Longtemps on a donné la parole comme l'une des formes du langage *artificiel*, parce que d'abord nul ne parle sans avoir appris à le faire au prix d'efforts plus ou moins longs, mais toujours pénibles ; parce qu'ensuite nous ne comprenons pas directement, immédiatement, le langage articulé de nos semblables, comme nous comprenons les signes du langage *naturel* qu'ils emploient ; parce qu'enfin il n'y a qu'un rapport arbitraire et conventionnel entre les mots de chaque langue et le sens qu'on y attache.

Aujourd'hui cependant bien des philosophes soutiennent que la parole est une forme du langage *naturel*, parce que l'homme parle aussi naturellement qu'il respire et qu'il marche, et parce que la parole n'est pas l'œuvre d'une convention libre comme toutes les formes du langage *artificiel* : ainsi, par exemple, si les terminaisons *ique* et *ate* en chimie désignent les acides et les sels, si les signes +, —, signifient plus, moins, en algèbre, ce n'est que parce que les chimistes et les mathématiciens l'ont ainsi établi; tandis que si les hommes parlent, ce n'est nullement parce que l'un d'eux a inventé la parole, comme Lavoisier a inventé la nomenclature chimique : non, « la parole eût été nécessaire pour inventer l'usage de la parole », comme l'a dit Rousseau ; les langues se sont formées spontanément, mais sous l'influence de mille circonstances qui expliquent leur diversité, la nécessité de les apprendre, l'impossibilité de les comprendre sans études préalables.

Les deux opinions que nous venons d'exposer ont peut-être le tort d'être trop exclusives et il semble que la parole est à la fois *naturelle* et *artificielle* : *naturelle*, puisque la nature nous porte à produire les mouvements, les sons articulés qui sont la matière du langage parlé; *artificielle*, puisque l'association de tel son à telle idée est arbitraire et variable, de telle sorte que les langues ne peuvent être comprises sans études. Toutefois leur développement n'est pas arbitraire : il obéit à des lois physiologiques et psychologiques ou logiques que constatent la *linguistique*, la *grammaire comparée* et la *grammaire générale*.

Sujets à traiter. — 1. Énumérer les diverses formes du langage naturel. En quoi diffère-t-il du langage artificiel? (Sorbonne, 8 novembre 1866.)

2. Peut-on dire que la parole est un langage artificiel? (Sorbonne, 13 novembre 1872.

3. Du langage naturel et du langage artificiel. (Faculté de Clermont, 8 août 1882.)

LVI.

Le langage est-il antérieur à la pensée ou la pensée est-elle antérieure au langage ? Quelles sont les principales opinions des philosophes sur l'origine du langage ? (Sorbonne, août 1875.)

On a souvent reproché à Condillac, à M. de Bonald et aux traditionalistes d'avoir enseigné que le langage est antérieur à la pensée et que la pensée dérive de la parole.

Mais quoique ces philosophes aient exagéré l'influence du langage sur la pensée, ils n'ont pas soutenu l'opinion qu'on leur prête. Ainsi Condillac dit dans le *Discours préliminaire* de sa *Grammaire* : « Je ne saurais exprimer un jugement avec des mots si, dès l'instant que je vais prononcer la première syllabe, je ne voyais déjà toutes les idées dont mon jugement est formé... Il en est de même lorsque je raisonne... Ce n'est donc pas en parlant que je juge et que je raisonne. J'ai déjà jugé et raisonné et ces opérations de l'esprit précèdent nécessairement le discours. » M. de Bonald dit aussi dans sa *Législation primitive* : « L'homme pense sa parole avant de parler sa pensée, » et encore : « La pensée est distincte de son expression et la précède : c'est la conception qui précède la naissance. »

Le bon sens le plus vulgaire nous dit qu'il ne saurait en être autrement. Qu'est-ce, en effet, que le langage? L'expression de la pensée : or, pour que la pensée puisse être exprimée, c'est-à-dire tirée en quelque sorte de l'âme et traduite au dehors, il faut que déjà elle existe dans l'esprit. Cela est si vrai que l'enfant ne parvient à attacher un sens aux mots qu'il prononce et à parler avec intelligence qu'autant que sa pensée saisit et conçoit nettement les choses dont il parle.

L'expérience nous apprend d'ailleurs que nous avons souvent des idées sans trouver de mots pour les traduire. « Quelquefois, dit Bossuet, nous n'avons pas le terme présent que la chose nous est très présente. » Sous le coup d'une émotion violente, nous éprouvons des sentiments énergiques dont nous essayons en vain de rendre la vivacité : les mots qui nous arrivent sont trop pâles et trop froids. Dans leurs méditations profondes, le philosophe, le savant, conçoivent souvent des idées très nettes et très claires, et cependant lorsqu'ils veulent les exprimer, ils ne trouvent pas de terme convenable, de mot propre; ils en essaient et en rejettent successivement plusieurs jusqu'à ce qu'enfin leur pensée se traduise par un néologisme hardi. Ainsi donc « l'homme qui parle est un homme qui pense tout haut ».

Sans doute il faut reconnaître que si la pensée est logiquement antérieure au langage, elle ne peut se former, se développer surtout, qu'avec le secours des mots. Mais il ne faut pas en conclure que les signes du langage sont la cause et le principe de la pensée : l'homme ne pense pas parce qu'il parle, mais il parle parce qu'il pense. Le langage doit à la pensée ce que l'effet doit à la cause : que la pensée s'élève ou s'abaisse, s'étende ou se resserre : le langage, après elle et avec elle, s'élèvera ou s'abaissera, s'étendra ou se resserrera. Autant vaut la pensée, autant vaut l'expression qu'elle se donne. Pour bien parler, il faut bien penser :

Scribendi rectè sapere est et principium et fons. (HORACE.)

Il n'y a pas tant de différence qu'on le dit souvent entre « le fond et la forme » :

Ce que l'on conçoit bien s'énonce clairement
Et les mots pour le dire arrivent aisément. (BOILEAU.)

Le langage est donc subordonné à la pensée ; mais quelle est son origine véritable ? question délicate sur laquelle les philosophes sont loin d'être d'accord.

Condillac, dans son *Essai sur l'origine des connaissances humaines*, enseigne que la parole a été révélée à l'homme par le Créateur, mais que l'homme aurait pu l'inventer par ses seules forces naturelles.

Jean-Jacques Rousseau, dans son *Discours sur l'origine et les fondements de l'inégalité parmi les hommes*, dit que « la parole paraît avoir été fort nécessaire à l'homme pour établir l'usage de la parole », et il se montre convaincu « de l'impossibilité presque démontrée que les langues aient pu naître et s'établir par des moyens purement humains ». Mais, dans son *Essai sur l'origine du langage*, il soutient l'opinion contraire : « La parole, dit-il, étant la première institution sociale, ne doit sa forme qu'à des causes naturelles. »

La plupart des philosophes du dix-huitième siècle ont soutenu cette dernière opinion : d'après eux, le langage serait une invention humaine, fruit de la civilisation et du progrès ; il y aurait eu un premier âge où l'homme ne parlait pas, un second où il aurait employé des signes naturels et enfin une période où il aurait créé la parole et les langues. C'est encore là ce qu'enseignent les rationalistes et les positivistes contemporains.

M. de Bonald, qui dans sa *Législation primitive* combat vigoureusement la philosophie du dix-huitième siècle, s'efforce d'y démontrer que l'homme est absolument incapable d'inventer le langage et que la parole a été l'objet d'une révélation surnaturelle de la part du Créateur. De Maistre, Lamennais et les traditionnalistes ont embrassé et soutenu la même doctrine.

Telles sont les principales opinions auxquelles a donné lieu le problème de l'origine du langage. Ce problème renferme deux questions particulières qu'on a souvent eu le tort de ne pas distinguer assez nettement : une question théorique : l'homme est-il capable d'inventer le langage? et une question de fait : l'a-t-il inventé réellement?

A cette dernière question la Bible répond que l'homme, sorti des mains du Créateur dans la plénitude de sa force et de son développement intellectuel, parlait comme il pensait et nommait toutes les choses par leur nom comme il les connaissait toutes dans leur nature intime. La parole n'a donc été ni une invention humaine ni le fruit d'une révélation surnaturelle, mais un don naturel du Créateur, au même titre que toutes nos facultés intellectuelles.

Mais de ce que l'homme n'a pas inventé le langage, s'en suit-il qu'il eût été incapable de l'inventer? Il ne le semble pas, et quoi qu'en dise M. de Bonald, on peut soutenir que l'homme, avec les facultés dont il est doué, avec ce besoin qu'il a de communiquer ses pensées, avec cette disposition qui le porte à employer des signes naturels et artificiels, aurait pu inventer le langage. Cette invention n'eût pas été une création, mais seulement la mise en œuvre des moyens mis à notre disposition par le Créateur.

Sujets à traiter. — 1. Que penser de l'invention d'une langue universelle? (Sorbonne, 27 novembre 1877.)

2. Les langues sont synthétiques avant de devenir analytiques : voilà une des lois du langage. L'expliquer et la démontrer. (Sorbonne, 13 août 1873.)

3. Qu'appelle-t-on en logique grammaire générale? (Sorbonne, 29 juillet 1824.)

4. Objet de la grammaire générale. Quels rapports a-t-elle avec le langage? (Sorbonne, 12 mai 1870.)

5. Quels sont les caractères et les avantages d'une langue bien faite et quels sont les inconvénients d'une langue mal faite? (Faculté de Toulouse.)

6. De l'écriture et des divers signes graphiques. Services rendus à la pensée par l'écriture. (Faculté de Toulouse.)

LVII.

L'homme pourrait-il penser sans le secours des mots?
(Sorbonne, 17 novembre 1867.)

« Non, » nous répondent Condillac et son école, M. de Bonald et les traditionnalistes, qui vont parfois jusqu'à faire du mot « le générateur de l'idée » et du langage la cause et le principe de la pensée.

Sans doute, il faut reconnaître qu'en fait aucun homme ne pense sans le secours des mots et que les sourds-muets eux-mêmes ont des signes et un langage. Sans doute encore il est vrai de dire que le développement de la pensée et celui de la parole suivent, chez l'enfant et chez l'adulte, une marche proportionnelle. Mais de ce que la pensée et la parole sont si étroitement, si intimement unies, s'ensuit-il que l'un de ces deux faits doive être regardé comme la cause de l'autre et cette association des idées et des mots est-elle si nécessaire, si indissoluble que l'homme ne puisse jamais s'en affranchir et penser sans le secours des mots?

Le croire, ce serait méconnaître étrangement la virtualité propre de l'intelligence, qui, même privée du secours de la parole, serait encore capable de penser, de percevoir les objets sensibles, de saisir dans leur réalité vivante les phénomènes du moi, d'imaginer et de se souvenir, d'abstraire et de comparer, de généraliser et de juger, tout autant de choses qu'elle peut faire et qu'elle fait en vertu de pouvoirs distincts du pouvoir de parler.

Seulement il faut avouer qu'une intelligence à laquelle manquerait avec la parole son auxiliaire naturel, serait bien faible et bien bornée. — D'abord, comme elle n'aurait pas de noms pour désigner et distinguer les objets qui frappent ses sens, le monde entier, au lieu de se ranger pour elle en une hiérarchie régulière de genres et d'espèces, ne lui présenterait qu'un ensemble désordonné dont la complexité infinie défierait tous les efforts de l'attention la plus persévérante. — De plus, les conceptions de la conscience, de la raison, de l'abstraction, de la comparaison, de la généralisation, du jugement, n'étant attachées à aucun signe, à aucun mot capable de les fixer et de les déterminer, demeureraient vagues, indécises, flottantes dans l'intelligence, ou plutôt s'évanouiraient sous le regard de l'esprit qui, ne pouvant rien retenir, aurait à recommencer sans cesse un travail sans cesse stérile.

Si donc l'homme peut penser sans le secours des mots, il ne peut penser qu'imparfaitement, et le langage, sans être la cause et le principe de la pensée, est la condition indispensable de son développement normal et régulier : inspiration soutenue du poëte, généralisations savantes, calculs, théories, classifications, etc., rien de tout cela ne se comprend sans un système approprié de signes oraux ou graphiques, exprimant les qualités, les quantités et les rapports et servant sinon de *méthodes analytiques*, du moins de formules et d'instruments à ces méthodes. M. Hamilton a exprimé ces rapports de la parole et de la pensée par une comparaison aussi juste qu'originale : « Vous avez entendu parler, dit-il, du percement d'un tunnel dans un banc de sable. Dans cette opération, il est impossible de réussir à moins qu'à chaque pas on ne se mette en sûreté en bâtissant une voûte de maçonnerie avant de creuser plus avant. Or, le langage est précisément pour l'esprit ce que la voûte est pour le tunnel. Le pouvoir de penser et le pouvoir de creuser ne dépendent pas le premier du mot, le second de la maçonnerie ; mais sans ces deux auxiliaires, aucune de ces deux opérations ne pourrait aller au delà de son premier pas. Nous reconnaissons que chaque mouvement en avant dans le langage doit être déterminé par un mouvement en avant dans la pensée ; mais à moins que la pensée ne soit accompagnée à chaque pas de son évolution par une évolution correspondante du langage, son développement s'arrête. »

Sujets à traiter. — 1. Examiner et discuter ces aphorismes de Condillac « que nous ne pensons qu'avec le secours des mots et que l'art de raisonner se réduit à une langue bien faite ». (Sorbonne, novembre 1876.)

2. De l'importance du langage dans la formation et la fixation des idées abstraites et générales. (Sorbonne, juillet 1878.)

LVIII.

Exposer les principaux faits par lesquels se manifeste l'influence du physique sur le moral et réciproquement l'empire du moral sur le physique. (Sorbonne, 17 novembre 1869.)

« L'âme et le corps, dit Bossuet, ne font ensemble qu'un tout naturel et il y a entre les parties une parfaite et nécessaire communication. » C'est en vertu de cette communication que le *physique*, c'est-à-dire le corps et tout ce qui tient au corps, influe sur le *moral*, c'est-à-dire sur l'âme et les phénomènes de l'âme, comme l'établissent clairement les données de la **physiologie** combinées avec celles de la psychologie.

Ainsi d'abord l'influence du *physique* sur le *moral* se manifeste à nous par des faits nombreux dont les principaux sont, d'après Cabanis, le *tempérament*, l'*âge*, le *sexe*, le *climat* et les *maladies*.

C'est du *tempérament*, c'est-à-dire de l'organisation physiologique de chacun de nous que dépendent en grande partie nos sentiments et nos passions, nos idées et nos jugements, notre humeur et notre caractère : les sanguins ont des émotions vives mais légères, une intelligence ouverte mais superficielle, un caractère aimable mais sans énergie; les bilieux se font remarquer par des passions violentes et profondes, une intelligence vigoureuse, une imagination puissante, un caractère énergique et une volonté opiniâtre; les nerveux sont doués d'une extrême vivacité de sentiment et d'intelligence, mais il n'y a rien de plus variable que leur humeur, leurs idées et leurs émotions; les lymphatiques ne connaissent pas les orages des passions et n'ont d'ordinaire que très peu de cœur, d'intelligence et de volonté.

Le moral est encore sous la dépendance de l'*âge* : ce n'est qu'à mesure que les organes se développent que s'épanouissent en nous les facultés intellectuelles et morales; comme le dit Boileau,

> Chaque âge a ses plaisirs, son esprit et ses mœurs.

Dans l'enfance, l'énergie de la vitalité détermine la mobilité des impressions et la facilité de contracter des habitudes; dans la jeunesse, les passions sont impétueuses et les idées hardies comme l'espérance qui fait battre le cœur; l'âge mûr est l'âge de la circonspection, de la sagesse et de l'ambition; la vieillesse voit s'affaiblir et s'éteindre les facultés morales en même temps que disparaissent les forces physiques.

Le *sexe*, lui aussi, amène des différences morales et caractéristiques entre l'homme et la femme : d'une part, la finesse, la délicatesse, l'extrême sensibilité; de l'autre, la force, la profondeur, la prédominance de l'intelligence sur le sentiment.

L'influence des *climats* sur les idées, les mœurs et les habitudes des peuples a été signalée par Hippocrate et Montesquieu, qui constatent que l'égalité et l'inégalité des températures et des saisons, la chaleur et le froid expliquent en grande partie les différences des Européens et des Asiatiques, des hommes du Nord et des hommes du Midi.

Mais ce sont surtout les *maladies* qui exercent une influence profonde sur l'état intellectuel et moral de l'homme. — Il y a des hommes que la faiblesse du cerveau rend incapables de toute attention soutenue; une fièvre, un coup violent sur la tête, un aplatissement du crâne, un ramollissement des fibres cérébrales, une congestion sanguine ou séreuse suffisent pour produire l'imbécillité, l'idiotisme, le délire ou même la folie. — Sans aller aussi loin, certaines maladies déterminent dans la mémoire et l'imagination des révolutions singulières : tantôt ces facultés sont paralysées ou même anéanties ; Valère-Maxime nous parle d'un Athénien qui, ayant reçu un coup de pierre à la tête, perdit la mémoire des belles-lettres ; après trois ou quatre jours de fièvre, le célèbre Scaliger oublia tout ce qu'il savait ; il est arrivé à plusieurs personnes d'oublier une langue tout en conservant le souvenir d'une autre ; tantôt, au contraire, la mémoire acquiert une force et une lucidité merveilleuses : un aveugle à qui on lisait la Bible, et qui semblait n'en avoir rien retenu, s'étant blessé à la tête, eut le souvenir très distinct de ce qu'il avait précédemment entendu ; le valet de chambre d'un ambassadeur qui assistait parfois aux conversations les plus importantes sans en rien saisir, ayant été atteint d'une fièvre cérébrale, se mit tout à coup à répéter ce qu'on avait dit devant lui ; mais le mal une fois disparu, il vit disparaître avec lui ses souvenirs si nets et si précieux. — La volonté elle-même, quelque immatérielle qu'elle paraisse, ne laisse pas de subir l'influence de la maladie et surtout de certaines affections nerveuses appelées hypocondriaques qui lui donnent une fixité et une opiniâtreté étranges.

Mais si ces faits plus ou moins frappants nous prouvent que le *physique* influe sur le *moral*, il en est d'autres, tout aussi incontestables, qui nous montrent que le *moral* exerce un grand empire sur le *physique*.

Voyez les sentiments et les passions : comme ils se traduisent au dehors ! comme ils donnent à la physionomie, au regard une expression éloquente ! comme ils accélèrent ou suspendent les mouvements respiratoires et la circulation du sang ! Ces expressions : sécher d'envie, être rongé de remords, être consumé de tristesse, sont plus que des métaphores et indiquent combien les passsions modifient le jeu de nos fonctions organiques. Si le bonheur est favorable à la santé, à la longévité, le malheur tue le corps comme il brise l'âme.

Une forte attention paralyse pour ainsi dire les organes et nous rend insensibles : Archimède, occupé à tracer des lignes sur le sable et à chercher la solution de quelque grand problème, ne s'aperçut pas de la prise de Syracuse et du tumulte que produisait dans la ville l'entrée triomphante des Romains ; La

Fontaine, réfléchissant au pied d'un arbre sur une fable qu'il composait, y demeura tout un jour quoiqu'il fit grand froid et qu'il ne cessât de pleuvoir. — Les pensées profondes marquent leur empreinte sur le visage qu'elles contractent, sur le front qu'elles sillonnent de rides précoces, sur l'organisme tout entier qu'elles minent peu à peu. « La lame use le fourreau », dit-on avec une rare justesse d'expression. — C'est l'imagination surtout qui exerce sur le corps une influence profonde. On cite des cas de maladies déterminées et guéries par cette faculté : le célèbre médecin Boerhaave parle d'une jeune fille qui s'était imaginé avoir avalé une aiguille et ne voulait rien boire ni manger. On avait beau lui dire que dans son gosier il n'y avait ni aiguille ni inflammation, elle serait morte d'inanition sans une heureuse inspiration du médecin. Il prit à part le chirurgien qui la voyait et lui fit mettre dans une pincette creuse une aiguille rougie avec du sang. Alors le chirurgien introduisit la pincette dans le gosier de la jeune fille, sembla faire de grands efforts pour l'en sortir et montra l'aiguille à la malade : elle fut aussitôt guérie. Tel est l'empire de l'imagination qu'elle peut déterminer la mort, comme l'a prouvé une célèbre expérience faite en Angleterre : après avoir mis dans un bain tiède un condamné à mort, on fit semblant de lui ouvrir les veines; cet homme, persuadé qu'il allait mourir, mourut effectivement. On connaît la fin tragique de Mozart : un jour, l'illustre musicien reçoit la visite d'un inconnu vêtu de noir qui lui commande un *Requiem*; cette apparition inattendue, accompagnée de détails mystérieux, frappe l'artiste; il se figure qu'il a reçu un message de la destinée et que cette visite lui annonce sa mort prochaine; dès ce moment, il ne fait plus que languir et il meurt peu après.

L'empire de la volonté sur le corps est aussi bien frappant. « C'est ici le bel endroit de l'homme, » dit Bossuet. La volonté commande, les membres obéissent. L'énergie de l'âme double les forces physiques, pour ainsi dire : pendant la désastreuse retraite de Russie, les officiers, malgré la délicatesse de leur complexion, résistaient mieux et plus longtemps que les soldats aux maux de toute sorte qui les frappaient tous également. Que de héros dont on peut dire avec le poète :

Ingentes animos angusto in corpore versant!

Hérodote nous parle d'un fils de Crésus qui, ayant perdu l'usage de la parole ou plutôt ne l'ayant jamais eu, vit tout à coup sa langue se délier par suite d'un effort qu'il fit pour sauver la vie à son père. Si l'on en croit les relations des voyageurs, certains sauvages, quand ils pensent avoir terminé leur carrière ici-bas, se retirent dans un lieu écarté, se couchent sur le sol et appellent la mort qui ne tarde pas à exaucer leurs vœux. Enfin on a vu des hommes sujets à de périodiques accès d'aliénation mentale retarder par un effort suprême de la volonté la crise qu'ils sentaient venir.

L'influence du *moral* sur le *physique* n'est donc pas moindre que celle du *physique* sur le *moral* : quel est le pourquoi, quel est le comment de cette influence réciproque si intime et si profonde ? « C'est le secret de la nature ou, pour mieux parler, celui de Dieu, » comme dit Bossuet.

Sujets à traiter. — 1. En quoi consiste la question si controversée des rapports du physique et du moral ? (Sorbonne, 5 novembre 1873.)

2. Montrer par des exemples la double influence du physique sur le moral et du moral sur le physique et en tirer les conséquences. (Sorbonne, juillet 1882.)

3. Quelles sont les lois de l'union de l'âme et du corps. (Sorbonne, 6 novembre 1869.)

LIX.

Comparer les phénomènes psychologiques du rêve, de la rêverie, de l'hallucination. Qu'y a-t-il de commun, qu'y a-t-il de différent entre eux ? (Sorbonne, 12 mars 1875.)

Il m'a semblé, pendant mon sommeil, que j'étais au musée du Louvre, et qu'en admirant les chefs-d'œuvre qui y sont rassemblés, je voyais tout à coup m'apparaître Raphaël et le Titien,

Rubens et Murillo, Lesueur et le Poussin, qui me parlaient d'art et d'idéal : c'était un *rêve*.

Dans un moment d'oisiveté, je me suis laissé aller à faire des châteaux en Espagne, à arranger le monde comme je le voudrais et comme je l'aimerais et, au milieu d'aventures plus ou moins idéales, j'ai ressenti toutes les émotions que m'auraient données la réalité : c'était une *rêverie*.

Dans le délire de la fièvre, je crois entendre le tocsin, le fracas du tonnerre, alors qu'aucun son ne frappe mon oreille ; je crois voir des figures d'hommes et d'animaux, des clartés éblouissantes, alors qu'il n'y a rien devant mes yeux : voilà des *hallucinations*.

Le *rêve* est donc une série d'associations d'idées plus ou moins incohérentes et fugitives qui se présentent à nous pendant le sommeil et nous donnent comme l'illusion de la réalité, nous font vivre d'une vie étrange et fantastique.

La *rêverie*, qu'on a si justement appelé un rêve éveillé, consiste aussi dans des associations d'idées, dans des fictions que l'imagination nous suggère durant la veille et qui nous emportent sur leurs ailes dans un monde que nous peuplons à l'envi de fantômes et de chimères.

L'*hallucination* est l'état de l'âme qui croit voir, entendre, percevoir des choses qu'elle ne voit pas, qu'elle n'entend pas, qu'elle ne perçoit pas réellement.

Il y a plusieurs sortes de *rêves* et Maine de Biran, dans ses considérations sur le sommeil, distingue les rêves *affectifs*, comme les cauchemars, où la sensibilité prédomine ; les rêves *intuitifs*, qui sont les plus fréquents et qui ont pour base les données de la vue ; les rêves *intellectuels*, où l'imagination devient presque inventive et a fait, par exemple, que Condillac achevait en songe un chapitre de philosophie, Voltaire une ode, Tartini sa Sonate du diable ; enfin les rêves du *somnambulisme* ou *rêves en action*.

Les *rêveries* sont tantôt gracieuses et riantes, et alors elles nous bercent délicieusement, nous enchantent et nous ravissent ; tantôt sombres et mélancoliques, et alors elles nous causent parfois les plus douloureuses émotions.

Quant aux *hallucinations*, il y en a qui sont déterminées par l'imagination, qui conçoit si vivement les choses qu'il en résulte une surexcitation nerveuse, un mouvement organique absolument semblable à celui que provoquerait l'impression produite par les objets que croit percevoir l'halluciné : ce sont les hallucinations *psychiques* ou *psycho-sensorielles*; il y en a d'autres qui viennent des organes des sens et du cerveau, qui, surexcités par la maladie ou par quelque autre cause interne, produisent, en l'absence de tout objet extérieur, des mouvements et des impressions identiques à ceux que nous causeraient ces objets; comme nous ne percevons que l'état des organes, nous croyons toujours qu'il y a un objet extérieur qui cause leurs modifications : ce sont là les hallucinations *sensorielles*.

Le *rêve*, la *rêverie* et l'*hallucination* ont des caractères communs.

Ainsi d'abord ces trois états de l'âme sont des conceptions plus ou moins chimériques et bizarres, mais toujours étrangères à la réalité et se produisant en l'absence de toute perception extérieure des objets qu'elles nous représentent.

Ainsi encore les trois phénomènes psychologiques qui nous occupent sont l'œuvre de l'imagination combinatrice, « de la folle du logis, de cette folle qui fait la folle, » comme dit Malebranche, et qui, débarrassée de la contrainte que lui imposent la volonté et la conscience, nous égare dans les espaces sans bornes de la fantaisie, du caprice et de la chimère.

Ainsi enfin le *rêve*, la *rêverie* et l'*hallucination* échappent ordinairement à l'empire de la raison, endormie dans le *rêve*, engourdie et paralysée dans la *rêverie*, et dupe, dans l'*hallucination*, des conceptions les plus fausses : car le cas de cet halluciné dont parle Charles Bonnet, qui ne prenait pas ses visions pour des réalités et dont la raison s'amusait des figures étranges qui passaient devant ses yeux, ce cas est excessivement rare et en général l'*hallucination* l'emporte sur les démentis de l'expérience et semble être une vraie perception : voilà pourquoi on se demande si elle n'est pas une forme de la folie.

Toutefois, malgré ces rapports, le *rêve*, la *rêverie* et l'*hallucination* présentent des différences réelles

D'abord le *rêve* se produit pendant le sommeil et la *rêverie* pendant la veille; l'*hallucination*, elle, a lieu indifféremment dans l'un ou l'autre de ces états.

En second lieu, dans la *rêverie* la conscience et la volonté ne sont que légèrement atteintes et les sens apportent toujours de l'extérieur quelques perceptions qui finissent par détruire les illusions dont se berce notre esprit. — Dans le *rêve*, la volonté et la conscience sont paralysées, les sens à peu près complètement engourdis et il est bien difficile de se rendre compte de son véritable état : il faut pour cela un effort qui provoque ordinairement le réveil. — Dans l'*hallucination*, il n'y a pas même cette ressource et celui qui en est atteint persiste ordinairement dans ses erreurs en dépit de toutes les affirmations contraires.

En troisième lieu, dans la *rêverie*, comme le dit Jouffroy, l'esprit gouverne ses idées et les dirige vers un but. — Il n'en est pas ainsi du *rêve*, où l'association des idées, tout en suivant ses lois habituelles, obéit à tous les caprices de l'imagination. — Dans l'*hallucination* enfin, l'intelligence subit l'influence fatale d'une association invincible. Pascal, malgré tout son génie, s'imagine côtoyer un abîme. Oreste se croit poursuivi par les Euménides :

> Eh bien! filles d'enfer, vos mains sont-elles prêtes?
> Pour qui sont ces serpents qui sifflent sur vos têtes?

Brutus voit son mauvais génie avant la bataille de Philippes. Hamlet s'entretient avec l'ombre de son père et Macbeth aperçoit le spectre de Banquo assis sur son trône. Le peuple croit aux fantômes et à toutes ces visions dont parle Virgile :

> Vox quoquo per lucos exaudita silentes
> Ingens, et simulacra modis pallentia miris
> Visa sub obscurum noctis.

Aussi quand l'*hallucination* persiste et se renouvelle fréquemment, elle engendre la folie.

En résumé, le *rêve*, la *rêverie* et l'*hallucination* sont trois phénomènes analogues, qui relèvent également de l'imagination et qui ne diffèrent que par l'intensité avec laquelle cette faculté s'exerce dans chacun d'eux.

Sujets à traiter. — 1. Des rêves. Nos perceptions ne sont-elles, comme l'a dit Leibnitz, que des rêves bien liés ? (Sorbonne, 8 mars 1880.)

2. Nos perceptions ne sont-elles que des songes bien réglés, suivant l'opinion de Leibnitz ? (Sorbonne, 15 juillet 1875.)

LX.

De l'âme des bêtes. Quelles sont les diverses opinions sur cette question ? (Sorbonne, 4 août 1871.)

C'est surtout au dix-septième siècle que la question de l'âme des bêtes a été vivement discutée et que les diverses opinions auxquelles elle a donné lieu ont trouvé de chaleureux et opiniâtres défenseurs.

Gassendi et son école enseignaient que les bêtes ont une âme intelligente et raisonnable, en tout semblable à celle des hommes : tel avait été l'avis de *Pythagore*, d'*Anaxagore*, de *Plutarque*, de *Celse* et de *Montaigne*. « Plutarque, » dit Bossuet, dans le cinquième chapitre du *Traité de la connaissance de Dieu et de soi-même* (*De la différence entre l'homme et la bête*), « Plutarque a fait des traités entiers du raisonnement des animaux, qu'il élève, ou peu s'en faut, au-dessus des hommes... *Celse* est plein de semblables raisonnements. Les grenouilles et les rats, dit-il, discourent dans leurs marais et dans leurs trous, disant que Dieu a tout fait pour eux et qu'il est venu en personne pour les secourir... C'est un plaisir de voir *Montaigne* faire raisonner son oie, qui, se promenant dans sa basse-cour, se dit à elle-même que tout est fait pour elle, que c'est pour elle que le soleil se lève et se couche, que la terre ne produit des fruits que pour la nourrir, que la maison n'est faite que pour la loger, que l'homme même est fait pour prendre soin d'elle et que si enfin il égorge quelquefois des oies, aussi fait-il bien son semblable. »

Cette opinion, que soutiennent de nos jours les matérialistes et les positivistes, paraissait dangereuse à *Descartes* : « Après l'erreur de ceux qui nient Dieu, dit-il dans la cinquième partie du *Discours sur la méthode*, il n'y en a point qui éloigne plutôt les esprits faibles du droit chemin de la vertu que d'imaginer que l'âme des bêtes soit de même nature que la nôtre et que, par conséquent, nous n'avons rien à craindre et à espérer après cette vie, non plus que les mouches et les fourmis. » D'ailleurs, comme ce philosophe n'admettait pas d'intermédiaire entre la pensée, essence de l'âme humaine, et l'étendue, essence de la matière, et qu'il ne voulait à aucun prix voir dans les animaux des substances pensantes, il fut amené à tout expliquer en eux par les lois de la mécanique et à en faire des *machines* et des *automates* : « Ce qui, dit-il, ne semblera nullement étrange à ceux qui, sachant combien de divers *automates* ou *machines mouvantes* l'industrie des hommes peut faire sans y employer que fort peu de pièces à comparaison de la grande multitude des os, des muscles, des nerfs, des artères, des veines et de toutes les autres parties qui sont dans le corps de l'animal, considéreront ce corps comme une machine qui, ayant été faite des mains de Dieu, est incomparablement mieux ordonnée et a en soi des mouvements plus admirables qu'aucune de celles qui peuvent être inventées par les hommes. » Descartes montre ensuite qu'il n'y a point d'homme si stupide qui ne puisse exprimer ses pensées par la parole, ce que ne fera jamais un animal si parfait qu'il soit : de plus, si quelques animaux témoignent plus d'industrie que nous en quelques-unes de leurs actions, ils n'en témoignent point du tout en beaucoup d'autres. « De façon que ce qu'ils font de mieux que nous ne prouve pas qu'ils ont de l'esprit, car à ce compte ils en auraient plus qu'aucun de nous et feraient mieux en toute autre chose; mais plutôt qu'ils n'en ont point et que c'est la nature qui agit en eux selon la disposition de leurs organes, ainsi qu'on voit qu'une horloge, qui n'est composée que de roues et de ressorts, peut compter les heures et mesurer le temps plus justement que nous avec toute notre prudence. » La Fontaine a exposé avec une admirable précision, dans sa fable *Les deux rats, le Renard et l'œuf*, la théorie de Descartes et des cartésiens sur l'*automatisme* des bêtes :

..... Ils disent donc
Que la bête est une machine,
Qu'en elle tout se fait sans choix et par ressorts :

Nul sentiment, point d'âme ; en elle tout est corps.
    Telle est la montre qui chemine
A pas toujours égaux, aveugle et sans dessein.
    Ouvrez-la, lisez dans son sein :
Mainte roue y tient lieu de tout l'esprit du monde ;
    La première y meut la seconde ;
Une troisième suit ; elle sonne à la fin.
Au dire de ces gens, la bête est toute telle :
    L'objet la frappe en un endroit ;
    Ce lieu frappé s'en va tout droit,
Selon nous, aux voisins en porter la nouvelle.
Le sens de proche en proche aussitôt la reçoit ;
L'impression se fait ; mais comment se fait-elle ?
    Selon eux, par nécessité.
    Sans passion, sans volonté.
    L'animal se sent agité
De mouvements que le vulgaire appelle
Tristesse, joie, amour, plaisir, douleur cruelle
    Ou quelque autre de ces états.
Mais ce n'est point cela : ne vous y trompez pas.
Qu'est-ce donc ? une montre...

Entre cette opinion et celle de Gassendi et de Montaigne, il y en avait une troisième qui accordait aux animaux une âme sensitive, dépourvue de raison et de liberté, incapable des opérations intellectuelles et par suite ne paraissant point pouvoir subsister indépendamment du corps : c'était l'opinion d'*Aristote*, de *saint Thomas* et des *Scolastiques*, que *Bossuet* expose dans le dernier chapitre de son *Traité de la connaissance de Dieu et de soi-même...* « Notre âme, dit-il, a deux parties, la sensitive et la raisonnable... Puisque ces deux parties ont en nous des opérations si distinctes, on peut les séparer entièrement, c'est-à-dire que comme on comprend qu'il y a des substances purement intelligentes, comme sont les anges, il y en aura aussi de purement sensitives, comme sont les bêtes. Il faut donc voir en elles tout ce qu'il y a en nous qui ne raisonne pas, c'est-à-dire non seulement le corps et les organes, mais encore les sensations, les imaginations, les passions, enfin tout ce qui suit les dispositions corporelles et qui est dominé par les objets. »

Il semble bien, en effet, que l'induction la plus élémentaire nous oblige à conclure de ce que l'expérience remarque chez les animaux qu'ils *jouissent* et *souffrent* comme nous et qu'ils ont les mêmes *appétits* naturels que nous, qu'enfin ils éprouvent des *inclinations* pour l'homme et pour leurs semblables. Or, comme le dit si bien Mme de Sévigné, qui était pourtant une cartésienne fervente, « des machines qui aiment, qui ont une élection pour quelqu'un, des machines qui sont jalouses, des machines qui craignent : allez, allez, vous vous moquez de nous; jamais Descartes n'a prétendu nous le faire croire. »

C'est encore un fait évident que les animaux *voient, entendent, flairent, goûtent, touchent* comme nous les choses sensibles, qu'ils ont *conscience* de leur vie et de leurs actions, qu'ils se rappellent et se représentent vivement les objets par la *mémoire* et l'*imagination*, qu'ils ont en un mot toutes les facultés inférieures de l'intelligence.

Or, pour rendre compte de toutes ces opérations, il faut reconnaître dans l'animal un principe de vie simple, indivisible et immatériel, une *âme sensitive* en un mot. Cette âme demeure toujours profondément distincte de l'âme humaine, parce que, comme l'a très bien prouvé Bossuet, elle n'est ni raisonnable, ni libre, ni immortelle. L'animal, avec cette âme, n'est pas une *personne* : il n'est qu'une *chose*; l'homme nous apparaît toujours comme le roi de la création, et la dignité de sa nature, dont les Cartésiens étaient les défenseurs jaloux, est parfaitement sauvegardée.

Sujets à traiter. — 1. De l'âme des bêtes : théories diverses sur cette question. (Sorbonne, 13 mars 1880.)

2. Exposer la théorie cartésienne des *animaux machines* et de l'*automatisme des bêtes*. Discuter cette hypothèse. (Sorbonne, 12 août 1869, 13 août 1870.)

3. Des industries des animaux. Ce qu'elles ont d'analogue à l'industrie de l'homme; ce qu'elles ont de différent. (Sorbonne, 17 juillet 1880.)

4. Y a-t-il entre les facultés qui se manifestent chez l'homme et celles qui se manifestent chez l'animal assez d'analogies pour que l'on puisse fonder sur elles une *psychologie comparée*? Quelles sont les principales de ces analogies? Quelles sont les différences essentielles et irréductibles? (Sorbonne, 25 octobre 1873.)

5. De l'influence du milieu physique sur les plantes et les animaux.

De l'influence du milieu social sur l'esprit de chacun de nous. Insister surtout sur cette dernière question et indiquer les grands problèmes psychologiques qui s'y rattachent. (Faculté de Bordeaux, novembre 1882.)

LOGIQUE.

LXI.

Objet et division de la logique. Ses rapports avec la psychologie et les autres parties de la philosophie.
(Sorbonne, 25 novembre 1879.)

L'objet de la *logique*, c'est le vrai, comme l'objet de la morale c'est le bien, comme l'objet de l'esthétique c'est le beau.

Qu'est-ce que le vrai? L'intelligence humaine peut-elle l'atteindre? Par quels moyens y arrive-t-elle? Pourquoi et comment se trompe-t-elle? Voilà les grandes questions que se pose et que résout la *logique*.

Elle n'est donc pas seulement « la science de la démonstration ou du raisonnement », comme le disaient Aristote et les Scolastiques; car, si elle donne la théorie du raisonnement déductif et de la démonstration, elle donne aussi celle de la méthode inductive négligée par Aristote et les Scolastiques, et elle résout le grand problème de la certitude qui intéresse et domine toutes les sciences.

Elle est aussi plus que « l'art de penser », auquel ont semblé la réduire Port-Royal et Condillac : car, s'il est vrai que la science enseigne et que l'art utilise les données de la science, « *scientia docens, ars utens* », la *logique* qui atteint ce double but, la *logique* qui nous apprend quelles sont les lois de l'esprit humain dans ses rapports avec la vérité, et qui nous donne ces lois comme des règles, des procédés sûrs à employer dans la pratique pour arriver au vrai, la *logique* est à la fois une science et un art. Il faut même voir en elle plutôt une science qu'un art. Elle nous apprend comment on raisonne bien plus qu'elle ne nous enseigne à raisonner, et en expliquant les lois de l'esprit humain, elle n'édicte pas plus de règles d'infaillibilité que la science qui explique la circulation du sang ne donne de moyens infaillibles pour assurer la régularité de cette fonction.

Il faut donc définir la *logique* la science du vrai, ou, comme l'ont dit Kant et Hamilton, « la science des lois de la pensée humaine ».

Les Scolastiques et la plupart des philosophes après eux jusqu'à Bossuet et Condillac divisaient la logique en trois parties : la première qui traitait *des idées* et *des termes;* la seconde, des *jugements* et des *propositions,* et la troisième du *raisonnement.*

A ces trois parties, Pierre la Ramée au seizième siècle et Port-Royal au dix-septième en ont ajouté une quatrième, la *méthode.*

De nos jours, où l'on a élargi le domaine de la logique, on divise ordinairement cette science en deux grandes parties : la première traite de la *Certitude,* la seconde de la *Méthode.*

Le problème de la Certitude comprend les questions suivantes : Qu'est-ce que la certitude ? La certitude existe-t-elle ? Quel en est le fondement ou le signe distinctif ? Quelles en sont les sources et les différentes espèces ? Que faut-il penser des systèmes qui nient ou révoquent en doute le fait de la certitude ?

La seconde partie de la *logique* a pour objet de répondre aux questions que voici : Qu'est-ce que la méthode et combien distingue-t-on de sortes de méthodes ? En quoi consiste la méthode déductive et quels en sont les principaux procédés ? Quelle est la nature de la méthode inductive et de ses opérations ? Comment applique-t-on ces deux grandes méthodes aux divers ordres de sciences ? Les sciences historiques n'ont-elles pas une méthode à part et quelles sont les règles de la critique des témoignages ? Enfin, comme ce n'est pas assez de connaître les moyens d'arriver à la vérité et qu'il faut encore savoir éviter l'erreur, quelle est la nature de l'erreur, quelles en sont les causes, quels les remèdes ?

Quelques philosophes contemporains renvoient à la *métaphysique* la solution du problème de la certitude et ils divisent la logique, qui ne comprend pour eux que la question de la méthode, en deux parties : la logique *pure* ou *formelle,* qui donne la théorie des idées et des termes, des jugements et des propositions, de la déduction et du syllogisme; et la logique *appliquée* ou *méthodologie*, qui comprend la théorie de l'analyse et de la synthèse, de la méthode déductive et de la méthode inductive, du témoignage et de la critique des témoignages, de la nature, des causes et des remèdes de l'erreur.

Quoi qu'il en soit de ces diverses divisions de la *logique*, cette science a les rapports les plus intimes avec la *psychologie* et les autres parties de la philosophie.

Ainsi d'abord la *logique* fait partie de la science de l'homme intellectuel et moral, comme la *psychologie*, comme la *morale* et l'*esthétique* : toutes ces sciences, en effet, ont pour objet de nous faire connaître l'âme humaine en général, ses attributs, ses facultés et les lois qui les régissent dans la recherche du vrai, du beau et du bien.

Ainsi encore la *logique*, comme la *morale* et l'*esthétique*, sort de la *psychologie* comme une fleur de sa tige. « L'homme qui a fait réflexion sur lui-même, dit Bossuet dans la préface de sa *Logique*, a connu qu'il y avait dans son âme deux puissances ou facultés principales, dont l'une s'appelle entendement et l'autre volonté, et deux opérations principales, dont l'une est entendre et l'autre vouloir... Comme il ne lui arrive que trop souvent de s'égarer en l'une ou l'autre de ces actions, il a besoin d'être averti de ce qu'il faut savoir pour être en état tant de bien connaître la vérité, c'est-à-dire de bien raisonner, que d'embrasser la vertu, c'est-à-dire de bien choisir. De là naissent deux sciences nécessaires à la vie humaine, dont l'une apprend ce qu'il faut savoir pour entendre la vérité et l'autre ce qu'il faut savoir pour embrasser la vertu. La première de ces sciences s'appelle *logique* et l'autre *morale*. » Ainsi donc, la *logique* règle notre pensée, comme la *morale* règle notre conduite; elle dicte les lois de l'intelligence, comme la *morale* dicte celles de la volonté.

La *logique* a de plus un rapport de méthode avec la *psychologie*, la *morale* et la *théodicée*, parce qu'elle enseigne les méthodes qui leur sont applicables : méthode d'observation et d'induction, nécessaire au psychologue pour déterminer les facultés et les attributs de l'âme; méthode à la fois expérimentale et rationnelle dont on a besoin en morale pour constater l'existence de la loi du devoir et faire l'application de cette loi aux diverses circonstances de la vie humaine; méthode inductive et méthode déductive, auxquelles il faut recourir en théodicée soit pour démontrer l'existence de Dieu, soit pour établir ses attributs métaphysiques et moraux.

Enfin la *logique* trouve dans la *théodicée* son complément, son couronnement naturel : Dieu, en effet, est le fondement dernier de toute certitude, le principe suprême de toute vérité ou plutôt la Vérité éternelle et infinie. Comme le dit très bien M. Cousin dans la conclusion de son traité *Du Vrai, du Beau, du Bien:* « De toutes parts, de la métaphysique, de l'esthétique, surtout de la morale, nous nous élevons au même principe, centre commun, fondement dernier de toute vérité, de toute beauté, de tout bien. Le vrai, le beau et le bien ne sont que les manifestations diverses d'un même être. L'intelligence humaine, interrogée sur toutes ces idées qui sont incontestablement en elle, nous fait toujours la même réponse; elle nous renvoie à la même application : au fond de tout, au-dessus de tout, Dieu, toujours Dieu. »

Sujets à traiter *avec les éléments fournis par ce devoir.* —
1. Donner une définition de la *logique*. Énumérer les questions principales qu'elle se charge de résoudre. Signaler les rapports qu'elle soutient avec les autres sciences. (Faculté de Caen, 9 novembre 1868.)

2. Quelle est l'utilité de la *logique?* (Faculté de Clermont, 5 août 1882.)

3. Montrer pourquoi la *logique* doit être précédée de la *psychologie.* (Sorbonne.)

4. En quoi la *logique* présuppose-t-elle la *psychologie?* (Concours général de 1840.)

5. La science de l'esprit humain présente-t-elle la même certitude que les autres sciences et leur est-elle nécessaire? (Concours général de 1852.)

6. Définir la logique et prouver par des vérités d'expérience que la *logique* est une science. (Faculté de Toulouse.)

7. Montrer l'importance de la *logique* parmi les diverses parties de la philosophie. (Faculté de Toulouse.)

8. Utilité de la *logique;* ses rapports avec les autres sciences (Faculté de Toulouse.)

LXII.

Qu'entendait-on, dans l'ancienne Logique, par les trois opérations de l'esprit ? Expliquer les caractères propres à chacune d'elles et leurs rapports. (Sorbonne, 9 août 1872.

Dans l'ancienne Logique, telle que l'enseignaient les Scolastiques, d'après l'*Organon* d'Aristote, et telle que nous la trouvons exposée par Bossuet dans le traité spécial qu'il a consacré à cette science, on entendait par les trois opérations de l'esprit la *conception* ou l'*idée*, le *jugement* et le *raisonnement*.

On définissait l'*idée*, la représentation pure et simple d'un objet dans l'esprit, « *simplex apprehensio, mera mentis aperceptio, mera representatio alicujus objecti in mente existens* ». La conception d'une chimère, d'une montagne d'or, d'un centaure, etc., est une idée, tant que l'esprit qui se représente ces choses, s'abstient de toute affirmation sur leur existence et sur leur nature.

« *Juger*, a dit Aristote, c'est affirmer quelque chose de quelque chose : κατηγορεῖν τι τινος. » Le *jugement*, d'après Bossuet, est cette opération de l'esprit qui consiste à affirmer ou à nier : Dieu est bon, l'âme est immortelle, voilà des jugements.

Le *raisonnement*, au dire des Scolastiques et de Bossuet, consiste à prouver une chose par une autre, à tirer un jugement d'autres jugements, v. g. : Ce qui est saint, hait le péché ; Dieu est saint ; donc il hait le péché. L'ancienne Logique ne connaissait guère que cette forme du raisonnement, la déduction, et ne parlait que très peu de l'induction, dont Bacon a eu l'honneur de donner la théorie dans son *Novum Organum*.

« Voilà donc trois opérations de l'esprit manifestement distinguées, pouvons-nous dire avec Bossuet dans sa *Logique* : une qui conçoit simplement les idées ; une qui les assemble ou les désunit, en affirmant ou niant l'une de l'autre ; une qui, ne voyant pas d'abord un fondement suffisant pour affirmer ou nier, examine s'il se peut trouver en raisonnant. »

Ces trois opérations de l'esprit ont leurs caractères propres et particuliers, que décrivaient fort longuement les anciennes logiques et dont il suffit d'indiquer les principaux.

Ainsi les *idées* et les *termes* qui les expriment en présentent deux d'importants : l'*extension* et la *compréhension*.

On entend par l'*extension* des idées le plus ou moins grand nombre d'êtres qu'elles représentent; v. g., l'extension de l'idée d'homme, c'est l'ensemble des individus qui constituent l'humanité.

La *compréhension* des idées est le plus ou moins grand nombre d'attributs essentiels qu'elles embrassent; v. g., la compréhension de l'idée d'homme, c'est animal et raisonnable, qui sont les deux attributs essentiels de l'humanité.

Les *jugements* et les *propositions* qui les expriment ont pour caractères principaux d'être *universels* ou *particuliers*, *affirmatifs* ou *négatifs* :

Universels, quand ils s'appliquent à toute une classe d'individus, v. g. : Tous les hommes sont mortels, tous les cercles sont ronds;

Particuliers, quand ils ne s'appliquent qu'à un ou plusieurs individus, v. g. : Socrate est un martyr de la vérité; il y a bien des gens malheureux;

Affirmatifs, quand ils déclarent qu'une chose convient à une autre, v. g. : Tous les corps sont pesants; tous les gaz sont élastiques;

Négatifs enfin, quand ils déclarent qu'une chose ne convient pas à une autre, v. g. : Ni l'or ni la grandeur ne nous rendent heureux.

Les *raisonnements*, ou plutôt les *arguments* qui les expriment, sont *réguliers* ou *irréguliers*, comme parle Bossuet :

Réguliers, lorsqu'ils se produisent sous la forme exacte et rigoureuse du syllogisme, majeure, mineure et conclusion, v. g. : Toute vertu est aimable; or, l'humilité est une vertu; donc l'humilité est aimable;

Irréguliers, lorsqu'ils prennent une forme différente de celle du syllogisme, qu'ils s'appellent enthymème, sorite, dilemme ou épichérème.

Bossuet distingue encore les raisonnements ou arguments

démonstratifs, qui se font en matière certaine, nécessaire, universelle, v. g. en géométrie, en mathématique ; et les arguments ou raisonnements *probables*, qui ont pour objet des choses contingentes, conjecturales, sujettes à discussions, v. g. : César était un ennemi de sa patrie ; or, il est permis de tuer les ennemis de sa patrie ; donc Brutus a bien fait de tuer César.

Quoi qu'il en soit des caractères particuliers des trois opérations de l'esprit, elles ont entre elles les rapports les plus étroits.

En effet, les *idées* sont les éléments des *jugements*, lesquels, à leur tour, servent à constituer le *raisonnement*. Le raisonnement est un groupe de jugements, comme le jugement un groupe d'idées.

De même, les *termes* qui expriment les idées sont la matière des *propositions* qui expriment les jugements, et les propositions à leur tour constituent les *arguments*, éléments de la démonstration.

Il en résulte que l'ancienne Logique, qui n'était que la science de la démonstration, comprenait trois parties : l'une où elle étudiait les *idées* et les *termes*; une autre où elle donnait la théorie du *jugement* et de la *proposition*; une dernière enfin où elle analysait le *raisonnement*, le syllogisme et les autres arguments.

Sujets à traiter. — 1. Exposer et apprécier la théorie des opérations de l'esprit telle qu'elle est exposée dans la *Logique de Port-Royal*. (Sorbonne, 1er avril 1878.)
2. Analyse critique de la division des quatre opérations de l'esprit que suppose la division de la *Logique de Port-Royal* (introduction) : concevoir, juger, raisonner, ordonner. (Sorbonne, 10 août 1867.)

LXIII.

Classification des idées. (Sorbonne, août 1875.)

« Le mot d'*idée*, dit Port-Royal, est du nombre de ceux qui sont si clairs qu'on ne peut les expliquer par d'autres, parce qu'il n'y en a point de plus clairs et de plus simples. »

Néanmoins on définit généralement l'*idée*, la représentation pure et simple d'un objet dans l'esprit, *mera repræsentatio alicujus objecti in mente existens*, comme disaient les Scolastiques.

On classe les *idées* selon les divers points de vue sous lesquels on les considère : or, d'après la *Logique de Port-Royal*, elles peuvent être considérées : 1° selon leur *nature* et leur *origine*; 2° selon leurs *objets*; 3° selon leur *composition* ou *simplicité*, ou, comme on dit aujourd'hui, selon leur *compréhension*; 4° selon leur *étendue*; 5° selon leur *clarté* et *obscurité*.

Au point de vue de leur *nature* et de leur *origine*, les idées se divisent en idées *sensibles*, idées *psychologiques*, idées *métaphysiques* et idées *morales*, et en idées *contingentes* et idées *nécessaires*.

Les idées *sensibles* sont celles qui viennent des sens et se rapportent aux corps et aux propriétés des corps, comme les idées de lumière, de son, de chaleur.

Les idées *psychologiques* sont celles que nous donne la conscience et qui ont pour objet les phénomènes, les facultés et les attributs de l'âme, comme les idées de pensée, de sentiment, de volition.

Les idées *métaphysiques* sont celles qui nous représentent les réalités nécessaires et absolues que conçoit la raison, v. g. les idées d'être, de substance, de cause.

Les idées *morales* nous sont données par la conscience morale et se rapportent à notre conduite, v. g. les idées de bien, de devoir, de vice et de vertu.

Les idées *contingentes* sont celles dont l'objet existe, mais pourrait ne pas exister ou exister autrement, v. g. les idées de corps et de propriétés de corps, les idées d'âme et de phénomènes de l'âme.

Les idées *nécessaires* sont celles dont l'objet ne peut pas ne pas être ou être autrement, v. g. les idées de cause, de substance, d'ordre, de fin.

Considérées au point de vue des *objets* qu'elles représentent, les idées se divisent en *idées de choses*, de *modes* et de *choses modifiées*.

Les *idées de choses* sont celles qui nous représentent les substances ou les choses du monde physique ou du monde moral, v. g. les idées de terre, de soleil, d'esprit, de Dieu.

Les idées de *modes* sont celles qui ont pour objet les modes, les qualités, les attributs des choses, v. g. les idées de chaleur, de dureté, de couleur.

Les idées de *choses modifiées* sont celles par lesquelles nous nous représentons à la fois la substance et ses modes, v. g. les idées d'homme juste, de savant.

C'est à la classification des idées d'après leur objet que se rapportent les dix *catégories* d'Aristote, c'est-à-dire les dix idées les plus générales auxquelles se ramènent toutes nos idées : ce sont la *substance*, la *quantité*, la *relation*, la *qualité*, l'*action*, la *passion*, le *lieu*, le *temps*, la *situation* et la *manière d'être*. « Ces dix catégories, dit Bossuet dans sa *Logique*, marquent la réponse aux dix questions les plus générales qu'on puisse faire de chaque chose. Qu'est-ce qu'un homme? On répond en expliquant sa substance. Combien est-il grand? De tant de coudées. A quoi a-t-il rapport? A son père, à son fils, à son serviteur. Quel est-il? Blanc ou noir, sain ou malade, robuste ou infirme, ingénieux ou grossier. Que fait-il? Il dessine ou fait une figure de géométrie. Que souffre-t-il? Il a la fièvre, il a un grand mal de tête. Où est-il? Il est à la ville, il est aux champs. Quand est-il né? En telle ou telle année. De quoi est-il vêtu? De pourpre ou d'écarlate. »

Au point de vue de la *compréhension*, c'est-à-dire du plus ou moins grand nombre d'attributs essentiels qu'elles représentent, les idées sont *simples* ou *complexes*, *concrètes* ou *abstraites :*

Simples, quand elles ne représentent qu'un attribut, une propriété, un objet, comme les idées d'être, de point, de ligne;

Complexes ou *composées*, quand leur objet présente plusieurs points de vue, comme les idées de progrès, de civilisation;

Concrètes, quand elles représentent les objets tels qu'il existent dans la réalité, avec tous leurs éléments constitutifs, comme les idées de soleil, de Socrate, de Paris;

Abstraites, quand elles ne représentent qu'un point de vue d'une chose considérés isolément par la pensée, comme les idées de chaleur, de talent, de taille d'un homme.

Au point de vue de l'*étendue* ou de la *quantité*, c'est-à-dire du plus ou moins grand nombre d'individus qu'elles représentent, les idées sont *singulières, particulières* ou *universelles :*

Singulières, quand elles ont pour objet un individu déterminé, comme les idées de Socrate, de Paris, de Napoléon ;

Particulières, quand elles représentent un ou plusieurs individus indéterminés, comme l'idée d'un philosophe, de quelques soldats ;

Universelles, quand elles conviennent à toute une classe d'êtres, « *unum aptum prædicari de multis,* » comme les idées d'homme, d'animal, de plante.

Au point de vue de la *clarté* et de l'*obscurité,* les idées sont *claires* ou *obscures, distinctes* ou *confuses.*

Elles sont *claires,* « quand on les reconnaît et les discerne aisément les unes des autres, » dit Leibnitz reproduisant la doctrine de Descartes ; *obscures,* quand elles ne se montrent à nous que mêlées et confondues avec d'autres ;

Distinctes, quand elles nous représentent leur objet comme différant de tout autre objet ; *confuses,* quand leur objet n'est pas nettement distingué de ce qui n'est pas lui.

A cette classification donnée par Port-Royal on peut ajouter la division des idées d'après leur *rapport avec leur objet* : à ce point de vue, on distingue les idées *réelles* et *chimériques,* les *idées* explicites et *implicites,* les idées *complètes* et *incomplètes.*

Les idées sont *réelles,* quand leur objet existe véritablement, v. g. les idées de Paris, de Berlin ; *chimériques,* quand leur objet est une pure conception de notre esprit, v. g. les idées de centaure, d'hippogriffe.

Les idées *explicites,* du latin *explicare,* expliquer, nous font connaître leur objet en lui-même et avec tout ce qui le constitue ; les idées *implicites* nous montrent vaguement leur objet comme enveloppé dans un autre. Dans la conscience qu'ont tous les hommes de leur sensibilité, de leur intelligence et de leur volonté, il y a l'idée implicite de toute la psychologie ; cette idée est explicite chez le philosophe qui a étudié la science de l'âme. Socrate pensait que tous les hommes ont l'idée implicite de toutes les choses et que le travail de l'éducation ne consiste qu'à développer cette idée et à la rendre explicite. Aussi l'un des procédés de sa célèbre méthode, la maïeutique, ou l'art d'accoucher les esprits, n'avait-il pour but que d'aider l'intelligence des auditeurs à se former des idées claires et explicites.

On entend par idées *complètes* ou *adéquates*, celles qui nous font connaître un objet avec tous ses attributs et sous tous ses rapports; par idées *incomplètes* ou *inadéquates* celles qui ne nous font connaître qu'imparfaitement leur objet. Notre intelligence finie et bornée n'a et ne peut avoir que des idées incomplètes : seul, Dieu sait égaler ses conceptions aux réalités ou plutôt les réalités à ses conceptions. Cependant on s'accorde à regarder comme idées complètes certaines notions des sciences mathématiques.

Quelques philosophes parlent d'idées *vraies* ou *exactes* et d'idées *fausses* ou *inexactes*. On peut admettre ces locutions dans le langage ordinaire, où l'on se sert du mot idées pour désigner toutes les conceptions de l'esprit, les jugements aussi bien que les représentations pures et simples des choses. Mais l'idée, au sens strictement rigoureux de ce mot, ne semble susceptible ni de vérité ni de fausseté : ces caractères ne conviennent qu'à la connaissance totale, à l'affirmation, au jugement.

Sujets à traiter. — 1. L'erreur est-elle dans l'*idée* ou dans le *jugement*? (Sorbonne, 13 mars 1887, 27 mars 1878.)
2. Comment l'*idée* se distingue-t-elle de l'*image*? Y a-t-il idée sans image? (Sorbonne, 15 juillet 1879.)
3. Déterminer ce qu'on appelle en logique *compréhension* et *extension* des termes. (Faculté de Toulouse.)

LXIV.

Théorie de la proposition. Ses éléments. Ses diverses espèces. Importance de cette théorie pour la théorie du syllogisme. (Sorbonne, 22 novembre 1867.)

La *proposition* est l'expression d'un jugement : Dieu est bon, l'âme est immortelle, tout effet a une cause, voilà des propositions. Les éléments de la *proposition*, ce sont les termes qui la constituent, le *sujet*, le *verbe* et l'*attribut*; le *sujet*, ou le terme qui exprime l'idée de la chose dont on affirme; le *verbe* ou le terme qui exprime l'affirmation, et l'*attribut*, ou le terme qui exprime l'idée de la chose affirmée. Dans la proposition suivante : L'hydrogène est compressible, l'hydrogène est *sujet*, est *verbe*, compressible *attribut*.

Le *verbe*, comme son nom l'indique, *verbum*, mot par excellence, est l'âme et la vie du discours. Aussi les Scolastiques l'appelaient-ils la *forme* de la proposition, par opposition au sujet et à l'attribut qu'ils désignaient sous le nom de *matière* de la proposition. Ces dénominations sont exactes; car tant que le sujet et l'attribut demeurent isolés et ne sont pas unis entre eux par l'affirmation, on a plutôt les matériaux d'une proposition qu'une proposition véritable; celle-ci n'existe qu'autant que le verbe assemble ces matériaux en affirmant ou en niant l'attribut du sujet.

Il n'y a qu'un verbe qui exprime l'affirmation pure et simple : c'est le verbe *substantif* être. Il doit donc se trouver dans toute proposition; seulement il est rare qu'il s'y montre dans toute sa simplicité. Pour abréger le discours, pour lui donner plus de force et de variété, on a imaginé d'exprimer par le même mot l'affirmation et l'attribut, quelquefois même le sujet, souvent la désignation du nombre, de la personne, du temps, du mode : *amaveram, voluissem*. Ce genre de verbes porte le nom de verbes *attributifs*, par opposition au verbe substantif. Port-Royal définit le verbe dans ce qu'il a d'essentiel, *vox significans affirmationem*; le verbe substantif, *vox significans affirmationem, cum designatione personæ, numeri et temporis*; et enfin le verbe attributif, *vox significans affirmationem alicujus attributi, cum designatione personæ, numeri et temporis*.

Il y a tant de diverses espèces de propositions qu'il semble bien difficile d'en donner une énumération complète. Néanmoins on les divise généralement d'après les différents points de vue sous lesquels on les envisage; or, on peut les envisager : 1° au point de vue de leur *quantité*; 2° au point de vue de leur *qualité*; 3° au point de vue de leur *opposition*; 4° au point de vue des *éléments* qui les constituent.

Au point de vue de la *quantité* ou de l'*extension*, c'est-à-dire du plus ou moins grand nombre d'individus auxquels elles s'appliquent, les propositions sont *singulières, particulières, universelles,* ou *indéfinies :*

Singulières, quand leur sujet est un terme singulier, c'est-à-dire ne s'appliquant qu'à un objet déterminé, v. g. : Paris est la capitale de la France;

Particulières, quand leur sujet est un terme particulier, c'est-à-dire s'appliquant à un ou plusieurs individus indéterminés, v. g. : Un philosophe a dit; — il y a des amis inconstants;

Universelles, quand leur sujet est un terme universel, c'est-à-dire s'appliquant à toute une classe d'individus, v. g. : Tous les rayons sont égaux;

Indéfinies, quand l'extension du sujet n'est pas déterminée et ne peut l'être que par le conteste, v. g. : Les jeunes gens sont légers.

Les logiciens ramènent à deux classes les diverses espèces de propositions que l'on distingue au point de vue de la *quantité*. Elles sont toutes, disent-ils, ou *particulières* ou *universelles ;* car leur sujet est pris ou bien dans toute son étendue ou bien dans une partie seulement de cette étendue. Il est pris dans toute son étendue dans les propositions universelles et dans les propositions indéfinies, qui se ramènent à des propositions métaphysiquement, physiquement ou moralement universelles. Il est pris dans une partie seulement de son étendue dans les propositions particulières et singulières et dans les propositions indéfinies qui se ramènent à des particulières.

Au point de vue de la *qualité,* les propositions sont *affirmatives* ou *négatives :*

Affirmatives, quand elles déclarent que l'attribut convient au sujet, v. g. : La liberté morale est la gloire de l'homme.

Négatives, quand elles séparent l'attribut du sujet, v. g. : Le fatalisme n'est pas une doctrine consolante.

Les logiciens ont formulé plusieurs axiomes à propos de la nature des propositions affirmatives et négatives; voici les principaux :

1° L'attribut d'une proposition affirmative est toujours pris dans toute sa compréhension, jamais dans toute son extension : quand je dis que la vertu est aimable, j'affirme que la vertu a toutes les qualités qui constituent l'amabilité ; je ne veux pas dire que la vertu soit toutes les choses aimables.

2° L'attribut d'une proposition négative est toujours pris dans toute son extension, jamais dans toute sa compréhension ; v. g., quand je dis que la matière n'est pas une substance pensante, j'affirme que la matière n'est aucune des choses pensantes ; je n'affirme pas qu'elle n'est pas une substance.

Si l'on combine la quantité et la qualité des propositions on a quatre principales sortes de propositions que l'on désigne par les voyelles A, E, I, O.

A, c'est l'*universelle affirmative*, v. g. : Tout vicieux est esclave.

E, c'est l'*universelle négative*, v. g. : Nul vicieux n'est heureux.

I, c'est la *particulière affirmative*, v. g. : Quelques vicieux sont riches.

O, c'est la *particulière négative*, v. g. : Quelques vicieux ne sont pas riches.

De là ces vers mnémotechniques :

> Asserit A, negat E, verum generaliter ambo.
> Asserit I, negat O, sed particulariter ambo.

Au point de vue de l'*opposition*, les propositions sont *contradictoires* ou *contraires*, *subcontraires* ou *subalternes*.

Deux propositions sont *contradictoires*, quand l'une ne dit que ce qu'il faut pour réfuter l'autre, v. g. : Tous les hommes sont malheureux, — quelques hommes ne sont pas malheureux.

Deux propositions sont *contraires* quand l'une dit plus qu'il ne faut pour réfuter l'autre, v. g. : Tous les hommes sont heureux, — aucun homme n'est heureux.

Deux propositions *contradictoires* ne peuvent être ni vraies ni fausses en même temps : si l'une est vraie, l'autre est fausse ; si l'une est fausse, l'autre est vraie. Cela résulte de la nature même de leur opposition qui est absolue et n'admet pas de milieu : s'il est vrai que tous les hommes sont malheureux, il est faux que quelques hommes ne soient pas malheureux; s'il est vrai que quelques hommes ne sont pas malheureux, il est faux que tous les hommes soient malheureux.

Deux propositions *contraires* ne peuvent être toutes deux vraies, mais elles peuvent être toutes deux fausses. — De la vérité de l'une on doit conclure à la fausseté de l'autre, puisqu'elles se contredisent et se réfutent mutuellement; s'il est vrai que tous les hommes sont heureux, il est faux qu'aucun homme ne soit heureux. — Mais la fausseté de l'une des propositions *contraires* n'emporte pas la vérité de l'autre; car comme l'une dit plus qu'il ne faut pour réfuter l'autre, la vérité peut se trouver dans un juste milieu : ainsi il est faux que tous les hommes soient heureux; il est également faux qu'aucun homme ne soit heureux; la vérité, c'est que quelques hommes sont heureux.

Deux propositions sont *subcontraires*, quand elles ont même sujet, même attribut, même quantité, mais différente qualité, v. g. : Quelques hommes sont justes, — quelques hommes ne sont pas justes.

Deux *subcontraires* peuvent être toutes deux vraies, comme dans l'exemple précédent; mais elles ne peuvent être toutes deux fausses, car elles sont contradictoires et que deux contradictoires ne sont jamais fausses en même temps.

Deux propositions sont *subalternes*, quand elles ont même sujet, même attribut, même qualité, mais différente quantité, v. g. : Tout homme est juste, quelque homme est juste.

Voici les règles des propositions subalternes :

1° Si l'universelle est vraie, la particulière l'est aussi, parce que la première contient la seconde : s'il est vrai que tout homme est juste, il est vrai *à fortiori* que quelque homme est juste.

2° Si la particulière est fausse, l'universelle l'est aussi : s'il est faux que quelque homme soit juste, il est faux *à fortiori* que tout homme soit juste.

3° La vérité de la proposition particulière n'entraîne pas la vérité de l'universelle; celle-ci peut être fausse par suite même de sa généralité : de ce que quelque homme est juste, il ne s'ensuit pas que tout homme soit juste.

4° La fausseté de la proposition universelle n'entraîne pas la fausseté de la proposition particulière : celle-ci peut être vraie précisément parce qu'elle a moins d'étendue que l'universelle. Ainsi quoiqu'il soit faux de dire : Tout homme est juste, il est vrai de dire : Quelque homme est juste.

Au point de vue des éléments qui les constituent, les propositions sont *complètes, elliptiques* ou *implicites ; simples, complexes* ou *composées ; catégoriques* ou *modales*.

Une proposition est *complète,* quand ses trois termes, sujet, verbe et attribut sont exprimés, v. g. : Dieu est saint;

Elliptique, quand un ou plusieurs de ses termes sont sous-entendus : si l'on me demande : Quand viendrez-vous? et que je réponde : « Demain, » demain est une proposition elliptique;

Implicite, quand aucun de ces trois termes n'est exprimé : un seul mot tient lieu de tous les termes et ce mot est la plupart du temps une interjection : Oh! ah! c'est-à-dire : Que je souffre!

On entend par propositions *simples* des propositions qui n'ont qu'un sujet et qu'un attribut, v. g. : La vertu est aimable;

Par propositions *complexes* des propositions dont le sujet ou l'attribut ou tous les deux à la fois sont des termes composés de plusieurs mots, v. g. : Bacon, chancelier d'Angleterre, est plus illustre comme philosophe que comme homme d'État;

Par propositions *composées* des propositions qui ont plusieurs sujets ou plusieurs attributs et équivalent à plusieurs propositions, v. g. :

> Ni l'or ni la grandeur ne nous rendent heureux.

Les propositions *composées* sont de deux sortes, d'après Port-Royal : « les unes où la composition est expressément marquée; les autres où elle est plus cachée. »

Les propositions composées de la première classe sont :

Les *copulatives,* c'est-à-dire celles qui ont plusieurs sujets ou plusieurs attributs ou même plusieurs sujets et plusieurs attributs unis par les conjonctions copulatives *et, ni,* v. g. :

> Mors et vita in manu linguæ...
> Non domus et fundus, non æris acervus et auri
> Ægroto domini deduxit corpore febres,
> Non animo curas.

Les *disjonctives*, c'est-à-dire celles qui ont plusieurs sujets ou attributs liés entre eux par les conjonctions disjonctives, ou, ou bien, v. g. : *Amicitia pares aut accipit, aut facit;*

Les *conditionnelles*, c'est-à-dire celles qui sont formées de deux parties unies par les conjonctions si, pourvu que : de ces deux parties, celle qui renferme la condition s'appelle antécédent et l'autre conséquent. Si l'âme est immortelle, il faut pratiquer la vertu, voilà une proposition conditionnelle;

Les *causales*, c'est-à-dire celles qui renferment plusieurs parties liées par un mot de cause, parce que, afin que, *quia, ut* :

.... Tolluntur in altum.
Ut lapsu graviore ruant.

Les *relatives*, c'est-à-dire celles qui renferment quelque comparaison et quelque rapport, v. g. : Où est votre trésor, là est votre cœur;

Les *discrétives*, c'est-à-dire celles qui renferment plusieurs parties unies par les particules mais, néanmoins, *sed, tamen*:

Cœlum, non animum mutant, qui trans mare currunt.

Les propositions composées dont la composition est cachée sont de quatre sortes, d'après Port-Royal : il y a les *exclusives*, es *exceptives*, les *comparatives*, les *inceptives* et les *désitives*.

Les *exclusives* sont celles qui marquent qu'un attribut convient à un sujet et ne convient qu'à lui seul, v. g. : *Deus solus fruendus, reliqua utenda.*

Les *exceptives* sont celles qui affirment une chose en faisant quelque exception, v. g. : *Avarus nisi quùm moritur, nil recte facit.*

Les *comparatives* sont celles qui établissent une comparaison entre deux choses, v. g. : *Meliora sunt vulnera amici quam fraudulenta oscula inimici.*

Les *inceptives* ou *désitives* sont celles où l'on dit qu'une chose a commencé ou cessé d'être, v. g. : La langue latine a cessé d'être la langue vulgaire de l'Italie, depuis que l'italien a commencé à devenir la langue nationale.

Restent à définir les propositions *catégoriques* et *modales*.

Les propositions sont *catégoriques*, quand elles affirment purement et simplement l'attribut du sujet, v. g. : L'âme est immortelle.

Elles sont *modales,* quand elles affirment la manière dont l'attribut convient au sujet, v. g. : Dieu est infiniment bon. L'ancienne Logique distinguait quatre espèces de propositions modales, parce que l'attribut peut être affirmé du sujet de quatre manières, comme possible et comme impossible, comme contingent et comme nécessaire.

La théorie de la *proposition* telle que nous venons de l'exposer est d'une importance capitale pour la théorie du *syllogisme,* dont elle nous donne comme la clef.

Le *syllogisme,* en effet, n'est qu'un groupe de trois propositions disposées de telle sorte que la troisième soit une conséquence nécessaire des deux autres; or, pour bien disposer la majeure, la mineure et la conclusion, il faut connaître nécessairement la nature et les caractères des propositions qui les constituent.

Aussi des huit règles du syllogisme simple, il y en a quatre qui concernent les propositions :

>Ambæ affirmantes nequeunt generare negantem.
>Utraque si præmissa neget, nihil inde sequetur.
>Pejorem sequitur semper conclusio partem.
>Nil sequitur geminis è particularibus unquam.

L'explication de ces règles se tire tout entière des principes posés à propos de la quantité et de la qualité des propositions.

De plus, les *modes* du syllogisme ne sont que les différentes formes qu'il présente d'après la disposition des propositions qui le composent, universelles affirmatives, universelles négatives, particulières affirmatives, particulières négatives : A, E, I, O.

>Barbara, Celarent, Darii, Ferio;
>Cesare, Camestres, Festino, Baroco;
>Darapti, Felapton, Disamis, Datisi, Bocardo, Ferison;
>Barbari, Calentes, Dibatis, Fespamo, Fresison.

Enfin les diverses espèces de syllogismes, syllogismes *composés,* syllogismes *conditionnels,* syllogismes *disjonctifs,* syllogismes *copulatifs,* ne s'appellent ainsi que parce que leur majeure est une proposition *conditionnelle, disjonctive* ou *copulative*, et c'est de la nature même de ces propositions que découlent les règles applicables aux arguments dont il s'agit, v. g. celles du syllogisme conditionnel :

1° *Verum antecedens, ergo et consequens; verum prius ergo et posterius.*

2° *Falsum consequens, ergo et antecedens; falsum posterius, ergo et prius.*

Sujets à traiter. — 1. Théorie de la proposition. (Sorbonne, 16 avril 1878.)

2. Du rôle du verbe dans l'analyse de la proposition, d'après la *Logique de Port-Royal*. (Sorbonne, 13 août 1868.)

3. Quantité et qualité des propositions. Si deux prémisses sont particulières ou négatives, que doit-on conclure ? (Sorbonne, 12 août 1873.)

4. Montrer par des exemples la différence des propositions simples, composées, complexes, d'après la *Logique de Port-Royal*. (Sorbonne, 11 novembre 1874.)

LXV.

De la définition. Différences de la définition de mot et de la définition de chose. Règle de l'une et de l'autre. Donner des exemples. (Sorbonne, 3 août 1870.)

La *définition* est une proposition ou un discours qui explique le sens d'un mot ou la nature d'une chose.

On donne des définitions quand on dit : L'homme est un animal raisonnable; la logique est la science du vrai; le cylindre est le volume engendré par un rectangle tournant autour de l'un de ses côtés pris comme axe.

Les logiciens distinguent généralement deux sortes de définition : la *définition de mot* et la *définition de chose*.

La *définition de mot* ou *de nom* est l'explication du sens que l'on attache à un nom ou à un mot.

La *définition de chose* consiste à déterminer la nature même de la chose exprimée par un mot.

Si je dis : On appelle âme le principe de la pensée, je donne une *définition de mot*, j'indique ce que l'on entend par le mot âme.

Si je dis : L'âme est la substance une, identique, spirituelle, libre et immortelle, qui dans chacun de nous pense, sent et veut et est le principe de la vie du corps, je fais une *définition de chose*, parce que j'indique quelle est la nature de l'âme.

Voici, d'après Port-Royal, les différences qu'il y a entre les *définitions de mots* et les *définitions de choses*.

« Premièrement, les *définitions de noms* sont arbitraires et celles de choses ne le sont point : car chaque son étant indifférent de soi-même et par sa nature à signifier toutes sortes d'idées, il m'est permis, pour mon usage particulier, et pourvu que j'en avertisse les autres, de déterminer un nom à signifier précisément une certaine chose, sans mélange d'aucune autre ; mais il en est tout autrement de la *définition des choses*; car il ne dépend point de la volonté des hommes que les idées comprennent ce qu'ils voudraient qu'elles comprissent ; de sorte que si, en voulant les définir, nous attribuons à ces idées quelque chose qu'elles ne contiennent pas, nous tombons nécessairement dans l'erreur.

« En second lieu, les *définitions de noms* ne peuvent être contestées par cela même qu'elles sont arbitraires ; car vous ne pouvez nier qu'un homme n'ait donné à un son la signification qu'il dit lui avoir donnée ; mais pour les *définitions de choses*, on a souvent droit de les contester, puisqu'elles peuvent être fausses.

« Troisièmement, toute *définition de nom*, ne pouvant être contestée, peut être prise pour principe, au lieu que les *définitions de choses* ne peuvent point du tout être prises pour principes, et sont de véritables propositions qui peuvent être niées par ceux qui y trouveront quelque obscurité, et par conséquent elles ont besoin d'être prouvées. » (*Logique de Port-Royal :* Ire partie, ch. xii.)

Cette distinction des *définitions de mot* et des *définitions de chose* a été vivement attaquée et M. Duval-Jouve en particulier l'a battue en brèche dans sa *Logique*. Elle n'est à ses yeux « qu'une subtilité mal fondée; car 1° il n'y a pas de *définition de mot* qui ne soit dans une certaine mesure une définition *de chose*; 2° il n'y a pas de définition *de chose* qui ne soit une définition *de mot* ». D'ailleurs, ajoute-t-il, « les définitions de mots ne sont pas arbitraires. Je comprends que je puisse nommer *chapeau* ce que les autres appellent géométrie; mais si on me demande ce que j'entends par chapeau, je suis obligé de répondre comme les autres que c'est la science des grandeurs. Ce qui est libre, ce n'est pas la définition, c'est la dénomination : or, baptiser une chose, ce n'est pas la définir. »

Il y a du vrai dans ces objections et il faut reconnaître qu'ordinairement celui qui explique un mot explique en même temps la chose exprimée par ce mot. Mais il n'en est pas toujours ni nécessairement ainsi: très souvent la définition de mot n'explique que la pensée de celui qui parle, la conception qu'il a dans l'esprit; or, cette définition une fois accordée, il reste à savoir quelle est la nature de la chose définie. Ainsi un matérialiste et un spiritualiste qui discuteront ensemble peuvent très bien s'accorder d'abord sur le sens du mot âme et convenir qu'ils entendront tous deux par ce mot le principe de la pensée. Il restera toujours à savoir quelle est la nature de ce principe. D'ailleurs, alors même que toute définition *de mot* serait en même temps une définition *de chose*, on ne peut contester que celui qui définit considère principalement tantôt la nature de la chose et tantôt le sens du mot; or, on a toujours le droit de désigner les choses par ce qui prédomine en elles et par conséquent de distinguer les définitions *de chose* des définitions *de mot*, qui sont plus que des dénominations et qui ont lieu précisément quand le sens des noms n'est pas déterminé et qu'on veut fixer d'un commun accord celui qu'on leur donnera.

Port-Royal fait trois « observations importantes touchant la définition des noms » : ce sont les trois *règles* de cette définition.

« La première est qu'il ne faut pas entreprendre de définir tous les mots, parce que souvent cela serait inutile et même impossible : » inutile, parce qu'il y a des mots si clairs que tout le monde en a la même idée; impossible, parce que pour définir il faut nécessairement recourir à des termes qui ne se définissent pas.

« La seconde observation est qu'il ne faut point changer les définitions déjà reçues, quand on n'a point sujet d'y trouver à redire...

« La troisième est que, quand on est obligé de définir un mot, on doit, autant que l'on peut, s'accommoder à l'usage, en ne donnant pas aux mots des sens tout à fait éloignés de ceux qu'ils ont et qui pourraient même être contraires à l'étymologie, comme qui dirait : J'appelle parallélogramme une figure terminée par trois lignes. » (*Logique de Port-Royal* : Ire p.; c. XIII).

Voici encore, d'après Port-Royal, les règles de la *définition des choses :*

1° Il faut qu'une définition soit *universelle*, c'est-à-dire qu'elle comprenne tout le défini : ainsi définir le temps, la mesure du mouvement, c'est faire une définition inexacte; car le temps ne mesure pas moins le repos que le mouvement.

2° Il faut qu'une définition soit *propre,* c'est-à-dire qu'elle ne convienne qu'au défini « soli definito »; ainsi on ne doit pas dire : L'homme est un être raisonnable; car il n'y a pas que l'homme qui soit un être raisonnable.

3° Il faut qu'une définition soit *claire*, c'est-à-dire qu'elle nous serve à avoir une idée plus claire et plus distincte de la chose qu'on définit. « Une définition obscure, dit Aristote, ressemble à ces tableaux de mauvais peintres qui sont inintelligibles à moins d'une inscription qui en explique le sujet. » Il est donc essentiel d'éviter dans les définitions les métaphores qui voilent la pensée et de rechercher, au contraire, la précision et la netteté.

On ajoute ordinairement une quatrième règle : il faut que la définition soit *réciproque,* c'est-à-dire que le sujet et l'attribut puissent être mis indifféremment à la place l'un de l'autre, comme quand je dis : Le triangle est une figure de trois côtés, ou bien : Les figures de trois côtés s'appellent triangles.

Sujets à traiter. — 1. Règles de la définition : donner des exemples. (Sorbonne, 26 novembre 1868.)
2. Utilité des définitions. Quelles choses doivent être définies. Règles de Pascal. (Sorbonne, 7 novembre 1866.)

LXVI.

Quelle différence y a-t-il entre les modes et les figures du syllogisme ? Combien y a-t-il de figures ? En quoi consistent-elles ? Quels sont les modes concluants dans les deux premières figures ? (Sorbonne, 17 août 1872.)

Les *modes* du syllogisme sont les différentes combinaisons des propositions qui le composent, universelles affirmatives, universelles négatives, particulières affirmatives, particulières négatives, A, E, I, O, comme les ont appelées les Scolastiques.

Les *figures* du syllogisme sont les diverses formes qu'il présente suivant la place qu'occupe le terme moyen dans les prémisses, majeure et mineure.

Or, comme il peut occuper quatre places, il y a quatre *figures*.

La *première figure* est celle où le terme moyen est sujet dans la majeure et attribut dans la mineure, v. g. :

Tout ce qui est *vraiment beau* est digne de notre affection ;
Or, la vertu est *vraiment belle* ;
Donc elle est digne de notre affection.

La *deuxième figure* est celle où le terme moyen est attribut dans la majeure et dans la mineure, v. g. :

Toute amitié véritable suppose *la franchise* ;
Or, il y a des amitiés *sans franchise* ;
Donc il y a des amitiés qui ne sont pas véritables.

La *troisième figure* est celle où le terme moyen est sujet dans les deux prémisses, v. g. :

Il y a des *colères* qui sont saintes ;
Or, la *colère* est une passion ;
Donc il y a des passions qui sont saintes.

La *quatrième figure*, dont on attribue l'invention à Gallien et que quelques logiciens font rentrer dans la première, est celle où le terme moyen est attribut dans la majeure et sujet dans la mineure, v. g. :

Les merveilles de la nature *s'accomplissent tous les jours* sous nos yeux ;

Or, les choses que *nous voyons tous les jours* ne nous frappent pas ;

Donc il y a des merveilles qui ne nous frappent pas.

Pour se rappeler aisément ces quatre figures, les Scolastiques avaient composé le vers mnémotechnique suivant :

Sub præ, tùm præ-præ, tùm sub sub, deniquè præ-sub.

Sub est la première syllabe de *subjectum*, sujet, et *præ*, la première syllabe de *prædicatum*, attribut.

Les *modes* du syllogisme se répartissent entre les quatre *figures* et il devrait y en avoir autant qu'il peut y avoir de combinaisons des quatre principales espèces de propositions, A, E, I, O, prises trois à trois, c'est-à-dire soixante-quatre. Mais de ces soixante-quatre modes possibles, cinquante-quatre sont écartés par les règles du syllogisme : dix seulement ont un sens et donnent des conclusions. Combinés avec les quatre *figures*, ces dix *modes* devraient en faire quarante ; mais il n'y en a que dix-neuf de concluants, dont quatre dans la première figure, deux affirmatifs et deux négatifs,

Barbara, Celarent, Darii, Ferio.

et quatre dans la deuxième figure, tous négatifs :

Cesare, Camestres, Festino, Baroco.

Voici les exemples que donne Port-Royal pour ces divers modes :

Bar. Quiconque laisse mourir de faim ceux qu'il doit nourrir est homicide ;
Ba. Tous les riches qui ne donnent point l'aumône dans les nécessités publiques laissent mourir de faim ceux qu'ils doivent nourrir ;
Ra. Donc ils sont homicides.

Ce. Nul voleur impénitent ne doit s'attendre d'être sauvé ;
La. Tous ceux qui meurent après s'être enrichis du bien de l'Église sans vouloir le restituer, sont des voleurs impénitents ;
Rent. Donc nul d'eux ne doit s'attendre d'être sauvé.

Da. Tout ce qui sert au salut est avantageux ;
Ri. Il y a des afflictions qui servent au salut ;
I. Donc il y a des afflictions qui sont avantageuses.

Fe. Ce qui est suivi d'un juste repentir n'est jamais à souhaiter ;
Ri. Il y a des plaisirs qui sont suivis d'un juste repentir ;
O. Donc il y a des plaisirs qui ne sont point à souhaiter.

Ce. Nul menteur n'est croyable ;
Sa. Tout homme de bien est croyable ;
Re. Donc nul homme de bien n'est menteur.

Ca. Tous ceux qui sont à Jésus-Christ crucifient leur chair ;
Mes. Tous ceux qui mènent une vie molle ne crucifient pas leur chair ;
Tres. Donc nul d'eux n'est à Jésus-Christ.

Fes. Nulle vertu n'est contraire à l'amour de la vérité ;
Ti. Il y a un amour de la paix qui est contraire à l'amour de la vérité ;
No. Donc il y a un amour de la paix qui n'est pas vertu.

Ba. Toute vertu est accompagnée de discrétion ;
Ro Il y a des zèles sans discrétion ;
Co. Donc il y a des zèles qui ne sont pas vertu.

(Pour les sujets à traiter, voir à la fin du devoir suivant.)

LXVII.

Théorie du syllogisme. (Sorbonne, 21 août 1867.)

Le *syllogisme* est un groupe de trois propositions disposées de telle sorte que la troisième soit une conséquence nécessaire des des deux autres : « Συλλογισμός, dit Aristote dans ses *Analytiques*, ἐστι λόγος ἐν ᾧ τιθέντων τινων ἕτερόν τι ἐξ ἀνάγκης συμβαίνει τῷ ταῦτα εἶναι. »

Ainsi on fait un *syllogisme* quand on dit : Tout ce qui est beau est aimable ; or, la vertu est belle ; donc elle est aimable.

Le fondement du *syllogisme* c'est le principe d'identité : Ce qui est est, $A = A$, ou le principe de contradiction : La même chose ne peut pas en même temps être et n'être pas, ou plutôt l'axiome de l'égalité qui n'est qu'une formule vulgaire des deux principes précédents : Deux idées qui conviennent à une troisième se conviennent entre elles; deux idées dont l'une convient à une troisième et l'autre non ne se conviennent pas entre elles.

Tout le rôle du *syllogisme* consiste à faire voir le rapport caché qui existe entre deux idées, en ayant recours à l'intermédiaire d'une troisième. Je veux établir que l'histoire est utile : cette proposition n'est pas évidente, parce qu'on ne saisit pas directement le rapport qu'il y a entre l'idée d'histoire et celle d'utilité. J'ai donc recours à une idée intermédiaire : l'un des avantages de l'histoire, c'est d'étendre l'expérience. Voilà dès lors trois idées : l'idée d'histoire, l'idée d'utilité, l'idée de ce qui étend l'expérience. Je construis ainsi mon raisonnement : Tout ce qui étend l'expérience est utile : or, l'histoire étend l'expérience; donc elle est utile.

On distingue dans le syllogisme la *matière* et la *forme* : la *matière* du syllogisme ce sont les termes et les propositions dont il se compose; la *forme*, c'est la liaison logique des propositions, le rapport de la conclusion aux prémisses.

Dans tout syllogisme il y a *trois termes* et *trois propositions*.

Les trois termes sont les *deux extrêmes* et le *terme moyen*. Les deux extrêmes expriment les deux idées dont on veut saisir le rapport; l'un s'appelle *grand extrême* ou *terme majeur* : c'est celui qui a le plus d'extension et qui est l'attribut de la conclusion; l'autre s'appelle *petit extrême* ou *terme mineur* : c'est celui qui a le moins d'extension et qui est le sujet de la conclusion. Le *terme moyen* est le terme qui exprime l'idée dont on se sert comme mesure de comparaison. Dans le syllogisme suivant : Toute vertu est louable ; or, la justice est une vertu; donc la justice est louable, louable est le terme *majeur*; justice, le terme *mineur*; vertu, le terme *moyen*.

Les *trois propositions* du syllogisme sont la *majeure*, la *mineure* et la *conclusion*; la *majeure*, dans laquelle le terme majeur est comparé au terme moyen; la *mineure*, qui contient le terme mineur également comparé au moyen; la *conclusion*, qui exprime le résultat de la comparaison faite dans la majeure et dans la mineure.

La majeure et la mineure s'appellent *prémisses*, du latin *præ missæ*, parce qu'elles précèdent et amènent la conclusion.

Les *règles* du syllogisme ont été admirablement exposées par Aristote dans l'*Organon* et ramenées par les Scolastiques aux huit suivantes :

> Terminus esto triplex, medius, majorque, minorque ;
> Latius hunc quam præmissæ conclusio non vult.
> Aut semel aut iterum medius generaliter esto.
> Nequaquam medium capiat conclusio fas est.
>
> Ambæ affirmantes nequeunt generare negantem.
> Utraque si præmissa neget, nihil inde sequetur.
> Pejorem sequitur semper conclusio partem.
> Nil sequitur geminis è particularibus unquam.

De ces huit règles, les quatre premières se rapportent aux termes et les quatre dernières aux propositions.

1° « *Terminus esto triplex*, etc. : il faut que dans le syllogisme il y ait trois termes, le terme moyen, le terme majeur et le terme mineur. » Cela découle de la nature même du syllogisme, dans lequel il y a toujours trois idées : deux dont on veut saisir le rapport et une troisième qui sert d'intermédiaire. Il faut donc trois termes pour les exprimer. Mais il n'en faut que trois, non seulement grammaticalement et quant aux mots, mais encore logiquement et quant au sens des mots. Avec quatre termes, il n'y a plus de comparaison possible. Chacun sent la fausseté du syllogisme suivant rapporté par Sénèque : *Mus rodit; atqui mus est syllabus; ergo syllabus rodit.*

2° « *Latius hunc*, etc. : aucun terme ne doit avoir plus d'extension dans la conclusion que dans les prémisses. » La conclusion, en effet, se tirant des prémisses, doit y être enfermée : or, le plus n'est pas enfermé dans le moins, ni un terme plus étendu dans un terme moins étendu. D'ailleurs, un terme ayant plus d'extension dans la conclusion que dans les prémisses équivaudrait à deux termes ; il y aurait dès lors quatre termes dans le syllogisme et la première règle serait violée. Le syllogisme suivant est donc défectueux : Les planètes sont *des astres*; or, les planètes tournent autour du soleil ; donc *tous les astres* tournent autour du soleil.

3° « *Aut semel*, etc. : le terme moyen doit être pris au moins une fois universellement dans les prémisses. » S'il était pris deux fois particulièrement, il pourrait avoir deux sens différents et il n'y aurait plus dès lors de terme de comparaison ni de conclusion possible. On ne peut pas dire : Dieu est esprit; l'âme est esprit ; donc l'âme est Dieu.

4° « *Nequaquam*, etc. : la conclusion ne doit jamais renfermer le terme moyen. » Le terme moyen, en effet, a pour unique fonction de faire saisir le rapport qui existe entre les deux extrêmes, et il est par là même étranger à la conclusion qui n'est que l'expression de ce rapport. Le syllogisme suivant est donc défectueux : Paul est bon; Paul est peintre; donc Paul est un bon peintre.

5° « *Ambæ affirmantes*, etc. : deux prémisses affirmatives ne peuvent donner lieu à une conclusion négative. » Deux prémisses affirmatives, en effet, déclarent que les deux extrêmes conviennent au terme moyen : or, deux idées qui conviennent à une troisième se conviennent entre elles; il faut donc que la conclusion exprime cette convenance, qu'elle soit affirmative. Il serait absurde de dire : La vertu est aimable; or, l'humilité est une vertu; donc l'humilité n'est pas aimable.

6° « *Utraque si præmissa neget*, etc. : de deux prémisses affirmatives on ne peut rien conclure. » Deux prémisses négatives, en effet, déclarent que des deux extrêmes aucun ne convient avec le terme moyen : Pierre ne ressemble pas à Paul : Paul ne ressemble pas à André. Or, de ce que deux idées n'ont aucun rapport avec une troisième, on ne peut conclure ni qu'elles sont ni qu'elles ne sont pas d'accord entre elles.

7° « *Pejorem sequitur*, etc. : la conclusion suit toujours la partie la moins noble; » or, la partie la moins noble, c'est la négative par rapport à l'affirmative, la particulière par rapport à l'universelle.

Si des deux prémisses l'une est affirmative et l'autre négative, la conclusion doit être négative. En effet, deux prémisses dont l'une est affirmative et l'autre négative déclarent que des deux extrêmes l'un convient avec le terme moyen et l'autre non : or, deux idées, dont l'une convient à une troisième et l'autre non, ne se conviennent pas entre elles. Il faut donc que la conclusion exprime cette disconvenance, qu'elle soit négative, v. g.: La vertu est aimable; or, l'orgueil n'est pas aimable; donc l'orgueil n'est pas une vertu.

Si des deux prémisses l'une est universelle et l'autre particulière, la conclusion doit être particulière. En effet, ces deux prémisses indiquent que des deux extrêmes l'un convient avec le terme moyen selon toute son étendue, l'autre selon une partie seulement de cette étendue. Il est impossible de conclure qu'ils se conviennent selon toute leur étendue; la conclusion doit être particulière. Ainsi l'on doit dire : Tout acte héroïque est admirable; or, quelques actes humains sont héroïques; donc quelques actes humains sont admirables.

Si dans les deux prémisses il y a une négation et un signe de particularité, la conclusion doit être particulière et négative : c'est la conséquence de ce qui précède.

8° « *Nil sequitur*, etc. : on ne peut rien conclure de deux prémisses particulières. » En effet, de trois choses l'une : ou ces prémisses particulières sont toutes deux affirmatives; ou elles sont toutes deux négatives; ou elles sont l'une affirmative et l'autre négative.

Si les deux propositions particulières sont affirmatives, elles ne renferment aucun terme universel; les sujets ne le sont pas, en tant que sujets de propositions particulières; les attributs ne le sont pas davantage, car l'attribut d'une proposition affirmative n'est jamais pris dans toute son extension. On ne peut donc rien conclure de pareilles prémisses, car le terme moyen n'y est pas pris au moins une fois universellement, comme le veut la troisième règle : *Aut semel aut iterum medius generaliter esto.*

Si les deux propositions particulières sont négatives : Quelques Espagnols ne sont pas catholiques; quelques catholiques ne sont pas saints, il est encore évident qu'on ne peut tirer aucune conclusion légitime : *Utraque si præmissa negèt, nihil indè sequetur.*

Si des deux propositions particulières l'une est affirmative et l'autre négative, la conclusion, s'il pouvait y en avoir une, devrait être négative en vertu de la règle : *Pejorem sequitur semper conclusio partem*; étant négative elle devrait avoir un terme universel, son attribut, qui est le terme majeur. Mais ce terme, universel dans la conclusion, le serait dans les prémisses en vertu de la règle : *Latius hunc quam præmissæ conclusio non vult*; or, il n'en est pas ainsi; car, dans deux propositions particulières, l'une affirmative et l'autre négative, il n'y a qu'un terme universel, l'attribut de la négative, et ce terme doit être le terme moyen, en vertu de la règle : *Aut semel aut iterum medius generaliter esto*. Le terme majeur n'étant pas universel dans les prémisses ne saurait l'être dans la conclusion, v. g. : Quelques hommes sont blancs; quelques hommes ne sont pas noirs; donc..... ?

Telles sont les règles du syllogisme dites des anciens.

Port-Royal en les reproduisant retranche la première et la quatrième; *Bossuet* la quatrième et il fond ensemble la cinquième et la sixième.

On a même essayé de remplacer ces règles par d'autres plus simples et plus claires.

Ainsi les auteurs de la *Logique de Port-Royal* prétendent qu'on peut juger « de la bonté ou du défaut de tout syllogisme par ce seul principe général que l'une des deux propositions doit contenir la conclusion et l'autre faire voir qu'elle la contient. » L'une doit être *contenante* et l'autre *applicative*.

Euler, dans ses *Lettres à une princesse d'Allemagne*, a donné une théorie fort ingénieuse du syllogisme : il représente les propositions par des cercles concentriques et excentriques et il ramène toutes les règles du syllogisme aux deux principes suivants : Tout ce qui est dans le contenu est dans le contenant; tout ce qui est hors du contenant est hors du contenu. Voici les exemples qu'il donne : Tout ce qui est créé est imparfait; or, le monde est créé; donc il est imparfait; — rien de ce qui est créé n'est parfait; or, le monde est créé; donc il n'est pas parfait.

Plus récemment encore M. *Hamilton* a réduit à trois les règles du syllogisme : la première est qu'il y ait trois termes, mais seulement trois termes, formant trois, mais seulement trois propositions; la seconde est que la moyenne doit être universelle et la mineure affirmative; la troisième est que la conclusion doit s'accorder en quantité avec la mineure et en qualité avec la majeure.

(Pour les *figures* et les *modes* du syllogisme, voir le devoir précédent.)

Il y a six modes concluants pour la troisième figure :

Darapti, Felapton, Disamis, Datisi, Bocardo, Ferison ;

et cinq pour la quatrième :

Barbari, Caleptes, Dibatis, Fespamo, Fresison.

On distingue trois sortes de syllogismes : le *syllogisme simple*, le *syllogisme complexe* et le *syllogisme composé*.

Le syllogisme *simple* ou *incomplexe* est celui dans lequel le terme majeur et le terme mineur sont comparés intégralement et successivement avec le terme moyen, v. g. : Toute vertu est belle ; or, l'humilité est une vertu ; donc l'humilité est belle.

Le syllogisme *complexe* est celui dont la conclusion renferme un terme complexe, pris partie dans la majeure, partie dans la mineure, v. g. : Les Perses adoraient le soleil ; or, le soleil est un objet matériel ; donc les Perses adoraient un objet matériel.

Le syllogisme *composé* ou *conjonctif*, comme l'appelle Port-Royal, est celui dont la majeure est une proposition composée qui renferme la conclusion tout entière. Il y a trois sortes de syllogismes composés : les syllogismes *conditionnels*, les syllogismes *disjonctifs* et les syllogismes *copulatifs*.

Le syllogisme *conditionnel* est un syllogisme dont la majeure est une proposition conditionnelle, c'est-à-dire une proposition composée de deux parties unies entre elles par les conjonctions si, pourvu que, v. g. : S'il y a un Dieu, il faut l'aimer ; or, il y a un Dieu ; donc il faut l'aimer.

Le syllogisme *disjonctif* a pour majeure une proposition disjonctive, c'est-à-dire une proposition composée de plusieurs parties, unies entre elles par les conjonctions ou, ou bien, v. g. : « Ceux qui ont tué César, dit Port-Royal, sont parricides ou défenseurs de la liberté ; or, ils ne sont pas parricides ; donc ils sont défenseurs de la liberté. »

Le syllogisme *copulatif* est un syllogisme qui a pour majeure une proposition copulative, affirmative ou négative, v. g. : Les anges et les hommes sont doués d'intelligence et de volonté ; or, les animaux et les plantes n'ont ni intelligence, ni volonté ;

donc ni les animaux ni les plantes ne sont anges ou hommes.

Le syllogisme a été tantôt exalté et tantôt déprécié outre mesure. Au moyen âge, on le regardait comme la clef d'or de la science. Au seizième siècle, au contraire, Ramus, Van Helmont, Bacon; au dix-septième, Descartes et ses disciples le rendaient responsable de toutes les erreurs de la science et des siècles passés. Apologistes et critiques ont tort et raison tout ensemble : car si le syllogisme habitue au formalisme, aux querelles de mots et à l'ergoterie, s'il condamne les sciences physiques et naturelles à tourner dans un cercle de principes arbitraires, il est la méthode obligatoire des sciences de déduction, comme la théologie, les mathématiques, et on a tout à gagner à l'employer dans la discussion. Aussi Leibnitz a-t-il raison de dire : « Je tiens que l'invention du syllogisme est une des plus belles de l'esprit humain et même des plus considérables. C'est une espèce de mathématique universelle dont l'importance n'est pas assez connue et l'on peut dire qu'un certain art d'infaillibilité y est contenu, pourvu qu'on sache et qu'on puisse bien s'en servir. »

Sujets à traiter. — 1. Rôle du moyen terme dans le syllogisme. (Sorbonne, 22 juillet 1880.)

2. Des diverses formes et des diverses espèces de syllogismes. (Sorbonne, 24 mars 1880.)

3. Des abus du syllogisme. Quelles sont les critiques de Descartes et de Port-Royal contre cette forme du raisonnement? (Sorbonne, novembre 1875.)

LXVIII.

Qu'entend-on par enthymème, épichérème, prosyllogisme, sorite, dilemme? Qu'est-ce qu'un argument *ad hominem*, un argument *à fortiori*, une réduction à l'absurde ? (Sorbonne, 8 novembre 1869.)

L'*enthymème*, du grec ἐν θυμῷ, dans l'esprit, est, d'après Port-Royal, un syllogisme parfait dans l'esprit, imparfait dans l'expression, parce qu'on y supprime la majeure ou la mineure comme étant trop claire et trop connue.

Si je dis : l'homme a des devoirs; donc il a des droits, je fais un *enthymème*, parce que je sous-entends cette majeure : Tout être qui a des devoirs a des droits.

Cette suppression flatte la vanité de ceux à qui l'on parle; car elle leur laisse quelque chose à deviner : aussi l'enthymème est-il la forme la plus ordinaire du raisonnement déductif.

« Mortel, ne garde pas une haine immortelle; lisons-nous dans la *Rhétorique* d'Aristote.

« Je t'ai pu conserver; je te pourrai donc perdre, » disait la Médée d'Ovide.

L'*épichérème*, du grec ἐπιχειρῶ, je raisonne, est un syllogisme dont l'une des prémisses ou toutes les deux à la fois sont accompagnées de leurs preuves.

La première partie de la *Milonnienne*, n'est qu'un magnifique *épichérème* :

« Il est permis, dit Cicéron, de tuer quiconque nous dresse des embûches pour nous ôter la vie : la loi naturelle, le droit, les exemples le prouvent.

« Or Clodius a dressé des embûches pour ôter la vie à Milon : l'escorte dont il était accompagné, les armes qu'il avait distribuées à ses hommes, le bruit qui s'était répandu dans la ville que Milon ne reviendrait pas de ce voyage, en sont la preuve.

Donc il était permis à Milon de tuer Clodius.

Le *prosyllogisme*, du grec πρὸ συλλογισμός, syllogisme avant un autre, est un argument composé de deux syllogismes disposés de manière que la conclusion du premier serve de majeure au second :

Une substance simple ne peut se dissoudre;

Un esprit est une substance simple;

Donc il ne peut se dissoudre;

Mais l'âme est un esprit;

Donc elle ne périt pas par dissolution de parties :

Voilà un prosyllogisme. Cet argument serait plus exactement appelé *polysyllogisme*, sa première partie *prosyllogisme* et la seconde *épisyllogisme*.

Le *sorite*, du grec σωρείτης, σωρός, tas, monceau, est un argument composé d'une série de propositions disposées de telle sorte que l'attribut de la première devienne le sujet de la seconde, l'attribut de la seconde le sujet de la troisième, et ainsi de suite jusqu'à ce qu'on arrive à une conclusion qui ait pour sujet le sujet de la première proposition et pour attribut l'attribut de la dernière.

Tel est le raisonnement de Sénèque :

> Qui prudens est et temperans est;
> Qui temperans est et constans est;
> Qui constans est et imperturbatus est;
> Qui imperturbatus est sine tristitia est;
> Qui sine tristitia est et beatus est:
> Ergo prudens beatus est et prudentia ad beatam vitam satis est.

Tel est encore le raisonnement du renard de Montaigne :

> Ce qui fait bruit se remue;
> Ce qui se remue n'est pas gelé;
> Ce qui n'est pas gelé est liquide;
> Et ce qui est liquide plie sous le faix;
> Donc cette rivière qui fait bruit pliera sous le faix.

Le *dilemme*, d'après Port-Royal, « est un raisonnement composé où, après avoir divisé un tout en ses parties, on conclut affirmativement ou négativement du tout ce qu'on a conclu de chaque partie. » C'est une manière d'argumenter par laquelle on présente à son adversaire comme une alternative inévitable deux majeures contradictoires qui aboutissent à la même conclusion, de sorte que quelque parti qu'il prenne, il est condamné sans réplique. Voilà pourquoi on appelle le dilemme *argumentum cornutum, argumentum utrinque feriens*.

Je veux prouver que pour les impies il n'y a aucun bonheur à attendre par delà le tombeau; je fais le dilemme suivant :

Ou les impies meurent entièrement, ou leur âme est immortelle;

S'ils meurent entièrement, ils ne peuvent espérer de bonheur;

Si leur âme est immortelle, ils doivent craindre les justes vengeances de Dieu;

Donc, après la mort, il n'y a pas de bonheur pour les impies.

Mathan, dans *Athalie*, veut prouver à Abner qu'il faut se débarrasser de l'enfant que la reine a vu en songe un poignard à la main.

« On le craint, dit-il, tout est examiné :

> A d'illustres parents s'il doit son origine,
> La splendeur de son sort doit hâter sa ruine :
> Dans le vulgaire obscur si le sort l'a placé,
> Qu'importe qu'au hasard un sang vil soit versé? (Acte II, sc. v.)

Un *argument ad hominem* consiste à convaincre ou à réfuter un adversaire en partant de principes qu'il admet et qui peuvent n'avoir de valeur que pour lui. C'est ainsi qu'on prouverait à un mahométan la divinité de la religion chrétienne en s'appuyant sur l'autorité du Coran. La dialectique de Socrate, ou du moins son ironie mordante, semble avoir consisté principalement à faire des *arguments ad hominem*, par lesquels il mettait les sophistes et les rhéteurs prétentieux en contradiction avec eux-mêmes.

Un *argument à fortiori* est un raisonnement où l'on conclut du plus au moins. — La présence d'un importun est odieuse pendant une heure; elle l'est *à fortiori* pendant un jour. — « Que si Dieu, dit Bossuet, accorde aux prières les prospérités temporelles, combien plus leur accorde-t-il les vrais biens, c'est-à-dire les vertus! »

> Je t'aimais inconstant : qu'eussé-je fait, fidèle? (*Andr.* IV, s. v),

a dit le poète : voilà des arguments *à fortiori*.

Une *réduction à l'absurde* ou une *démonstration par l'impossible* consiste à supposer vraie pour un instant la proposition contradictoire de celle qu'on veut établir et à faire voir que cette supposition aboutit à une impossibilité, à une absurdité : telle est la démonstration de l'existence de la liberté morale par les conséquences du fatalisme. Ce genre de démonstration ne doit être employé que quand on ne peut pas faire autrement; car s'il convainc, il n'éclaire point et ne fait point connaître le comment et le pourquoi des choses, ce qui doit être le but de toute démonstration vraiment scientifique.

Sujets à traiter. — 1. Définir et distinguer en donnant des exemples le *syllogisme*, l'*enthymème*, le *sorite* et le *dilemme*. (Sorbonne, 11 novembre 1872.)

2. Qu'appelle-t-on en logique les *dilemmes*? En donner des exemples. (Sorbonne, 30 novembre 1868.)

LXIX.

Théorie de la démonstration. Ses diverses espèces; ses règles. (Sorbonne, 12 août 1870, 8 novembre 1873.)

La *démonstration* est une opération qui consiste à tirer certaines vérités d'autres vérités qui les renferment plus ou moins explicitement et à faire descendre sur les unes l'évidence des autres (*monstrare de*). Aristote la définit « le syllogisme scientifique ou plutôt le syllogisme qui produit la science et le savoir, ὁ συλλογισμὸς ἐπιστημονικός ». La démonstration est donc le dernier mot de la méthode déductive et la véritable condition des sciences auxquelles s'applique cette méthode, sciences mathématiques, théologie, droit, etc.

Les éléments de la démonstration ce sont les *définitions* qui lui servent de point de départ, les *axiomes* sur lesquels elle s'appuie et les *raisonnements* plus ou moins longs qui la constituent.

Les *définitions* sont des propositions qui expliquent le sens des mots et la nature des choses dont il s'agit. Ainsi les mathématiciens nous disent ce qu'il faut entendre par nombre et unité, ligne et surface, circonférence et cercle, sphère et pyramide, etc. : c'est de leurs définitions qu'ils tirent toutes les propositions particulières, tous les théorèmes qu'ils démontrent.

Les *axiomes* sont des vérités évidentes par elles-mêmes, universelles et nécessaires, qui servent de fondement à toutes les sciences. Le tout est plus grand que sa partie; la ligne droite est le plus court chemin d'un point à un autre; la même chose ne peut pas en même temps être et n'être pas; le bien est distinct du mal : voilà des axiomes.

Il faut distinguer les axiomes soit des *faits premiers*, qui ne se démontrent pas non plus, mais qui se constatent, soit des *maximes*, qui sont aussi des vérités générales, mais qui peuvent ne pas être évidentes et comportent toujours quelque exception, comme cette parole de La Rochefoucauld : « L'esprit est toujours la dupe du cœur. »

Partant des définitions et s'appuyant sur les axiomes, la démonstration se développe en une série plus ou moins longue *de raisonnements et de déductions :* ainsi pour démontrer que le carré construit sur l'hypoténuse d'un triangle rectangle est égal au carré construit sur les deux autres côtés, les géomètres donnent toute une série de raisons méthodiquement exposées qui constituent la démonstration du théorème indiqué.

Comme les raisonnements déductifs dont se compose la démonstration peuvent être disposés de diverses manières, on distingue diverses espèces de démonstration, dont les principales sont : la *démonstration synthétique* et la *démonstration analytique*, la *démonstration à priori* et la *démonstration à posteriori*, la *démonstration directe* et la *démonstration indirecte*.

La *démonstration synthétique* ou *descendante* consiste à partir d'un principe général et à en déduire successivement toutes les conséquences; v. g., en arithmétique, étant posée la définition de la proportion géométrique, on en conclut d'abord que le produit des extrêmes est égal au produit des moyens; ensuite, que si l'on a déjà trois termes d'une proportion, l'on peut trouver le quatrième au moyen d'une multiplication et d'une division.

La *démonstration analytique* ou *ascendante* consiste à partir des données d'une question à résoudre, à les décomposer et à poursuivre, à travers une série de décompositions et de transformations successives une affirmation évidemment vraie ou évidemment fausse qui donne la solution cherchée. Ainsi je veux démontrer la spiritualité de l'âme : je décompose l'idée de spiritualité et l'idée d'âme; la spiritualité m'apparaît comme l'attribut d'une substance simple et non composée de parties; l'âme est le principe qui dans chacun de nous pense, sent et veut : or, la pensée, la sensation, la volition sont des phénomènes essentiellement simples et absolument incompatibles avec la matière étendue et divisible; mais les modes sont toujours de même nature que la substance; donc l'âme est simple et spirituelle.

La *démonstration à priori* consiste à prouver l'effet par la cause, les propriétés par l'essence : on donne une démonstration de ce genre lorsqu'on établit en théodicée l'existence de la Providence en partant des attributs de Dieu, de sa sagesse et de sa bonté infinies.

La *démonstration à posteriori* remonte des effets à la cause, des propriétés à l'essence : c'est une démonstration de cette sorte que l'on fait lorsqu'on établit l'existence de Dieu par l'ordre et l'harmonie de l'univers.

La démonstration est *directe* quand on prouve une vérité par des arguments tirés de la nature même de la chose dont il s'agit, v. g., quand on montre que le dogme de l'immortalité de l'âme découle nécessairement des notions morales gravées au fond de l'intelligence humaine.

La *démonstration indirecte* ou *démonstration par l'impossible*, ou *réduction à l'absurde*, consiste à supposer vraie pour un instant la proposition contradictoire de celle qu'on veut établir et à faire voir que cette supposition aboutit à une impossibilité, à une absurdité : telle est la démonstration de l'existence de la liberté morale par les conséquences du fatalisme. Ce genre de démonstration ne doit être employé que quand on ne peut pas faire autrement; car s'il convainc, il n'éclaire point et ne fait pas connaître le pourquoi et le comment des choses, ce qui doit être le but et le résultat de toute démonstration vraiment scientifique.

Les règles de la démonstration ont été données par Pascal dans son *Second fragment de l'esprit géométrique*, qu'on intitule généralement *De l'art de persuader*. Il en énonce huit, dont cinq seulement sont nécessaires à ses yeux.

Les auteurs de la *Logique de Port-Royal* ont reproduit six de ces règles et y en ont ajouté deux autres, tirées des préceptes de la méthode générale de Descartes.

Il y a donc, d'après eux, huit règles de la démonstration,

dont deux pour les définitions, deux pour les axiomes, deux pour les raisonnements et deux pour la méthode à suivre dans la démonstration.

Règles pour les définitions.

1º Ne laisser aucun des termes un peu obscurs ou équivoques sans les définir.
2º N'employer dans les définitions que des termes parfaitement connus ou déjà expliqués.

Règles pour les axiomes.

1º Ne demander pour axiomes que des choses parfaitement évidentes.
2º Recevoir pour évident ce qui n'a besoin que d'un peu d'attention pour être reconnu véritable.

Règles pour les démonstrations.

1º Prouver toutes les propositions un peu obscures en n'employant à leur preuve que les définitions qui auront précédé et les axiomes qui auront été accordés ou les propositions qui auront été déjà démontrées.
2º N'abuser jamais de l'équivoque des termes en manquant de substituer mentalement les définitions qui les restreignent et qui les expliquent.

Règles pour la méthode.

1º Traiter les choses, autant qu'il se peut, dans leur ordre naturel, en commençant par les plus générales et les plus simples et expliquant tout ce qui appartient à la nature du genre avant que de passer aux espèces particulières.
2º Diviser, autant qu'il se peut, chaque genre en toutes ses espèces, chaque tout en toutes ses parties et chaque difficulté en tous ses cas. (*Logique de Port-Royal :* quatrième partie.)

Sujets à traiter. — 1. Définir le *raisonnement* et la *démonstration*. Distinguer les différentes espèces de *démonstration*. Résumer ce qui est dit de la méthode des géomètres dans la IVe partie de la *Logique de Port-Royal.* (Sorbonne, 15 mars 1879.)

2. Qu'appelle-t-on *axiomes?* Quelle est la différence entre les axiomes et les vérités démontrées ? Montrer l'importance de la règle suivant laquelle on ne demande en axiomes que des choses parfaitement évidentes. (Sorbonne, 15 novembre 1871.)

3. Est-il vrai de dire avec Pascal que la méthode la plus parfaite consisterait à définir tous les termes et à prouver toutes les propositions ? (Sorbonne, 5 août 1872.)

4. Quelle différence y a-t-il entre convaincre et persuader ? (Sorbonne, 20 août 1866.)

LXX.

Expliquer par des exemples cette maxime de Descartes :
« *Ce n'est pas assez d'avoir l'esprit bon ; le principal est de l'appliquer bien.* » (Sorbonne, 12 novembre 1867.)

C'est dans la première partie de son *Discours de la méthode* que Descartes, après avoir affirmé que « le bon sens est la chose du monde la mieux partagée et que la raison est naturellement égale en tous les hommes », ajoute que la diversité de nos opinions ne vient pas de ce que les uns sont plus raisonnables que les autres, mais seulement de ce que nous conduisons nos pensées par diverses voies et ne considérons pas les mêmes choses. « Car, dit-il, ce n'est pas assez d'avoir l'esprit bon ; le principal est de l'appliquer bien. »

Par cette maxime, il veut dire que nos facultés intellectuelles, le talent et le génie eux-mêmes, ont besoin, pour réaliser de grandes choses dans les diverses branches de la connaissance humaine, d'être éclairés et guidés par une méthode sûre et féconde. La méthode, en effet, est pour l'esprit ce que les instruments sont pour la main. De quelque puissance naturelle qu'elle soit douée, la main, livrée à ses seules forces, ne produira que des œuvres grossières, les œuvres que produit le sauvage au fond de ses forêts et de ses déserts. Mais donnez-lui un levier et d'autres instruments avec le moyen de s'en servir : vous la verrez multiplier sous vos yeux les merveilles de l'art et de l'industrie, qui sont la gloire de la civilisation. Ainsi en est-il de l'esprit même le plus puissant : ses efforts mal dirigés demeurent à peu près stériles; bien appliqués, ils deviennent d'une fécondité prodigieuse : « *Ut instrumenta,* dit Bacon, *manûs motum cient aut regunt, ita et instrumenta mentis intellectui aut suggerunt aut cavent.* »

Une autre comparaison de Bacon qui peut nous aider aussi à comprendre la portée de la maxime de Descartes, c'est celle qu'il exprime par cette célèbre métaphore : « *Claudus in viâ antecedit cursorem extra viam.* » En effet, livré à lui-même, marchant au hasard et sans guide, un savant, un philosophe est exposé à perdre son temps en tâtonnements infructueux, ou même à tomber dans des erreurs d'autant plus dangereuses qu'il aura mis au service de ses conceptions des facultés plus puissantes. Guidé au contraire par une bonne méthode, il marche lentement, mais sûrement; il n'aborde certaines questions qu'après en avoir résolu d'autres qui les éclairent :

... Sic res accendent lumina rebus,

comme dit Lucrèce; il applique à chaque ordre de vérités le procédé qui lui est propre : ici, l'expérience; là, le raisonnement; ailleurs, l'un et l'autre réunis. Dans de telles conditions, un esprit même médiocre peut aller plus loin que l'intelligence la plus brillante. « Ceux qui ne marchent que fort lentement, dit Descartes pensant sans doute à la parole de Bacon, peuvent avancer beaucoup davantage, s'ils suivent toujours le droit chemin, que ne font ceux qui courent et s'en éloignent. »

L'histoire nous fournit de nombreux exemples qui prouvent d'une manière éclatante que « ce n'est pas assez d'avoir l'esprit bon, et que le principal est de l'appliquer bien. » Certes, ils avaient l'esprit bon, l'esprit puissant, ces premiers penseurs, ces premiers philosophes de la Grèce qui s'appelaient Thalès, Anaxagore, Démocrite, Parménide, Pythagore; et pourtant ils n'ont produit guère autre chose que des systèmes, des cosmogonies plus ou moins absurdes, de vrais romans sur l'origine des choses dans l'univers. C'est qu'ils n'ont pas su bien appliquer leurs facultés puissantes; c'est qu'il leur a manqué une bonne méthode, une méthode capable de seconder leurs généreux efforts. Cette méthode, Socrate la donna à la philosophie naissante en faisant du γνῶθι σεαυτόν le véritable point de départ de cette science et en substituant aux intuitions hardies, mais dangereuses, de l'hypothèse les réflexions lentes, mais sûres, de l'observation psychologique et morale. Voilà en quoi consiste la gloire de ce qu'on a appelé la révolution socratique, révolution qui, au dire de Cicéron, fit descendre la philosophie du ciel sur la terre, « *philosophiam devocavit e cœlo,* » et inaugura pour elle comme un véritable âge d'or.

Un spectacle à peu près semblable se présente à nous au moyen âge et dans les temps modernes, au seizième siècle surtout. Nous y voyons des esprits vigoureux et puissants qui aiment passionnément la vérité et qui néanmoins n'attachent leur nom qu'à des efforts plus ou moins stériles. C'est que tout en ayant l'esprit bon, il leur a manqué le principal, qui est de l'appliquer bien. Longtemps emprisonné dans la méthode étroite d'Aristote et des Scolastiques, l'esprit humain n'a pu prendre son essor que lorsque le *Novum Organum* de Bacon et le *Discours de la méthode* de Descartes lui ont eu ouvert des voies nouvelles, les voies de l'observation et de l'induction, jusque-là négligées. L'apparition de cette méthode a été pour les sciences comme l'aurore de ces progrès merveilleux dont l'éclat va grandissant tous les jours.

Sans doute, la méthode ne remplacera jamais le bon sens et le génie, et comme le dit Montaigne : « Elle n'est pas pour donner jour à l'âme qui n'en a point, ni pour faire voir un aveugle. Son métier est non de lui fournir la vue, mais de la lui dresser, de lui régler ses allures, pourvu qu'elle ait de soi les pieds et les jambes droites et capables. » Le génie lui-même puise dans les règles de la logique une force nouvelle : « *Ingenii vis præceptis alitur et crescit* », dit Sénèque, et Descartes a raison de se proposer lui-même comme un exemple de la puissance de la méthode en disant : « Je pense avoir eu beaucoup d'heur de m'être rencontré dès ma jeunesse en certains chemins qui m'ont conduit à des considérations et des maximes dont j'ai formé une méthode par laquelle il me semble que j'ai moyen d'augmenter ma connaissance et de l'élever peu à peu au plus haut point auquel la médiocrité de mon esprit et la courte durée de ma vie lui pourront permettre d'atteindre. »

(*Pour les sujets à traiter, voir à la fin de la dissertation* 61.)

LXXI.

Quels sont les différents sens des mots si souvent employés d'analyse et de synthèse ? (Sorbonne, 25 août 1869.)

L'*analyse* et la *synthèse* sont les deux procédés généraux qu'emploie l'esprit humain dans la recherche de la vérité, et qui se retrouvent dans tout développement régulier de la pensée et dans la formation de toute science.

L'*analyse*, du grec ἀναλύειν, décomposer, résoudre, est une opération qui consiste à décomposer un tout en ses éléments pour les considérer chacun à part.

La *synthèse*, du grec σὺν τίθημι, je mets ensemble, je réunis, est une opération par laquelle on réunit des éléments divers pour en former un tout.

On distingue deux sortes d'*analyse* et de *synthèse* : l'analyse et la synthèse *expérimentales*, et l'analyse et la synthèse *logiques* ou *rationnelles*.

L'analyse et la synthèse *expérimentales* s'exercent sur des choses, sur des réalités concrètes, dont la première sépare et distingue, dont la seconde combine ou rapproche les éléments constitutifs.

Ainsi quand le botaniste observe séparément et successivement les diverses parties d'une fleur, le calice, la corolle, les étamines, le pistil ; quand le chimiste décompose l'eau en ses deux éléments constitutifs, oxygène et hydrogène ; quand le physicien, au moyen d'un prisme, sépare les sept couleurs principales du spectre solaire ; quand le physiologiste met à nu et isole par la dissection chaque os, chaque muscle, chaque nerf ; quand le psychologue divise les faits de conscience en trois classes, faits sensibles ou affectifs, faits représentatifs ou intellectuels, faits actifs et volontaires : le psychologue, le physiologiste, le physicien, le chimiste, le botaniste, font de l'*analyse expérimentale;* chacun de nous en fait, toutes les fois qu'ayant sous les yeux un objet quelconque, fruit, livre, tableau, il distingue les qualités de cet objet, considère à part sa forme, son poids, sa couleur, sa saveur et ses autres propriétés.

C'est au contraire de la *synthèse expérimentale* que l'opération par laquelle le chimiste fait de l'eau en combinant de l'oxygène et de l'hydrogène dans les proportions voulues; que le travail par lequel le botaniste groupe les plantes qu'il a analysées, de manière à les distribuer en espèces, genres, familles; que la revue générale que fait le psychologue des phénomènes et des facultés de l'âme, lorsqu'après avoir étudié isolément la sensibilité, l'intelligence et la volonté, il envisage les rapports qu'elles présentent dans leur exercice et leur développement.

L'analyse et la synthèse *logiques* ou *rationnelles* s'exercent non plus sur des réalités concrètes, mais sur des idées et des jugements.

La première part d'une question à traiter, d'un problème à résoudre, décompose les données de cette question, de ce problème, et poursuit, à travers une série de décompositions et de transformations successives, une affirmation évidemment vraie ou évidemment fausse qui donne la solution cherchée.

Il s'agit, par exemple, de l'inscription de l'hexagone régulier dans un cercle : je suppose le problème résolu et le côté de l'hexagone trouvé; je raisonne sur cette hypothèse et, de proposition en proposition, j'arrive à cette affirmation que le côté de l'hexagone est égal au rayon de la circonférence. C'est là *l'analyse des géomètres* dont parle Port-Royal.

Autre exemple : on me demande si l'âme est spirituelle. Pour répondre à cette question, je décompose l'idée de spiritualité et l'idée d'âme : la spiritualité m'apparaît comme l'attribut d'une substance simple et non composée de parties; l'âme est ce qui dans chacun de nous pense, sent et veut : or, la pensée, la sensation et la volition sont des phénomènes essentiellement simples et absolument incompatibles avec la matière étendue et divisible; mais les modes sont toujours de même nature que la substance; donc l'âme est simple et spirituelle. Voilà comment, par voie d'analyse, je suis arrivé à un axiome, à un principe évident qui m'a donné la solution que je cherchais.

La synthèse *logique* ou *rationnelle* part d'une vérité certaine, d'un axiome évident ou d'une proposition déjà démontrée, pour arriver, de conséquence en conséquence, à ce qu'il s'agit d'établir.

Ainsi, par exemple, je veux démontrer, par un raisonnement synthétique, la spiritualité de l'âme; au lieu de procéder comme tout à l'heure, je dis : les modes sont de même nature que la substance, *modus essendi sequitur esse* ; or, les modes de l'âme, sensations, pensées, volitions, sont absolument incompatibles avec la matière étendue et divisible; donc, l'âme est simple et spirituelle.

L'analyse *expérimentale* et l'analyse *logique* sont au fond deux opérations identiques, parce qu'elles ont toutes deux pour objet de décomposer un tout : seulement l'une décompose des choses et l'autre des idées.

Il n'en est pas autrement de la synthèse *expérimentale* et de la synthèse *logique* : elles consistent toutes deux à rapprocher des éléments divers; seulement l'une rapproche les parties d'un tout concret et l'autre des idées et des jugements.

Quoique profondément distinctes, l'analyse et la synthèse ne sont pas séparables. Également nécessaires l'une et l'autre, elles doivent se réunir pour constituer la méthode complète :

> ... Alterius sic
> Altera poscit opem res et conjurat amice.

« Toutes choses, dit Pascal, étant causées et causantes, aidées et aidantes, médiates et immédiates, et toutes s'entretenant par un lien naturel et insensible qui lie les plus éloignées et les plus différentes, je tiens impossible de connaître les parties sans connaître le tout, non plus que de connaître le tout sans connaître en détail les parties. » C'est pour n'avoir pas tenu compte de cette loi primordiale de l'intelligence, qui veut que l'analyse et la synthèse se donnent toujours la main comme deux sœurs, que les savants et les philosophes se sont souvent égarés dans de stériles analyses ou d'étranges hypothèses.

LXXII.

Qu'entend-on par méthode expérimentale? En donner les règles. Citer des exemples. (Sorbonne, 7 novembre 1871, 6 novembre 1874.)

On entend par *méthode expérimentale* l'ensemble des procédés employés par l'esprit humain pour arriver à la vérité, en s'élevant des effets aux causes, des phénomènes aux lois.

C'est à Bacon que revient l'honneur d'avoir le premier décrit la nature et les procédés de cette méthode dans le *Novum Organum*, que M. Claude Bernard semble avoir complété dans son *Introduction à la médecine expérimentale*.

« L'homme, dit Bacon, serviteur et interprète de la nature, n'agit et ne comprend que dans la mesure de ses observations et de son étude de l'ordre de la nature : *Homo, naturæ minister et interpres, tantum facit et intelligit quantum de naturæ ordine re vel mente observaverit.* » La méthode expérimentale commence donc par l'*observation*, c'est-à-dire par l'étude attentive des phénomènes et des êtres tels qu'ils se présentent à nous dans le monde physique et dans le monde moral : c'est par la conscience et la réflexion qu'a lieu l'observation dans le monde moral, et dans le monde physique par les sens et par les instruments qui augmentent leur portée naturelle, comme le microscope, le télescope, le thermomètre, le baromètre, l'électroscope, etc.

Quand l'observation est insuffisante pour lui révéler les secrets de la nature, le savant a recours à l'*expérimentation*, qui, au dire de M. Claude Bernard, « est l'art de provoquer l'apparition des phénomènes par des moyens appropriés, dans des conditions choisies et déterminées par le but qu'on se propose ». Tandis que l'observateur écoute la nature, l'expérimentateur l'interroge et la force à se dévoiler.

A l'*observation* et à l'*expérimentation* succèdent dans les sciences naturelles la *classification* et dans les sciences physiques l'*induction*.

La *classification* est une opération qui consiste à distribuer les objets d'après leurs ressemblances et leurs différences, en groupes subordonnés les uns aux autres. Ces groupes sont les variétés, les espèces, les genres, les familles, les tribus, les ordres, les classes, les embranchements et les règnes.

L'*induction* s'élève des phénomènes aux lois, étend à tous les êtres, à tous les faits de la même espèce, à tous les points de l'espace et de la durée, ce qu'on a remarqué dans quelques individus seulement, dans certains temps et dans certains lieux déterminés. Ainsi je constate que dans un tube où j'ai fait le vide, du papier, du liège, des plumes, tombent aussi vite que du fer, du plomb, des pierres, etc.; l'expérience renouvelée me donne toujours le même résultat; je crois qu'il en a été, qu'il en sera toujours ainsi; j'affirme que tous les corps tombent dans le vide avec une égale vitesse : voilà une loi, résultat de l'induction.

Quand la *classification* et l'*induction* ne sont pas possibles, on y supplée par des procédés moins réguliers et moins sûrs, mais encore bien utiles, l'*analogie* et l'*hypothèse* : — l'*analogie*, qui de certains rapports observés et connus entre des objets de nature diverse, conclut à d'autres rapports qui se dérobent à nos regards; v. g., j'ai remarqué entre deux personnes des ressemblances physiques; j'en conclus qu'elles se ressemblent moralement; — l'*hypothèse*, qui est la supposition d'une cause, d'une loi admises sans preuves suffisantes, comme la théorie des émissions ou celle des vibrations données pour expliquer la lumière.

Tels sont les procédés de la méthode *expérimentale*, qu'on appelle aussi *méthode analytique*, parce que l'analyse y domine, *méthode d'observation* et *méthode d'induction*, parce que l'observation et l'induction en sont les procédés fondamentaux.

Les règles de cette méthode ont été données par Bacon dans le *Novum Organum* et complétées par les savants et les philosophes modernes : elles se rapportent les unes à l'observation

15.

et à l'expérimentation, les autres à la classification et à l'induction, à l'analogie et à l'hypothèse.

Voici les règles de l'*observation :* il faut observer

1° Avec une *attention soutenue,* qui concentre toutes les forces de l'esprit sur les réalités qu'on étudie ;

2° Avec une *attention intelligente,* qui se porte sur les propriétés et les circonstances essentielles des choses sans négliger les plus petits détails et les moindres particularités qui quelquefois mettent sur la voie des vérités les plus importantes, comme on peut le voir par les investigations de la justice humaine et les découvertes des sciences physiques et naturelles ;

3° Avec *une impartialité absolue,* qui met en garde contre le parti pris et laisse voir les choses telles qu'elles sont et non telles que nous désirerions qu'elles fussent dans l'intérêt d'un système préconçu.

4° Il faut *prolonger, répéter les observations,* afin qu'elles puissent s'éclairer, se contrôler mutuellement : c'est dans ce but qu'on fait des collections de minéralogie et de botanique, et que, dans les grandes villes, on recueille dans le même hôpital les maladies de la même espèce, afin que les médecins puissent mieux en étudier les caractères.

L'*expérimentation* est soumise aux mêmes règles générales que l'observation ; elle a de plus des lois particulières que Bacon a exposées fort longuement et qu'on peut ramener aux trois suivantes :

1° Il faut *varier* l'expérience, c'est-à-dire la renouveler dans des conditions différentes, afin de pouvoir étudier les choses sous tous leurs aspects. Ainsi le physicien, pour vérifier la loi de Mariotte, fera des expériences sur des gaz divers, air, hydrogène, oxygène, acide carbonique, etc. ; Torricelli, pour constater le fait de la pression atmosphérique, employa d'abord de l'eau, puis du mercure ; Pascal, de son côté, se servit de vin et, pour dissiper tous les doutes, tenta une dernière épreuve au sommet de Puy-de-Dôme, où l'air raréfié pesait moins et devait déterminer par conséquent une moindre ascension du liquide.

2° Il faut *étendre* l'expérience, c'est-à-dire la répéter dans des proportions plus grandes, afin de confirmer et de rendre plus éclatants les résultats obtenus. Ainsi pour connaître les effets d'une substance, d'un poison, par exemple, on augmente progressivement la dose; pour constater la dilatation des corps sous l'influence de la chaleur, on élève de plus en plus la température.

3° Il faut *renverser l'expérience,* c'est-à-dire constater les résultats d'un procédé par l'emploi du procédé inverse. Ainsi, après avoir découvert par l'analyse de l'air qu'il est formé d'oxygène et d'azote, on cherchera à produire de l'air par la combinaison artificielle de ces deux éléments. Pour connaître le rôle d'un organe, tantôt on l'irritera et on essaiera de le mettre en action; tantôt, au contraire, on l'enlèvera. M. Pasteur veut démontrer que la génération spontanée est une chimère : il établit d'abord que dans les cas où l'on croit la rencontrer, elle est le résultat de germes et de corpuscules préexistants; il élimine ensuite ces germes, ces corpuscules et fait voir qu'eux disparus la génération ne se produit pas; puis il introduit de nouveau les germes dans les appareils et avec eux et par eux a lieu la génération d'êtres organisés.

Les règles de la *classification* sont les suivantes :

1° Il faut que les caractères qui lui servent de base soient les caractères essentiels et dominateurs des choses, comme les caractères de la graine dans les plantes, d'après lesquels M. de Jussieu a divisé le règne végétal en plantes acotylédones, c'est-à-dire dont les lobes de la graine ne sont pas visibles, plantes monocotylédones, dont la graine n'a qu'un seul lobe, et plantes dicotylédones, qui ont une graine partagée en deux lobes.

2° Il faut qu'il y ait entre tous les membres de la classification une transition naturelle, une gradation méthodique; car, suivant le mot de Leibnitz, la nature ne va ni par sauts ni par bonds : *natura non facit saltus.*

Les règles de l'*induction* ont été diversement formulées. — Tantôt on les a ramenées aux trois suivantes : pour qu'une chose soit la cause et la loi d'une autre, il faut : 1° que par sa *présence* elle la produise; *positâ causâ, ponitur effectus;* 2° que par son *absence,* elle la supprime, *sublatâ causâ, tollitur effectus;* 3° qu'en *variant,* elle la fasse varier dans des proportions correspondantes, *variante causâ, variatur effectus*. — Tantôt on a dit que les règles de l'induction étaient les deux suivantes : 1° l'observation qui lui sert de fondement doit être exacte, complète, et porter sur les caractères essentiels des choses; 2° la loi formulée ne doit pas avoir plus de compréhension que ne le comportent les expériences établies : s'il y a des exceptions, il faut en tenir compte dans l'énoncé de la loi. Ainsi, j'ai remarqué que tout métal plongé dans un liquide s'y enfonce, à moins que ce liquide ne soit du mercure : il me faudra formuler ainsi la loi : un métal plongé dans un liquide ne demeure jamais à la surface, à moins que le liquide ne soit plus dense que le métal.

Pour l'*analogie*, il faut : 1° qu'elle soit basée sur des observations sérieuses et aussi exactes que possible; 2° qu'on l'applique, non pas aux cas où de grandes ressemblances couvrent les différences, mais aux cas où de grandes différences couvrent la ressemblance, comme en histoire naturelle, en anatomie comparée, où l'on a montré l'analogie qui existe entre le sabot d'un cheval, l'aile d'un oiseau, la nageoire d'un poisson.

Quant à l'*hypothèse*, pour être vraiment bonne et scientifique, elle doit :

1° Être basée sur des faits, sans quoi elle ne serait qu'une supposition gratuite;

2° Expliquer ou du moins représenter d'une manière commode pour l'esprit les phénomènes dont on ignore la loi, comme le fait, par exemple, l'hypothèse des deux fluides électriques;

3° Être féconde, c'est-à-dire capable de susciter des recherches nouvelles, de provoquer des expériences;

4° Enfin être simple, comme par exemple l'hypothèse de Copernic sur le système du monde, ou celle de Laplace sur la formation de notre globe.

C'est grâce à l'application de ces règles que les savants ont fait de si merveilleuses découvertes dans les sciences physiques et naturelles et que ces sciences ont vu, depuis le dix-septième siècle, s'ouvrir pour elles une ère de progrès incessants, qui sont une des plus belles gloires de l'humanité.

DE L'OBSERVATION ET DE L'EXPÉRIMENTATION.

Sujets à traiter. — 1. Définir par des exemples la méthode expérimentale employée dans les sciences positives. (Sorbonne, 20 août 1867.)

2. En quoi la méthode expérimentale diffère-t-elle de l'empirisme? (Sorbonne, 1er mai 1868.)

3. La théorie de l'expérience conduit-elle nécessairement à l'empirisme? Montrer la différence des deux idées que ces termes impliquent. (Sorbonne, août 1876.)

LXXIII.

Distinguer l'observation de l'expérimentation.
(Sorbonne, 14 novembre 1866.)

Quand le naturaliste étudie la constitution intime d'un animal, d'une plante; quand l'astronome regarde le ciel avec un télescope et note avec soin les mouvements des astres qui passent devant sa lunette; quand le psychologue analyse les phénomènes dont son âme est le théâtre : le psychologue, l'astronome et le naturaliste font de l'*observation*.

Mais quand un savant, pour prouver que la terre tourne sur elle-même, suspend un pendule à une grande hauteur afin de constater sur le sol que ses oscillations dévient considérablement; quand un chimiste, pour établir que l'eau est composée d'hydrogène et d'oxygène, la décompose en la traitant par l'acide sulfurique : ce savant et ce chimiste font, non plus de l'*observation*, mais des *expériences*.

L'*observation* est donc l'étude attentive des phénomènes et des êtres tels qu'ils se présentent à nous dans le monde physique et dans le monde moral.

« L'*expérimentation*, dit M. Claude Bernard, est l'art de provoquer l'apparition des phénomènes par des moyens appropriés, dans des conditions choisies et déterminées par le but qu'on se propose. »

Ces définitions et ces exemples suffisent pour nous faire entrevoir les différences qui existent entre l'*observation* et l'*expérimentation*.

Dans la première de ces opérations, le savant se borne à étudier les phénomènes et les choses que la nature offre à ses regards; il n'intervient point dans la production des faits qu'il examine : ainsi le naturaliste ne crée pas les animaux et les plantes dont il détermine les caractères essentiels; l'astronome ne provoque pas le passage des astres dans l'orbite de son télescope. — *L'expérimentateur*, au contraire, prend une part active et directe à la production des phénomènes qu'il veut observer; il s'applique à les créer, pour ainsi dire, dans des conditions particulières : ainsi la décomposition de l'eau et l'expérience du pendule sont véritablement l'œuvre du chimiste et de l'astronome. Comme l'a très bien dit Cuvier : « L'observateur écoute la nature; l'expérimentateur l'interroge et la force à se dévoiler. »

Autre différence entre les deux opérations qui nous occupent. — *L'observation*, attentive à ce qui se passe devant elle, n'a d'autre but que celui de saisir les réalités qui s'offrent à son étude. — *L'expérimentation*, au contraire, est toujours préméditée, instituée en vue d'une idée préconçue : hypothèse à vérifier, loi à établir, etc. : le chimiste en décomposant l'eau veut montrer quels en sont les éléments constitutifs. — Ainsi l'observateur voit et regarde; l'expérimentateur raisonne, calcule, cherche à s'instruire et à instruire. L'expérimentation est donc une œuvre de plus haute intelligence que l'observation; elle suppose des connaissances plus avancées et ne peut être pratiquée que par ceux qui ont déjà fait des progrès dans la science.

Une dernière différence entre l'*observation* et l'*expérimentation* se tire du rôle qu'elles jouent dans la méthode inductive. — L'*observation* est le point de départ de cette méthode; l'*expérimentation* lui succède et la complète. La nature, en effet, suivant une comparaison célèbre, est comme Protée : il faut la tourmenter pour surprendre ses secrets et lui faire rendre ses oracles. L'expérimentateur la force à parler; il diversifie son langage; il prolonge les phénomènes qui ne font que passer; il évoque ceux qui sont évanouis et qui ne se produisent qu'à de longs intervalles et dans des pays éloignés; il accroît leur intensité et met en lumière les diverses circonstances qu'ils présentent. Aussi Bacon qui, dans son *Novum Organum*, a fait ressortir avec tant de force l'importance de l'*expérimentation*, lui donne-t-il le nom symbolique de *chasse de Pan :* elle a, en effet, ses habiletés, ses ruses et ses pièges, et les sciences physiques et naturelles lui sont redevables de leurs plus belles découvertes et de leurs plus utiles applications pratiques. Toutefois, il faut reconnaître que si l'*expérimentation* est un procédé plus fécond que l'*observation*, elle a un domaine moins étendu et un champ d'action plus restreint : l'*observation* s'applique à la nature entière; elle s'exerce à la fois dans le monde physique et dans le monde moral, sur le passé et sur le présent; l'*expérimentation*, elle, ne peut être employée dans toutes les sciences : elle n'a rien à faire en astronomie; elle ne saurait même aller bien loin dans l'étude de cette puissance mystérieuse qu'on appelle la vie : violenter ici la nature, vouloir produire soi-même les phénomènes, ce serait changer leurs caractères essentiels.

L'*observation* et l'*expérimentation* sont donc des procédés parfaitement distincts; mais ils ne doivent pas être séparés, car ils se soutiennent et se complètent mutuellement dans toutes les sciences expérimentales où ils peuvent être employés. Ce n'est qu'en les employant avec intelligence que la véritable science, « celle qui est l'écho fidèle de la voix du monde, comme dit Bacon, celle qui est écrite en quelque sorte sous la dictée des choses, » peut grandir et progresser. « *Homo, naturæ minister et interpres, tantum facit et intelligit quantum de naturæ ordine re vel mente observaverit.* » (*Novum Organum.*)

Sujet à traiter. — Règles de l'observation et de l'expérimentation. (Sorbonne, 23 novembre 1877.)

LXXIV.

Des classifications soit naturelles, soit artificielles. Montrer leur différence par des exemples détaillés. (Sorbonne, 26 novembre 1867, 7 novembre 1871.)

L'esprit humain, en étudiant les êtres si divers que lui présente la nature, ne tarde pas à s'apercevoir qu'ils ont entre eux, malgré leurs différences, des analogies profondes. D'un autre côté, il éprouve le besoin de coordonner ses connaissances et de fixer les résultats de ses observations, de manière à les retenir et à les communiquer aisément. C'est de ce besoin et des rapports qui existent entre les choses que sont nées les *classifications*.

On entend par *classifications* des séries de groupes subordonnés les uns aux autres et dans lesquels les êtres sont distribués d'après leurs ressemblances et leurs différences.

Les groupes d'une classification sont les *variétés*, les *espèces*, les *genres*, les *familles*, les *tribus*, les *ordres*, les *classes*, les *embranchements* et les *règnes*.

Pour former ces divers groupes, tantôt le savant se fonde sur les caractères essentiels et dominateurs des choses, et alors il donne une classification *naturelle;* tantôt il ne se base que sur des caractères accidentels, extérieurs, choisis d'une façon plus ou moins arbitraire, et alors la classification qu'il établit est *artificielle*.

Ainsi, par exemple, on dispose et on distribue les livres d'une bibliothèque d'après leur format; on divise les animaux, d'après leurs rapports avec nous, en animaux utiles et animaux nuisibles, d'après leur mode d'alimentation, en herbivores, carnivores, insectivores : voilà des classifications *artificielles*, parce qu'elles se tirent d'un point de vue qui n'est pas celui de la nature.

C'est, au contraire, une classification *naturelle* qu'a donnée Georges Cuvier lorsqu'il a divisé les animaux, d'après la structure du système nerveux, en quatre embranchements : les *vertébrés*, pourvus d'un squelette intérieur et d'un système nerveux central, composé d'un cerveau, d'un cervelet, et d'une moelle épinière; les *annelés*, dont le système nerveux est formé d'une série de ganglions ordinairement disposés par paires et réunis entre eux pas des filets de communication; les *mollusques*, dont le système nerveux est composé de glanglions distincts et non symétriques, et les *zoophytes* ou *rayonnés*, chez lesquels le système nerveux, quand il est distinct, est constitué par un anneau ganglionnaire d'où naissent des cordons nerveux qui se dirigent en rayonnant vers la périphérie du corps. Chacun de ces embranchements comprend plusieurs classes : ainsi les vertébrés se divisent en mammifères, oiseaux, reptiles, batraciens, poissons; la classe des mammifères comprend à son tour treize ordres : bimanes, quadrumanes, carnivores, amphibies, chéiroptères, insectivores, rongeurs, édentés, pachydermes, ruminants, cétacés, marsupiaux et monotrèmes. Chacun de ces ordres contient plusieurs tribus, chaque tribu plusieurs familles, chaque famille plusieurs genres et plusieurs espèces.

Comme on le voit par ces exemples, il y a des différences profondes entre les classifications *artificielles*, que l'on peut varier et multiplier aisément, et les classifications *naturelles*, qui ne sont ni libres ni arbitraires, puisqu'elles reproduisent, autant que possible, l'ordre et l'harmonie des choses, tels que le Créateur les a établis.

Si les classifications *artificielles* offrent l'avantage d'être très commodes quand il s'agit de déterminer à quel groupe appartient un être donné, végétal ou animal, elles ont l'inconvénient de ne rien apprendre sur l'organisation générale de cet être, en dehors des caractères accidentels qui ont servi à sa détermination. Ainsi lorsqu'on a reconnu, ce qui est facile à faire, qu'une plante appartient à la quatrième classe du système de Linné, on sait seulement qu'elle a quatre étamines (tétrandrie); mais on ignore quelle est la forme de son calice, de sa corolle, de son fruit, de sa graine, etc. Avec les classifications *naturelles*, il est moins facile de trouver le groupe auquel se rapporte un végétal ou un animal; mais aussi lorsqu'on l'a déterminé, on connaît parfaitement le végétal ou l'animal en question. Ainsi lorsqu'on est arrivé à constater que telle plante appartient à la famille des liliacées (classification de Jussieu), on sait que son embryon est monocotylédoné, que son calice est à six sépales distincts ou unis par leur base, qu'elle a six étamines, un ovaire à trois loges, un stigmate trilobé, etc.; en un mot, on connaît tous les caractères de l'organisation de cette plante, dont l'ensemble a précisément servi à former le groupe ou la famille dont elle fait partie.

Ce n'est pas tout : les classifications *artificielles* ont encore l'inconvénient de réunir des êtres souvent très différents et d'en éloigner qui ont entre eux beaucoup d'analogie. Ainsi dans la première classe du système de Linné (monandrie), on trouve le *saule*, la *valériane rouge*, le *canna indica*, trois plantes qui n'ont entre elles aucun rapport et dont les caractères, en dehors de la présence d'une seule étamine, sont entièrement dissemblables. — Il n'en est pas ainsi avec les classifications *naturelles* : comme elles distribuent les êtres d'après la subordination des caractères, c'est-à-dire en raison de la constance, de la généralité et de l'importance physiologique de ces caractères, elles donnent aux animaux et aux végétaux la place véritable que le Créateur leur a assignée dans la hiérarchie des êtres. Aussi n'y a-t-il que le génie qui ait le privilège d'établir de ces classifications, de ces systèmes qui constituent la science et sont une des plus belles gloires de l'humanité.

Malgré ces différences, les classifications *artificielles* et les classifications *naturelles* présentent des rapports étroits. Elles servent également à mettre de l'ordre et de la clarté dans nos connaissances et à soulager le jugement et la mémoire. De plus, les classifications *artificielles* préparent et amènent les classifications *naturelles* et ce sont les systèmes de Tournefort et de Linné qui ont conduit M. de Jussieu à voir dans la graine le terme du travail qui s'opère dans le végétal, et à distribuer les plantes, d'après la structure de leur graine, en trois grandes classes, plantes acotylédones, plantes monocotylédones et plantes dicotylédones.

Sujets à traiter. — 1. Des classifications *naturelles*. En quoi diffèrent-elles des classifications *artificielles ?* Donner des exemples. (Sorbonne, 27 octobre 1880.)

2. Des classifications *naturelles*. Prendre des exemples dans la science. (Sorbonne, 24 août 1868.)

3. Qu'est-ce que la classification *naturelle ?* En signaler le principe et les différents caractères. Exemples empruntés aux sciences naturelles. (Sorbonne, août 1875.)

4. Montrer par des exemples le rapport qu'il y a entre les deux opérations de l'esprit qu'on appelle la *définition* et la *classification*. La *définition* est-elle possible sans la *classification ?* (Sorbonne, juillet 1875.)

LXXV.

Faire la part de l'expérience et de la raison dans l'induction. (Sorbonne, 23 août 1867.)

Je constate que dans un tube où j'ai fait le vide, du papier, du liège, des plumes, tombent aussi vite que du fer, du plomb, des pierres, etc.; l'expérience renouvelée me donne toujours le même résultat; je crois qu'il en a été, qu'il en sera toujours ainsi; j'affirme que tous les corps tombent dans le vide avec une égale vitesse : voilà une loi, résultat de l'*induction*.

Comme il est aisé de le voir par cet exemple, l'*expérience* est le point de départ, le préambule obligé de l'*induction* : pour établir la loi de la chute des corps dans le vide, il m'a fallu observer le phénomène de cette chute, et constater par des expériences plus ou moins nombreuses la vitesse des corps tombant dans le vide. Ce n'est qu'en suivant la même marche que le physicien, le chimiste, le naturaliste, le psychologue sont parvenus et parviennent tous les jours à déterminer les lois qui régissent le monde physique et le monde moral. Ces lois même ne sont sûres et incontestables qu'autant que l'*expérience* qui leur sert de point de départ est exacte, complète et porte sur les caractères essentiels des choses. Voilà pourquoi, quand l'*observation* est insuffisante pour nous révéler ces caractères, il faut recourir à l'*expérimentation*, à ce procédé auquel Bacon donne le nom symbolique de *chasse de Pan* et qui force, pour ainsi dire, la nature à nous dévoiler ses secrets.

Mais si l'*expérience* prépare l'*induction*, elle ne suffit nullement pour en rendre compte : seule, elle ne donnerait que des faits et des successions de faits et n'expliquerait pas la légitimité d'une loi, d'une affirmation générale, portant non plus sur ce qui s'est passé dans tels temps, dans tels lieux, dans tels cas déterminés, mais sur ce qui s'est passé et se passera, partout et toujours, dans tous les temps et tous les lieux. L'*induction* est l'œuvre propre de la raison, qui seule peut généraliser les observations et les expériences faites et conclure régulièrement du particulier au général. Si, en effet, cette conclusion est légitime, ce n'est qu'en vertu du *principe de la stabilité des lois de la nature :* il y a des lois dans la nature; les mêmes causes placées dans les mêmes circonstances produisent les mêmes effets; « *effectuum generalium ejusdem naturæ cædem sunt causæ* », comme dit Newton; ou bien encore, les caractères essentiels des êtres sont universels et permanents. Puisqu'il y a des lois dans la nature, c'est-à-dire un ordre constant et permanent dans la production des phénomènes, il suffit que je constate un effet de ces lois pour que je sois sûr que cet effet se produira partout et toujours, les mêmes circonstances étant données. Puisque les caractères essentiels des êtres sont universels et permanents, il me suffira de noter un de ces caractères pour avoir le droit de l'étendre à tous les individus de la même espèce. Mais le principe qui sert de fondement à l'induction est une de ces vérités premières, évidentes par elles-mêmes, universelles et nécessaires auxquelles l'expérience ne s'élèvera jamais et que peut seule concevoir cette faculté supérieure qui fait de l'homme le roi de la création et la vivante image de Dieu.

Ainsi donc l'*induction* opère sur des données expérimentales; mais elle les transforme et les coordonne à l'aide d'une affirmation rationnelle, à la lumière d'un de ces principes qui éclairent toute intelligence humaine. A son début, elle se confond avec l'expérience; à son terme, elle s'identifie avec la raison : elle met ainsi en jeu les deux grandes facultés de l'intelligence humaine, et c'est ce qui la rend éminemment propre à la recherche de la vérité dans les sciences morales aussi bien que dans les sciences physiques et naturelles; c'est ce qui explique pourquoi ces dernières ont fait des progrès si merveilleux depuis que Bacon a tracé, dans le *Novum Organum,* les règles de la méthode inductive.

Sujets à traiter. — 1. L'induction est-elle réductible à l'expérience? Ne suppose-t-elle pas un principe rationnel? Quel est ce principe? (Sorbonne, 23 août 1867, 6 août 1868, 24 novembre 1871.)

2. Du fondement de l'induction. (Sorbonne, 9 août 1878.)

3. Comment peut-on légitimement conclure du particulier au général, comme le fait la méthode inductive? (Sorbonne, 26 novembre 1871.)

4. Comment s'élève-t-on à l'idée de loi dans les sciences de la na-

ture? Qu'est-ce qu'une loi physique? En quoi les lois physiques diffèrent-elles de la loi morale? (Sorbonne, 5 mai 1869, 26 juillet 1872.)

5. De l'induction ; son principe ; donne-t-elle la certitude ou seulement la probabilité? (Sorbonne, 22 juillet 1882.)

6. Usage et abus de l'induction. (Faculté de Toulouse.)

LXXVI.

De l'hypothèse. Son utilité et ses dangers. Caractères d'une bonne hypothèse. (Sorbonne, 25 juillet 1873.)

L'*hypothèse* est la supposition d'une cause ou d'une loi, imaginée pour expliquer un fait ou résoudre une question et admise sans preuves suffisantes.

Cette opération a sa raison d'être dans l'ignorance où nous sommes de la cause d'un grand nombre de phénomènes et dans le besoin que nous avons d'en rendre compte par une explication plus ou moins plausible. C'est ainsi que, pour expliquer la nature mystérieuse de la lumière, on a imaginé l'hypothèse des émissions et celle des ondulations ou vibrations de l'éther.

On distingue généralement deux sortes d'hypothèses : les hypothèses *vérifiables* et les hypothèses *invérifiables*.

Les hypothèses *vérifiables* sont celles qui sont prises dans un ordre de faits que peuvent atteindre l'observation et l'induction : telle était l'hypothèse de Képler sur les révolutions des planètes.

Les hypothèses *invérifiables* sont celles qui roulent sur des choses inaccessibles à l'expérience et à l'observation, comme l'hypothèse de Laplace sur la formation du système solaire.

L'*hypothèse* est d'une utilité réelle pour les sciences physiques et expérimentales surtout, auxquelles elle rend des services précieux.

Ainsi d'abord elle nous aide à grouper les faits observés, à mettre de l'ordre entre nos connaissances qui deviennent ainsi les éléments de la science véritable ; car, comme le dit M. Claude Bernard, « si l'hypothèse ne se vérifie pas et disparaît, les faits qu'elle aura servi à trouver resteront néanmoins acquis comme des matériaux inébranlables de la science ».

En second lieu, l'hypothèse est souvent une révélation soudaine; une heureuse inspiration, une induction anticipée que l'expérience ne tarde pas à consacrer. Serait-elle fausse, elle nous met sur la voie des plus précieuses découvertes. « L'erreur enseigne la vérité, » dit Bacon. L'histoire des sciences physiques et naturelles prouve jusqu'à l'évidence qu'il n'y a guère de grande découverte qui n'ait été préparée par des hypothèses : les tourbillons de Descartes ont mis Newton sur la voie du système de la gravitation; les lois de Képler sur les révolutions des planètes, le système de Huyghens sur l'anneau de Saturne, les grandes conceptions de Cuvier sur les animaux fossiles, n'ont été d'abord que des hypothèses que le temps et l'expérience ont consacrées comme d'incontestables vérités.

Il faut avouer cependant que l'hypothèse, érigée en méthode dans les sciences expérimentales, présente bien des dangers. Elle substitue aux causes, aux lois véritables, des conceptions arbitraires et souvent chimériques. — Les cosmogonies inintelligibles des premiers philosophes de la Grèce et les rêveries étranges des alchimistes du moyen âge sont là pour nous prouver que la méthode hypothétique a souvent égaré l'esprit humain. Ce qu'il y a de plus fâcheux, c'est que les hypothèses, même les plus absurdes, une fois qu'elles sont consacrées par le temps, s'imposent avec une autorité souveraine aux génies le plus éminents, comme on l'a vu pour l'hypothèse des esprits animaux au dix-septième siècle. — On comprend donc que Bacon ait dit pour combattre la témérité de l'hypothèse : « Ce ne sont pas des ailes qu'il faut attacher à l'esprit humain, mais du plomb, » et que Newton, en posant les bases du système du monde, se soit glorifié de ne pas faire d'hypothèses : « *Hypotheses non fingo.* »

Cependant on est généralement revenu de ces exagérations et on a compris que l'hypothèse ne pouvait pas être bannie de la science : M. Claude Bernard entre autres la considère comme essentielle à la méthode expérimentale.

Seulement une hypothèse, pour être bonne et vraiment scientifique, doit présenter les caractères suivants :

1° Elle doit être basée sur des faits précis et des observations exactes, sans quoi elle ne serait qu'une supposition gratuite et sans valeur aucune.

2° Elle doit expliquer les faits connus ou du moins les représenter d'une manière commode à l'esprit et servir à les lier, comme l'hypothèse des deux fluides électriques.

3° Elle doit être féconde, c'est-à-dire capable de susciter des recherches nouvelles, de provoquer des expériences.

4° Enfin elle doit être simple et facile à saisir : c'est parce que le système de Ptolémée était d'une complication inextricable, que Copernic le remplaça par l'hypothèse qui place le soleil au centre de notre monde et rend plus facilement compte des mouvements des planètes.

M. Dumas, dans sa *Philosophie chimique*, a résumé ainsi les caractères d'une bonne hypothèse : « Elle sera, dit-il, suscitée par l'observation de *dix* faits : elle en expliquera *dix* autres déjà connus, mais qui n'étaient pas liés ensemble ni aux précédents; elle en fera découvrir *dix* nouveaux. Mais, la plupart du temps, elle finira par succomber devant dix derniers faits qui ne se lient pas aux précédents. » (Cité par M. Janet dans son *Traité élémentaire de philosophie*.)

Sujets à traiter *avec les éléments fournis par ce devoir*. —
1. Des *hypothèses*. De l'emploi des *hypothèses* dans les sciences positives. (Sorbonne, 17 août 1870.)
2. Du rôle de l'*hypothèse* dans la méthode expérimentale. (Sorbonne, 1ᵉʳ août 1871.)
3. De l'emploi des *hypothèses* dans les sciences positives. A quelles conditions l'hypothèse scientifique devient-elle une loi ? (Sorbonne, 25 novembre 1867.)
4. Qu'appelle-t-on une *hypothèse ?* Quelles sont les conditions de la vérification des *hypothèses* scientifiques. Donner des exemples. (Sorbonne, 8 novembre 1873.)

LXXVII.

De l'analogie. (Faculté de Toulouse.)

L'*analogie* peut être envisagée comme caractère des choses et comme opération de l'esprit.

L'*analogie dans les choses* est une similitude de rapports entre des objets de nature différente : ainsi il y a analogie entre les nageoires du poisson et les ailes de l'oiseau, parce que de même que les nageoires servent au poisson à se mouvoir dans l'eau, de même les ailes servent à l'oiseau à voler dans l'air; il y a également analogie entre les feuilles de la plante et les poumons de l'animal, parce que c'est par les feuilles que la plante respire, comme l'animal par les poumons.

En tant qu'opération de l'esprit, l'*analogie* est un raisonnement qui, de certains rapports observés et connus entre des objets de nature diverse, conclut à d'autres rapports qui se dérobent à nos regards. On raisonne par analogie quand on dit : voilà deux personnes qui ont des ressemblances physiques; donc elles ont aussi des ressemblances morales; — la terre et les autres planètes du système solaire présentent de nombreux rapports; donc ces planètes sont habitées comme notre globe.

L'*analogie* est donc une sorte d'induction; mais au lieu que l'*induction* véritable repose sur le *principe de la stabilité des lois de la nature*: les mêmes causes placées dans les mêmes circonstances produisent les mêmes effets, « *effectuum generalium ejusdem naturæ eædem sunt causæ,* » comme a dit Newton, l'*analogie* a pour fondement l'*unité de plan* de la création, l'harmonie des lois de la nature. C'est là une croyance commune à tous les hommes et qui n'est que la foi à la raison divine et à la sagesse du Créateur. Mais comme cette foi laisse subsister toute notre ignorance du plan de Dieu, il faut être prudents dans nos affirmations, de peur de mettre nos propres idées à la place des desseins de la Providence. D'ailleurs, si dans la nature tout a été ordonné d'après des lois uniformes et en vue de la plus haute unité, cette unité comporte une très grande variété. Les différences ne sont ni moins nombreuses ni moins profondes que les ressemblances : il faut donc se garder de les méconnaître et de les effacer.

Voilà pourquoi les résultats de l'*analogie* n'ont jamais la certitude des données de l'*induction :* ce ne sont que des hypothèses plus ou moins probables, suivant que les rapports qui leur servent de base sont plus ou moins nombreux, plus ou moins essentiels et frappants. Demander davantage à l'analogie, ce serait courir le danger de tomber dans l'erreur, comme Pythagore qui a exagéré l'analogie entre les lois des nombres et celles du monde moral et en est venu à dire que l'âme est un nombre qui se meut, que la justice est un nombre carré, etc., ou comme Platon qui, en forçant dans sa *République* les rapports qui existent entre l'âme humaine et la société, supprime à peu près complètement la liberté individuelle au profit de l'État.

Toutefois, malgré ces dangers, l'*analogie* est un procédé très utile : elle fait soupçonner des rapports que l'observation seule ne révélerait jamais et nous met ainsi sur la voie d'inductions certaines. Franklin découvrant par l'analogie l'identité de la foudre et de l'électricité ; Geoffroy Saint-Hilaire proclamant en anatomie comparée la grande loi de l'analogie entre les organes semblables des espèces les plus différentes, entre le sabot d'un cheval, l'aile d'un oiseau et la nageoire d'un poisson ; Georges Cuvier penché sur les ruines des vieux mondes et reconstruisant avec quelques débris fossiles les créations disparues et les races évanouies, sont une preuve éclatante des services précieux que peut rendre l'*analogie* dans les sciences expérimentales.

Ces services, elle les rendra toujours, à condition que le savant saura baser ses jugements sur des observations exactes et sérieuses, et appliquer l'analogie non pas aux cas où de grandes ressemblances couvrent les différences, mais bien aux cas où de grandes différences couvrent la ressemblance, comme en histoire naturelle et en anatomie comparée.

LXXVIII.

Comparer l'expérience en physique et l'expérience en psychologie. Montrer les analogies et les différences.
(Sorbonne, 30 avril 1869.)

Quand Socrate répétait à ses disciples sa maxime favorite : « Γνῶθι σεαυτόν, Connais-toi, observe-toi toi-même » ; quand Bacon disait dans le *Novum Organum* : « *Homo, naturæ minister et interpres, tantum facit et intelligit quantum de naturæ ordine re vel mente observaverit*; L'homme, interprète et ministre de la nature, n'étend ses connaissances et son action sur elle que dans la mesure de ses observations et de son étude de l'ordre du monde » : Socrate et Bacon voulaient dire que l'expérience et l'observation sont l'âme et la vie de la science de l'homme et des sciences de la nature, de la psychologie et de la physique : aussi, dociles aux enseignements de ces grands philosophes, ces sciences ont adopté la méthode expérimentale qu'ils leur recommandaient.

En *psychologie* comme en *physique*, on commence par étudier les phénomènes, par les observer avec une attention intelligente, par les analyser avec une minutieuse exactitude, pour en noter les éléments essentiels, en déterminer les circonstances diverses et en découvrir les rapports et les différences.

En *psychologie* comme en *physique*, quand l'*observation* ne suffit pas pour nous révéler les secrets de la nature, on a recours à l'*expérimentation*, qui, comme le dit Claude Bernard, « est l'art de provoquer l'apparition des phénomènes par des moyens appropriés, dans des conditions choisies et déterminées par le but qu'on se propose. » Ainsi, de même que le physicien, pour mieux constater la vitesse acquise par les corps dans leur chute, a recours à l'appareil de Morin et à la machine d'Atwood, de même le psychologue peut faire une déduction et une induction pour mieux étudier l'opération du raisonnement, exercer un sens dans des conditions différentes pour mieux en saisir la portée naturelle et les habitudes diverses.

Enfin, en *psychologie* comme en *physique*, l'expérience prépare et amène l'*induction*, qui conclut du particulier au général, des phénomènes observés aux causes d'où ils dérivent et aux lois qui les régissent, causes et lois dont la connaissance constitue seule la véritable science : « *Vere scire, per causas scire,* » a dit Bacon.

Toutefois, malgré ces analogies, il y a des différences profondes entre l'expérience en *physique* et l'expérience en *psychologie*.

Ainsi d'abord le *physicien* observe avec ses sens, odorat, goût, vue, ouïe, toucher, tandis que le *psychologue* emploie une faculté spéciale et distincte des sens, la conscience, qui, comme son nom l'indique, *mens sui conscia,* saisit directement et immédiatement tous les phénomènes qui s'accomplissent dans l'âme. Dans le premier cas, l'expérience s'appelle *observation extérieure;* dans le second, *observation interne* ou *réflexion.*

Ainsi encore en *physique,* on a souvent besoin de recourir tantôt à des appareils très compliqués, tantôt à des instruments qui augmentent ou régularisent la portée des sens. — Le *psychologue*, lui, n'a besoin d'aucun instrument artificiel : il a toujours à sa disposition l'instrument de ses études; il le porte en lui-même, ou plutôt c'est lui-même, c'est la conscience, c'est cette lumière intérieure qui, au dire de Maine de Biran, « luit dans les profondeurs de l'âme et dirige l'homme méditatif appelé à visiter ces galeries souterraines ».

Distinctes par les instruments qu'elles emploient, l'expérience en *physique* et l'expérience en *psychologie* le sont aussi par l'objet qu'elles étudient. — D'un côté, ce sont des phénomènes matériels, divisibles et étendus, chute des corps, dégagement de la chaleur, de l'électricité, propagation du son, rayonnement de la lumière; de l'autre ce sont des phénomènes immatériels, indivisibles, inétendus, la pensée, le sentiment, la sensation, la volition. — D'un côté, c'est la nature qui nous environne avec ses secrets et ses mystères; de l'autre, c'est « ce monde intérieur qui est nous-mêmes, monde rempli de merveilles que l'œil ne peut voir, dit Laromiguière, mais dont les beautés ont mille fois plus de réalité que celles du monde visible ».

Enfin, et c'est là une différence essentielle entre l'expérience en *physique* et l'expérience en *psychologie,* la première n'atteint que des phénomènes, c'est-à-dire des effets, des manifestations de causes et de forces, chaleur, lumière, électricité, que l'on ne connaît que par l'induction et dont la nature intime échappe complètement au savant. En *psychologie,* au contraire, la conscience saisit directement, immédiatement, la cause véritable des phénomènes qu'elle étudie, la substance dont ils sont les modifications variées, la force dont ils nous apparaissent comme les manifestations diverses : cette force, cette substance, cette cause, c'est l'âme ou le moi ; c'est le principe sentant, pensant, voulant, qui se saisit lui-même comme sujet et comme cause dans chacune de ses modifications, dans chacun de ses actes. « Tandis que la science du monde extérieur, dit un philosophe contemporain, n'a pour objet immédiat que des phénomènes, l'expérience de la conscience est l'expérience d'une cause. »

Telles sont les différences que présentent l'expérience en *physique* et l'expérience en *psychologie* : différences profondes que Thomas Reid et l'école écossaise, Royer-Collard et Cousin, avaient un peu trop méconnues. C'est l'honneur de Maine de Biran et de Jouffroy de les avoir mises en lumière, le premier, dans ses *Fondements de la psychologie*, le second dans son célèbre *Mémoire sur la légitimité et la distinction de la Psychologie et de la Physiologie*.

Sujets à traiter. — 1. L'expérimentation est-elle possible en psychologie ? (Sorbonne, novembre 1876.)
2. La psychologie est-elle une science d'observation ou une science de raisonnement ? (Sorbonne, 10 avril 1877.)
3. Comparer la méthode ontologique qui part en philosophie de l'étude de l'être absolu à la méthode psychologique qui part de l'étude de l'homme. (Faculté de Lyon, août 1872.)
4. Comparer la méthode applicable aux sciences physiques avec la méthode applicable aux sciences morales. (Faculté de Toulouse.)

LXXIX.

Analyser la foi naturelle au témoignage de nos semblables. Quelle est la part du témoignage dans le progrès de nos connaissances ? (Sorbonne, 30 novembre 1879, 26 octobre 1880.)

Le *témoignage* de nos semblables est l'attestation faite par eux des vérités et des faits dont ils ont connaissance.

Nous croyons à ce qu'ils affirment et cette croyance constitue la *foi humaine*.

Mais jusqu'à quel point sommes-nous autorisés à croire au *témoignage* de nos semblables et quel est le fondement de la foi naturelle que nous avons en lui?

D'après Thomas Reid, ce sont deux principes qu'il appelle *principe de véracité* et *principe de crédulité*. Ces deux instincts naturels nous portent, l'un à exprimer fidèlement notre pensée, à moins que quelque intérêt ou quelque passion ne nous pousse au mensonge; l'autre à croire à la parole d'autrui, parce qu'elle nous semble aussi sincère, aussi véridique que la nôtre. Ni le mensonge, ni la défiance ne sont les premiers mouvements de l'esprit: l'enfance croit tout et dit tout ingénument; elle apprend à douter en même temps qu'à mentir. Même après les avertissements nombreux de l'expérience, l'homme fait est toujours plus disposé à croire qu'à douter.

M. E. Naville fait reposer la certitude du témoignage sur un principe qu'il emprunte au P. Gratry et qu'il appelle *principe de transcendance* : ce principe, dit-il, est le fondement de l'autorité du témoignage, comme il est le fondement de l'induction et du calcul infinitésimal.

M. Paul Janet pense que c'est là admettre trop de principes innés dans l'esprit humain, que l'un des deux instincts dont parle Thomas Reid est au moins inutile, l'*instinct de crédulité*, et que si l'*instinct de véracité* intervient dans notre croyance au témoignage, les lois ordinaires de l'induction et du langage suffisent à la rigueur pour expliquer cette croyance : elle n'est qu'une induction et se justifie comme l'induction elle-même.

Quoi qu'il en soit, le *témoignage* nous apparaît comme une des sources les plus précieuses et les plus fécondes de la connaissance humaine.

Il exerce sur le développement de l'esprit une si grande influence qu'on a pu dire en toute vérité que l'homme « est un être enseigné ». Il est enseigné dans son bas âge, sur les genoux de sa mère, qui lui apprend à distinguer les choses et à bégayer les mots de sa langue. Il est enseigné dans son enfance, par les maîtres qui lui inculquent ces notions et ces connaissances variées qui seront longtemps et peut-être toujours la meilleure part de sa science. Il est enseigné dans sa jeunesse, où les lumières et les conseils de l'expérience dirigent ses premiers pas dans la carrière de la vie. Il est enseigné dans l'âge mûr, pendant tout le cours de son existence, en un mot, puisqu'il doit s'en rapporter au témoignage d'autrui pour tout ce qui concerne les personnes et les choses, les vérités et les faits placés hors de la portée naturelle de ses perceptions et de son expérience personnelles.

Indispensable pour le développement de nos facultés, le *témoignage* l'est encore pour la plupart de nos relations avec nos semblables, contrats, engagements, promesses, qui reposent sur la parole donnée; pour le maintien de la société, qui ne vit que de la confiance qu'on se témoigne de citoyen à citoyen, de peuple à peuple; pour la justice enfin qui, sans les dépositions des témoins devant les tribunaux, ne pourrait découvrir les crimes obscurs et déjouer les ruses des coupables.

Enfin le *témoignage* est la condition des progrès de la science. La science, en effet, n'est pas l'œuvre d'un seul homme, quelque génie qu'il ait, ni même d'une seule génération, quelque bien partagée qu'elle soit. Elle se forme lentement par les efforts combinés d'un grand nombre d'esprits puissants, qui recueillent les vérités découvertes par leurs devanciers, les complètent, les développent et apportent, pour ainsi dire, chacun une pierre à l'édifice de la connaissance humaine. C'est à cette influence du émoignage sur la science que le poète fait allusion quand il représente les générations s'instruisant mutuellement et se transmettant de siècle en siècle le flambeau de la civilisation :

Et quasi cursores vitaï lampada tradunt.

C'est encore cette diffusion des lumières par l'enseignement que Pascal décrit dans le célèbre fragment de son *Traité sur le vide*, où il nous montre « toute la suite des hommes, pendant le cours de tant de siècles, comme un même homme qui subsiste toujours et qui apprend continuellement ».

Sujets à traiter. — 1. Sur quels fondements repose la croyance à la véracité du témoignage des hommes ? (Sorbonne, 1er décembre 1877.)

2. Expliquer et développer cette maxime de Bacon ? « *Veritas temporis filia, non auctoritatis.* » (Sorbonne, 18 novembre 1872, juillet 1878.)

3. De l'autorité en matière de philosophie. Exposer l'opinion de Pascal sur cette question. (Sorbonne, 13 novembre 1867.)

4. L'antiquité et la généralité des opinions doivent-elles servir de règle à notre raison dans les sciences physiques et mathématiques? Quelle est sur ce point l'opinion de Pascal exposée dans le fragment de *l'Autorité en matière de philosophie?* (Sorbonne, 25 août 1868.)

LXXX.

Qu'entend-on par consentement universel? Ses principales applications aux diverses questions philosophiques. Appréciation de la valeur de cet argument. (Sorbonne, 21 août 1867.)

On entend par *consentement universel* l'accord unanime des hommes de tous les temps et de tous les pays sur certaines grandes vérités morales.

Cet accord du genre humain est bien fait pour frapper vivement l'esprit; aussi les philosophes l'invoquent-ils pour résoudre les principales questions dont ils s'occupent.

Ainsi ils s'en servent en *psychologie* pour établir l'*existence de la liberté morale*. — Tous les hommes, disent-ils, ont les idées de bien et de mal, d'obligation et de devoir, de responsabilité, de mérite et de démérite, de châtiment et de récompense; tous les hommes éprouvent de la satisfaction morale ou du remords, suivant qu'ils ont bien ou mal agi; tous les hommes professent de l'estime et de l'admiration pour la vertu et l'héroïsme et ressentent du mépris et de l'indignation pour le vice et le crime; tous les hommes enfin emploient auprès de leurs semblables des conseils et des exhortations, des menaces et des prières, et l'on voit partout en usage les délibérations et les promesses, les lois et l'éducation : or, ces faits, ces sentiments et ces idées morales, communs à tous les peuples, ne se comprennent et ne s'expliquent qu'autant que nous sommes libres; il faut donc voir en eux des manifestations éclatantes de la croyance universelle du genre humain au libre arbitre.

Le consentement universel est aussi donné comme preuve de de la *spiritualité de l'âme* et de sa distinction d'avec le corps.

Dans toutes les langues, en effet, et chez tous les peuples, il y a des mots pour désigner l'âme, l'esprit, le principe immatériel qui dans chacun de nous pense, sent, veut et survit au corps qu'il anime : preuve incontestable que tous les hommes croient qu'il y a en eux plus que de la matière et des organes.

En *logique*, on établit également par le consentement universel que la *certitude existe* et que nous ne sommes pas le jouet d'une perpétuelle illusion. Tous les hommes, en effet, croient à l'existence de la vérité comme ils croient à la pensée, comme ils croient à l'intelligence, qui n'est que la capacité de la vérité, et l'on peut dire avec Pascal qu'ils ont « un sentiment de la certitude invincible à tout le pyrrhonisme ».

En *morale,* on se sert aussi du consentement général pour établir que *le bien est distinct du mal*, qu'il y a une *loi morale*, et que cette loi, ce n'est ni le *plaisir* ni *l'intérêt.* — Tous les hommes, en effet, s'accordent à reconnaître qu'il y a des choses bonnes et des choses mauvaises, et qu'entre le juste et l'injuste, l'honnête et le déshonnête, il existe une incompatibilité radicale et absolue. — Tous les hommes se sentent rigoureusement obligés à faire certaines choses et strictement tenus à en éviter d'autres. — Tous les hommes enfin sont convaincus, profondément convaincus que ni le plaisir ni l'intérêt n'ont pour nous l'autorité d'une loi, puisqu'il y a des plaisirs permis et des plaisirs défendus, des jouissances nobles et généreuses et des satisfactions grossières et avilissantes ; puisque nulle part on n'a vu dans les calculs égoïstes de l'intérêt la règle suprême de la vertu, nulle part on n'a décerné à l'homme habile, mais sans probité, le titre d'honnête homme : on a pu le féliciter de ses succès et de son bonheur, mais l'admirer, l'applaudir, jamais. L'admiration et les applaudissements ne se donnent qu'aux actes désintéressés et purs de tout égoïsme.

En *théodicée,* on invoque le consentement universel pour établir *l'existence de Dieu* et de la *Providence.* — Toujours et partout, dit-on, chez les anciens comme chez les modernes, chez les peuples les plus barbares comme chez les nations les plus civilisées, on a trouvé et on trouve des pratiques religieuses, des temples, des sacrifices, des prières, tout autant de choses qui impliquent la croyance à un Être suprême, à une puissance infinie qui maintient et régit l'univers et que le vulgaire appelle avec une naïveté sublime « le bon Dieu ».

Enfin le dogme de l'*immortalité de l'âme* se prouve aussi par le consentement général. — Tous les peuples ont cru et croient encore à l'existence d'une vie future. Nous avons pour garants de la croyance des *anciens* leur culte pour les morts, leurs dieux mânes, leurs fables sur le Tartare et l'Élysée et le témoignage des poètes, des historiens et des philosophes, qui s'accordent à dire que le néant n'est pas au bout de la vie. Pour les peuples *modernes*, nous savons que les chrétiens, les juifs, les mahométans, admettent le dogme de l'immortalité, et les récits des voyageurs, les usages des peuplades barbares nous attestent qu'elles croient à une vie future.

Telles sont les principales applications du consentement universel aux diverses questions philosophiques. Mais ces applications sont-elles légitimes ?

S'il fallait en croire quelques philosophes, le consentement général n'aurait aucune valeur : *Veritas non est in multitudine quærenda.* — *Argumentum pessimi turba est,* » dit Sénèque dans le *De vitâ beatâ,* ch. ii, et Horace :

Interdum vulgus rectum videt : est ubi peccat.

Si l'on voulait, au contraire, s'en rapporter à Lamennais et à son école, l'on ferait du consentement humain l'unique fondement de la certitude, « le sceau de la vérité, » comme le dit l'*Essai sur l'indifférence.*

Ces deux opinions sont également exagérées et la saine philosophie se contente d'affirmer que le consentement général est un signe infaillible de certitude toutes les fois : 1° qu'il est *moralement unanime*; 2° qu'il porte sur *des vérités pratiques* d'une haute importance et contraires aux passions et aux préjugés.

D'abord le consentement général doit être *moralement unanime*, c'est-à-dire ne comporter que quelques exceptions, quelques rares dissidences dont on est autorisé à ne pas plus tenir compte qu'on ne tient compte des monstruosités et des anomalies qui se présentent dans la nature.

Il faut ensuite que les vérités, objet du consentement général, soient des *vérités morales,* faites pour exciter toute l'attention des hommes; car s'il s'agit de vérités spéculatives et scientifiques qui n'intéressent pas la pratique de la vie, le consentement général n'est nullement à l'abri de l'erreur : combien de fausses opinions en physique et en astronomie n'ont-elles pas été généralement adoptées !

Lorsque le *consentement universel* remplit les deux conditions que nous venons d'indiquer, il est impossible de révoquer en doute l'autorité de ses affirmations. L'unanimité du genre humain à affirmer qu'il y a un Dieu, que l'homme est libre, que l'âme est immortelle, etc., ne saurait venir d'aucune des sources d'erreur qu'on a quelquefois alléguées pour expliquer un fait si éclatant. — Elle ne vient pas de l'*ignorance,* car l'ignorance se dissipe avec le progrès des lumières, tandis que les croyances universelles du genre humain se fortifient avec et par la science. — Elle ne vient pas des *préjugés de l'éducation;* car ces préjugés ne sont ni de tous les temps ni de tous les lieux, et puis le temps emporte les préjugés et ne confirme que les jugements de la nature : « *Opinionum commenta delet dies,* dit Cicéron, *naturæ judicia confirmat.* » Elle ne vient pas non plus de la *politique* des princes et des législateurs; car d'abord, les princes et les législateurs ont toujours été divisés par trop d'intérêts et de passions pour qu'ils aient jamais pu s'entendre sur des vérités, des croyances fondamentales comme celles de l'existence de Dieu, de l'immortalité de l'âme, etc. ; ensuite, princes et législateurs se seraient-ils entendus, ils n'auraient jamais réussi à faire accepter par des peuples des dogmes qui gênent les passions et contrarient tous les mauvais instincts de la nature. Il n'y a que la *vérité* qui puisse produire des croyances unanimes, et il faut dire avec Cicéron : « *Omni in re consensio omnium gentium lex naturæ putanda est,* » ou avec le vulgaire : « *Vox populi, vox Dei.* »

Sujets à traiter. — 1. De l'argument tiré du consentement universel : en déterminer la valeur. (Sorbonne, novembre 1876.)

2. Des règles du témoignage humain selon qu'il s'applique à des doctrines ou à des faits. (Sorbonne, 4 novembre 1869.)

3. Rechercher dans quel ordre de nos connaissances l'autorité humaine a le plus de place. (Faculté de Toulouse.)

LXXXI.

Quelles sont les principales règles de la critique historique s'appliquant soit à la tradition, soit aux monuments, soit aux mémoires d'un homme ou aux annales d'une époque ? (Sorbonne, novembre 1876.)

La *critique historique* est la science des conditions et des garanties que doit présenter le témoignage humain pour avoir droit à notre croyance.

Cette science ne date guère que du commencement de ce siècle et déjà elle est définitivement constituée, parce que les principes sur lesquels elle repose sont aussi simples qu'importants.

Ils se ramènent aux deux suivants : 1° il faut que *les témoins n'aient pas pu se tromper*, que leur capacité et leur compétence soient hors de doute ; 2° il faut qu'*ils n'aient pas voulu nous tromper*, que leur véracité et leur bonne foi paraissent à l'abri de tout soupçon.

Toutes les règles de la critique historique ne sont que des applications particulières de ces deux principes généraux à la *tradition*, aux *monuments*, aux *mémoires d'un homme* ou aux *annales d'une époque*.

La *tradition* est la relation d'un fait transmis de bouche en bouche, de génération en génération, pendant un temps plus ou moins long.

De tous les moyens de connaître le passé, la tradition orale semble le moins sûr ; car ses récits sont souvent entremêlés de fables et de légendes plus ou moins poétiques, parmi lesquelles il est bien difficile de discerner la vérité et de trouver le fait primitif, point de départ de la tradition.

Aussi la critique historique donne-t-elle pour règle générale de *n'accepter les traditions orales que pour les faits généraux, dans leur substance et non dans leurs détails.* Ainsi Thucydide, dans les premières pages de son *Histoire de la guerre du Péloponnèse*, ramène à leurs véritables proportions la guerre de Troie et les faits de l'histoire grecque antérieurs aux guerres médiques; ainsi de nos jours Mommsen a fait justice des légendes dont l'imagination complaisante de Tite-Live a entouré le berceau du peuple romain.

On appelle *monuments* tous les objets matériels qui nous restent des siècles écoulés et qui en conservent l'empreinte. De ce genre sont, non seulement les édifices publics et privés, sacrés et profanes, arcs de triomphe, colonnes, palais, temples, mais encore les ustensiles et les vases, les armes et les tombeaux, les monnaies et les médailles, les inscriptions, les diplômes et et les chartes.

Les deux règles fondamentales qui concernent les monuments sont : 1° de *s'assurer de leur authenticité*, d'établir qu'ils appartiennent réellement aux temps, aux lieux, aux personnages auxquels on les attribue et qu'ils n'ont pas été fabriqués après coup par d'habiles faussaires; 2° de *s'assurer de leur sincérité*, car l'adulation et la politique y apportent souvent des inexactitudes et des mensonges; ainsi, dans l'arc de triomphe élevé à Titus, on lit qu'il a le premier pris Jérusalem : « *Urbem Hierosolymam omnino intentatam delevit;* » or, Pompée l'avait déjà prise et Cicéron lui donnait le titre de *Hierosolymarius*.

Les *mémoires* personnels ou *commentaires*, dans lesquels l'auteur raconte les événements de sa propre vie et les grandes choses auxquelles il a été mêlé, les *annales* ou relations écrites laissées par les contemporains ou du moins par des hommes qui ont vécu à une époque peu éloignée des événements dont il s'agit, sont les principales sources de l'histoire et les meilleurs moyens que nous ayons de connaître le passé.

Aussi les règles que donne la critique historique pour les mémoires et les annales sont-elles plus nombreuses que celles qui concernent la tradition et les monuments :

Il faut *s'assurer de l'authenticité* de ces relations historiques et écarter tous les écrits apocryphes;

2° *S'assurer de leur intégrité* et établir qu'elles n'ont subi aucune altération, aucune interpolation substantielle;

3° S'assurer *de la compétence et de la capacité* des historiens et voir s'ils ont eu les moyens de connaître et de vérifier les faits qu'ils rapportent;

4° S'assurer de *leur véracité*, de leur *impartialité* : c'est là la plus importante des garanties du témoignage. On doit toujours se défier d'un écrivain qui raconte l'histoire au point de vue de l'intérêt d'une secte, d'un parti, d'une faction : c'est le cas de la plupart des historiens de la *Révolution;* au contraire, l'*Histoire des guerres religieuses* de de Thou est un modèle d'impartialité, comme l'*Histoire de la guerre du Péloponnèse* de Thucydide.

5° Enfin il faut, en cas de contradiction entre les récits divers d'un même événement, se décider par *le poids* plus que par le *nombre* des témoignages : *non numeranda, sed ponderanda*. Ainsi, pour l'histoire de la Fronde, dit M. Janet, « le témoignage de Mme de Motteville, quoique bonne royaliste, a un très grand poids, parce qu'elle est personnellement désintéressée et généralement d'une grande impartialité. »

Sujets à traiter. — 1. Donner les règles de la critique historique. (Sorbonne, 5 août 1868.)

2. Exposer les règles de la critique des témoignages. Appliquer ces règles spécialement à la critique historique. (Sorbonne, 30 novembre 1869, 12 novembre 1873.)

3. De la tradition. (Faculté de Toulouse.)

4. Critique historique. Qualités de l'historien. (Faculté de Toulouse.)

LXXXII.

Distinguer la méthode démonstrative de la méthode expérimentale. De l'union de ces deux méthodes dans les diverses sciences. (Sorbonne, 4 novembre 1868.)

La méthode *démonstrative* et la méthode *expérimentale* sont les deux grands procédés employés par l'esprit humain dans la recherche de la vérité.

Tantôt, en effet, il descend des vérités générales aux vérités particulières et tire des principes les conséquences qu'ils renferment : c'est alors la méthode *démonstrative*. — Tantôt, au contraire, il s'élève des effets aux causes, des phénomènes aux lois : c'est alors la méthode *expérimentale*.

La méthode *démonstrative* et la méthode *expérimentale* suivent donc une marche tout opposée : la première va du général au particulier, la seconde du particulier au général.

Dans la méthode *démonstrative*, on débute par des *définitions* claires et rigoureuses, qui font connaître le sens des mots et la nature des choses. Puis, de ces définitions et de certains principes évidents par eux-mêmes qu'on appelle *axiomes*, on tire des conclusions au moyen de la *déduction* et du *syllogisme*, qui est la forme par excellence du raisonnement déductif. Enfin, de déduction en déduction, on en vient à rendre évidentes, à *démontrer* les propositions particulières, les théorèmes qui constituent la science. — Tout autres sont les procédés de la méthode *expérimentale :* elle commence par l'*observation*, c'est-à-dire par l'étude attentive des phénomènes et des êtres tels qu'ils se présentent à nous dans le monde physique et dans le monde moral. Puis, quand l'observation est insuffisante, le savant a recours à l'*expérimentation* qui interroge la nature et la contraint, pour ainsi dire, à nous révéler ses secrets. Viennent ensuite la *classification* et l'*induction*, qui s'élèvent des phénomènes aux lois, qui étendent à tous les êtres, à tous les faits, à tous les points de l'espace et de la durée ce qu'on a remarqué dans quelques individus seulement, dans certains temps et certains lieux déterminés. Si ces deux dernières opérations sont impossibles, on y supplée par l'*analogie* et l'*hypothèse*, procédés moins réguliers et moins sûrs qui nous font imaginer des causes et des lois plus ou moins probables, afin de grouper et d'expliquer les phénomènes observés, de manière à nous mettre sur la voie des causes et des lois véritables.

La méthode *démonstrative* et la méthode *expérimentale*, qui emploient des procédés si divers, reposent aussi sur des principes différents. — La première s'appuie sur le principe de contradiction : La même chose ne peut pas en même temps être et n'être pas, τὸ αὐτὸ ἅμα ὑπάρχειν καὶ μὴ ὑπάρχειν ἀδύνατον τῷ αὐτῷ καὶ κατὰ τὸ αὐτό (Aristote), ou plutôt sur cet autre axiome qui se rattache au principe de contradiction : Deux idées qui conviennent à une troisième se conviennent entre elles; deux idées dont l'une convient à une troisième et l'autre non ne se conviennent pas entre elles. — La méthode *expérimentale*, elle, a pour fondement le principe de la stabilité des lois de la nature : Il y a des lois dans la nature; les mêmes causes placées dans les mêmes circonstances produisent les mêmes effets; « *effectuum generalium ejusdem naturæ eædem sunt causæ*, » comme dit Newton, ou bien encore, les caractères essentiels des êtres sont universels et permanents.

La méthode *démonstrative*, décrite par Aristote avec une perfection telle que, depuis plus de 2,000 ans, la science n'a fait ni un pas en avant ni un pas en arrière, a été pratiquée presque exclusivement au moyen âge où l'on regardait le syllogisme comme la clef d'or de la science. — La méthode *expérimentale*, au contraire, n'a été mise en vogue qu'au seizième et au dix-septième siècles par Bacon, qui, dans son *Novum Organum*, en a tracé avec tant de gloire la théorie et les règles, qu'ont adoptées tous les philosophes et tous les savants jusqu'à M. Claude Bernard, qui les a admirablement complétées dans son *Introduction à la médecine expérimentale*.

Enfin la méthode *démonstrative* semble être le procédé fondamental des sciences mathématiques, du droit et de la jurisprudence, tandis que la méthode *expérimentale* est l'âme et la vie d'un grand nombre de sciences morales et de toutes les sciences physiques et naturelles, qui ont fait des progrès merveilleux depuis que Bacon leur a ouvert par sa méthode une voie nouvelle.

Il ne faudrait pas cependant s'imaginer que la *démonstration* et *l'induction* sont deux méthodes contradictoires et exclusives l'une de l'autre. Nous les trouvons inséparablement unies dans toutes les sciences « qui doivent leur nom de sciences démonstratives et de sciences expérimentales au caractère dominant plutôt qu'au caractère unique de leur méthode ».

Ainsi le raisonnement et la démonstration ne sont pas les seuls procédés employés dans les *sciences exactes;* l'astronome quitte tour à tour l'observation pour le calcul et le calcul pour l'observation ; le mathématicien a souvent recours à l'analyse et à l'induction ; il conçoit des analogies, des hypothèses qu'il cherche à vérifier par l'expérience et l'observation, comme l'exige la méthode *expérimentale.*

Ainsi encore la méthode *démonstrative* est souvent employée dans les *sciences physiques et naturelles* soit pour vérifier les hypothèses, soit pour faire l'application pratique des vérités découvertes et des lois établies. Aussi M. Claude Bernard déclare-t-il que « l'induction et la déduction sont inséparables dans les sciences physiques et naturelles ».

Mais c'est surtout dans les *sciences morales et politiques* que la méthode *démonstrative* et la méthode *expérimentale* sont étroitement unies. — En effet, en psychologie, en logique, en morale, il y a des phénomènes à observer, des facultés à déterminer et des lois à établir, ce qui ne peut se faire que par l'observation, la classification, l'induction ; il y a aussi des vérités à démontrer, des conséquences à déduire, des applications pratiques à faire, ce qui nécessite l'emploi du raisonnement et de la démonstration. — Les sciences politiques, elles aussi, ont besoin de l'expérience, de l'observation, de la connaissance de l'histoire et des besoins des peuples pour établir les principes et les lois qui doivent présider au gouvernement des nations : ces principes et ces lois une fois posés, il faut que la démonstration en fasse l'application aux lois existantes pour les modifier, aux institutions sociales pour les améliorer, à l'économie politique pour développer la richesse et la prospérité des nations.

On le voit donc : les deux grandes voies qui mènent l'esprit humain à la conquête de la vérité doivent être constamment ouvertes devant lui ; la méthode *démonstrative* et la méthode *expérimentale* ne sont pas faites pour s'exclure, mais pour s'entr'aider :

..... Alterius sic
Altera poscit opem res et conjurat amice. (HORACE.)

Sujets à traiter. — 1. Qu'appelle-t-on sciences exactes? En quoi consiste la méthode de ces sciences? A quoi faut-il attribuer l'exactitude qui les caractérise? (Sorbonne, 27 novembre 1869.)

2. Les vérités mathématiques sont-elles des vérités d'expérience? (Sorbonne, 17 juillet 1874.)

3. Distinguer d'une manière précise la méthode inductive de la méthode déductive. (Faculté de Toulouse.)

LXXXIII.

L'erreur est-elle dans l'idée ou dans le jugement?
(Sorbonne, 13 mars 1873, 27 mars 1878.)

L'*erreur* est le contraire de la vérité : elle consiste à s'imaginer savoir ce que l'on ne sait pas en réalité. « Errer, dit Bossuet, c'est croire ce qui n'est pas. » Ainsi croire aux dieux du paganisme, regarder comme vraies les fables de la mythologie, dire qu'il n'y a pas d'âme, que la vie future est une chimère, ce sont des erreurs.

L'*erreur* nous apparaît donc comme une affirmation ou une négation non conforme à la réalité : elle est dans le *jugement* et non pas dans l'*idée*.

Sans doute, si l'on entend par idées, comme dans le langage ordinaire, toutes les connaissances, toutes les conceptions de l'esprit, opinions, croyances, systèmes, jugements, raisonnements, l'on peut dire que l'erreur est dans les idées, que par exemple ce sont des erreurs que les idées de Platon sur la propriété, le mariage et la famille.

Mais dans le langage rigoureux et technique de la philosophie, on entend par *idée* la représentation pure et simple, c'est-à-dire sans affirmation et sans négation, d'un objet dans l'esprit : « *simplex apprehensio, mera repræsentatio alicujus objecti in mente existens,* » comme disaient les Scolastiques. L'*idée* et le *jugement* sont bien sans doute naturellement inséparables; ils ne se produisent jamais isolément dans l'intelligence et on ne saurait concevoir une chose sans affirmer plus ou moins explicitement ou son existence, ou ses qualités, ou ses rapports avec nous ou avec certaines autres choses. Mais l'analyse psychologique permet de concevoir ces deux faits comme essentiellement distincts et de séparer mentalement l'*idée* du *jugement*, de l'affirmation ou de la négation qui l'accompagne toujours. Or, l'idée ainsi entendue ne semble susceptible ni de vérité ni de fausseté, parce qu'elle n'est qu'un commencement, qu'une ébauche de connaissance : l'erreur ne se trouve que dans la connaissance totale, dans le jugement.

Quelques exemples mettront cette vérité en lumière.

Si je me borne à concevoir, à me représenter un cheval ailé, une chimère, un centaure, il n'y aura ni vérité ni erreur dans ces idées si bizarres en apparence : l'erreur ne commencera qu'au moment où j'affirmerai qu'il y a dans la nature des chevaux ailés, des chimères, des centaures.

Que quelqu'un conçoive les deux idées d'Alexandre et de fils de Jupiter sans établir entre elles aucun rapport, il ne sera ni dans le vrai ni dans le faux; mais qu'un ignorant les rapproche, qu'il affirme qu'Alexandre était fils de Jupiter : il tombera dans l'erreur que le héros macédonien travaillait à propager par orgueil et par ambition.

Quelle est l'origine des prétendues *erreurs des sens ?* Ce ne sont pas nos idées qui ont toujours un objet, mais bien les jugements que nous portons à la suite des perceptions sensibles, sans tenir compte de l'état de nos organes, de la nature et de la portée de nos divers sens ou des lois de la nature.

D'où vient *l'erreur dans le raisonnement déductif?* De ce que telle conséquence est faussement affirmée comme contenue dans tel principe. Ordinairement le principe est vrai et l'idée exprimée dans la conclusion a un objet correspondant : c'est dans l'affirmation du rapport établi entre ce principe et cette idée, c'est dans le jugement que réside l'erreur.

Les *erreurs d'induction* proviennent d'une cause analogue. Supposons qu'après un dénombrement imparfait je formule une loi générale : il restera toujours vrai que les objets trop peu nombreux que j'ai observés existent et que chacun d'eux correspond à l'idée que je m'en suis faite. Mais je tombe dans l'erreur en affirmant de toute une classe d'êtres ce qui n'est vrai que de ceux que j'ai pu étudier.

Voici deux *classifications*, l'une artificielle, l'autre naturelle. Les auteurs de la première peuvent très bien avoir l'idée nette de tous les êtres, plantes ou animaux qu'il s'agit de classer : leur classification n'est défectueuse que parce que leur jugement n'a pas saisi les rapports essentiels d'après lesquels ces êtres doivent être classés.

L'idée de l'ascension de l'eau dans les pompes était aussi claire avant Torricelli, Descartes et Pascal qu'elle l'est aujourd'hui ; avant Lavoisier on ne concevait pas la combustion autrement qu'après lui : seulement l'erreur était dans le jugement qui assignait à ces phénomènes, au lieu de leur cause véritable, des causes hypothétiques et chimériques.

L'*erreur* est donc le fait du *jugement* et non pas de l'*idée* : elle consiste à affirmer ce qui n'est pas ou à nier ce qui est. Aristote l'avait bien compris quand il disait : « Le vrai et le faux ne sont pas dans les choses, mais dans la synthèse ou combinaison de l'entendement. »

Sujet à traiter. — L'erreur est-elle un fait de l'entendement ou de la volonté ? (Sorbonne, 4 décembre 1880.)

LXXXIV.

En combien de classes peut-on diviser nos erreurs ? Quels sont les principaux moyens d'y remédier ? Donner des exemples. (Sorbonne, 21 mars 1872.)

Bacon est le premier qui ait donné une classification des erreurs humaines. Il les appelle, dans le *Novum Organum*, idoles, *idola*, parce qu'elles sont l'objet d'un culte qui n'est dû qu'à la vérité. D'après lui, il y a quatre sortes d'idoles : les *idoles de la tribu*, les *idoles de la caverne*, les *idoles du forum* et les *idoles du théâtre*.

Les *idoles de la tribu* ou de l'espèce, *idola tribus*, sont les erreurs communes au genre humain, tout esprit n'étant, au dire de Bacon, qu'un miroir infidèle, qui gâte, corrompt et défigure les images des choses.

Les *idoles de la caverne, idola specûs*, sont les erreurs particulières à chaque individu : « Chacun, en effet, a en lui comme une caverne où la lumière naturelle est brisée et corrompue; c'est l'effet des dispositions qui lui sont propres et particulières, ou de son éducation et du commerce qu'il a avec les autres hommes, ou des impressions, qui diffèrent suivant que l'esprit est préoccupé et prédisposé. »

Les *idoles du forum, idola fori*, sont les erreurs qui naissent du langage; c'est, en effet, sur le forum, sur la place publique, qu'on fait surtout usage des mots.

Les *idoles du théâtre, idola theatri*, sont les erreurs provenant des systèmes qui, d'après Bacon, sont comme autant de comédies jouées tour à tour sur le théâtre du monde.

Cette classification est peut-être plus brillante que solide et on l'a souvent accusée de manquer de justesse et de choquer par la bizarrerie de ses termes.

La *Logique de Port-Royal* a aussi donné une sorte de classification de nos erreurs dans le chapitre intitulé : *Des mauvais raisonnements que l'on commet dans la vie civile* (Troisième partie; ch. xx). Nicole les divise en deux classes : 1° *Sophismes d'amour-propre, d'intérêt et de passion*, au nombre de neuf; 2° *Faux raisonnements qui naissent des objets mêmes*, au nombre de huit.

Malebranche qui, dans sa *Recherche de la vérité*, a donné une analyse si profonde de nos erreurs, les ramène à cinq classes : *erreurs des sens, erreurs de l'imagination, erreurs de l'entendement, erreurs des inclinations, erreurs des passions*.

On peut diviser et on divise ordinairement les erreurs en deux grandes classes : *erreurs logiques* et *erreurs morales*.

Les *erreurs logiques* sont celles qui proviennent ou de l'imperfection ou du mauvais emploi de nos facultés et de nos opérations intellectuelles.

Ces facultés et ces opérations ne sont pas trompeuses par elles-mêmes : faites pour le vrai, elles y arrivent naturellement, mais à une condition absolument indispensable, c'est qu'on ne transgressera aucune des lois qui doivent présider à leur exercice : or, comme on viole souvent ces lois, souvent aussi on tombe dans l'erreur. Ainsi il y a :

Les *erreurs des sens*, qui viennent ou de ce qu'on les interroge alors que les organes ne sont pas dans leur état normal, ou de ce qu'on leur demande des connaissances qu'ils ne peuvent pas fournir, ou de ce qu'on interprète mal leurs données : v. g., un bâton plongé dans l'eau paraît brisé; le soleil semble avoir un pied de diamètre;

Les *erreurs de la conscience*, qui ont leur source dans la réflexion devenue exclusive, de manière à ne s'occuper que d'un point de vue des choses et de n'en point saisir la nature totale, v. g. l'erreur des sensualistes, qui ne voient que la part des sens et de l'expérience dans la formation de la connaissance humaine;

Les *erreurs de la raison pure*, qui prend pour principe ce qui n'est pas principe, comme quand Hégel affirme que l'être et le néant sont identiques;

Les *erreurs de la mémoire*, qui viennent de ce que nous confondons les conceptions de l'imagination avec les souvenirs;

Les *erreurs de l'imagination*, de « cette maîtresse d'erreur et de fausseté, dit Pascal, et d'autant plus fourbe qu'elle ne l'est pas toujours », « de cette folle du logis, comme l'appelle Malebranche, de cette folle qui fait la folle »;

Les *erreurs de l'abstraction et de la généralisation*, dans lesquelles nous tombons en attribuant une sorte de réalité aux pures conceptions de notre esprit, comme les anciens, qui voyaient des dieux dans toutes les forces de la nature;

Enfin les *erreurs du raisonnement*, que l'on désigne sous le nom de paralogismes ou de sophismes et qui sont de deux sortes : *sophismes de mots ou de grammaire*, et sophismes de *raisonnement* ou de *logique*.

Les principaux sophismes de mots sont le *sophisme de l'équivoque* ou de *l'ambiguïté des termes*, le *sophisme de composition* et le *sophisme de division*.

Les sophismes de raisonnement ou de logique comprennent les *sophismes de déduction, pétition de principe, cercle vicieux, ignorance du sujet*, et les *sophismes d'induction, sophisme de la*

17.

cause, sophisme de l'accident, sophisme du dénombrement imparfait, confusion du relatif et de l'absolu.

Les *erreurs morales* sont celles qui viennent de la *volonté* et des *passions;* car, comme l'a dit Pascal, « la *volonté* est un des principaux organes de la créance, non qu'elle forme la créance, mais parce que les choses sont vraies ou fausses selon la face par où on les regarde ». « Notre *intérêt* est un merveilleux instrument pour nous crever les yeux agréablement... Le *cœur* monte à la tête et lui en montre. »

C'est à la classe des erreurs morales qu'on rattache toutes celles qui proviennent des préjugés de l'*éducation*, de l'*autorité* pour laquelle nous professons parfois un respect aveugle, et du *genre d'études* auquel nous nous livrons, qui peut rendre notre esprit étroit et exclusif.

Les remèdes de ces diverses erreurs semblent indiqués par l'analyse des causes qui les engendrent : un mal connu est à demi guéri, et quand on est prévenu d'un danger, il est facile de l'éviter.

Ainsi, comme il y a toute une classe d'erreurs qui proviennent du mauvais emploi de nos facultés et de la violation des lois de la logique, le remède à ces erreurs se trouve dans l'*observation scrupuleuse des règles* de la méthode inductive, de la méthode déductive et de toutes les lois qui président à l'exercice de nos facultés et de nos opérations intellectuelles.

Comme bien des erreurs morales ont pour cause la volonté, l'inattention, la précipitation du jugement, le moyen d'y remédier, c'est de prendre l'habitude de *réfléchir*, d'*être attentif*. « L'entendement vraiment attentif à son objet, dit Bossuet, ne se trompera jamais, parce que, ou il verra clair et ce qu'il verra sera certain, ou il ne verra pas clair et il tiendra pour certain qu'il doit douter jusqu'à ce que la lumière apparaisse. »

Enfin, comme les *passions* sont la source la plus féconde des erreurs humaines, il faut que la volonté lutte énergiquement contre elles, les soumette à l'empire de la raison et du devoir et laisse à l'intelligence assagie le sang-froid et l'impartialité nécessaires pour bien juger.

Indépendamment de ces remèdes *curatifs* de l'erreur, il y a ce qu'on appelle un *remède préventif* ou *préservatif*; Descartes l'a indiqué, lorsqu'il a dit :

« Le premier précepte de ma méthode était de ne recevoir aucune chose pour vraie que je ne la connusse évidemment être telle, c'est-à-dire d'éviter soigneusement la précipitation et la prévention et de ne comprendre rien de plus en mes jugements que ce qui se présenterait si clairement et si distinctement à mon esprit que je n'eusse aucune occasion de le mettre en doute. » (*Discours de la méthode* : IIe partie.)

Sujets à traiter. — 1. De l'influence des passions sur l'entendement. Erreurs qui en dérivent. (Sorbonne, 9 novembre 1868 ; 25 août 1870.)

2. La Rochefoucauld a dit : « L'esprit est souvent la dupe du cœur. » Tout en reconnaissant la vérité de cette maxime, ne peut-on pas la retourner et dire que souvent le cœur est la dupe de l'esprit? (Sorbonne, 18 novembre 1869.)

3. Des erreurs qui ont leur origine dans le langage. Des moyens d'y remédier. (Sorbonne, 18 novembre 1867.)

4. Qu'appelle-t-on sophismes d'amour-propre, d'intérêt et de passion? (Sorbonne, 22 juillet 1874.)

5. Analyser le chapitre de Port-Royal intitulé : *Des sophismes que l'on commet dans la vie civile*. (Sorbonne, 25 août 1870.)

6. Des erreurs; en indiquer les causes et les remèdes. (Faculté de Toulouse.)

LXXXV.

Des erreurs des sens. Que faut-il entendre par ce principe « *que l'erreur n'est jamais dans le sens lui-même, mais dans le jugement?* » (Sorbonne, 19 août 1869, 8 août 1872.)

Rien de plus commun que ce qu'on appelle les illusions et les *erreurs des sens :* si l'on a la jaunisse, l'on voit tout en jaune; dans certaines maladies, on trouve une saveur amère à tous les aliments qu'on goûte; le ciel semble toucher la terre à l'horizon, le soleil n'avoir qu'un pied de diamètre; un bâton plongé dans l'eau paraît brisé; les arbres d'une longue allée diminuent aux regards à proportion de leur éloignement; quand on est emporté par un mouvement rapide, on se croit immobile, tandis que tout autour de soi semble marcher et s'enfuir : dans ces cas et dans mille autres semblables on dit que les sens nous trompent, que les sens sont menteurs et le scepticisme s'autorise de ces illusions pour nier audacieusement l'existence des corps.

C'est triompher trop vite et l'observation psychologique fait aisément justice des acusations que l'on élève contre les sens.

Il suffit, en effet, de se rappeler qu'il y a deux sortes de perceptions sensibles, les perceptions *primitives* et les perceptions *acquises*. Les perceptions *primitives* sont les connaissances directes et immédiates que chaque sens nous donne en vertu de sa portée naturelle; c'est ainsi que l'odorat nous fait connaître les odeurs, l'ouïe les sons, la vue les surfaces colorées, etc. Les perceptions *acquises*, qui n'ont de la perception que le nom et la facilité avec laquelle elles se produisent, sont des associations d'idées, des inductions, des jugements véritables que nous portons à l'occasion des données primitives de sens : ainsi nous jugeons par la vue de la distance, de la forme et de la nature des corps. Cette distinction de deux sortes de perceptions sensibles est d'une importance capitale et quand on dit « que l'erreur n'est jamais dans le sens lui-même, mais dans le jugement », on veut dire qu'il n'y a jamais d'erreur dans les perceptions *primitives*, mais seulement dans les perceptions *acquises* qui ne sont que des jugements.

En effet, que les sens s'exercent dans leurs conditions naturelles, c'est-à-dire que les organes soient dans leur état normal, que les objets qu'on veut connaître se trouvent à leur portée et qu'on ne demande à chaque sens que les notions qu'il peut fournir, v. g. à l'ouïe les sons, à la vue les couleurs, non seulement il n'y aura pas d'erreur, mais l'erreur n'est pas possible : car la perception n'étant que la connaissance directe, immédiate d'un objet extérieur, ne se produit et ne peut se produire qu'autant qu'elle est déterminée par une réalité présente.

Dans les perceptions *acquises*, au contraire, rien de plus fréquent que l'erreur; seulement elle est imputable non pas aux sens qui nous fournissent toujours les mêmes données, mais à la raison, au jugement qui interprètent mal ces données : tantôt, en effet, ils demandent aux sens des connaissances en dehors de leur portée naturelle ; tantôt ils ne tiennent pas compte de l'état des organes ; tantôt enfin ils perdent de vue les lois de la nature qui président à la production de certains phénomènes sensibles et qu'il est bon d'avoir toujours présentes à la pensée.

Ainsi, vous voyez tout en jaune quand vous avez la jaunisse ; vous trouvez tous les aliments amers quand vous êtes malade : pouvez-vous dire que votre goût et votre vue vous trompent ? Non, l'erreur n'est imputable qu'à vous-même, qui devriez savoir que les sens ne perçoivent bien les choses extérieures qu'autant que les organes sont dans leur état normal. Ces organes d'ailleurs font parfaitement ce qu'ils doivent faire et les humeurs répandues dans les yeux et sur la langue par la maladie dont vous souffrez ne laissent arriver à votre vue que des rayons de lumière jaune, à votre goût que des saveurs amères.

« Le ciel, dites-vous, semble toucher la terre à l'horizon, le soleil n'avoir qu'un pied de diamètre, les arbres d'une longue allée diminuer peu à peu aux regards. » Sans doute ; mais la vue n'est pas chargée de vous faire connaître la distance des objets extérieurs ; ne l'accusez donc pas de vous tromper ; c'est vous qui voulez bien vous tromper en lui demandant des connaissances en dehors de sa portée naturelle et en prenant des apparences pour la réalité.

« Vous vous croyez immobile, quand vous êtes emporté par un mouvement rapide et tout semble s'enfuir autour de vous. » Oui ; mais au lieu d'accuser vos sens d'erreur, fixez vos regards sur un point précis, voyez-le s'éloigner rapidement, diminuer peu à peu de grandeur apparente et vous comprendrez parfaitement que la voiture ou le bateau qui vous emportent dévorent l'espace.

Enfin « un bâton que vous savez être droit vous paraît brisé, quand vous le plongez dans l'eau ». Mais en vertu des lois de la réfraction, il est impossible que ce bâton semble droit ; c'est à votre raison de tenir compte de cette loi :

<blockquote>Quand l'eau courbe un bâton, ma raison le redresse,</blockquote>

a dit La Fontaine. Dites-le avec lui et n'accusez pas votre vue d'être trompeuse.

Ainsi donc l'erreur véritable, c'est de croire les sens susceptibles d'erreur. Bossuet a raison de dire : « A proprement parler, il n'y a point d'erreur dans le sens, qui fait toujours ce qu'il doit, puisqu'il est fait pour opérer selon les dispositions non seulement des objets, mais des organes. C'est à l'entendement, qui doit juger des organes mêmes, à tirer des sensations les conséquences nécessaires, et s'il se laisse surprendre, c'est lui qui se trompe. »

(*Pour les sujets à traiter, voir à la fin de la dissertation* XLII.)

LXXXVI.

Définir les paralogismes et les sophismes. Donner des exemples de la pétition de principe, du dénombrement imparfait, de l'ignorance de la cause et des ambiguïtés de mots. (Sorbonne, novembre 1875.)

Les *paralogismes*, du grec παρὰ λόγος, contre la raison, sont des raisonnements faux, faits par ignorance et de bonne foi.

Les *sophismes* (σοφισμα, artifice), sont aussi des raisonnements faux, mais faits avec l'intention de tromper.

C'est un paralogisme arraché par la passion à Cinna que le cri féroce qui lui échappe lorsqu'il explique pourquoi il a voulu forcer Auguste à conserver l'empire : il faut que sa mort épouvante les ambitieux à venir ;

> Employer la douceur à cette guérison,
> C'est, en fermant la plaie, y verser le poison.

Ce sont, au contraire, des sophismes que les arguments par lesquels Narcisse essaye de persuader à Néron, dans *Britannicus*, que les Romains applaudiront à ses crimes et que Burrhus n'est qu'un ambitieux vulgaire qui ne vise qu'à sauver son crédit et sa puissance.

Cette distinction entre les *paralogismes* et les *sophismes* est facile à établir en théorie ; mais, dans la pratique, elle s'évanouit et l'on confond presque toujours les *paralogismes* et les *sophismes*. Sans doute, lorsqu'on s'adresse directement à une personne, on n'aime pas à lui dire en face qu'elle commet des *sophismes*, encore moins qu'elle est un sophiste : seulement la politesse n'est pas la logique et la logique appelle *sophismes* tous les raisonnements faux, qu'ils soient faits ou non avec l'intention de tromper.

La *pétition de principe* est un sophisme de déduction qui consiste à « supposer vrai ce qui est en question », et à tirer une démonstration de quelque chose qui aurait besoin d'être démontré. Tel est le raisonnement que Galilée a trouvé dans Aristote :

« La nature des choses pesantes est de tendre au centre du monde;

« Or, l'expérience nous fait voir que les choses pesantes tendent au centre de la terre;

« Donc le centre de la terre est le centre du monde. »

« Il est clair, dit la *Logique de Port-Royal*, qu'il y a dans la majeure une manifeste pétition de principe : car nous voyons bien les choses pesantes tendre vers le centre de la terre; mais d'où Aristote a-t-il appris qu'elles tendent au centre du monde, s'il ne suppose pas que le centre de la terre est le même que le centre du monde? »

Un exemple piquant de pétition de principe, c'est la consultation du *Médecin malgré lui*, de Molière :

SGANARELLE.

Nous autres grands médecins, nous connaissons d'abord les choses. Un ignorant aurait été embarrassé et vous eût été dire : C'est ceci, cela; mais moi, je touche au but du premier coup et je vous apprends que votre fille est muette.

GÉRONTE.

Oui, mais je voudrais bien que vous me puissiez dire d'où cela vient.

SGANARELLE.

Il n'est rien de plus aisé : cela vient de ce qu'elle a perdu la parole.

GÉRONTE.

Fort bien; mais la cause, s'il vous plaît, qui fait qu'elle a perdu la parole?

SGANARELLE.

Tous nos meilleurs auteurs vous diront que c'est l'empêchement de l'action de la langue.

Le *dénombrement imparfait* (enumeratio imperfecta) est un sophisme qui consiste à conclure du tout ce qui n'est vrai que de quelques parties.

Il peut se commettre soit dans la déduction, soit dans l'induction.

Ainsi dans les raisonnements disjonctifs, dans les dilemmes, la majeure peut ne pas contenir toutes les hypothèses, tous les cas possibles et alors le raisonnement est faux, comme quand on dit :

Ou l'âme est immortelle ou elle périt par dissolution de parties;

Or, elle ne périt pas par dissolution de parties;

Donc elle est immortelle.

Il y a une troisième hypothèse : Dieu pourrait l'anéantir.

C'est surtout dans les raisonnements inductifs que le dénombrement imparfait est commun, v. g. : Plusieurs géomètres sont athées; donc tous les géomètres sont athées. — Un Anglais débarqué en France et trouvant son hôtesse rousse écrit aussitôt : « Ici les femmes sont rousses. » — Que cent ou deux cents factieux se réunissent, ils n'hésiteront pas à se proclamer le peuple. — La devise de ce sophisme, c'est : « *Ab uno disce omnes.* »

L'*ignorance du sujet, ignoratio elenchi*, consiste à « prouver autre chose que ce qui est en question. » Ce sophisme peut se commettre de trois manières : ou le raisonnement prouve *trop*, ou il ne prouve *pas assez*, ou il passe *à côté* de ce qui est demandé.

Ainsi dans une assemblée politique où l'on délibère si l'on doit ou non faire la guerre, un orateur qui viendrait dire que toute guerre est injuste prouverait trop; celui qui établirait que la guerre en question serait avantageuse si elle réussissait, ne prouverait pas assez; car il ne suffit pas qu'elle soit avantageuse, il faut aussi qu'elle soit juste et possible; enfin celui qui dirait qu'il faut travailler à la grandeur de son pays prouverait à côté, puisqu'il y a d'autres moyens que la guerre pour assurer la grandeur d'un peuple.

L'ambiguité des mots engendre ce qu'on appelle le *sophisme de l'équivoque* qui consiste à employer dans le raisonnement un mot à double sens et à le prendre dans deux acceptions différentes, v. g. : Dieu est partout; partout est un adverbe ; donc Dieu est un adverbe. — « Les faiseurs de projets, dit Whately dans sa *Logique,* ne méritent aucune confiance; or, cet homme a fait un projet (il est faiseur de projets); donc il ne mérite aucune confiance. » Il y a là évidemment un sophisme; autre chose est faire un projet et autre chose être un faiseur de projets.

Sujets à traiter. — 1. Des diverses manières de mal raisonner que l'on nomme sophismes. Quelles sont les principales sources des mauvais raisonnements? Donner des exemples. (Sorbonne, 9 novembre 1866.)

2. Examiner le sophisme de logique qui consiste à supposer vrai ce qui est en question, ou la pétition de principe. Donner des exemples de ce genre de sophisme. (Sorbonne, 3 mai 1869.)

3. Comment réfute-t-on les sophismes soit d'induction soit de déduction et spécialement la pétition de principe? (Faculté de Toulouse.)

MORALE.

LXXXVII.

Objet et division de la morale et plus particulièrement de la morale spéculative. (Sorbonne, 10 mars 1880.)

La *morale* est la science du bien, comme la logique est la science du vrai et l'esthétique la science du beau.

Elle a pour objet de dicter des lois à la volonté et de la diriger dans la pratique de la vertu, ainsi que Bossuet le montre très bien dans la préface de sa *Logique* : « L'homme, dit-il, qui a fait réflexion sur lui-même, a connu qu'il y avait dans son âme deux puissances ou facultés principales, dont l'une s'appelle entendement et l'autre volonté, et deux opérations principales, dont l'une est entendre et l'autre vouloir... Comme il ne lui arrive que trop souvent de s'égarer en l'une ou l'autre de ces actions, il a besoin d'être averti de ce qu'il faut savoir pour être en état, tant de bien connaître la vérité, c'est-à-dire de bien raisonner, que d'embrasser la vertu, c'est-à-dire de bien choisir. De là naissent deux sciences nécessaires à la vie humaine, dont l'une apprend ce qu'il faut savoir pour entendre la vérité et l'autre ce qu'il faut savoir pour embrasser la vertu. La première de ces sciences s'appelle *logique*..., et l'autre s'appelle *morale*. »

Il ne faut pas confondre la *morale* avec la *science des moralistes* : si l'une et l'autre étudient les mœurs humaines, c'est en se plaçant à des points de vue différents; la première se propose de déterminer les règles auxquelles doivent se conformer les mœurs pour être bonnes; la seconde observe la conduite des hommes pour en noter les traits généraux, les travers et les ridicules; l'une est théorique, doctrinale et dogmatique, l'autre analytique et descriptive. Platon, Aristote, Sénèque, Kant étaient des philosophes moralistes; Théophraste, Montaigne, La Rochefoucauld, La Bruyère, Vauvenargues sont des moralistes.

La *morale*, comme la logique, est à la fois une *science* et un *art*. La science, en effet, nous enseigne ce que les choses sont et l'art nous apprend à en tirer parti : *scientia docens, ars utens*. Or, la morale atteint ce double but : elle nous dit quelles sont les lois de la volonté et elle nous donne ces lois comme des règles et des préceptes de conduite qui doivent nous diriger à chaque pas dans la vie.

On divise ordinairement la morale en deux grandes parties : la *morale générale* ou *théorique* ou *spéculative*, et la *morale pratique* ou *particulière*.

La première a pour objet de déterminer la loi suprême des actions humaines : c'est la philosophie du devoir.

La seconde fait l'application de la loi morale aux diverses circonstances de la vie : c'est la philosophie des devoirs.

L'une donne les principes, l'autre les préceptes.

Cette division de la morale est fort ancienne : elle date des grandes écoles de la philosophie grecque et Cicéron l'indique au commencement du *De officiis* : « *Omnis de officio duplex est quæstio*, dit-il. *Unum genus est quod pertinet ad finem bonorum; alterum, quod positum est in præceptis, quibus in omnes partes usus vitæ conformari possit.* »

La morale *spéculative* a pour objet de résoudre ce que les anciens appelaient la question du souverain bien. — Quel est pour l'homme le bien par excellence, ou, comme parlent les philosophes modernes, quelle est la fin, la loi suprême des actions humaines? Est-ce le plaisir? est-ce l'intérêt, est-ce le devoir? — Comment connaissons-nous la loi morale, le souverain bien, et quelle est la faculté qui nous les révèle? — Que produit en nous la loi morale et quelles en sont les conséquences? Voilà les trois questions auxquelles répond la morale spéculative. — Elle commence par déterminer le véritable principe de la loi morale et par établir que c'est le bien, l'honnête, le juste, le devoir, et non pas le plaisir, l'intérêt ou le sentiment. — Elle donne ensuite l'analyse de la conscience morale et des principaux phénomènes de la conscience, jugements et sentiments, provoqués par nos propres actions et par les actions d'autrui. —

Enfin elle déroule à nos yeux les diverses conséquences de la loi morale, devoir et droit, responsabilité, mérite et démérite, vice et vertu, châtiment et récompense, tout autant de choses « enchaînées entre elles par des liens de fer et de diamant », comme dit Platon.

La morale *spéculative* établit donc les grandes vérités morales et pose en quelque sorte les fondements de la moralité. Aussi Ariston et quelques autres stoïciens grecs voulaient-ils abandonner les préceptes aux pédagogues et aux nourrices et réduire la morale à une sorte de géométrie de l'idée de bien. C'était là sans doute une exagération, qui faisait de la morale une spéculation stérile ; mais il faut reconnaître que les préceptes donnés dans la morale pratique n'ont d'autre valeur que celle qu'ils tiennent des grands principes établis dans la morale spéculative.

Sujets à traiter. — 1. De l'objet de la morale. La morale est-elle une science ou un art ? (Sorbonne, 2 août 1871.)

2. Objet et parties de la morale. Ses rapports avec la psychologie. (Sorbonne, 28 octobre 1879.)

3. En quoi la morale suppose-t-elle la psychologie ? (Sorbonne, 5 mai 1870.)

4. Des rapports de la morale et de la théodicée. (Sorbonne, 22 août 1868.)

5. Peut-on séparer la morale de la théodicée ? (Sorbonne, 21 juillet 1874.)

6. Peut-on concevoir la morale sans le principe de la liberté humaine ? (Sorbonne, 17 juillet 1883.)

LXXXVIII.

Qu'est-ce que la conscience morale ? Faut-il la rapporter à la sensibilité ou à la raison ? (Sorbonne, 12 mars 1877, 2 avril 1878.)

La *conscience morale* est cette faculté supérieure qui distingue le bien du mal, nous dicte ce que nous avons à faire ou à éviter, juge de la valeur de nos actions et de celles de nos semblables, et jouit ou se révolte en nous, suivant que ces actions sont bonnes ou mauvaises.

C'est elle qui, aussitôt qu'elle s'éveille dans l'enfant, lui apprend qu'il y a des choses honnêtes et des choses honteuses, et lui affirme invinciblement la différence radicale, l'incompatibilité absolue du bien et du mal, du juste et de l'injuste.

C'est elle aussi dont la voix se fait entendre à chaque instant au fond de notre cœur pour nous dire les devoirs que nous avons à remplir et nous intimer des ordres formels, catégoriques et absolus. « Conscience ! conscience ! s'écrie Rousseau, instinct divin, immortelle et céleste voix; guide assuré d'un être ignorant et borné, mais intelligent et libre ! »

Obéissons-nous aux prescriptions impérieuses de ce législateur sacré ? aussitôt nous ressentons la joie que nous fait éprouver le *témoignage d'une bonne conscience*, joie si douce, si pure et si profonde, qu'elle est ici-bas la première des gloires et des félicités : « La conscience du juste, dit encore Rousseau, lui tient lieu des louanges de l'univers. »

Que si, au contraire, en présence du devoir qui commande, nous avons la faiblesse de nous laisser entraîner à la passion qui séduit, nous entendons au dedans de nous-même comme une voix vengeresse de la justice méconnue et du droit foulé aux pieds; nous souffrons de cette souffrance secrète et amère qu'on a appelée le *remords*, parce qu'elle nous blesse, nous déchire, nous mord en quelque sorte, et dont Juvénal disait :

<blockquote>Occultum quatiente animo tortore flagellum.</blockquote>

Les anciens personnifiaient cette souffrance dans les Furies ou les Euménides, qu'ils représentaient poursuivant sans relâche le malheureux qui avait trahi sa foi.

Mais ce ne sont pas seulement nos propres actions que juge la conscience morale: ce sont aussi les actions de nos semblables. — Elle en apprécie le mérite, les déclare, suivant les cas, honnêtes, belles, héroïques et sublimes, et accorde à leurs auteurs son *estime*, son *respect* ou son *admiration*. — Elle les blâme et les réprouve quand elles lui paraissent condamnables, honteuses, criminelles et révoltantes et nous fait éprouver pour leurs auteurs du *mépris*, de l'*aversion*, de l'*indignation* ou de l'*horreur*.

Si tel est le rôle de la *conscience morale*, on voit combien elle se distingue profondément de la *conscience psychologique*.

Celle-ci, qui est la faculté par laquelle l'âme se connaît elle-même, ne nous apparaît que comme le témoin intérieur de notre vie intellectuelle et morale, tandis que la *conscience morale* est tout à la fois le témoin, le législateur et le juge de notre conduite pratique.

Les perceptions de la *conscience psychologique* ne sont généralement accompagnées ni de plaisir ni de douleur, au lieu que les jugements de la *conscience morale* provoquent toujours des joies ou des remords : elle est un pouvoir rémunérateur ou vengeur.

Enfin la *conscience psychologique* a pour objet tout ce qui se passe en nous, mais rien que ce qui se passe en nous; la *conscience morale*, elle, n'embrasse que les actes libres, les actes qui dépendent de la volonté, mais elle juge et nos propres actions et les actions d'autrui.

Est-il maintenant difficile de comprendre en quoi et comment il faut rapporter la *conscience morale* à la *sensibilité* ?

Tous les sentiments moraux, sentiments que provoquent nos propres actions, satisfaction morale et remords, honte et repentir, et sentiments que nous éprouvons à la vue des actions d'autrui, estime et mépris, respect et indignation, admiration et horreur, n'appartiennent et ne peuvent appartenir qu'à la sensibilité, au cœur, à la faculté qu'a notre âme de jouir et de souffrir. Telle est même l'importance de l'élément sensible dans la conscience qu'on l'appelle souvent le sens moral.

Mais c'est là une dénomination défectueuse, et il faut voir dans la conscience autre chose qu'un instinct supérieur, qu'une voix du cœur et un phénomène de notre nature sensible. Elle est avant tout et par-dessus tout, une forme, une fonction de la *raison*, de cette faculté supérieure aux sens et à la sensibilité, qui distingue l'homme de la brute et fait de lui le roi de la création; elle n'est que « la raison pratique », comme le dit Kant, la raison en tant qu'elle nous éclaire dans notre vie morale.

Elle ne peut, en effet, exister sans la *raison* : on ne la trouve pas dans l'enfant en qui cette noble faculté n'est pas encore épanouie, et elle s'éteint dans l'insensé, quand la raison s'obscurcit et ne l'éclaire plus de ses rayons.

C'est la *raison* seule d'ailleurs qui conçoit les vérités nécessaires, universelles et absolues que nous révèle la conscience morale, et si les ordres que celle-ci nous intime ont une autorité souveraine, ils le doivent à la raison qui nous commande au nom de la justice éternelle ou plutôt au nom de Dieu lui-même : car la *raison* est quelque chose de Dieu en nous, comme le disent la plupart des philosophes, et la voix de la conscience, qui retentit jusque dans les profondeurs de l'âme, la voix de ce conseiller intime, de ce juge incorruptible et inexorable qui nous guide dans la vie, c'est bien la voix du Créateur, qui, non content d'avoir gravé la loi morale dans nos esprits et nos cœurs, vient encore nous en donner l'interprétation pratique et en faire l'application aux divers actes de la vie.

Sujets à traiter. — 1. Analyse de la conscience morale. (Sorbonne, 20 novembre 1866.)

2. La conscience morale est-elle une faculté à part ou peut-elle être réduite à une faculté plus générale? (Sorbonne, 20 août 1868.)

3. Qu'est-ce que la conscience morale? Est-ce la même chose que la raison? (Sorbonne, 10 juillet 1882.)

4. Déterminer les différences et les rapports de la conscience morale et du sentiment moral. (Sorbonne, 24 mars 1873.)

5. Du sentiment de l'honneur et de son rôle en morale. (Faculté de Montpellier, 6 juillet 1883.)

LXXXIX.

Réfuter l'opinion suivant laquelle la distinction du bien et du mal n'est qu'un résultat de la coutume et de l'éducation. (Sorbonne, 12 août 1866.)

Ce sont les philosophes de l'école empirique, Hobbes et David Hume, Helvétius et d'Holbach, Stuart Mill et Herbert Spencer, qui soutiennent que, si nous distinguons le bien du mal, c'est qu'on nous a appris à le faire, c'est que nous obéissons à un usage reçu, à une coutume établie, de sorte que les idées et les vérités morales sont comme un dépôt qui se transmet de génération en génération par l'*éducation* et la *coutume*.

Il y a sans doute une grande affinité entre la *coutume* ou les mœurs et la morale; mais il ne faut pas attacher trop d'importance à un simple rapprochement grammatical : car la coutume et la morale présentent des caractères tout opposés.

Ainsi la *coutume* est essentiellement locale : née des besoins d'un peuple, des conditions particulières que lui créent ses antécédents historiques, sa race, son tempérament, le climat sous lequel il vit, elle varie avec le temps, les latitudes et les milieux, et se modifie comme les circonstances qui l'ont fait naître. — Tout autres sont la *distinction du bien et du mal* et les vérités morales qui s'y rattachent : pour elles, point de limites géographiques. Le mot sceptique de Pascal : « Vérité en deçà des Pyrénées, erreur au delà ! » est vrai s'il s'applique à la *coutume*. Pour ce qui est du bien et du mal, on peut répéter le mot de Louis XIV : « Il n'y a pas de Pyrénées ! »

N'est-il pas vrai d'ailleurs que parmi les coutumes établies nous distinguons très bien celles qui sont bonnes et conformes à l'équité de celles qui sont mauvaises et iniques? Nous approuvons les unes, nous blâmons les autres; or, pour juger de la sorte, ne prenons-nous pas notre criterium dans un ordre d'idées indépendant de la coutume? Cela est de toute nécessité.

La distinction du bien et du mal ne vient donc pas de la *coutume*; elle ne peut pas davantage s'expliquer par l'*éducation*.

L'*éducation* exerce sans doute une profonde influence sur notre conduite morale et nous sommes la plupart du temps ce que nous ont fait les enseignements de l'enfance.

Toutefois l'*éducation*, comme le mot lui-même l'indique, *e, ducere*, faire sortir de, développe le jugement primitif de la distinction du bien et du mal, mais ne le donne pas, ne le crée pas; elle serait même condamnée à échouer misérablement là où elle ne trouverait pas le germe qu'elle doit cultiver : on n'a jamais essayé d'apprendre aux animaux la morale et la vertu : « Comme on ne peut donner à un sourd-muet l'idée de son, à un aveugle l'idée de la couleur, ainsi l'éducation n'apprendrait pas à distinguer le bien du mal, si l'homme ne portait en lui-même le principe de cette distinction. » (JOURDAIN.)

Si les notions et les vérités morales n'étaient qu'un dépôt qui se transmet par l'*éducation*, nous les tiendrions de nos parents et de nos maîtres ; ceux-ci les auraient reçues de la même manière et l'on remonterait ainsi jusqu'aux premiers hommes : mais les premiers hommes où auraient-ils puisé ces connaissances ? Comment seraient-ils arrivés à distinguer le bien du mal, puisqu'il n'y avait personne pour leur apprendre à le faire ?

L'*éducation* d'ailleurs présente la plus grande diversité : chaque siècle et chaque nation, chaque pays et chaque province, chaque famille parfois a sa méthode et ses principes d'éducation : comment expliquer qu'une cause aussi mobile et aussi diverse ait pu produire un effet aussi général, aussi constant que la distinction du bien et du mal, qui est admise partout ?

Qui ne sait encore que les préjugés de l'*éducation* s'évanouissent sous l'influence du temps et de la raison ? « *Opinionum commenta delet dies.* » Si donc les notions et les vérités morales sont les seules que le temps respecte et que la raison consacre, il faut voir en elles autre chose que des préjugés issus de l'éducation. « On n'apprend pas aux hommes à être honnêtes, » a dit Pascal.

La distinction du bien et du mal, du juste et de l'injuste, de l'honnête et du déshonnête, est un fait primitif de la *conscience morale* : aussitôt que cette faculté s'éveille dans l'homme, elle lui apprend qu'il y a des choses bonnes et des choses mauvaises ; elle lui fait saisir directement, immédiatement, le caractère moral de ses actions et de celles de ses semblables, caractère positif et réel, bien qu'il ne puisse être ni vu de nos yeux ni touché de nos mains.

Cette distinction du bien et du mal est si claire, si évidente que le genre humain tout entier l'admet et la proclame. Il n'y a jamais eu au monde un seul peuple, civilisé ou barbare, chrétien ou païen, qui ait confondu le juste et l'injuste et appelé du même nom, mis sur le même pied le bien et le mal, le vice et la vertu. Sans doute les mêmes choses ne passent pas partout pour bonnes et mauvaises; mais partout on en distingue de bonnes et de mauvaises.

On ne conçoit pas d'ailleurs qu'un être intelligent puisse ne pas saisir cette distinction, tant elle est profonde, radicale, absolue; la raison affirme nécessairement, invinciblement, l'incompatibilité de l'honnête et du déshonnête, et jamais, au grand jamais, elle ne consentira à mettre sur le même pied les calculs égoïstes de la tyrannie et les généreuses inspirations du dévouement, les perfidies de la trahison et les sacrifices de l'héroïsme, les scélératesses qui peuplent nos bagnes et les vertus que nous vénérons sur nos autels.

Sujet à traiter. — Qu'appelle-t-on bien moral? Quelle distinction doit-on établir entre le bien absolu ou le bien en soi et le bien moral? (Sorbonne, 27 octobre 1873.)

XC

... Video meliora, proboque :
Deteriora sequor.
(Sorbonne, 27 août 1867.)

Ces paroles, qu'Ovide prête à Médée, cédant à la passion qui l'entraîne vers le mal, malgré les efforts de la raison qui la porte vers le bien, signifient, au dire de Leibnitz, « que le bien honnête est surmonté par le bien agréable, qui fait plus d'impression sur les âmes quand elles sont agitées par les passions; » elles constatent un fait douloureux mais capital de notre vie morale, le fait de *la défaillance de la volonté* en présence des ordres sacrés de la conscience et des inviolables prescriptions de la loi du devoir.

C'est ce fait qui arrachait à saint Paul cet aveu plein d'une généreuse indignation contre lui-même : « Malheureux que je suis ! Je ne fais pas le bien que j'aime et je fais le mal que je hais ! » C'est aussi ce fait qui dictait à Molière ces vers du *Misanthrope* :

Il est vrai; ma raison me le dit chaque jour :
Mais la raison n'est pas ce qui guide l'amour;

et qui inspirait à Racine ces accents si vrais et si profonds :

> Mon Dieu ! quelle guerre cruelle !
> Je trouve deux hommes en moi : etc.

« Ah ! que je connais bien ces deux hommes, » disait Louis XIV. Chacun, sous ce rapport, ressemble au grand roi et nous sommes tous comme le jeune Hercule que Prodicus et Socrate après lui nous représentent placé entre la passion et le devoir, la volupté et la vertu qui s'efforcent de l'entraîner. Souvent, trop souvent hélas ! c'est la passion, c'est la volupté qui l'emporte, et notre pauvre cœur, séduit et fasciné, offre le triste spectacle d'une force intelligente et libre qui connaît le bien et peut en goûter les joies immortelles et qui cependant ne sait pas sacrifier à ces joies austères les satisfactions coupables et les délices empoisonnées de la passion.

Il n'est donc pas vrai, comme le prétendent les *déterministes*, que parmi les *motifs* qui sollicitent notre volonté, ce soit toujours le *plus fort qui l'emporte*, sans que nous puissions nous soustraire à son influence nécessitante. Certes, l'autorité de la loi morale est autrement forte et sacrée que les séduisants appâts du plaisir et les sollicitations égoïstes de l'intérêt ; cet impératif catégorique, dont parle Kant, nous intime des ordres infiniment plus respectables que tous les entraînements du cœur et de la passion. Et pourtant la passion triomphe et le devoir succombe :

> ... Video meliora proboque :
> Deteriora sequor.

Il n'est pas vrai non plus de dire avec Socrate, avec Platon, que la *vertu n'est que la science du bien*, que le vice n'en est que l'ignorance, ou avec Descartes « qu'il suffit de bien juger pour bien faire et de juger le mieux qu'on puisse pour faire aussi tout son mieux, c'est-à-dire pour acquérir toutes les vertus et ensemble tous les autres biens qu'on puisse acquérir ».

Sans doute, la connaissance du bien et du mal est une des conditions de la moralité et par là même de la vertu : il n'y a vertu qu'autant que la conscience est éclairée et que l'agent moral connaît la valeur de l'acte qu'il accomplit. Sans doute encore, les progrès de l'instruction et la diffusion des lumières influent généralement sur la moralité des individus et des peuples. Sans doute enfin, le vice vient souvent de l'ignorance, comme on peut le voir par certains défauts que l'on étale quelquefois et que l'on cacherait si l'on en comprenait le ridicule, et par certaines coutumes immorales qui ne sont en honneur chez les peuples barbares que parce qu'ils n'en sentent pas la malice.

Mais l'expérience est là pour nous dire que connaître le bien ne suffit pas pour l'accomplir :

> ... Video meliora proboque :
> Deteriora sequor.

> Je ne fais pas le bien que j'aime.
> Et je fais le mal que je hais.
> (RACINE.)

Tout le secret de ces douloureuses contradictions entre l'esprit et le cœur, entre la raison et la volonté, entre la théorie et la pratique, se trouve dans ce qu'on doit appeler la lâcheté morale. Oui, quand après avoir entendu la voix de la conscience qui n'est que la voix de Dieu en nous, on désobéit à ses ordres impérieux et sacrés, cela vient uniquement de ce qu'on n'a pas la force, l'énergie, le courage de maîtriser ses passions, de mettre un frein à ses convoitises, d'exécuter enfin ce qu'on « voudrait vouloir », comme on l'a dit avec tant de finesse. Heureux ceux qui savent généreusement lutter contre ces défaillances du cœur, mettre toutes les puissances de leur âme au service du bien et du devoir et se dire toujours à eux-mêmes : « *Vir esto,* sois homme. Fais ce que dois; advienne que pourra ! »

Sujets à traiter. — 1. Peut-on concevoir la morale sans le principe de la liberté humaine? (Sorbonne, 29 juillet 1870.)

2. De l'éducation personnelle de l'homme par lui-même. Est-il vrai que l'homme soit dans la dépendance absolue de son tempérament et de ses penchants? (Sorbonne, 11 novembre 1873.)

3. Quels sont les principaux motifs de nos actions volontaires? (Sorbonne, 27 novembre 1883.)

(*Voir les n°s* 97 et 52, 53.)

XCI.

Préciser le sens scientifique du mot loi et montrer ce qu'est la loi : 1° dans le monde physique ; 2° dans le monde moral. (Sorbonne, 11 août 1866.)

Le mot *loi* vient, suivant Varron, Cicéron et Sénèque, du verbe *eligere, a delectu*, de la distinction, du choix que fait le législateur de ce qui est juste, et, suivant Boèce et Gerson, du mot *ligare, lier* : la loi, en effet, lie en quelque sorte les êtres auxquels elle s'impose.

Quoi qu'il en soit de cette étymologie, on peut définir les *lois* en général comme Montesquieu les définit au commencement de son *Esprit des lois* : « Les *lois*, dit-il, dans la signification la plus étendue, sont les rapports nécessaires qui découlent de la nature des choses. » Cette définition s'applique également au monde physique et au monde moral. — Supposez deux agents physiques, tels que l'un influe sur l'autre, comme la pesanteur et le mouvement ; exprimez cette influence, ce rapport par une formule, v. g. : Tous les corps tombent dans le vide avec une égale vitesse ; vous avez une loi physique. — Supposez deux agents moraux, intelligents et libres, ayant chacun des droits ; de l'existence des droits de l'un résulte pour l'autre l'obligation de les respecter : voilà un rapport nécessaire, découlant de la nature des choses, voilà une loi morale.

Cependant les *lois* présentent des caractères différents suivant qu'elles régissent les êtres du *monde physique* ou qu'elles s'appliquent aux êtres du *monde moral*.

Dans le monde *physique*, la *loi* est l'ordre constant et permanent d'après lequel s'accomplissent les phénomènes, v. g. : Les corps s'attirent en raison directe de leurs masses et en raison inverse de leurs distances ; les volumes des gaz sont proportionnés aux pressions qu'ils supportent ; un acide décompose un sel quand il peut former avec sa base un sel insoluble, etc. — Ces lois, résultat de l'observation et de l'induction, sont aveugles, fatales, nécessaires, irrésistibles : les êtres auxquels elles se rapportent n'étant ni intelligents ni libres, ne peuvent pas réagir contre elles et échapper à leur influence souveraine. Les corps ayant telles et telles propriétés, telles et telles conséquences s'ensuivent et s'ensuivront nécessairement, infailliblement. Il n'y a que Dieu, le législateur des mondes, qui, par un effet de sa volonté toute-puissante, puisse suspendre et arrêter le cours des lois qu'il a établies.

Dans le monde *moral*, il y a diverses espèces de lois : les lois *psychologiques* et *logiques*, les lois *métaphysiques* et la *loi morale* proprement dite.

Les lois *psychologiques et logiques* sont l'ordre constant d'après lequel se produisent les phénomènes de l'âme et les opérations de la pensée, v. g. : L'habitude émousse les sensations et fortifie les opérations intellectuelles; l'esprit humain arrive à la vérité de deux manières, par la déduction et par l'induction, etc. Ces lois sont nécessaires comme les lois physiques, nécessaires seulement dans l'ordre de contingence, c'est-à-dire étant donnée la constitution intellectuelle et morale de la nature humaine; mais il n'impliquerait nullement contradiction que Dieu nous eût donné une autre constitution et avec elle d'autres lois.

Les lois *métaphysiques* expriment les conditions universelles de l'existence, v. g. : La même chose ne peut pas en même temps être et n'être pas; il n'y a pas de mode sans substance, de cause sans effet; rien de ce qui existe n'existe sans raison, etc. Ces lois sont nécessaires d'une nécessité absolue, que Dieu lui-même ne pourrait changer et détruire sans cesser d'être l'intelligence parfaite et infinie.

La *loi morale* proprement dite est la loi de la volonté et des actes libres et on peut la définir l'ordre constant et permanent d'après lequel ces actes doivent s'accomplir. Universelle comme toute loi, c'est-à-dire la même pour tous les êtres moraux, dans tous les temps et tous les lieux, elle est aussi immuable, c'est-à-dire à l'abri de tout changement, de toute atteinte venue des passions, des intérêts ou des circonstances. Mais son caractère essentiel, celui qui la distingue des lois *physiques* et des autres lois, c'est d'être *obligatoire*, c'est-à-dire de commander à la volonté sans la contraindre, de s'imposer à elle sans la nécessiter, sans la violenter. La liberté demeure pleine et entière sous l'action de la loi morale et elle peut résister à ses ordres et enfreindre ses commandements. Elle ne le fait, hélas! que trop souvent; mais, même en foulant aux pieds le devoir, nous nous sentons comme forcés d'incliner notre front devant lui et de reconnaître son inviolable autorité : « Devoir, s'écrie Kant, mot grand et sublime! toi qui n'as rien d'agréable ni de flatteur et commandes la soumission sans pourtant employer pour ébranler la volonté des menaces propres à exciter naturellement l'aversion et la terreur, mais en te bornant à proposer une loi, qui d'elle-même s'introduit dans l'âme et la force au respect sinon toujours à l'obéissance. »

Que si maintenant nous cherchons le principe commun et la raison dernière des lois du monde *physique* et de celles du monde *moral*, nous les trouverons en Dieu qui, en donnant aux êtres leurs propriétés et leurs facultés, leur a par cela même dicté les lois qui les régissent. Aussi ces lois peuvent-elles s'appeler indifféremment lois naturelles, puisqu'elles sont fondées sur la nature des êtres, ou lois divines, puisqu'elles ont Dieu pour auteur suprême. « Il y a donc une raison primitive, dit Montesquieu, et les lois sont les rapports qui se trouvent entre elle et les différents êtres et les rapports de ces différents êtres entre eux. »

Sujets à traiter. — 1 Les lois de la nature sont-elles contingentes ou nécessaires? (Sorbonne, 17 juillet 1868.)

2. Quels sont les caractères essentiels de la loi morale? Quels sont ceux de ces deux caractères qui manquent le plus à la règle de l'intérêt personnel? (Sorbonne, 9 novembre 1867.)

XCII.

Caractères qui distinguent le principe du devoir du principe de l'intérêt personnel. (Sorbonne, 9 novembre 1869, 30 juillet 1870.)

Fais ce que dois; advienne que pourra! voilà le *principe du devoir*.

Réussis, sois riche, sois heureux! voilà le *principe de l'intérêt personnel*.

Le *devoir* est l'obligation de faire le bien, ou, comme le dit Kant, « la nécessité d'obéir à la loi par respect pour la loi ».

L'*intérêt personnel* est ce mobile qui nous fait agir de manière à nous procurer la plus grande somme de jouissances possible avec le moins de douleur possible.

Il y a donc entre ces deux motifs des actions humaines des différences profondes, radicales, absolues.

Ainsi d'abord le *principe du devoir* est *obligatoire*, c'est-à-dire qu'il commande à la volonté avec une autorité souveraine et sans appel, sans cependant la contraindre et la violenter. C'est cet « impératif catégorique », dont parle Kant, et qui nous intime à tous des ordres formels, absolus comme la raison et la justice éternelles au nom desquelles ils nous sont donnés, des ordres que nous pouvons sans doute enfreindre et transgresser, mais qui, alors même que nous les foulons aux pieds, nous inspirent un invincible respect pour leur inviolable autorité. « Devoir, s'écrie Kant, mot grand et sublime! toi qui n'as rien d'agréable ni de flatteur, et commandes la soumission sans pourtant employer pour ébranler la volonté des menaces propres à exciter naturellement l'aversion et la terreur, mais en te bornant à proposer une loi, qui d'elle-même s'introduit dans l'âme et la force au respect, sinon toujours à l'obéissance! » — Le *principe de l'intérêt personnel*, lui, est complètement dénué de toute autorité morale, de tout caractère obligatoire : nul n'est tenu d'obéir à son intérêt; nul ne se sent obligé de faire son bonheur. On peut nous conseiller d'agir en vue de notre bien-être; mais nous le commander, jamais. Les maximes de l'intérêt sont des conseils de l'expérience, des règles de la prudence, des calculs plus ou moins sages, tout enfin excepté des commandements et des lois emportant avec eux l'obligation morale. Bien plus, nous sentons souvent qu'il y a pour nous obligation absolue de sacrifier notre intérêt personnel à une loi supérieure et ce n'est qu'au nom de cette loi que le soldat, par exemple, brave la mort sur les champs de bataille.

En second lieu, le *principe du devoir* est *universel*; il s'impose à la conscience de tous les hommes, dans tous les temps et dans tous les lieux; c'est cette loi sacrée dont Cicéron nous dit qu'elle n'est pas autre à Rome, autre à Athènes, autre aujourd'hui, autre demain, et qu'elle embrasse toutes les nations et tous les siècles : « *Nec erit alia lex Romæ, alia Athenis, alia nunc, alia posthac; sed et omnes gentes et omni tempore una lex et sempiterna et immortalis continebit.* » — Le *principe de l'intérêt,* au contraire, est essentiellement *personnel* et *relatif* : il dépend du caractère et de la position de chacun; mon intérêt à moi n'est pas celui de mon voisin; il lui est même souvent opposé :

>Quelquefois l'un se brise où l'autre s'est sauvé,
>Et par où l'un périt, un autre est conservé.

En troisième lieu, le *principe du devoir* est *immuable*, absolu, indépendant de nos intérêts et de nos passions; celles-ci ont beau gronder au dedans de nous-mêmes, elles ne sauraient faire taire l'inflexible voix de la conscience qui nous dit invariablement : Voilà ton devoir. — Il en est tout autrement de l'*intérêt personnel* : essentiellement *mobile* et *variable,* il change avec les circonstances, les passions, les habitudes, les âges et les événements; car ce qui est avantageux dans un cas peut être pernicieux dans un autre.

En quatrième lieu, le *devoir* nous est *clairement dicté* à tous par la conscience, et l'obligation de faire le bien, d'éviter le mal, nous apparait comme évidente par elle-même, indépendamment de toute expérience et de l'accomplissement de l'acte prescrit ou défendu, — tandis que *l'utilité* d'une action est *incertaine* tant que le résultat n'est pas atteint; d'ailleurs, le calcul de notre intérêt personnel présente de telles difficultés, dans la plupart des cas, qu'il n'y a que les habiles qui soient capables de les résoudre et d'arriver au bonheur.

Enfin, le *principe du devoir* est si distinct du *principe de l'intérêt personnel* qu'il l'exclut absolument. Le devoir est un mobile essentiellement désintéressé : il y a bien, sans doute, un certain plaisir et même du bonheur attaché à son accomplissement et il peut être bon de joindre cette perspective d'une vie heureuse à la considération du devoir absolu et de son absolue autorité; mais il ne faut invoquer ce genre d'attraits que pour contre-balancer les séductions du vice. La majesté du devoir n'a rien à démêler avec les calculs égoïstes de l'intérêt. C'est assez dire qu'on aura beau secouer ensemble ces deux choses, comme le dit Kant, on ne parviendra jamais à les mêler : ce sont deux essences absolument inconciliables et irréductibles.

La conscience le proclame d'une manière éclatante; car, si une maladresse, si une imprudence, fatale à notre intérêt, nous cause du chagrin et des regrets, il y a un abîme entre ce chagrin, ces regrets et les souffrances amères et secrètes qui accompagnent la violation de la loi du devoir et que nous appelons le remords, le remords que Juvénal nous représente agitant dans l'âme un fouet vengeur :

Occultum quatiente animo tortore flagellum.

La conscience du genre humain ne parle pas autrement que la conscience individuelle : elle accorde une certaine considération à la conduite intéressée de l'égoïste, à ses succès et à ses triomphes; mais dans le fond elle les réprouve; elle réserve son admiration et ses applaudissements pour les actes désintéressés et purs de tout égoïsme, qu'inspire le devoir.

Sujets à traiter. — 1. Expliquer la différence de l'utile et de l'honnête. (Sorbonne, 18 août 1866.)

2. De la morale utilitaire. (Sorbonne, 27 novembre 1880.)

3. Distinguer le principe du devoir des calculs de l'intérêt et des règles de la prudence. (Sorbonne, 13 août 1867.)

4. A supposer que l'intérêt bien entendu produise les mêmes résultats pratiques que le motif du devoir, est-il important de maintenir la distinction théorique entre ces deux motifs ? (Sorbonne, 23 août 1869.)

XCIII.

Définir les principes incomplets ou faux qui altèrent ou nient le principe de la loi morale. (Sorbonne, 30 novembre 1877.)

Il y a une loi morale, une règle sacrée des actions humaines; cette règle, cette loi, c'est le devoir : il faut faire le bien et éviter le mal, pratiquer la vertu et fuir le vice. Voilà ce que nous dit invariablement la conscience, dont les ordres formels constituent ce que Kant appelle si bien « *l'impératif catégorique* ».

Mais les philosophes n'ont pas tous admis ce principe de la loi morale et ils en ont donné d'autres incomplets ou faux : *principe du sentiment, principe du plaisir, principe de l'intérêt*.

Le *principe du sentiment* a été diversement formulé par Hutcheson, qui nous dit : « Faites tout ce qui agrée au sens moral; évitez tout ce qui lui répugne; » par Jean-Jacques Rousseau et Jacobi, d'après lesquels il faut « agir de manière à ne ressentir jamais de remords et à jouir toujours du témoignage d'une bonne conscience »; enfin par Adam Smith, qui donne pour règle de la vie la maxime suivante : « Agis de manière à ce que tes semblables sympathisent avec toi et que tu sympathises toujours avec toi-même. »

Ce sont là tout autant de formules incomplètes de la loi du devoir et les partisans des doctrines sentimentales ont le tort d'ériger en principe de la loi morale ce qui n'en est que la conséquence. Pourquoi, en effet, nos actes libres plaisent-ils ou déplaisent-ils au sens moral, provoquent-ils dans l'âme satisfaction morale ou remords, excitent-ils en nous de la sympathie ou de l'antipathie? N'est-ce pas parce qu'ils nous paraissent bons ou mauvais? Ressentirions-nous quelque émotion à la vue de nos actions ou de celles de nos semblables, si nous ne jugions que nos semblables et nous avons bien ou mal agi? Le jugement du bien et du mal précède donc et détermine le sentiment moral : en faisant de celui-ci le fondement de la morale, on prend la conséquence pour le principe, l'effet pour la cause, la sanction de la loi pour la loi elle-même.

Le *principe du plaisir*, c'est qu'il faut fuir la douleur et rechercher le plaisir : « *Voluptas expetenda, fugiendus dolor;*

..... *Dum licet uti,*
Utere deliciis : omnia mors adimit. »

(HORACE.)

> Nil aliud sibi naturam latrare, nisi ut cui
> Corpore sejunctus dolor absit, mente fruatur
> Jucundo sensu, cura semota metuque.
>
> (LUCRÈCE.)

Voilà ce qu'ont dit plus ou moins explicitement les philosophes de l'école Cyrénaïque et la plupart des Épicuriens dans l'antiquité, et, dans les temps modernes, Hobbes, Saint-Simon, Fourier et tous les partisans de l'attraction passionnelle.

Le *principe du plaisir* est la négation formelle de la loi morale; car la conscience nous dit, au nom de cette loi, qu'il y a des plaisirs défendus, des jouissances honteuses et avilissantes : les rechercher, c'est violer formellement le devoir, c'est mériter la flétrissure sanglante qu'Horace a infligée aux partisans de la morale du plaisir en nous invitant à rire aux dépens d'un vrai pourceau d'Épicure :

> Quum ridere voles Epicuri de grege porcum.

Le plaisir d'ailleurs ne donne pas aux hommes ce qu'il leur promet : la satisfaction des passions n'engendre guère que douleurs et amertumes profondes, et le poète qui a célébré en vers immortels les charmes du plaisir, laisse échapper cet aveu significatif :

> ..... Medio de fonte leporum
> Surgit amari aliquid, quod in ipsis floribus angat.
>
> (LUCRÈCE.)

Un autre poète, qui n'a que trop connu le fatal enivrement des plaisirs, s'écrie aussi :

> Si mon cœur, fatigué du rêve qui l'obsède,
> A la réalité revient pour s'assouvir,
> Au fond des vains plaisirs que j'appelle à mon aide,
> Je trouve un tel dégoût que je me sens mourir.
>
> (Alfred de MUSSET.)

Pourquoi donc compromettre sa dignité d'homme pour courir après les décevantes délices du plaisir, quand on a sous la main les délices austères, mais sûres et sacrées, de l'honneur et de la vertu?

Le *principe de l'intérêt* se formule ainsi : « Soyez heureux, agissez de manière à vous procurer la plus grande somme de jouissances possible avec le moins de douleurs possible. »

Ce principe a été proclamé par Épicure, qui veut qu'on sacrifie le plaisir vif et violent, ἡδονὴ ἐν κινήσει, au plaisir calme et pur du cœur et de l'âme, ἡδονὴ καταστηματική, et qui recommande la pratique de la vertu, de la prudence, de la justice, de la force et de la tempérance comme le meilleur moyen d'arriver au bonheur. — Telle est encore la doctrine de Hobbes, d'Helvétius, de d'Holbach, de Bentham, qui a donné une sorte d'arithmétique morale en enseignant comment, pour calculer l'intérêt, il faut tenir compte : 1° de la quantité ; 2° de la qualité ; 3° de la vivacité ou de l'intensité des jouissances ; 4° de leur durée ; 5° de leur certitude. — Stuart Mill et les positivistes enseignent aussi que l'intérêt doit être la loi suprême de la vie humaine.

Le *principe de l'intérêt* est certainement supérieur au *principe du plaisir* : au lieu de faire consister le souverain bien dans la satisfaction présente et la jouissance actuelle, il donne pour but à la vie quelque chose de plus digne de l'homme, le bonheur. Il tend à faire prédominer en nous la plus noble de nos facultés, l'intelligence, et imprime à nos actions une suite, une consistance, une unité que le plaisir et la passion ne leur donneront jamais.

Néanmoins il est absolument contraire au principe de la loi morale : car nous nous sentons souvent obligés de sacrifier nos intérêts à notre devoir, et si nous ne le faisons pas, non seulement notre conscience nous condamne, mais encore l'opinion publique nous blâme plus ou moins énergiquement. Nulle part on n'a vu dans les calculs égoïstes de l'intérêt la règle suprême de la vertu ; nulle part on n'a décerné à l'homme habile, mais sans probité, le titre d'honnête homme : on a pu le féliciter de ses succès et de son bonheur ; mais l'admirer, l'applaudir, jamais. L'admiration et les applaudissements ne se donnent qu'aux actes désintéressés et purs de tout égoïsme.

On a quelquefois essayé de sauver le principe de l'intérêt en disant que la loi de la vie humaine, ce n'est pas l'intérêt personnel, mais l'*intérêt général*, au nom duquel nous devons sacrifier la famille à la patrie, la patrie à l'humanité.

« Mais, dit M. Cousin dans son traité *Du vrai, du beau et du bien*, si en recherchant avant tout l'intérêt général, on échappe à ce vice de l'âme qui s'appelle l'égoïsme, on peut tomber dans mille iniquités. Ou bien il faut prouver que l'intérêt général est toujours conforme à la justice. Mais ces deux idées ne sont pas adéquates. Si très souvent elles vont ensemble, quelquefois aussi elles sont séparées. Thémistocle propose aux Athéniens de brûler la flotte des alliés qui se trouvait dans le port d'Athènes, et de s'assurer ainsi la suprématie. « Le projet est utile, dit Aristide, mais il est injuste ; et, sur cette simple parole, les Athéniens renoncent à un avantage qu'il faut acheter par une injustice. »

Et qu'on ne dise pas que l'intérêt recherché par Thémistocle n'était pas assez général ; car alors même que l'on rechercherait toujours l'intérêt de l'humanité, il suffirait d'un seul cas où cet intérêt ne s'accorderait pas avec le bien, pour en conclure que l'un n'est pas essentiellement l'autre.

Il faut donc en revenir au véritable principe de la loi morale et dire avec la sagesse des siècles et la conscience du genre humain : Fais ce que dois ; advienne que pourra !

Sujets à traiter. — 1. Quels sont les principaux motifs de nos actions ? Peuvent-ils se réduire à l'intérêt et au devoir ? (Sorbonne, 26 novembre 1879.)

2. Quelle différence y a-t-il entre le plaisir et l'intérêt ? Donner des exemples. (Sorbonne, 25 juillet 1874.)

3. Tous les sentiments du cœur humain se ramènent-ils à l'amour-propre, comme l'a pensé La Rochefoucauld ? (Sorbonne, 5 août 1873.)

XCIV.

Exposer et réfuter la doctrine qui fait reposer toute la morale sur le sentiment. (Sorbonne, 15 novembre 1866.)

La *morale du sentiment* consiste à dire que le principe, le critérium du bien et du mal, ce sont les sentiments les plus élevés du cœur humain, le sentiment moral, la bienveillance ou la sympathie.

D'après Hutcheson (1694-1753), un des représentants les plus célèbres de l'école écossaise, il y a dans notre cœur un instinct spécial, un sens particulier, le *sens moral*, qui découvre immédiatement et apprécie la moralité ou l'immoralité des actions humaines, comme l'ouïe perçoit les sons discordants et les sons harmonieux. Une action est bonne quand elle plaît au sens moral; elle est mauvaise quand elle lui déplaît. La grande loi de la vie, « c'est donc de faire tout ce qui agrée au sens moral et d'éviter tout ce qui lui répugne ».

Jean-Jacques Rousseau (1712-1778) et Jacobi (1743-1819) enseignent une morale semblable et veulent que l'homme prenne pour règle de ses actions la *satisfaction morale* qu'il éprouve en faisant le bien et le remords qui empoisonne ses joies coupables. « Agissez, disent-ils, de manière à ne ressentir jamais de remords et à jouir toujours du témoignage d'une bonne conscience. » « Conscience ! conscience ! s'écrie Rousseau, instinct divin, immortelle et céleste voix, guide assuré d'un être ignorant et borné, mais intelligent et libre; juge infaillible du bien et du mal, qui rends l'homme semblable à Dieu... Bornons-nous aux premiers sentiments que nous trouvons en nous-mêmes, puisque c'est toujours à eux que l'étude nous ramène quand elle ne nous a pas égarés. »

Adam Smith, dans son Traité des *sentiments moraux*, fait reposer toute la morale sur la *sympathie* que nous éprouvons pour nos semblables et que nos semblables éprouvent pour nous. — C'est un fait universellement observé, dit ce célèbre moraliste, que l'homme souffre des souffrances des autres hommes et jouit de leurs joies :

> Ut ridentibus arrident, ita flentibus adflent
> Humani vultus.
> (HORACE, *De arte poeticâ*.)

Et ce n'est pas un mot aussi exagéré qu'il le semble que celui de Mᵐᵉ de Sévigné à sa fille malade : « J'ai mal à votre poitrine. » Par cela seul que la sympathie est une tendance naturelle, nous avons du plaisir à la satisfaire; nous sommes d'autant plus heureux que nous nous sentons en plus parfaite harmonie d'impressions avec les autres hommes. — Mais nous ne sympathisons pas avec tous leurs sentiments : si la bienveillance et le dévouement nous sont sympathiques, rien de plus antipathique que la malveillance et l'ingratitude. — C'est sur ces *lois de la sympathie* que Smith a établi sa doctrine : « Une action est bonne, dit-il, quand elle provoque la sympathie d'un spectateur impartial et désintéressé, elle est mauvaise quand elle excite son antipathie. Agis de manière que tu sympathises toujours avec ta conduite et que tes semblables sympathisent avec toi : tel est le principe général que nous devons appliquer à nos actions dont nous sommes tout ensemble les agents et les témoins. »

La *morale du sentiment* est bien supérieure à la *morale du plaisir* et à la *morale utilitaire*, parce qu'elle admet et maintient le principe du désintéressement, parce qu'elle substitue l'altruisme à l'égoïsme. D'ailleurs les faits sur lesquels elle repose, satisfaction morale et remords, sympathie et antipathie, sont des faits incontestables et c'est l'honneur des partisans des doctrines sentimentales de les avoir analysés avec autant de finesse que d'exactitude.

Seulement ils ont tort d'ériger en principe de la loi morale ce qui n'en est que la conséquence. Pourquoi, en effet, nos actes libres plaisent-ils ou déplaisent-ils au *sens moral*, provoquent-ils dans l'âme *satisfaction morale* ou *remords*, excitent-ils chez nos semblables *sympathie* ou *antipathie*? C'est uniquement parce qu'ils leur paraissent bons ou mauvais. Ressentirions-nous quelque émotion à la vue de nos actions ou de celles de nos semblables, si nous ne jugions que nos semblables et nous avons bien ou mal agi? Le sentiment moral suppose donc nécessairement un jugement moral qui le précède et le détermine : faire du sentiment le fondement de la morale, c'est prendre la conséquence pour le principe, l'effet pour la cause, la sanction de la loi pour la loi elle-même.

Le sentiment d'ailleurs n'offre aucun des caractères essentiels de la loi morale.

Ainsi d'abord la loi morale doit être *universelle* et *uniforme* : or, le sentiment moral ne l'est pas. Rien de plus inégalement réparti entre les hommes que la faculté de sentir : il y a des natures grossières et des natures délicates, et puis le degré d'imagination, l'éducation, la culture intellectuelle, le bonheur ou le malheur de la vie établissent d'un homme à l'autre les différences les plus profondes au point de vue de la manière de sentir et d'apprécier les choses.

En second lieu, la loi morale doit être *fixe* et *immuable* : or, le sentiment moral est soumis à des fluctuations perpétuelles; il varie avec l'humeur ou le caprice du moment, avec l'état de l'atmosphère, la santé, la maladie, qui émoussent ou avivent la sensibilité morale.

Enfin, la loi morale est essentiellement *obligatoire*; c'est un *impératif catégorique*, comme dit Kant : or, le sentiment agit sur nous par attrait, par séduction, mais il n'ordonne pas, il ne commande pas avec une autorité souveraine; quelque puissante que soit la voix de notre cœur, nous ne nous croyons jamais obligés de la suivre.

La *morale du sentiment* est donc condamnée par la raison philosophique; du reste, elle semble bien dangereuse et tend à absoudre les vices aimables qui savent plaire et charmer et à proscrire les vertus austères qui ont le malheur de ne pas nous agréer. « *In quibusdam*, dit Quintilien, *virtutes non habent gratiam; in quibusdam vitia ipsa delectant.* »

Il y a plus : si la morale repose sur le sentiment, rien n'est bien, rien n'est mal en soi; le bien et le mal sont relatifs; les qualités des actions humaines sont précisément telles que chacun les sent. Changez le sentiment, vous changez tout : la même action est à la fois bonne, indifférente, mauvaise, selon le sentiment du spectateur. « *Dii meliora piis!* » conclurons-nous avec Royer-Collard réfutant les doctrines sentimentales de l'école écossaise.

Sujets à traiter. — 1. En quoi consiste la morale du sentiment? Quels en sont les mérites et les défauts? En quoi diffère-t-elle de la morale utilitaire et de la doctrine du devoir? (Sorbonne, 24 août 1869.)

2. De la sympathie et du système de morale fondé sur ce principe. (Sorbonne, 14 juillet 1869.)

XCV.

De l'obligation morale : en quoi elle consiste et ce qu'elle produit en nous. (Sorbonne, 16 août 1866; 27 juillet 1872.)

Tous les êtres de l'univers sont soumis à des lois : la matière a ses lois qu'on nomme physiques et qui la régissent fatalement; les animaux ont leurs lois, fatales et nécessaires aussi, et, comme le dit Montesquieu, la divinité même a ses lois. Il serait donc absurde de supposer que l'homme intelligent et libre demeure seul dans l'univers en dehors de toute loi, c'est-à-dire de tout ordre. Il serait absurde de prétendre que la force la plus noble qu'il y ait au monde, la volonté humaine, n'obéit à d'autre inspiration que le caprice et le hasard.

Il doit donc y avoir et il y a, en effet, une loi morale, une règle sacrée des actions humaines. — La conscience nous l'atteste invinciblement; elle nous dit que nous sommes rigoureusement tenus de faire certaines choses et strictement obligés d'en éviter certaines autres. — Au témoignage si clair de la conscience individuelle s'ajoute celui de la conscience universelle, puisque, dans toutes les langues, il y a des mots pour exprimer les idées d'*obligation morale* et de devoir.

L'*obligation morale* qui s'impose à l'homme, ce n'est pas de rechercher le *plaisir* et de fuir la *douleur* : « *Voluptas expetenda, fugiendus dolor,* » comme le disaient les philosophes de l'école Cyrénaïque et la plupart des Épicuriens dans l'antiquité; comme l'ont dit de nos jours Saint-Simon, Fourier et les partisans de l'attraction passionnelle. Le plaisir nous charme, nous séduit, nous entraîne; il ne nous commande pas avec une autorité sérieuse : nous ne nous sentons jamais obligés de nous procurer une satisfaction, une jouissance; quelquefois, souvent même, il y a pour nous obligation de résister aux sollicitations du plaisir et de nous priver de certaines satisfactions qui nous avilissent et nous dégradent.

L'*obligation morale* ne consiste pas davantage à rechercher notre *intérêt*, notre *bonheur*, c'est-à-dire la plus grande somme de jouissances possible avec le moins de douleurs possible, comme l'ont prétendu les partisans de la morale utilitaire. L'intérêt, en effet, n'est pas obligatoire : nul n'est tenu d'obéir à son propre intérêt; nul ne se sent obligé de faire son bonheur; on peut nous conseiller d'agir en vue de notre bien-être; mais nous le commander, jamais. Nous sentons même souvent qu'il y a pour nous obligation absolue de sacrifier nos intérêts à une loi supérieure.

L'*obligation morale*, c'est donc l'obligation de faire le bien, de pratiquer la vertu : elle consiste, comme le dit Kant, dans « la nécessité d'obéir à la loi par respect pour la loi ».

Cette nécessité est toute morale, c'est-à-dire qu'elle ne nécessite pas, qu'elle ne contraint pas, qu'elle ne violente pas la liberté. C'est « un *impératif catégorique* », qui nous laisse toujours la pleine et entière puissance de résister à ses ordres et d'enfreindre ses commandements.

Si l'*obligation morale* n'engendre pas toujours l'obéissance, elle nous impose toujours le respect : même en la foulant aux pieds, nous nous sentons comme forcés d'incliner notre front devant elle et de reconnaître son inviolable autorité. « Devoir, s'écrie Kant, mot grand et sublime! toi qui n'as rien d'agréable ni de flatteur et commandes la soumission, sans pourtant employer pour ébranler la volonté des menaces propres à exciter naturellement l'aversion et la terreur, mais en te bornant à proposer une loi, qui d'elle-même s'introduit dans l'âme et la force au respect, sinon toujours à l'obéissance. »

L'*obligation morale* est un mobile essentiellement *désintéressé* et ses ordres sacrés n'ont rien à démêler avec les jouissances de la vie. Fais ce que dois; advienne que pourra! Voilà ce que nous dit la conscience. Néanmoins quand nous avons rempli une obligation, nous éprouvons une joie si pure, si douce, si profonde qu'elle est ici-bas la première et la plus douce récompense de l'homme de bien; c'est la *satisfaction morale*. Au contraire, quand nous avons méconnu les obligations qui nous incombaient, nous ressentons cette souffrance secrète et amère qui empoisonne nos joies coupables et qu'on appelle le *remords*, parce qu'elle blesse, déchire et mord en quelque sorte l'âme du coupable :

> Occultum quatiente animo tortore flagellum,

dit Juvénal.

L'obligation morale observée ou violée produit encore en nous le *mérite* ou le *démérite* : — le mérite qui est l'accroissement de notre valeur, de notre excellence personnelle et qui s'acquiert en faisant le bien; car l'homme alors grandit, s'élève, s'ennoblit à ses propres yeux et aux yeux de ses semblables ; — le démérite, qui est la diminution de notre valeur et de notre excellence morales, diminution que produit toujours la désobéissance à la loi du devoir : en faisant le mal, en effet, l'homme s'abaisse, se dégrade et s'avilit.

De là naissent la *récompense* et le *châtiment* : — la récompense, qui est le bonheur rigoureusement dû au bien, au mérite, à la vertu; — le châtiment, qui est la peine, la punition nécessairement due au mal, au démérite, au vice.

De l'*obligation morale* découle encore la notion de *droit* : la loi morale, en nous imposant des obligations, nous donne par là même les moyens de les accomplir; ces moyens sont ordonnés, dès lors ils sont autorisés et nous sommes inviolables en les employant. Cette inviolabilité de la personne morale remplissant son devoir, voilà le droit. Il consiste dans le pouvoir que nous avons de ne pas trouver d'obstacle dans l'accomplissement de nos obligations morales; comme on l'a très bien dit : « L'homme n'a d'autre droit que celui de faire son devoir. »

Sujets à traiter. — 1. Du principe moral : son caractère, son origine. (Faculté de Toulouse.)

2. Nature et fondement de l'obligation morale. (Faculté de Toulouse.)

3. De la responsabilité morale : son principe, ses conditions, ses conséquences. (Sorbonne, 7 août 1866; 31 juillet 1869.)

4. Analyser et déterminer les conditions de la responsabilité morale. Donner des exemples. (Sorbonne, 20 mars 1879.)

5. Quelles sont les conditions de la responsabilité morale? (Sorbonne, 17 juillet 1882.)

6. Du mérite et du démérite. Définir ces deux notions. En établir le fondement et les conséquences. (Sorbonne, 24 juillet 1873.)

7. Quelle est la suprême mesure du mérite et du démérite ? (Faculté de Montpellier, 30 juillet 1879.)

8. La moralité réside-t-elle dans l'intention ? (Faculté de Montpellier, 19 novembre 1883.)

9. Qu'appelle-t-on bien moral ? (Sorbonne.)

XCVI.

Le droit et le devoir. (Sorbonne, avril 1876.)

« Le *droit*, dit Leibnitz, *est un pouvoir moral : Est autem jus quædam potentia moralis.* »

C'est un *pouvoir* et non pas une *puissance*. — « Un être pourrait avoir une puissance immense, celle de l'ouragan, de la foudre, celle d'une des forces de la nature : s'il n'y joint la liberté, il n'est qu'une chose redoutable et terrible, il n'a pas de droits. Il peut inspirer une terreur immense ; il n'a pas droit au respect. » (Cousin : *Justice et charité.*) — Au contraire, l'être le plus faible, le plus chétif peut avoir les droits les plus grands, les plus sacrés : voilà devant moi un enfant endormi ; je puis aisément l'écraser, car je suis fort et il est faible ; pourtant sa faiblesse m'en impose et il y a en elle quelque chose qui m'arrête : c'est le droit.

Le *droit* consiste donc dans un pouvoir moral, dans une force idéale, basée sur la raison et la justice, commandant le respect sans cependant l'imposer fatalement : ce n'est qu'une idée et la force matérielle et brutale peut toujours passer par-dessus l'idée. « Cependant l'idée subsiste, et opprimée, dépouillée, vaincue, elle est encore plus noble que ce qui la brave et plus souveraine que ce qui la foule aux pieds. » En d'autres termes, le droit nous apparaît comme imprescriptible et inaliénable, inviolable et sacré.

Quelle est donc l'origine, quel est le véritable principe du *droit* ?

D'après Hobbes, Spinoza, Proudhon, nos droits viennent de nos *besoins* et consistent dans notre *force*.

Une pareille théorie est la suppression du droit et la négation de la morale : car si nos besoins ne peuvent être satisfaits qu'en portant atteinte à nos semblables, à quel titre voudrait-on nous empêcher d'abuser de notre force et d'opprimer la faiblesse ? La conscience du genre humain a toujours protesté et protestera toujours contre cette maxime révoltante : la force, c'est le droit, ou bien,

> La raison du plus fort est toujours la meilleure.

D'après Jean-Jacques Rousseau et les partisans de ses théories sociales, nos droits sont le résultat d'une convention primitive, d'un *contrat social* qui a mis fin à l'état de nature et constitué la société telle que nous la voyons.

Cette opinion repose sur une hypothèse inadmissible : l'état de nature n'a jamais existé que dans l'imagination de Rousseau et il n'y a eu aucune convention pour régler les droits naturels de chacun, toute convention de ce genre étant impossible, vu la diversité des intérêts et des passions humaines.

En supposant même la possibilité d'un contrat primitif, il faudrait reconnaître que ce contrat n'aurait obligé que ceux qui l'auraient positivement et sciemment accepté et qu'il serait à renouveler comme les générations humaines qui se succèdent sur la scène du monde.

Il y a plus : faire dériver le droit d'un contrat, c'est oublier que tout contrat suppose des droits préexistants chez les contractants et l'obligation de respecter ceux qu'ils se confèrent mutuellement.

Selon Kant et Fichte, la *liberté humaine* est inviolable et sacrée, et c'est en cela que consiste le droit.

Ces philosophes constatent un fait, mais ils n'en donnent pas la raison. Pourquoi la liberté morale ne doit-elle pas être violée ? D'où lui vient le caractère sacré que nous lui attribuons ? Ils ne le disent pas. Sans doute, il n'y a qu'un être libre qui ait des droits et la liberté est vraiment la mère du droit; mais elle n'est pas le droit.

Pour bien comprendre d'où il dérive, il faut se rendre compte de la nature et des conséquences du *devoir*.

Le *devoir*, d'après Leibnitz, est une *nécessité morale*, «*necessitas moralis*,» et d'après Kant, « *la nécessité d'obéir à la loi par respect pour la loi* ».

C'est une nécessité *morale*, c'est-à-dire une nécessité qui ne nécessite pas, qui ne contraint pas, qui ne violente pas la liberté, qui lui laisse toujours la puissance, dont elle n'use que trop souvent, de résister à ses ordres et d'enfreindre ses commandements.

Mais le *devoir* est un *impératif catégorique*, et s'il n'engendre pas toujours l'obéissance, il impose toujours le respect : même en le foulant aux pieds, nous nous sentons comme forcés d'incliner notre front devant lui et de reconnaître son inviolable autorité. « Devoir, s'écrie Kant, mot grand et sublime! toi qui n'as rien d'agréable ni de flatteur et commandes la soumission, sans pourtant employer pour ébranler la volonté des menaces propres à exciter naturellement l'aversion et la terreur, mais en te bornant à proposer une loi qui d'elle-même s'introduit dans l'âme et la force au respect sinon toujours à l'obéissance. » (*Critique de la raison pratique.*)

Le *devoir* est un mobile essentiellement désintéressé : il y a bien, sans doute, un certain plaisir et même du bonheur attaché à son accomplissement et il peut être bon de joindre cette perspective d'une vie heureuse à la considération du bien absolu et de son absolue autorité; mais il ne faut invoquer ce genre d'attrait que pour contrebalancer les séductions du vice. La majesté du devoir n'a rien à démêler avec les jouissances de la vie et il faut maintenir cette maxime populaire : Fais ce que dois; advienne que pourra !

Ce serait cependant tomber dans l'exagération que de se représenter le *devoir* comme une consigne, comme une discipline toute militaire. Si nous ne sommes pas des volontaires dans le combat moral, s'il y a une loi qui nous gouverne, cette loi n'est pas uniquement une loi de contrainte, c'est une loi d'amour et il ne nous est pas interdit de l'observer autrement que par respect.

L'idée de *devoir* est si importante aux yeux de Kant, qu'il en fait le *principe du bien*. D'après lui, une chose n'est bonne ou mauvaise que parce qu'elle est commandée ou défendue ; il ne faut pas dire : Fais cela, parce que cela est bien ; mais, cela est bien, parce que tu dois le faire.

C'est là une opinion insoutenable : car le *devoir* ne peut être à lui-même sa raison d'être ; une loi qui n'est qu'une loi, qui commande sans donner de motif et en disant : *sit pro ratione voluntas*, est toujours quelque chose d'arbitraire. On a beau la dire universelle : ce n'est que l'arbitraire universalité ; une loi absurde n'en serait pas moins absurde parce qu'elle s'imposerait à tous les hommes.

Le *devoir* est donc fondé sur le bien, ou plutôt il ne consiste que dans l'obligation de faire le bien, et le bien légitime et consacre son autorité, parce qu'il repose sur la nature des choses.

S'il en est ainsi, le *bien* nous apparaît comme le principe commun du *devoir* et du *droit*, et on voit par là même ce qu'il faut penser de l'opinion de ceux qui font reposer le droit sur le devoir et de l'opinion de ceux qui prétendent que le devoir dérive du droit.

Si l'on considère le *droit* et le *devoir dans la même personne*, lfaut dire que le *droit vient du devoir* : la loi morale, en effet, en nous imposant des obligations, nous donne nécessairement les moyens de les accomplir ; ces moyens sont ordonnés, dès lors ils sont autorisés et nous sommes inviolables en les employant. Cette inviolabilité de la personne morale faisant le bien, remplissant son devoir, accomplissant sa destinée, voilà le droit. Il consiste dans le pouvoir que nous avons de ne pas trouver d'obstacle dans l'accomplissement de nos devoirs ; comme on l'a très bien dit : « L'homme n'a d'autre droit que celui de faire son devoir. » Ainsi dans la même personne, le devoir engendre le droit : l'un est la liberté obligée, l'autre est la liberté sacrée.

Dans des personnes différentes, au contraire, le *droit engendre le devoir* : c'est parce que j'ai le droit d'être respecté que mes semblables ont le devoir de me respecter ; c'est parce que mes semblables ont des droits que j'ai des devoirs vis-à-vis d'eux.

« Qu'est-ce que le devoir, dit M. Jules Simon, sinon l'obligation de respecter le droit d'autrui ? »

Telle semble être la véritable corrélation du droit et du devoir, sur laquelle les philosophes n'ont soutenu des opinions contradictoires que parce qu'ils ne se sont pas placés aux divers points de vue sous lesquels il faut envisager ces choses.

Sujets à traiter. — 1. De l'idée du droit : ses caractères, son origine. (Sorbonne, 20 juillet 1880.)

2. De l'idée du devoir ; ses caractères et son fondement. (Sorbonne, juillet 1883.)

3. Qu'est-ce que le droit ? Comment le droit dérive-t-il de la liberté ? (Sorbonne, 15 novembre 1872.)

4. De la différence du droit et du devoir. Est-ce le droit qui repose sur le devoir ou le devoir qui repose sur le droit ? (Sorbonne, 7 novembre 1872.)

5. Dans quel sens et dans quelles limites y a-t-il corrélation et réciprocité entre l'idée du droit et celle du devoir ? Donner des exemples. (Sorbonne, 24 novembre 1882.)

6. Est-il vrai, comme on l'a prétendu, que dans la morale tout devoir corresponde à un droit ? Donner des exemples à l'appui de l'opinion qui sera soutenue. (Sorbonne, 5 août 1869.)

7. Dans quel sens et dans quelles limites y a-t-il corrélation et réciprocité entre l'idée du droit et celle du devoir ? Qu'entend-on par droit naturel ? Donner des exemples. (Sorbonne, 28 octobre 1883.)

XCVII.

De la vertu et des diverses espèces de vertus.
(Sorbonne, 28 octobre 1874.)

D'après Socrate et Platon, la *vertu* est la *science du bien* et le *vice* en est *l'ignorance* : l'homme qui connaît le bien ne peut pas ne pas le faire, car son bonheur y est attaché ; et si nous faisons le mal, c'est que nous ne le connaissons pas comme mal ; car nul n'est assez insensé pour préférer son malheur au bonheur qu'engendre toujours la pratique du bien.

Descartes semble reproduire cette doctrine lorsqu'il dit dans la troisième partie de son *Discours de la méthode* : « Il suffit de bien juger pour bien faire et de juger le mieux qu'on puisse pour faire aussi tout son mieux, c'est-à-dire pour acquérir toutes les vertus et ensemble tous les autres biens qu'on puisse acquérir. »

Il y a du vrai dans cette théorie. — D'abord la connaissance du bien et du mal est une des conditions de la moralité et par là même de la *vertu* : il n'y a vertu qu'autant que la conscience est éclairée et que l'agent moral connaît la valeur de l'acte qu'il accomplit. — De plus il est certain que le *vice* vient très souvent de l'ignorance; c'est pourquoi il importe tant d'éclairer les hommes pour les rendre meilleurs.

Mais Socrate, Platon et Descartes ne disent pas seulement que la connaissance du bien est indispensable à la vertu; ils soutiennent qu'elle est la *vertu* même : ce qui est excessif et démenti par l'expérience.

En effet, connaître le bien ne suffit pas pour l'accomplir; il faut le vouloir, et le vouloir d'une manière énergique : or, cette énergie manque à beaucoup et nous disons souvent comme la Médée d'Ovide :

> ... Video meliora, proboque :
> Deteriora sequor, ..

ou comme Racine traduisant saint Paul :

> Je ne fais pas le bien que j'aime;
> Et je fais le mal que je hais.

D'ailleurs si la *vertu* et le *vice* ne venaient que de la science et de l'ignorance du bien, comme notre science et notre ignorance sont moins notre fait que celui de la nature, qui nous a plus ou moins bien doués, et des circonstances, qui nous ont plus ou moins permis de nous instruire, il s'ensuivrait que nos actions vertueuses ou vicieuses ne nous seraient pas imputables. Platon dit formellement dans le *Protagoras* : « Personne n'est méchant parce qu'il le veut. » Pour être conséquent avec lui-même, il aurait dû nier la responsabilité morale; s'il ne le fait pas, c'est que son ferme et lumineux bon sens le défend contre les écarts de sa propre philosophie.

Si Platon a été au delà de la vérité en disant que la vertu est la science du bien, il a mis en lumière l'un des caractères essentiels de la vertu, l'un de ses traits les plus aimables, l'harmonie, l'accord, l'équilibre qu'elle établit dans l'âme : « La vertu, dit-il, est la santé, l'harmonie de l'âme ; le vice en est la maladie, la désharmonie ; le sage est un musicien et le méchant un malade qu'il faut plaindre et chercher à guérir. »

Ces grandes et poétiques idées, sans nous donner une notion exacte de la vertu, nous font bien comprendre ses effets moraux et sont la condamnation de la doctrine exagérée des mystiques et des Stoïciens, pour lesquels la vertu n'est pas l'ordre et l'harmonie, mais le renoncement, le détachement, la mort à soi-même.

Après Platon, Aristote a défini la *vertu* « une habitude ». — Il est certain que la *vertu* est une disposition acquise à faire le bien. « De même qu'une hirondelle ne fait pas le printemps, de même un seul acte ne fait pas la vertu (ARISTOTE) ; » il faut pour la constituer un ensemble d'actes répétés, fréquents, qui aient assis, pour ainsi dire, la volonté dans le bien et le devoir. « Les dieux, dit Hésiode, ont mis la peine et la douleur au-devant de la vertu. »

Aristote dit encore que la *vertu* est « un milieu entre deux extrêmes ». Les anciens sages disaient avant lui : Rien de trop, μηδὲν ἄγαν, et Horace dira :

Virtus est medium vitiorum et utrinque reductum.

C'est là un principe juste et souvent la vertu nous apparaît comme un milieu entre deux extrêmes : ainsi l'économie est un juste milieu entre la prodigalité et l'avarice ; le courage, un juste milieu entre l'audace et la lâcheté ; la tempérance, un juste milieu entre la grossièreté et la mollesse, etc. Toutefois la maxime d'Aristote semble trop vague, et on peut, on doit lui demander où est ce milieu dans lequel consiste la vertu. Il ne le dit pas et il serait difficile, impossible même de le dire dans tous les cas.

En recueillant tout ce qu'il y a de bon dans les définitions précédemment énoncées, on pourrait définir la vertu *l'habitude d'obéir avec lumière, amour et fermeté à la loi du devoir.*

La *vertu* est tout ensemble science, amour et force : c'est la la science du bien, l'amour du devoir, la force de l'accomplir. Supprimez l'un ou l'autre de ces éléments, vous détruisez la vertu.

En un sens, il n'y a qu'une vertu, l'amour du bien, de tout le bien, toujours et partout : c'est la doctrine de Platon et des Stoïciens.

Cependant on peut distinguer et on distingue plusieurs espèces de vertus. Ainsi il y a les quatre *vertus cardinales*, qui contiennent en elles toutes les autres. Ce sont :

La *prudence* ou la *sagesse*, qui nous fait cultiver notre intelligence et agir conformément à la raison ;

La *justice*, qui consiste à rendre à chacun ce qui lui est dû ;

La *force*, qui est « la vertu combattant pour l'équité, *virtus propugnans pro æquitate*, » comme dit Cicéron dans le *De officiis* ;

La *tempérance* enfin qui nous fait réprimer nos désirs et triompher de nos passions.

Cette division des vertus remonte à Socrate, qui la donnait, mais avec une légère différence : il mettait le respect de la divinité, εὐσέβεια, à la place de la science ou de la prudence.

Platon a admis la même classification des vertus humaines ; seulement il l'adapte à sa théorie des trois facultés de l'âme et entend par la *justice* la vertu et l'ordre moral dans ce qu'ils ont de plus élevé.

Aristote et les Stoïciens ont définitivement consacré la distinction des quatre vertus cardinales, et Cicéron nous les donne dans le *De officiis* comme les quatre formes, les quatre *sources de l'honnête*.

Les philosophes modernes distinguent parfois les *vertus privées*, qui ne sont que l'habitude d'accomplir tous les devoirs que nous impose la morale individuelle; les *vertus domestiques*, qui consistent dans la pratique de tous nos devoirs de famille, et les *vertus sociales*, qui se rapportent à nos relations avec nos semblables et à nos devoirs en tant que membres de la société civile ou de l'État.

Au-dessus de toutes ces vertus, les théologiens placent les *vertus théologales*, qui résument toute la morale religieuse : la *foi*, l'*espérance* et la *charité*.

Sujets à traiter. — 1. Peut-on dire avec Platon que la vertu est la science du bien et que le vice en est l'ignorance? (Sorbonne, 10 novembre 1873.)

2. Est-il vrai de dire avec Aristote que la vertu est un milieu entre deux extrêmes? (Sorbonne, 14 novembre 1872.)

3. Expliquer et discuter ces deux maximes d'Aristote : 1° « La vertu est une habitude ; 2° la vertu est un milieu entre deux extrêmes. » (Sorbonne, 26 novembre 1869; 8 avril 1875.)

4. Énumérer et classer les différentes vertus humaines en les faisant entrer dans les divisions habituelles des devoirs en trois groupes, à savoir : devoirs envers nous-mêmes, devoirs envers nos semblables et devoirs envers Dieu. (Sorbonne, 26 octobre 1879.)

5. En quoi consistaient les quatre vertus cardinales des anciens? Cette classification embrasse-t-elle toute la morale humaine? (Sorbonne, 3 décembre 1879.)

6. Comment concilier la séparation des vertus privées et des vertus publiques avec l'unité de la vertu? (Sorbonne, 16 avril 1874.)

7. Examiner la maxime socratique : « Toutes les vertus sont des sciences. » (Faculté de Toulouse.)

8. En quoi la vertu contribue-t-elle au bonheur? Y suffit-elle? (Faculté de Toulouse.)

9. Expliquer comment toutes les vertus sont renfermées dans la justice. (Faculté de Toulouse.)

10. Définir par des analyses et des exemples : la justice, l'équité, la probité, la charité, la vertu. (Sorbonne, 27 juillet 1874.)

XCVIII.

Sanctions de la loi morale. Les énumérer, les définir et donner des exemples. (Sorbonne, 1ᵉʳ août 1870.)

La *sanction* d'une loi est l'ensemble des récompenses et des peines attachées à l'exécution et à la violation de cette loi.

La loi morale, comme toute loi, doit avoir sa sanction ; mais au lieu que la *sanction des lois positives* et humaines est le *moyen* d'assurer l'efficacité et l'exécution de ces lois, la *sanction de la loi morale* est la *conséquence* naturelle de l'exécution ou de la violation de ses ordres. L'on n'obéirait point à la loi civile si l'on n'y était pas poussé par la crainte des punitions dont elle menace les délinquants, et un ordre qui ne serait pas accompagné du pouvoir de se faire obéir ne serait plus un ordre. Au contraire, ce n'est pas *pour* que la loi s'accomplisse, qu'il doit y avoir en morale des récompenses et des châtiments; c'est *parce qu'elle* a été accomplie ou violée que nous sommes récompensés ou punis. On obéit à la loi morale par respect pour elle-même et pour la justice éternelle dont elle est l'expression. Seulement il est impossible que l'homme soit tenu à la justice et qu'il n'y ait pas pour lui de justice, c'est-à-dire des récompenses et des châtiments.

La loi morale a donc ses sanctions; on en distingue ordinairement quatre : la *sanction naturelle*, la *sanction sociale*, la *sanction morale* et la *sanction religieuse et divine* ou la *sanction de la vie future*.

La *sanction naturelle* est l'ensemble des avantages temporels et des conséquences malheureuses qu'entraînent nos actions dans la vie présente. — Ainsi la santé du corps, la vigueur de l'intelligence, l'énergie et la noblesse du caractère sont les résultats ordinaires de la tempérance, du travail et de la vertu; presque toujours aussi le succès dans les entreprises vient couronner les efforts du courage et les calculs de la prudence. — Au contraire, une multitude de maladies corporelles et intellectuelles sont engendrées par nos vices et nos excès, et la plupart de nos échecs et de nos déceptions viennent de notre témérité, de notre paresse. — « Le grand médecin Hufeland, dit M. Victor Cousin dans son traité *Du Vrai, du Beau et du Bien*, remarque que les sentiments bienveillants sont favorables à la santé et que les sentiments malveillants lui sont contraires. Les passions violentes et haineuses irritent, enflamment, portent le trouble dans l'organisation comme dans l'âme; les affections bienveillantes entretiennent le jeu mesuré et harmonieux de toutes les fonctions. Hufeland remarque encore que les plus grandes longévités appartiennent à des vies sages et bien réglées. »

La *sanction sociale* comprend les peines et les récompenses qui viennent des lois et de l'opinion publique. — Les lois civiles, en effet, tantôt rémunératrices, tantôt et plus souvent coercitives et pénales, réservent à l'homme de bien les honneurs, les distinctions, les dignités, et à l'homme criminel la prison, l'infamie, l'échafaud. — L'opinion publique loue, admire, applaudit l'honnêteté, la vertu, l'héroïsme; elle blâme, elle réprouve, elle flétrit le vice, l'égoïsme, le crime que n'atteint pas la loi civile.

La *sanction morale* consiste dans les joies et les remords de la conscience. — Il n'y a pas de plaisir plus noble, de satisfaction plus pure et plus douce au cœur de l'homme que le témoignage d'une bonne conscience à la suite d'un devoir accompli ou d'un acte de vertu. — Il n'y a pas non plus de tourment comparable à celui que fait éprouver le remords, à ces souffrances amères et poignantes qui empoisonnent les joies coupables et les succès illégitimes. — Cette sanction est la plus large et la plus efficace de toutes; car elle atteint toutes les actions, celles qui s'accomplissent dans les replis secrets de la conscience, comme celles qui sont extérieures et publiques; aussi Platon a-t-il pu dire en toute vérité que le juste expirant sur une croix est encore plus heureux que le scélérat habile et hypocrite parvenu au faîte des honneurs.

Toutefois, pour peu qu'on examine les sanctions humaines dont nous venons de parler, on comprend que si utiles, si indispensables qu'elles soient, elles ne suffisent pas pour protéger la loi morale; elles n'offrent ni des récompenses ni des châtiments proportionnés au mérite et au démérite.

Cela est évident pour la *sanction naturelle*. Il s'en faut que le bonheur de ce monde soit toujours le partage de la vertu : la grêle ne respecte pas plus le champ du juste que celui du méchant et la foudre tombe sur la tête la plus innocente comme sur la tête la plus criminelle; les maladies et les coups de l'adversité n'épargnent pas l'homme de bien : il a beau être vertueux, il souffre, il gémit et son cœur saigne, tandis qu'à côté de lui passent le crime heureux et le vice couronné de roses.

La *sanction sociale* est aussi profondément insuffisante. Outre que les tribunaux humains condamnent quelquefois des innocents et laissent impunis bien des coupables, le grand tribunal de l'opinion publique se trompe et s'égare souvent. Que de crimes et d'excès inconnus! Que de vertus et de dévouements ignorés et qui sont d'autant plus admirables qu'ils fuient les regards des hommes et ne veulent être vus que de Dieu seul!

Quelle capricieuse mobilité dans les jugements de la foule et comme il est vrai de dire « que la roche Tarpéienne est voisine du Capitole » !

Reste la conscience avec ses joies et ses remords ; mais il n'y a pas là encore une sanction suffisante : car d'abord le plaisir d'avoir fait le bien n'est pas toujours proportionné au sacrifice qu'on s'est imposé, et puis la conscience inflige quelquefois les remords les plus douloureux aux gens les plus honnêtes et cela pour les fautes les plus légères, tandis que l'habitude du mal endurcit les coupables et que d'affreux scélérats commettent sans émotion les crimes les plus atroces.

N'est-il pas vrai d'ailleurs qu'il peut se présenter et qu'il se présente des cas auxquels ne s'applique aucune des sanctions humaines? « Je suppose, dit M. Cousin, un homme jeune, beau, riche, aimable et aimé, qui, placé entre l'échafaud et la trahison d'une cause sacrée, monte volontairement, à vingt ans, sur un échafaud : que faites-vous de cette noble victime? » Elle ne jouira ni de l'admiration publique, ni du témoignage que lui rendra sa conscience pour un si noble sacrifice. Faudra-t-il donc que son héroïsme demeure sans récompense? Non, le bon sens et la justice protestent contre cette négation de l'équité : ils nous obligent à reconnaître au-dessus des sanctions humaines une sanction plus parfaite, la *sanction religieuse et divine*, qui repose sur la Providence et sa justice éternelle. Si dans cette vie la vertu n'est pas suffisamment récompensée et le vice rigoureusement puni, il doit y avoir, il y aura par delà la tombe une vie nouvelle dans laquelle Dieu rendra à chacun selon ses œuvres, de manière à établir une équation parfaite entre le mérite et la récompense, le démérite et le châtiment.

Sujets à traiter. — 1. Des peines et des récompenses; leurs différentes espèces. (Sorbonne, 5 novembre 1868.)

2. Des diverses sanctions de la loi morale. (Faculté de Toulouse ; Cahors, août 1875.)

3. Apprécier la valeur respective des diverses sanctions de la loi morale. (Faculté de Toulouse.)

4. En quoi consistent et d'où proviennent pour l'agent moral le mérite et le démérite? Pourquoi des peines et des récompenses en sont-

elles regardées par la raison comme une conséquence nécessaire? Dans quel but la législation arme-t-elle la société du pouvoir de récompenser et de punir? (Faculté de Toulouse.)

5. Examiner si les récompenses et les peines qui résultent pour l'agent moral soit de l'estime et du mépris d'autrui, soit des lois positives, peuvent servir de fondement à la loi morale. (Faculté de Toulouse.)

6. En quoi la sanction de la conscience morale est-elle supérieure à la sanction civile et judiciaire? (Faculté de Toulouse.)

XCIX.

Qu'entend-on par devoirs positifs et par devoirs négatifs? En donner des exemples soit dans la morale individuelle, soit dans la morale sociale, soit dans la morale religieuse. (Sorbonne, 17 novembre 1868, 11 avril 1871.)

Rends à chacun ce qui lui est dû; honore tes parents; aime et sers ta patrie: voilà des *devoirs positifs*.

Ne fais de tort à personne; n'attente jamais à ta vie; ne blasphème pas le nom de Dieu : voilà des *devoirs négatifs*.

Les *devoirs positifs* sont donc ceux qui nous obligent à faire telle ou telle chose.

Les *devoirs négatifs* sont ceux qui nous défendent tel ou tel acte.

Les premiers ne nous obligent pas continuellement et les actes qu'ils nous imposent doivent être faits, non pas tous les jours et à chaque instant, mais dans telle ou telle circonstance déterminée.

Les devoirs *négatifs*, au contraire, nous obligent toujours et à chaque instant de notre vie : ce qu'ils nous défendent, il n'est jamais permis de le faire.

Ainsi porter atteinte à la réputation d'autrui est toujours absolument prohibé, tandis qu'il ne nous est commandé de rendre à chacun ce qui lui est dû que lorsque nous avons contracté des dettes ou des obligations vis-à-vis de nos semblables.

Ces différences entre les devoirs *positifs* et les devoirs *négatifs* ressortiront mieux par quelques exemples pris dans la *morale individuelle*, dans la *morale sociale* et dans la *morale religieuse*.

La *morale individuelle*, qui est l'ensemble des devoirs de l'homme envers lui-même, me prescrit de conserver ma vie, de prendre soin de ma santé, de cultiver mon intelligence, de déraciner dans mon cœur toutes les mauvaises inclinations pour n'y laisser croître que les généreux instincts, de former mon caractère en acquérant les qualités qui me sont nécessaires, la force et la bonté : voilà des devoirs *positifs*, qui sont sans doute rigoureux et obligatoires, mais dont l'application me laisse une certaine latitude. Il n'est pas dit que je doive tous les jours et surtout à tous les instants du jour, travailler, lire, étudier, etc.; car l'arc ne peut être toujours tendu et il faut du repos à l'esprit et au corps. — Au contraire, il n'y aura pas de circonstance ou de moment dans ma vie où il me soit permis de faire ce que m'interdisent les devoirs *négatifs* de la *morale individuelle* : devoir de ne pas compromettre ma dignité personnelle, devoir de ne pas attenter à mon existence, devoir de ne pas me laisser aller à la paresse, à l'ivrognerie, à la débauche, aux plaisirs qui tuent le corps et flétrissent l'âme.

La *morale sociale* embrasse tous les devoirs de l'homme envers ses semblables en général, envers la famille et envers la patrie. De ces devoirs, les uns sont *positifs* et compris dans cette formule; *Alteri feceris quod tibi fieri velis*; fais à autrui ce que tu voudrais qu'on te fît à toi-même : ce sont les devoirs de charité; les autres sont *négatifs* et compris dans cette formule : Ne fais pas à autrui ce que tu ne voudrais pas qu'on te fît à toi-même : *Alteri ne feceris quod tibi fieri nolis.* — Ainsi donner à ceux qui n'ont pas, soulager les malheureux, favoriser le développement de l'instruction et la diffusion des lumières, travailler au progrès de la vertu, respecter, aimer ses parents, les assister dans leurs besoins, servir son pays avec un patriotisme sincère et dévoué, payer soit les contributions pécuniaires, soit l'impôt du sang, voilà des devoirs positifs. — Ce sont au contraire des devoirs négatifs que ceux de ne pas nuire à la réputation de ses semblables, de ne pas attenter à leur vie, de ne pas les frapper, de ne pas les blesser, de ne pas violer par l'adultère la fidélité conjugale, de ne pas manquer aux égards dus à ses parents, de ne pas violer les lois et la constitution de sa patrie, etc. On ne peut jamais enfreindre ces devoirs de stricte justice, » tandis que les devoirs positifs ou de charité sont laissés, dans la pratique, à la libre appréciation de notre conscience individuelle.

Les devoirs *positifs* de la *morale religieuse* sont ceux qui nous ordonnent d'adorer Dieu, de l'aimer, de le prier, de lui rendre un culte extérieur et public : ils nous obligent bien toujours sans doute, mais pas toujours aussi rigoureusement, et ce n'est qu'à certains moments, par exemple, que nous devons prendre part aux cérémonies du culte. Il n'en est pas ainsi des devoirs *négatifs*, comme le devoir de ne pas offenser Dieu, le devoir de ne pas blasphémer son saint nom : jamais il ne peut nous être permis de les enfreindre.

Quoi qu'il en soit, cette distinction des devoirs *positifs* et des devoirs *négatifs* a paru superficielle à la plupart des philosophes. Presque tous nos devoirs, en effet, peuvent se formuler d'une manière positive ou d'une manière négative ; ainsi l'on dit indifféremment : respecte-toi toi-même, ou ne déroge pas à ta dignité personnelle ; respecte le bien d'autrui, ou ne dérobe pas le bien d'autrui ; honore tes parents, ou ne manque jamais aux égards que tu leurs dois ; aime et sers fidèlement ta patrie, ou ne manque jamais aux devoirs du patriotisme, etc. Dès lors, il semble qu'il n'y a pas lieu d'insister sur une différence plus apparente que réelle, sur une distinction plus usuelle que profonde.

Sujets à traiter. — 1. Du conflit des devoirs. D'après quels principes doit-on résoudre les difficultés qui proviennent de ce conflit ? Donner des exemples. (Sorbonne, 20 octobre 1874.)

2. La formule célèbre des Stoïciens : « *Abstine, sustine,* » contient-elle toute la morale ? (Sorbonne, 7 mai 1869.)

C.

L'homme a-t-il des devoirs envers lui-même ?
(Sorbonne, 6 novembre 1868.)

« Non, disent certains philosophes ; l'homme n'a pas de devoirs envers lui-même ; car il est libre et, à ce titre, il peut disposer de lui-même en maître souverain. D'ailleurs « nul ne se doit rien à soi-même, *nemo sibi debet;* nul ne se fait d'injustice à soi-même, *volenti non fit injuria.* »

Mais, comme le dit très bien M. Cousin dans son traité *Du vrai, du beau et du bien,* « de ce que l'homme est libre, de ce qu'il n'appartient qu'à lui-même, il ne faut pas conclure qu'il a sur lui-même tout pouvoir. Bien au contraire, de cela seul qu'il est doué de liberté, comme aussi d'intelligence, je conclus qu'il ne peut, sans faillir, dégrader sa liberté pas plus que son intelligence. C'est un coupable usage de la liberté que de l'abdiquer... La liberté n'est pas seulement sacrée aux autres, elle l'est à elle-même. La soumettre au joug de la passion au lieu de l'accroître sous la libérale discipline du devoir, c'est avilir en nous ce qui mérite notre respect autant que celui des autres. L'homme n'est pas une chose; il ne lui est donc pas permis de se traiter comme une chose. »

Le respect de sa dignité personnelle, voilà le principe de tous les devoirs de l'homme envers lui-même. « Αἰδοῦ σεαυτόν, respecte-toi, » disait la sagesse antique. « Agis de telle sorte, dit Kant, que tu traites toujours l'humanité soit dans ta personne, soit dans la personne d'autrui comme une fin et que tu ne t'en serves jamais comme d'un moyen. » — « Le principe fondamental de la morale, dit M. Janet, est d'élever en nous la personne humaine au plus haut degré d'excellence dont elle est capable. »

On divise généralement les devoirs de l'homme envers lui-même en deux classes : *devoirs envers le corps, devoirs envers l'âme.* Kant, il est vrai, a critiqué cette division et s'est demandé comment on peut avoir des obligations envers le corps, c'est-à-dire envers un amas de matière, qui, abstraction faite de l'âme, n'est rien de plus que les corps bruts qui nous environnent. Toutefois, comme la division qu'il propose, devoirs de l'homme envers lui-même considéré comme animal, et devoirs de l'homme envers lui-même considéré comme être moral, revient à peu près à la division commune, il n'y a pas lieu de s'écarter de cette dernière.

Les *devoirs de l'homme envers le corps* se ramènent à deux

principaux : *conserver sa vie* et *prendre soin de sa santé.*

Avant d'être un devoir, la *conservation de la vie* est pour l'homme un instinct, et même un instinct si énergique et si universel, qu'il semble avoir peu besoin d'être transformé en obligation. Cependant, on ne voit que trop souvent des hommes, égarés par le désespoir, s'arroger le droit de s'affranchir de la vie : c'est ce qu'on appelle *suicide.*

Le *suicide*, du latin *sui cædes*, meurtre de soi-même, est l'acte d'un homme qui se donne volontairement la mort pour échapper aux misères et aux souffrances de la vie.

Les Stoïciens ont beau excuser et légitimer le suicide ; il est absolument contraire à la destinée morale de l'homme ici-bas. L'homme, par cela seul qu'il est une personne morale a des devoirs et des obligations à remplir : ces devoirs sont impérieux, ces obligations inviolables et sacrées. Or, comme la vie est la condition nécessaire de leur accomplissement, il y a pour l'homme une obligation aussi absolue de conserver la vie que d'accomplir son devoir.

En second lieu, le suicide est une véritable révolte contre Dieu : celui qui se tue foule aux pieds le plus précieux de ses dons, la vie ; il s'arroge le droit de disposer de l'existence, droit qui n'appartient qu'au Créateur ; il contrarie enfin tous les desseins de la Providence sur ses créatures.

En troisième lieu, le suicide est un acte antisocial : « C'est un vol, dit éloquemment Rousseau, un vol fait au genre humain. Avant de le quitter rends-lui ce qu'il a fait pour toi. »

Enfin le suicide est un acte de lâcheté, de défaillance morale, un aveu implicite de l'impuissance où se trouve l'âme de supporter les douleurs et les amertumes de la vie :

> Rebus in adversis facile est contemnere vitam ;
> Fortiter ille facit qui miser esse potest. (MARTIAL.)

Autant le suicide est coupable, autant la mort courageusement affrontée ou subie pour une cause juste est belle ou héroïque : c'est même une honte que d'hésiter à la sacrifier, quand l'honneur le commande.

> Summum crede nefas vitam præferre pudori
> Et propter vitam vivendi perdere causas. (JUVÉNAL.)

Le second de nos devoirs envers le corps, c'est de *prendre soin de notre santé*; car la santé du corps est une des conditions de la santé de l'âme : *Mens sana in corpore sano.*

Il faut donc éviter tous les excès funestes : excès dans le boire et le manger, excès plus honteux de la débauche et du libertinage, qui tuent les facultés physiques et morales, flétrissent et dégradent les plus belles existences et impriment à la chair les odieux stigmates du vice.

Il faut de plus pratiquer les vertus qui donnent au corps de la force et de la vigueur : *la sobriété*, qui établit et maintient dans l'organisme une sage et heureuse économie; la *chasteté*, qui, en réprimant les vils instincts de notre nature, nous conserve dans toute la plénitude et tout l'honneur de la virilité; *l'amour du travail*, qui, lorsqu'il est bien réglé, est une des conditions les plus sûres de la santé.

En dehors de ces grands devoirs, il en est d'autres moins importants sans doute, mais bien recommandables; ce sont un exercice modéré, une hygiène convenable, la propreté, la décence, un bon entretien sans molle complaisance. Les anciens faisaient grand cas de ces devoirs : Platon donne de nombreux préceptes sur la gymnastique et l'hygiène, et Cicéron, dans son *De officiis*, consacre de longs développements aux devoirs de convenance et de civilité, développements dans lesquels se révèlent la délicatesse et la distinction du grand orateur romain.

Quelque importants que soient les devoirs de l'homme envers son corps, ceux qu'il a envers son âme sont encore plus élevés. Ils semblent pouvoir se ramener à un seul : le *perfectionnement moral*. C'est ce que Platon exprimait magnifiquement quand il assignait à l'homme comme fin de sa vie la ressemblance à Dieu dans la mesure du possible : « ὁμοίωσις τῷ θεῷ κατὰ τὸ δυνατόν. »

. . . . Te quoque dignum
Fingo Deo,

disait Virgile, et Bossuet veut « que nous achevions en nous l'image de la divinité ».

Le *perfectionnement moral* se réalise par le développement régulier et harmonieux de nos facultés, de *notre intelligence*, de *notre cœur* et de *notre volonté*.

Il nous faut d'abord *cultiver notre intelligence* et la nourrir de la vérité pour laquelle elle est faite et dans laquelle elle trouve sa satisfaction et sa joie. Mais jusqu'à quel point et dans quelle mesure devons-nous travailler à nous instruire? C'est là une question bien délicate. — Toutefois on peut affirmer qu'il y a pour tout homme une obligation stricte et rigoureuse de connaître ses devoirs généraux envers Dieu, envers lui-même et envers ses semblables, puisqu'il n'est ici-bas que pour accomplir ces devoirs et qu'il ne peut les accomplir, s'il les ignore. — C'est aussi une obligation pour chacun d'acquérir les connaissances nécessaires à l'état qu'il professe : le médecin est tenu de connaître suffisamment la science et l'art de la médecine; le magistrat, les principes du droit et de la jurisprudence; l'artisan, les règles de son art. — En dehors de ces connaissances absolument indispensables, chacun doit se procurer toutes celles dont son intelligence est susceptible; car, quoi qu'en ait dit Rousseau dans son fameux *Discours sur les lettres et les sciences*, la culture de l'esprit n'est pas pour les sociétés une cause de décadence et de démoralisation : elle élève les âmes, élargit les horizons de la pensée, procure les plus nobles jouissances et constitue une des plus pures et des plus belles gloires de l'humanité.

Les devoirs de l'homme *envers son cœur* se ramènent à deux principaux : déraciner autant que possible les mauvais penchants et les inclinations vicieuses qui viennent de ce que Pascal appelle « le vilain fond de l'homme, *figmentum malum* », haine, envie, jalousie, désir de la vengeance, colère, etc.; et cultiver, favoriser, développer tous les nobles instincts, toutes les généreuses inclinations, en se rappelant que l'homme n'est vraiment grand que par le cœur. « S'il y avait quelque chose d'adorable ici-bas, dit le père Lacordaire, ce serait le cœur et j'aimerais mieux me prosterner devant les cendres du cœur que devant la poussière du génie. »

Nous avons enfin des devoirs vis-à-vis de *notre volonté* et de *notre caractère*. On peut le dire en toute vérité : le caractère, c'est l'homme. Or, pour constituer un noble et beau caractère deux qualités semblent absolument nécessaires, la force et la bonté : — la force, qui nous fait triompher des obstacles et des difficultés, nous soutient au milieu des épreuves et des amertumes de la vie et nous donne je ne sais quoi d'inébranlable dans la fidélité à nos convictions, à nos amitiés, à nos vertus, — la bonté, qui tempère ce que la force pourrait avoir de rude et d'austère, nous fait jouir des joies des autres, souffrir de leurs souffrances, et met son bonheur à prodiguer ses bienfaits, même à des ingrats. « Celui-là est bon, dit La Bruyère, qui fait du bien aux autres; s'il souffre pour le bien qu'il fait, il est très bon; s'il souffre de ceux à qui il fait ce bien, il a une si grande bonté qu'elle ne peut être augmentée que dans le cas où ses souffrances viendraient à croître, et s'il en meurt, sa vertu ne saurait aller plus loin; elle est héroïque, elle est parfaite. »

Sujets à traiter. — 1. De la morale individuelle. A quelles vertus la pratique de ces devoirs donne-t-elle naissance? (Sorbonne, 28 octobre 1880.)

2. Du principe de la dignité personnelle considéré comme principe de tous les devoirs de l'homme envers lui-même. (Sorbonne, 19 août 1868.)

3. Rapporter les devoirs de l'homme envers lui-même à ces deux vers de Juvénal :

> Summum crede nefas vitam praeferre pudori
> Et propter vivam vivendi perdere causas.
> (Sorbonne, 25 mars 1873.)

4. Quels sont les moyens pratiques qui peuvent servir à notre perfectionnement moral? (Sorbonne, 30 octobre 1869.)

5. Quels sont les moyens pratiques par lesquels l'homme peut arriver à corriger son caractère et à gouverner ses passions? (Sorbonne, 11 août 1869.)

6. De l'éducation personnelle de l'homme par lui-même. Est-il vrai que l'homme soit dans la dépendance absolue de son tempérament et de ses penchants? (Sorbonne, 11 novembre 1873.)

7. Montrer comment la culture esthétique de l'homme par la littérature et les beaux-arts, peut contribuer à son perfectionnement moral. (Sorbonne, 6 août 1869.)

8. Quel est le sens de cette proposition développée dans le *Traité de la connaissance de Dieu et de soi-même* : « L'image de Dieu s'achève en l'âme par une volonté droite ? » (Sorbonne, 12 novembre 1872.)

9. Du suicide. Réfuter les arguments par lesquels on a cru pouvoir en soutenir la légitimité. (Sorbonne, 18 novembre 1870; 5 août 1871; Toulouse, Cahors, 1877.)

10. De l'éducation et de l'instruction. (Faculté de Toulouse.)

11. Du progrès moral. Vraie et fausse définition de ce mot. (Faculté de Toulouse.)

12. Dire pourquoi et comment un des plus sûrs moyens de rendre des hommes meilleurs est de les rendre instruits. (Faculté de Toulouse.)

13. De l'instruction et de l'éducation. Doivent-elles être séparées ou unies dans l'enseignement? Importent-elles à un égal degré à la dignité, au bonheur des individus et des peuples? (Faculté de Toulouse.)

CI.

Quels sont les fondements et limites du pouvoir paternel ? (Sorbonne, 6 mars 1873.)

Le *pouvoir paternel* est l'autorité des parents sur leurs enfants. Naturellement dévolue au père, cette autorité appartient aussi à la mère, qui doit l'exercer, en l'absence du père, absolument au même titre que lui, et à laquelle tout enfant bien né se fait un devoir et un bonheur d'obéir avec une soumission plus respectueuse et plus tendre.

Les *fondements du pouvoir paternel*, ce sont les devoirs des parents : ces devoirs, en effet, leur confèrent des droits imprescriptibles et sacrés. Par cela seul qu'un père et une mère sont la providence visible de leurs enfants et qu'ils doivent subvenir à tous leurs besoins physiques, leur procurer le bienfait de l'instruction et surtout celui de l'éducation morale, il faut qu'ils aient le droit, qu'ils aient le pouvoir de faire tout ce que nécessite et comporte cette grande et sublime mission.

Le *pouvoir paternel* n'ayant d'autre origine que l'intérêt même des enfants, est *limité* par *leurs droits* : le père et la mère ne peuvent rien au delà de ce qui est utile à la conservation et au développement de la vie physique, intellectuelle et morale de leurs enfants. Le droit des parents ne saurait aller plus loin que le devoir qui l'engendre et le consacre, et la saine morale ne veut pas que les rapports naturels qui existent entre les membres de la famille l'emportent sur les droits absolus de quelques-uns d'entre eux. Ce que l'enfant doit à ceux qui lui ont donné le jour ne va pas jusqu'à détruire en lui la personne humaine, jusqu'à lui ôter l'usage de son intelligence et de sa liberté, jusqu'à l'enlever à sa propre destinée pour faire de lui, comme à Sparte et à Rome dans l'antiquité, une vile propriété ou un instrument à l'usage d'un père despote et tyran.

Les parents n'ont donc pas sur leurs enfants le droit de vie et de mort que leur reconnaissaient certaines législations anciennes et que leur reconnaît encore la loi chinoise.

« Ils n'ont pas davantage le droit de les maltraiter, de les blesser, enfin de les traiter comme des choses et des animaux, et quoique l'usage paraisse considérer comme innocents certains châtiments corporels, ce sera toujours un mauvais exemple et une mauvaise habitude que d'employer les coups comme moyens d'éducation.

« Les parents n'ont pas non plus le droit de trafiquer de la liberté de leurs fils, de les vendre comme esclaves, ainsi que cela se pratiquait dans l'antiquité, ou de s'en faire des instruments de gain, comme font aujourd'hui beaucoup de familles. Sans doute, on ne peut interdire d'une manière absolue au père de faire servir le travail de l'enfant à l'entretien de la famille; mais ce ne peut être qu'en tenant compte des forces de l'enfant et en ne sacrifiant pas son éducation intellectuelle et morale.

« Les parents enfin n'ont pas le droit de corrompre leurs enfants et d'en faire les complices de leurs propres désordres. » (Paul JANET.)

En résumé, l'exercice du *pouvoir paternel* a trois conditions à remplir : conférer aux parents une autorité qui corresponde à leur responsabilité; faire de l'enfant un homme; former un citoyen utile à l'État.

Grotius, pour marquer avec précision l'étendue et les limites du pouvoir paternel, a distingué trois époques dans la vie de l'enfant : la première, où la raison n'est pas suffisamment développée et où l'autorité des parents doit être absolue, mais toujours affectueuse et dévouée; la seconde, dans laquelle le jeune homme, quoique déjà mûr, est encore membre de la famille et doit, à ce titre, se soumettre à la volonté des parents, tout en pouvant prendre une certaine liberté d'allure; la troisième, lorsque les enfants échappent à la tutelle paternelle pour devenir eux-mêmes chefs de famille : l'autorité des parents se change alors en une influence morale que tout enfant bien né respecte profondément, mais qui n'est plus, à proprement parler, un pouvoir.

Sujets à traiter. — 1. Du pouvoir paternel. (Faculté de Clermont, 24 mars 1882.)

2. De la famille; ses origines; devoirs et droits de ses membres. (Faculté de Toulouse.)

3. Devoirs du père de famille; droits qui en résultent. (Faculté de Toulouse.)

CII.

Qu'est-ce que la morale sociale ? Quels en sont les principes et les règles essentielles ? (Sorbonne, 8 août 1871.)

La *morale sociale* est cette partie de la morale pratique qui a pour objet de déterminer les devoirs qui incombent à l'homme en tant que membre de la société.

Or, il y a comme une triple société : 1° la *société générale* qui embrasse tous les hommes quels qu'ils soient, car, comme l'a dit le poète :

> Homo sum, humani nihil a me alienum puto;

2° cette société plus intime qui s'appelle la *famille*; 3° la société que forment les hommes d'un même pays qui obéissent au même gouvernement, ou l'*État*. De là trois grandes classes de devoirs sociaux : 1° devoirs de l'homme *envers ses semblables en général*; 2° devoirs de *famille*; 3° devoirs envers la *société civile* ou l'*État*.

Le principe de nos devoirs *envers les hommes en général*, c'est le respect de la dignité humaine : « Agis de telle sorte, dit Kant, que tu traites toujours l'humanité soit dans ta personne, soit dans la personne d'autrui comme une fin et que tu ne t'en serves jamais comme d'un moyen. »

Les règles essentielles de la *morale sociale générale* sont les deux maximes suivantes : *Alteri ne feceris quod tibi fieri non vis*; ne fais point à autrui ce que tu ne voudrais pas qu'on te fît à toi-même; — *Alteri feceris quod tibi fieri velis*; fais à autrui ce que tu voudrais qu'on te fît à toi-même.

La première de ces deux maximes comprend les devoirs de *justice* qui reposent sur le droit et ont pour caractère d'être précis et exigibles, la seconde embrasse les devoirs de *charité* qui sont fondés sur l'idée de la fraternité humaine, échappent à toute délimitation et ne sont nullement exigibles.

Outre ces devoirs généraux envers le genre humain, nous en avons de particuliers envers la *famille* : ils sont l'objet de la *morale domestique* et ont pour principe les liens sacrés qui unissent entre eux les membres de cette société naturelle et intime qu'on appelle la famille. De là,

Les devoirs des époux entre eux : fidélité inviolable, parce qu'ils se sont consacrés, pour ainsi dire, l'un à l'autre par un engagement solennel, et support mutuel, parce que c'est là la seule garantie de l'union, de la paix, du bonheur de la famille;

Les devoirs des parents envers les enfants, dont ils sont ici-bas la providence visible : amour intelligent et désintéressé, équitable et impartial; soin assidu pour subvenir à tous leurs besoins physiques et pour leur procurer les bienfaits de l'instruction et de l'éducation;

Les devoirs des enfants envers les parents ou devoirs de la piété filiale : amour, respect, obéissance, et assistance dans le cas de nécessité;

Enfin les devoirs des enfants entre eux : affection tendre et dévouée, conseils et assistance mutuelle.

Au-dessus de la *famille*, il y a la *société civile* ou *l'État*, en grec πόλις, en latin *civitas* : on appelle ainsi une association d'hommes soumis aux mêmes lois et au même gouvernement, dans un but d'utilité publique : « *Est res publica*, dit Cicéron, *res populi. Populus autem non omnis hominum cœtus quoquomodo congregatus, sed cœtus multitudinis juris consensu et utilitatis communione sociatus.* »

Le principe des devoirs des citoyens *envers l'État* ce sont les services qu'il rend aux individus et le besoin qu'a la société d'un gouvernement destiné à maintenir l'ordre et les lois et à la faire respecter au dehors.

Les devoirs des citoyens envers l'État sont les suivants :

Respecter ceux qui sont investis du pouvoir et leur obéir fidèlement, à moins que ce qu'ils commandent ne soit absolument contraire à la morale;

Participer chacun selon ses moyens aux charges de l'État en acquittant les contributions pécuniaires;

Payer l'impôt du sang ou remplir les obligations du service militaire;

Enfin aimer et servir la patrie avec un zèle sincère et dévoué.

La morale civique a pour couronnement la morale *internationale* ou le *droit des gens*, qui règle les rapports de peuple à peuple, de nation à nation.

Le principe du droit des gens, c'est que les nations étant des personnalités collectives, des personnes morales, pour ainsi dire, ont les unes envers les autres des devoirs de justice et de charité.

Les plus importants de ces devoirs sont :

Celui de respecter les droits acquis et les possessions légitimes;

Celui d'observer scrupuleusement les traités conclus;

Celui de ne faire la guerre qu'autant qu'elle est juste, c'est-à-dire nécessitée par la revendication de droits stricts et rigoureux;

Celui de respecter les règles établies soit pour le commencement, soit pour la cessation des hostilités, soit pour la conduite des belligérants sur terre et sur mer;

Enfin celui de s'entr'aider dans l'œuvre de civilisation et de progrès qui est le but et la gloire de l'humanité.

Tels sont les principes et les règles essentielles de la morale sociale : la justice en est la base, le fondement sacré ; la charité en est l'âme et la vie.

Sujets à traiter. — 1. De l'origine de la société. Par quels arguments peut-on démontrer que l'origine de la société est un fait naturel et nécessaire, et non un fait arbitraire et accidentel, comme on l'a quelquefois prétendu? (Sorbonne, 11 mai 1870.)

2. Y a-t-il contradiction, comme l'a prétendu Rousseau, entre l'état de nature et l'état social? (Sorbonne, 26 mars 1873.)

3. Distinguer les devoirs de justice et les devoirs de charité. (Sorbonne, 12 novembre 1868 ; 8 novembre 1871.)

4. Des philosophes contemporains prétendent que la charité est une fausse vertu, inutile et même funeste ; car, « sous prétexte, disent-ils, de soulager les misères humaines, elle les perpétue, en assurant la survivance des individus qui par leurs maladies et leurs vices arrêtent les progrès de l'humanité. » Apprécier cette théorie. (Sorbonne, 24 juillet 1882.)

5. De la charité. (Faculté de Toulouse, mars 1882.)

CIII.

Quels sont les droits respectifs de l'État et des individus dans la morale sociale? (Sorbonne, 16 août 1869.)

Pour déterminer avec exactitude les droits respectifs de *l'État* et des *individus* dans la société civile, il faut auparavant se faire une juste idée de la nature et des fonctions de *l'État*.

L'État est une association d'hommes soumis aux mêmes lois et au même gouvernement dans un but d'utilité publique. « *Est res publica*, dit Cicéron, *res populi. Populus autem non omnis hominum cœtus quoquo modo congregatus, sed cœtus multitudinis juris consensu et utilitatis communione sociatus.* (*De republicâ* : l. I, c. 25). « Un peuple, dit à son tour M. Guizot, n'est pas une immense addition d'hommes... C'est un grand corps organisé, formé par l'union au sein d'une même patrie de certains éléments sociaux, qui se forment et s'organisent eux-mêmes naturellement en vertu des lois primitives de Dieu et des forces libres de l'homme. »

Dans tout État on distingue le *gouvernement* et les *citoyens* : le *gouvernement*, c'est-à-dire l'ensemble des pouvoirs publics qui maintiennent l'ordre et les lois et représentent l'État au dedans et au dehors; les *citoyens*, c'est-à-dire les membres de la société civile ou de la nation, « tous ceux qui participent au pouvoir, et à l'obéissance, » comme le dit Aristote, indiquant ainsi clairement les droits et les devoirs des citoyens.

Les *droits de l'État* sont les droits de ses représentants, les droits du gouvernement de chaque pays, quelle que soit sa forme; car l'État, ayant partout le même but, garantir l'ordre, la sécurité, la prospérité, le développement harmonieux de l'activité humaine, doit avoir partout les mêmes moyens d'arriver à ce but, c'est-à-dire les mêmes pouvoirs, les mêmes droits.

Ces droits sont : 1° le *droit d'établir des lois* politiques pour régler les rapports de l'État avec les particuliers, et des lois civiles pour déterminer les rapports des particuliers entre eux;

2° Le *droit de lever les impôts* et les contributions nécessaires pour subvenir aux besoins et aux charges de l'État : administration, travaux publics, entretien de l'armée, de la marine, service de la dette flottante et consolidée, etc.;

3° Le *droit d'exiger* des citoyens *le service militaire* pour la défense du territoire et le maintien de l'ordre à l'intérieur, dans la mesure indiquée par les ressources du pays et les situations politiques où il se trouve;

4° Enfin le *droit de punir*, et d'infliger même la peine de mort. Ce droit serait basé, d'après certains publicistes, sur l'utilité préventive des châtiments pour ceux qui en sont les témoins, et d'après d'autres, sur leur utilité corrective pour ceux qui les subissent : cette utilité personnelle et sociale est sans doute un effet, une conséquence de la pénalité, mais n'en est pas le fondement. Ce fondement, il faut le chercher dans l'idée même de la justice qui exige impérieusement que tout acte injuste soit puni et que, quand l'injustice a lieu dans la sphère sociale, la punition soit infligée par la société. « La société ne peut punir, dit

M. Cousin, que parce qu'elle le doit. Le droit ici n'a d'autre source que le devoir, le devoir le plus étroit, le plus évident et le plus sacré, sans quoi ce prétendu droit ne serait que celui de la force, c'est-à-dire une atroce injustice, quand même elle tournerait au profit moral de celui qui la subit et en un spectacle salutaire pour le peuple : ce qui ne serait point alors; car alors la peine ne trouverait aucune sympathie, aucun écho ni dans la conscience publique ni dans celle du condamné. La peine n'est pas juste, parce qu'elle est utile préventivement ou correctivement ; mais elle est utile et de l'une et de l'autre manière, parce qu'elle est juste. Cette théorie de la pénalité, en démontrant la fausseté, le caractère incomplet et exclusif des deux théories qui partagent les publicistes, les achève, les explique et leur donne à toutes deux un centre et une base légitimes. »

Les droits de l'État que nous venons d'énumérer, sont respectables et sacrés; mais ils ont pour limites les *droits* non moins respectables et sacrés *des citoyens.*

Ce sont d'abord leurs *droits naturels*, droits primordiaux et imprescriptibles, qui subsistent pleins et entiers dans toute société civile : le droit de vivre, le droit de travailler, le droit de posséder et de transmettre sa propriété légitime, le droit de fonder une famille, de l'élever, de la gouverner, le droit enfin de jouir de sa liberté en tant qu'elle n'attente pas à la liberté d'autrui. L'État doit reconnaître, consacrer, protéger ces droits, qu'il ne peut violer sans manquer gravement à ses devoirs, à moins que des circonstances extraordinaires ne l'y autorisent.

Ce sont ensuite les *droits civils*, que les lois et les codes fixent et déterminent et qui consistent dans la reconnaissance, la garantie, le libre exercice des droits naturels, v. g. droit d'acheter, de vendre, de contracter, etc.

Ce sont enfin les *droits politiques*, qui varient avec les constitutions : 1° le droit de suffrage ou de vote, qui assure à chacun une part de souveraineté et une participation plus ou moins directe au vote de l'impôt et au gouvernement de son pays; 2° le droit d'exprimer sa pensée ou la liberté de la presse et de la parole, qui permet aux minorités d'employer la persuasion pour modifier les idées et les opinions de la majorité; 3° le droit d'avoir sa religion et de la pratiquer, ou la liberté de conscience et des cultes ; 4° le droit d'être admissible à toutes les fonctions publiques, etc.

Ces droits des citoyens étaient méconnus dans les républiques anciennes, qui subordonnaient, sacrifiaient même l'individu à l'État ; ils ont été aussi foulés aux pieds par les gouvernements absolus qui se sont établis sur le modèle de l'empire romain et dans lesquels le souverain se croyait véritablement maître de la vie et des biens de ses sujets. C'est donc à la morale sociale de défendre et de revendiquer ces libertés ; c'est à elle aussi de maintenir contre les attaques des utopies anarchiques, communistes ou collectivistes, les droits et les prérogatives inviolables de l'État : il n'y a que ce moyen d'établir l'équilibre entre l'autorité et la liberté, équilibre si ardemment cherché, si facile à détruire et auquel semble attaché le bonheur des peuples comme celui des individus.

Sujets à traiter. — 1. Décrire les devoirs des citoyens envers l'État et de l'État envers les citoyens. (Faculté de Caen, août 1867.)
2. Quelle différence y a-t-il entre le droit naturel et le droit positif? Donner des exemples. (Sorbonne, 2 août 1872.)
3. L'homme en tant qu'homme a des devoirs envers la société ; en tant que citoyen il a des devoirs envers l'État. Marquer par une analyse précise la distinction qu'il convient d'établir entre ces deux sortes de devoirs. (Sorbonne, 24 novembre 1869.)
4. Du droit de punir : quel est son fondement? (Sorbonne, 14 novembre 1874.)

CIV.

Montrer que la liberté politique suppose la liberté psychologique ou morale. (Sorbonne, 11 mai 1870.)

La *liberté politique* est l'ensemble des droits reconnus aux citoyens d'un État par la constitution qui les régit comme garanties de l'exercice de leurs droits naturels et civils.

Les principales de ces garanties sont : la *liberté individuelle*, l'*habeas corpus* des Anglais, ou le droit de disposer de sa personne et de son corps, d'aller et de venir, de n'être ni emprisonné ni détenu sans des motifs graves et prévus par la loi ; la *liberté du travail*, qui découle de la liberté individuelle et qui consiste dans le droit d'employer comme on l'entend son activité physique, intellectuelle et morale, soit pour subvenir à sa subsistance, soit pour satisfaire ses goûts ; le *droit de suffrage* ou *de vote*, par lequel les citoyens participent plus ou moins directement, par eux-mêmes ou par leurs mandataires, au gouvernement de l'État et à la gestion de ses affaires ; la *liberté de la presse*, ou le droit d'imprimer librement ce que l'on pense, droit qui permet aux minorités d'employer la persuasion pour modifier les opinions de la majorité et de devenir elles-mêmes majorité ; la *liberté de la parole*, ou le droit d'exposer dans des réunions publiques ou dans un enseignement autorisé par la loi le résultat de son travail et de ses méditations ; la *liberté de conscience*, ou le droit de professer les croyances religieuses que l'on estime les meilleures ; la *liberté des cultes* ou le droit de pratiquer publiquement la religion que l'on professe ; la *liberté d'association*, ou le droit de s'entendre avec ses semblables et de s'unir à eux pour mettre en commun efforts et travail, lumières et talents et atteindre plus facilement un but pratique quelconque ; enfin la *division des pouvoirs*, qui en confiant à des autorités différentes le pouvoir *législatif*, le pouvoir *exécutif* et le pouvoir *judiciaire*, met les citoyens à l'abri de l'arbitraire et du despotisme.

Tels sont les différents aspects sous lesquels se présente la *liberté politique*, qui, avant 1780, n'existait guère qu'en Angleterre, mais qui, depuis la Révolution française, s'est établie dans presque tous les États de l'Europe, où elle nous apparaît comme l'un des plus heureux résultats du progrès social et l'une des plus légitimes conquêtes de la *liberté psychologique* ou *morale*.

La *liberté morale*, en effet, qui consiste dans le pouvoir qu'a l'homme de se déterminer par lui-même et de son propre mouvement, *per se et proprio motu*, est le principe véritable de tous les droits et de toutes les garanties qui constituent la *liberté politique*.

Ce n'est que parce qu'il est moralement libre et par là même maître de sa personne, que le citoyen a le droit de disposer de son corps et celui d'appliquer à sa guise son activité et ses forces : jamais l'animal, qui n'obéit qu'aux aveugles instincts et aux lois fatales de sa nature, ne pourra jouir ni de la *liberté du travail* ni de la *liberté individuelle*.

Le *droit de suffrage* ou *de vote* implique aussi la *liberté morale*, et il serait vraiment illusoire ou plutôt il n'aurait jamais existé, si une nécessité invincible dictait aux hommes toutes leurs résolutions et inspirait tous leurs actes.

On ne réclame hautement la *liberté de la presse*, la *liberté de la parole* et de *l'enseignement*, la *liberté de conscience et des cultes* que parce qu'on est convaincu que l'homme est libre de se faire ses opinions, de se choisir sa religion et de pratiquer tel culte plutôt que tel autre.

Enfin, si le principe de la *séparation des pouvoirs* a été proclamé par Montesquieu et par la Constituante, c'est pour que la *liberté morale* pût exercer sans entrave ses droits naturels et civils.

La *liberté politique* suppose si bien la *liberté morale* qu'elle en dépend d'une manière absolue et qu'on voit tous les jours les libres discussions des citoyens modifier, transformer les constitutions des États et tantôt étendre, tantôt restreindre les droits politiques.

D'ailleurs, c'est la *liberté morale* qui est la mère du droit et tous les droits de l'homme, droits naturels, droits civils, droits politiques, ne sont que cette liberté inviolable et sacrée dans l'accomplissement des devoirs que la conscience impose à chacun de nous et dans l'exercice des prérogatives que les constitutions des États reconnaissent aux citoyens.

Sujets à traiter. — 1. Définir et distinguer 1° la liberté d'action ; 2° la liberté civile et politique ; 3° la liberté morale. (Sorbonne, 17 mars 1874.)

2. La meilleure constitution est-elle celle qui est construite en une fois, comme le veut Descartes, et par la raison d'un individu ? (Faculté de Bordeaux, 17 novembre 1882.)

CV.

Du culte dû à la divinité et des diverses formes de ce culte. (Faculté de Toulouse.)

Il y a un Dieu et sa Providence paternelle veille sur le monde : il s'ensuit que l'homme, qui fait partie de ce monde et se sait fils de Dieu, est tenu vis-à-vis de ce Père suprême à des devoirs impérieux et sacrés.

L'existence de ces devoirs a cependant été niée par quelques philosophes, Kant entre autres.

« L'homme, disent-ils, ne saurait avoir des obligations à remplir envers un être dont le sépare une distance incommensurable. »

Sans doute, répondrons-nous, il y a une disproportion absolue entre nous et l'Infini; mais cette disproportion ne nous empêche pas de le connaître et c'est de cette connaissance même que découlent tous nos devoirs envers lui.

« Mais, dit-on encore, nous ne pouvons faire à Dieu ni bien ni mal : on ne voit donc pas quels actes nous aurions à accomplir à son égard. »

Il faut répondre à cette objection que l'homme a des devoirs envers des personnes auxquelles il ne peut faire ni bien ni mal, envers les morts, par exemple, auxquels il doit justice, amour et respect, et qu'un historien n'a pas le droit de calomnier. Un homme pourrait être d'une telle modestie qu'il n'éprouverait le besoin d'aucun hommage : ce n'en serait pas moins un devoir pour nous de lui rendre ce qui lui est dû. Ainsi en est-il de toutes nos obligations envers Dieu. D'ailleurs le Créateur ne saurait demeurer insensible à la manière dont nous honorons sa souveraine majesté, et, comme le dit très bien Fénelon dans ses *Lettres sur la métaphysique*, « l'homme qui connaît et aime Dieu selon toute sa mesure de connaissance et d'amour, est incomparablement plus digne de cet être parfait que l'homme qui serait sans Dieu dans ce monde, ne songeant ni à le connaître ni à l'aimer. »

Nous avons donc des devoirs envers la divinité, et la pratique de ces devoirs constitue le *culte*, c'est-à-dire *l'ensemble des actes intérieurs, extérieurs et publics par lesquels nous nous acquittons de nos obligations envers le Créateur.*

De là trois sortes de culte : le *culte intérieur*, le *culte extérieur* et le *culte public*.

Le culte *intérieur* est celui que nous devons rendre à Dieu dans le sanctuaire de l'âme.

Les actes du culte *intérieur* sont l'*adoration*, l'*amour* et la *prière*.

L'*adoration* est un sentiment de profond respect et de soumission absolue qui ne s'adresse qu'à Dieu seul. Si l'on se sert quelquefois de ce mot dans le langage des affections profanes, ce n'est que par une métaphore sacrilège. Il n'y a que Dieu qui, avec sa toute-puissance et ses perfections infinies, soit vraiment adorable. L'adoration naît d'abord spontanément dans l'âme et se manifeste, se trahit par ces exclamations qui nous échappent devant les grandes scènes de la nature. La raison ne conçoit rien de plus juste et de plus légitime que ce sentiment et elle en fait un devoir sacré.

L'*amour* est le second de nos devoirs envers Dieu. L'Infini, en effet, nous apparaît comme la beauté suprême et, à ce titre, il mérite notre affection la plus vive et la plus pure. « Beauté toujours ancienne et toujours nouvelle, s'écriait saint Augustin, que je vous ai connue tard, que je vous ai aimée tard ! » Si nous songeons ensuite que cet Être tout-puissant a bien voulu nous créer, nous dont il n'avait aucun besoin, qu'en nous créant il nous a comblés de bienfaits et nous a donné la raison pour penser, la liberté pour agir, le cœur pour aimer, ce magnifique univers pour être l'objet de notre continuelle admiration, ne sentirons-nous pas le besoin de vouer à ce Créateur un amour profond et une reconnaissance sans bornes?

La *prière* est une élévation de notre âme vers Dieu, soit pour lui exposer nos besoins, soit pour lui rendre grâce de ses bienfaits. Le devoir de la prière nous est imposé par notre dépendance à l'égard de l'être auquel nous devons la vie et sans lequel nous ne pouvons rien.

Qu'on ne dise pas avec les philosophes rationalistes, M. Jules Simon entre autres dans son livre du *Devoir*, que Dieu n'a aucun besoin de nos prières pour connaître ce qu'il nous faut : car pourquoi Dieu n'aurait-il pas le droit d'exiger de nous un acte de soumission ? Pourquoi Dieu ne mettrait-il pas pour condition à l'exercice de sa bonté l'obligation de lui demander avec confiance et humilité ce que nous voulons obtenir de lui ?

Qu'on ne dise pas non plus que les décrets de Dieu étant éternels et immuables, nos prières sont et doivent être absolument inefficaces : car Dieu, dans son infinie prévoyance, a laissé un champ ouvert à notre liberté et, dans l'application de ses lois, il sait faire la part à l'action de nos prières.

Voyons toujours en Dieu notre soutien et notre espérance, notre protecteur et notre père, et nous sentirons que la prière est non seulement un devoir, mais encore un besoin et un bonheur. « Il y a toujours, dit Lamennais, des vents brûlants qui passent sur l'âme de l'homme et la dessèchent : la prière est la rosée qui la rafraîchit. »

Ce n'est pas assez d'honorer Dieu par le culte intérieur; nous lui devons encore un *culte extérieur*, c'est-à-dire un culte qui se manifeste au dehors par des pratiques et des cérémonies religieuses.

Dieu, en effet, est le créateur de notre corps aussi bien que le créateur de notre âme et il a droit à l'hommage de nos facultés physiques comme à celui de nos facultés intellectuelles et morales.

D'ailleurs le culte *extérieur* est nécessaire à la conservation et au développement du culte *intérieur*, comme la parole à la conservation et au développement de la pensée : l'adoration, l'amour et la prière toujours concentrés au fond du cœur dégénéreraient en vains rêves ou seraient étouffés par les affaires et les nécessités de la vie. Plus ces sentiments sont énergiques, plus ils tendent à s'exprimer au dehors, à prendre une forme sensible, à s'incarner dans des actes positifs et vivants.

Le *culte public* consiste dans les actes religieux que les hommes doivent accomplir en tant que membres de la société.

Dieu, en effet, est le créateur des familles et des sociétés comme des individus, et sa Providence paternelle veille sans cesse sur les peuples et les empires aussi bien que sur chacun de nous. Il a donc droit aux hommages de la société civile ou de l'État et on ne peut lui refuser ces hommages sans méconnaître une obligation sacrée.

Du reste, le culte public sauvegarde le culte extérieur comme le culte extérieur entretient le culte intérieur : abandonnées au caprice de chacun, les pratiques religieuses ne tarderaient pas à dégénérer et à se corrompre.

Enfin, n'est-il pas doux et consolant pour les hommes de se sentir unis par les liens d'une même foi et de courber ensemble le front devant Dieu comme les enfants d'un même père, les membres d'une même famille ?

Aussi le culte religieux est-il aussi ancien sur la terre que l'humanité elle-même : chez les sauvages et les barbares, il se manifeste par des pratiques naïves et simples; chez les peuples civilisés, il a toujours eu ses autels et ses temples, auxquels les beaux-arts se sont fait un devoir et un honneur de donner le plus d'éclat et de splendeur possible.

Sujets à traiter. — 1. De la morale religieuse ou des devoirs de l'homme envers Dieu. (Faculté de Toulouse.)

2. La société a-t-elle des devoirs envers Dieu? Quels seraient ces devoirs? (Faculté de Toulouse.)

3. Influence réciproque de la foi en Dieu et de la moralité. (Faculté de Toulouse.)

4. Rapports de la religion et de la philosophie. (Faculté de Clermont, mars 1882.)

ÉCONOMIE POLITIQUE.

CVI.

Quelles différences y a-t-il entre les principes, les moyens et les fins de la science, de l'art et de l'industrie ?
(Sorbonne, 5 novembre 1874.)

La *science* a son principe dans l'intelligence et la raison humaines, qui, faites pour la vérité, y aspirent de toutes les forces de leur énergie et travaillent à élargir sans cesse les horizons de la pensée.

Le principe de l'*art*, c'est l'imagination esthétique, c'est cette faculté merveilleuse qui a la puissance de créer, non pas de créer de rien, ce qui n'est pas donné à l'homme, mais de créer avec les données des sens et de l'expérience, avec les éléments que fournit la nature, des œuvres vivantes, pour ainsi dire, « *spirantia æra, vivos de marmore vultus,* » qui rivalisent en quelque sorte avec les œuvres mêmes de Dieu.

L'*industrie*, elle, a pour principe l'activité humaine, se déployant dans le monde physique et faisant servir toutes les forces de la nature soumise et domptée à l'accroissement des richesses et du bien-être des individus et des nations.

Si les principes de la *science*, de l'*art* et de l'*industrie* sont distincts, les moyens qu'ils emploient, pour atteindre leur objet, diffèrent encore plus profondément.

La *science* marche à la conquête de la vérité, armée des procédés de la méthode : méthode déductive, qui descend des principes aux conséquences, du général au particulier, et procède par définitions, par raisonnements et démonstrations; méthode inductive, qui s'élève des effets aux causes, des phénomènes aux lois, du particulier au général, au moyen de l'observation et de l'expérimentation, de la classification et de l'induction, ou, à leur défaut, de l'hypothèse et de l'analogie;

enfin méthode à la fois inductive et déductive, expérimentale et rationnelle, formée par un habile mélange des deux grands procédés de l'esprit humain, l'observation et le raisonnement.

L'*art* se sert de tous les moyens d'expression que lui fournit la nature : l'architecture, des masses informes de la matière qu'elle dispose selon les lois du nombre et de la quantité; la sculpture, de la pierre et du marbre, du bronze et de l'airain qu'elle cisèle, pour y incarner en quelque sorte les belles proportions et les formes gracieuses du corps humain, avec ses attitudes et ses traits si expressifs; la peinture, des couleurs avec lesquelles, par la perspective, le jeu de la lumière et des ombres et le groupement des figures, le pinceau de l'artiste reproduit non seulement les beaux spectacles et les grandes scènes de la nature, mais encore les sentiments les plus profonds de l'âme humaine, les situations les plus saisissantes de la vie morale; la musique, de sons successifs et mélodieux, régulièrement cadencés par le rythme et combinés en accords harmonieux, par lesquels elle éveille en nous une foule de sentiments et d'idées; la poésie enfin, de la parole mesurée et rythmée, dont les accents délicieux transportent l'âme sur des ailes divines dans un monde enchanté.

Quant à l'*industrie*, elle emploie comme moyens de production toutes les forces de la nature, tous les instruments inventés par la science ou par l'habileté des travailleurs, soit pour l'agriculture, qui tire du sol tous les produits qu'il est susceptible de donner, soit pour l'industrie extractive, qui arrache des entrailles de la terre les richesses qui y sont enfermées, soit pour l'industrie manufacturière, qui élabore et transforme les produits de la nature, soit enfin pour l'industrie locomotrice et pour l'industrie commerciale, qui transportent et distribuent dans le monde les produits des autres industries.

Quel est maintenant la fin de la *science?* C'est évidemment la connaissance de la vérité, du pourquoi et du comment des choses :

Felix qui potuit rerum cognoscere causas!

disait le poète, et le rêve du savant, rêve irréalisable ici-bas, avec des intelligences finies et bornées comme les nôtres, serait de connaître tous les êtres de l'univers, toutes leurs lois et tous leurs rapports.

L'*art*, au dire des réalistes, aurait pour but l'imitation de la nature : mais où serait alors son mérite? quelle originalité trouverait-on dans des copies banales et des calques serviles de la réalité? Comment d'ailleurs imiter des œuvres inimitables par la vie dont elles sont douées? L'art n'a droit à notre respect et à notre admiration que parce qu'il se propose une fin plus noble et plus élevée, la reproduction libre et désintéressée du beau idéal sous forme sensible. C'est de là qu'il tire son indépendance et sa dignité.

L'*industrie*, elle, n'a pas pour but de produire l'émotion désintéressée du beau qui naît en nous au spectacle des œuvres de l'art : elle se propose une fin plus pratique et plus positive ; elle veut créer et elle crée de l'utilité, c'est-à-dire qu'elle rend utile ce qui ne l'était pas et plus utile ce qui l'était déjà. Elle satisfait ainsi aux besoins de l'homme et augmente ses richesses et son bien-être.

Ainsi donc autre chose est la *science*, autre chose est l'*art*, autre chose est l'*industrie*. Nous les voyons cependant concourir à la production de la plupart des œuvres. Voilà, par exemple, une horloge, une pendule de salon : la *science* a déduit des lois générales de la mécanique et de celles du pendule la forme du balancier et de l'engrenage compliqué des roues; l'*art* a façonné le modèle du socle et du sujet qui doit l'orner, la *Sapho* de Pradier, je suppose; l'*industrie* a fabriqué tous les rouages du mécanisme intérieur, taillé le socle de marbre, fondu et ciselé le bronze qui le décore, enfin monté toutes les parties de l'horloge ou de la pendule.

La *science*, l'*art* et l'*industrie* s'aident donc mutuellement : ce sont les trois manifestations les plus hautes de l'activité humaine, les trois grands faits sociaux dans lesquels se résume, pour ainsi dire, la vie des peuples. Une nation est d'autant plus grande, plus glorieuse et plus prospère que chez elle la *science* est plus étendue, l'*art* plus élevé, l'*industrie* plus féconde.

CVII.

Du droit de propriété : réfuter les objections dont il a été l'objet. (Sorbonne, 23 octobre 1873.)

Le *droit de propriété*, d'après le *Code civil*, est le droit de jouir et de disposer d'une chose de la manière la plus absolue, pourvu qu'on n'en fasse pas un usage prohibé par les lois ou par les règlements.

On a longuement discuté sur l'origine du *droit de propriété*.

D'après certains publicistes, il serait fondé sur les *lois civiles* : si nous avons le droit de posséder et s'il est interdit à nos semblables de nous ravir notre propriété, c'est aux lois que nous en sommes redevables, aux lois qui ont déclaré la propriété inviolable et sacrée.

Il faut répondre aux partisans de cette opinion que toute loi sérieuse et constante suppose des principes supérieurs qui en ont suggéré l'idée, qui la maintiennent et l'autorisent, sans quoi elle serait bientôt abolie : le droit de propriété n'a donc été inscrit dans nos codes que parce qu'il a son fondement dans la nature même des choses.

Jean-Jacques Rousseau et les partisans des doctrines exposées dans le *Contrat social* prétendent asseoir le droit de propriété sur un *contrat primitif*, qui aurait mis fin à l'état de nature et constitué l'état social tel qu'il existe maintenant.

Mais un contrat n'est, après tout, « qu'une stipulation entre deux ou plusieurs volontés. D'où il suivrait que le droit de propriété est aussi mobile que l'accord des volontés : s'il a plu à la volonté des contractants de décréter l'inviolabilité de la propriété, un changement de leur volonté peut amener et justifier une autre convention par laquelle la propriété cesse d'être inviolable et subit telle ou telle modification. » (Victor Cousin : *Justice et charité*.)

Une autre théorie fonde le droit de propriété sur l'*occupation primitive* ou le *droit du premier occupant*.

Mais ce prétendu droit n'est, en somme, que l'absence de tout droit antérieur et déjà acquis : or, c'est là une idée purement négative, sur laquelle on ne peut rien fonder; pour établir le droit de propriété, il faut un titre plus positif et plus réel.

On a dit aussi, et surtout de nos jours, que le principe du droit de propriété, c'est la *production*, le *travail*.

Cette théorie est plus profonde que les précédentes; mais elle semble encore incomplète : car « pour produire, il me faut une matière quelconque, il me faut des instruments; je ne produis qu'à l'aide de ce que je possède déjà : si cette matière sur laquelle je travaille ne m'appartient point, à quel titre les produits obtenus m'appartiendraient-ils? Il suit de là que la propriété préexiste à la production. »

Le droit de propriété dérive de la *liberté* : être libre, en effet, c'est se posséder soi-même, c'est être maître de sa personne et de ses actes.

« Le moi, dit M. Cousin, voilà la propriété primitive et originelle, la racine et le modèle de toutes les autres. »

Si notre personne nous appartient, si notre âme avec ses facultés intellectuelles et morales, si notre corps avec ses organes et ses forces physiques sont réellement à nous, nous avons le droit de les employer comme il nous plaît, et il est évident que l'œuvre à laquelle nous les consacrons nous appartient en propre : car nous la marquons, pour ainsi dire, du sceau de notre personnalité; elle est une conquête de notre activité et de notre industrie; nous nous retrouvons nous-mêmes avec le droit inhérent à notre être dans toute œuvre sortie de notre intelligence et de nos mains. « La personne humaine, intelligente et libre, et qui, à ce titre, s'appartient à elle-même, se répand successivement sur tout ce qui l'entoure, se l'approprie et se l'assimile : d'abord son instrument immédiat, le corps; puis les diverses choses inoccupées dont elle prend possession la première, et qui servent de moyen, de matière ou de théâtre à son activité. Ainsi doit être expliqué le droit du premier occupant, après lequel vient le droit qui naît du travail et de la production. »

Le droit de propriété est donc un *droit naturel*, une conséquence nécessaire de la liberté humaine et il semble aussi inviolable que cette liberté elle-même. Néanmoins on l'a de tout temps attaqué et de nos jours surtout les communistes, les socialistes et les collectivistes ont élevé contre lui toute sorte d'objections.

« La terre, disent-ils, est le patrimoine commun du genre humain; elle nous a été donnée à tous avec la vie comme notre mère et notre nourrice : il est donc absolument contraire aux lois de la justice et de la nature que quelques-uns la possèdent à l'exclusion de leurs semblables. » « Ce chien est à moi, disaient ces pauvres enfants; voilà ma place au soleil : c'est là le commencement de l'usurpation. » (Pascal.) « La propriété, c'est le vol, » a écrit Proudhon.

Sans doute il n'est pas permis d'enlever à la jouissance commune un bien naturel dont l'usage ne demande ni préparation ni travail, par exemple une source d'eau, un bois qu'une tribu sauvage aurait rencontrés sur un sol vierge. Mais il n'y a aucune usurpation à s'approprier des objets qui, tant qu'ils demeurent dans le domaine commun et n'ont pas été transformés par le travail, ne sont utiles à personne. Se servir d'un morceau de bois pour en faire un bâton, ou bien un arc et des flèches, dompter un cheval sauvage, apprivoiser un bœuf abandonné à l'état de nature, ce n'est pas voler ses semblables; c'est, au contraire, les enrichir en leur apprenant l'usage qu'on peut faire du bois, du cheval et du bœuf. Il n'en est pas autrement de la terre : si elle n'emprunte pas toute sa valeur au travail de l'homme, c'est à ce travail qu'elle doit principalement sa fécondité, et celui qui l'a cultivée a droit non seulement aux fruits qu'il a le premier tirés du sol, mais encore au sol lui-même qu'il a fécondé. On a calculé que, dans l'état de nature, une lieue carrée suffirait à peine pour nourrir un homme et qu'elle en nourrit aujourd'hui 1,200.

« Mais la propriété, dit-on, malgré les droits que semble créer le travail, est une injustice criante; car elle est absolument contraire à l'égalité naturelle qui doit régner entre les hommes. »

La saine philosophie répond à cet argument qu'il n'y a qu'une sorte d'égalité possible et désirable entre les hommes, l'égalité des droits, et que toute autre égalité est une chimère irréalisable : en effet, nous naissons et nous demeurons inégaux pour toutes nos facultés, pour celles de l'esprit comme pour celles du corps, et en voulant nous assujettir à un même niveau, on nous imposerait la plus dure servitude, sans obtenir d'autre résultat que celui de voir reparaître le lendemain l'inégalité de conditions et de fortune qu'on aurait détruite la veille.

« Mais, dit-on enfin, le droit de propriété est la source de toutes les misères sociales. » « Le premier, s'écrie Rousseau dans son *Discours sur l'origine de l'inégalité parmi les hommes*, le premier qui ayant enclos un terrain s'avisa de dire : *Ceci est à moi*, et trouva des gens assez simples pour le croire, fut le vrai fondateur de la société civile. Que de crimes, que de guerres, que de meurtres, que de misères et d'horreurs n'eût point épargnés au genre humain celui qui, arrachant les pieux ou comblant le fossé, eût crié à ses semblables : Gardez-vous d'imiter cet imposteur; vous êtes perdus si vous oubliez que les fruits sont à tous et que la terre n'est à personne ! » — « Le droit de propriété, dit à son tour Proudhon, a été le commencement du mal sur la terre, le premier anneau de cette longue chaîne de crimes et de misères que le genre humain traîne dès sa naissance. »

La propriété, répondrons-nous, est l'occasion, le prétexte, plutôt que la cause véritable des misères dont on se plaint dans la société : cette cause, il faut la chercher dans les passions des hommes et non dans leurs droits naturels. Au lieu donc de vouloir détruire ces droits, qui ont leurs racines profondes dans la nature des choses et qui sont imprescriptibles et sacrés, chacun doit travailler à étouffer en lui ou du moins à contenir les passions qui sont funestes à l'ordre social.

D'ailleurs l'abolition de la propriété entraînerait encore de plus grands maux que ceux dont nous souffrons aujourd'hui. — Sans la propriété, plus de famille : le lien qui unit les époux par le sentiment de leurs besoins mutuels se relâche et se brise; les obligations de reconnaissance qui attachent les enfants aux parents, s'évanouissent et disparaissent. — « Sans la propriété, plus de bienfaits, plus de sacrifices, plus de dévouement, partant plus de reconnaissance. — Sans la propriété, point de responsabilité morale; pas d'autorité d'une part, pas de respect de l'autre; pas d'éducation à donner ni à recevoir, ni de commerce entre les âmes, pas de foyer domestique. »

Il faut donc condamner et flétrir toutes les utopies malsaines, qui, sous le masque trompeur de l'amour de l'égalité, voudraient imposer au genre humain ou l'anarchie communiste ou le despotisme du Dieu-État, aussi cruel que Saturne pour ses propres enfants.

Sujets à traiter. — 1. Du droit de propriété : son origine. (Faculté de Clermont siégeant à Brive, 15 juillet 1882.)
2. Du droit de propriété. Sur quoi est-il fondé? Dans quel rapport est-il avec la personnalité humaine? (Sorbonne, novembre 1875.)
3. De l'esclavage. (Faculté de Clermont, juillet 1882.)

CVIII.

Pourquoi Platon voulait-il que les biens fussent communs et pourquoi l'économie politique a-t-elle condamné cette théorie? (Faculté de Bordeaux, 24 novembre 1882.)

C'est dans le cinquième livre de sa *République* que Platon, après avoir établi la communauté des femmes et des enfants pour la classe des guerriers, y introduit également la communauté des biens.

S'il veut que « tout soit à tous », c'est d'abord pour supprimer toute cause de division entre les citoyens. La division, en effet, vient de ce que « tous les citoyens ne disent pas en même temps des mêmes choses: Ceci m'intéresse, ceci ne m'intéresse pas, ceci m'est étranger. Otez cette distinction, et supposez-les tous également touchés des mêmes choses, l'État jouira d'une parfaite harmonie : tous ses membres ne feront, pour ainsi dire, qu'un seul homme. Lorsqu'il arrivera du bien et du mal à quelqu'un, tous diront ensemble : mes affaires vont bien, ou mes affaires vont mal. Il y aura entre eux communauté de plaisirs et de peines, comme dans un corps dont tous les membres ressentent en commun le plaisir et la douleur d'un seul membre. »

De plus, les guerriers étant, au dire de Platon, les véritables gardiens de l'État, il faut qu'ils reçoivent des autres leur nourriture, comme la juste récompense de leurs services.

Enfin le bonheur même des guerriers semble attaché à la communauté des biens. Quelle entrée, en effet, la chicane et les procès trouveront-ils dans une société où personne n'aura rien à soi que son corps et où tout le reste sera commun? Les citoyens ignoreront jusqu'au nom des dissensions et des troubles qui naissent parmi les hommes à l'occasion de leurs biens. Ils jouiront d'une paix inaltérable. Les pauvres n'y seront pas forcés de faire leur cour aux riches. On n'éprouvera ni les embarras ni les chagrins qu'entraînent l'éducation des enfants et le soin d'amasser du bien. A l'abri de toutes ces misères, les guerriers mèneront une vie mille fois plus heureuse que celle des athlètes couronnés aux jeux olympiques; car la victoire qu'ils remportent est infiniment plus glorieuse, puisque le salut de l'État y est attaché. En retour, la patrie fournit à leur entretien et à celui de leurs enfants pendant leur vie, et, après leur mort, elle leur fait des funérailles dignes de leur mérite et de sa reconnaissance.

Telles sont les raisons par lesquelles Platon s'efforce de légitimer sa théorie de la communauté des biens.

Mais cette communauté est condamnée à la fois par la morale et par l'économie politique.

La morale et l'économie politique, en effet, nous disent que la société civile ou l'État n'est pas l'abolition, mais bien la consécration des droits naturels de l'homme : or, parmi ces droits, il n'en est pas de plus légitime et de plus inviolable que le droit de propriété, qui nous apparaît comme une conséquence nécessaire de la liberté humaine. L'État ne peut donc pas en demander le sacrifice à tous les citoyens, ni même à une certaine classe d'entre eux. S'il a le droit d'expropriation, ce n'est que dans certains cas de force majeure ou d'utilité publique, et moyennant une indemnité préalable.

La morale et l'économie politique nous disent encore que la propriété est une condition nécessaire de l'existence de la famille : car elle resserre le lien conjugal et le lien qui unit les parents avec les enfants. « Ce qui donne le plus de force et de durée à l'union des époux, c'est sans contredit leur dévouement mutuel, les sacrifices qu'ils se font par devoir ou par tendresse, à chaque instant de leur commune existence, le souci que chacun des deux porte au bonheur de l'autre, dans l'avenir comme dans le présent. Le mari travaille à acquérir de la fortune, la femme à la conserver et à en régler l'usage, afin de s'affranchir mutuellement du besoin, afin d'étendre au delà de la mort les fruits de la sollicitude qu'ils se portent l'un à l'autre. « Qui ne sait, a dit un grand moraliste, que les hommes « s'attachent autant par le bien qu'ils font que par celui qu'ils « reçoivent? » Cela est vrai surtout au foyer domestique, où l'on s'intéresse d'autant plus l'un à l'autre que l'on a plus besoin l'un de l'autre. — Quant à l'affection des parents pour les enfants, elle n'est jamais plus vive et plus profonde que lorsque les parents se donnent beaucoup de peine pour pourvoir aux besoins de leur famille, pour procurer à leurs enfants l'aisance, la fortune, les honneurs. — Avec la communauté des biens s'évanouiraient et le lien qui unit les époux par le sentiment de leurs besoins mutuels et les obligations de reconnaissance, de respect, qui attachent les enfants aux parents. » (A. FRANCK.)

Enfin la communauté des biens serait la ruine des nations; car si les hommes travaillent à produire des richesses, c'est qu'ils ont la certitude qu'on ne les leur enlèvera pas, que leur propriété sera inviolable et sacrée; mais supprimez la propriété et le ressort de l'intérêt personnel : vous supprimez du même coup tout effort et tout travail; vous frappez d'immobilité toutes les puissances qui concourent à développer la production, avec la production la richesse et avec la richesse la civilisation et les arts; vous nous ramenez à la barbarie; la société devient une arène sanglante où les hommes s'entre-déchirent pour se disputer les fruits du sol et d'un travail de plus en plus insignifiant. « Tous les voyageurs, dit M. Thiers dans son livre *Du droit de propriété,* sont frappés de l'état de langueur, de misère et d'usure dévorante des pays où la propriété n'est pas suffisamment garantie. Allez en Orient où le despotisme se prétend propriétaire unique, ou, ce qui revient au même, remontez au moyen âge, et vous verrez partout les mêmes traits : la terre négligée, parce qu'elle est la proie la plus exposée à l'avidité de la tyrannie; le commerce préféré, comme pouvant échapper plus facilement aux exactions, et, dans le commerce, l'or, l'argent, les joyaux recherchés comme les valeurs les plus faciles à cacher. » Le respect du droit de propriété, au contraire, est une des conditions et des causes les plus efficaces de la richesse des nations. C'est là une des harmonies entre le juste et l'utile que le philosophe conçoit et que l'économiste établit par l'étude des faits sociaux.

Il ne faut donc voir dans les théories communistes que des utopies malsaines, dont la réalisation, si elle était possible, entraînerait le bouleversement de la famille et de la société et des maux mille fois plus terribles que ceux dont se plaignent les détracteurs de la propriété.

MÉTAPHYSIQUE ET THÉODICÉE.

CIX.

Notions principales de métaphysique générale.
(Sorbonne, août 1875.)

Le mot *métaphysique* vient du grec μετὰ τὰ φυσικά, après les choses physiques, ou au-dessus des choses physiques : c'est le titre que les disciples d'Aristote ont donné aux ouvrages de ce philosophe sur les questions les plus élevées de la science.

La *métaphysique* ou *philosophie première* est, d'après Aristote, « la science des premiers principes et des premières causes, » ou bien « la science qui étudie l'être en tant qu'être, τὸ ὂν ᾗ ὄν. » Wolf l'a appelée *Ontologie, Philosophia prima sive Ontologia*, et ce mot, qui est très bien fait, a été adopté par un grand nombre de philosophes modernes.

Qu'est-ce que l'être et quelles en sont les conditions et les propriétés générales? Combien y a-t-il d'espèces générales d'êtres? Quels sont les rapports généraux des êtres? Voilà les trois grandes questions que résout la métaphysique.

L'idée d'*être*, étant la notion la plus générale et la plus simple de l'esprit humain, ne saurait être définie. Tout ce qu'on peut dire, c'est qu'on entend par être tout ce qui existe ou peut exister.

A l'être est opposé le *néant*, qui n'est que la négation et l'absence de l'être.

Les conditions générales de l'être sont la *possibilité*, l'*essence*, l'*existence* et la *nature*.

La *possibilité* est l'attribut en vertu duquel un être peut exister. On appelle *possible* tout ce qui n'implique pas contradiction. Le possible s'oppose à l'*impossible*, qui n'est autre chose que le contradictoire, v. g. un cercle carré.

L'*essence* en général est ce sans quoi une chose ne peut ni exister ni être conçue. Elle comprend les propriétés constantes et permanentes de l'être et principalement celles d'où découlent toutes les autres.

L'*existence* est l'état de tout ce qui est à un moment donné; c'est la réalisation du possible ou de l'essence des choses.

La *nature* d'un être est ce qui le fait être ce qu'il est; c'est l'ensemble de ses propriétés essentielles et accidentelles.

Les propriétés métaphysiques de l'être sont l'*unité*, la *vérité* et la *bonté*.

L'*unité* est l'attribut en vertu duquel un être est indivisible en lui-même et distinct de tout autre, « *indivisum in se et divisum a quolibet alio* »; c'est ce qu'on appelle souvent l'*individualité*.

La *vérité* métaphysique d'un être, c'est sa conformité avec la pensée divine qui l'a conçu.

La *bonté* métaphysique d'un être, c'est son degré d'être, sa perfection, l'aptitude qu'il a pour atteindre sa fin dernière.

« L'être, l'unité, la vérité et la bonté sont la même chose, » a dit Fénelon.

Les espèces générales d'êtres sont: la *substance* et l'*accident*, le *contingent* et le *nécessaire*, le *fini* et l'*infini*, les êtres *matériels*, les êtres *immatériels* et les *êtres spirituels*.

La *substance* est l'être qui subsite en soi et n'a pas besoin d'un autre pour lui servir de support, v. g. ce papier, cet animal, l'âme.

L'*accident* est ce qui ne subsiste pas en soi mais dans une autre chose qui lui sert de support, v. g. la couleur de ce papier. Bossuet définit l'accident, après Aristote, « l'être de l'être, *ens entis* », ou bien « ce qui peut être présent ou absent sans que le sujet périsse ».

Voilà de la cire: elle peut être blanche, jaune, carrée, ronde, liquide, solide, mais elle est toujours cire : ce qui change, ce sont les modes, les accidents; ce qui demeure, c'est la substance.

Le *principe de substance* se formule ainsi : il n'y a pas de mode sans substance.

On appelle *contingent* tout ce qui est, mais pourrait ne pas être ou être autrement.

Le *nécessaire* est ce qui est, et ne peut pas ne pas être ou être autrement.

Le *fini*, c'est l'être limité, borné dans sa nature et ses propriétés.

L'*infini*, c'est l'être sans limites et sans bornes, la perfection absolue, sous tous les rapports, « l'être le plus être qui se puisse imaginer, » comme dit Fénelon.

Les *êtres matériels* sont les êtres étendus et formés de molécules unies entre elles.

L'*être immatériel* est une substance simple, mais non pensante, *vis sui motrix*, comme l'âme des animaux.

L'*esprit* est une substance simple et pensante, *vis sui conscia*.

On entend par *rapports* des êtres, certains liens qui existent et que l'esprit conçoit entre les choses, de sorte qu'en voyant l'une il pense à l'autre.

Les rapports généraux des êtres sont le *rapport de causalité* ou le rapport de la *cause à l'effet*, le *rapport de finalité* ou le rapport de *la fin*, des *moyens* et de l'*ordre*, les rapports d'*identité*, de *distinction* et de *diversité*, les rapports d'*unité* et de *nombre*, de *temps* et d'*espace*, de *puissance*, d'*acte* et de *mouvement*.

On entend par *cause* toute chose qui en produit une autre, qui la fait passer de la non-existence à l'existence;

Par *effet*, toute chose produite, causée par une autre.

Le *principe de causalité* se formule ainsi : Tout ce qui commence d'exister a une cause, ou, comme on dit vulgairement, tout effet a une cause; il n'y a pas d'effet sans cause.

On appelle *fin* ce pour quoi une chose est faite, le but vers lequel elle tend : la science est la fin de l'étude; la victoire, la fin du combat.

Le *moyen* est ce par quoi une chose arrive à sa fin : l'étude est le moyen d'acquérir la science.

L'*ordre* est la disposition harmonieuse des moyens pour atteindre une fin.

Le *principe de finalité* est le suivant : Tout ce qui existe a une fin; l'ordre dans l'effet suppose l'intelligence dans la cause.

L'*identité* d'un être est cet attribut en vertu duquel il demeure le même aux divers moments de sa durée.

La *distinction* est la différence numérique, individuelle, de choses plus ou moins semblables.

La *diversité* est la différence qui sépare des choses non seulement distinctes, mais de nature dissemblable.

L'âme humaine est identique; deux individus sont distincts; entre l'homme et l'animal il y a diversité de nature.

L'*unité* est l'exclusion de la pluralité.

Le *nombre* est une collection d'unités.

Le *temps* et l'*espace* sont des choses que tout le monde conçoit, mais sur la nature desquelles les philosophes et les métaphysiciens sont loin d'être d'accord.

On peut dire avec Leibnitz, dont l'opinion semble la plus fondée, que le temps est la relation de succession entre les êtres contingents: *ordo successivorum quatenus successivorum;* que l'espace est la relation de position entre les êtres contingents : *relatio coexistentium quatenus coexistentium.*

« Le temps, dit Fénelon, est le changement de la créature: qui dit changement dit succession; car ce qui change passe nécessairement d'un état à un autre; l'état d'où l'on sort précède et celui où l'on entre suit. » Le temps nous apparaît donc comme la mesure de la durée. — L'espace se conçoit à peu près de la même manière : les corps coexistants, ne pouvant se pénétrer les uns les autres, occupent nécessairement une certaine étendue, un lieu, une place, et c'est par leur juxtaposition qu'ils constituent l'espace.

La *puissance* est la simple capacité de devenir ou de faire telle ou telle chose.

L'*acte* est l'exercice, la réalisation de la puissance.

Le *mouvement* est le passage de la puissance à l'acte, « *actus entis in potentiâ quatenus in potentiâ.* »

L'être en puissance, l'*être potentiel*, c'est plus que l'être possible; c'est l'être qui contient déjà, mais non développé, ce qu'il doit être : c'est l'enfant par rapport à l'homme, le gland par rapport au chêne.

C'est Aristote qui a donné cette distinction du *potentiel* ou virtuel et de l'*actuel*; c'est lui aussi qui a défini Dieu un *acte pur :* en Dieu, en effet, il n'y a pas mélange d'acte et de puissance, comme dans les créatures qui sont dans un éternel devenir, ainsi que le disent les philosophes allemands : Dieu est éternellement tout ce qu'il peut être ; il fait éternellement tout ce qu'il peut faire.

Sujets à traiter. — 1. Qu'est-ce que la métaphysique ? Montrer que la philosophie, comme la plupart des sciences, a un côté spéculatif et un côté pratique. Établir cette distinction par des exemples. (Sorbonne, 3 août 1869.)

2. Tout peut-il se réduire, comme le voulait Descartes, à l'étendue et à la pensée ? (Sorbonne, 9 juillet 1879.)

3. Du relatif et de l'absolu. (Faculté de Clermont, 11 juillet 1882.)

CX.

Qu'entend-on par causes et quelles sont les différentes espèces de causes ? (Sorbonne, juillet 1877.)

On entend par *cause* toute chose qui en produit une autre, qui la fait passer de la non-existence à l'existence.

« La *cause*, dit Bossuet dans son *Traité des causes*, est ce qu'on répond quand on demande pourquoi une chose est. Par exemple, à la question : pourquoi fait-il chaud ? pourquoi fait-il froid en ce lieu ? c'est parce qu'il y fait grand soleil, c'est parce que le vent de bise y donne beaucoup. »

Telle est l'idée qu'on se fait ordinairement de la *cause*; mais les philosophes empiriques, David Hume entre autres, l'ont dénaturée et n'ont voulu voir entre la cause et ce qu'elle produit ou son *effet* qu'un rapport de succession : « L'invariable antécédent, disent-ils, s'appelle la *cause* et le conséquent invariable, *l'effet.* » — Mais, comme l'a très bien fait remarquer Thomas Reid, il y a des successions invariables dans lesquelles l'antécédent n'est nullement la cause du conséquent : ainsi la nuit succède invariablement au jour, la jeunesse à l'enfance, la mort à la vie, et cependant personne ne dit, personne ne croit que le jour soit la cause de la nuit, l'enfance de la jeunesse, la vie de la mort.

M. Taine définit la *cause* « un fait d'où l'on puisse déduire la nature, les rapports et les changements des autres. » — Cette définition est inexacte, d'abord parce qu'il y a des causes en dehors des faits, et ensuite parce que les faits d'où l'on déduit l'existence d'autres faits ne sont pas toujours leur cause : si je vois de la fumée, j'en déduis l'existence du feu; pourtant la fumée n'est pas la cause du feu.

Les philosophes anciens, Platon, Aristote et leurs disciples, distinguaient cinq espèces de causes :

La *cause matérielle*, c'est-à-dire ce dont une chose est faite, v. g. le bronze ou le marbre employés pour faire une statue;

La *cause efficiente*, c'est-à-dire ce par quoi une chose est faite, « ce qui étant posé, dit Bossuet, il faut que quelque chose s'ensuive, v. g. l'artiste qui a sculpté la statue; »

La *cause formelle*, c'est-à-dire « ce qui fait qu'une chose est appelée telle ou telle », v. g. la forme divine ou humaine que représente la statue;

La *cause exemplaire*, « qui est le modèle ou l'idéal sur lequel une chose est faite », v. g. la pensée que l'artiste a cherché à incarner dans son œuvre;

Enfin *la cause finale*, c'est-à-dire ce pour quoi une chose est faite, le but, la fin que se propose l'agent, v. g. le gain, la gloire que le sculpteur a eue en vue.

« *Quinque ergo causæ sunt*, dit Sénèque dans une de ses lettres à Lucilius, *ut Plato dicit : id ex quo, id a quo, id in quo, id ad quod, id propter quod... Tanquam in statua,... id ex quo, æs est; id a quo, artifex est; id in quo, forma est quæ aptatur illi; id ad quod, exemplar est quod imitatur is qui facit; id propter quod, facientis propositum est.* »

Les Scolastiques et Bossuet, qui reproduisent cette division des causes, distinguent en outre plusieurs espèces de causes efficientes et de causes finales.

La cause efficiente peut être, d'après eux :

1° *Prochaine* ou *éloignée*, v. g. : « La cause *prochaine* de ce que le blé est moulu, c'est la meule qui le broie, et la cause *éloignée*, c'est le vent ou l'eau qui fait aller le moulin; »

2° *Principale* ou *instrumentale*, v. g. : « La cause *principale* qui fait une saignée, c'est le chirurgien, et la cause *instrumentale*, ou l'instrument, c'est la lancette dont il se sert; »

3° *Cause première* ou *cause seconde*. « La cause *première*, c'est-à-dire Dieu, est celle qui donne proprement le fond de l'être; la cause *seconde*, au contraire, façonne seulement la chose et ne fait pas absolument qu'elle soit. Le sculpteur ne fait pas le marbre, ni l'orfèvre, l'or; mais les trouvant déjà faits, il les façonne. »

Parmi les causes finales, dit encore Bossuet, « il y en a de *prochaines* et d'*éloignées*; il y en a de *principales* et de *moins principales*; il y a la *fin dernière* que l'esprit se propose comme le but de tous ses desseins, et les fins *subordonnées*, qui ont rapport à celle-là. Par exemple, la fin générale de la vie humaine, c'est que Dieu soit servi : toutes les vertus ont leurs fins particulières, qui sont subordonnées à cette fin générale. »

De ces diverses espèces de causes, il n'y a que les causes *efficientes* qui soient vraiment causes au sens que l'on donne aujourd'hui à ce mot.

Sujets à traiter. — 1. Quelle différence doit-on faire, dans le langage philosophique, entre ces deux expressions une cause seconde et une cause première? (Sorbonne, 30 juillet 1872.)

2. Qu'entend-on par causes finales? Doit-on en reconnaître dans la nature? (Sorbonne, 12 novembre 1869.)

3. Définir avec exactitude le principe des causes finales. En quoi diffère-t-il du principe de causalité? Quelles en sont les principales applications? (Sorbonne, 7 août 1872.)

4. Comparer le principe de causalité et le principe de finalité. (Sorbonne, août 1877.)

CXI.

Des idées d'espace et de temps.
(Sorbonne, 19 juillet 1878.)

La question de la nature et de l'origine des idées d'*espace* et de *temps* a donné lieu aux théories les plus diverses : l'histoire de la philosophie ne peut recueillir et signaler que les principales.

D'après Platon, les idées d'*espace* et de *temps* sont des *réminiscences* d'une vie antérieure, dans laquelle notre âme, portée sur des ailes divines, se nourrissait de la contemplation des essences éternelles, parmi lesquelles se trouvaient l'étendue et la durée.

Aristote range les idées d'*espace* et de *temps* parmi ses dix *catégories*, c'est-à-dire parmi les dix idées générales auxquelles se ramènent toutes nos autres idées, et qui sont la *substance*, la *quantité*, la *relation*, la *qualité*, l'*action*, la *passion*, le *lieu* (ποῦ, *ubi*), le *temps* (πότε, *quando*), la *situation* et la *manière d'être*.

Saint Thomas et les Scolastiques ont reproduit la doctrine d'Aristote sur les notions d'*espace* et de *temps* et vu en elles des *idées de rapports* entre les choses.

Locke, dans son *Essai sur l'entendement humain*, enseigne que les idées d'*espace* et de *temps* sont des *idées complexes*, formées dans l'esprit par l'élaboration des idées simples, que nous fournit l'expérience, sens et réflexion.

Leibnitz, dans ses *Nouveaux essais sur l'entendement humain*, où il oppose à la théorie de la *table rase* de Locke et à l'axiome de l'empirisme : *Nihil est in intellectu quod prius non fuerit in sensu*, sa fameuse exception : *Excipe, nisi ipse intellectus*, nous dit que les idées d'*espace* et de *temps* sont *innées* dans l'intelligence « comme des inclinations, des dispositions, des habitudes ou des virtualités naturelles ».

D'après Malebranche, les idées d'*espace* et de *temps* sont produites dans l'esprit par la *vue de Dieu* ou de l'Infini, qui se révèle immédiatement à notre âme et dans lequel nous saisissons toutes les essences des choses.

Condillac, dans son *Traité des sensations*, enseigne que les idées d'*espace* et de *temps* ne sont que des *sensations transformées*.

Kant, dans sa *Critique de la raison pure*, fait de ces deux idées les deux *formes de la sensibilité*, c'est-à-dire de l'expérience, et nous les donne comme des *concepts à priori*, des lois fondamentales de la pensée, lois nécessaires sans doute, mais ne correspondant à aucune réalité objective et qui pourraient changer, si notre constitution intellectuelle était tout autre.

Enfin les philosophes de l'école évolutionniste anglaise, Herbert Spencer, Lewes, Murphy, etc., enseignent que les idées d'*espace* et de *temps* sont le fruit des expériences accumulées des générations humaines et qu'elles se transmettent de siècle en siècle par l'*hérédité*.

Que penser de ces diverses théories et quelle est la véritable nature des idées d'*espace* et de *temps*?

Elles ne sauraient être des *réminiscences*, comme le disait Platon ; car la vie antérieure et divine que rêvait pour nous le disciple de Socrate n'a jamais existé que dans sa poétique imagination, et nos idées, nos connaissances rationnelles n'ont aucun des caractères du souvenir.

La théorie de *la vision en Dieu* de Malebranche est aussi démentie par la conscience, qui nous dit qu'ici-bas nous ne voyons pas Dieu directement, immédiatement.

Les idées d'*espace* et de *temps* ne viennent pas non plus *des sens et de l'expérience*, comme le prétendent Locke, Condillac et les sensualistes : elles n'en viennent pas directement, car aucun de nos sens, ni le goût, ni l'odorat, ni la vue, ni l'ouïe, ni le toucher, ne saisit ce que nous appelons l'espace et le temps ; elles n'en viennent pas indirectement, car on aura beau élaborer, transformer les données des sens et de l'expérience, on n'en fera jamais sortir ce qu'elles ne contiennent pas, ce qui les dépasse absolument.

Si l'expérience individuelle est incapable de nous donner les idées d'*espace* et de *temps*, l'expérience des générations qui se succèdent sera tout aussi impuissante et il ne faut pas voir dans les notions qui nous occupent des *habitudes intellectuelles héréditaires,* comme le disent les évolutionnistes.

On ne peut pas non plus soutenir avec Kant que les idées d'*espace* et de *temps* sont des concepts *à priori* et qu'elles ne correspondent à aucune réalité. Le sens commun nous dit que ce n'est pas une pure abstraction, mais quelque chose de bien réel que le temps qui se compte, qui se mesure, qui a un passé, un présent, un avenir. « Le lieu ou *l'espace,* dit Bossuet, est une étendue et un espace, une étendue, des proportions, des distances, des égalités, ne sont pas un rien. »

Il faut donc dire, avec Aristote, saint Thomas et Leibnitz, que les idées d'*espace* et de *temps* sont des *conceptions* de cette faculté supérieure aux sens et à l'expérience qui s'appelle l'*entendement* ou la *raison*.

A ce titre, elles sont *universelles* et *nécessaires* : *universelles*, car elles se trouvent chez tous les hommes, dans tous les temps et tous les lieux, et elles font, comme le dit Fénelon, « que le sauvage du Canada pense beaucoup de choses comme les philosophes grecs et romains les ont pensées; » *nécessaires*, car un esprit qui serait dépourvu de ces idées ne serait vraiment pas intelligent et raisonnable.

Les idées d'*espace* et de *temps* font donc partie de ces notions premières, qui constituent comme le fond de notre faculté de connaître et dans lesquelles on peut voir avec Fénelon les rayons de ce « soleil des esprits qui éclaire tout homme venant en ce monde ».

Il n'est pas besoin de dire avec Leibnitz que ces notions nous sont innées : la raison les conçoit à l'occasion des perceptions expérimentales, des données des sens et de la conscience. — Ainsi les sens nous montrent que les corps existants ne peuvent se pénétrer les uns les autres et occupent nécessairement une certaine étendue, un lieu, une place : la raison conçoit que par leur juxtaposition ils constituent l'*espace,* « qui n'est que la relation de position entre les corps coexistants, *relatio coexistentium quatenus coexistentium* », comme dit Leibnitz. — Ainsi encore les sens extérieurs et le sens intime nous font saisir des phénomènes, physiques ou psychologiques, qui sont essentiellement successifs et changeants : c'est cette succession et ce changement que la raison appelle le *temps*. « Le *temps*, dit Fénelon, est le changement de la créature : qui dit changement dit succession ; car ce qui change passe nécessairement d'un état à un autre ; l'état d'où l'on sort précède et celui où l'on entre suit. » Le *temps* nous apparaît donc comme la mesure de la durée, comme « l'ordre de succession des choses contingentes, *ordo successivorum quatenus successivorum* », ainsi que le dit Leibnitz.

Toutefois ce n'est que peu à peu que les idées d'*espace* et de *temps* se dégagent des perceptions expérimentales où elles sont comme enveloppées ; il n'y a même que les métaphysiciens qui arrivent à les saisir dans leur abstraite généralité et à concevoir l'*espace* comme le lieu des corps et le *temps* comme le lieu des événements.

Sujet à traiter. — Vous exposerez et vous jugerez les théories les plus célèbres sur la nature de l'espace. (Faculté de Clermont, juillet 1881.)

CXII.

Qu'appelle-t-on vérité, erreur, ignorance, certitude, foi, probabilité, doute, science, opinion ? (Sorbonne, 13 novembre 1869.)

On appelle *vérité* en logique la conformité de la connaissance avec l'objet connu, ou bien, comme le dit M. de Bonald traduisant Alexandre de Halles et saint Thomas, une équation entre l'affirmation et son objet, « *adæquatio intellectûs et rei, secundum quod intellectus dicit esse quod est et non esse quod non est.* » Il n'y a pas d'effet sans cause ; le bien est distinct du mal ; le soleil se lève à l'orient : voilà des vérités.

L'*erreur* est le contraire de la vérité, ou bien l'adhésion de l'esprit à un jugement faux. « Errer, dit Bossuet, c'est croire ce qui n'est pas. » Ainsi croire aux dieux du paganisme, affirmer qu'il n'y a point d'âme, que le néant est au bout de la vie, voilà des erreurs.

L'*ignorance,* « *carentia scientiæ,* » est l'état de l'esprit qui ne sait pas. Elle diffère de l'erreur; car, « errer, c'est croire ce qui n'est pas; ignorer, c'est simplement ne le savoir point. » (Bossuet.) Socrate disait avec raison que l'erreur est « une double ignorance »; car celui qui se trompe ignore la vérité et de plus il ignore qu'il l'ignore : c'est donc ignorance sur ignorance.

On entend par *certitude* l'adhésion ferme et inébranlable de l'esprit à la vérité. Je suis certain que le tout est plus que sa partie, que l'âme est immortelle, qu'Alexandre et César ont existé, parce que rien au monde ne serait capable d'ébranler ma croyance en ces vérités. C'est, en effet, le caractère essentiel de la certitude d'être absolue, c'est-à-dire d'exclure tout doute, toute crainte de se tromper.

La *foi* est la croyance au témoignage d'autrui. « Lorsqu'on croit quelque chose sur le témoignage d'autrui, dit Bossuet, ou c'est Dieu qu'on en croit, et alors c'est la foi *divine,* ou c'est l'homme, et alors c'est la foi *humaine.* — La foi *divine* n'est sujette à aucune erreur, parce qu'elle s'appuie sur le témoignage de Dieu, qui ne peut tromper, ni être trompé. — La foi *humaine,* en certains cas, peut être aussi indubitable, quand ce que les hommes rapportent passe pour constant dans tout le genre humain,... et quand nous sommes très assurés que ceux qui nous rapportent quelque chose n'ont aucune raison de nous tromper. » C'est à la critique des témoignages d'établir dans quels cas l'autorité de nos semblables est une source infaillible de certitude.

On peut définir la *probabilité* en général le rapport du pour et du contre. En toute chose, en effet, qu'il s'agisse d'un événement à prévoir, d'une théorie à discuter, si l'esprit ne trouve pas la certitude, c'est qu'il y a, comme on dit vulgairement, du pour et du contre. S'il y a plus de pour que de contre, la *probabilité* est très forte en faveur d'un événement ou d'une opinion; s'il y a plus de contre que de pour, elle est très faible. La *probabilité* parcourt ainsi les degrés d'une échelle immense, ici plus haute, là moins élevée, suivant que les occasions d'erreur sont plus ou moins nombreuses. Mais on a beau augmenter le nombre des chances heureuses en diminuant celui des chances contraires, tant que celles-ci subsistent, n'y en eût-il qu'une seule contre mille des premières, notre assurance, quoique très fondée, reste inquiète et chancelante. Voilà une urne renfermant 100 boules dont 50 blanches et 50 noires : il y a autant de chances que vous tiriez une boule blanche qu'une boule noire; vous mettez 80 boules blanches et 20 noires, la probabilité devient plus grande en faveur des boules blanches; elle sera de 99 contre un, si l'urne contient 99 boules blanches et une seule noire; mais, dans ce cas même, on ne peut affirmer avec certitude que c'est une boule blanche qui sortira : si notre fortune, notre liberté ou notre vie dépendaient de la couleur de la boule qui sera tirée, nous ne serions pas pleinement rassurés et cette unique chance défavorable nous jetterait dans l'anxiété. La probabilité se compte mathématiquement, comme le fait voir l'exemple cité; aussi Laplace la définit-il « une fraction dont le numérateur est le nombre des cas favorables et le dénominateur est le nombre de tous les cas possibles ». Toute la difficulté est d'établir ce numérateur et ce dénominateur avec précision. De là, le calcul des probabilités, ou l'ensemble des règles par lesquelles on peut calculer les chances qu'a un événement de se produire : c'est sur ce calcul que reposent les assurances.

On entend souvent en logique par *probabilité*, non plus le rapport du pour et du contre, mais bien le caractère d'un jugement fondé sur des raisons capables de déterminer l'assentiment d'un homme sérieux, sans cependant produire la certitude, ou même simplement un jugement plus ou moins fondé : la probabilité alors se confond avec l'opinion.

Le *doute* est opposé à la certitude : il consiste dans la suspension du jugement entre l'affirmation et la négation. Racine est-il supérieur à Corneille, ou Corneille à Racine? Guillaume Tell a-t-il réellement existé, ou n'est-il qu'un héros légendaire? Voilà pour moi des doutes, parce que j'hésite à affirmer une chose plutôt que l'autre.

La *science*, comme on l'entend en logique, est la connaissance certaine produite, non plus comme la foi par le témoignage d'autrui, mais par la vue claire et la parfaite intelligence de la vérité. « Quand par le raisonnement, dit Bossuet, on entend clairement quelque chose, qu'on en comprend les raisons et qu'on a acquis la facilité de s'en ressouvenir, c'est ce qui s'appelle science. »

L'*opinion* est une croyance fondée sur des raisons plus ou moins sérieuses, mais incapables de produire la certitude, ou bien, comme le dit saint Thomas, « l'adhésion de l'esprit à un jugement avec la crainte que le jugement contradictoire ne soit vrai, *assensus mentis uni parti contradictionis cum formidine alterius.* » « La science, dit Platon, est stable, fixe, inébranlable; l'opinion vacillante est toujours sur le point de s'évanouir. On peut comparer l'opinion aux statues de Dédale, qui, mues par un ressort caché, sont toujours en train de s'échapper, si on n'a la précaution de les enchaîner. On peut la comparer à l'esclave impatient du joug et toujours fuyant, si on ne le retient dans des liens solides. » L'opinion est donc essentiellement mobile et variable; mais, chose étonnante, cette ombre de vérité, cette croyance hasardée et souvent trompeuse a le privilège d'échauffer le cœur et de le passionner. Tandis que les vérités premières et les solides résultats de la science sont en dehors et au-dessus de toute contestation, l'opinion est une source perpétuelle de querelles, de luttes et de persécutions. Seule, la vérité absolue aurait le droit d'être intolérante; c'est, au contraire, l'opinion qui veut être exclusive et régner sans partage. En vain les philosophes ont essayé de secouer son joug; elle demeure toujours « la reine du monde », suivant le mot de Pascal.

L'*erreur*, l'*ignorance*, la *certitude*, la *foi*, la *probabilité*, le *doute*, la *science* et l'*opinion* constituent ce qu'on appelle les divers états de l'esprit par rapport à la vérité, ou bien « les dispositions de l'entendement », comme dit Bossuet, ou bien encore « les degrés d'assentiment », comme parle Kant dans sa *Critique de la raison pure*.

Sujets à traiter *avec les éléments fournis par ce devoir.* — 1. Définir la certitude, la croyance et le doute. Dans quelles circonstances et avec le concours de quelles facultés se produisent ces trois états de l'esprit? (Sorbonne, 25 novembre 1882.)

2. Que doit-on entendre par les différentes expressions : certitude. doute, opinion, erreur, science? En quoi consistent le pyrrhonisme, le dogmatisme, le probabilisme? (Sorbonne, 4 août 1868.)

3. Définir la certitude, la croyance et le doute. Quelles sont les facultés et les procédés qui donnent la certitude? (Sorbonne, 15 juillet 1880.)

4. Définir la vérité, l'évidence et la certitude. (Sorbonne, 25 mars 1878.)

5. Quelle différence y a-t-il entre l'opinion et la science? Citer des exemples. (Sorbonne, 18 mars 1874.)

6. De la probabilité. La distinguer de la certitude. Dans quel cas est-elle mesurable par le calcul? (Sorbonne, 24 octobre 1874.)

7. Qu'est-ce que la probabilité? En quoi diffère-t-elle de la certitude? Qu'appelle-t-on probabilisme? (Sorbonne, 3 août 1871.)

8. Définir la certitude, la croyance et le doute. Donner des exemples. (Sorbonne, 25 novembre 1883.)

CXIII.

Distinguer par des analyses et des exemples l'évidence sensible, l'évidence rationnelle et l'évidence morale. (Sorbonne, 20 mars 1874.)

Le monde existe; il y a des corps; le soleil est un foyer de lumière et de chaleur; voilà des vérités évidentes d'une *évidence sensible*.

Le tout est plus grand que sa partie; tout ce qui commence d'exister a une cause, il n'y a pas de mode sans substance : voilà d'autres vérités évidentes non plus d'une évidence sensible, mais d'une *évidence rationnelle*.

Je pense, donc je suis; le bien est distinct du mal; Alexandre et César, Charlemagne et Napoléon ont existé : voilà encore des vérités sur lesquelles je ne saurais élever le moindre doute; l'évidence qui leur est propre s'appelle *évidence morale*.

L'*évidence sensible*, l'évidence *rationnelle* et l'évidence *morale* sont donc distinctes comme les vérités qu'elles manifestent à l'esprit; car l'évidence, on le sait, est dans les choses comme une lumière qui les enveloppe et les rend saisissables aux regards de l'intelligence, « *fulgor quidam rerum, mentis assensum rapiens,* » disaient les anciens.

L'évidence *sensible* est propre aux vérités et aux faits de l'ordre physique et matériel.

L'évidence *rationnelle* se manifeste à nous dans les idées et les vérités de l'ordre métaphysique que nous concevons comme nécessaires, universelles et absolues.

L'évidence *morale* enfin est celle des vérités qui se rapportent à la vie psychologique et à notre conduite morale ou qui nous sont attestées par le témoignage d'autrui.

Distinctes par les vérités qu'elles nous manifestent, l'évidence *sensible*, l'évidence *rationnelle* et l'évidence *morale* le sont aussi par les facultés auxquelles elles s'adressent.

Ainsi l'évidence *sensible* est saisie par les sens, odorat, goût, ouïe, vue et toucher, qui nous font connaître l'existence et les propriétés des corps, et sont, au dire de Cicéron, les interprètes et les messagers des choses, « *interpretes ac nuntii rerum,* » ou, suivant le mot d'un philosophe contemporain, « les ministres de l'âme à l'extérieur, ses ministres des affaires étrangères. »

L'évidence *rationnelle* se manifeste à la raison, à cette faculté supérieure qui conçoit le nécessaire, l'universel, l'absolu, à l'occasion du contingent, du particulier, du relatif, et qui distingue l'homme de la bête, et fait de lui le roi de la création et la vivante image de Dieu.

L'évidence *morale* se révèle au sens intime par lequel nous saisissons les phénomènes et les réalités de la vie psychologique, à la conscience morale qui est notre lumière et notre guide dans la vie pratique, ou bien à l'intelligence en tant qu'elle croit à la parole et à l'autorité de nos semblables lui attestant des vérités et des faits qu'elle ne connaît pas par elle-même.

Une dernière différence entre l'évidence *sensible*, l'évidence *rationnelle* et l'évidence *morale* se tire des diverses sortes de certitude qu'elles engendrent.

L'évidence *sensible* produit la certitude *physique;*

L'évidence *rationnelle*, la certitude *métaphysique*;
Et l'évidence *morale*, la certitude *morale*.

Souvent même on confond ces deux choses, certitude et évidence, et prenant l'évidence au sens subjectif pour un état de l'esprit, on dit indifféremment *évidence* ou *certitude sensible*, *évidence* ou *certitude rationnelle*, *évidence* ou *certitude morale*.

Quoi qu'il en soit, l'évidence *sensible*, l'évidence *rationnelle* et l'évidence *morale* constituent l'évidence *intuitive* ou *immédiate*, ainsi appelée parce qu'elle nous frappe instantanément, entraîne sur-le-champ l'adhésion de l'esprit, tandis que l'évidence *médiate* ou *discursive* ne se révèle à nous qu'après des efforts plus ou moins laborieux.

De plus, ces trois sortes d'évidence ont un égal droit à notre respect : sans doute, l'évidence *rationelle* des vérités mathématiques paraît autre que celle des vérités morales, mais elle ne lui est en aucune façon supérieure, comme on l'a prétendu quelquefois; on ne montre pas l'âme au bout du scalpel ou sous la loupe de l'anatomiste, mais son existence est tout aussi évidente que celle des choses qui se voient et se comptent. Quelque nom qu'elle porte, l'évidence est toujours une et identique à elle-même; car elle est toujours ce rayonnement de la vérité qui la fait resplendir aux yeux de l'intelligence, et entraîne irrésistiblement notre adhésion.

Sujets à traiter. — 1. Y a-t-il d'autres certitudes que celles des sens et du raisonnement? Quelles sont ces certitudes? Quel en est le principe? Quelles en sont les règles? (Sorbonne, 18 juillet 1874.)

2. De la certitude propre aux vérités de l'ordre moral. (Sorbonne, 10 novembre 1871.)

3. En quoi l'évidence géométrique diffère-t-elle de l'évidence morale? (Sorbonne, 6 novembre 1874.)

4. Montrer que les vérités de l'ordre moral ne sont pas susceptibles du même genre de démonstration que les vérités mathématiques et que les vérités de l'ordre physique. (Sorbonne, 9 août 1869.)

5. Déterminer le genre de certitude de la conscience : l'opposer, s'il y a lieu, aux autres sortes de certitude. (Sorbonne, juillet 1879.)

6. Que pensez-vous de cette proposition de la *Logique de Port-Royal* : « Les choses que l'on connaît par l'esprit sont plus certaines que celles que l'on connaît par les sens »? (Sorbonne, 11 août 1869.)

CXIV.

Du critérium de la certitude. Quels sont les divers principes auxquels on attribue le rôle de critérium ? (Sorbonne, 14 novembre 1867.)

Un *critérium*, en général, du grec κρίνω, je juge, est la marque à laquelle on distingue une chose d'une autre.

Le *critérium de la certitude* est donc le caractère, le signe qui permet de distinguer le vrai du faux, « *veri et falsi nota*, » comme dit Cicéron dans ses *Académiques*.

Il n'y a pas pour les sceptiques de *critérium de la certitude*, puisqu'à leurs yeux tout est illusion, apparence trompeuse, et que la certitude n'existe pas plus que la vérité.

Les philosophes dogmatiques, qui admettent l'existence de la certitude, reconnaissent par là même qu'il y a un signe qui nous la révèle. En effet, nous disons tous les jours : Ceci est vrai, cela est faux; quand nous nous sommes trompés, nous nous apercevons de notre méprise. Or, pour cela, il faut nécessairement qu'il y ait un signe distinctif de la vérité et de l'erreur, sans quoi la raison ne pourrait jamais affirmer la vérité avec une inébranlable assurance.

Mais si les dogmatiques s'accordent pour reconnaître l'existence d'un *critérium de la certitude*, ils ne s'accordent pas sur le principe auquel il faut attribuer le rôle de critérium.

Ainsi, d'après Aristote, le fondement dernier de la certitude, c'est le *principe de contradiction* : « τὸ αὐτὸ ἅμα ὑπάρχειν καὶ μὴ ὑπάρχειν ἀδύνατον τῷ αὐτῷ καὶ κατὰ τὸ αὐτό; le même attribut ne peut pas en même temps convenir et ne pas convenir au même sujet, considéré au même point de vue et sous les mêmes rapports. » (*Métaphysique*, IV.)

D'après les Stoïciens, le critérium de la certitude c'était la *représentation compréhensive*, φαντασία καταληπτική, c'est-à-dire la vue claire de la vérité, l'évidence subjective.

Cicéron nous donne le même critérium lorsqu'il dit dans le *De officiis* que la grande règle qui doit nous diriger dans nos jugements, c'est de ne pas prendre pour connues les choses

inconnues et de ne pas donner notre assentiment à la légère :
« *Ne incognita pro cognitis habeamus, hisque temere assentiamur*. »

Mais c'est à **Descartes** que revient l'honneur d'avoir le mieux établi que l'*évidence* est le *critérium de la vérité :* « Je considérai en général, dit-il dans la 4º partie du *Discours de la méthode,* ce qui est requis à une proposition pour être vraie et certaine... et ayant remarqué qu'il n'y a rien du tout en ceci : Je pense, donc je suis, qui m'assure que je dis la vérité sinon que je vois clairement que pour penser il faut être, je jugeai que je pouvais prendre pour règle générale que les choses que nous concevons fort clairement et fort distinctement sont toutes vraies. »

Cependant **Descartes** semble faire reposer la certitude sur la *véracité divine* lorsqu'il dit dans la même partie du *Discours de la méthode :* « Cela même que j'ai tantôt pris pour une règle, à savoir que les choses que nous concevons très clairement et très distinctement sont toutes vraies, n'est assuré qu'à cause que Dieu est ou existe, et qu'il est un être parfait, et que tout ce qui est en nous vient de lui; d'où il suit que nos idées ou notions, étant des choses réelles et qui viennent de Dieu, en tout ce en quoi elles sont claires et distinctes, ne peuvent en cela être que vraies. »

D'après **Leibnitz**, dans sa *Monadologie*, « nos raisonnements sont fondés sur deux grands principes, celui *de la contradiction*, en vertu duquel nous jugeons faux tout ce qui en enveloppe, et vrai ce qui est opposé ou contradictoire au faux; et celui de *la raison suffisante*, en vertu duquel nous considérons qu'aucun fait ne saurait se trouver vrai, ou existant, aucune énonciation véritable, sans qu'il y ait une raison suffisante pour quoi il en soit ainsi et non pas autrement. »

L'École théologique place le critérium de la certitude, dans la parole de Dieu, dans la foi. « Nous n'avons, dit Pascal dans ses *Pensées*, nous n'avons aucune certitude de la vérité des principes, hors *la foi et la révélation*, sinon que nous les sentons naturellement en nous : or, ce sentiment naturel n'est pas une preuve convaincante de leur vérité, puisque, n'y ayant pas de certitude, hors *la foi*, si l'homme est créé par un Dieu bon, par un démon méchant ou à l'aventure, il est en doute si ces principes nous sont donnés ou véritables, ou faux, ou incertains selon notre origine. De plus, personne n'a d'assurance, *hors la foi*, s'il veille ou s'il dort. » — Huet,

> ... Cet évêque d'Avranche,
> Qui pour la Bible toujours penche,

comme disait Voltaire, établit longuement dans son *Traité de la faiblesse de l'esprit humain*, que nos facultés naturelles ne peuvent nous donner la vérité et que la raison tire toute sa certitude *de la foi*, à la lumière de laquelle « tous les doutes s'évanouissent comme les spectres au lever du soleil ». — L'abbé Bautain a aussi donné la révélation divine comme fondement de la vérité; mais il s'est rétracté.

Lamennais, après avoir essayé de démontrer que la raison individuelle est essentiellement trompeuse, fait du *consentement général* le critérium de la certitude. « Le consentement humain, dit-il dans son *Essai sur l'indifférence*, est le sceau de la vérité; il n'y en a point d'autre. »

Cette dernière doctrine semble dangereuse : car d'abord la *raison générale* n'est au fond que le total des raisons individuelles ; or, si chaque raison individuelle prise à part n'a aucune valeur, comment la raison générale en aura-t-elle une? Vous aurez beau grouper des zéros, vous n'en ferez jamais une unité. — D'ailleurs, comment connaît-on le consentement universel, la raison générale? N'est-ce pas par la raison et la raison seule? Or, Lamennais la proclame impuissante, incapable d'arriver à la vérité : il se condamne donc à ignorer éternellement le consentement humain, en dehors duquel il n'y a pas de certitude. Le scepticisme est la seule conséquence légitime de sa doctrine.

Il découle aussi de celle de Pascal et de Huet, qui compromet la *foi* qu'elle prétend défendre et la religion dans les bras de laquelle elle voudrait jeter plus sûrement les hommes. Les traditionnalistes, en effet, commencent par détruire la confiance naturelle que nous avons en nos facultés, par nous crever, pour ainsi dire, les yeux de l'intelligence, et puis ils nous disent : « Regardez : voyez; voici la foi qui est la vérité! » Mais il n'y a plus pour nous ni vérité, ni certitude!

Les deux principes donnés par Aristote et Leibnitz, comme critérium de la certitude, le *principe de contradiction* et le *principe de la raison suffisante*, nous apparaissent comme des conditions essentielles de la pensée et des lois nécessaires de la connaissance, mais non pas comme la raison dernière de toute certitude et le motif irrésistible qui détermine toutes nos affirmations. Nous n'admettons même ces principes comme incontestables que parce qu'ils nous semblent évidents.

Quand Descartes fait de la *véracité divine* le fondement de la règle de l'évidence, il tourne dans un cercle vicieux. Car enfin, pourquoi croit-il à l'existence de Dieu et à sa véracité? Parce qu'il les a démontrées d'une manière évidente. Et pourquoi croit-il à l'évidence? Parce que Dieu qui nous la donne ne peut nous tromper. On a essayé cependant de justifier Descartes en disant que, d'après lui, le fondement premier de la certitude, c'est l'évidence, et que son fondement dernier, c'est la véracité divine.

Quoi qu'il en soit du reproche plus ou moins fondé que l'on adresse à Descartes, il faut dire avec lui que le véritable critérium de la certitude, c'est l'*évidence*. — « Comme il ne faut pas d'autres marques, dit Nicole dans la *Logique de Port-Royal*, pour distinguer la lumière des ténèbres, que la lumière même qui se fait assez sentir, ainsi il n'en faut point d'autres pour reconnaître la vérité que la clarté même qui l'environne et qui soumet l'esprit malgré qu'il en ait. » — « La vraie règle de bien juger, c'est de ne juger que quand on voit clair, » dit Bossuet, — et Fénelon : « Ce principe est constant qu'il faut sans hésiter suivre toutes mes idées claires. » L'évidence, en effet, est la raison déterminante des diverses espèces de certitude auxquelles nous croyons : certitude physique, certitude morale, certitude rationnelle, certitude du témoignage, et comme l'a dit de Bonald : « La raison ne peut céder qu'à l'autorité de l'évidence ou à l'évidence de l'autorité. »

Sujets à traiter. — 1. Du principe d'identité ou de contradiction. Son rôle en logique. Est-il le critérium de la vérité. (Sorbonne, 8 août 1874.)

2. Quel est le fondement de la certitude dans les raisonnements inductifs ? (Sorbonne, 30 juillet 1874.)

3. Y a-t-il d'autres certitudes que celles des sens et du raisonnement ? Quelles sont ces certitudes ? Quel en est le principe ? Quelles en sont les règles ? (Sorbonne, 18 juillet 1874.)

CXV.

Y a-t-il lieu de mettre en doute la réalité des choses extérieures ? Sur quoi a-t-on pu fonder un doute si extraordinaire et si contraire au sens commun ? (Sorbonne, 21 novembre 1872.)

La *réalité des choses extérieures* nous semble si évidente et si certaine, elle est affirmée par le sens commun d'une manière si invincible, qu'un homme sensé ne saurait de bonne foi la révoquer en doute. Quand l'ouïe nous fait percevoir un son, la vue une couleur, le toucher une certaine étendue, nous croyons spontanément, mais fermement, à l'existence et à la réalité de ce son, de cette couleur, de cette étendue, et le témoignage des sens qui nous mettent en communication avec le monde physique, qui sont les interprètes et les messagers des choses, « *interpretes ac nuntii rerum,* » et « comme les ministres de l'âme à l'extérieur, ses ministres des affaires étrangères, » le témoignage des sens a, aux yeux de tout le monde, une valeur, une autorité aussi incontestable que le témoignage de la conscience qui nous fait connaître les réalités du monde intellectuel et moral.

Cependant il s'est toujours rencontré des philosophes qui ont révoqué en doute l'existence et la *réalité du monde extérieur*.

Ainsi dans l'antiquité, *Parménide* et les *Éléates* ne voyaient que des illusions dans les connaissances qui viennent des sens et que de simples apparences dans les choses finies et matérielles. — Les *Sophistes*, *Gorgias* et *Protagoras* entre autres, soutenaient que rien n'existe hors de nous ou que du moins nous ne pouvons rien connaître, rien affirmer. — *Pyrrhon* croyait si peu à la réalité des choses extérieures que, s'il faut en croire l'histoire, ses disciples étaient obligés de l'accompagner pour l'empêcher de se heurter aux chars, de se jeter dans les fossés.

Dans les temps modernes, *Descartes* pensait que nous n'avons pas une certitude immédiate de l'existence des corps et qu'elle resterait douteuse si la véracité divine n'était là pour nous la garantir. — *Malebranche* suivit son maître dans cette voie et alla encore plus loin : pour lui, la véracité divine ne suffisait pas; il fallait une autorité supérieure, le témoignage surnaturel de la révélation. — *Hobbes* avait déjà dit « que si nous suivions seulement le témoignage des sens, nous aurions sujet de douter si quelque chose existe ou non. » — *Berkeley*, dans ses *Principes de la connaissance humaine* et dans ses *Dialogues entre Hylas et Philonoüs*, affirme que « la terre et tout ce qui pare son sein, en un mot tous les corps dont l'assemblage compose ce magnifique univers n'existent pas en dehors de notre esprit ». — *David Hume*, lui aussi, nie la certitude des réalités sensibles. — Enfin *Kant*, dans sa *Critique de la raison pure*, déclare que nous ne pouvons connaître les corps qu'à titre de phénomènes et que l'étendue n'est pas une qualité de la matière, mais une forme purement subjective de la sensibilité.

Les doutes et les négations de tous ces philosophes sont principalement fondés sur ce qu'on appelle les illusions et les *erreurs des sens*. « Les sens nous trompent, disent-ils : un bâton plongé dans l'eau paraît brisé; le ciel semble toucher la terre à l'horizon; quand on est emporté par un mouvement rapide, on se croit immobile et on s'imagine que tout marche autour de soi; on trouve quelquefois une saveur amère à tous les aliments dont on se nourrit; ceux qui ont la jaunisse voient tout en jaune, etc. Comment donc s'en rapporter au témoignage des sens que l'on prend si souvent en flagrant délit de mensonge? Comment croire à la réalité des choses extérieures que nous ne connaissons que par eux? »

Il y a longtemps que l'observation psychologique a répondu victorieusement à cette objection en montrant que les prétendues *erreurs des sens* viennent la plupart du temps — ou de ce que nous demandons aux sens des connaissances en dehors de leur portée naturelle, comme lorsque nous voulons juger par la vue de la grandeur et de la distance des objets, — ou de ce que nous ne tenons pas compte des lois de la nature et de l'état de nos organes, comme lorsque nous avons la jaunisse ou quelque autre maladie : de sorte que ce ne sont pas les sens qui se trompent, mais bien la raison et le jugement qui interprètent mal les données de la perception extérieure. « A proprement parler, dit Bossuet, il n'y a point d'erreur dans le sens qui fait toujours ce qu'il doit. »

« Mais, disent encore les sceptiques et Descartes et Pascal avec eux, *durant le sommeil* on croit voir aussi fermement que que nous faisons, et on agit de même qu'éveillé. Qui sait si cette autre moitié de la vie où nous pensons veiller n'est pas un sommeil un peu différent du premier et dans lequel toutes nos perceptions extérieures ne sont que des illusions et des songes? »

A cette objection le sens commun oppose la distinction naturelle, immédiate, que chacun de nous sait faire entre la veille et le sommeil : les songes et les rêves nous apparaissent comme des illusions qui s'évanouissent dès que nous prenons conscience de nous-mêmes; les perceptions de la veille, au contraire, ont une vivacité, une clarté, une certitude enfin que rien au monde n'est capable d'ébranler.

Enfin la théorie des *idées images* a donné lieu à bien des objections contre la réalité du monde extérieur et le *scepticisme idéaliste* de Berkeley, le *nihilisme* de David Hume ne semblent pas avoir d'autre origine que la doctrine des idées représentatives de Locke. S'il est vrai que nous ne connaissons pas les corps directement et en eux-mêmes, mais seulement par l'intermédiaire des idées ou images qui nous les représentent, nous ne sommes sûrs que de l'existence de ces idées ou images, et comme rien ne nous garantit leur fidélité, leur conformité avec la réalité, nous ne pouvons jamais être assurés de l'existence des choses extérieures.

Rien de plus logique que ce raisonnement; malheureusement il repose sur une hypothèse purement gratuite, sur une théorie que le sens commun a depuis longtemps condamnée : nous sommes tous persuadés que, quand nous voyons le soleil, c'est bien cet astre que nous apercevons et non pas seulement son image, sa représentation.

Toutes les objections et tous les doutes qu'on élève contre la réalité des choses extérieures tombent donc devant les affirmations du sens commun. D'ailleurs ceux-là mêmes qui nient en théorie l'existence des corps l'admettent dans la pratique : ils évitent tout ce qui les menace autour d'eux; ils s'abstiennent de s'approcher d'une maison en ruine dont la chute pourrait les écraser, et si les excentricités qu'on rapporte de Pyrrhon ne sont pas des fables, elles permettent de douter de sa raison et de son bon sens. « L'homme doutera-t-il de tout, s'écrie Pascal? Doutera-t-il s'il veille, si on le pince, si on le brûle?... La nature soutient la raison impuissante et l'empêche d'extravaguer jusqu'à ce point. »

Sujets à traiter. — 1. De la réalité du monde extérieur. Discuter les objections dont elle a été l'objet. (Sorbonne, 19 août 1872.)

2. Sur quel fondement repose notre croyance à l'existence du monde extérieur? (Sorbonne, août 1877.)

3. De l'existence des corps. Quelles sont les objections des sceptiques contre la réalité de cette existence et que peut-on répondre à ces objections? (Sorbonne, juillet 1876.)

CXVI.

Quelle différence doit-on faire entre le dogmatisme, le probabilisme et le scepticisme? Donner des exemples historiques de ces trois états de l'esprit philosophique. (Sorbonne, juillet 1875.)

Le *dogmatisme*, le *probabilisme* et le *scepticisme* sont les trois principaux systèmes philosophiques auxquels a donné lieu la question si importante et si vivement débattue de l'existence de la certitude.

On entend par *dogmatisme* toute doctrine qui affirme que l'intelligence humaine est faite pour la vérité, qu'elle peut arriver et arrive en effet à la certitude, soit dans l'ordre spéculatif et scientifique, soit dans l'ordre pratique et moral, pourvu qu'elle obéisse fidèlement aux lois qui régissent l'exercice de ses opérations.

Le *scepticisme* est le système de ceux qui prétendent que l'esprit humain est incapable d'arriver à la vérité, qu'il ne peut rien affirmer avec certitude et qu'il doit s'en tenir au doute universel, « à une pure et entière surséance et suspension de jugement, » comme dit Montaigne. « Οὐδὲν μᾶλλον, » «'pas plus ainsi qu'ainsi, » ou bien : « Que sais-je? » voilà la devise des sceptiques ou des douteurs absolus.

Le *probabilisme* est la doctrine de ceux qui soutiennent qu'il n'y a rien d'absolument vrai, d'absolument certain, mais seulement des choses plus vraisemblables, plus probables les unes que les autres, et que l'esprit humain doit se contenter d'affirmer ces vraisemblances, ces probabilités.

Le *dogmatisme* et le *scepticisme* sont donc radicalement opposés, puisque l'un affirme absolument ce que l'autre nie absolument, c'est-à-dire l'existence de la certitude, la véracité de nos facultés naturelles et la légitimité de nos moyens de connaître.

Quant au *probabilisme*, il a la prétention de tenir le milieu entre le *dogmatisme* et le *scepticisme* : « Qui m'empêche, dit Cicéron au commencement du second livre du *De officiis*, qui m'empêche de suivre les opinions qui me semblent probables et de rejeter celles qui ne le sont pas, de manière à éviter les affirmations arrogantes des dogmatiques, tout en échappant aux téméraires négations des sceptiques qui sont en contradiction manifeste avec la véritable sagesse : « *Quid est igitur quod me impediat ea quæ probabilia mihi videantur, sequi; quæ contra, improbare, atque affirmandi arrogantiam vitantem, fugere temeritatem quæ à sapientiá dissidet plurimum?* » — Mais, comme l'a dit saint Augustin, « rien de plus absurde que de prétendre suivre la vraisemblance en ignorant ce que c'est que le vrai : *Nihil mihi videtur absurdius quam dicere se verisimile sequi cum qui verum quid sit ignoret?* » La vraisemblance suppose la vérité comme la copie son modèle. — De plus, dire que quelque chose est probable, c'est dire : il est certain, il est vrai que quelque chose est probable. Ainsi le probabilisme, dans l'énoncé même de son principe, admet cette vérité, cette certitude qu'il nie. Aussi Montaigne a-t-il raison d'affirmer « que le pyrrhonisme est quant et quant plus vraisemblable », et Pascal : « Il faut que chacun prenne son parti et se range nécessairement au dogmatisme ou au pyrrhonisme; car qui penserait demeurer neutre serait pyrrhonien par excellence. »

Quoi qu'il en soit, le *dogmatisme*, le *probabilisme* et le *scepticisme* se sont produits presque à toutes les époques et l'histoire de la pensée humaine nous offre de nombreux exemples de ces trois états de l'esprit philosophique.

Le *dogmatisme* est représenté par les plus illustres penseurs et les plus beaux génies dont la philosophie s'honore : Pythagore, Socrate, Platon, Aristote dans l'antiquité; saint Anselme, saint Thomas, saint Bonaventure au moyen âge; Bacon, Descartes, Bossuet, Fénelon, Malebranche, Leibnitz, Thomas Reid et Kant dans les temps modernes. Presque tous les philosophes sont dogmatiques, même ceux qui soutiennent des opinions erronées, comme les matérialistes, les idéalistes, car ils croient à la puissance de la raison humaine.

Le *scepticisme* a paru surtout après la lutte des écoles et des systèmes opposés : car alors il se rencontre plus facilement des esprits, qui, découragés par les incertitudes de la raison et les contradictions des philosophes, se réfugient et s'immobilisent dans le doute. Ainsi après les luttes des écoles ionienne, atomistique, éléatique et pythagoricienne, on vit paraître les Sophistes, Gorgias, Protagoras, Prodicus et les autres, qui professaient un scepticisme léger et frivole; — après la fondation des écoles socratiques, Pyrrhon d'Elis enseigna un scepticisme plus sérieux et plus profond; — plus tard, Arcésilas, le fondateur de la moyenne Académie, OEnésidème au premier siècle de l'ère chrétienne, Agrippa au second et Sextus Empiricus au troisième, résumèrent les motifs de doute, inventés par le pyrrhonisme ancien. — Longtemps étouffé par l'esprit dogmatique de la philosophie chrétienne, le scepticisme reparut au seizième siècle, au milieu de cette fièvre de discussions philosophiques qui caractérise l'époque de la Renaissance ; il trouva cette fois un interprète spirituel et charmant, Montaigne, l'auteur des *Essais* ; après lui, Charron et Sanchez, et au dix-septième siècle Lamothe-le-Vayer, Bayle, au dix-huitième, David Hume, soutinrent aussi que le doute est l'état naturel de l'esprit humain.

Le *probabilisme* fut mis en vogue et professé avec éclat par Carnéade, le fondateur de la *Nouvelle académie*, au second siècle avant l'ère chrétienne ; Cicéron l'adopta, du moins en spéculation, et on peut en voir l'exposé dans ses *Académiques* et dans divers passages de ses œuvres philosophiques. Dans les temps modernes, le probabilisme s'est produit en théologie au sujet des cas de conscience diversement résolus par les auteurs : Pascal a fait justice, dans les *Provinciales*, des dangereuses erreurs auxquelles donnait lieu une doctrine trop large et trop commune.

Sujets à traiter. — 1. En quoi consistent le *dogmatisme*, le *probabilisme* et le *scepticisme* ou le *pyrrhonisme* ? (Sorbonne, 14 août 1868.)

2. Qu'est-ce que la probabilité ? En quoi diffère-t-elle de la certitude ? Qu'appelle-t-on probabilisme ? (Sorbonne, 3 août 1871.)

3. Qu'est-ce que le *probabilisme* ? En quoi se distingue-t-il du *scepticisme* ? Quelles objections soulève cette doctrine ? (Sorbonne, 29 mars 1878.)

CXVII.

Quelles sont les différentes formes du scepticisme ? Les énumérer, les classer, les réduire. (Sorbonne, 23 novembre 1872.)

Le *scepticisme*, c'est-à-dire le doute systématique et plus ou moins absolu, s'est produit dans l'antiquité et dans les temps modernes sous des formes si multiples et si diverses qu'il semble bien difficile à l'histoire de la philosophie de les recueillir et de les décrire toutes. Elle ne peut guère qu'énumérer les principales, qu'elle nous montre apparaissant surtout après les luttes des systèmes et des écoles opposées.

Ainsi d'abord, lorsque la philosophie naissante eut fondé en Grèce ses premières écoles, écoles ionienne et atomistique, écoles éléatique et pythagoricienne, lorsque ces diverses écoles se furent combattues et décriées, on vit s'élever sur les ruines de leurs systèmes un scepticisme léger, frivole et railleur, le *scepticisme des Sophistes*, qui faisaient profession de ne croire à rien, prétendaient qu'on peut soutenir également le pour et le contre, enseignaient à prix d'or l'art de rendre vraisemblables le vrai et le faux, et disaient avec Gorgias « que rien n'existe; que, si quelque chose existe, nous ne pouvons pas le connaître; que, si quelque chose existe et peut être connu, nous ne pouvons le faire connaître aux autres », ou bien avec Protagoras « que l'homme est la mesure de toutes choses, ἄνθρωπος μέτρον πάντων, » c'est-à-dire que notre opinion est le critérium de la vérité et de la fausseté.

Un siècle plus tard, quand la révolution socratique eut fait naître une foule d'écoles philosophiques : Académie, Lycée, école mégarique, école cyrénaïque, école cynique, quand les luttes ardentes de leurs représentants eurent dévoilé la faiblesse de leurs systèmes, *Pyrrhon d'Élis* érigea le doute en système et soutint qu'entre l'affirmation et la négation, le seul parti à prendre, c'est l'abstention, la suspension du jugement, ἐποχή. « Οὐδὲν μᾶλλον, » disait-il, « pas plus ainsi qu'ainsi », comme traduit Montaigne, telle fut la devise de ce doute qui, du nom de son auteur, s'appela désormais le pyrrhonisme.

Le *pyrrhonisme* fut professé par Arcésilas, le fondateur de la *Moyenne Académie*, qui établissait son doute sur cette maxime de Socrate : « Ce que je sais, c'est que je ne sais rien; » par Ænésidème, l'auteur des *Discours des Pyrrhoniens*, Πυῤῥωνίων λόγοι; par Agrippa, qui nous a laissé ses *Cinq motifs de doute*, Πέντε τρόποι τῆς ἐποχῆς, et enfin par Sextus Empiricus, qui, dans ses *Hypotyposes pyrrhoniennes*, a donné un résumé précis et complet de toutes les formes du scepticisme ancien.

Dans les temps modernes, nous voyons le *scepticisme* apparaître au seizième siècle, au milieu de cette fièvre de discussions philosophiques qui règne à l'époque de la Renaissance. Cette fois il trouve un interprète spirituel et charmant, *Montaigne*, et une devise aussi habile que hardie : « Peut-être !... Que sais-je ? »

A la même époque, *Charron*, dans son livre *de la Sagesse*, enseignait un scepticisme aussi absolu : « La vérité, dit-il, n'est pas un acquest, une chose qui se laisse prendre et manier et encore moins posséder à l'esprit humain. »

Au dix-septième siècle, Hobbes, dans son traité *De la nature humaine*, soutient « que les images ou fantômes que nous avons étant éveillés, ne sont pas des preuves suffisantes que les objets extérieurs existent, que tous les accidents ou qualités que nos sens montrent comme existant dans le monde n'y sont point réellement, et ne doivent être regardés que comme des apparences. »

Lamothe-le-Vayer reproduit les objections de Sextus Empiricus dans ses *Cinq dialogues à l'imitation des anciens*, dont toute la doctrine est dans ces mots : « Des choses les plus certaines, la plus certaine est le doute. »

Pascal, dans ses *Pensées*, invoque contre le dogmatisme toutes les raisons des sceptiques ; il triomphe « de voir la raison humaine invinciblement froissée par ses propres armes » ; mais au lieu de s'arrêter au scepticisme, il proclame la certitude de la foi et de la révélation : « La nature, dit-il, confond les Pyrrhoniens et la raison confond les dogmatiques... Connaissez donc, superbe, quel paradoxe vous êtes à vous-même. Humiliez-vous, raison impuissante ; taisez-vous, nature imbécile... Écoutez Dieu. »

C'est un scepticisme semblable que nous voyons développé par Huet, évêque d'Avranches, dans son *Traité de la faiblesse de l'esprit humain*, où il établit longuement que nos facultés naturelles ne peuvent nous donner la vérité et que la raison tire toute sa certitude de la foi, « à la lumière de laquelle toutes les vérités s'évanouissent comme les spectres au lever du soleil ».

A la fin du dix-septième siècle, Bayle, dans son *Dictionnaire historique et critique*, exposa tous ses doutes sur les grandes vérités dogmatiques et morales. « Je ne suis, dit-il quelque part, qu'un Jupiter assemble-nues. Mon talent est de former des doutes; mais ce ne sont pour moi que des doutes. »

Au dix-huitième siècle, la théorie des idées images renouvelée par Locke donna lieu au *scepticisme de Berkeley* et *de Hume*.

Berkeley, dans ses *Principes de la connaissance humaine* et ses *Dialogues entre Hylas et Philonoüs*, soutint « que la terre et tout ce qui pare son sein, en un mot tous les corps dont l'assemblage compose ce magnifique univers, n'existent pas en dehors de nos esprits », et que seuls ces esprits sont réels et existants.

David Hume, dans son *Traité sur la nature humaine* et dans ses *Essais sur l'entendement humain*, établit que nous ne pouvons jamais savoir si quelque réalité existe, que le rapport de causalité n'est qu'un rapport de succession et le fruit de l'habitude, que le moi n'est pas une réalité substantielle et enfin que la raison ne peut rien affirmer sur l'existence et les attributs de Dieu. On a appelé ce système le nihilisme, parce qu'il ne laisse rien debout.

Emmanuel Kant, dans sa *Critique de la raison pure*, prétend que les idées nécessaires, ou, comme il les appelle, les formes de la sensibilité, les catégories de l'entendement, les idées de la raison pure, n'ont qu'une valeur subjective et qu'il nous est impossible d'affirmer qu'elles correspondent à une réalité positive et absolue : ce sont des concepts *à priori*, des lois primitives de l'entendement, et si ces lois étaient tout autres, nous concevrions les choses tout autrement.

Le scepticisme s'est produit encore sous d'autres formes. Il a attaqué la certitude historique, tantôt en disant avec le mathématicien anglais Craig que le témoignage de nos semblables ne produit que des probabilités plus ou moins grandes et qui vont en décroissant à mesure qu'augmentent le temps et la distance, tantôt en admettant avec Dupuy, Volney, Strauss, Renan, un système d'interprétation historique qui consiste à ne voir dans les grands personnages du passé que des symboles ou des mythes, c'est-à-dire des personnifications idéalisées des grands événements humains, des divers progrès de la civilisation, des révolutions philosophiques et religieuses.

Dans notre siècle, un grand esprit, un éloquent écrivain, Lamennais, a essayé de démontrer, dans son *Essai sur l'indifférence*, que les seuls moyens de connaître que nous trouvons en nous, les sens, le sentiment, le raisonnement, ne méritent aucune confiance, que la raison individuelle est essentiellement trompeuse, et que la raison générale, le consentement unanime des peuples, est le seul principe infaillible de certitude.

Enfin les positivistes, Auguste Comte, Taine, Littré, ne veulent admettre d'autre certitude que celle que nous donnent les sens et le raisonnement : d'après eux, il n'y a de réel que ce qui se voit, se touche, se démontre mathématiquement ; les substances, les causes, Dieu et l'âme sont des entités verbales, des fantômes métaphysiques dont il est temps de débarrasser l'esprit humain.

Ces formes du scepticisme, quoique bien diverses, peuvent se ramener à quelques formes plus générales qui comprennent toutes les autres.

Ainsi, il y a d'abord le *scepticisme universel*, qui, comme son nom l'indique, porte sur toutes les connaissances humaines et les rejette toutes également, pour proclamer le doute l'état naturel de l'esprit : les Sophistes, Pyrrhon, Arcésilas, Ænésidème, Agrippa, Sextus Empiricus, dans l'antiquité ; Montaigne, Charron, Lamothe-le-Vayer, Bayle, David Hume, dans les temps modernes, ont professé ce doute systématique et absolu.

Il y a ensuite le *scepticisme idéaliste* de Berkeley, qui nie les réalités matérielles et la certitude des vérités sensibles ;

Le *scepticisme empirique*, qui rejette tout ce qui dépasse la portée de l'expérience, comme l'ont fait Hobbes, Hume et les positivistes ;

Le *scepticisme historique* de Craig, de Dupuy, de Volney, de Strauss, de Renan, qui nie la valeur absolue du témoignage ;

Le *scepticisme mystique* ou *traditionaliste* de Pascal, de Huet, de Lamennais, qui proclame l'impuissance de la raison pour se réfugier dans la foi et la tradition ;

Enfin le *scepticisme objectif* ou *transcendantal* de Kant, qui attaque la certitude objective et prétend que nous ne sommes jamais sûrs que les choses soient telles que nous les pensons.

Que si maintenant on veut réduire ces espèces générales de scepticisme, on pourra les ramener à deux principales : le *scepticisme universel* et le *scepticisme partiel* ; ce dernier comprend tous les systèmes qui comme le *scepticisme idéaliste*, le *scepticisme empirique*, le *scepticisme historique*, le *scepticisme mystique* et le *scepticisme objectif* n'attaquent pas la certitude en général, mais seulement tel ou tel principe de certitude.

Sujets à traiter. — 1. Du scepticisme. Des diverses formes du scepticisme. (Sorbonne, mars 1875.)
2. Quels sont les principaux sceptiques ? (Sorbonne, 17 mars 1879.)
3. Quelles sont les différentes formes du scepticisme ancien et moderne ? (Sorbonne, 16 juillet 1880.)

CXVIII.

Discuter ce mot célèbre de Pascal : « *Vérité en deçà des Pyrénées ! Erreur au delà.* » (Sorbonne, 31 juillet 1874.)

La diversité et la contradiction des opinions humaines ont été de tout temps l'arme favorite dont se sont servis les sceptiques pour attaquer la certitude des grandes vérités métaphysiques et morales. — Dans l'antiquité, Carnéade, le fondateur de la *Nouvelle Académie*, employait cet argument pour battre en brèche le dogmatisme de l'école stoïcienne ; Agrippa en faisait le premier de ses *Cinq motifs de doute*, τρόπος ἀπὸ διαφωνίας, et Philus, l'un des interlocuteurs de la *République* de Cicéron, passant en revue les institutions des différents peuples, triomphe de leur contraste et conclut que le droit existe dans la cité, mais non dans la nature. — Dans les temps modernes, Montaigne a repris cet argument des sceptiques anciens et l'a développé avec infiniment d'esprit dans son *Apologie de Raymond de Sebonde*. Pascal, contempteur passionné de la raison qu'il veut forcer à « écouter Dieu » et qu'il aime à voir « invinciblement froissée par ses propres armes », Pascal n'a garde de négliger cette objection dans l'énumération qu'il fait des « principales forces des pyrrhoniens contre le dogmatisme » et, ajoutant au scepticisme de l'auteur des *Essais* une pointe de raillerie amère, il s'écrie avec un accent d'ironie triomphante : « Plaisante justice qu'une rivière borne ! Vérité en deçà des Pyrénées, erreur au delà ! »

Certes, l'on aurait mauvaise grâce à nier les contradictions qui ont donné lieu à cet éloquent sarcasme. Il suffit de jeter un coup d'œil sur les diverses nations qui peuplent notre globe pour voir qu'elles semblent moins séparées les unes des autres par leurs frontières géographiques que par la diversité de leurs idées et de leurs opinions. Ce qu'on regarde en France comme raisonnable et sensé passe pour absurde en Chine, au Japon, dans l'Inde, chez beaucoup d'autres peuples de l'univers ; ce qui est sacré aux yeux de ces peuples est ridicule pour nous. « Il n'est chose en quoi le monde soit si divers qu'en coutumes et en lois, » comme dit Montaigne, et les nations même les plus voisines, comme la France et l'Espagne, ont les idées les plus disparates, les opinions les plus contradictoires, heureuses encore quand elles n'en viennent pas jusqu'à les soutenir les armes à la main !

Mais cette indéniable diversité d'opinions empêche-t-elle que les hommes soient d'accord sur un certain nombre de points ? Non assurément. Il y a des vérités fondamentales qu'on trouve les mêmes chez tous les peuples, dans tous les temps et dans tous les lieux, « en deçà comme au delà des Pyrénées ».

Ainsi tous les hommes *croient aux données des sens*, à la réalité des choses matérielles et ils ont partout des notions identiques de l'étendue, de la résistance, de la solidité, de la couleur, des saveurs, des sons, etc.

Ainsi encore les *notions de conscience* sont vraiment universelles : aucun homme ne doute de sa propre existence et tous savent ce que c'est que le plaisir et la douleur, l'amour et la haine, ce que c'est que penser, raisonner, vouloir, non pas peut-être avec la précision du psychologue, mais d'une manière suffisante pour employer ces expressions avec justesse dans la vie pratique.

Une autre catégorie d'idées et de vérités universellement reconnues, ce sont les *idées et les vérités de la conscience morale :* idées de bien et de mal, de liberté et de responsabilité, de mérite et de démérite, de vice et de vertu, de châtiment et de récompense; vérités qui se rapportent à ces idées : le bien est distinct du mal; il faut faire le bien et éviter le mal, fuir le vice et pratiquer la vertu. Ni Pascal, ni les sceptiques n'ont trouvé un pays qui ne respectât pas ces éléments essentiels de la moralité, et malgré la profonde diversité des codes et des législations humaines, on n'a jamais vu de peuple où la piété filiale, la probité, l'héroïsme, fussent flétris comme des crimes, et l'homicide, l'adultère, le vol, le parjure, honorés comme des vertus.

Enfin tous les hommes admettent comme incontestablement vrais les *principes de la raison*, qu'ils ne connaissent non pas sans doute sous leur forme abstraite et métaphysique, mais d'une manière toute pratique, qui n'est pas moins sûre. Le paysan ne dit pas que ce qui est est; mais il sait très bien que sa maison est sa maison et que son champ est son champ. Il ne dit pas : Tout phénomène a une cause; mais il sait très bien que si sa vache a disparu, c'est que quelqu'un l'a prise.

Fénelon, dans la première partie de son *Traité de l'existence de Dieu*, a admirablement mis en lumière cette universalité des notions rationnelles. « Deux hommes qui ne se sont jamais vus, dit-il, qui n'ont jamais entendu parler l'un de l'autre et qui n'ont jamais eu de liaison avec aucun autre homme qui ait pu leur donner des notions communes, parlent aux deux extrémités de la terre sur un certain nombre de vérités, comme s'ils étaient de concert... C'est la raison qui fait qu'un sauvage du Canada pense beaucoup de choses comme les philosophes grecs et romains les ont pensées. C'est elle qui fait qu'on juge au Japon comme en France que deux et deux font quatre... C'est elle qui donne des pensées uniformes aux hommes les plus jaloux et les plus irréconciliables entre eux... C'est elle par qui les hommes de tous les siècles et de tous les pays sont comme enchaînés autour d'un certain centre immobile, et qui les tient unis par certaines règles invariables qu'on nomme les premiers principes, malgré les variétés infinies d'opinions qui naissent en eux de leurs passions, de leurs distractions et de leurs caprices, pour tous leurs autres jugements moins clairs. C'est elle qui fait que les hommes, tout dépravés qu'ils sont, n'ont point encore osé donner ouvertement le nom de vertu au vice et qu'ils sont réduits à faire semblant d'être justes, sincères, modérés, bienfaisants, pour s'attirer l'estime les uns des autres. »

Indépendamment des vérités premières et des principes du sens commun, il est une foule de *connaissances parfaitement certaines*, qui ne sont pas « vérité en deçà des Pyrénées, erreur au delà ». Tous les savants, Français et Espagnols, Chinois et Japonais, sont d'accord sur la géométrie et les mathématiques, et quel est l'homme sensé qui pourrait sérieusement refuser de croire aux grandes lois de la physique et de la chimie, aux résultats merveilleux des sciences naturelles, aux grands événements historiques, comme les conquêtes d'Alexandre, les victoires de César, la Réforme, la Révolution française, etc.? Au-dessus même des systèmes philosophiques, qui sont le plus frappant exemple des contradictions humaines, il y a cette philosophie éternelle dont parle Leibnitz, *perennis quædam philosophia*, et dont les grandes lignes ont été tracées à la fois par Confucius et Socrate, Platon et Cicéron, saint Augustin et saint Thomas, Descartes et Leibnitz, Thomas Reid et Kant.

Il faut donc reconnaître, en dépit de la brillante saillie de Pascal, que la raison ne se contredit pas partout et toujours, qu'il y a des vérités universelles et nécessaires qui ne changent ni avec les latitudes ni avec les méridiens, et dont il est vrai de dire, en reproduisant un mot célèbre de Louis XIV, que pour elles « il n'y a pas de Pyrénées » !

Sujets à traiter. — 1. Exposer et réfuter les objections des sceptiques contre la certitude de la connaissance humaine. (Sorbonne, 21 novembre 1868.)

2. Définir le scepticisme. Classer les arguments sur lesquels il s'appuie et indiquer la méthode par laquelle on peut répondre à ces arguments. (Sorbonne, 15 novembre 1873.)

3. Quels sont les principaux arguments des sceptiques contre la science humaine et que peut-on leur répondre? (Sorbonne, 5 mars 1880.)

4. Que peut-on répondre à l'argument des sceptiques tiré de la contradiction des opinions humaines? (Sorbonne, 5 novembre 1869; 27 novembre 1874.)

5. Sur cette pensée de Publius Syrus : « *Nescire quædam magna pars sapientiæ.* » (Faculté de Rennes, août 1874.)

6. Expliquer cette parole de Pascal : « Nous avons un sentiment de la certitude invincible à tout le pyrrhonisme. » (Faculté de Clermont, 8 novembre 1882.)

7. Réfuter le scepticisme moral fondé sur la diversité et la contradiction des mœurs, des opinions et des doctrines. (Sorbonne, 7 juillet 1883.)

CXIX.

Qu'est-ce que le mysticisme ? Passer rapidement en revue les principaux philosophes mystiques de l'antiquité, du moyen âge et des temps modernes. (Sorbonne, 19 mars 1879.)

Le *mysticisme* est le système de ceux qui proclament la raison humaine incapable de nous donner par elle-même la certitude et prétendent arriver à la vérité par des procédés supérieurs, par des communications directes avec la divinité, par l'inspiration, l'enthousiasme, l'extase, les pratiques théurgiques, etc.

Ce système « contient donc un scepticisme pusillanime à l'endroit de la raison et en même temps une foi aveugle et portée jusqu'à l'oubli de toutes les conditions imposées à la nature humaine. C'est trop à la fois et ce n'est point assez pour le *mysticisme* de concevoir Dieu sous le voile transparent de l'univers et au-dessus des vérités les plus hautes. Il ne croit pas connaître Dieu s'il ne le connaît que dans ses manifestations et par les signes de son existence : il veut l'apercevoir directement ; il veut s'unir à lui, tantôt par le sentiment, tantôt par quelque autre procédé extraordinaire. » (Victor Cousin : *Du Vrai, du Beau et du Bien.*)

Le *mysticisme* semble avoir sa source dans une fausse interprétation de ce grand principe que Dieu est la vérité suprême et dans le besoin naturel qu'a l'âme humaine de s'unir à l'infini. Lorsqu'en effet, après les contradictions et les luttes ardentes des systèmes opposés, la raison et la philosophie ont vu leurs plus légitimes espérances cruellement déçues, certains esprits froids, sévères et critiques peuvent bien se réfugier dans le doute et le scepticisme, où ils trouvent, comme le dit Montaigne, « un doux et mol chevet à reposer une tête bien faite; » mais il y a des âmes élevées, délicates, ardentes, qui, ayant perdu la foi en la raison humaine sans pouvoir perdre le besoin de Dieu et de la vérité, cherchent à satisfaire ce besoin immortel et pour cela s'adressent à tout, essayent tout, même le chimérique et l'absurde.

Le *mysticisme* est originaire de l'Inde et nous apparaît comme le dernier mot du brahmanisme qui enseigne aux hommes à s'élever vers Dieu par la méditation, la contemplation, jusqu'à ce qu'ils aillent s'absorber éternellement en lui.

De l'Inde, il passa dans la Grèce où l'apportèrent *Apollonius de Tyane*, les Gnostiques du premier et du second siècle de l'ère chrétienne, *Simon le Magicien*, *Ménandre le Samaritain*, *Cérinthe*, *Philon*, et *Marcion*, *Cerdon*, *Bardesane*, *Saturnin*, etc., les partisans de la *Kabbale*, *Akiba*, l'auteur du Yetzira, et son disciple *Siméon Ben-Jochaï*, l'Étincelle de Moïse, auteur présumé du *Zohar* (deuxième siècle après Jésus-Christ).

C'est l'école d'Alexandrie qui donna la formule philosophique du mysticisme et *Plotin* qui, dans ses *Ennéades*, en exposa les principes avec autant de science que de profondeur. Il admettait une opération supérieure à la raison, qu'il appelait ἅπλωσις, c'est-à-dire simplification, réduction de l'âme à l'unité, et assignait à l'homme comme but de la vie l'unification avec Dieu, ἕνωσις, c'est-à-dire la suppression de l'humanité : pour arriver à cette unification, il fallait, d'après lui, pratiquer d'abord les vertus politiques, puis les vertus purificatrices, initiatrices, la justice, la science, l'amour, qui nous dégagent absolument du monde et nous préparent à l'extase. Dans cet état, l'esprit uni à Dieu n'habite plus le corps; le corps est un palais désert abandonné par son maître et qui ne subit pas d'autres lois que celles de la nature organique. L'extase est une mort anticipée ou plutôt une vie anticipée; car « mourir, c'est vivre », comme le disait Platon.

Les disciples et les successeurs de Platon, *Porphyre* et *Jam-*

blique, *Sopater*, *Edésius*, *Maxime* et enfin *Syrien* et *Proclus*, « l'Aristote du mysticisme Alexandrin », comme l'appelle M. Cousin, unirent aux rêveries métaphysiques de leur maître toutes les pratiques de la magie et de la théurgie; ils se firent mystagogues et hiérophantes.

Au moyen âge, les esprits, fatigués des luttes du nominalisme et du réalisme, se réfugièrent souvent dans le mysticisme chrétien, qui laissant de côté les pratiques théurgiques, enseignait à chercher Dieu par la contemplation et par l'amour plutôt que par la science, et à renoncer à la vie des sens pour ne vivre qu'en lui et par lui.

Hugues et *Richard de Saint-Victor* ouvrirent les premiers, au douzième siècle, cette voie du mysticisme catholique.

Ils y furent suivis, au treizième siècle, par le docteur séraphique, *saint Bonaventure*, qui, dans son *Itinerarium mentis ad Deum*, définit la science ainsi que la vertu, l'union la plus intime de l'âme avec Dieu. « C'est un mystique, dit M. Cousin, mais le mystique le plus doux et le plus éclairé, qui tire le mysticisme de son cœur et non pas d'une érudition profane. Il n'est Alexandrin en aucun degré, il n'est que chrétien, mais chrétien adorable, comme l'était le père de son ordre. »

Au quatorzième et au quinzième siècle, le mysticisme compta de nombreux partisans, depuis *Jean Tauler*, *Pétrarque d'Arezzo* et *Raymond de Sebonde* auquel Montaigne a consacré le chapitre le plus célèbre de ses *Essais*, jusqu'à *Thomas à Kempis* et *Jean Gerson*, le chancelier de l'Université de Paris. La théologie mystique de ce dernier, basée sur l'observation psychologique et sur la foi en la grâce divine, est comme la fleur la plus belle et le fruit le plus doux de la charité chrétienne.

A l'époque de la Renaissance, il y eut aussi de nombreux mystiques, surtout en Allemagne; mais leur doctrine n'eut pas la pureté et l'élévation de celle qu'avaient enseignée les mystiques du moyen âge.

Le cardinal *Nicolas de Cuss* exposa une sorte de mysticisme alexandrin dans son apologie de la docte ignorance.

Jean Reuchlin, autrement dit *Capnion*, *Henri Corneille Agrippa*, *Paracelse*, *Valentin Weigel*, en Allemagne, *Robert Fludd* en Angletere, les *Van-Helmont* dans les Pays-Bas, *Jérôme Cardan* en Italie, mêlèrent l'alchimie avec la kabbale, la magie, l'astrologie.

Jacob Boehm fonda le mysticisme protestant, mélange de panthéisme et d'illuminisme.

Au dix-septième siècle, *Pascal* soutint une sorte de mysticisme dans ses *Pensées*, en combattant le dogmatisme au nom de la raison et le pyrrhonisme au nom de la nature, pour forcer l'homme à croire à Dieu et à la révélation, seule source de toute certitude. « Humiliez-vous, raison impuissante, s'écrie-t-il; taisez-vous, nature imbécile ; apprenez que l'homme passe infiniment l'homme et entendez de votre maître votre condition véritable que vous ignorez. *Écoutez Dieu.* »

Dans le même siècle, le mysticisme fut professé par *Jean Amos, Pierre Poiret* en Allemagne, par *Cudworth, Henri More* et *Pordage* en Angleterre. Il revêtit dans les *Maximes des saints* de Fénelon une forme nouvelle, le quiétisme, que Bossuet combattit avec vigueur.

Au dix-huitième siècle, *Swedenborg*, le fondateur de l'*Église de la nouvelle Jérusalem*, et *Saint-Martin*, l'auteur du *Spiritualisme pur* et des *Rapports entre Dieu, l'homme et l'univers*, ressuscitèrent les plus étranges rêveries et les plus absurdes pratiques de la théosophie alexandrine.

Enfin notre siècle a vu le mysticisme professé par *Ballanche*, « ce génie théosophe, dit Châteaubriand, qui ne nous laisse rien à envier à l'Allemagne et à l'Italie ».

Le *mysticisme* a le tort d'oublier que la condition présente de la nature humaine ce n'est pas de s'unir à Dieu directement et immédiatement. — De plus, si parmi les moyens qu'il donne pour arriver à la vérité, il en est d'excellents, comme la prière, la mortification, il y en a aussi de dangereux, comme les pratiques théurgiques. — Enfin, il est bien difficile de distinguer les illuminations mystiques des rêves de l'imagination, et dans la pratique le *mysticisme* a presque toujours abouti à l'illuminisme.

Sujets à traiter. — 1. Définir le mysticisme par quelques éléments empruntés à l'école d'Alexandrie. (Sorbonne, 24 juillet 1881.)

2. Rapports et différences du scepticisme et du mysticisme. (Faculté de Toulouse.)

CXX.

Le principe de la vie est-il le même que le principe de la pensée ? Quelles raisons peut-on donner pour ou contre cette théorie ? (Sorbonne, 15 juillet 1878.)

D'après Descartes et les *iatro-mécaniciens*, le principe de la vie serait distinct du principe de la pensée, de l'âme intelligente et libre : les fonctions organiques résulteraient des *forces mécaniques* de la matière et ressembleraient aux mouvements d'une horloge, de sorte qu'il faudrait ne voir dans notre corps qu'un automate, une statue animée par une chaleur sans lumière, comme les animaux-machines.

Au dire de Broussais, de Bichat, de la plupart des docteurs de la Faculté de médecine de Paris, de tous les *organicistes* en un mot, la vie et la pensée auraient un seul et même principe, la *matière organisée* et tenant de cette organisation des propriétés particulières, propriétés qui changent suivant les tissus et produisent dans les muscles la mobilité, dans le foie la sécrétion de la bile, dans le système nerveux la sensibilité, la pensée, la volonté.

Barthez, Lordat et un grand nombre de médecins spiritualistes de la Faculté de Montpellier, dont Maine de Biran et Jouffroy ont embrassé l'opinion, enseignent qu'il y a dans l'homme un *principe vital* distinct à la fois des organes et du principe de la pensée : des organes, parce qu'il est immatériel ; du principe de la pensée, parce qu'il est sénescent et mortel, au lieu que l'âme intelligente et libre est immortelle : c'est ce principe qui préside, d'après ces savants et ces philosophes, à toutes les fonctions et à tous les phénomènes organiques.

Enfin les animistes soutiennent que le principe de la vie, comme le principe de la pensée, c'est l'*âme* une, simple et spirituelle, dont l'activité consciente produit les phénomènes de la vie intellectuelle et morale, et dont l'activité inconsciente rend parfaitement compte de la vie organique : telle est la doctrine d'Aristote, de saint Thomas et des Scolastiques, de Bossuet et de la plupart des philosophes chrétiens. Un médecin célèbre,

Stahl, a adopté cette opinion; mais il l'a gâtée en prétendant que l'âme a conscience des phénomènes et des fonctions organiques, ce qui est évidemment en contradiction avec notre expérience de tous les jours.

De ces quatre systèmes, *mécanisme, organicisme, vitalisme* et *animisme,* lequel adopter?

Il faut d'abord condamner, au nom de la science aussi bien que de la saine philosophie, le *mécanisme* et l'*organicisme* qui font des forces de la matière le principe de la vie. — La matière organisée, en effet, se compose absolument des mêmes éléments que la matière inorganique : dans l'une comme dans l'autre, il y a de l'oxygène, de l'hydrogène, de l'azote, du carbonne, etc.; dans l'une comme dans l'autre ces éléments ont les mêmes propriétés physiques et chimiques, et la matière inorganique est incapable de devenir par elle seule organique et organisée, de changer même son état de mouvement ou de repos. Ce n'est donc pas parce que le corps est organisé qu'il est vivant : l'organisation ne donne à la matière aucune propriété vitale. Elle n'est organisée que parce qu'elle est vivante, que parce qu'il y a en elle un principe supérieur, une force qui lui donne la vie.

Il faut donc nécessairement reconnaître que le principe de la vie est un principe immatériel; mais doit-on, comme les *vitalistes,* le croire distinct du principe de la pensée, ou bien proclamer, avec les animistes, que l'âme qui dans chacun de nous pense, sent et veut, est aussi le principe de la vie du corps?

Il semble d'abord que, dès lors qu'on admet une cause indépendante de la matière pour expliquer la vie, il ne faut pas multiplier les êtres sans nécessité : « *Entia non sunt multiplicanda præter necessitatem,* » comme disaient les Scolastiques. La supposition de deux forces, principe vital et âme intelligente, est inutile, puisque l'âme peut suffire et suffit en effet à produire la vie.

N'est-il pas vrai d'ailleurs que nous disons tous les jours : *je* marche, *je* mange, *j'ai* mal à la tête, comme nous disons *je* pense, *je* sens, *je* veux? C'est là une preuve incontestable que nous sommes tous intimement persuadés de l'identité du principe de la vie et du principe de la pensée, puisque nous rapportons au même *je* ou *moi* les phénomènes qui s'accomplissent dans le corps et qui constituent la vie organique aussi bien que les phénomènes dont l'âme est le théâtre et qui constituent la vie intellectuelle et morale.

Enfin l'observation psychologique constate l'influence profonde que le principe de la pensée exerce sur la vie organique. Une forte attention paralyse, pour ainsi dire, les organes et nous rend comme insensibles : Archimède, occupé à tracer des lignes sur le sable, ne s'aperçoit pas de la prise de Syracuse, n'entend pas l'ordre que lui intime le légionnaire de le suivre devant son général. On cite des cas de maladies occasionnées et guéries par la seule imagination. Tel est l'empire de cette faculté qu'elle peut déterminer la mort, comme l'a prouvé une célèbre expérience faite en Angleterre : après avoir mis dans un bain tiède un condamné à mort, on fit semblant de lui ouvrir les veines ; cet homme, persuadé qu'il allait mourir, en mourut effectivement. On connaît la fin tragique de Mozart, déterminée aussi par l'imagination de cet illustre artiste, qui crut avoir reçu, dans la visite d'un inconnu vêtu de noir, comme un message de la destinée lui annonçant sa fin prochaine. Tous ces faits et bien d'autres semblables s'expliqueraient-ils, s'il y avait en nous un autre principe de vie que l'âme intelligente et libre, s'il fallait admettre avec les vitalistes une sorte de duodynamisme, comme dit M. Bouillier?

Le *principe de la pensée* est donc aussi le *principe de la vie organique*, « la forme du corps », ainsi que le disaient les Scolastiques, « la première entéléchie du corps, » selon l'expression d'Aristote : « Ψυχή ἐστιν ἐντελέχεια ἡ πρώτη σώματος φυσικοῦ δυνάμει ζωὴν ἔχοντος. » Ainsi la vie, végétative seulement dans la plante, végétative et sensible dans l'animal, est à la fois végétative, sensible et intelligente dans l'homme, et un seul et même principe préside à cette triple vie.

Sujets à traiter *avec les éléments fournis par ce devoir.* — 1. Vous donnerez une exposition critique de l'animisme. (Faculté de Clermont, 1ᵉʳ août 1882.)

2. Quels sont les principaux systèmes sur la matière et la vie ? (Faculté de Clermont, 11 novembre 1883.)

CXXI.

Après avoir distingué les trois facultés principales de l'âme, montrer comment elles s'unissent dans tous les phénomènes psychologiques. (Sorbonne, 11 août 1868.)

C'est l'observation psychologique qui nous amène à distinguer dans l'âme humaine plusieurs facultés, correspondant aux diverses classes générales de phénomènes que la conscience nous révèle et dont le moi est le théâtre.

Il y a, en effet, toute une catégorie de phénomènes psychologiques, plaisirs et douleurs, joies et tristesses, sensations et sentiments, penchants et inclinations, affections et passions, dans lesquels l'âme est affectée, souffre, ou jouit, et dont le caractère essentiel est, par conséquent d'être *affectifs :* on les rapporte à une faculté spéciale et distincte, la *sensibilité.*

Il y a une seconde classe de phénomènes, idées, souvenirs, perceptions, jugements, raisonnements, dans lesquels l'âme ne jouit ni ne souffre, mais connaît ce qui la fait jouir et souffrir, se représente les objets qui l'environnent et se distingue de tout ce qui n'est pas elle : ces faits, dont le caractère général est d'être *représentatifs* ou objectifs, se rattachent tous, malgré leur infinie variété, à une seule et même faculté générale, l'*intelligence.*

Il y a enfin un troisième groupe de phénomènes, volitions, résolutions, déterminations, qui ne sont par eux-mêmes ni affectifs ni représentatifs, mais qui nous apparaissent comme des manifestations de l'activité et de l'énergie de l'âme, de cette force qui est nous-mêmes : ce sont les phénomènes *actifs* et *volontaires* qui dérivent d'une faculté distincte, la *volonté.*

Il y a donc trois facultés principales dans l'âme humaine : la *sensibilité,* qui est la capacité de jouir et de souffrir, d'aimer et de haïr; *l'intelligence,* qui est le pouvoir de connaître et de penser, et la *volonté* ou liberté, qui est la faculté de se déterminer par soi-même et de son propre mouvement, « *per se et proprio motu* ».

Ces facultés sont distinctes l'une de l'autre : car sentir n'est ni penser ni vouloir; vouloir n'est ni penser ni sentir; penser n'est ni sentir ni vouloir.

Mais, pour être irréductibles, ces pouvoirs de l'âme ne sont pas isolés; ils ont entre eux les rapports les plus étroits et nous les trouvons inséparablement unis dans tous les phénomènes psychologiques. Il est impossible de sentir sans penser et vouloir à quelque degré, ou de penser sans sentir et vouloir de quelque façon, ou de vouloir enfin sans sentir et penser en même temps : sensibilité, intelligence, volonté, se combinent, se pénètrent, s'entremêlent, et cela à chaque instant, dans tous les phénomènes sensibles, intellectuels et volontaires.

A l'heure qu'il est, je suis occupé à former les pensées que je dépose dans ces lignes; je conçois chacune d'elles séparément, je saisis leur rapport; je les énonce par des propositions enchaînées les unes aux autres : tout cela s'appelle d'un seul mot, penser. Je *pense*, voilà un fait; mais il n'est pas seul. Pendant que mes idées se déroulent dans mon esprit, j'en suis le cours avec plaisir, s'il est libre et facile, avec peine, s'il est lent et embarrassé; je jouis ou je souffre; d'un seul mot, je *sens*. Ce n'est pas tout : le travail qui m'occupe, je l'ai entrepris sachant que je pouvais m'en abstenir; je le poursuis sachant qu'il ne dépendrait que de moi de l'interrompre; il me faut faire un effort pour le continuer : cet effort est un acte de *volonté*. Je fais donc ou j'éprouve en même temps trois choses : je *pense*, je *sens*, je *veux*.

Autre exemple : on m'annonce une nouvelle fatale; elle trouve aussitôt dans mon cœur un écho profond; j'éprouve une émotion poignante; toute ma *sensibilité* est ébranlée. Mais pourquoi cette douleur si vive? N'est-ce pas parce que je connais le malheur qui me frappe? Or, c'est mon *intelligence* qui le connaît. N'est-il pas vrai aussi que je fais effort pour m'arracher à la pensée qui m'obsède, à la douleur qui m'accable? Cet effort de ma *volonté* peut demeurer stérile; mais il n'en existe pas moins. Dans ce fait, comme dans le précédent, nous trouvons réunies les trois facultés de l'âme : *sensibilité, intelligence, volonté*.

Prenons une résolution *volontaire :* nous verrons qu'elle implique nécessairement des phénomènes *intellectuels* et des phénomènes *sensibles*. « On ne veut jamais, dit Bossuet, qu'on ne connaisse auparavant. » « *Nihil volitum nisi præcognitum*, » disaient les Scolastiques. Ainsi par exemple, je me décide à prendre les armes pour défendre ma patrie menacée d'une invasion. Cette *décision* généreuse ne m'est-elle pas inspirée par la *connaissance* que j'ai du danger que court le sol sacré qui m'a vu naître? Et les motifs qui me poussent à la frontière, amour de la patrie, sentiment de l'honneur et du devoir, ne viennent-ils pas du *cœur* et de la *sensibilité?* Ainsi donc une résolution volontaire, pas plus qu'un fait sensible et intellectuel, ne va jamais seule et sans être accompagnée des autres phénomènes psychologiques.

Qu'on varie l'expérience; qu'on multiplie les incidents : on verra que tous les phénomènes psychologiques présentent ces trois éléments : *penser, sentir, vouloir*. Seulement la prédominance de l'un ou de l'autre de ces éléments donne au phénomène total son caractère propre et sa physionomie véritable. Que conclure de ces rapports intimes entre les facultés de l'âme? Qu'elles ne sont pas des pouvoirs isolés, des entités distinctes, comme Cicéron reproche à Platon de l'avoir soutenu, « *triplicem finxit animam*, » mais plutôt des manifestations diverses d'une seule et même force, d'une seule et même âme. Bossuet l'a dit excellemment : « Toutes les facultés de l'âme ne sont au fond que la même âme qui reçoit divers noms à cause de ses différentes opérations. » Malebranche ne parle pas autrement : « L'homme est un, dit-il, quoiqu'il soit composé de plusieurs parties. Et l'union de ces parties est si étroite qu'on ne peut le toucher en un endroit sans le remuer tout entier; toutes ses facultés se tiennent et souvent sont tellement subordonnées qu'il est impossible d'en bien expliquer quelqu'une sans dire quelque chose des autres. »

Sujets à traiter. — 1. Après avoir distingué les trois facultés principales, *sensibilité, entendement, volonté*, montrer comment elles s'unissent et s'associent pour former l'unité de la vie morale. (Sorbonne, 16 mars 1879.)

2. Peut-on séparer absolument les trois facultés de l'âme et ne se mêlent-elles pas intimement les unes aux autres dans tous les faits de conscience ? (Sorbonne, août 1875.)

3. Vous montrerez par l'analyse la vérité de cette proposition de Malebranche : « Toutes nos facultés se tiennent, et souvent sont tellement subordonnées qu'il est impossible d'en expliquer quelqu'une sans dire quelque chose des autres. » (Faculté de Clermont, 3 août 1882.)

4. Dans quel ordre se développent les facultés de l'âme dans le cours de la vie humaine ? (Sorbonne, 21 novembre 1871.)

5. De la nature de l'âme ; ses attributs, sa destinée. (Sorbonne, 16 décembre 1877.)

6. Que faut-il penser de cette proposition : « Le moi est une collection d'actes de conscience ? » (Sorbonne, 8 juillet 1882.)

7. Est-il vrai de dire avec Descartes que « l'âme étant une chose pensante pense toujours ? » (Sorbonne, 7 mai 1870, 4 novembre 1872.)

CXXII.

Démontrer l'unité et la simplicité du moi par l'analyse des opérations intellectuelles. (Sorbonne, 10 juillet 1878.)

Le moi est *un*, c'est-à-dire qu'il n'y a pas en nous plusieurs moi et que c'est une seule et même âme qui pense, qui sent et qui veut.

Le moi est *simple*, c'est-à-dire immatériel et inétendu, indivisible et incomposé.

L'*unité* et la *simplicité* du moi nous sont révélées par la conscience qui les affirme, avec une inébranlable assurance ; elles ressortent aussi clairement de l'analyse psychologique de nos opérations intellectuelles.

Toute *connaissance*, en effet, nous apparaît comme un acte parfaitement *un* et *simple* : quelque divers, quelque complexes que soient les objets qu'il nous représente, notre esprit les saisit et les embrasse d'un regard absolument indivisible. Il n'y pas de tiers, de quarts de pensée, mais une pensée unique et totale : le principe auquel elle se rapporte doit donc être un et simple comme elle-même; car la pensée serait impossible si le sujet pensant était composé de parties, si, comme le prétendent les matérialistes, c'était le cerveau avec ses innombrables cellules. En effet, ou bien la pensée serait tout entière dans chaque partie du sujet pensant et alors il y aurait non plus une pensée, mais un plus ou moins grand nombre de pensées, autant que de parties dans le principe pensant, ce qui est contredit par le témoignage de la conscience; ou bien la pensée serait divisée entre les diverses parties de la substance pensante, et alors la pensée totale ne se trouverait nulle part et il n'y aurait plus que des fractions de pensée, ce qui répugne au sens commun; ou bien enfin une partie penserait à l'exclusion des autres, et si elle était divisible et composée, on retomberait dans les hypothèses précédentes; si elle était simple, ce serait l'âme ou le moi, dont l'unité et l'indivisibilité paraîtraient par là même nécessaires et évidentes.

Que si de l'analyse de la pensée en général nous passons à l'analyse de chacune de nos opérations intellectuelles, nous verrons qu'elles supposent toutes un sujet parfaitement un, simple et indivisible.

Ainsi d'abord la *perception extérieure,* qui se produit au moyen des sens et de leurs organes et nous met en rapport avec les objets matériels, s'expliquerait-elle sans l'indivisibilité du moi, dans lequel, comme dans un centre unique et dans un *sensorium commune,* viennent aboutir et se résumer les perceptions les plus diverses?

Ainsi encore la *réflexion,* par laquelle l'âme se replie sur elle-même et sur ses opérations, pourrait-elle avoir lieu, si cette âme était matérielle et composée de parties? Les molécules dont se compose la matière ne peuvent se pénétrer les unes les autres.

La *mémoire,* « ce je ne sais quoi, comme dit Fénelon, qui est tour à tour toutes les choses que j'ai connues depuis que je suis au monde,» serait-elle possible, si c'était le cerveau qui se souvenait en nous? Comme cet organe se transforme et se renouvelle suivant la loi du tourbillon vital, les idées disparaîtraient avec la substance qui les aurait produites et le passé tout entier tomberait dans le néant, sans que nous pussions évoquer par le souvenir les connaissances évanouies.

Comment expliquer avec un sujet pensant matériel et divisible ce pouvoir créateur par lequel l'*imagination*, combinant et associant les données des sens et de la mémoire, en forme des conceptions dont le modèle n'existe nulle part? La matière peut bien reproduire ce qui est, comme le font les miroirs, les instruments de photographie qui reproduisent les objets qu'on leur présente; mais elle ne saurait ni inventer, ni créer des choses qui n'existent pas.

Quand notre esprit *abstrait* et *généralise*, il se forme des idées qui ne correspondent pas à des réalités extérieures : la largeur, sans les autres dimensions des corps, le nombre abstrait, les idées générales de vice et de vertu ne sont pas des choses sensibles. Comment donc le moi concevrait-il ces idées purement immatérielles, s'il n'était pas de même nature qu'elles, c'est-à-dire un, simple et spirituel?

L'*unité* et la *simplicité* du moi se révèlent encore mieux dans la *comparaison*. « Une substance, dit Laromiguière, ne peut comparer qu'elle n'ait au moins deux idées à la fois : si la substance est composée, ne fût-ce que de deux parties, où placerez-vous les deux idées? Seront-elles toutes deux dans une partie ou bien l'une dans une partie et l'autre dans l'autre? Si les deux idées sont séparées, la comparaison est impossible; si elles sont réunies dans chaque partie, il y a deux comparaisons et par conséquent deux substances qui comparent, deux âmes, deux moi, mille, si vous supposez l'âme composée de mille parties. »

Ce qui est vrai de la comparaison l'est à *fortiori* du *jugement* qui suppose trois idées, l'idée de la chose dont on affirme, l'idée de la chose affirmée et l'affirmation elle-même. Seul, un principe pensant simple et indivisible peut concevoir simultanément et réunir par l'affirmation des éléments qui seraient nécessairement séparés dans un sujet divisible et composé de parties.

Et que dire du *raisonnement*, qui ne comprend pas seulement plusieurs idées, mais qui se compose de plusieurs jugements? Si le sujet qui raisonne était matériel et étendu, une de ses parties penserait la majeure, l'autre la mineure, l'autre la conclusion : il serait impossible d'avoir une pensée commune, un raisonnement commun. Pour que celui-ci se produise, il faut que ses trois éléments se réunissent en un tout dans un esprit absolument simple et indivisible.

Telle est la force de ces arguments qu'ils ont arraché au sceptique Bayle lui-même cet aveu significatif : « On peut dire sans hyperbole que c'est une démonstration aussi assurée que celles de la géométrie, et que si tout le monde n'en sent pas l'évidence, c'est à cause que l'on n'a pu ou que l'on n'a pas voulu s'élever au-dessus des notions d'une imagination grossière. »

Sujets à traiter *avec les éléments fournis par ce devoir.* —
1. Prouver par l'analyse des conditions de la pensée et de la responsabilité que le principe des faits psychologiques doit être un, simple et identique. (Sorbonne, 26 mars 1874.)
2. Prouver la spiritualité de l'âme par la conscience et le raisonnement. (Faculté de Toulouse, 22 juillet 1869.)
3. Énumérer les diverses preuves de la spiritualité de l'âme et en former une démonstration régulière. (Concours général de 1847.)

CXXIII.

Exposer et discuter les objections du matérialisme contre la distinction de l'âme et du corps. (Sorbonne, 22 novembre 1867.)

La conscience a beau nous affirmer avec une inébranlable assurance qu'il y a en nous une force simple, spirituelle, identique, qui pense, qui sent, qui agit librement et se distingue de l'être matériel que nous appelons le corps : de tout temps il s'est rencontré des philosophes qui ont nié cette distinction de l'âme et du corps, ce sont les matérialistes anciens et modernes,

> . . . . le troupeau d'Épicure,
> Et celui dont la main, disséquant la nature,
> Dans un coin du cerveau nouvellement décrit
> Voit penser la matière et végéter l'esprit.
>
> (LAMARTINE.)

« La méthode expérimentale, disent-ils, nous fait une loi de n'admettre que les choses réelles, positives, qui tombent sous les sens ou sous le raisonnement : or, personne n'a jamais vu aucune âme; l'âme n'est qu'une entité verbale, une abstraction métaphysique. » « Je ne crois pas à l'âme, disait Broussais, car je ne l'ai jamais trouvée au bout de mon scalpel. » « Je croirai à l'existence de l'âme, disait également un chimiste célèbre, quand j'en aurai trouvé une au fond de ma cornue. » — Pourquoi d'ailleurs, ajoutent les matérialistes, supposer un principe distinct du corps et des organes, quand ceux-ci suffisent à tout expliquer dans l'homme? L'expérience, en effet, nous dit qu'il y a la correspondance la plus étroite, la plus intime, entre le physique et le moral. Ce n'est qu'à mesure que le corps se développe que se développent aussi l'intelligence, le cœur et la volonté. Comme le dit Lucrèce :

> ... Gigni pariter cum corpore et una
> Crescere sentimus pariterque senescere mentem.

Si le corps est en santé, si tous les organes fonctionnent régulièrement, l'intelligence a toute sa lucidité, le cœur toute sa délicatesse, la volonté toute son énergie. Lorsqu'au contraire les organes sont malades, nous ne pouvons ni penser, ni vouloir librement. Une lésion cérébrale détermine la déraison, la folie. Le tempérament, l'âge, le sexe, le climat, le régime de vie influent si profondément sur nos pensées, nos sentiments et notre caractère qu'ils les expliquent entièrement. « L'ouverture de l'angle facial détermine l'ouverture de l'esprit; le volume du cerveau donne les esprits vastes et les esprits étroits. » — La science, en effet, établit : 1° que partout où l'on observe un cerveau, on trouve un être pensant ou tout au moins intelligent à quelque degré; 2° que partout où manque le cerveau, l'intelligence et la pensée manquent également; 3° enfin que l'intelligence et le cerveau croissent et décroissent dans la même proportion. Or, d'après la méthode baconienne, quand une circonstance produit un effet par sa présence, qu'elle le supprime par son absence ou le modifie par ses changements, elle peut être considérée comme la vraie cause de cet effet. Le cerveau est donc la cause de la pensée. « Le cerveau pense comme le cœur bat, » dit M. Fée et Moleschott : « Le cerveau sécrète la pensée comme le foie sécrète la bile, comme les reins sécrètent l'urine. » « La pensée, dit à son tour M. Littré, est inhérente à la substance cérébrale, comme la contractilité aux muscles et l'élasticité aux cartilages. » « Le phosphore, a-t-on dit encore, est la matière qui pense en nous. Plus le cerveau possède et reçoit de phosphore, plus et mieux il pense. » (FEUERBACH.) « Sans phosphore, point de pensée. » (MOLESCHOTT.) — Que conclure de tous ces faits? C'est que la vie dans l'homme, vie organique, vie intellectuelle et morale, est la résultante des fonctions du corps organisé et non pas d'un principe immatériel; elle ressemble à l'harmonie d'une lyre que mille sons concourent à former et qui, quoique plus belle, plus grande, plus divine que la lyre elle-même, n'est cependant rien en dehors de la lyre, se brise et s'évanouit avec elle, ainsi que Simmias le disait à Socrate mourant. (*Phédon*.)

Fort de ces arguments qu'il croit irréfutables, le matérialisme ne prend pas garde que le spiritualisme peut les retourner contre lui ou du moins y répondre victorieusement.

Ainsi d'abord, au nom de la méthode expérimentale dont ils proclament la nécessité, les matérialistes devraient admettre le témoignage de la conscience et de l'observation, qui seules ont qualité pour nous faire connaître le sentiment, la pensée et la volonté. Nier l'existence de l'âme parce que les sens ne nous en disent rien et ne la trouvent pas au bout de la loupe et du scalpel est aussi déraisonnable que le serait la négation de l'existence des corps, parce que la conscience ne nous l'atteste pas.

Ainsi encore, si l'influence du physique sur le moral est incontestable, il ne faut pas l'exagérer comme le font les matérialistes, et oublier, supprimer volontairement une foule de faits qui contredisent cette influence et que l'expérience établit clairement : « des esprits remarquables logés sous un front fuyant et sous un front proéminent, des imbéciles; de grands esprits dans une petite tête et dans une grande tête de petits esprits; enfin de graves lésions du cerveau sans folie et la folie sans lésion. » Combien d'intelligences bornées et de caractères sans énergie dans les corps les plus sains et les plus robustes? Combien de personnes, au contraire, qui, avec des corps impotents, exténués, paralysés, conservent jusqu'à leur dernier soupir toute la lucidité de la raison, toute la délicatesse de leurs sentiments, toute la puissance de leur volonté, et dont on peut dire avec le poète :

> Ingentes animos angusto in pectore versant!
> (VIRGILE.)

Pendant la désastreuse retraite de Russie, les officiers, malgré la délicatesse de leur complexion, résistaient mieux et plus longtemps que les soldats aux maux de toute sorte qui les frappaient tous également : c'est qu'en eux l'énergie morale était plus grande et semblait doubler les forces physiques. Le moral influe donc sur le physique autant que le physique influe sur le moral. En conclurons-nous que le physique n'est pas distinct du moral et que le corps n'existe pas? Ce serait un grossier paralogisme, mais pas plus grossier que celui que font les matérialistes en nous disant : « Le physique influe sur le moral; donc l'âme n'existe pas! » De la correspondance de deux choses et de leur influence réciproque on doit conclure à leur union intime et profonde, mais non à leur identité substantielle et à la négation de l'une d'elles.

Condamnés par la logique, les matérialistes le sont aussi par la science, qui ne peut voir dans la pensée une sécrétion du cerveau. Les organes, en effet, qui concourent à l'accomplissement des diverses sécrétions, reçoivent une certaine quantité de matière, se l'assimilent et la transforment, mais ne créent rien, absolument rien. Qu'y a-t-il dans les aliments absorbés? De l'oxygène, de l'hydrogène, de l'azote, du carbone. Qu'y a-t-il dans le sang? De l'oxygène, de l'hydrogène, de l'azote, du carbone ou des composés de ces divers éléments. Or, en est-il ainsi dans la production de la pensée, de la sensation, de la volition? Lorsqu'à la simple perception d'un son, d'un rayon lumineux qui frappent mon oreille ou mon œil, je conçois une foule d'idées, j'éprouve une foule de sentiments, il y a dans ces phénomènes autre chose que l'impression organique qui les a déterminés. Il est donc absurde d'assimiler la pensée à la sécrétion de la bile ou de l'urine. — D'ailleurs, avant d'établir que les changements de la pensée sont proportionnels aux changements du cerveau, les matérialistes feraient bien de s'entendre entre eux pour dire à quoi tient la pensée : d'après les uns, c'est au volume du cerveau; d'après d'autres, c'est à son poids; d'après d'autres, c'est à la finesse et à la délicatesse des fibres nerveuses; d'après d'autres enfin, c'est à une foule de conditions réunies et harmonieusement combinées. Mais dès lors qui nous assure que l'une de ces conditions n'est pas précisément la force pensante elle-même, ce que nous appelons l'âme?

On objecte, au nom des nouvelles découvertes de la science, que de même que la chaleur se transforme en mouvement et le mouvement en chaleur, de même les mouvements du cerveau se transforment en pensées. — Mais la chaleur, suivant l'hypothèse la plus répandue, n'est qu'un phénomène de mouvement, une vibration de ce fluide impondérable qu'on appelle l'éther; quand donc elle se transforme en mouvement, il n'y a aucune métamorphose : le mouvement produit du mouvement, voilà tout. Mais la pensée n'est pas un mouvement : le mouvement est quelque chose d'objectif, d'extérieur, au lieu que la pensée est essentiellement un état intérieur; un mouvement peut être rectiligne, circulaire, en spirale; or, qu'est-ce qu'une pensée circulaire, rectiligne, en spirale? La pensée est claire ou obscure, vraie ou fausse : qu'est-ce qu'un mouvement clair ou obscur, vrai ou faux? Un mouvement pensant implique contradiction (P. JANET).

Alors même que la pensée ne serait qu'un mouvement, la matière seule ne saurait le produire : car elle est essentiellement inerte; elle n'entre jamais spontanément en mouvement et elle ne se meut que sous l'impulsion d'une force quelconque, qui, dans le fait de la pensée, ne peut être qu'une âme intelligente, *vis sui conscia*.

Les matérialistes ne sont pas plus heureux dans l'explication qu'ils donnent de la vie que dans celle de la pensée. La vie, en effet, ne saurait être la résultante de l'organisation de la matière : car les progrès de la science et de l'analyse chimique ont démontré qu'il y a dans la matière organisée les mêmes éléments que dans la matière inorganique, que ces éléments ont des deux côtés les mêmes propriétés physiques et chimiques et que la matière est absolument incapable de devenir par elle-même organique et organisée : si donc elle vit en nous, ce n'est pas parce qu'elle est organisée, puisqu'à ce titre elle ne possède aucune propriété particulière; non, elle n'est organisée qu'en vertu d'un principe supérieur, d'une force, d'une substance spirituelle qui lui donne la vie.

Qu'on n'objecte pas, comme Locke, que nous ne connaissons point suffisamment la matière et les propriétés de la matière pour affirmer qu'elle ne peut ni vivre, ni sentir, ni penser, ni vouloir. Sans doute l'essence de la matière est encore une énigme pour la science; mais nous connaissons assez de propriétés des corps pour affirmer qu'elles sont absolument incompatibles avec la pensée, la sensation, la volition, l'unité et l'identité du moi, et que Dieu, qui ne fait jamais l'impossible, le contradictoire, ne peut avoir donné à la matière étendue, divisible et composée la faculté de penser, de sentir, de vouloir.

Disons donc avec La Fontaine, en dépit de toutes les négations des matérialistes :

> Je sens en moi certain agent;
> Tout obéit dans ma machine
> A ce principe intelligent.
> Il est distinct du corps, se conçoit nettement,
> Se conçoit mieux que le corps même :
> De tous nos mouvements c'est l'arbitre suprême.

Sujets à traiter *avec les éléments fournis par ce devoir.* —
1. Exposer et réfuter les objections des matérialistes contre la distinction de l'âme et du corps. (Faculté de Clermont, novembre 1874.)

2. Distinguer par leurs caractères essentiels l'âme et le corps. (Sorbonne, 2 août 1870.)

3. Établir la distinction de l'âme et du corps d'après les attributs

essentiels de ces deux substances. (Faculté de Bordeaux, 20 août 1869.)

CXXIV.

Développer et, s'il y a lieu, critiquer cette définition de M. de Bonald : « *L'homme est une intelligence servie par des organes.* » (Sorbonne, 10 août 1869, mars 1875.)

Platon, profondément convaincu de la distinction de l'âme et du corps et de l'empire que l'esprit exerce sur les organes, définissait l'homme, « quelque chose se servant d'un corps, τι χρώμενον σώματι ». C'est dans la même pensée que M. de Bonald, pour protester contre les matérialistes de son temps qui, comme Cabanis et Broussais, faisaient de l'âme la résultante des fonctions organiques, a défini l'homme « *une intelligence servie par des organes* ».

Il met ainsi en lumière la plus noble et la plus belle de nos facultés, la *faculté de penser*, de connaître le vrai, de saisir les lois et les rapports des choses, de pénétrer les mystères de la nature et de concevoir, en dehors et au-dessus du monde, la cause première, éternelle et infinie. La pensée fait vraiment de l'homme le roi de la création et la vivante image de Dieu : « L'homme, dit Pascal, n'est qu'un roseau, le plus faible de la nature, mais c'est un *roseau pensant*. Il ne faut pas que l'univers entier s'arme pour l'écraser. Une vapeur, une goutte d'eau suffit pour le tuer. Mais quand l'univers l'écraserait, l'homme serait encore plus noble que ce qui le tue, parce qu'il sait qu'il meurt, et l'avatange que l'univers a sur lui, l'univers n'en sait rien... Toute notre dignité consiste dans la pensée : c'est de là qu'il nous faut relever. »

La définition de M. de Bonald, en faisant ressortir la maîtresse faculté de l'homme, exprime nettement la *différence essentielle* qu'il y a *entre l'âme et le corps* : d'un côté l'intelligence, l'esprit, le principe, pensant qui gouverne et qui commande ; de l'autre, les organes matériels et étendus, qui servent d'instruments à la force vivante et animée qui les met en jeu. Cet empire de l'âme sur le corps « est le bel endroit de l'homme », comme parle Bossuet. L'intelligence ordonne et les organes obéissent : je veux marcher et je marche, parler et je parle, mouvoir mon bras et je le meus :

> Je parle, je chemine ;
> Je sens en moi certain agent ;
> Tout obéit dans ma machine
> A ce principe intelligent.
> Il est distinct du corps, se conçoit nettement,
> Se conçoit mieux que le corps même :
> De tous nos mouvements c'est l'arbitre suprême.

L'on voit aisément la portée morale de la définition de M. de Bonald, qui en faisant du corps et des sens des instruments dociles et passifs, donne à l'intelligence et à la raison le gouvernement souverain de la personne humaine.

Il semble cependant que ce philosophe ne *distingue pas* avec assez de précision *l'homme de l'animal*. L'animal, en effet, a des sens comme nous ; comme nous, il voit, il entend, il flaire, il touche les objets extérieurs ; comme nous, il a conscience de lui-même et de sa vie ; comme nous, il se souvient, il imagine, il associe ses idées ; comme nous, en un mot, il est une intelligence et une intelligence servie par des organes. Sans doute, son intelligence ne s'élève pas comme la nôtre jusqu'à la conception du nécessaire, de l'universel, de l'absolu, de toutes ces idées et de toutes ces vérités fondamentales qui constituent le domaine de la raison ; sans doute, il y a une différence profonde entre l'intelligence de l'homme et celle de l'animal qui est purement sensible et expérimentale : mais M. de Bonald ne le dit pas, ne le laisse pas même entendre et à ce point de vue sa définition est défectueuse.

Ne semble-t-elle pas encore, en faisant de l'homme une intelligence pensante, *oublier et méconnaître ses autres grandes facultés?* Si nous sommes intelligents, nous sommes aussi sensibles et libres, et le cœur et la volonté jouent un trop grand rôle dans la vie pour qu'on puisse les absorber, en quelque sorte, dans l'intelligence dont ils diffèrent si profondément. Il eût donc été plus exact de dire : « L'homme est une âme sensible, intelligente et libre, servie par des organes. »

Toutefois, même ainsi modifiée, la définition de M. de Bonald mériterait le reproche, qu'on lui a si souvent adressé, d'altérer profondément le caractère fondamental de la nature humaine, en *méconnaissant l'union intime, substantielle, personnelle de l'âme et du corps,* pour y substituer une union purement accidentelle, comme celle qui existe entre l'instrument et celui qui s'en sert. Bossuet a condamné à l'avance M. de Bonald, quand il a dit dans son *Traité de la connaissance de Dieu et de soi-même,* ch. III : « Il y a une extrême différence entre les instruments ordinaires et le corps humain. Qu'on brise le pinceau d'un peintre et le ciseau d'un sculpteur, il ne sent point les coups dont il a été frappé; mais l'âme sent tous ceux qui blessent le corps, et, au contraire, elle a du plaisir quand on lui donne ce qu'il lui faut pour l'entretenir. Le corps n'est donc pas un simple instrument appliqué par le dehors... En un mot, l'âme et le corps ne font ensemble qu'un tout naturel, et il y a entre les parties une parfaite et nécessaire communication. »

Telle est la doctrine d'Aristote, de saint Thomas, des Scolastiques, et M. de Bonald, en s'en écartant, tombe dans l'erreur. Mieux vaut donc définir l'homme avec Aristote « un animal raisonnable », ou avec saint Thomas « un composé d'un âme et d'un corps : *aliquid compositum animd et corpore.* » « L'homme, dit Montaigne, n'est pas une âme, n'est pas un corps : il ne faut pas en faire deux. »

Sujets à traiter. — 1. De la personnalité humaine. (Sorbonne, 16 juillet 1879.)

2. Quelle différence y a-t-il entre les personnes et les choses? (Sorbonne, 20 juillet 1875.)

3. « L'homme est un animal raisonnable. » Apprécier cette définition. (Faculté de Toulouse.)

4. De la personnalité humaine. Distinction des personnes et des choses. Conséquences morales de cette distinction. (Sorbonne, 16 mars 1883, 12 juillet 1883.)

CXXV.

Qu'appelle-t-on, dans les sciences philosophiques, la théodicée ? Quelles questions contient-elle ? Dans quel ordre ces questions doivent-elles être traitées ? (Sorbonne, 10 mai 1870.)

La *théodicée* est la science de Dieu d'après les lumières de la raison. Ce mot *théodicée* vient du grec, Θεός, δίκη, plaidoyer, justification de Dieu. Il est de la création de Leibnitz qui l'a pris pour titre de l'un de ses ouvrages : *Essais de théodicée sur la bonté de Dieu, la liberté de l'homme et l'origine du mal.* Fidèle à l'étymologie de ce titre, Leibnitz ne se propose que de plaider la cause de Dieu et de la Providence contre certains adversaires, principalement contre Bayle, et de répondre aux objections qu'ils ont tirées de l'existence du mal contre la bonté divine. Mais depuis lors l'on a étendu le sens du mot théodicée et l'on s'en sert pour désigner la partie des sciences philosophiques qu'on appelait auparavant *théologie naturelle,* par opposition à la *théologie proprement dite,* qui est la science de Dieu fondée sur la révélation et les Écritures.

La *théodicée* est la quatrième et dernière partie de la philosophie ; car, comme l'a très bien dit Bossuet, « la connaissance de nous-mêmes doit nous élever à la connaissance de Dieu, » et la psychologie, la logique, l'esthétique, la morale, sont comme les degrés nécessaires par lesquels il faut arriver à la *théodicée,* qui achève, couronne et éclaire toutes ces sciences.

Y a-t-il un Dieu et comment démontre-t-on son existence ?

S'il y en a un, quels sont ses attributs et ses perfections ?

Quels rapports a-t-il avec l'homme et le monde ?

Voilà les trois grandes questions que pose et que résout la *théodicée*. Chacune d'elles en comprend plusieurs autres. — Ainsi à la démonstration de l'existence de Dieu se rattachent les problèmes suivants : La raison humaine peut-elle s'élever jusqu'à l'absolu, jusqu'à Dieu ? Comment l'atteint-elle ? par une intuition immédiate ou par le raisonnement? Comment se divisent les preuves qu'on donne de l'existence de Dieu ? — La question des attributs divins implique les deux suivantes : Jusqu'à quel point et sous quelles réserves une intelligence finie et bornée comme la nôtre doit-elle espérer comprendre la nature divine? Par quelle méthode peut-on déterminer les attributs divins, attributs métaphysiques et attributs moraux? — Enfin la question des rapports de Dieu avec le monde a pour objet deux choses : la Création et la Providence.

L'ordre dans lequel ces questions doivent être traitées est celui-là même qui vient d'être indiqué.

Avant de se demander quelle est la nature de Dieu, il faut savoir s'il y en a un, et la première chose à faire en théodicée, c'est d'établir, c'est de démontrer d'une manière irréfragable l'existence d'un Être suprême.

Une fois que l'on sait que Dieu est, il faut savoir ce qu'il est et quelles sont ses adorables perfections, du moins autant qu'il est permis à notre intelligence finie et bornée de les comprendre et de les concevoir.

Enfin il reste à montrer comment l'Être nécessaire, parfait et infini, dont les attributs métaphysiques et moraux seront l'éternel embarras de la raison humaine, est le Créateur et la Providence de l'homme et du monde.

A ces trois parties de la *théodicée* on en ajoute ordinairement une quatrième qui a pour objet d'exposer et de réfuter les faux systèmes auxquels ont donné lieu les diverses questions qu'on se pose à propos de Dieu. De ces systèmes, les uns se rapportent à son existence, comme *l'athéisme*; d'autres à ses attributs, comme le *panthéisme*, le *dualisme*, le *polythéisme*; d'autres enfin à sa Providence, comme le *déisme*, l'*optimisme* et le *pessimisme*.

Sujets à traiter. — 1. Des rapports de la morale avec la théodicée. (Sorbonne, 22 août 1868.)

2. Peut-on séparer la morale de la théodicée? (Sorbonne, 21 juillet 1874.)

CCXXVI.

Énumérer et classer les preuves de l'existence de Dieu.
(Sorbonne, 5 décembre 1877.)

La preuve la plus populaire et la plus simple de l'existence de Dieu, c'est la preuve dite des *causes finales*, qui se résume ainsi :

Il y a dans l'univers un ordre admirable ;

Or, cet ordre admirable suppose un ordonnateur infiniment intelligent ;

Donc cet ordonnateur infiniment intelligent existe et c'est Dieu.

Une autre preuve accessible à tous, c'est celle du *premier moteur*, indiquée par Platon au dixième livre des *Lois* et développée par Aristote dans le douzième livre de sa *Métaphysique* :

Il y a du mouvement dans le monde ;

Or, ce mouvement nécessite un premier moteur ;

Donc il existe un premier moteur immobile, κινοῦν ἀκίνητον, et ce principe nécessaire et immuable de tout mouvement, c'est l'Être éternel que nous adorons sous le nom de Dieu.

On prouve aussi l'existence de Dieu par le *consentement universel* :

Tous les peuples ont cru et croient encore à l'existence d'un Être suprême ;

Mais le consentement général est un signe infaillible de certitude, toutes les fois qu'il est moralement unanime et qu'il porte sur des vérités pratiques d'une haute importance, comme l'existence de Dieu ;

Il faut donc croire avec le genre humain qu'il existe un Être suprême et que cet Être suprême, que les hommes adorent sous des noms si divers, c'est Dieu.

Une autre preuve de l'existence de Dieu, et c'est la preuve favorite de Kant, se tire *de l'existence de la loi morale* :

Il y a une loi morale, une règle sacrée des actions humaines :
« Deux choses, dit Kant, remplissent l'âme d'une admiration et d'un respect toujours renaissants et toujours plus grands : le

ciel étoilé au-dessus de nos têtes et la loi morale au dedans de nous-mêmes ; »

Or, cette loi morale suppose un législateur suprême ;

Donc ce législateur suprême existe et c'est Dieu, auteur et promulgateur de la loi du devoir, comme il en sera l'adorable justicier.

On prouve aussi qu'il y a un Dieu en partant des *désirs et des aspirations de notre nature*.

Il y a dans l'homme, dit-on, des désirs profonds, des aspirations puissantes qui l'entraînent vers l'Infini : ce sont les désirs du vrai, du beau, du bien et du bonheur ;

Mais les désirs et les aspirations de la nature ne nous trompent pas et ne peuvent pas nous tromper : *natura nihil facit frustra;*

Donc il existe quelque part un Être infini, qui est la vérité, la beauté, la bonté, l'idéal que nous cherchons, et cet Être infini c'est Dieu.

On dit encore :

Il y a des *êtres contingents,* c'est-à-dire des êtres qui existent, mais pourraient parfaitement ne pas exister, puisqu'ils n'ont pas en eux-mêmes leur raison d'être ;

Or, les êtres contingents supposent un être nécessaire, c'est-à-dire un être qui existe et ne peut pas ne pas exister, un être qui a en lui-même la raison de son existence ;

Donc il existe un Être nécessaire, et cet Être nécessaire c'est Dieu.

Saint Thomas est le philosophe qui a le mieux exposé la preuve dite *de la cause première;* il la résume ainsi :

Il y a dans le monde un enchaînement indéfini de causes efficientes ;

Or, ces causes efficientes supposent une cause première de laquelle elles découlent nécessairement ;

Il existe donc une cause première que tout le monde appelle Dieu.

Saint Anselme a le premier développé un argument connu sous le nom d'*argument ontologique,* parce qu'il consiste à établir l'existence de Dieu par l'idée même de son être :

« Tous les hommes, dit-il, ont l'idée de Dieu, même ceux qui le nient;

« Mais l'idée de Dieu est l'idée d'un être au-dessus duquel on ne peut rien concevoir de plus grand : *quo nihil majus cogitari potest;*

« Or, un tel être n'existe pas seulement dans la pensée d'une existence purement idéale; car alors il y aurait quelque chose au-dessus de lui, l'être qui à l'existence idéale joindrait l'existence réelle : *potest cogitari esse et in re, quod majus est.*

« Donc l'être au-dessus duquel on ne peut concevoir rien de plus grand, c'est-à-dire Dieu, existe tout ensemble idéalement et réellement : *existit ergo aliquid, quo majus cogitari non valet, et in intellectu et in re.* »

Une autre preuve célèbre de l'existence de Dieu, c'est la *preuve* dite *platonicienne*, parce que Platon l'a indiquée dans plusieurs de ses dialogues, dans le *Phèdre*, le *Timée*, la *République*, les *Lois*, entre autres. Bossuet la développe admirablement dans le quatrième chapitre de son *Traité de la connaissance de Dieu et de soi-même*.

« L'entendement, dit-il, a pour objet des vérités éternelles;

« Or, ces vérités supposent un sujet dans lequel elles subsistent éternelles et immuables comme elles sont;

« Cet objet éternel, c'est Dieu éternellement subsistant, éternellement véritable, éternellement la vérité même. »

— « Mes idées ne sont pas moi, dit Fénelon exposant la même preuve, dans la seconde partie de son *Traité de l'existence de Dieu*;

« Elles ne sont point les êtres particuliers qui me paraissent autour de moi;

« Il faut donc trouver dans la nature quelque chose d'existant et de réel qui soit mes idées; ce quelque chose, c'est Dieu. »

Descartes, dans son *Discours de la méthode*, donne trois preuves de l'existence de Dieu. Voici la première :

« Je m'avisai de chercher d'où pouvait me venir l'idée d'un être plus parfait que le mien;

« De la tenir du néant, c'était chose manifestement impossible.

« Je ne la pouvais tenir non plus de moi-même, parce que, s'il répugne que de rien procède quelque chose, il ne répugne pas moins que le parfait soit une suite et une dépendance du moins parfait.

« De façon qu'il restait qu'elle eût été mise en moi par une nature véritablement plus parfaite que je n'étais et même qui eût en soi toutes les perfections dont je pouvais avoir quelque idée, c'est-à-dire, pour m'expliquer en un mot, qui fût Dieu. »

Voici la seconde :

« Je connaissais quelques perfections que je n'avais point;

« Donc, je n'étais pas le seul être qui existât et il fallait de nécessité qu'il y en eût quelque autre plus parfait duquel je dépendisse et duquel j'eusse acquis tout ce que j'avais;

« Car si j'eusse été seul et indépendant de tout autre, en sorte que j'eusse eu de moi-même tout ce que je participais de l'être parfait, j'eusse pu avoir de moi, par même raison, tout le surplus que je connaissais me manquer et être ainsi moi-même infini, éternel, immuable, tout connaissant, tout-puissant, et enfin avoir toutes les perfections que je pouvais remarquer être en Dieu. »

Voici le troisième argument de Descartes :

« Revenant à examiner l'idée que j'avais d'un être parfait, je trouvais que l'existence y était comprise en même façon qu'il est compris en celle d'un triangle que ses trois angles soient égaux à deux droits ou en celle d'une sphère que toutes ses parties soient également distantes de son centre ou même encore plus évidemment.

« Par conséquent, il est pour le moins aussi certain que Dieu, qui est cet être si parfait, est ou existe, qu'aucune démonstration de géométrie le saurait être. »

Leibnitz, dans sa *Monadologie*, donne aussi trois preuves de l'existence de Dieu.

La première se résume ainsi :

« Des êtres contingents existent;

« Or, ils ne sauraient avoir leur raison dernière ou suffisante que dans l'être nécessaire, qui a la raison de son existence en lui-même. »

A cette *preuve à posteriori*, comme il l'appelle, Leibnitz en ajoute une seconde tirée des *vérités nécessaires* :

« Il faut que la réalité des vérités éternelles soit fondée sur quelque chose d'existant et d'actuel;

« Or, ce quelque chose d'existant et d'actuel, c'est l'Être nécessaire, dont l'entendement est la région des vérités éternelles. »

La troisième preuve de l'existence de Dieu donnée par Leibnitz, est *à priori*, comme il le dit; c'est la preuve ontologique :

« L'Être nécessaire a ce privilège qu'il faut qu'il existe, s'il est possible;

« Or, rien ne peut empêcher la possibilité de ce qui n'enferme aucunes bornes, aucune négation, et par conséquent aucune contradiction ;

« Donc Dieu ou l'Être nécessaire existe. »

Telles sont les preuves classiques de l'existence de Dieu. On les divise ordinairement en trois catégories : *preuves physiques, preuves morales, preuves métaphysiques*.

Les *preuves physiques* sont celles qui ont pour point de départ un fait de l'ordre physique. On en compte ordinairement deux : la preuve des *causes finales* et celle du *premier moteur*.

Les *preuves morales* sont celles qui reposent sur des faits de l'ordre moral : c'est la preuve du *consentement général*, la preuve tirée de l'*existence de la loi morale* et la preuve qui s'appuie sur les *désirs et les aspirations de la nature* humaine.

Les preuves métaphysiques sont celles qui se tirent des idées et des vérités de la raison : telles sont la preuve de la *contingence des êtres, à contingentiâ mundi*, la preuve de la *cause première*, la *preuve ontologique*, la *preuve platonicienne*, les preuves de Descartes et celles de Leibnitz.

Sujets à traiter. — 1. Exposer avec précision la preuve de l'existence de Dieu dite des causes finales. (Sorbonne, 17 août 1866, 5 mai 1868.)

2. Exposer et discuter l'argument des causes finales appliqué à la démonstration de l'existence de Dieu. (Sorbonne, 1ᵉʳ août 1874.)

3. La connaissance scientifique du monde diminue-t-elle ou augmente-t-elle notre admiration pour son auteur? (Sorbonne, 9 août 1867.)

4. Exposer les preuves morales de l'existence de Dieu. (Sorbonne, 12 août 1868.)

5. Exposer et apprécier la preuve de l'existence de Dieu par le consentement universel. (Sorbonne, 9 juillet 1880.)

6. Qu'appelle-t-on preuve morale de l'existence de Dieu ? L'exposer, l'apprécier. (Sorbonne, 1867.)

7. Preuves métaphysiques de l'existence de Dieu. Les comparer avec les deux autres genres de preuves. (Sorbonne, 1871.)

8. Quel est le sens philosophique de ces paroles célèbres de Bossuet : « La perfection est la raison de l'être. » Montrer qu'elles résument la métaphysique de Platon et celle d'Aristote. (Sorbonne, 17 juillet 1879.)

9. Exposer et discuter les preuves physiques de l'existence de Dieu. (Faculté de Toulouse.)

10. Exposition et appréciation des preuves morales de l'existence de Dieu. (Faculté de Toulouse.)

11. Exposer et discuter les preuves métaphysiques de l'existence de Dieu. (Faculté de Toulouse.)

12. Prouver que l'antique démonstration de l'existence de Dieu par les merveilles de la nature, loin d'avoir perdu de son autorité depuis les progrès de la science moderne, y a puisé une force nouvelle. (Concours général, 1859.)

CXXVII.

Expliquer comment il faut entendre cette parole de Bossuet : « *La connaissance de nous-mêmes nous élève à la connaissance de Dieu.* » (Sorbonne, 23 mars 1872 ; Toulouse, juillet 1879.)

C'est au début du *Traité de la connaissance de Dieu et de soi-même* que se trouve cette parole, par laquelle Bossuet indique d'abord l'ordre qu'il faut suivre dans l'étude de la philosophie et donne comme point de départ de cette science, comme préambule obligé de la théodicée, la connaissance de soi-même, le γνῶθι σεαυτόν de Socrate.

S'il est vrai, en effet, que pour se faire une juste idée du génie d'un artiste, il faut étudier le chef-d'œuvre où il se révèle le mieux, il faut aussi, pour connaître Dieu, sa nature et ses attributs autant que nous en sommes capables, étudier le chef-d'œuvre de ses mains, la plus parfaite de ses créatures, notre âme intelligente, libre et immortelle. Comme le dit encore Bossuet, dans ce même *Traité de la connaissance de Dieu et de soi-même* : « Rien ne sert tant à l'âme pour s'élever à son auteur que la connaissance qu'elle a d'elle-même et de ses sublimes opérations ». Dans cette connaissance, en effet, nous puisons les éléments des principales preuves de l'existence de Dieu et les notions qui nous servent à établir ses principaux attributs.

Sans doute, on peut bien démontrer l'existence d'un Être suprême, sans recourir à l'étude et à la connaissance de l'homme intellectuel et moral, et le *spectacle des merveilles de l'univers*, de l'harmonie des lois du monde, suffit pour nous révéler une Intelligence souveraine, capable de concevoir et d'exécuter le plan admirable de la Création. Toutefois l'existence de Dieu devient pour nous plus claire et plus évidente, quand elle nous apparaît environnée de la lumière que projettent sur elle les preuves *métaphysiques* et *morales* : or, la plupart de ces preuves sont tirées de la connaissance de nous-mêmes.

Ainsi notre conscience nous révèle l'*existence d'une loi morale*, d'une règle sacrée des actions humaines : « Deux choses, dit Kant, remplissent l'âme d'une admiration et d'un respect toujours renaissants et toujours plus grands : le ciel étoilé au-dessus de nos têtes et la loi morale au dedans de nous-mêmes. » De l'existence de cette loi nous concluons à celle d'un Législateur suprême, principe de toute obligation et de tout devoir, de toute justice et de tout droit.

Ainsi encore la connaissance de nous-mêmes nous apprend qu'il y a au fond de notre cœur des *désirs profonds, des aspirations puissantes* qui l'entraînent vers l'Infini : ce sont les désirs du vrai, du beau, du bien, du bonheur, dont tout le monde éprouve les ardeurs et les élans et qui faisaient dire au poète :

> Borné dans sa nature, infini dans ses vœux,
> L'homme est un dieu tombé qui se souvient des cieux.

Comme les désirs et les aspirations de notre nature ne sauraient nous tromper, nous en concluons qu'il existe quelque part un Être infini, qui est la Vérité, la Beauté, la Bonté, l'Idéal que nous cherchons, et cet Être infini, c'est Dieu.

L'observation psychologique nous fait enfin découvrir en nous certaines *notions, certaines vérités premières,* qui constituent comme le fond de notre faculté de connaître : ce sont les idées de cause et d'effet, de contingent et de nécessaire, de fin, de moyen et d'ordre, de parfait et d'imparfait, de fini et d'infini, toutes les idées rationnelles, en un mot, avec les vérités qui s'y rattachent et qui nous apparaissent comme absolues, immuables et éternelles. En partant de ces idées et de ces vérités, nous nous élevons à la conception d'un Être nécessaire, parfait, infini, et nous ne faisons en cela que marcher sur les traces des plus illustres philosophes.

Quand Descartes, dans la quatrième partie de son *Discours de la méthode,* prouve l'existence de Dieu par l'origine de l'idée d'être parfait, idée qu'il ne peut tenir ni du néant, ni de lui-même et qui doit avoir été mise en lui par un Être qui possède toutes les perfections, qui est Dieu; — quand des perfections qu'il n'a pas il conclut nécessairement à l'existence d'un être plus parfait dont il dépend et duquel il a tout acquis; — quand enfin, revenant à examiner l'idée qu'il a d'un Être parfait, il trouve que l'existence y est comprise de la même façon qu'il est compris dans l'idée de triangle que ses trois angles sont égaux à deux droits et qu'il en infère qu'il est pour le moins aussi certain que Dieu, qui est cet être parfait, est ou existe qu'aucune démonstration de géométrie le saurait être, — Descartes ne fait que se servir des éléments que lui a fournis la connaissance de lui-même pour s'élever à la connaissance de Dieu.

Quand Bossuet, au chapitre quatrième de son *Traité de la connaissance de Dieu et de soi-même,* montre que l'homme considéré dans son corps, dans son âme, dans l'union de l'un et de l'autre est un ouvrage d'un dessein profond, d'une sagesse admirable et suppose un Créateur tout-puissant; — quand, après avoir établi que l'entendement a pour objet des vérités éternelles, il conclut qu'il faut à ces vérités un sujet dans lequel elles subsistent éternelles et immuables comme elles sont, et que cet objet éternel, c'est Dieu éternellement subsistant, éternellement véritable, éternellement la vérité même; — quand enfin il nous dit que l'âme connaît par l'imperfection de son intelligence qu'il y a ailleurs une intelligence parfaite, — Bossuet ne fait qu'appliquer d'une manière admirable la méthode qu'il a indiquée au début de son ouvrage : « La connaissance de nous-mêmes nous élève à la connaissance de Dieu. »

On peut en dire autant de Leibnitz et de Fénelon, lorsqu'ils prouvent l'existence de Dieu, le premier, dans sa *Monadologie* (36-45), par l'existence des êtres contingents qui ont leur raison dernière dans l'être nécessaire, par la réalité des vérités éternelles dont l'entendement de Dieu est la région, et par l'idée même d'être nécessaire et parfait; le second, dans la deuxième partie de son *Traité de l'existence de Dieu*, par l'imperfection de l'être humain, par l'idée que nous avons de l'infini, par l'idée de l'être nécessaire et enfin par la nature des idées. Les éléments de toutes ces preuves sont prises dans la connaissance de nous-mêmes.

Mais c'est surtout pour établir les attributs de Dieu que cette connaissance nous est d'un précieux secours.

Notre âme, en effet, est comme l'image de la divinité :

Exemplumque Dei quisque est in imagine parvâ,

a dit le poète, et Descartes a raison d'affirmer que « pour connaître la nature de Dieu autant que la sienne en était capable, il n'avait qu'à considérer de toutes les choses dont il trouvait en lui quelque idée, si c'était perfection ou non de les posséder, et qu'il était assuré qu'aucune de celles qui marquent quelque imperfection n'était en lui, mais que toutes les autres y étaient. » — « Les perfections de Dieu, dit le père Gratry, sont celles de la créature, moins la limite. »

Ainsi d'abord la conscience nous atteste que notre âme est *une*, malgré les modifications diverses dont elle est le sujet, et cette unité nous apparaît comme une des perfections, comme un des plus beaux attributs de sa substance; elle doit donc se trouver en Dieu, mais à un degré éminent : Dieu est l'*unité parfaite* et absolue.

Nous savons encore que notre âme est *simple* et spirituelle, que cette simplicité et cette spiritualité valent mieux que la composition et la divisibilité ; nous en concluons que Dieu est simple, mais d'une *simplicité parfaite,* qu'il est un esprit, mais un esprit infini.

Non seulement notre âme est une, mais encore elle persiste dans cette unité ; elle est la même aujourd'hui qu'hier, la même à tous les instants de sa durée ; en un mot, elle est *identique.* Cette identité, qui est une perfection, doit être attribuée à Dieu, mais à un degré supérieur et en tant qu'elle constitue l'*immutabilité.*

Un autre attribut de notre nature, c'est l'*intelligence* qui fait de nous les rois de la création. Mais si je suis intelligent, moi, créature finie et bornée, comment Dieu ne le serait-il pas, lui de qui je tiens tout ce que j'ai et tout ce que je suis ? « Celui qui a fait l'œil ne verra pas, dit Bernardin de Saint-Pierre ! Celui qui a fait l'oreille n'entendra pas ! Celui qui a fait l'intelligence pourrait en manquer ! » Non, il est l'*intelligence infinie.*

Nous sommes *libres* comme nous sommes intelligents, et la liberté, le pouvoir de nous déterminer par nous-mêmes et de notre propre mouvement est une de nos plus belles et de nos plus chères prérogatives, celle à laquelle nous devons cette autonomie, cette souveraineté parfaite sur nous-mêmes, qui nous autorise à dire :

Sic volo, sic jubeo ; sit pro ratione voluntas !

Il faut donc aussi que Dieu soit libre, non pas d'une liberté faible, incertaine, irrésolue comme la nôtre, mais d'une *liberté parfaite* qui ne connaît ni hésitation ni délibération, qui veut le bien éternellement, irrévocablement.

Nous avons de plus la faculté de *sentir et d'aimer* et cette faculté est une de nos plus hautes perfections. « L'amour, dit le père Lacordaire, est l'acte suprême de l'âme et le chef-d'œuvre de l'homme. » Il faut donc que Dieu, qui est l'être infiniment parfait, ait le pouvoir d'aimer. « *Dieu est amour* », dit l'Écriture.

Il y a aussi en nous une certaine *sagesse* qui nous fait disposer harmonieusement les moyens pour atteindre la fin, et une certaine *justice* qui nous porte à rendre à chacun ce qui lui est dû. Dieu, qui est l'Être infini, doit donc être *juste* d'une justice infinie et *sage* d'une sagesse infiniment supérieure à la nôtre, « toujours courte par quelque endroit, » comme l'a dit Bossuet.

Si l'homme est *bon*, si la bonté fait sa grandeur et sa gloire, si, comme le dit le poète,

> La bonté, c'est le fond des natures augustes,

Dieu, qui est l'infinie perfection, doit être la *bonté infinie*.

Enfin si nous avons conscience de nous-mêmes comme d'une *personne* morale, distincte de tout ce qui n'est pas elle, comme d'une substance individuelle et douée de raison, « *rationalis naturæ individua substantia*, » comment refuser à Dieu cette perfection, cette personnalité ? Comment ne pas dire qu'il est une *personne adorable et infinie*, et non pas un Dieu inconscient et confondu avec le monde, ainsi que l'affirment les panthéistes ?

Voilà comment la connaissance de nous-mêmes dirige notre intelligence dans sa marche vers la science de Dieu et l'Infini; voilà comment en partant de l'étude de l'homme, nous nous élevons, peu à peu, sur les ailes de la raison, jusqu'à la contemplation de ce soleil du monde intelligible qui ravissait Platon et lui apparaissait comme le roi, l'âme et la vie de l'univers.

Sujets à traiter. — 1. Pourquoi Bossuet part-il de la connaissance de l'homme pour s'élever à la connaissance de Dieu et ne suit-il pas la méthode inverse? (Sorbonne, 27 juillet 1875.)

2. Que voulait dire Bossuet quand il écrivait ces paroles souvent citées : « Le parfait est le premier en soi et dans nos idées, et l'imparfait, en toutes façons, n'en est qu'une dégradation? » (Sorbonne, 16 août 1872; Clermont, Brive 1879.)

3. Quel est le sens philosophique de ces paroles célèbres de Bossuet :

« La perfection est la raison de l'être. » Montrer qu'elles résument la métaphysique de Platon et celle d'Aristote. (Sorbonne, 17 juillet 1879.)

CXXVIII.

Par quelle méthode peut-on déterminer les attributs de Dieu ? Est-ce par la méthode inductive, ou par la méthode déductive, ou par les deux à la fois ? Distinguer les attributs métaphysiques des attributs moraux. (Sorbonne, 11 août 1871.)

La détermination des *attributs de Dieu* est chose délicate et difficile ; sans aller jusqu'à dire avec Pascal que « s'il y a un Dieu, il est infiniment incompréhensible, puisque n'ayant ni parties ni bornes, il n'a nul rapport à nous et que nous sommes incapables de connaître ni ce qu'il est, ni s'il est », il faut avouer qu'une intelligence finie et bornée comme la nôtre ne pourra jamais comprendre l'Infini. D'ailleurs ce que nous nommons les *attributs de Dieu* ce sont les divers aspects sous lesquels nous apparaît l'Être nécessaire, dont nous ne pouvons embrasser l'indivisible unité dans sa réalité substantielle.

Or, pour nous élever à la conception des adorables perfections de l'Être suprême, il nous faut évidemment remonter des effets à la cause, des créatures au Créateur, et, au nom de ce principe que la cause renferme tout ce qu'il y a de perfection dans l'effet, lui attribuer d'une manière éminente et infinie les perfections que nous trouvons dans les choses créées.

Cette méthode a été indiquée par Descartes avec une rare précision dans la quatrième partie du *Discours de la méthode*. « Pour connaître la nature de Dieu autant que la mienne en était capable, dit-il, je n'avais qu'à considérer, de toutes les choses dont je trouvais en moi quelque idée, si c'était perfection ou non de les posséder, et j'étais assuré qu'aucune de celles qui marquaient quelque imperfection n'était en lui, mais que toutes les autres y étaient. »

Bossuet dit aussi : « La connaissance de nous-mêmes doit

nous élever à la connaissance de Dieu, » et encore : « Rien ne sert tant à l'âme pour s'élever à son auteur que la connaissance qu'elle a d'elle-même et de ses sublimes opérations. » (*Traité de la connaissance de Dieu et de soi-même*, Préface et ch. IV.)

« La substance suprême, dit Leibnitz dans sa *Monadologie* (§ 40 et 41), doit être incapable de limites et contenir tout autant de réalité qu'il est possible. D'où il s'ensuit que Dieu est absolument parfait, la perfection n'étant autre chose que la grandeur de la réalité positive prise précisément, en mettant à part les limites ou bornes dans les choses qui en ont. »

« Les perfections de Dieu, dit encore le P. Gratry dans son livre *De la connaissance de Dieu*, sont celles des créatures moins la limite. »

La méthode enseignée et suivie par tous ces philosophes dans la détermination des *attributs de Dieu* est donc la *méthode inductive*, qui consiste à s'élever du particulier au général, des effets à la cause.

Mais il y a des *attributs de Dieu* dont rien ici-bas ne saurait nous donner l'idée : où trouver, par exemple, même une lointaine image de son éternité, de son immensité, de son immutabilité ? Ce n'est que par la *méthode déductive* que nous arrivons à connaître ces attributs ; ils nous apparaissent comme découlant nécessairement de l'idée d'Être infini, d'Être nécessaire, d'Être parfait.

Ainsi donc pour déterminer les perfections de Dieu il faut employer les deux grands procédés de l'esprit humain, l'*induction* et la *déduction*.

C'est même de là que vient la division des attributs de Dieu en *attributs métaphysiques* et *attributs moraux*.

Les *attributs métaphysiques* sont ceux qui découlent de l'idée même de Dieu et qu'on établit par la méthode déductive ; on en compte ordinairement cinq : l'*unité*, la *simplicité*, l'*immutabilité*, l'*éternité* et l'*immensité*.

Les *attributs moraux* sont ceux qui sont puisés dans la connaissance de l'homme intellectuel et moral et auxquels on s'élève par la méthode inductive : telles sont l'*intelligence*, la volonté, l'*amour*, la *sagesse*, la *justice*, la *sainteté*, la *puissance*, la *bonté*, la *félicité* et enfin la *personnalité*.

Mais, comme le dit très bien Fénelon dans la seconde partie de son *Traité de l'existence de Dieu*, « toutes ces perfections n'en font qu'une et si je les multiplie, c'est par la faiblesse de mon esprit qui, ne pouvant d'une seule vue embrasser le tout qui est infini et parfaitement un, le multiplie pour se soulager et le divise en autant de parties qu'il a de rapports à diverses choses hors de lui... Il ne faut pas s'étonner que, quand je contemple la divinité, mon opération ne puisse point être aussi une que son objet ; son objet est infini et infiniment un ; mon esprit et mon opération ne sont ni infinis ni infiniment uns ; au contraire, ils sont infiniment bornés et multipliés. »

Sujets à traiter. — 1. En quoi consiste la distinction des attributs métaphysiques de Dieu et de ses attributs moraux? Se démontrent-ils les uns et les autres par la même méthode? (Sorbonne, 8 décembre 1880.)
2. Qu'entend-on par attributs moraux de Dieu? Par quelle méthode peut-on les démontrer? (Sorbonne, 22 mars 1879.)
3. Quelle est la meilleure méthode à suivre dans la détermination des attributs moraux de la divinité? (Sorbonne, 6 juillet 1878.)
4. Des attributs de Dieu en général et particulièrement de sa bonté et de sa justice. (Faculté de Toulouse.)

CXXIX.

Démontrer que les attributs métaphysiques de Dieu reposent tous sur l'idée d'infini. (Sorbonne, 4 novembre 1874.)

Les attributs *métaphysiques* de Dieu sont l'*unité*, la *simplicité*, l'*immutabilité*, l'*éternité* et l'*immensité*.

L'*unité*, c'est l'exclusion de la pluralité : dire que Dieu est un, c'est dire qu'il n'y a pas plusieurs dieux.

Dieu est un, parce qu'il est *infini*. En effet, comme le dit Fénelon dans la seconde partie de son *Traité de l'existence de Dieu*,

— il ne saurait y avoir plusieurs infinis, car qui dit plusieurs dit une augmentation de nombre; or, l'infini ne peut admettre ni nombre ni augmentation. — D'ailleurs plusieurs infinis ne seraient pas plus qu'un seul; car cent millions d'êtres infiniment parfaits ne pourraient faire tous ensemble, dans leur collection, qu'une perfection infinie et rien au delà; or, un seul être infiniment parfait fournit également cette infinie perfection; qui dit simplement infini dit un l'être auquel on ne peut rien ajouter et qui épuise tout l'être. — Enfin plusieurs infinis seraient infiniment moins qu'un : un seul être infiniment parfait est infiniment un et simple, au lieu qu'une collection d'êtres infiniment parfaits aurait le défaut de la collection ou de la composition et par conséquent serait moins parfaite qu'un seul être qui aurait dans son unité l'infinie et souveraine perfection. Un seul être qui a en soi la totalité de l'être est infiniment supérieur à un être qui a un égal, indépendant et fécond comme lui. Outre que ces deux prétendus infinis seraient la borne l'un de l'autre et par conséquent ne seraient rien moins qu'infinis, chacun d'eux serait moins qu'un infini qui n'aurait point d'égal : la simple égalité est une dégradation par comparaison à l'être unique et supérieur à tout ce qui n'est pas lui. De plus, chacun de ces dieux connaîtrait ou ignorerait son égal. S'il l'ignorait, il aurait une intelligence défectueuse : il serait ignorant d'une vérité infinie. S'il connaissait parfaitement son égal, son intelligence surpasserait infiniment son intelligibilité : son intelligence et son intelligibilité seraient pourtant sa propre essence ; donc il serait plus parfait et moins parfait que lui-même. Enfin, voici une autre contradiction : ou chacun des deux infinis pourrait produire des êtres à l'infini ou il ne le pourrait pas. S'il ne le pouvait pas, il ne serait pas infini. Si, au contraire, il le pouvait, le premier infini qui commencerait à produire des êtres détruirait son égal; car cet égal ne pourrait point produire ce que le premier aurait produit. Il ne saurait donc y avoir qu'un seul Infini.

La *simplicité* de Dieu, c'est l'exclusion de toute composition dans sa substance.

Dieu est simple, parce qu'il est *infini* et qu'un composé ne peut jamais être que fini. « Pour tout ce qui est composé, dit Fénelon en réfutant le panthéisme de Spinoza, ayant des parties bornées dont l'une n'est point réellement l'autre et dont l'une a son existence indépendante de l'autre, je puis concevoir nettement la non-existence de l'une de ces parties, puisqu'elle n'est point essentiellement existante par elle-même; je puis, dis-je, la concevoir sans altérer ni diminuer l'existence de toutes les autres. Cependant il est manifeste qu'en ne concevant plus cette partie comme existante et unie aux autres, j'amoindris le tout; un tout amoindri n'est point infini. »

L'*immutabilité* de Dieu, c'est le non-changement de sa substance. Dieu est immuable, parce qu'il est *infini* et infiniment parfait : en effet, un changement dans sa substance ne pourrait se faire qu'en mieux ou en pire; dans le premier cas, Dieu ne serait pas l'être parfait et infini; dans le second, il cesserait de l'être.

L'*éternité* de Dieu, dit-on vulgairement, est cet attribut en vertu duquel il n'a jamais eu de commencement et n'aura jamais de fin. Les philosophes définissent l'éternité « la possession parfaite et simultanée d'une existence sans bornes : *interminabilis vitæ tota simul et perfecta possessio* ».

Dieu est éternel parce qu'il est *infini* : l'éternité, en effet, n'est que l'infini dans la durée, dans l'existence et dans les manifestations diverses de l'activité.

L'*immensité* de Dieu est cet attribut en vertu duquel il est présent partout sans être limité par aucun lieu.

Dieu est immense, parce qu'il est infini et qu'à ce titre « il *est* tellement qu'il faut bien se garder de demander où, comme dit Fénelon... Tout le positif de l'étendue se trouve en Dieu, sans que Dieu soit ni figuré, ni capable de mouvement, ni divisible, ni impénétrable, ni par conséquent palpable, ni par conséquent mesurable. Il n'est en aucun lieu, non plus qu'il n'est en aucun temps... Toutes les questions du temps et du lieu sont impertinentes à son égard. »

Voilà comment les *attributs métaphysiques* de Dieu reposent tous sur l'idée d'infini et pourquoi on définit ces attributs les perfections de Dieu qui découlent de son essence et se déduisent de l'idée même d'être nécessaire, d'être parfait, d'être infini, par opposition aux *attributs moraux,* qui sont puisés dans la connaissance de l'homme intellectuel et moral.

Sujet à traiter. — Prouver qu'il y a un Dieu et qu'il ne peut y en avoir plusieurs. (Sorbonne, 21 août 1869.)

CXXX.

De la Providence divine : comment se manifeste-t-elle dans la nature et dans l'histoire ? (Sorbonne, 24 août 1867.)

La *Providence divine,* du latin *prævidere* et *providere,* prévoir et pourvoir, est l'action permanente par laquelle Dieu conserve toutes les créatures et les dirige vers leur fin.

Comme le dit admirablement Racine, dans *Esther :*

> Ce Dieu, maître absolu de la terre et des cieux,
> N'est point tel que l'erreur le figure à nos yeux.
> L'Éternel est son nom, le monde est son ouvrage ;
> Il entend les soupirs de l'humble qu'on outrage,
> Juge tous les mortels avec d'égales lois
> Et du haut de son trône interroge les rois.

Il suffit de jeter les yeux sur la nature qui nous environne pour y voir la manifestation éclatante de l'action providentielle et de la sagesse infinie qui veille sur le monde : partout des lois d'une puissance merveilleuse et d'une simplicité plus merveilleuse encore régissent les êtres de la création avec une harmonie dont les siècles ne dérangent jamais la parfaite régularité.

Ainsi dans le *monde sidéral,* c'est la loi de la gravitation universelle découverte par Newton et à laquelle obéissent tous les astres qui roulent dans les cieux, ces millions de soleils dont la lumière nous arrive à travers des espaces incommensurables, et dont les révolutions, réglées avec une précision mathématique, forment ce concert harmonieux que les anciens appelaient la musique do ciel et dans lequel notre intelligence reconnait et admire l'œuvre d'une intelligence suprême et d'une Providence infinie.

Dans le *règne minéral*, ce sont les lois d'affinité, de cohésion, de cristallisation, mises en lumière par Lavoisier et ses illustres successeurs, et qui président à la formation de tous les corps inorganiques et organiques, dont l'infinie variété et la parfaite harmonie proclament encore l'action d'une Sagesse souverainement puissante.

Dans le *règne végétal*, ce sont les lois établies par Linné et les de Jussieu, d'après lesquelles les plantes naissent et croissent, se nourrissent des sucs de la terre, s'épanouissent aux rayons du soleil, se fécondent à des distances prodigieuses et se reproduisent avec une admirable régularité, tout autant de choses dans lesquelles il est impossible de ne pas reconnaître l'intervention d'une Puissance suprême.

Dans le *règne animal*, c'est la grande loi de l'analogie découverte par Cuvier et Geoffroy-Saint-Hilaire et d'après laquelle les organes de chaque être vivant sont toujours appropriés aux fonctions qu'ils ont à accomplir ; c'est cette admirable hiérarchie des êtres qui s'élève par une gradation naturelle des espèces les plus infimes jusqu'aux espèces les plus nobles, jusqu'à l'homme enfin, chef-d'œuvre et roi de la création.

Enfin dans la *nature entière*, c'est cette merveilleuse économie en vertu de laquelle le règne minéral soutient et nourrit le règne végétal, qui fournit à son tour aux animaux leurs aliments, comme les animaux eux-mêmes servent à la nourriture de l'homme.

Que si, laissant de côté l'ensemble des choses, nous descendons aux *détails* et nous en venons à examiner chaque être, végétal ou animal, dans ses organes les plus délicats et les plus imperceptibles, la science nous y fera découvrir, à l'aide des instruments qu'elle a inventés, une perfection si inimitable que l'art humain doit désespérer d'arriver jamais à produire rien de semblable. Il y a longtemps que Xénophon, développant la pensée de Socrate, son maître, et passant en revue l'admirable mécanisme du corps humain, s'efforçait de montrer dans chacune de ses parties une marque de la *Providence divine*. Depuis lors, la science a fait des découvertes qui ont singulièrement accru nos connaissances et confirmé d'une manière de plus en plus éclatante les intuitions de Socrate en nous montrant dans l'oreille et dans l'œil, par exemple, les plus parfaits instruments d'optique et d'acoustique.

Il est donc vrai de dire avec Pascal que, « soit que l'homme contemple la nature entière dans sa haute et pleine majesté », soit qu'il l'admire « dans l'enceinte d'un raccourci d'atome », il se perd dans des merveilles dont les unes sont « aussi étonnantes dans leur petitesse que les autres par leur étendue ». Aussi, si Galien, qui n'avait que les lumières d'une science bien imparfaite, s'écriait après avoir analysé le corps humain : « Je viens de chanter un hymne à Dieu, » le savant moderne, éclairé de toutes les lumières des sciences physiques et naturelles, doit s'écrier avec infiniment plus de raison qu'il chante toujours un hymne à la *Providence*, dont la sagesse éclate de toutes parts à ses yeux.

L'historien et le philosophe, eux aussi, peuvent saisir l'action de cette *Providence* dans le *monde moral* et le développement de l'humanité à travers les âges. Là, sans doute, il faut tenir compte de la liberté humaine, que Dieu lui-même a créée et qu'il ne supprime pas. Mais dans ce domaine comme dans celui de la nature, la Providence divine se manifeste par des lois éternelles auxquelles obéissent, souvent à leur insu, les peuples et les nations. « L'homme s'agite ; Dieu le mène, » dit Fénelon. Ce serait n'avoir rien compris à l'histoire que de ne voir dans les guerres, les invasions et les révolutions, que le déploiement capricieux d'événements sans suite et sans rapport. Tout se lie dans l'histoire des peuples et tout y tend vers un but déterminé.

C'est ce but que, par une sublime intuition de génie, Bossuet entrevoit dans le *Discours sur l'histoire universelle*, soit lorsqu'il nous montre, dans la « *Suite de la religion* », Dieu qui prépare dès l'origine du monde ce qu'il achève à la fin des temps, et qui, sous divers états, mais avec une succession toujours constante, perpétue au yeux de tout l'univers la sainte société où il veut être servi ; soit qu'il nous fasse voir comment « les révolutions des *empires* sont réglées par la *Providence* », comment

Dieu s'est servi des Assyriens et des Babyloniens pour châtier son peuple; des Perses pour le rétablir; d'Alexandre et de ses premiers successeurs pour le protéger; des Romains pour soutenir sa liberté contre les rois de Syrie; de ces mêmes Romains pour le châtier et l'exterminer, quand il a eu méconnu et crucifié le Christ. « Plus vous vous accoutumerez à suivre les grandes choses, dit-il à son royal élève, et à les rappeler à leurs principes, plus vous serez en admiration des conseils de la *Providence*... Dieu ne déclare pas tous les jours ses volontés par ses prophètes, touchant les rois et les monarchies qu'il élève ou qu'il détruit. Mais l'ayant fait tant de fois dans ces grands empires dont nous venons de parler, il nous montre par ces exemples fameux ce qu'il fait dans tous les autres. »

Tout le monde connaît la conclusion magnifique de ce *Discours* dans laquelle Bossuet montre qu'il faut tout rapporter à une *Providence*. « Souvenez-vous, Monseigneur, que ce long enchaînement des causes particulières qui font et qui défont les empires, dépend des ordres secrets de la divine *Providence*. Dieu tient du plus haut des cieux les rênes de tous les royaumes; il a tous les cœurs en sa main; tantôt il retient les passions, tantôt il leur lâche la bride et par là il remue le genre humain. Veut-il faire des conquérants, il fait marcher devant eux l'épouvante et il inspire à eux et à leurs soldats une hardiesse invincible. Veut-il faire des législateurs, il leur envoie son esprit de sagesse et de prévoyance; il leur fait prévenir les maux qui menacent les États et poser les fondements de la tranquillité publique. Il connaît la sagesse humaine, toujours courte par quelque endroit; il l'éclaire, il étend ses vues, et puis il l'abandonne à ses ignorances : il l'aveugle, il la précipite, il la confond par elle-même... C'est ainsi que Dieu règne sur tous les peuples. Ne parlons plus de hasard ni de fortune ou parlons-en seulement comme d'un nom dont nous couvrons notre ignorance. »

Sujets à traiter. — De la Providence. Quelles sont les objections élevées contre la Providence? Comment peut-on y répondre? (Sorbonne, 3 mai 1870.)

(*Voir les sujets indiqués à la fin du devoir suivant.*)

CXXXI.

Expliquer et développer cette maxime scolastique : « *Malum habet causam non efficientem, sed deficientem.* **»** (Sorbonne, 24 juillet 1874.)

Le *mal* existe dans le monde; aucun optimisme ne peut le nier et les systèmes qui ne veulent pas le reconnaître n'ont d'autre ressource que de faire violence tout à la fois à notre expérience et à notre conscience morale.

Mais si le *mal* existe, comment l'expliquer? A quelle cause l'attribuer? Quelle raison d'être lui assigner? Dira-t-on que le *mal* est nécessaire au même titre que le bien? Faudra-t-il admettre, avec les dualistes, deux principes également éternels, un principe du bien et un principe du *mal*? Ou bien sera-t-on forcé de reconnaître que Dieu veut le *mal* et qu'il en est l'auteur? C'est pour résoudre ce grave problème que les Scolastiques ont formulé la célèbre maxime reproduite par Leibnitz dans ses *Essais de théodicée* : « *Malum habet causam non efficientem, sed deficientem* : le mal n'a pas de cause *efficiente*, mais seulement une cause *déficiente*. »

Une cause *efficiente* est une cause positive, produisant quelque chose de réel, tandis qu'une cause *déficiente* est une cause négative, ayant des analogies avec le principe qu'Aristote nommait στέρησις, la privation. Pour qu'une chose soit ceci et non cela, pour qu'elle ait une forme et une nature déterminées, il faut qu'elle exclue tout ce qui est différent de cette nature, incompatible avec cette forme. Il faut que le cercle soit privé des qualités du carré pour avoir celles du cercle. La cause du mal, suivant les Scolastiques, est de cette nature.

Qu'est-ce, en effet, que le mal? Ce n'est pas quelque chose de réel et de positif; c'est une *négation*, un défaut, une privation : la négation de la perfection, le défaut d'être et de puissance, la privation et l'absence du bien, comme les ténèbres sont l'absence de la lumière, comme l'erreur est la négation de la vérité. Le mal n'a donc pas de cause positive, efficiente : chercher au mal une cause, c'est en chercher une au néant.

Pour se convaincre plus profondément de cette vérité, il suffit d'examiner les diverses espèces de mal que l'on distingue en philosophie : le *mal métaphysique*, le *mal physique* et le *mal moral*.

Le *mal métaphysique*, c'est l'imperfection des créatures : or, cette imperfection nous apparaît comme nécessaire, comme inhérente à la condition des créatures qui sont essentiellement finies, limitées et bornées. « Dieu, dit Leibnitz, ne pouvait pas donner tout à l'être créé, sans en faire un Dieu. » Et ce grand philosophe explique le *mal métaphysique* par une comparaison aussi profonde qu'ingénieuse : il nous représente des bateaux inégalement chargés emportés par le même courant avec une inégale vitesse; puis il ajoute : « Le courant est la cause du mouvement du bateau, mais non pas de son retardement : Dieu est la cause de la perfection dans la nature et dans les actions de la créature; mais la limitation de la réceptivité de la créature est la cause des défauts qu'il y a dans son action. » Ce n'est pas là assurément une cause efficiente, positive; mais un cause négative, *déficiente* : « *Malum habet causam non efficientem, sed deficientem.* »

Le *mal physique*, c'est la douleur, c'est la souffrance; ce sont les calamités, les maladies et la mort. — Or, toutes ces choses sont une forme, une conséquence du mal métaphysique, de l'imperfection inhérente à toutes les créatures, et, à ce titre, elles n'ont d'autre cause que ce que Leibnitz appelle « la limitation originelle » des êtres sortis des mains de Dieu. — De plus, la plus grande partie des maux physiques doivent être imputés à nos propres fautes, à nos vices, à nos passions, ou du moins aux vices et aux passions de nos semblables. Les guerres sanglantes, « *bella matribus detestata*, » comme dit le poète, n'ont d'autre source que l'orgueil, la haine et la vengeance. Les maladies dont nous nous plaignons sont le plus souvent le fruit de nos excès ou le triste héritage que nous lèguent nos parents, si bien qu'il est vrai de dire avec Leibnitz : « L'on pâtit, parce que l'on a agi; l'on souffre du mal, parce qu'on a fait le mal :

> ... Nostrorum causa malorum
> Nos sumus.

Le *mal physique* n'a donc qu'une cause *déficiente :* « *Malum habet causam non efficientem, sed deficientem.* »

Quant au *mal moral*, il consiste dans la violation de la loi du devoir, dans les péchés et les crimes que commettent les hommes. Or, « comme le néant n'a point de cause, dit Bossuet, le péché, qui est un défaut et une espèce de néant, n'en a point. » Si l'on veut lui en assigner une, ce ne peut être que notre volonté faible et fautive, qui, au lieu d'écouter les saintes inspirations de la conscience et du devoir, se laisse aller aux entraînements de la passion et peut dire avec le poète :

> ... Video meliora, proboque;
> Deteriora sequor.

Cette défaillance, cette lâcheté morale, voilà bien la cause *déficiente* dont parlent les Scolastiques : « *Malum habet causam non efficientem, sed deficientem.* »

Il n'est donc pas besoin pour expliquer le mal et ses diverses formes de recourir au principe de ténèbres dont parlent les dualistes; il ne faut pas davantage en faire l'œuvre de Dieu et de la Providence. Il y a du mal dans le monde, parce que le monde est créé et imparfait, parce que le bien absolu n'existe pas et ne peut pas exister dans la nature. Dieu permet le mal; il ne le fait pas, il ne le veut pas, et, s'il le tolère ici-bas, c'est qu'il a l'éternité pour en tirer une éclatante vengeance.

Sujets à traiter. — 1. Donner une définition précise du mal physique et du mal moral. Quelle part l'homme a-t-il dans la production de l'un et de l'autre? (Sorbonne, 11 août 1881.)

2. Quelle différence fait-on en théodicée entre le mal physique et le mal moral? Réfuter les objections que l'on tire de l'un et de l'autre contre la Providence. (Sorbonne, 16 novembre 1866, 20 novembre 1868, 17 novembre 1871.)

3. Expliquer la distinction du mal physique et du mal moral et la part de l'homme dans la production de l'un et de l'autre. (Sorbonne, mars 1880, 30 novembre 1880.)

4. De la douleur : peut-on la concilier avec la Providence divine? (Sorbonne, 9 août 1870.)

5. « Le mal sert souvent pour mieux goûter le bien et quelquefois aussi il contribue à une plus grande perfection de celui qui le souffre,

comme le grain qu'on sème est sujet à une espèce de corruption pour germer. » Expliquer ces paroles de Leibnitz. (Montpellier, 29 juillet 1879.)

6. Expliquer et développer ce dilemme célèbre : « *Si Deus est, unde malum? Si non est, unde bonum?* » (Sorbonne, 6 août 1872.)

CXXXII.

En quoi consistent le panthéisme et l'athéisme? Quels sont leurs rapports et leurs différences ? (Sorbonne, 17 novembre 1874.)

Le *panthéisme*, comme le mot l'indique, πᾶν, Θεός, est un système d'après lequel Dieu est tout ou tout est Dieu.

Il y a, en effet, deux espèces de *panthéisme :* le *panthéisme idéaliste* et le panthéisme *matérialiste* ou *naturalisme*.

D'après le *panthéisme idéaliste*, toute la réalité consiste dans Dieu, dans la substance infinie et absolue; elle produit nécessairement tous les êtres relatifs et finis, qui ne se distinguent pas d'elle ou qui, sortis de son sein, reviennent s'y absorber. Dieu est tout : voilà la formule de ce panthéisme, qu'il s'appelle *panthéisme d'émanation* et qu'il dise comme les philosophes indiens, partisans du brahmanisme, les adeptes de la Kabbale, les Gnostiques et les Alexandrins, que tous les êtres de l'univers, esprits et corps, ne sont qu'une émanation, une extension, un écoulement de la substance divine, dont ils sortent éternellement sans l'épuiser ni la diminuer, comme la chaleur et la lumière s'échappent du soleil sans altérer la substance de cet astre; ou qu'il s'appelle *panthéisme formaliste, panthéisme d'immanence*, et qu'il ne voie dans le monde que le développement interne et immanent de la substance infinie qui possède une infinité d'attributs dont les esprits et les corps ne sont que les formes et les modes, ainsi que l'enseigne Spinoza; ou même qu'il s'appelle *panthéisme progressif*, comme celui des Éléates et de l'école allemande, et qu'il dise que Dieu se fait dans la nature et l'humanité, qu'il est l'éternel devenir, produit par les révélations successives du moi (FITCHE), par les développements de l'absolu (SCHELLING), ou par les évolutions de l'idée (HEGEL).

D'après le *panthéisme matérialiste* ou le *naturalisme*, l'infini est absorbé dans le fini, Dieu dans la nature, et c'est la matière qui devient Dieu, grâce à une force active qui lui est unie et qui constitue toutes les formes, tous les degrés de l'être. Ainsi les Stoïciens disaient que le monde est un être animé par une intelligence éternelle qui est la raison et la semence primitive des choses, λόγος, σπέρμα νοερὸν, σπερματικὸς λόγος. Tout est Dieu : voilà la formule de ce panthéisme.

L'*athéisme*, du grec ἀ privatif, θεός, Dieu, est la négation de l'existence de Dieu.

Il y a plusieurs sortes d'athéisme :

L'*athéisme négatif* ou l'ignorance absolue de Dieu;

L'*athéisme pratique*, qui consiste à vivre comme si l'on ne croyait pas à l'existence d'un Être suprême,

Et l'*athéisme spéculatif*, ou *positif*, qui est la négation formelle et systématique de Dieu.

Cette dernière sorte d'*athéisme*, la seule qui relève de la philosophie, n'est que la conséquence plus ou moins directe de certains systèmes incompatibles avec l'idée de Dieu, comme l'*atomisme* de Leucippe et de Démocrite, d'Épicure et de Lucrèce, qui explique tout dans le monde par des combinaisons, des agrégations d'atomes éternels et existant par eux-mêmes ; comme le *matérialisme* ancien et moderne, qui ne reconnaît dans l'univers d'autre substance que la matière et les forces immanentes à la matière et ne peut croire à un Dieu personnel et libre; comme le *Darwinisme* enfin ou la *doctrine de l'évolution*, qui prétend se passer de Dieu et de la création en admettant l'éternité de la matière, laquelle, sous l'influence des deux grandes lois de la sélection naturelle et de la lutte pour la vie, se transforme continuellement et produit des êtres de plus en plus parfaits.

L'*athéisme* et le *panthéisme* ont donc cela de commun qu'ils sont moins des doctrines professées directement par les philosophes que des conséquences logiques de certains systèmes erronés. Ainsi le *panthéisme* des Éléates et des Alexandrins découle de leur idéalisme, de leur manière de concevoir le monde extérieur; celui de Spinoza, de sa définition de la substance qu'il conçoit comme l'être en soi et par soi et qui par conséquent doit être unique; celui de Fitche, de Schelling et de Hegel a été amené par le système de Kant et le besoin qu'ont éprouvé ses disciples d'expliquer le passage du subjectif à l'objectif. Enfin le *panthéisme* des Stoïciens est une conséquence du sensualisme et du matérialisme, absolument comme l'*athéisme* de Leucippe et de Démocrite, des Cyrénaïques, d'Épicure et de Lucrèce dans l'antiquité, de Hobbes au dix-septième siècle, de David Hume, de d'Holbach, d'Helvétius, de Lamettrie, de Cabanis et de Broussais au dernier siècle, de Buchner, de Moleschott, de Carl Vogt, de Darwin et de Herbert Spencer dans notre siècle.

Outre ces rapports qu'ils présentent dans leur origine, l'*athéisme* et le *panthéisme* en offrent d'autres dans leurs résultats, qui sont identiques en morale. — En effet, qu'on nie l'existence de Dieu ou qu'on dise que Dieu est tout et que par conséquent notre moi n'est qu'un mode, qu'un phénomène, qu'une modification nécessaire de la substance infinie, on doit toujours rigoureusement conclure qu'il n'y a pas pour nous de liberté véritable : fatalement produits, nous sommes poursuivis dans tous nos actes par une inexorable fatalité à laquelle rien n'échappe. — Qu'on ne nous parle donc plus de devoir, d'obligation sacrée : nous ne sommes que des automates irrésistiblement emportés. — Qu'on ne nous parle pas non plus de responsabilité morale : elle est perdue, anéantie dans le grand tout, Dieu ou la matière; mérite et démérite, vice et vertu, vie future et immortalité, vains mots que tout cela! Après la mort le néant ou, ce qui revient au même, l'absorption dans l'infini.

Malgré ces rapports, le *panthéisme* et l'*athéisme* présentent des différences profondes.

Ainsi d'abord le *panthéisme* est essentiellement dogmatique, tandis que l'*athéisme* n'est qu'une forme du scepticisme, le scepticisme religieux.

Ainsi encore ce dernier système, contraire aux besoins et aux instincts les plus profonds de la nature humaine, ne plaît guère qu'aux âmes froides ou qui ont étouffé en elles tous les sentiments élevés : le *panthéisme*, au contraire, a toujours eu un grand nombre d'adeptes, parce qu'avec son air de grandeur il séduit les âmes élevées, délicates, religieuses même ou du moins mystiques : elles sont heureuses de s'abandonner à ces effusions poétiques qui prêtent à toutes choses une parcelle de l'âme divine et charmées de s'endormir dans « la contemplation du monde que l'on voit s'épanouir comme un vaste organisme, animé d'une vie immense et une, se développant par un progrès intérieur, gravissant cette échelle de l'infini qui se perd dans la splendeur confuse du rêve ». (Caro, *L'Idée de Dieu*.)

Sujets à traiter. — 1. Qu'est-ce que le *panthéisme* ? En réfuter les principes ; en exposer les conséquences. (Sorbonne, 22 août 1870.)
2. Qu'appelle-t-on système du *panthéisme* ? Le caractériser rapidement par ses principaux traits. Que savez-vous de Spinoza ? (Sorbonne, août 1875.)
3. Qu'est-ce que le *panthéisme* ? Quels sont les principaux représentants de ce système dans l'histoire de la philosophie? (Sorbonne, 12 avril 1882.)

CXXXIII.

De l'optimisme. Du vrai et du faux optimisme.
(Sorbonne, 2 avril 1873, 7 août 1880.

L'*optimisme* est un système philosophique d'après lequel le monde créé est le meilleur des mondes possibles.

Ce système se trouve en germe dans le *Timée* et dans plusieurs autres dialogues de Platon, qui dit que « le meilleur des êtres n'a pu faire que la meilleure des œuvres ». — Les Stoïciens, Plotin et les Alexandrins répètent souvent que le monde est parfait dans son genre et qu'il ne saurait y en avoir un plus beau. — Saint Anselme, Abélard, saint Thomas ont été de ce sentiment. — Mais c'est Malebranche et Leibnitz qui ont particulièrement attaché leurs noms à la doctrine qu'on appelle l'optimisme.

Malebranche l'expose dans ses *Entretiens sur la métaphysique* et ses *Méditations chrétiennes*, où il enseigne que la sagesse de

Dieu lui faisait un devoir absolu de créer le monde qui manifesterait le mieux ses attributs infinis.

D'après Leibnitz, dans ses *Essais de théodicée* et sa *Monadologie*, c'est le principe de la raison suffisante qui oblige Dieu à produire ce qu'il y a de plus parfait. « Comme il y a, dit-il, une infinité d'univers possibles dans les idées de Dieu, et qu'il n'en peut exister qu'un seul, il faut qu'il y ait une raison suffisante du choix de Dieu, qui le détermine à l'un plutôt qu'à l'autre. — Et cette raison ne peut se trouver que dans la convenance, ou dans les degrés de perfection que ces mondes contiennent; chaque possible ayant droit de prétendre à l'existence à mesure de la perfection qu'il enveloppe. — Et c'est ce qui est la cause de l'existence de meilleur, que la sagesse fait connaître à Dieu, que sa bonté lui fait choisir, et que sa puissance lui fait produire. » (*Monadologie*, § 53, 54, 55.)

Malgré l'autorité de ces grands métaphysiciens, l'*optimisme* demeure, aux yeux d'un grand nombre de gens, couvert d'une sorte de ridicule. Voltaire, en effet, l'a accablé de railleries et de sarcasmes devenus populaires. Qui n'a entendu tourner en dérision ce fameux principe : Tout est pour le mieux dans le meilleur des mondes possibles? Sans doute, il y a un faux optimisme qu'il faut abandonner aux répulsions du sens commun et même au ridicule qu'il mérite; mais il y a un vrai optimisme que ne sauraient atteindre les railleries de Voltaire.

Il est faux de dire que « *tout est pour le mieux dans le meilleur des mondes possibles, pour chaque individu en particulier* » : cette assertion, en effet, semble une cruelle injure faite aux malheureux, aux déshérités de la fortune. « On demande, dit La Bruyère, si en comparant ensemble les différentes conditions des hommes, leurs peines, leurs avantages, on n'y remarquerait pas un mélange ou une espèce de compensation de bien et de mal qui établirait entre elles l'égalité ou qui ferait, du moins, que l'une ne serait pas plus désirable que l'autre. Celui qui est puissant, riche, et à qui il ne manque rien, peut former cette question; mais il faut que ce soit un homme pauvre qui la décide. »

Il est encore faux de prétendre que « *tout est pour le mieux dans le meilleur des mondes possibles, non pas pour les individus, mais pour l'espèce,* non pas pour tel ou tel homme, mais pour l'humanité en général » : car ce n'est pas la condition la meilleure pour les espèces vivantes, par exemple, que la nécessité de se nourrir les unes aux dépens des autres; ce n'est pas la condition la meilleure pour l'humanité que la vie présente, avec son imperfection, ses maux et ses misères.

Il est faux enfin que « *tout soit pour le mieux dans l'ensemble de l'univers considéré à tel ou tel moment de sa durée* » : car l'univers, envisagé à quelque moment que ce soit, est nécessairement imparfait et capable d'une perfection plus réelle et plus grande.

Mais il y a une autre manière d'interpréter l'optimisme qui consiste à dire que le *monde créé est le meilleur des mondes possibles,* si on le considère *non pas tel qu'il est,* ni *tel qu'il sera, mais tel qu'il devient* et *qu'il deviendra* dans la progression indéfinie de ses développements. « Toute la suite des choses à l'infini, dit Leibnitz dans ses *Essais de théodicée,* peut être la meilleure qui soit possible, quoique ce qui existe par tout l'univers, dans chaque partie du temps, ne soit pas le meilleur. »

Assurément les sarcasmes du *Candide* ne portent pas contre un pareil système, qui admet bien des imperfections dans le monde et des infortunes plus grandes que celles du docteur Pangloss et de son élève. Mais Leibnitz a-t-il répondu à toutes les objections auxquelles a donné lieu son système? Il le croit sans doute et les réfutations qu'il expose dans ses *Essais de théodicée* lui semblent décisives et victorieuses.

Que dire cependant à quelqu'un qui soutiendra qu'il est impossible de produire le meilleur, parce qu'il n'y a point de créature parfaite et qu'il est toujours possible d'en produire une qui le soit davantage?

Que dire à ceux qui prétendent que la liberté infinie de Dieu est absolument incompatible avec la loi du meilleur à laquelle l'assujettissent Malebranche et Leibnitz?

Sans aller jusqu'à soutenir avec les optimistes que le monde créé est le meilleur absolument, on pourrait se contenter d'affirmer que l'œuvre sortie des mains de Dieu est souverainement digne de sa puissance et de sa sagesse infinies :

Dieu fait bien ce qu'il fait,

dit le fabuliste avec un suprême bon sens : la saine philosophie ne parle pas autrement et malgré les imperfections et les maux qu'elle rencontre ici-bas, elle s'en va

Louant Dieu de toute chose.

Sujets à traiter. — 1. Qu'est-ce que l'*optimisme ?* Quelles en sont les formes les plus célèbres dans l'antiquité et les temps modernes? (Sorbonne, 27 novembre 1872.)

2. Qu'est-ce que l'*optimisme ?* Que savez-vous et que pensez-vous de ce système? (Sorbonne, juillet 1876.)

CXXXIV.

Que savez-vous du pessimisme ? Comment peut-on le réfuter ? (Sorbonne, 27 novembre 1882.)

Le *pessimisme* est une doctrine diamétralement opposée à l'optimisme et d'après laquelle tout est mal dans le monde.

Elle n'a guère été formulée que dans notre siècle par *Schopenhauer*, *Hartmann* et *Leopardi*.

Le philosophe allemand *Schopenhauer*, ennemi acharné de Fitche, de Schelling et de Hegel, « les trois sophistes, » comme il les appelle en exerçant contre eux sa verve mordante et sa critique acérée, enseigne dans son principal ouvrage *Le monde comme volonté et comme représentation*, que le principe de toute chose, n'étant que volonté pure, est par cela même l'absurde absolu, et ne peut, comme une force intelligente, adapter les moyens à la fin. De là les contradictions, les luttes et les guerres qui éclatent de toutes parts dans l'univers : dans les forêts et les prairies, les brins d'herbe se disputent le sol, la lumière et l'air, et s'exterminent silencieusement ; les animaux se poursuivent et se dévorent, et vivre pour eux, c'est se livrer au carnage; l'homme à son tour ne se conserve qu'aux dépens des animaux et même de ses semblables; à la fatigue qu'engendrent les luttes pour la vie s'ajoutent toujours par surcroît la tristesse, l'ennui, le souvenir d'une douloureuse impuissance, la prévision de redoutables épreuves, de sorte que la vie est détestable et que si le monde était un peu plus imparfait, il ne subsisterait pas un instant.

Le docteur *Hartmann*, dans sa *Philosophie de l'inconscient*, s'efforce de prouver que la création du monde est un acte dépourvu de raison et la croyance au bonheur une illusion. Quelque variées que soient les formes que cette illusion a prises, on peut, dit-il, les ramener à trois, qui sont comme les *stades de l'illusion*. Au premier stade (antiquité), l'homme s'imaginait atteindre le bonheur dans la vie présente; mais la santé, les richesses ne sont que des biens trompeurs. Au second stade (moyen âge), l'homme plaçait sa félicité dans une autre vie; mais l'immortalité n'est qu'un rêve. Au troisième stade (monde actuel), c'est l'avenir de l'humanité qui recèle le bonheur; mais ce bonheur, promis à nos neveux et refusé à ceux qui y travaillent n'est pas moins une illusion que les autres. Les maux l'emporteront toujours sur les biens et le néant est préférable à l'existence.

Le poète italien, *Leopardi*, sans professer formellement le pessimisme, laisse percer dans ses *Opuscules moraux* un esprit de satire chagrine et de découragement qui ressemble beaucoup à la résignation désespérée des pessimistes allemands.

Le découragement, le désespoir, ou une sorte de quiétisme fataliste, d'aveugle abandon à l'inexorable destinée, voilà bien les conséquences nécessaires du *pessimisme*. Mais ce système n'est au fond qu'un étrange paradoxe.

Si tout était mal dans le monde, rien n'existerait. Qu'est-ce, en effet, que le mal? C'est l'absence, la privation du bien; c'est la négation de la perfection et de l'être; c'est le néant, et le néant n'a pas même une ombre d'existence.

Il suffit d'ailleurs de jeter les yeux sur le monde physique et sur le monde moral pour être convaincu que tout n'y va pas au pire, comme le prétendent les pessimistes.

Non, tout n'est pas mal, désordre et confusion dans ce magnifique univers, où des lois d'une puissance merveilleuse et d'une simplicité plus merveilleuse encore régissent tous les êtres de la création avec une harmonie dont les siècles ne dérangent jamais la parfaite régularité.

Dans le *monde sidéral*, c'est la loi de la gravitation universelle, par laquelle tous les globes célestes, dont les dimensions prodigieuses et le nombre incalculable confondent notre intelligence, sont enchaînés les uns aux autres par de mutuelles et irrésistibles influences, qui règlent avec une précision mathématique leurs divers mouvements, de telle sorte que, bien qu'ils parcourent avec d'effrayantes vitesses des espaces incommensurables, ils ne s'écartent jamais de la voie qui leur a été tracée, démontrant ainsi qu'il y a dans l'univers une unité de vues, de forces et de direction qui constitue l'ordre au suprême degré.

Dans le *règne minéral*, ce sont les lois d'affinité, de cohésion, de cristallisation, qui président à la formation de tous les corps inorganiques et organiques qui constituent la masse de la terre et dont l'infinie variété n'a d'égale que leur parfaite harmonie.

Dans le *règne végétal*, ce sont les lois d'après lesquelles les plantes naissent et croissent, se nourrissent des sucs de la terre, s'épanouissent aux rayons du soleil, se fécondent à des distances prodigieuses et se reproduisent avec une admirable régularité.

Dans le *règne animal*, c'est la grande loi de l'analogie d'après laquelle les organes de chaque être vivant sont toujours appropriés aux fonctions qu'ils ont à accomplir; c'est cette admirable hiérarchie des êtres qui s'élève par une gradation naturelle des espèces les plus infimes jusqu'aux espèces les plus nobles, jusqu'à l'homme enfin, chef-d'œuvre et roi de la création.

Dans la *nature entière*, c'est cette merveilleuse économie qui fait que les minéraux fournissent aux végétaux tout ce dont ils ont besoin, que les végétaux servent d'aliment aux animaux, les animaux à l'homme, de sorte qu'entre tous les êtres de la création il y a une étroite et admirable dépendance.

Non, tout n'est pas mal dans l'ensemble des choses sorties des mains du Créateur, et si l'on descend aux *détails*, si l'on en vient à examiner chaque être, végétal ou animal, dans ses organes les plus délicats et les plus imperceptibles, la science y découvre, à l'aide des instruments qu'elle a inventés, une perfection si inimitable que l'art humain doit désespérer d'arriver jamais à produire rien de comparable.

Il est donc vrai de dire avec Pascal que, « soit que l'homme contemple la nature entière dans sa haute et pleine majesté », soit qu'il l'admire « dans l'enceinte d'un raccourci d'atome », il se perd dans des merveilles dont les unes sont « aussi étonnantes dans leur petitesse que les autres par leur étendue ».

Que si le *monde physique* est vraiment admirable, le *monde moral* l'est encore plus pour quiconque le regarde sans parti pris. — Comment soutenir que tout est mal dans l'homme, quand on voit les vertus et les dévouements, l'abnégation et les sacrifices, la résignation et l'héroïsme dont il est capable et dont l'histoire a gardé les immortels souvenirs? — Comment soutenir que tout est mal dans la famille, quand on considère la tendresse infinie d'une mère, l'affection forte et dévouée d'un père, toutes les grandes et belles choses qu'ont produites dans le cours des siècles l'amour filial, l'amour fraternel ou l'amour conjugal? — Comment soutenir que tout est mal dans la société, où nous jouissons des bienfaits de la civilisation, des progrès de la science, des arts et de l'industrie?

Il y a du bien, beaucoup de bien dans le monde moral, et nous en ignorons la plus belle et la plus noble part, toutes ces vertus cachées, qui fuient les regards des hommes et sont d'autant plus admirables qu'elles ne veulent être vues que de Dieu seul.

« Mais, disent les pessimistes, l'existence du mal est incontestable : le mal est partout; il nous enveloppe, il nous accable sous toutes les formes, *mal métaphysique, mal physique, mal moral.* »

Sans doute, peut-on leur répondre, il y a du mal dans le monde; mais le mal n'empêche pas le bien, quelquefois même il le produit ou du moins en est la condition nécessaire.

Ainsi, le *mal métaphysique*, c'est l'imperfection des créatures et l'inégale répartition des biens entre elles. — Mais cette imperfection est nécessaire, puisque tout ce qui est créé est par cela même fini, borné, limité, et qu'il ne saurait y avoir de créatures parfaites. — Quant à l'inégalité des biens, au lieu de la blâmer, on doit l'admirer, puisque c'est elle qui produit dans le monde la variété et l'harmonie : si tous les êtres avaient la même nature, ils seraient dans l'impossibilité absolue de satisfaire leurs besoins et de s'entr'aider mutuellement.

Le *mal physique*, c'est la douleur, c'est la souffrance ; ce sont les calamités, les maladies et la mort.

Mais d'abord, parmi ces maux, il en est beaucoup qui, comme les inondations, les tremblements de terre, les grands cataclysmes du globe, sont le résultat des lois générales qui président à l'harmonie de l'univers et contribuent à la vie du plus grand nombre des créatures.

En second lieu, la plupart des douleurs et des maux qui nous assiègent doivent être imputés à nos propres fautes, à nos vices, à nos passions, ou du moins aux vices et aux passions de nos semblables. Les guerres sanglantes, « *bella matribus detestata* », qui désolent et ruinent les empires, n'ont d'autre source que l'orgueil, la haine et la vengeance. Les maladies dont nous nous plaignons sont le plus souvent le fruit de nos excès ou le triste héritage que nous lèguent nos parents, si bien qu'il est vrai de dire « qu'on souffre le mal, parce qu'on fait le mal », ou bien :

> ..... Nostrorum causa malorum
> Nos sumus.

D'ailleurs on peut dire sans crainte que la somme des biens dans la vie l'emporte encore sur la somme des maux :

> S'il est des jours amers, il en est de si doux !

Pour quelques hommes auxquels l'existence pèse comme un fardeau, combien qui disent avec le poète :

> ... Qu'on me rende impotent,
> Cul-de-jatte, goutteux, manchot, pourvu qu'en somme
> Je vive, c'est assez : je suis plus que content.

Enfin pourquoi se plaindre des maux que la Providence nous envoie? « La tribulation, dit Montaigne, est à l'âme comme un marteau qui la frappe et qui en la frappant la fourbit et la dérouille : c'est la fournaise à recuire l'âme. » La douleur, en effet, est une expiation : acceptée avec repentir, comme moyen de réparer les fautes commises et de rentrer en grâce avec Dieu, elle devient un bien et un bonheur. Que si nous n'avons pas de fautes à expier, les souffrances n'en sont que plus méritoires; cette vie est le temps de l'épreuve :

La vie est un combat dont la palme est aux cieux.

La grandeur morale de l'homme ne se révèle jamais mieux que dans le malheur, et les vertus mâles et généreuses, le courage, la patience, la résignation, le sacrifice et le dévouement ne peuvent s'exercer qu'au milieu des adversités de la vie. Aussi Sénèque pense-t-il qu'il n'y a pas de plus beau spectacle sous le ciel que celui de l'homme de cœur aux prises avec l'adversité : « *Ecce par Deo dignum, vir fortis cùm malâ fortunâ compositus!* »

Quant au *mal moral*, il consiste dans les fautes et les crimes que commettent les hommes, fautes et crimes qui ne se multiplient malheureusement que trop.

Mais ils sont la conséquence inévitable de notre liberté, c'est-à-dire de notre plus belle et de notre plus noble prérogative. Se plaindre du mal moral, c'est reprocher à Dieu de nous avoir créés libres; « c'est murmurer, comme le dit Jean-Jacques Rousseau, de ce qu'il fit l'homme d'une nature excellente, de ce qu'il mit à ses actions la moralité qui les ennoblit, de ce qu'il lui donna droit à la vertu... Quoi! pour empêcher l'homme d'être méchant, fallait-il le borner à l'instinct et le faire bête? Non, Dieu de mon âme, je ne te reprocherai jamais de l'avoir faite à ton image, afin que je puisse être libre, bon et heureux comme toi! »

Au lieu donc d'exagérer le mal qu'il y a dans le monde, sachons reconnaître, à l'encontre des pessimistes, que l'univers est un chef-d'œuvre de puissance et d'harmonie et que la vie, malgré ses misères, est un don infiniment précieux avec lequel nous pouvons conquérir un bonheur immortel.

Sujet à traiter. — Imaginer un dialogue entre un pessimiste et un optimiste. (Sorbonne, 22 juillet 1881.)

CXXXV.

Exposer les preuves de l'immortalité de l'âme.
(Sorbonne, 27 octobre 1874.)

Tout finit-il à la mort ou bien faut-il espérer par delà la tombe une existence immortelle?

> . . . . . Au néant destinés,
> Est-ce pour le néant que les êtres sont nés?
> Partageant le destin du corps qui la recèle,
> Dans la nuit du tombeau l'âme s'engloutit-elle?
> Tombe-t-elle en poussière? ou prête à s'envoler,
> Comme un son qui n'est plus, va-t-elle s'exhaler?
>   (LAMARTINE.)

Voilà certes une grave et redoutable question. « L'immortalité de l'âme, dit Pascal, est une chose qui nous importe si fort, qui nous touche si profondément, qu'il faut avoir perdu tout sentiment pour être dans l'indifférence de savoir ce qui en est. Toutes nos actions et nos pensées doivent prendre des routes si différentes selon qu'il y aura des biens éternels à espérer ou non, qu'il est impossible de faire une démarche avec sens et jugement, qu'en la réglant par la vue de ce point, qui doit être notre dernier objet. Aussi notre premier intérêt et notre premier devoir est de nous éclaircir sur ce sujet d'où dépend toute notre conduite.... Je trouve bon qu'on n'approfondisse pas l'opinion de Copernic; mais ceci.. Il importe à toute la vie de savoir si l'âme est mortelle ou immortelle. » (*Pensées*.)

Les anciens prouvaient l'immortalité de l'âme par sa spiritualité et Platon dans plusieurs de ses dialogues, en particulier dans le *Phédon*, Cicéron dans sa *Première Tusculane* et dans le *Songe de Scipion*, font à peu près le raisonnement suivant : « L'âme, étant essentiellement simple, inétendue et indivisible, ne porte en elle-même aucun germe de corruption et de mort et ne saurait périr par dissolution de parties. Sa vie ne s'éteint donc pas avec celle de l'organisme, comme l'harmonie d'une lyre s'évanouit quand les cordes de l'instrument sont détendues ou brisées. Au lieu de demander si l'âme est immortelle, on devrait demander pourquoi et comment elle mourrait : elle a toutes les raisons pour vivre, aucune pour mourir. »

Cette preuve établit bien que l'immortalité de l'âme est possible, mais non pas qu'elle est nécessaire et certaine : de ce que l'âme ne peut périr par dissolution de parties, il ne s'ensuit pas que Dieu ne puisse point l'anéantir.

Aussi les philosophes modernes rejettent-ils généralement l'argumentation des anciens pour n'admettre que quatre principales preuves de l'immortalité de l'âme : la *preuve métaphysique*, la *preuve psychologique*, la *preuve tirée du consentement général* et la *preuve morale*.

La *preuve métaphysique* se formule ainsi :

Rien ne périt dans le monde, rien n'est anéanti : « L'anéantissement d'un être, dit Nicole, est pour nous inconcevable; nous n'en avons aucun exemple dans la nature; toute notre raison s'y oppose. » « Tous les philosophes, dit aussi Fénelon, sont d'accord pour supposer qu'il n'arrive jamais, dans l'univers, l'anéantissement du plus vil et du plus imperceptible atome. »

« Pourquoi forcerions-nous donc, conclut Nicole, et notre imagination et notre raison pour tirer les êtres pensants de la condition de tous les êtres, qui, étant une fois, ne retombent jamais dans le néant? Et pourquoi craindrions-nous pour nos âmes, qui sont infiniment plus nobles que les corps, l'anéantissement que nous ne craignons pour aucun des corps? »

Cette preuve, toute cartésienne, établit plutôt l'indestructibilité de notre substance que celle de notre personne; car si rien ne périt dans l'univers, tout change et se transforme; le grain de sable, l'atome, la molécule, deviennent mille choses différentes : qu'il en soit ainsi pour notre âme, qu'elle ne garde aucun souvenir, aucune conscience de sa vie présente, elle ne sera pas vraiment immortelle; diverses existences se succéderont en elle; il n'y aura pas une même existence personnelle se perpétuant à travers les siècles.

La *preuve psychologique* est insinuée dans ces vers de Lamartine :

> Borné dans sa nature, *infini* dans ses vœux,
> L'homme est un dieu tombé qui se souvient des cieux.

Il y a, en effet, dans notre cœur des désirs profonds, désir du vrai, désir du beau, désir du bien, désir du bonheur, qui nous portent vers l'Infini. « Notre âme fuit les bornes, » dit Montesquieu et M. Cousin affirme que, « quoi qu'il fasse, quoi qu'il sente, quoi qu'il pense, l'homme pense à l'infini, il aime l'infini, il tend à l'infini. » « Que suis-je? dit un philosophe contemporain. Un fini qui, par un mouvement naturel, tend à l'infini dans toutes les directions de son activité. »

Or, cette soif d'infini qui nous tourmente n'est jamais satisfaite ici-bas. — Le savant, riche des trésors de la vérité, meurt en s'écriant avec Socrate : « Ce que je sais, c'est que je ne sais rien, » ou bien en disant avec Newton : « Il me semble que je n'ai été autre chose qu'un enfant jouant sur le bord de la mer et trouvant tantôt un caillou un peu plus poli, tantôt une coquille un peu plus brillante, tandis que le grand océan de la vérité s'étendait inexploré devant moi. » — Notre cœur trouve encore moins que notre intelligence le bonheur après lequel il aspire si ardemment : il s'étonne de l'amertume secrète qui s'attache à ses jouissances les plus vives, et

> ... Lassé de tout, même de l'espérance,

il se demande d'où vient ce désenchantement fatal dont tous ses succès, tous ses bonheurs sont atteints : c'est au milieu de ses espoirs trompés et de ses illusions déçues que la mort vient le surprendre.

Quoi donc! tous les êtres ici-bas atteignent leur fin et l'homme seul n'atteindrait pas la sienne! Tous les êtres paraissent heureux à leur manière, dans la situation où l'auteur de la nature les a placés, et l'homme seul, inquiet, mécontent et malheureux au milieu de ses plaisirs, serait condamné à voir lui échapper sans cesse ce bonheur après lequel il aspire sans cesse! Mais un être qui ne pourrait arriver à la fin pour laquelle il est créé, serait un monstre dans l'ordre éternel, et Dieu qui ne fait point de monstres, ne nous a pas créés semblables au Tantale de la fable. Ce bonheur que nous rêvons ici-bas, nous le trouverons dans une vie meilleure; ces vœux infinis de notre cœur se réaliseront un jour par la possession de Dieu lui-même.

> Créature d'un jour qui t'agites une heure,
> De quoi viens-tu te plaindre et qui te fait gémir?
> Ton âme t'inquiète et tu crois qu'elle pleure?
> Ton âme est immortelle et ses pleurs vont tarir!
>
> Le regret d'un instant te trouble et te dévore;
> Tu dis que le passé te voile l'avenir :
> Ne te plains pas d'hier; laisse venir l'aurore;
> Ton âme est immortelle et le temps va s'enfuir!
>
> Ton corps est abattu du mal de la pensée;
> Tu sens ton front poser et tes genoux fléchir.
> Tombe, agenouille-toi, créature insensée :
> Ton âme est immortelle et la mort va venir!
>
> (ALFRED DE MUSSET.)

La *preuve tirée du consentement général* peut se résumer ainsi :

Tous les peuples ont cru et croient encore à l'existence d'une vie future.

Nous avons pour garants de la croyance des *anciens* leur culte pour les morts, leurs dieux mânes, leurs fables sur le Tartare et l'Élysée, et le témoignage des poètes, des historiens et des philosophes, d'Homère et de Virgile, de Sophocle et d'Euripide, de Socrate, de Platon, de Cicéron, qui sont unanimes à dire que le néant n'est pas au bout de la vie.

Pour les *peuples modernes*, nous savons que les chrétiens, les juifs, les mahométans admettent le dogme de l'immortalité, et les récits des voyageurs, les usages des peuplades barbares nous attestent qu'elles croient à une vie future.

Or, le consentement général est un signe infaillible de certitude toutes les fois qu'il est moralement unanime, comme dans le cas présent, et qu'il a pour objet une vérité morale d'une haute importance.

Il faut donc croire avec le genre humain tout entier que l'âme est immortelle : « *Permanere animos arbitramur consensu nationum omnium,* » dit Cicéron.

La *preuve morale* de l'immortalité de l'âme se tire des idées de mérite et de démérite et de la justice infinie de Dieu : c'est la plus solide des démonstrations données par la philosophie en faveur du dogme qui nous occupe; elle complète et consacre toutes les autres. Voici en quoi elle consiste :

La raison et la justice éternelles exigent impérieusement qu'il y ait une proportion rigoureuse entre le mérite et la récompense ou le bonheur, entre le démérite et le châtiment ou le malheur. « La vertu sans bonheur, dit M. Cousin, et le crime sans malheur sont une contradiction, un désordre. Si la vertu suppose le sacrifice, c'est-à-dire la souffrance, il est de la justice éternelle que le sacrifice généreusement accepté et courageusement supporté ait pour récompense le bonheur même qui a été sacrifié. De même il est de l'éternelle justice que le crime soit puni par le malheur du bonheur coupable qu'il a tenté de surprendre. »

Or, l'équation parfaite qu'il doit y avoir entre le bien et le bonheur, le mal et le malheur n'existe pas ici-bas. Quelles sont, en effet, les sanctions humaines de la loi morale? On en distingue trois : la *sanction naturelle*, la *sanction sociale* et la *sanction morale*.

(Pour la description et l'insuffisance de ces diverses sanctions qui nécessitent une sanction supérieure, la sanction divine ou la vie future, voir la dissertation quatre-vingt-dixhuitième.)

« Plus je rentre en moi, dit éloquemment Rousseau, plus je me consulte et plus je lis ces mots écrits dans mon âme : Sois juste et tu seras heureux. Il n'en est rien pourtant, à considérer l'état présent des choses : le méchant prospère et le juste reste opprimé. Voyez quelle indignation s'allume en nous quand cette attente est frustrée. La conscience s'élève et murmure contre son auteur; elle lui crie en gémissant : Tu m'as trompé ! — Je t'ai trompé, téméraire! qui te l'a dit? Ton âme est-elle anéantie? as-tu cessé d'exister? O Brutus, ô mon fils, ne souille pas ta noble vie en la finissant; ne laisse pas ton espoir et ta gloire avec ton corps aux champs de Philippes. Pourquoi dis-tu : la vertu n'est rien, quand tu vas jouir du prix de la tienne? Tu vas mourir, penses-tu? Non, tu vas vivre, et c'est alors que je tiendrai ce que je t'ai promis. »

On peut donc conclure avec le poète, dans ses *Méditations* :

> Pour moi, quand je verrais dans les célestes plaines
> Les astres, s'écartant de leurs routes certaines,
> Dans les champs de l'éther l'un par l'autre heurtés,
> Parcourir au hasard les cieux épouvantés ;
> Quand j'entendrais gémir et se briser la terre ;
> Quand je verrais son globe errant et solitaire,
> Flottant loin des soleils, pleurant l'homme détruit,
> Se perdre dans les champs de l'éternelle nuit ;
> Et quand, dernier témoin de ces scènes funèbres,
> Entouré du chaos, de la mort, des ténèbres,
> Seul je serais debout : seul, malgré mon effroi,
> Être infaillible et bon, j'espérerais en toi,
> Et, certain du retour de l'éternelle aurore,
> Sur les mondes détruits je t'attendrais encore !

Sujets à traiter. — 1. Prouver que la destinée de l'homme ne peut s'accomplir entièrement en cette vie et sur cette terre. (Sorbonne, 6 août 1874.)

2. Quelles conséquences philosophiques et morales peut-on tirer de ce vers de Lamartine :

> *Borné* dans sa nature, *infini* dans ses vœux?
>
> (Sorbonne, 29 mars 1873.)

3. Exposer la doctrine de l'épreuve. Montrer combien la vie morale serait incomplète sans la douleur et sans le travail. (Sorbonne, 30 octobre 1874.)

4. Donner les preuves de l'immortalité de l'âme. Distinguer l'argument métaphysique et l'argument moral. (Sorbonne, 28 novembre 1867.)

5. Exposer la preuve métaphysique de l'immortalité de l'âme. Montrer que cette preuve a besoin d'être complétée par la preuve morale. (Sorbonne, 18 août 1870, 15 mars 1877, 26 octobre 1883.)

CXXXVI.

Quelle différence existe entre l'immortalité de la substance et l'immortalité personnelle ? (Sorbonne, 11 août 1873.)

L'immortalité de la substance, ce serait la permanence de cet être indivisible et simple que nous appelons l'âme, et qui, survivant au corps qu'il anime, continuerait d'exister après la mort et la dissolution des organes, mais d'une existence sans relation avec la vie présente, sans conscience et sans responsabilité des actions accomplies ici-bas.

L'immortalité personnelle, c'est la continuité de l'existence non plus du principe spirituel en général, mais du moi de chacun de nous, de ce moi qui a pensé, aimé, agi, souffert durant une vie plus ou moins longue, et qui garde après la mort la physionomie qu'il s'est créée, le signe de sa réalité distincte et séparée, la conscience et la responsabilité de tout ce qu'il a été et de tout ce qu'il a fait.

L'immortalité de la substance, dont se contentent pour nous et les panthéistes qui prétendent que l'âme après la mort va s'absorber dans l'être infini et les partisans de la métempsycose qui disent que l'âme passe successivement dans plusieurs corps d'hommes, d'animaux ou même de végétaux, « *faba Pythagore cognata,* » comme dit Horace, de manière à fournir une série d'existences diverses, cette immortalité n'est pas l'immortalité véritable. « Qu'est-ce, en effet, pour nous que le principe métaphysique de notre âme, dépouillée de tout ce qui fait notre vie propre, la pensée, le sentiment, la causalité libre? » Diverses existences se succédant dans l'âme ne sont pas du tout la continuation d'une seule et même existence se perpétuant à travers les siècles. Il n'y a d'immortalité véritable que la permanence du moi dans des conditions d'identité, de conscience et de souvenir qui nous permettent de dire que c'est la même vie qui se continue, la même existence qui se maintient, persistante et immortelle.

Sans doute, il faudrait bien s'en tenir à *l'immortalité de la substance*, s'il n'y avait d'autre preuve de la vie future que la preuve métaphysique ; car si rien ne périt dans le monde, si rien n'est anéanti, tout change et se transforme, et notre âme, tout en demeurant indestructible, pourrait subir la loi des substances matérielles qui deviennent mille choses différentes.

Mais si notre âme est immortelle, c'est pour des raisons plus hautes que celle qui se tire de l'indestructibilité des choses. En effet, la raison et la justice éternelles exigent impérieusement qu'il y ait une proportion rigoureuse et absolue entre le mérite et le bonheur, entre le démérite et le châtiment ou le malheur. Or, cette équation parfaite entre le bien et le bonheur, le mal et le malheur n'existe pas ici-bas, comme il est facile de le voir en constatant l'insuffisance des sanctions humaines de la loi morale, sanction naturelle, sanction sociale et sanction morale. Il faut donc qu'il y ait par delà la tombe une vie nouvelle où Dieu rendra à chacun selon ses œuvres. Mais pourrait-il le faire, si la personne humaine ne demeurait pas la même ? Quelle sanction peut-il exister là où l'identité n'existe plus ? Quelle responsabilité là où il n'y a plus de souvenir pour rétablir le lien moral entre la peine et la faute, entre le bonheur obtenu et la vertu qui l'a mérité ? Il faut donc nécessairement que le moi qui a mérité reçoive la récompense qui lui est due, et que le moi qui a démérité soit puni dans la proportion des fautes qu'il a commises. Seule, *l'immortalité personnelle* peut satisfaire la justice divine et sauvegarder les lois éternelles et immuables de l'ordre moral. Seule, elle nous permet d'affirmer la doctrine de l'épreuve :

> La vie est un combat dont la palme est aux cieux.

Seule, elle nous console des triomphes momentanés de la ruse et de la violence, de la force et de la tyrannie :

> Oui, vous qui de l'Olympe usurpant le tonnerre,
> Des éternelles lois renversez les autels,
> Lâches oppresseurs de la terre,
> Tremblez : vous êtes immortels ! (DELILLE).

Seule enfin, elle nous fait envisager avec calme la vie future et dire comme le poète :

> Je te salue, ô mort, libérateur céleste !
> Tu ne m'apparais pas sous cet aspect funeste
> Que t'a prêté longtemps l'épouvante ou l'erreur ;
> Ton bras n'est point armé d'un glaive destructeur ;
> Ton front n'est point cruel, ton œil n'est point perfide ;
> Au secours des douleurs un Dieu clément te guide ;
> Tu n'anéantis pas, tu délivres : ta main,
> Céleste messager, porte un flambeau divin,
> Quand mon œil fatigué se ferme à la lumière,
> Tu viens d'un jour plus pur inonder ma paupière ;
> Et l'espoir près de toi, rêvant sur un tombeau,
> Appuyé sur ma foi, m'ouvre un monde plus beau.
>
> (LAMARTINE, *Méditations*.)

CONCLUSION DU COURS.

CXXXVII.

De l'esprit philosophique. En quoi il consiste ;
ses qualités ; ses avantages. (Sorbonne, 1867.)

L'esprit philosophique n'est pas plus la philosophie que l'esprit poétique n'est la poésie, que l'esprit artistique ou scientifique n'est l'art ou la science. Mais de même que l'esprit poétique fait le véritable poète, et l'esprit artistique ou scientifique le véritable artiste, le véritable savant, de même l'esprit philosophique fait le véritable philosophe ou rend un homme capable de le devenir.

Portalis, dans son livre *De l'usage et de l'abus de l'esprit philosophique*, le décrit en ces termes : « Je le définis un esprit de liberté, de recherche et de lumière, qui veut tout voir et ne rien supposer ; qui se produit avec méthode, qui opère avec discernement, qui apprécie chaque chose par les principes propres à chaque chose, indépendamment de l'opinion et de la coutume ; qui ne s'arrête point aux effets, qui remonte aux causes ; qui, dans chaque matière, approfondit tous les rapports pour découvrir les résultats, combine et lie toutes les parties pour former un tout ; enfin qui marque l'étendue et les limites des différentes connaissances humaines et qui seul peut les porter au plus haut degré de dignité et de perfection. »

Les qualités de *l'esprit philosophique* semblent donc être *l'amour de la vérité*, la *finesse d'observation*, la *précision du langage*, la *vigueur du raisonnement* et enfin la *hauteur de vues* ou l'étendue et l'élévation de la pensée.

D'abord quiconque a vraiment l'esprit philosophique *aime la vérité* d'un amour profond et désintéressé ; il la recherche et la poursuit avec ardeur; il fait la guerre à l'erreur qui la défigure, aux préjugés qui l'obscurcissent, aux passions qui voudraient la détruire; rien ne lui semble plus doux que la lumière de la vérité, quand il peut la contempler dans tout le rayonnement, dans toute la splendeur de son éclat : « La première marque de l'esprit philosophique, a dit Platon, c'est d'aimer passionnément toutes les sciences. »

Son second caractère, pourrait-on ajouter, c'est de savoir réfléchir profondément, *observer avec finesse*, sagacité et pénétration, se rendre compte avec une scrupuleuse exactitude de tous les points de vue d'un objet, de toutes les faces d'une question, de manière à ne laisser rien échapper dans les hommes et dans les choses de ce qui peut intéresser ou être utile.

L'esprit philosophique se distingue encore par l'amour de cette exactitude et de cette *précision de langage* qui nous fait dire ce qu'il faut, rien que ce qu'il faut, en des termes clairs, nets et lumineux : « La netteté est le vernis des maîtres », a dit Vauvenargues.

Une autre qualité de l'esprit philosophique, c'est la *vigueur du raisonnement*, c'est cette puissance de déduction et d'induction qui nous permet de tirer d'une idée, d'un principe toutes les conséquences qui y sont renfermées, et de remonter à travers les phénomènes et les faits particuliers aux causes d'où ils émanent et aux lois qui les régissent.

Mais la qualité maîtresse de l'esprit philosophique, c'est cette *hauteur de vues*, cette étendue et cette élévation de l'esprit qui permettent à un homme d'embrasser d'un coup d'œil une foule de connaissances, d'en saisir les liens et les rapports, les principes et les causes et de remonter jusqu'à un premier principe, jusqu'à une première cause, qui est l'unité suprême dans l'ordre de la réalité comme dans l'ordre de la connaissance. L'unité en tout est le but vers lequel tend sans cesse l'esprit philosophique, qu'on pourrait tout aussi bien appeler l'esprit de synthèse ou même l'esprit de système dans le bon sens du mot. « *Unitas ante rem; unitas post rem,* » voilà sa devise.

Si telles sont les qualités de *l'esprit philosophique,* on conçoit aisément les avantages qu'il présente soit dans l'étude des *sciences,* soit dans la *vie pratique.*

Et d'abord, dans l'étude des *sciences,* quelle supériorité ne donne pas à un homme cette exactitude et cette vigueur de raisonnement, si nécessaires dans les mathématiques ; cette finesse d'observation et cette puissance de réflexion, si utiles dans les sciences physiques et naturelles et surtout dans les sciences morales ! Et que dire de l'heureuse habitude de remonter aux principes, de saisir les rapports des choses et d'établir entre elles des comparaisons fécondes ? Il semble que c'est là un des traits distinctifs du génie et la condition essentielle des grandes découvertes qui ont immortalisé les noms des Pythagore, des Platon, des Aristote, des Bacon, des Descartes, des Leibnitz, des Newton, de tous les initiateurs illustres des sciences humaines.

Dans la *vie pratique, l'esprit philosophique* n'offre pas moins d'avantages que dans la recherche de la vérité : s'il ne remplace pas l'expérience, il excelle à en utiliser les données ; il est nécessaire dans toutes les sphères élevées de l'activité humaine ; c'est lui qui fait la plus grande force de l'homme d'État, du jurisconsulte, de l'orateur, de l'historien, du poète lui-même ; c'est lui enfin qui donne au caractère cette mâle énergie, cette fermeté virile, grâce à laquelle l'homme demeure fidèle à ses convictions, à ses amitiés, à ses vertus, et supérieur aux coups de la fortune et de l'adversité, comme le héros formé à l'école de la philosophie antique et que le poète nous représente impassible sous les ruines de l'univers :

> Justum ac tenacem propositi virum,
> . . . .
> Si fractus illabatur orbis,
> Impavidum ferient ruinæ.

Sujet à traiter. — La philosophie est le complément de toute éducation et le couronnement de toute étude scientifique. (Sorbonne, 1866.)

CXXXVIII.

Analyser les rapports de la philosophie avec les autres sciences et spécialement avec les sciences physiques et naturelles. (Sorbonne, 10 novembre 1869.)

« La philosophie est la mère de toutes les sciences, *Philosophia omnium mater artium,* » a dit Cicéron, et Bossuet : « Toutes les sciences sont comprises dans la philosophie. » Elles ont du moins avec elle les rapports les plus étroits : car, comme elles ne sont toutes que le produit de la pensée humaine, la philosophie, qui établit les lois fondamentales de la pensée, semble être par là même la science des sciences.

Ainsi d'abord, toutes les sciences supposent et doivent supposer comme un fait incontestable le fait *de la certitude,* c'est-à-dire la possibilité pour l'esprit humain d'arriver à la vérité : la science ne serait qu'une chimère si notre intelligence était condamnée à être le jouet d'une perpétuelle illusion, si nous n'étions jamais sûrs d'obtenir des connaissances d'une certitude inébranlable. Or, ce fait de l'existence de la certitude, les sciences particulières l'admettent, mais ne le discutent pas ; c'est le droit, c'est le devoir de la philosophie de le mettre en lumière, de l'établir d'une manière irréfragable, de le venger des attaques des sceptiques et de faire briller de tout son éclat l'autorité de la raison et de la science.

La philosophie a donc avec les autres sciences un *rapport de certitude;* mais il n'est pas le seul : car, comme la psychologie analyse et étudie les principes qui servent de fondement et de base à toutes les sciences, comme la logique donne la théorie des méthodes applicables à toutes les branches de la connaissance humaine, la philosophie soutient avec elles un double rapport, *rapport de principes* et *rapport de méthodes,* qu'il est facile d'établir pour les *sciences physiques et naturelles* en particulier.

On appelle ainsi ce groupe de sciences qui ont pour objet l'étude du monde matériel et dont les unes, les *sciences physiques,* déterminent les propriétés générales, des corps, tandis que les autres, les *sciences naturelles,* géologie, minéralogie, botanique, zoologie, physiologie, étudient leurs propriétés particulières et leurs éléments constitutifs.

Or, toutes ces sciences reposent sur les notions de matière et de corps, de cause et d'effet, de phénomènes et de lois, et sur les vérités et les principes qui se rattachent à ces notions : il n'y a pas d'effet sans cause; il y a des lois dans la nature ; les mêmes causes placées dans les mêmes circonstances produisent les mêmes effets, etc. Mais ces idées et ces principes sont pour ainsi dire empruntés à la philosophie; c'est cette science qui, dans l'analyse qu'elle donne de l'intelligence humaine, découvre les notions et les vérités premières, en décrit la nature et les caractères, en établit l'origine et la valeur incontestable. « Toutes les sciences, dit Descartes dans le *Discours de la méthode,* empruntent leurs principes de la philosophie. »

De plus, les *sciences physiques et naturelles,* comme toutes les sciences humaines, ont une méthode, c'est-à-dire un ensemble de procédés qui leur permettent d'arriver sûrement et facilement à leur but. Cette méthode, c'est la méthode expérimentale, qui débute par l'observation et l'expérimentation, se continue par l'induction et la classification et, au besoin, recourt à l'analogie et à l'hypothèse. Mais quelle est la nature, quelle est la valeur de ces divers procédés? Sont-ils légitimes et l'induction a-t-elle droit de conclure du particulier au général? Voilà tout autant de questions auxquelles ne répondent pas les sciences physiques et naturelles; c'est la philosophie, c'est la science des lois de la pensée qui les résout et dicte aux sciences particulières leur méthode et leur législation.

En dehors de ces *rapports* généraux *de certitude, de principes et de méthode,* il y en a de plus particuliers entre la philosophie et les *sciences physiques et naturelles :* ils se tirent des services que la philosophie rend à ces sciences et de ceux que ces sciences, à leur tour, rendent à la philosophie.

Ainsi d'abord, la *philosophie est utile aux sciences physiques et naturelles,* du moins à celles qui s'occupent du corps humain, comme la physiologie, l'anatomie, l'hygiène, la médecine : nul, en effet, ne peut connaître parfaitement notre organisme, en guérir toutes les maladies, sans s'être auparavant rendu un compte exact des rapports du physique et du moral, sans avoir puisé aux sources de la philosophie la connaissance du cœur, des passions et de leur influence sur le corps organisé et vivant : « Il ne faut pas vouloir traiter le corps sans l'âme, lisons-nous dans la *Charmide* de Platon ; et si beaucoup de maladies résistent aux efforts des médecins grecs, cela vient de ce qu'ils méconnaissent le tout, dont il faudrait au contraire prendre le plus grand soin ; car, le tout allant mal, il est impossible que la partie aille bien. C'est de l'âme que partent et tous les maux et tous les biens du corps et de l'homme en général, et elle influe sur tout le reste comme la tête sur les yeux. C'est donc l'âme qui doit avoir nos premiers soins et les plus assidus, si nous voulons que la tête et le corps entier soient en bon état. » Ce sont là les paroles d'un médecin de Thrace, disciple de Zamolxis.

La *philosophie, de son côté, a besoin des sciences physiques et naturelles :* comme l'homme par son corps tient à la nature et en subit l'influence, comme la plupart de ses facultés ne s'exercent qu'au moyen des organes, la connaissance de la physiologie ou du moins de ses principaux éléments est nécessaire au psychologue : Bossuet l'avait bien compris, lorsque pour composer son *Traité de la connaissance Dieu et de soi-même,* il prenait des leçons du plus célèbre physiologiste de son temps, le Suédois Sténon, leçons dont il nous a laissé le résumé dans le second chapitre de son ouvrage, *Du corps.* — De plus, les sciences physiques et naturelles, en appliquant la méthode expérimentale enseignée par la logique, la contrôlent, la corrigent, la perfectionnent ou du moins en font ressortir la légitimité. — Enfin, c'est aux sciences physiques et naturelles que le philosophe emprunte bien des éléments de la démonstration de l'existence de Dieu et de la Providence et la preuve populaire des causes finales a puisé une force nouvelle dans les récents progrès de la science.

On ne peut donc pas séparer la philosophie des *sciences physiques et naturelles* ou plutôt des sciences en général sans faire à l'une comme aux autres un tort irréparable. Pour le savant, négliger la philosophie, c'est se résigner à compter une à une les branches de l'arbre encyclopédique sans jamais comprendre la circulation de la sève intérieure qui l'anime et le vivifie. Pour le philosophe, négliger les sciences, c'est se condamner à chercher l'explication des choses sans voir les choses elles-mêmes; c'est prétendre s'élancer au ciel sans point d'appui. Au contraire, unissez la philosophie et les sciences : la première aura une base solide; les secondes s'éclaireront à la lumière des principes de la métaphysique.

Sujets à traiter. — 1. Des rapports de la philosophie avec les autres sciences. (Sorbonne, 31 juillet 1872.)

2. Des rapports de l'histoire avec la philosophie. (Faculté de Toulouse.)

HISTOIRE DE LA PHILOSOPHIE.

CXXXIX.

Utilité de l'histoire de la philosophie pour la philosophie elle-même. (Sorbonne, 12 novembre 1866, 14 août 1867, 30 mars 1876.)

L'*histoire de la philosophie* a pour objet de nous faire connaître les diverses écoles philosophiques qui se sont fondées dans le monde et les principaux systèmes qu'elles ont produits.

Raconter les évolutions de la pensée humaine, les tentatives et les efforts faits à toutes les époques pour expliquer l'homme, Dieu et le monde, exposer les solutions différentes que les grands penseurs ont données aux problèmes métaphysiques et moraux qu'ils se posent, montrer les conséquences logiques et historiques de leurs systèmes, les apprécier et les juger d'après leurs fruits naturels, voilà ce que se propose une *histoire sérieuse et raisonnée de la philosophie.*

A ce titre, elle est très utile pour la *philosophie* elle-même, dont elle semble le complément nécessaire et comme la contre-épreuve.

En effet, après avoir étudié l'esprit humain dans sa nature et ses lois, comme on le fait en psychologie, en logique, en morale, il est bon de le voir à l'œuvre dans le cours des siècles, pour mieux saisir ses tendances et ses besoins, pour se rendre compte de ses développements et de ses progrès, qui se révèlent à nous dans les divers systèmes qu'a produits sa fécondité naturelle. L'histoire de ces systèmes est bien faite pour nous éclairer sur la valeur des données qui leur servent de base; car si un chef d'école n'a pas vu ou a mal vu les conséquences des principes qu'il posait, les égarements de ses disciples, les critiques des écoles rivales sont là pour contrôler son enseignement, le corriger, s'il y a lieu, ou le compléter et le consacrer.

De plus, l'*histoire de la philosophie,* en nous faisant entrer en commerce avec les plus grands esprits dont l'humanité s'honore, nous force, pour ainsi dire, à contracter quelque chose de leurs habitudes et de leurs sentiments. Dans cette familiarité féconde avec de beaux génies, nous apprenons à aimer la vérité et ceux qui l'ont aimée avant nous; nous apprenons à éviter les erreurs dont l'histoire nous montre les causes; nous acquérons le véritable esprit philosophique qui est également éloigné de la défiance et de la présomption : de la défiance, car les progrès de la raison humaine, l'accord des grands philosophes sur tous les grands problèmes sont là pour nous attester que l'esprit humain a le droit de croire à lui-même et à sa puissance; de la présomption, car les écarts et les défaillances des plus illustres philosophes nous forcent à reconnaître que l'infaillibilité n'est pas le privilège de notre nature.

Enfin la connaissance de l'*histoire de la philosophie* est la condition des progrès de cette science. Les erreurs de nos devanciers nous instruisent et leurs découvertes nous servent à les dépasser : « Puisqu'ils ne se sont servis des inventions qui leur avaient été laissées, dit Pascal dans son opuscule *De l'autorité et du progrès,* que comme de moyens pour en avoir de nouvelles et que cette heureuse hardiesse leur a ouvert le chemin aux grandes choses, nous devons prendre celles qu'ils nous ont acquises de la même sorte et, à leur exemple, en faire les moyens et non pas la fin de notre étude et ainsi tâcher de les surpasser en les imitant. » Leibnitz ne pensait pas autrement, lorsqu'il disait à l'encontre de Descartes, qui ne voulait pas même savoir s'il y avait eu des hommes avant lui : « **La vérité est plus répandue qu'on ne pense; mais elle est souvent affaiblie et mutilée. En faisant remarquer les traces de la vérité chez les anciens, on tirerait l'or de la boue, le diamant de la mine, la lumière des ténèbres,** et ce serait « *perennis quædam philosophia* ».

CXL.

Énumérer et classer les principaux systèmes philosophiques. (Sorbonne, 28 novembre 1877.)

Un *système philosophique* est une manière d'entendre soit la philosophie en général, soit telle ou telle question en particulier.

Il s'est produit dans le monde un si grand nombre de systèmes philosophiques qu'il semble impossible à l'histoire de les recueillir et de les signaler tous; elle se contente de faire connaître les principaux, qu'on peut énumérer en les distribuant d'après les parties de la philosophie auxquelles ils correspondent.

Ainsi, en Psychologie, il y a :

Le *spiritualisme*, qui fait profession de croire qu'il y a dans l'homme un principe parfaitement un, simple et identique, qui pense, sent, veut, et est distinct du corps qu'il anime;

Le *matérialisme*, qui n'admet pas la distinction de l'âme et du corps et ne voit que de la matière dans l'homme et dans le monde;

Le *sensualisme* ou *l'empirisme*, d'après lequel toutes nos connaissances, même les notions et les vérités premières, viennent des sens ou de l'expérience, directement ou indirectement;

L'*idéalisme*, qui prétend que les notions et les vérités premières ne peuvent venir de l'expérience et ont leur source dans la raison et la raison seule;

Le *nominalisme*, qui soutient que les idées générales ne sont que des mots, *flatus vocis*;

Le *réalisme*, d'après lequel elles sont des entités véritables, des réalités substantielles;

Le *conceptualisme*, qui ne voit en elles que des conceptions abstraites de l'intelligence;

Le *fatalisme*, qui nie la liberté morale et soumet toute chose à une invincible nécessité;

Le *déterminisme*, d'après lequel la volonté est soumise à l'influence des motifs et à un enchaînement d'effets et de causes contre lequel elle ne saurait réagir;

En Logique, il y a quatre principaux systèmes :

Le *dogmatisme*, qui soutient que la vérité et la certitude existent et que l'esprit humain peut les posséder et les possède réellement ;

Le *scepticisme*, ou le doute systématique et absolu, qui est, comme le dit Montaigne, « une pure et entière surséance et suspension du jugement : « Οὐδὲν μᾶλλον, pas plus ainsi qu'ainsi ; — Que sais-je ?.. Peut-être : » voilà les formules du scepticisme ;

Le *probabilisme*, d'après lequel l'esprit humain ne pouvant arriver à la certitude, à la vérité, doit se contenter d'affirmer des probabilités, des vraisemblances ;

Le *mysticisme* enfin, qui proclame l'impuissance de la raison humaine et de nos facultés naturelles, et prétend arriver à la vérité par des procédés d'un ordre supérieur, par des communications directes avec la divinité, inspiration, extase, enthousiasme, etc.

Les principaux systèmes de Morale sont :

L'*édonisme* ou la *morale du plaisir*, qui fait du plaisir le souverain bien de l'homme, de la douleur son souverain mal, et soutient que la grande loi de la vie, c'est de rechercher le plaisir et de fuir la douleur : « *Voluptas expetenda, fugiendus dolor ;* »

La *morale de l'intérêt* ou l'*utilitarisme*, d'après lequel l'unique devoir de l'homme doit être de rechercher son intérêt, son bonheur, c'est-à-dire la plus grande somme de jouissances possible avec le moins de douleurs possible ;

La *morale du sentiment*, qui consiste à dire que le principe de la loi morale ce sont les sentiments les plus élevés du cœur humain, la satisfaction morale et le remords, la sympathie et l'antipathie ;

Enfin la *morale du devoir*, qui fait du bien, de l'honnête, du juste, la règle des actions humaines.

En Esthétique, il y a :

L'*idéalisme*, qui soutient que le but de l'art doit être la reproduction du beau idéal, que l'imagination conçoit en s'inspirant de la réalité, mais en l'épurant, en la transfigurant, pour ainsi dire ;

Et le *réalisme*, qui donne pour fin unique aux beaux-arts

l'imitation de la nature : le réel, tout le réel, rien que le réel, voilà la devise de ce système.

En Métaphysique les principaux systèmes sur la matière et la vie sont :

Le *mécanisme physique* ou *atomisme*, qui explique tout dans le monde par des agrégations d'atomes, corpuscules étendus et indivisibles, éternels et existant par eux-mêmes, doués de pesanteur et de mouvement;

Le *mécanisme géométrique*, d'après lequel l'essence de la matière est l'étendue et les corps sont divisibles à l'infini;

L'*hylozoïsme*, qui considère la nature comme un seul tout, comme un corps animé, une sorte d'être vivant, dont le monde est le corps et dont l'âme est Dieu;

Le *monadisme*, qui enseigne que les choses sont composées de monades, c'est-à-dire de forces ou d'unités de force absolument simples et sans partie et douées de ce que Leibnitz appelle l'appétition et la perception;

L'*organicisme*, qui soutient que le principe de la vie c'est la matière organisée et douée, à ce titre, de propriétés particulières;

Le *vitalisme*, qui admet dans l'homme un principe vital, distinct à la fois de l'âme et du corps : de l'âme, parce qu'il est mortel et sénescent; du corps, parce qu'il est simple et immatériel;

L'*animisme* enfin, qui enseigne que c'est l'âme intelligente et libre qui est le principe de la vie du corps, comme elle est le principe de la pensée, du sentiment et de la volition.

En Théodicée, il y a :

L'*athéisme*, qui est la négation de l'existence de Dieu;

Le *panthéisme*, qui identifie tous les êtres dans une seule et même substance;

Le *dualisme*, qui admet deux principes des choses, également nécessaires, également éternels ou du moins indépendants l'un de l'autre;

Le *polythéisme*, ou la croyance à plusieurs dieux;

Le *déisme*, qui tout en admettant l'existence de Dieu, nie la Providence;

L'*optimisme*, qui prétend que le monde créé est le meilleur des mondes possibles ;

Le *pessimisme* enfin, d'après lequel tout est mal dans le monde.

Tels sont les principaux systèmes philosophiques qui se sont produits dans le cours des siècles. On peut et on doit cependant en signaler deux autres qui ne se rapportent spécialement à aucune des parties de la philosophie, mais qui embrassent cette science tout entière ; ce sont :

L'*éclectisme*, qui consiste à prendre dans chaque système la part de vérité qui lui est propre pour en former un tout harmonieux ;

Et le *positivisme*, qui soutient que la science n'a et ne doit avoir pour objet que des faits et les lois de ces faits, et qu'il faut rejeter absolument, comme de pures abstractions, les substances et les causes métaphysiques.

Que si maintenant l'on veut classer ces divers systèmes philosophiques, on peut dire avec M. Cousin qu'ils se ramènent à à quatre principaux : le *sensualisme*, l'*idéalisme*, le *scepticisme* et le *mysticisme*.

En effet, ou bien la réflexion philosophique se préoccupe exclusivement des phénomènes sensibles et des données de l'expérience, au point de négliger tout le reste, et alors c'est le *sensualisme* qui dégénère facilement en matérialisme ; ou bien, frappée des idées supérieures de la raison, elle les étudie exclusivement et néglige l'expérience, et alors c'est l'*idéalisme*.

Le *sensualisme* et l'*idéalisme* étant opposés, ne peuvent paraître avec quelque éclat sans se faire la guerre. Le premier a raison contre le second ; le second n'a pas tort contre le premier. Ils se détruisent ainsi mutuellement et le *scepticisme* s'élève sur les ruines de l'un et de l'autre.

Seulement, comme toutes les âmes ne peuvent pas se réfugier dans le doute, comme il y en a qui sont pressées du désir ardent de posséder la vérité, elles croient la trouver dans les communications avec la divinité qu'elles invoquent et qu'elles évoquent : voilà le *mysticisme*.

Cette classification semble confirmée par l'histoire, qui nous dit qu'à toutes les grandes époques philosophiques les systèmes qui se produisent tout d'abord sont ordinairement le *sensualisme* et l'*idéalisme*, et que de leur lutte naît le *scepticisme* ou le *mysticisme*.

Sujets à traiter. — 1. Qu'appelle-t-on système soit naturel soit scientifique? La science, ayant pour objet de reproduire la nature, doit avoir des systèmes. Quel est le péril des systèmes scientifiques? Quel est l'abus de l'esprit systématique? (Sorbonne, 20 novembre 1873.)

2. Définir le mot système. Qu'est-ce qu'un système en philosophie? Donner des exemples. Qu'appelle-t-on esprit systématique? (Sorbonne, 13 juillet 1883.)

3. Quelle différence y a-t-il entre un système et une théorie? Donner des exemples tirés de la philosophie. (Sorbonne, 29 novembre 1882.)

CXLI.

Résumer l'histoire de la philosophie grecque avant Socrate. (Sorbonne, 7 août 1874.)

La philosophie grecque avant Socrate a été représentée par les *Sages*, les *Philosophes* et les *Sophistes*, qui marquent comme trois étapes dans l'évolution de la pensée humaine.

Les *Sages* sont un groupe d'hommes illustres qui vivaient au commencement du sixième siècle avant l'ère chrétienne et auxquels l'admiration de leurs contemporains décerna le nom de Σοφοί, savants.

Il y a sept Sages de la Grèce : *Thalès de Milet*, *Solon* d'Athènes, *Bias* de Priène, *Pittacus* de Mitylène, *Chilon* de Lacédémone, *Cléobule* de Lindos et *Mison* de Chen : à la place de ce dernier, quelques-uns mettent *Périandre* de Corinthe; d'autres le Scythe *Anacharsis*; d'autres encore *Épiménide* de Crète ou *Phérécyde* de Syros.

Les *Sages* représentent la première forme de la pensée philosophique en Grèce : la réflexion qui n'est pas encore la science, mais qui la prépare. Législateurs ou chefs d'État, comme Cicéron nous l'apprend dans le *De republicâ* : « *Eos vero septem quos Græci sapientes mominaverunt, omnes pœné video in mediâ republicâ esse versatos,* » ils ne sont en général rien moins que métaphysiciens; ils n'ont point de corps de doctrine, écrivent à peine et ne professent pas dans le sens ordinaire du mot. Liés d'amitié, ils se réunissent quelquefois pour se communiquer leurs lumières sur la nature de l'homme, sur ses devoirs, sur la manière de l'instruire et de le gouverner. Leur sagesse toute pratique, puisée dans les voyages, dans l'expérience de la politique et des affaires, s'exprime en sentences auxquelles ils savent donner un tour vif et piquant. Plusieurs de leurs maximes sont devenues proverbiales. « Connais-toi toi-même, γνῶθι σεαυτόν; — rien de trop, μηδὲν ἄγαν; — *omnia mecum porto;* — l'infortune te suit de près; — chasse le médisant de chez toi. »

Après les Sages vinrent les *Philosophes* : c'est le plus illustre d'entre eux, Pythagore, qui trouvant la dénomination de σοφοί, sages ou savants, trop prétentieuse, y substitua celle plus modeste de philosophes, amis de la sagesse ou de la science.

Les premiers philosophes de la Grèce se partagent en quatre écoles, qui fleurirent au sixième siècle et au commencement du cinquième siècle avant l'ère chrétienne. Ce sont : l'*école ionienne* avec *Thalès de Milet, Anaximandre, Anaximène, Héraclite, Anaxagore* et *Empédocle;* l'école *atomistique,* avec *Leucippe* et *Démocrite;* l'école *éléatique* avec *Xénophane, Parménide* et *Zénon;* l'école *italique* ou pythagoricienne avec *Pythagore, Philolaüs, Lysis, Archytas de Tarente, Timée* de *Locres* et *Ocellus de Lucanie.*

Les théories des *Ioniens* et des *Atomistes* sont sensualistes et matérialistes; celles des *Éléates* idéalistes et panthéistes; celles des *Pythagoriciens,* spiritualistes et idéalistes.

Mais les unes et les autres présentent deux caractères communs : l'absence de toute méthode autre que la méthode hypothétique et la prétention de résoudre le problème de l'origine des choses.

Les premiers penseurs, en effet, dans leur naïve présomption, semblaient ne pas se douter que l'esprit humain est faillible : ils se laissaient aller à ses inspirations, sans autre règle que la libre allure de leur pensée; ils rêvaient au lieu de réfléchir; ils imaginaient au lieu d'observer; ils procédaient par intuitions, par hypothèses, et prenant ces hypothèses pour des réalités, ils substituaient aux lois de la nature les conceptions quelquefois hardies, mais le plus souvent bizarres, d'une imagination sans frein.

On peut donc dire que tous les essais de philosophie avant Socrate ne sont que des romans, mais des romans sur l'ensemble des choses. Pas un traité qui ne soit un Περὶ φύσεως; pas un philosophe qui ne cherche à donner le mot de l'énigme de l'univers. La philosophie primitive est donc une philosophie de la nature, qui se traduit par des cosmogonies plus ou moins inintelligibles, plus ou moins contradictoires. De leurs contradictions et de leurs luttes naquit le scepticisme léger et frivole des *Sophistes*.

Les *Sophistes* étaient de beaux esprits sans conviction, exercés et habiles dans l'escrime d'une logique et d'une rhétorique artificieuses, faisant de la philosophie métier et marchandise, vendant à prix d'or l'art de rendre tout vraisemblable, allant de ville en ville faire parade de leur prétendue science et enseignant qu'il n'y a ni vrai ni faux, ni juste ni injuste, ni bien ni mal.

Les plus célèbres de ces rhéteurs furent *Prodicus* de Cos, *Eutydème*, *Cratyle*, *Hippias*, *Polus*, *Calliclès*, que Platon met souvent en scène dans ses dialogues, et enfin *Gorgias* de Léontium et *Protagoras* d'Abdère, dont le scepticisme plus profond fit en Grèce beaucoup d'adeptes.

C'est contre ce scepticisme que Socrate eut à lutter, au nom du bon sens et de la vertu : ennemi déclaré des *Sophistes*, il leur fit jusqu'à sa mort une guerre acharnée et eut l'honneur incomparable d'être le père de la philosophie, qu'il ramena de l'étude de la nature à celle de l'homme, qu'il fit descendre du ciel sur la terre, comme le dit Cicéron : « *Socrates primus philosophiam devocavit é cœlo.* »

Sujets à traiter. — 1. Qu'appelle-t-on Sophistes dans l'histoire de la philosophie grecque? Exposer leurs idées et décrire leur rôle. (Sorbonne, 17 novembre 1873.)

2. Caractériser le scepticisme propre aux Sophistes. En quoi diffère-t-il du pyrrhonisme? (Sorbonne, 16 juillet 1877.)

CXLII.

Exposer la philosophie de Socrate.
(Sorbonne, 23 novembre 1869.)

Socrate passait aux yeux des anciens et passe encore à nos yeux pour le véritable fondateur de la philosophie. La révolution qu'il a opérée dans cette science, par la direction nouvelle qu'il lui a imprimée, a laissé des traces ineffaçables dans l'histoire de l'esprit humain. Cicéron caractérise très bien cette révolution quand il dit que « Socrate fit descendre la philosophie du ciel sur la terre : *Socrates primus philosophiam devocavit e cœlo.* »

« La philosophie, dit M. Cousin, avait été d'abord une philosophie de la nature : arrivée à sa maturité, elle change de caractère et devient une philosophie humaine. Cela ne veut pas dire qu'elle n'a que l'homme pour objet : loin de là ; elle tend, comme elle le doit toujours, à la connaissance du système universel des choses; mais elle y tend en partant d'un point fixe, la connaissance de l'homme. C'est Socrate qui ouvre cette nouvelle ère. » Socrate lui-même semble avoir résumé toute sa pensée dans sa maxime favorite : γνῶθι σεαυτόν.

Pour bien comprendre la portée de cette maxime, il faut se rappeler qu'avant Socrate la philosophie s'était égarée dans des cosmogonies hypothétiques, jusqu'à l'arrivée des Sophistes, qui avaient établi leur scepticisme léger et frivole sur les ruines des systèmes sensualistes et matérialistes de l'école ionienne et de l'école atomistique, et des systèmes idéalistes et panthéistes des écoles éléatique et pythagoricienne. C'est la haine et l'indignation que soulevèrent leurs théories subversives dans le noble cœur de Socrate qui furent chez lui le commencement de la sagesse et l'on a pu dire avec raison que l'amour de la vertu lui fit mettre la philosophie sur le chemin de la vérité.

Γνῶθι σεαυτόν, connais-toi toi-même, répétait-il sans cesse, c'est-à-dire ne va plus te perdre à la suite des premiers philosophes, de Thalès et de Pythagore, de Démocrite et de Parménide, dans des hypothèses cosmogoniques. Ne te confonds plus avec la nature qui t'environne ; étudie-la en toi et non toi en elle. Apprends à connaître ta propre nature, ton origine et ta destinée ; sache que tu es libre, intelligent, immortel ; que ton âme est faite pour le bien, le devoir et la vertu ; qu'il y a une loi morale gravée au fond de la conscience en caractères ineffaçables et que ton intérêt, ton bonheur et ta gloire te commandent d'obéir fidèlement à cette loi.

Voilà comment Socrate détermine nettement l'objet de la philosophie : il indique en même temps la méthode à suivre pour l'étudier.

Γνῶθι σεαυτόν, connais-toi toi-même, c'est-à-dire observe-toi. Ne rêve plus, ne forge plus système sur système dans le vide de l'hypothèse ; considère, examine, constate, réfléchis. Connaître, pour Socrate, c'est interroger la réalité, c'est rentrer en soi-même pour analyser tous les faits que la conscience révèle, au lieu de recourir tour à tour à l'imagination, à l'analogie, aux hypothèses flottantes, aux inductions prématurées, aux déductions stériles. Socrate augmente en les concentrant, en les dirigeant sagement, les forces dont l'esprit humain dispose pour arriver à la vérité.

La révolution socratique se ramène donc à deux grandes innovations : *détermination du véritable objet* de la philosophie, τὰ ἀνθρώπινα, les choses humaines ; *indication de la méthode* nécessaire pour les étudier, l'observation psychologique, la réflexion.

Comment Socrate a-t-il appliqué cette méthode et développé l'objet de la philosophie ? Comme il n'a rien écrit par lui-même, nous ne connaissons sa doctrine que par les ouvrages de Platon et de Xénophon ; mais ce dernier nous présente un Socrate amoindri, diminué, tandis que le premier prête ses propres idées à son maître, de sorte qu'il est bien difficile de déterminer exactement la doctrine personnelle du père de la philosophie.

Tout ce qu'on peut dire, c'est qu'après avoir fait de la connaissance de soi-même le point de départ de la philosophie, il la donnait comme la condition de toute vertu et de tout bonheur et en tirait son enseignement moral et métaphysique.

Ce qui le frappait le plus dans l'homme, c'était la *loi morale* qu'il trouvait écrite au fond de son cœur, la distinction du bien et du mal que sa conscience lui représentait comme nécessaire et absolue. De là le grand cas qu'il faisait de la morale, objet favori de ses études et de ses entretiens.

D'après lui, l'homme n'existe que pour faire le bien. Mais *faire le bien, c'est se rendre heureux*; car le véritable intérêt de chacun consiste dans ce qui est conforme à sa dignité morale, et la rencontre de notre véritable intérêt, c'est le bonheur, non point ce bonheur fragile que donne le plaisir ou la fortune, mais un bonheur solide et durable que rien ne peut nous ravir. Socrate est si convaincu de cette identité du bien et de l'utile, du bonheur et de la vertu, qu'il les confond dans la même expression, *l'eupraxie*, εὐπραξία; l'homme ne peut être heureux sans être vertueux, ni vertueux sans être heureux. La vertu consiste dans la science du bien et le vice n'en est que l'ignorance; car quand nous connaissons le bien, c'est-à-dire notre véritable intérêt, nous ne pouvons pas ne pas le faire; si nous agissons mal, c'est que nous nous trompons, que nous sommes victimes de notre ignorance.

Pour atteindre à *l'eupraxie*, il faut pratiquer quatre vertus : la *sagesse* ou la *prudence*, qui nous fait agir conformément à la raison, et à la place de laquelle Socrate met souvent, au dire de Xénophon, le respect envers la divinité, εὐσέβεια; le *courage* ou la *force*, qui nous rend supérieurs à la fatigue, à la douleur, aux dangers; la *tempérance*, qui réprime en nous l'amour des plaisirs et de toutes les passions désordonnées; la *justice* enfin, par laquelle Socrate entend la vertu même, l'obéissance à toutes les lois, naturelles, divines et humaines.

A cette *morale individuelle*, Socrate joignait bien des préceptes de *morale domestique et sociale* : il recommandait la piété filiale à son fils Lamproclès, rebuté par le caractère acariâtre de sa mère Xantippe; il enseignait à Chérécrate le prix de l'union et de la concorde entre frères; il montrait à Aristarque que le travail est un plaisir et un honneur; il faisait voir à Criton que l'amour de la patrie doit aller jusqu'à l'obéissance à ses lois même injustes.

Cette morale si pure et si élevée s'appuyait sur la *croyance en*

Dieu, que Socrate établissait par l'ordre et l'harmonie qui se révèlent à nous dans le corps humain et dans la nature, et par l'intelligence même qui nous éclaire et nous dirige : c'est dans ses entretiens avec Aristodème le Petit et avec Euthydème que Socrate a développé la preuve des *causes finales*.

Son Dieu à lui n'était pas seulement une intelligence infinie ; c'était encore une puissance essentiellement bonne, qui comblait les hommes de bienfaits et dont la présence se faisait continuellement sentir dans l'univers.

Le dernier mot, le couronnement de cette belle doctrine, c'était le dogme de *l'immortalité de l'âme*, la sublime espérance de la vie future, dont la pensée faisait tressaillir Socrate en face même de la mort et lui laissait entrevoir par delà la tombe des siècles éternels passés à s'entretenir avec les grands hommes de tous les âges : c'est bien là l'Élysée qu'il fallait à ce charmant causeur, à ce généreux martyr de la vérité et de la vertu.

Sujets à traiter. — 1. Le Socrate de Xénophon est-il le vrai Socrate de l'histoire ? (Sorbonne, 5 août 1875.)

2. Qu'est-ce que la méthode socratique ? De quel usage peut-elle être dans l'enseignement ? (Sorbonne, 25 novembre 1872.)

3. Exposer la philosophie de Socrate d'après les *Mémoires de Xénophon*. (Sorbonne, 7 avril 1876.)

4. Définir l'ironie socratique ; en donner des exemples tirés du *Gorgias*, des *Mémoires* sur Socrate. (Sorbonne, 11 novembre 1869.)

5. Montrer par des exemples tirés des écrits de Xénophon et de Platon la méthode de réfutation que Socrate opposait aux Sophistes. (Sorbonne, 19 juillet 1876.)

6. Quel sens Socrate et les anciens attachaient-ils à ces mots : « *Nosce te ipsum ?* » (Faculté de Toulouse.)

CXLIII.

Donner une analyse du huitième livre de la *République* de Platon et dire si toutes les doctrines de cet ouvrage paraissent mériter également les éloges de la critique.
(Faculté de Clermont, août 1881.)

Le huitième livre de la *République* de Platon est la théorie des formes de gouvernement de plus en plus défectueuses qu'engendre la décadence progressive du gouvernement idéal, ou gouvernement des plus sages, des plus vertueux, qui s'appelle l'*aristocratie*.

Ces formes sont au nombre de quatre : la *timocratie* ou *timarchie*, l'*oligarchie* ou la *ploutocratie*, la *démocratie* et la *tyrannie* (ch. 1ᵉʳ).

Platon ou plutôt Socrate les énumère après avoir rapidement résumé les conditions d'existence de l'État idéal, communauté de l'éducation, communauté des biens, des femmes et des enfants, et il nous avertit qu'à propos de chaque forme de gouvernement il va se demander comment elle se produit, quels en sont les défauts, et quels les caractères de l'homme qui lui correspond (ch. I et II).

Le gouvernement parfait ou l'*aristocratie* ne peut se maintenir, parce que d'abord tout ce qui naît ici-bas est sujet à la ruine, parce qu'ensuite les fautes de ceux qui gouvernent engendrent toujours des changements : ainsi pour l'espèce humaine, comme pour les races d'animaux et de plantes, il y a des périodes successives de fécondité et de stérilité, dont les magistrats doivent se rendre compte pour bien fixer l'époque des mariages annuels; or, s'ils ne prennent pas garde au nombre mystique qui détermine l'instant le plus favorable à la propagation de leur espèce, les naissances se produiront sous de funestes auspices et l'harmonie de l'âme se troublera. Bientôt les magistrats, choisis dans ces générations nouvelles, apporteront peu de précautions dans le discernement des races d'or et d'argent, d'airain et de fer : le fer se mêlera à l'argent et l'airain à l'or; de ce mélange sortira d'abord un défaut naturel d'harmonie, puis la guerre entre les deux races inférieures et les deux races supérieures. Après bien des luttes, celles-ci l'emporteront, se partageront les terres et les maisons, et réduiront en esclavage le reste des citoyens. Cette première révolution engendrera la *timocratie*, qui tiendra le milieu entre l'*aristocratie* et l'*oligarchie* (ch. III).

La crainte d'élever les sages aux premières dignités, le choix des hommes chez lesquels domine la colère, θυμός, et qui, adorateurs sauvages de l'or et de l'argent, se livrent en secret à tous les plaisirs, et par-dessus tout l'ambition et la brigue, voilà les traits essentiels de la *timocratie* (ch. iv).

L'homme qui correspond à ce gouvernement lui ressemble de tout point : il est ambitieux, peu ami des muses, dur envers ses esclaves, doux pour les hommes libres, plein de déférence pour ses supérieurs, jaloux de s'élever par les vertus guerrières, sacrifiant la musique et la dialectique à la passion des exercices du corps. Il ne naîtra pas tel, mais il le deviendra; tandis que son père cultivera en lui la raison, « sa mère, ses familiers, ses serviteurs, affligés de voir que la conduite de son père a compromis les intérêts de la maison, exciteront en lui les instincts de violence et d'avarice » : sollicité ainsi en sens contraire, il livrera le gouvernement de son âme à cette partie de lui-même où résident la colère et l'esprit de dispute : il deviendra un homme altier et ambitieux (ch. v).

A la *timocratie* succède l'*oligarchie*. C'est la forme de gouvernement où le cens décide de la condition de chaque citoyen, et où, par conséquent, les riches possèdent le pouvoir auquel les pauvres n'ont aucune part. Elle se forme de la timocratie lorsque l'amour de l'argent s'empare de plus en plus de l'âme des gouvernants · « L'or et la vertu ne sont-il pas, en effet, comme deux poids mis dans une balance, dont l'un ne peut monter sans que l'autre baisse ? » D'ambitieux et d'intrigants, les citoyens deviennent avares et cupides; par intimidation ou par la force ouverte, les riches font enfin passer une loi qui interdit l'accès des honneurs aux hommes dont le revenu n'atteint pas un certain chiffre, et l'oligarchie est fondée (ch. vi).

Les vices de l'*oligarchie* sont d'abord que l'État n'est plus dirigé par les sages, mais par les riches, et il ressemble à un vaisseau dont on aurait choisi le pilote, non d'après l'habileté, mais d'après le cens. De plus, l'État se divise nécessairement en deux factions hostiles, les riches et les pauvres, division d'où résulte l'impossibilité de faire la guerre, car si les riches seuls y prennent part, l'armée est trop peu nombreuse, et si les pauvres sont soldats, ils peuvent devenir plus redoutables aux riches que l'ennemi même. Enfin, et c'est là le plus grand mal de l'*oligarchie*, chacun ayant la liberté de se défaire de ses biens et de rester dans l'État sans y remplir aucune fonction, aucun emploi, il se forme peu à peu une classe d'oisifs sans ressources, frelons à deux pieds : les uns sans aiguillons, qui meurent et vivent dans l'indigence; les autres turbulents, audacieux, armés d'aiguillons très puissants, prêts à tous les crimes et qui sont le fléau de l'État (ch. vii).

Quant à l'homme oligarchique, il naît également de l'homme timocratique par la prédominance de l'amour du gain. Son père a mis en lui des instincts ambitieux qui font, pendant quelque temps, équilibre aux sollicitations de l'intérêt. Mais lorsqu'il voit son père, victime de l'ambition, « se briser contre l'État comme un vaisseau contre un écueil, alors, dépouillé de son patrimoine et craignant pour sa vie, il précipite les grands sentiments du trône qu'il leur avait élevé dans son âme, et sur ce même trône, dont il a chassé l'ambition, il fait monter l'esprit de convoitise et d'avarice; il l'établit son grand roi; il lui met le diadème, le collier et lui ceint le cimeterre » : sa raison, son courage, il en fait les esclaves de cette vile passion; il place la richesse au-dessus de tout, n'accorde à la nature que la satisfaction des désirs nécessaires et ne songe qu'à thésauriser et à s'approprier le bien d'autrui, quand il peut le faire impunément. Il est en même temps livré à une violente discorde intérieure : les désirs mauvais combattent les bons désirs, et si ceux-ci l'emportent, ce n'est point par la raison et le courage, c'est seulement par la force d'une passion dominante (ch. viii et ix).

« On passe de l'*oligarchie* à la *démocratie* par l'envie insatiable d'acquérir le plus de richesses possible, ce qu'on regarde comme le plus grand bien. » Les chefs oligarchiques achèvent de ruiner les jeunes débauchés, en leur prêtant à gros intérêts; l'engeance des frelons pourvus d'aiguillons augmente; accablés de dettes, notés d'infamie, ces hommes, dans leur haine contre les riches qui les ont dépouillés, ne songent plus qu'à provoquer une révolution, et quand, dans une théorie ou à l'armée, « un pauvre, maigre et hâlé par le soleil, se trouve auprès d'un riche surchargé d'embonpoint et embarrassé de sa personne, » les murmures, les récriminations, les colères éclatent, et les mécontents, les pauvres se comptent et se disent les uns aux autres : « Ces gens-là ne sont riches que par notre lâcheté ». Ils massacrent ou exilent les riches et se partagent le pouvoir : la *démocratie* est fondée (ch. x).

Le caractère de ce nouveau gouvernement, c'est la liberté illimitée : chacun y a pleine licence de faire ce qui lui plaît, de se soustraire aux devoirs qui lui déplaisent ou d'exercer des fonctions auxquelles ses aptitudes ne le destinent pas. La *démocratie* est comme un marché où sont étalées toutes les sortes de gouvernements.

Les criminels y sont traités avec la plus grande douceur : exilés, condamnés à mort, ils se promènent en public la tête haute, bravant par leur attitude les lois impuissantes. Insensiblement, toutes les maximes d'honnêteté, de vertu, de beauté morale, tombent dans le discrédit, et bientôt dans le mépris universel, devant le pouvoir suprême et sans appel de la fantaisie de chacun. « La démocratie est un gouvernement charmant, où personne ne commande, d'une bigarrure piquante et qui a trouvé le moyen d'établir l'égalité entre les choses inégales comme entre les choses égales » tout homme y arrive aux honneurs à la condition d'afficher du dévouement aux intérêts du peuple (ch. xi).

Pour expliquer le caractère de l'homme démocratique, Socrate développe le parallèle des désirs nécessaires et des désirs superflus. Dans sa jeunesse, le démagogue est instruit par son père à mépriser les désirs non nécessaires et à les contenir par le frein de l'avarice; mais bientôt la fréquentation des frelons, chez qui dominent les désirs prodigues et superflus, ne tarde pas à éveiller en lui des désirs de même nature. Ces hommes font le siège de son âme : ils en prennent de force la citadelle, et après en avoir chassé la tempérance et la honte, « ils ne tardent pas à y introduire avec un nombreux cortège, richement parés et la couronne sur la tête, l'insolence, l'anarchie, le libertinage et l'effronterie; ils chantent les louanges de ces vices et les décorent de beaux noms, appelant l'insolence belles manières, l'anarchie liberté, le libertinage magnificence et l'effronterie courage. » Ainsi formé sous de funestes influences, l'homme démocratique a un caractère essentiellement capricieux et instable : aujourd'hui, il s'enivre et il lui faut des joueuses de flûte; demain, il jeûnera et ne boira que de l'eau; tantôt il s'exerce au gymnase, tantôt il s'abandonne à l'oisiveté, tantôt il se passionne pour la philosophie : on le voit s'éprendre tour à tour de la guerre, des finances, des affaires publiques, et il n'est pas étonnant que tant de personnes trouvent si beau un genre de vie où sont rassemblées toutes les espèces de gouvernements et de caractères (ch. xii et xiii).

Enfin la *tyrannie* est la dernière et la plus détestable forme de gouvernement : elle a son principe dans l'amour de la liberté, porté à l'excès, accompagné d'une indifférence extrême pour tout le reste, qui perd enfin la démocratie et rend la tyrannie nécessaire. De mauvais échansons versent au peuple la liberté toute pure et le font boire jusqu'à l'ivresse : les fils se croient les égaux de leurs pères, les écoliers de leurs professeurs, les esclaves de leurs maîtres; l'esprit d'indépendance et de rébellion s'étend jusqu'aux animaux. Alors les frelons armés d'aiguillons, les démagogues ou flatteurs du peuple, qui sont le fléau de la démocratie (ch. xv), dépouillent les riches, et distribuent leurs biens au peuple, tout en gardant la meilleure part. Les riches essayent de résister : on les accuse d'être oligarchiques et ils le deviennent en effet; le peuple alors se donne un protecteur, un chef : voilà le futur tyran. — Une fois qu'il a trempé ses mains dans le sang, il ne peut plus s'en abstenir et il devient un loup. Les riches conspirent contre lui : il se fait donner des gardes par le peuple aveuglé. D'abord prodigue de belles promesses, il affranchit les débiteurs, partage les terres entre le peuple et ses favoris, et traite tout le monde avec une tendresse et une douceur simulées. Il a toujours soin de susciter quelque guerre, afin que le peuple sache qu'il a besoin d'un chef, et s'il y a des citoyens libres et fiers qui ne veuillent pas se plier à son joug, il les fait disparaître à la guerre ou par la violence. Alors entouré de ses satellites, de ses commensaux et de ses maîtresses, il vit aux dépens du peuple qui l'a nourri, et si un jour, enfin, le peuple se fâche et veut le chasser de l'État, comme un père chasse de sa maison un fils débauché, le tyran ne craint pas de faire violence à celui dont il a tout reçu et de devenir parricide (ch. xiv, xv, xvi, xvii, xviii, xix).

Comme on le voit par cette analyse, il y a dans le huitième livre de la *République* de Platon deux parties essentielles : la théorie des *révolutions* et la théorie des *formes comparées de gouvernement*.

Au sujet des *révolutions*, l'idée qui sert de point de départ à la théorie de Platon présente une singulière grandeur : c'est que par delà leurs causes apparentes et occasionnelles, les révolutions ont toujours une cause dominante qui est l'état même des âmes. « Crois-tu, dit Socrate, empruntant aux poèmes d'Homère une image saisissante, que la forme des États vienne des chênes et des rochers, et non pas des mœurs mêmes des membres qui les composent ? » Il semble bien, en effet, que les révolutions soient intimement liées à nos misères et à nos vices, et il est vrai de dire « que les peuples n'ont jamais que les gouvernements qu'ils méritent ».

Une autre cause générale des révolutions humaines, d'après Platon, c'est la loi de la décadence universelle, de la dégénérescence des États comme des individus. Aujourd'hui, où l'on croit généralement au progrès indéfini des hommes et des choses, on ne veut pas souscrire à cette théorie ; néanmoins quelques savants contemporains inclinent à penser qu'il y a une décadence nécessaire pour les races animales et végétales, et on ne saurait nier que les nations, comme les individus, ont leurs périodes de jeunesse, de maturité, de décadence et de vieillesse.

Quant aux causes particulières qui amènent le changement de l'*aristocratie* en *timocratie*, de la *timocratie* en *oligarchie*, de l'*oligarchie* en *démocratie* et de la *démocratie* en *tyrannie*, Platon semble les avoir, sinon complètement, du moins clairement indiquées. Il est certain que l'ambition et l'orgueil des grands, l'avidité et l'égoïsme des classes privilégiées provoquent presque toujours un soulèvement populaire qui amène la démocratie. Il est certain aussi que l'extrême licence amène l'établissement d'un pouvoir despotique. L'histoire grecque n'est pas la seule à en fournir des exemples et l'analyse merveilleusement sagace que Platon nous donne des causes qui amènent les révolutions renferme des leçons admirables qui sont de tous les temps. On ne peut lui reprocher que d'être trop exclusive et trop systématique.

La théorie des *diverses formes de gouvernements* présente le même caractère.

Comment une intelligence aussi raffinée, une âme aussi délicate que celle de Platon a-t-elle pu préférer les institutions grossières de Sparte aux mœurs brillantes d'Athènes? Ce serait pour nous un mystère, si l'intention satirique ne se montrait de toutes parts.

A travers l'éloge de la *timocratie* spartiate, Platon ne poursuit qu'un seul but, la critique de la civilisation trop libre des Athéniens. Si donc il s'est prononcé si énergiquement contre la démocratie, c'est qu'il a été témoin des excès et des égarements des démocrates qui régnaient à Athènes. Tout préoccupé de poursuivre des abus, de railler des ridicules, de satisfaire ses préférences personnelles, il n'a pas soupçonné que le gouvernement démocratique est celui qui peut-être sauvegarde le mieux les droits de tous et assure à chacun la plus grande somme de liberté possible, sous le contrôle et la protection de la loi. La plupart des traits sous lesquels il nous peint l'État démocratique ne se rapportent qu'à une détestable démagogie.

Platon eût été mieux inspiré, s'il avait dit avec Aristote que tous les gouvernements ont une forme pure et une forme corrompue, que la *monarchie* dégénère en *tyrannie*, l'*aristocratie* en *oligarchie*, et la *démocratie* en *démagogie*.

Quoi qu'il en soit, il faut lui savoir gré de l'éloquente flétrissure dont il marque la *tyrannie*. Sa conscience d'honnête homme, de moraliste, semble puiser un surcroît d'indignation dans le souvenir des maux qu'il a soufferts à la cour des tyrans de Syracuse, et le sentiment profond de la justice et de l'équité qui l'anime lui inspire de magnifiques accents pour nous assurer que la vertu des citoyens peut seule faire la grandeur et la prospérité de l'État.

Sujets à traiter. — 1. Que savez-vous de Platon? (Sorbonne, 10 août 1872.)

2. Exposer la théorie des idées de Platon. (Sorbonne, 3 décembre 1878.)

3. Des degrés de la connaissance d'après Platon. (Sorbonne, 20 juillet 1880.)

4. Quels sont les arguments développés dans le *Phédon* en faveur de l'immortalité de l'âme? (Sorbonne, 10 juillet 1880.)

5. Quelles sont les quatre formes de la connaissance distinguées par Platon dans le septième livre de la *République*? Quelle est l'importance de cette distinction? (Sorbonne, 2 juillet 1878.)

6. Exposer dans leurs traits essentiels la morale et la politique de Platon. (Sorbonne, 10 juillet 1883.)

CXLIV.

Comparer Aristote et Platon.
(Sorbonne, 14 août 1869, 9 mars 1880.)

Aristote et Platon, le disciple et le maître, le fondateur du Lycée et le fondateur de l'Académie, occupent tous deux les sommets de la science et nous apparaissent comme les plus beaux génies du plus beau siècle de la philosophie ancienne. C'est pourtant à des titres bien divers qu'ils ont mérité la gloire attachée à leurs noms immortels.

A ne considérer que le *style* et la forme de leurs ouvrages, on est déjà frappé des différences qui séparent ces deux philosophes : l'un écrit des dialogues, l'autre compose des traités ; l'un, tour à tour grave et poétique, spirituel et profond, simple et sublime, a mérité par ses écrits le surnom de Divin ; l'autre semble avoir pressenti la langue des sciences modernes avec son dédain des raffinements littéraires, son amour de l'exactitude, son impérieux besoin de rigueur et de précision. Lors même que les biographes de Platon ne nous apprendraient pas qu'il a été poète, nous le devinerions à la richesse d'imagination qu'il déploie dans ses ouvrages, au luxe de comparaisons et d'allégories qu'il y déploie, au souffle de l'inspiration qui les anime et les vivifie : l'auteur des *Analytiques*, lui, est un prosateur froid, presque toujours sévère, et ce n'est pas dans ses écrits qu'on retrouve, comme dans ceux de son illustre rival, « *disjecti membra poetæ* ».

La *méthode* d'Aristote et de Platon est aussi différente que leur style : Platon pratique avec un art infini les divers procédés inventés par Socrate, l'ironie, la maïeutique, l'induction, et sa réfutation des Sophistes est un admirable chef-d'œuvre de dialectique. Aristote est moins dialecticien que logicien ; il ne réfute pas tant qu'il ne démontre ; il se sert plus de la déduction que de l'induction, et après avoir donné les lois du syllogisme, il applique cet instrument, perfectionné par lui, aux plus grands problèmes de la science et de la métaphysique.

Que si maintenant laissant de côté la forme de la doctrine, nous en examinons *le fond*, le contraste nous apparaît bien plus marqué entre les deux puissants esprits qui nous occupent : l'un est le génie de la spéculation pure et de l'idéal, l'autre le génie du réel et de l'expérience — Pour Platon, les *idées* sont les essences des choses, les types, les exemplaires d'après lesquels tout a été fait ; notre âme les a contemplées dans une vie antérieure et divine, et maintenant qu'elle est enfermée dans la prison du corps, elle ne fait que ressaisir, que raviver les connaissances qui l'illuminaient autrefois : la science n'est qu'une réminiscence, qu'un effort constant pour concevoir, à travers les imperfections de la réalité, le plan idéal et divin, pour dégager du monde sensible le monde intelligible, pour s'élever graduellement du variable, du contingent, du relatif, à l'invariable, à l'inconditionnel, à l'absolu. — D'après Aristote, les idées n'existent pas en dehors des choses, des individus, dont elles ne sont que les caractères généraux et essentiels ; il faut donc avant tout étudier la réalité, et l'expérience est la cause occasionnelle de toutes nos connaissances, la condition indispensable de tout travail scientifique.

Cette diversité dans la théorie de la connaissance en entraîne bien d'autres dans la doctrine de nos deux grands philosophes. — En *psychologie*, Platon, plus profondément spiritualiste, définit l'homme « quelque chose se servant d'un corps » ; Aristote, plus exact dans ses analyses, fait mieux ressortir l'union substantielle de l'âme et du corps. — Le *Dieu* de Platon est le Bien parfait et infini, soleil et roi du monde intelligible; le Dieu d'Aristote est le premier moteur immobile, κινοῦν ἀκίνητον; c'est un acte pur, c'est-à-dire la perfection éternellement réalisée. — La *morale* de Platon, plus pure et plus élevée, propose à l'homme pour but de sa vie la ressemblance à Dieu dans la mesure du possible : ὁμοίωσις τῷ Θεῷ κατὰ τὸ δυνατόν; la morale d'Aristote, moins noble et plus intéressée, fait du bonheur notre fin dernière. — La *République* de Platon est un idéal irréalisable, à force d'être sublime; la politique d'Aristote, fondée sur l'expérience et la comparaison des diverses constitutions, aboutit à une forme de gouvernement tempéré et parfaitement praticable.

En résumé, Platon est plus métaphysicien, Aristote plus positif : « Platon a des ailes pour s'envoler au-dessus de la terre; Aristote a les pieds de plomb que Bacon demande pour y tracer un sillon profond. » Le premier a plus d'élévation, le second plus d'étendue; génie encyclopédique, il mène de front la métaphysique et l'histoire naturelle, la logique et la physique, la rhétorique et la morale, le poétique et la politique.

La *destinée* et *l'influence* d'Aristote et de Platon ont été aussi diverses que leur génie. — Platon a inspiré les Alexandrins; sa pensée s'est alliée à celle des Pères de l'Église et s'est combinée avec le dogme chrétien. Il revit tout entier dans saint Augustin. — Aristote a régné au moyen âge; la Scolastique lui a emprunté non seulement sa méthode, mais encore ses idées et ses théories philosophiques et scientifiques : « *Magister dixit; Philosophus ait* », disait-elle en s'inclinant devant l'autorité de l'auteur de l'*Organon*. — La philosophie moderne retrouve Aristote et Platon mêlés à toutes ses productions les plus originales; c'est qu'il y a en eux plus que deux hommes, plus que deux génies : il y a la personnification des deux plus grands systèmes qu'ait enfantés la pensée humaine. Là où l'idéalisme triomphe et domine, Platon est invoqué; là où règne l'empirisme, Aristote est remis en honneur. Ces deux grands génies sont ainsi, dans le monde philosophique, comme les deux pôles de l'intelligence.

Sujets à traiter. — 1. Quels sont les caractères qui distinguent la philosophie d'Aristote de celle de Platon? (Sorbonne, 9 avril 1875.)

2. Exposer et comparer dans leurs traits essentiels la morale de Platon et celle d'Aristote. (Sorbonne, 21 juillet 1882.)
3. Que savez-vous d'Aristote? (Sorbonne, 10 juillet 1879.)

CXLV.

Quelles sont les écoles de philosophie désignées par par ces noms : l'Académie, le Lycée, le Portique ? Caractères principaux de chacune de ces écoles. (Sorbonne, 7 novembre 1868.)

Ces trois noms d'*Académie*, de *Lycée*, de *Portique*, sont tout à fait accidentels et aucun d'eux ne donne une idée même incomplète de l'école qu'il désigne, de sa doctrine et de sa méthode.

L'*Académie* est l'école fondée par Platon vers l'an 380 avant Jésus-Christ et qui tire son nom des anciens jardins d'Académus, sur les bords du Céphise, dans lesquels cet illustre philosophe réunissait ses disciples. Les successeurs de Platon furent son neveu Speusippe, Xénocrate, Polémon d'Athènes, Cratès d'Athènes et Crantor de Cilicie, qui florissait vers l'an 300 avant l'ère chrétienne. Tous ces philosophes forment ce qu'on appelle l'*Ancienne Académie*, par opposition à la *Moyenne Académie*, fondée par Arcésilas, au commencement du troisième siècle avant Jésus-Christ, et à la *Nouvelle Académie*, qui eut pour chef Carnéade, au second siècle avant l'ère chrétienne, et pour principaux représentants après lui Clitomaque, Métrodore, Charmide et enfin Antiochus et Philon, qui furent les maîtres de Cicéron.

Le *Lycée* est l'école fondée par Aristote vers l'an 335 avant Jésus-Christ : elle doit son nom à un gymnase d'Athènes, situé près du temple d'Apollon Lycien et dans lequel Aristote avait l'habitude de s'entretenir avec ses disciples. Comme il enseignait en se promenant, on appela son école péripatéticienne (περίπατος, promenade). Le successeur d'Aristote fut Théophraste de Lesbos, l'auteur des *Caractères* : les autres principaux péripatéticiens sont Eudème, Dicéarque, Aristoxène le musicien, Straton le physicien, Démétrius de Phalère, Critolaüs qui fut envoyé à Rome avec Carnéade et Diogène de Babylone, vers l'an 155, et Cratippe dont Cicéron parle dans le *De officiis* comme du premier philosophe de son temps.

Le *Portique* est l'école fondée par Zénon de Cittium vers l'an 300 avant Jésus-Christ et ainsi appelée du Portique le plus célèbre d'Athènes, le Pécile, ποικίλη στόα, qui était le lieu de réunion de Zénon et de ses disciples ; c'est de là aussi que lui vient le nom d'école stoïcienne. Les principaux représentants de cette école furent en Grèce Cléanthe d'Assos, Chrysippe de Cilicie, surnommé la colonne du Portique, Zénon de Tarse, Diogène de Babylone, Posidonius et Panétius, dont Cicéron s'inspire dans le *De officiis*, et à Rome Sénèque, Épictète, Arrien et Marc-Aurèle.

Ces trois grandes écoles ont pour caractère commun d'avoir été suscitées par la révolution socratique, d'être nées de son souffle vivifiant et d'avoir fleuri au quatrième et au troisième siècles avant l'ère chrétienne, qui sont l'âge d'or de la philosophie grecque.

Toutefois chacune d'elles a sa physionomie bien distincte : l'*Académie* et le *Lycée*, avec des différences profondes, sont des écoles plus spéculatives que pratiques ; le *Portique*, au contraire, est une école plus pratique que spéculative : des diverses parties de la philosophie, elle a surtout étudié la morale.

Le caractère principal de l'*Académie*, c'est une *tendance idéaliste* très prononcée. Pour Platon, en effet, tout dérive des idées et tout se ramène aux idées : or, les idées sont les essences des choses, οὐσίαι, les types, les exemplaires d'après lesquels tout a été fait ; il y a entre elles une hiérarchie au sommet de laquelle brille l'idée de bien, qui est le soleil du monde intelligible, comme le soleil visible est la lumière et la vie du monde sensible. Notre âme a contemplé les idées dans une vie antérieure et divine, et maintenant qu'elle est enfermée dans la prison du corps, elle ne fait que ressaisir, que raviver péniblement les connaissances qui l'illuminaient autrefois : apprendre, c'est se ressouvenir; la science n'est qu'une réminiscence. De là découlent les théories de Platon sur Dieu, qui est le Bien parfait et infini et qui dispose le monde d'après les idées éternelles; sur l'âme humaine, qui gémit captive dans le corps et n'aspire qu'à se dégager de ses chaînes; sur la morale, qui repose tout entière sur l'idée de bien et de juste et qui assigne à l'homme pour fin dernière la ressemblance avec Dieu dans la mesure du possible : ὁμοίωσις τῷ θεῷ κατὰ τὸ δυνατόν; sur la politique enfin, qui a pour but de conduire la société comme l'individu au bonheur que donne la pratique de la justice. Tel est le fond de la doctrine platonicienne, que les principaux représentants de l'*Ancienne Académie* développèrent, en en exagérant encore l'idéalisme, jusqu'au point de faire revivre les théories pythagoriciennes. Toutefois à cet idéalisme succédèrent bientôt le scepticisme d'Arcésilas et de la *Moyenne Académie,* le probabilisme de Carnéade et de ses successeurs, et enfin l'éclectisme de Philon et d'Antiochus, qui rêvaient d'établir une harmonie impossible entre tous les systèmes existants.

Le *Lycée*, lui, a presque toujours eu des *tendances sensualistes*. Ce n'est pas qu'il faille voir dans Aristote, comme on l'a fait quelquefois, le père de l'empirisme; non, Aristote, comme Platon, proclame « qu'il n'y a pas de science du particulier »; il reconnaît des idées et des vérités au-dessus des idées et des vérités expérimentales; seulement, d'après lui, ces idées et ces vérités n'existent pas en dehors des choses, des individus, dont elles ne sont que les caractères généraux et essentiels. L'expérience est donc la cause occasionnelle, la condition indispensable de leur formation. Ces idées se ramènent à dix principales qu'Aristote appelle les dix *catégories* et qui sont la substance, la quantité, la relation, la qualité, l'action, la passion, le lieu, le temps, la situation et la manière d'être. Ces catégories apparaissent à l'auteur de l'*Organon* comme les éléments dont les propositions se forment : de là découlent la théorie du syllogisme et celle de la démonstration, qu'Aristote nous a données avec une précision telle qu'au dire de Kant elles n'ont fait, depuis plus de 2,000 ans, ni un pas en avant ni un pas en arrière. Dieu, d'après Aristote, est le premier moteur immobile, κινοῦν ἀκίνητον, et l'âme est la forme « substantielle, la première entéléchie du corps organisé et vivant ». Elle a pour fin dernière le bonheur, qui consiste pour l'homme à faire passer toutes ses facultés de la puissance à l'acte et à les développer complètement et simultanément. Cette doctrine d'Aristote, très vraie dans son ensemble, fut corrompue par ses disciples qui enseignèrent l'empirisme ou même le matérialisme, comme Aristoxène et Straton de Lampsaque.

La *Portique* ou l'école stoïcienne est avant tout une noble et vigoureuse protestation contre la morale énervante des Épicuriens. D'après Zénon et ses disciples, le grand devoir de l'homme, c'est de vivre conformément à la nature, à la raison : « Ζῆν ὁμολογουμένως τῇ φύσει, τῷ λόγῳ. » De là, la lutte énergique, persévérante, acharnée contre les passions qui troublent l'âme et l'empêchent d'arriver au souverain bien qui est la vertu. De là cette maxime fameuse : Ἀνέχου καὶ ἀπέχου, *sustine et abstine*, *supporte et abstiens-toi*. *Supporte* les douleurs et les maux que la fortune t'enverra, les calomnies, la trahison, la pauvreté, l'exil, les fers, la mort même. *Abstiens-toi* de tout désir, de toute passion, de toute pitié, de toute indignation ; que rien ne vienne troubler ta fière insensibilité, idéal suprême de la sagesse. C'est ainsi que le stoïcisme fait des héros orgueilleux et impassibles qui ne devant rien qu'à eux-mêmes se posent en égaux de Jupiter. D'ailleurs, cette fière morale repose sur une logique sensualiste, sur une physique matérialiste et panthéiste, et n'admet pas la vraie sanction de la loi du devoir, l'immortalité de l'âme.

Quoi qu'il en soit, les doctrines de l'*Académie*, du *Lycée* et du *Portique* sont tout ce que la raison humaine, livrée à ses seules forces, a produit de plus grand et de plus élevé sur Dieu, l'homme et le monde.

Sujets à traiter. — 1. Quelle différence y a-t-il entre l'*Académie ancienne* et l'*Académie nouvelle* ? (Sorbonne, 13 août 1875.)

2. Dans quel sens et jusqu'à quel point est vraie cette maxime des anciens : « Suis la nature, *sequere naturam* ? » (Faculté de Toulouse.)

CXLVI.

Qu'est-ce qu'un stoïcien, un épicurien, un pyrrhonien, un platonicien, un péripatéticien, un néoplatonicien ?
(Sorbonne, 11 août 1868.)

Un *platonicien* est un partisan de Platon, un philosophe de l'école fondée par l'illustre disciple de Socrate dans les anciens jardins d'Académus et appelée pour cela l'*Académie*. Comme son maître, le véritable platonicien est idéaliste : — idéaliste en métaphysique, où il prétend que les principes des choses sont les idées ou essences éternelles, οὐσίαι, qui présentent entre elles une hérarchie au sommet de laquelle brille l'idée de Bien, qui est le soleil du monde intelligible, comme le soleil visible est la lumière et la vie du monde sensible ; — idéaliste en théodicée, où il nous montre Dieu, organisateur et architecte du monde, façonnant la matière d'après les idées éternelles qu'il porte en lui-même ; — idéaliste en psychologie, où il soutientque l'âme humaine a vécu d'une vie antérieure à cette vie terrestre et dans laquelle, portée sur des ailes divines, elle contemplait les idées pures, qu'elle ressaisit ici-bas, à travers la prison du corps, par un acte que Platon appelle tantôt intuition soudaine, νόησις, tantôt réminiscence, ἀνάμνησις ; — idéaliste en esthétique, où il reconnaît une beauté idéale, supérieure à la beauté réelle et dont l'amour inné est le principe de l'art ; — idéaliste en morale, où il ramène tout à l'idée du bien et du juste et assigne à l'homme comme fin dernière la ressemblance avec Dieu dans la mesure du possible : « ὁμοίωσις τῷ Θεῷ κατὰ τὸ δυνατόν ; » — idéaliste enfin dans la politique, qui a pour but de conduire la société comme l'individu au bonheur que donne la pratique de la justice et qu'il faut poursuivre dans l'État au mépris de la liberté individuelle et même de la famille.

Un *péripatéticien* est un philosophe de l'école fondée par Aristote dans le *Lycée*, gymnase voisin du temple d'Apollon Lycien et dans lequel le disciple de Platon avait l'habitude d'enseigner en se promenant, ce qui a fait donner à son école le nom de péripatéticienne (περίπατος, promenade). — Le péripatéticien croit, comme son maître, « qu'il n'y a pas de science du particulier » et reconnaît des idées et des vérités au-dessus des idées et des vérités expérimentales; seulement, d'après lui, ces idées et ces vérités n'existent pas en dehors des choses, des individus, dont elles ne sont que les caractères généraux et essentiels. L'expérience est donc la cause occasionnelle, la condition indispensable de leur formation. — Pour le *péripatéticien*, l'être est produit par quatre principes ou causes : la cause matérielle, la cause formelle, la cause efficiente, la cause finale. L'être ainsi produit a des attributs que l'on appelle *catégories* (κατηγορεῖν, affirmer) et qui se ramènent à dix : la substance, la quantité, la relation, la qualité, l'action, la passion, le lieu, le temps, la situation et la manière d'être. — Ces catégories sont les éléments des propositions, qui elles-mêmes constituent le syllogisme et la démonstration. — Au-dessus des êtres particuliers le péripatéticien conçoit un Être suprême, un premier moteur immobile, κινοῦν ἀκίνητον, un acte pur, une intelligence infinie, dont la pensée est la pensée de la pensée, νοήσεως νόησις, et vers laquelle tout tend à se développer, à se mouvoir comme vers un terme idéal. — Ce philosophe voit dans l'âme la première entéléchie, ἐντελέχεια ἡ πρώτη, du corps organisé et vivant; il lui assigne pour fin dernière le bonheur qui consiste à faire passer toutes les facultés de la puissance à l'acte et à les développer complètement, simultanément. — Enfin sa politique, inspirée par l'observation profonde des diverses formes de gouvernement qui avaient existé en Grèce, fait de l'État une réunion d'hommes libres et égaux, réfute les théories communistes de Platon sur la famille et la propriété, et recommande deux grandes vertus sociales, la justice et l'amitié.

Un *pyrrhonien* est un disciple de Pyrrhon d'Élis, qui fonda en Grèce l'école sceptique vers l'an 340 avant Jésus-Christ. Voyant partout des systèmes luttant contre des systèmes, le platonisme se défendant contre les objections d'Aristote, l'extravagant rigorisme des Cyniques combattant la morale relâchée des Cyrénaïques, le pyrrhonien prend le parti de s'abstenir, de suspendre son jugement, de douter de tout. Cette abstention, ἐποχή, ce doute absolu, universel, se traduisent par la maxime de

Pyrrhon : « Οὐδὲν μᾶλλον », « pas plus ainsi qu'ainsi » comme dit Montaigne, ou bien par cette formule de Métrodore : « Je doute que je doute, que je doute, » etc., à l'infini.

Un *épicurien* est un disciple d'Épicure, un philosophe de la célèbre école de morale fondée à Athènes vers 305 avant Jésus-Christ. Comme son maître, l'Épicurien divise la philosophie en trois parties : logique ou canonique, physique et morale; comme son maître encore, il enseigne en logique le sensualisme et le matérialisme, et en physique la théorie atomistique de Démocrite avec la pesanteur des atomes et le *clinamen* en plus; comme son maître enfin, il proclame en morale ce principe fondamental que le souverain bien de l'homme, c'est le plaisir, c'est le bonheur. Seulement, au lieu qu'Épicure donne la pratique de la vertu, de la justice, de la prudence, de la force et de la tempérance comme le meilleur moyen d'arriver au bonheur, l'Épicurien, lui, place la félicité dans les plaisirs faciles des sens et prend pour devise de sa vie : Courte et bonne! ou bien : Le ventre est le seul dieu du sage. Il se permet toutes les débauches, tous les excès, méritant ainsi la flétrissure sanglante que lui inflige Horace : « *Epicuri de grege porcum!* »

Un *stoïcien* est un philosophe de l'école fondée par Zénon de Cittium, au commencement du troisième siècle avant l'ère chrétienne, et qui doit son nom à un célèbre portique d'Athènes, ποικίλη στόα, qui était le lieu de réunion de Zénon et de ses disciples. Le stoïcien compare la philosophie à un jardin : « La logique en est l'enclos; la physique, la terre et les arbres; la morale le fruit. » La *logique* du stoïcien est sensualiste et distingue quatre degrés dans la connaissance : la sensation, le jugement, la représentation compréhensive, φαντασία καταληπτική, et la science ou synthèse universelle. Sa *physique* semble au premier abord matérialiste et athée; mais elle s'élève à une sorte de panthéisme fataliste, en admettant un Dieu, une Providence ou un inflexible Destin qui gouverne toutes choses d'après les lois immuables de la sagesse et de la raison. Quant à la *morale* du stoïcien, elle est une protestation énergique contre l'épicurisme : elle repose sur ce principe fondamental qu'il faut vivre conformément à la nature, à la raison : ζῆν ὁμολογουμένως τῇ φυσεί, τῷ λόγῳ, et que le souverain bien de l'homme, c'est la vertu, c'est l'accomplissement du devoir. De là, la lutte énergique, persévérante, acharnée contre les passions qui troublent l'âme et l'empêchent d'arriver au souverain bien ; de là cette maxime célèbre : ἀπέχου καὶ ἀνέχου, *abstine et sustine* : abstiens-toi de tout désir, de toute passion, de toute pitié, de toute indignation ; supporte les douleurs et les maux que la fortune t'enverra. « Douleur, tu n'es pas un mal », dit le sage à l'adversité, et rien ne vient toubler sa fière impassibilité, ἀπάθεια, ἀταραξία. Arrivé à cette pleine possession de la vertu, le sage est plus qu'un dieu : car il a conquis au prix de généreux efforts ce qui chez les dieux est un privilège de leur nature. Avec la vertu, il a tous les biens ; bien plus, il peut tout faire et tout faire sans faillir, sans déchoir : par exemple, s'arracher la vie, si la vie lui pèse ; car tout finit à la mort, le néant est au bout de l'existence et la vertu n'a d'autre récompense qu'elle-même : « *Gratuita est virtus; virtutis præmium ipsa virtus.* »

Un *néoplatonicien* est un philosophe de l'école d'Alexandrie, un disciple de Plotin, de Porphyre ou de Proclus. Il doit son nom à la tendance de ses maîtres, dont l'éclectisme, en voulant rallier toutes les doctrines, incline évidemment vers celle de Platon, qui prête le plus à l'enthousiasme et qui, par ce qu'elle a de vague, de symbolique et de mystérieux, s'harmonise le mieux avec le génie des Alexandrins. Le néoplatonicien s'occupe surtout de théologie : son Dieu est à la fois l'unité absolue des Éléates, l'intelligence suprême de Platon et d'Aristote et enfin le principe actif et organisateur du *Timée*. Le monde s'échappe du sein de ce Dieu par irradiation, ou par génération, ou par une émanation panthéistique. L'âme, venue de Dieu, doit retourner à Dieu et s'absorber en lui par une sorte d'identification, d'unification, ἕνωσις, qui commence ici-bas par l'extase et s'achève par delà la tombe au sein de l'Infini : « Mourir, c'est vivre ! »

Sujets à traiter. — 1. Qu'appelle-t-on atomes ? Exposer les théories atomistiques dans l'école d'Épicure. (Sorbonne, 13 juillet 1880.)

2. Quelle est la réponse de Fénelon aux objections des Épicuriens dans la première partie du *Traité de l'existence de Dieu ?* (Sorbonne, 17 novembre 1866; Toulouse (Rodez), août 1874.)

3. Qu'est-ce que le pyrrhonisme ? (Sorbonne, 21 août 1868.)

4. Vous donnerez quelques notions sur les écoles qui ont suivi Socrate : Pyrrhoniens, Épicuriens, Stoïciens, Académiciens. (Faculté de Clermont, 9 novembre 1883.)

CXLVII.

Sur quoi portait le débat entre les Épicuriens et les Stoïciens ? (Sorbonne, 7 août 1868.)

Le débat entre les *Épicuriens* et les *Stoïciens*, qui a tenu tant de place dans l'histoire de la philosophie aux derniers siècles avant l'ère chrétienne, ne portait ni sur la métaphysique que ces philosophes dédaignaient également, ni sur la physique et la logique auxquelles ils n'attachaient, les uns et les autres, qu'une importance secondaire, mais sur la question fondamentale de la morale, la question du *souverain bien*.

D'après les *Épicuriens*, le souverain bien de l'homme, c'était le *bonheur*, c'était le *plaisir*; et ils entendaient par là tantôt la jouissance actuelle et présente, tantôt une sorte de félicité négative, un état intermédiaire entre le plaisir et la douleur, que les Grecs appelaient ἀπάθεια, ἀθυμαχία, et les Latins *indolentia, carentia doloris, privatio doloris*.

D'après les *Stoïciens*, au contraire, le souverain bien de l'homme, c'était de *vivre conformément à la nature*, à la raison : ζῆν ὁμολογουμένως τῇ φύσει, τῷ λογῷ, c'est-à-dire de pratiquer la vertu en luttant généreusement, héroïquement contre les passions, qui n'étaient pour ces philosophes que des mouvements de l'âme contraires à la nature, à la raison : « ἀλόγος καὶ παρὰ φύσιν ψυχῆς κίνησις. »

Les *Épicuriens* eux aussi ou du moins Épicure lui-même recommandait la vertu, qu'il donnait comme le meilleur moyen d'arriver au bonheur. Mais autre chose est le moyen, autre chose est le but, et la vertu était le but unique des *Stoïciens;* ils l'aimaient, ils la recherchaient, ils la pratiquaient pour elle-même : « *Virtutem amplectimur ipsam,* » disaient-ils. Ils ne voyaient qu'elle seule qui eût, dans l'univers, une valeur propre, essentielle, absolue. Aussi, tandis qu'en suivant leur doctrine, le sage avait une conduite noblement désintéressée, la recherche de la vertu, chez l'épicurien, était calcul et non moralité; elle réalisait le tableau imaginé par Cléanthe, où la Volupté couverte de vêtements magnifiques et assise sur un trône, est servie par les vertus, qui ne sont plus que ses esclaves (*ancillulæ*).

« Mais, objectaient les *Épicuriens,* la volupté est inséparable de la vertu : on ne peut vivre honnêtement sans vivre agréablement, ni vivre agréablement sans vivre honnêtement. » — Non, répondaient les *Stoïciens* et Sénèque en particulier dans son *De vitâ beatâ;* la volupté et la vertu ne sont pas choses inséparables : car d'abord il y a des actions agréables qui ne sont pas honnêtes et des actions honnêtes qui ne sont pas agréables. Puis, la volupté est compatible avec le vice, au lieu que la vertu en est le contraire. Enfin la vertu est quelque chose de grand, d'élevé, de sublime, de royal, d'invincible, tandis que la volupté est basse, servile, faible et fragile et n'habite que les cabarets et les mauvais lieux.

Les *Épicuriens* insistaient en disant : « Vous-mêmes, vous ne cultivez la vertu que parce que vous en attendez du plaisir et de la volupté. » — Non certes, leur répondaient encore les *Stoïciens :* ce n'est pas pour la volupté que travaille la vertu; mais elle la rencontre en marchant vers un autre but. Ainsi dans un champ labouré pour les moissons, il naît des fleurs : cependant ces plantes, quoique agréables à la vue, n'ont pas été l'objet des travaux du cultivateur; elles viennent par surcroît : de même la volupté n'est ni la récompense ni le motif de la vertu; elle n'est que de surérogation. La vertu est à elle-même sa récompense. « *Gratuita est virtus; virtutis præmium ipsa virtus.* »

« Mais qui empêche, disaient encore les *Épicuriens,* de confondre la vertu et la volupté, de sorte que le souverain bien ne soit qu'un mélange de l'honnête et de l'agréable? » — Ce qui empêche de le faire, répondaient les *Stoïciens*, c'est que le souverain bien ne souffre pas de mélange : il n'y a que l'honnête qui puisse faire partie de l'honnête et tous les plaisirs dont on parle sont une suite et non un élément de la vertu. Seule, la vertu doit être recherchée pour elle-même : c'est à elle de porter l'étendard de l'honneur et de la morale; la mettre aux gages de la volupté, c'est la déshonorer, c'est se déshonorer soi-même.

Voilà comment les *Stoïciens* soutenaient fièrement la cause de l'honnête et du juste. Aussi tandis que leur doctrine inspirait et soutenait les plus nobles vertus, l'héroïsme de Thraséas et d'Épictète, le sublime esclave, et la sagesse de Marc-Aurèle, l'empereur philosophe, l'épicurisme consacrait ou du moins absolvait tous les excès, toutes les débauches, toutes les infamies : Horace a infligé une flétrissure sanglante aux partisans de cette doctrine en s'appelant lui-même

... Epicuri de grege porcum,

et Montesquieu a pu dire à bon droit : « Je crois que la secte d'Épicure, qui s'introduisit à Rome sur la fin de la République, contribua beaucoup à gâter le cœur et l'esprit des Romains. Les Grecs en avaient été infatués avant eux; aussi avaient-ils été plus tôt corrompus. »

Sujets à traiter. — 1. Que savez-vous de l'épicurisme? (Sorbonne, 7 août 1868.)

2. Que savez-vous du stoïcisme? (Sorbonne, 16 août 1873.)

3. Comparer et apprécier le stoïcisme et l'épicurisme. (Sorbonne, 19 novembre 1866.)

4. Comparer la doctrine des Épicuriens et des Stoïciens sur le souverain bien. (Sorbonne, juillet 1875.)

5. Qu'est-ce que les Stoïciens entendaient par les choses qui dépendent de nous et celles qui n'en dépendent pas? (Sorbonne, 18 juillet 1878.)

6. Exposer et discuter la métaphysique et la morale d'Épicure. Quelles sont les différences et les ressemblances de l'épicurisme grec et romain et du matérialisme moderne. (Faculté de Lyon, août 1872.)

CXLVIII.

Du caractère de la philosophie de Cicéron.
(Sorbonne, 9 décembre 1880.)

Cicéron est plus célèbre comme orateur, comme écrivain, comme homme d'État que comme philosophe; néanmoins, il faut voir en lui le plus illustre représentant de la philosophie à Rome.

Le caractère général de sa doctrine, c'est l'*éclectisme* : son vaste et lumineux génie, ouvert à tous les systèmes, les avait tous saisis, se les était tous assimilés, et il les expose dans un style d'une abondance et d'une souplesse incomparables, prenant à chacun d'eux ce qu'il a de plus conforme à son caractère et aux besoins de la société romaine.

Ainsi en *psychologie*, Cicéron est profondément *spiritualiste* comme Platon : Platon, du reste, est de tous les philosophes celui qui a exercé le plus d'influence sur l'esprit de Cicéron. Séduit par sa merveilleuse éloquence et par l'élévation de ses idées, l'orateur romain va jusqu'à sacrifier en sa faveur les droits imprescriptibles de la vérité : il dit dans les *Tusculanes* qu'il aime mieux se tromper avec Platon que raisonner juste avec d'autres et qu'il est beau de s'égarer avec un tel guide. Ailleurs, il soutient que Platon est comme un dieu parmi les philosophes. Quoi qu'il en soit de ces exagérations, il est certain que le souffle de Platon anime et vivifie les plus belles pages de Cicéron, en particulier son traité de la *République* avec le *Songe de Scipion* et tout ce qu'il nous a laissé dans le *De senectute*, le *De amicitiâ* et les *Tusculanes* sur l'immortalité de l'âme.

En *logique*, Cicéron adopte le *probabilisme* de Carnéade auquel l'ont initié les académiciens Philon et Antiochus et qu'il expose dans ses *Académiques*. Cette doctrine, commode parce qu'elle n'est ni le scepticisme absolu, ni le véritable dogmatisme et qu'elle permet d'adopter toute opinion dont on peut donner une raison plausible, plaisait à l'esprit de Cicéron plus étendu que vigoureux. Aussi la professe-t-il jusque dans la préface du second livre du *De officiis*, le plus dogmatique de ses ouvrages.

En *morale*, il suit de préférence les *Stoïciens*, mais avec une certaine indépendance, comme il nous en avertit lui-même au commencement du *De officiis :* « *Sequemur igitur hoc quidem tempore et hâc in quæstione potissimum stoicos, non ut interpretes, sed, ut solemus, e fontibus eorum judicio arbitrioque nostro, quantum quoque modo videbitur, hauriemus.* » Pourtant il n'aime pas le dogmatisme tranchant et la froide raideur des Stoïciens, qui froissaient sa nature délicate; mais l'élévation morale de leur doctrine avait séduit sa grande âme et le stoïcisme mitigé de Panétius et de Posidonius respire dans ses principaux traités de morale, les *Tusculanes*, le *De officiis*. « *Licet insectemur stoicos,* dit-il quelque part, *metuo ne soli philosophi sint.* »

Quant à la doctrine de l'*école péripatéticienne*, Cicéron l'avait moins étudiée que les autres; toutefois il était l'ami personnel de Cratippe, le chef de l'école d'Aristote, au premier siècle avant l'ère chrétienne, et on le voit incliner vers les théories du Lycée dans la dernière partie du *De finibus bonorum et malorum*.

De toutes les doctrines anciennes, il n'y en a qu'une, la *doctrine d'Épicure*, qui n'exerça aucun empire sur la pensée de Cicéron; il semble même avoir pris à tâche de réfuter ce système, qui choquait les aspirations élevées de son esprit et de son cœur et dans lequel il voyait une menace pour les mœurs et la gloire de sa patrie. Aussi n'est-ce pas un éloge trop exagéré que celui qu'il se fait adresser par un de ses interlocuteurs, dans le *De finibus bonorum et malorum :* « *Epicurum de choro philosophorum sustulisti.* »

En résumé, Cicéron nous apparaît, non pas comme un penseur original et profond, mais comme un vulgarisateur éloquent des idées anciennes, et il occupe une grande place dans l'histoire de la philosophie à cause de l'élévation de ses sentiments et de sa morale, à cause surtout des indications et des renseignements précieux pour l'historien de la philosophie que contiennent ses divers ouvrages sur les écoles et les systèmes de l'antiquité.

Sujets à traiter. — 1. Quels sont les caractères et les points principaux de la philosophie de Cicéron? (Faculté de Bordeaux, 3 août 1877.)

2. Quelle est la morale enseignée dans le *De officiis?* Quels arguments démontrent la supériorité de cette morale sur celle d'Épicure? (Sorbonne, 28 mars 1872.)

3. Montrer, d'après le *De officiis*, que la bienfaisance elle-même a ses règles et que la pratique de cette vertu exige beaucoup de précautions. (Sorbonne, 24 mars 1874.)

4. Quelles sont les règles de la justice données par Cicéron dans le premier livre du *De officiis?* (Sorbonne, 6 décembre 1880.)

5. Des cas de conscience discutés par Cicéron dans le troisième livre du *De officiis.* (Sorbonne, 20 août 1870.)

6. Analyser avec exactitude le second livre du *De finibus bonorum et malorum.* (Sorbonne, 29 novembre 1881.)

CXLIX.

Que savez-vous d'Épictète et de Marc-Aurèle ?
(Sorbonne, 27 mars 1873.)

Épictète et *Marc-Aurèle* sont les deux derniers représentants de la philosophie stoïcienne à Rome et ils ont la gloire commune d'avoir enseigné la morale non seulement en paroles, mais encore par leurs actes, l'un dans l'esclavage, l'autre sur le trône.

On sait peu de chose sur la vie d'*Épictète :* son véritable nom est même inconnu; car *Épictète* veut dire esclave. On peut seulement affirmer qu'il naquit à Hiéropolis, en Phrygie, vers le milieu du premier siècle de l'ère chrétienne, et qu'il fut esclave d'Épaphrodite, affranchi de Néron. Un jour son maître s'amusait à lui tordre la jambe: « Vous me la casserez, » dit froidement Épictète. La jambe cassa en effet : « Je vous avais bien dit que vous la casseriez, » reprit l'héroïque esclave. Une fois affranchi, il eut pour maître le disciple de Sénèque, Musonius Rufus. Chassé de Rome par l'édit de Domitien contre les philosophes, il se retira à Nicopolis en Épire, où la jeunesse romaine allait l'écouter. Y mourut-il? Cela est douteux, puisque certains historiens le représentent comme un familier de l'empereur Adrien. Après sa mort, la lampe de terre qui éclairait ses veilles fut achetée trois mille drachmes par un opulent ami de la philosophie.

Épictète n'a rien écrit par lui-même; mais son élève, Arrien, qui vivait dans la première moitié du second siècle de l'ère chrétienne, a recueilli fidèlement les discours et les maximes de son maître et nous les a transmis dans le *Manuel* d'Épictète, « ainsi appelé, dit Simplicius, parce qu'il doit toujours être sous la main et à la disposition de ceux qui veulent bien vivre. » Arrien nous a encore laissé huit livres de *Discours* ou *Entretiens,* qui résument toutes les leçons d'Épictète à Nicopolis.

Épictète admet les points fondamentaux de la doctrine stoïcienne : il dit que le grand devoir de l'homme, c'est de vivre conformément à la raison, que le souverain bien c'est la vertu qui se conquiert par la lutte contre les passions. On lui attribue même la célèbre maxime : ἀπέχου καὶ ἀνέχου.

En dehors de ces idées communes à tous les Stoïciens, Épictète a des idées qui lui sont propres et personnelles.

C'est d'abord sa fameuse *distinction entre les choses qui dépendent de nous,* comme la liberté, la vertu, et *les choses qui ne dépendent pas de nous,* comme le corps, les biens extérieurs, dont il ne faut nullement se préoccuper pour réserver tous ses soins, toute son attention aux choses dont nous sommes réellement les maîtres.

Un autre point particulier de la doctrine d'Épictète, c'est sa *morale religieuse.* Les anciens Stoïciens proclamaient le sage une portion de la divinité et disaient que le sage n'était pas moins nécessaire à Jupiter que Jupiter au sage. Épictète, au lieu d'enseigner cette orgueilleuse indépendance vis-à-vis de Dieu, ne parle que de soumission à la Providence et recommande la piété, la confiance aux oracles. « Si j'étais un rossignol, dit-il, je ferais mon métier de rossignol. Je suis un être raisonnable, il me faut chanter Dieu : voilà mon métier et je le fais. »

C'est surtout en ce qui concerne *la famille* et l'*État* et en général *nos relations avec les autres hommes*, qu'Épictète s'écarte, sinon de la lettre, au moins de l'esprit du stoïcisme. Les Stoïciens enseignaient que les affections de famille sont les plus pures de toutes; mais Épictète, qui avait été longtemps esclave et qui était demeuré célibataire, parle de ces affections en homme qui ne les a jamais connues : il compare la perte d'un fils à celle d'une coupe, d'une marmite; la divinité nous donne une femme et un enfant, comme le pilote laisse le matelot qu'il a envoyé faire eau ramasser sur son chemin un coquillage, une plante. — Suivant les Stoïciens, la vertu consistant dans l'action, le sage devait se mêler des affaires publiques et travailler à réprimer le vice et à encourager la vertu. D'après Épictète, au contraire, qui vivait sous le régime impérial, le sage s'adresse indifféremment à tous les hommes, Athéniens, Corinthiens, Romains, pour leur parler, non de leurs revenus, de paix et de guerre, mais de bonheur et de malheur, d'esclavage et de liberté. Il se résignera à être méprisé, à être compté pour rien et il n'achètera pas les honneurs et les dignités par la honte de louer celui qu'il ne juge pas digne de ses éloges et de supporter les insolences de ses portiers. — La morale stoïcienne voulait que le sage fût sans indulgence, parce que les hommes sont responsables de leurs vices : Épictète, lui, recommande de supporter sans s'irriter les vices d'autrui. « Tu es au bain, on te pousse, on te vole; c'est ce qui arrive d'ordinaire. — Quelqu'un dit du mal de toi; il ne nuit qu'à lui-même. — Un scélérat te dépouille : qu'importe par qui Dieu te réclame ce qu'il t'a prêté? — Ton esclave est vicieux : cela vaut mieux que si tu étais malheureux; il ne faut pas que le calme de ton âme dépende d'un esclave. »

Ce qu'il y a de plus original dans Épictète, c'est la *manière dont il a rendu ses* idées : il parlait en grec, c'est-à-dire dans la langue de la plus grande partie du peuple romain; le latin était la langue de l'aristocratie, d'une élite plus ou moins nombreuse. « Épictète, dit M. Martha, a le langage populaire, incisif et pittoresque. Des comparaisons tirées de la vie commune révèlent une certaine originalité plébéienne. Mais son imagination est tout entière au service du raisonnement; ses métaphores ne sont que des démonstrations et ses allégories même ont la précision de la pure logique. Sa parole, libre comme son âme, affranchie des élégances convenues, ne dédaigne pas d'employer les expressions vulgaires, empruntées aux carrefours et saisit parfois avec plaisir un mot trivial pour en accabler les objets de son mépris. Mais où paraît surtout la foi intrépide de ce prêcheur obstiné, c'est dans cette dialectique tranchante où il lutte avec les passions, où il les interroge, les fait répondre et les confond en quelques mots souvent sublimes. L'héroïsme stoïque y éclate en dialogues cornéliens. Ce Socrate sans grâce ne s'amuse pas à faire tomber mollement un adversaire dans les longs filets d'une dialectique captieuse; il le saisit brusquement et l'achève en deux coups. On peut appliquer à cette éloquence le mot de Démosthène sur Phocion : « C'est la hache qui se lève et retombe. »

Tel est le sage dont Pascal nous dit, dans son *Entretien avec M. de Saci*, « qu'il est un des philosophes du monde qui aient le mieux connu les devoirs de l'homme, » et « qu'il mériterait d'être adoré, s'il avait aussi bien connu son impuissance, puisqu'il fallait être Dieu pour apprendre l'un et l'autre aux hommes. ».

La vie de *Marc-Aurèle*, l'empereur philosophe (121-180 après J.-C.), appartient à l'histoire générale plutôt qu'à la philosophie. « On sent en soi-même un plaisir secret, dit Montesquieu, lorsqu'on parle de cet empereur; on ne peut lire sa vie sans une espèce d'attendrissement; tel est l'effet qu'elle produit qu'on a meilleure opinion de soi-même, parce qu'on a meilleure opinion des hommes. »

Marc-Aurèle nous a laissé dans ses *Pensées*, recueil de notes écrites à la hâte, sous la tente plus souvent que dans le palais, une image vive et fidèle de son grand esprit et de son noble cœur.

Il ne faut pas chercher dans ce petit livre de la *métaphysique*; Marc-Aurèle la dédaigne. « Chaque philosophe, dit-il, a son opinion; le monde entier et la science qui le reflète ne sont que des flots changeants. »

Sa *psychologie* est matérialiste, malgré la distinction qu'il établit entre le corps, l'âme sensitive et l'esprit; car cet esprit, cette raison est une force inséparable de la matière, l'animant mais résidant en elle.

Sa *théodicée* hésite entre l'atomisme et le panthéisme : « Rappelle-toi, dit-il, ces alternatives de raisonnement : ou c'est la Providence ou ce sont les atomes, qui ont fait toutes choses. » Il incline cependant vers la croyance en Dieu et admet même la prière.

Flottante aussi est son opinion *sur l'immortalité de l'âme*. « La mort, dit-il, est comme la naissance un mystère de la nature, une combinaison des mêmes éléments..... Est-ce dissipation? résolution en atomes? anéantissement? extinction? simple déplacement?... Alexandre et son muletier, morts, ont même condition : ou rendus au principe générateur ou dispersés en atomes. »

Ce n'est qu'en *morale* que Marc-Aurèle a des principes fixes et solides. Sa règle générale est celle de tous les Stoïciens : se conformer à l'unité de la nature par l'unité de direction de la volonté et se rendre indépendant des choses du dehors. Il enseigne, et c'est là le côté original de sa doctrine, l'humilité, la soumission à Dieu, dont personne n'avait moins parlé que les Stoïciens. Il insiste sur l'amour des siens, sur la fraternité universelle, sur l'amour du genre humain et la bienveillance, l'indulgence qui en découlent. « Comme Antonin, dit-il, ma patrie est Rome; comme homme, ma patrie est le monde... Nous sommes tous concitoyens, nous sommes tous frères; nous devons nous aimer, puisque nous avons la même origine, le même but... Fais le bien, sois utile à tous; sers tous les hommes et chacun d'eux... Supporte même le méchant : aie pitié de lui; instruis-le sans ironie, sans injure, avec amour... Venge-toi d'un ennemi en ne lui ressemblant pas... Le plus grand de tous les bonheurs : s'entendre accuser et savoir qu'on fait le bien. »

Il est difficile de savoir ce que Marc-Aurèle a pensé *du suicide* : tantôt il le combat comme une désertion, tantôt il le préconise comme un triomphe. Quand il n'écoute que son cœur, il le repousse; mais il l'encourage, quand il considère la vanité de ce monde.

« Il y a, dit M. Jules Simon, une amertume profonde dans les paroles que trouve Marc-Aurèle pour peindre le néant de la vie, et on ne peut les lire et se rappeler qui les a écrites, sans penser que ni la vivacité de l'intelligence, ni la pureté du cœur, ni de grandes actions accomplies, ni de grandes vertus exercées, ne suffisent à soutenir une âme, quand elle n'a pas d'aspirations vers Dieu et vers l'avenir. »

Il est triste d'avoir à dire en finissant que Marc-Aurèle si clément, si honnête, fut envers le christianisme intolérant et persécuteur.

Sujet à traiter. — Citer quelques-unes des belles maximes du *Manuel* d'Épictète. (Sorbonne, 7 août 1875, 25 juillet 1876.)

CL.

Comment finit la philosophie ancienne? Quelles sont les écoles célèbres de la dernière époque? Que savez-vous de la philosophie alexandrine? (Sorbonne, 12 août 1874.)

La philosophie ancienne, après avoir brillé du plus vif éclat au cinquième et au quatrième siècles avant l'ère chrétienne, avec Socrate, Platon et Aristote, l'Académie et le Lycée, vit commencer pour elle, à partir du troisième siècle, une ère de décadence. Cette décadence s'accentua de plus en plus, surtout après l'avènement du christianisme, et, malgré les efforts de quelque grands esprits et de quelques âmes généreuses pour sauver la philosophie païenne, elle s'éteignait tristement dans les rêveries du mysticisme et les pratiques de la théurgie, lorsqu'un édit de Justinien ferma l'école d'Athènes en 529.

La philosophie grecque, dans sa première période, avait été presque entièrement consacrée à l'étude de la nature; dans la seconde, avec Socrate et ses successeurs, elle avait eu un caractère moral et humain, sans oublier ni Dieu ni l'univers; dans la troisième, elle devint presque exclusivement religieuse, parcourant ainsi et éclairant successivement, dans les trois phases de son existence, les trois grands objets de la science philosophique : la Nature, l'Homme, Dieu.

Les écoles les plus célèbres de la dernière époque de la philosophie ancienne sont :

L'*école épicurienne*, fondée à Athènes par Épicure, vers l'an 305 avant Jésus-Christ, et qui, à une logique sensualiste et matérialiste, à une physique qui n'était que la reproduction de l'atomisme de Leucippe et de Démocrite avec le *clinamen* des atomes en plus, joignait une morale commode qui faisait du bonheur le souverain bien de l'homme et donna lieu, soit en Grèce soit à Rome, où Lucrèce la chanta en vers immortels, à des excès si déplorables que Montesquieu a pu dire en toute vérité : « Je crois que la secte d'Épicure, qui s'introduisit à Rome sur la fin de la république, contribua beaucoup à gâter le cœur et l'esprit des Romains. Les Grecs en avaient été infatués avant eux ; aussi avaient-ils été plus tôt corrompus » ;

L'*école stoïcienne*, fondée à Athènes par Zénon, au commencement du troisième siècle avant Jésus-Christ, et qui, quoiqu'elle enseignât le sensualisme en logique, une sorte de panthéisme matérialiste en physique, eut l'honneur d'être comme une protestation de la conscience et de l'honnêteté contre la morale épicurienne, de professer hautement que le souverain bien de l'homme ce n'est ni le plaisir ni le bonheur, mais la vertu conquise par la liberté luttant contre les passions, et de former ces nobles et fiers caractères qui s'appellent en Grèce, Chrysippe et Cléanthe, Panétius et Posidonius, et à Rome, Caton, Brutus, Helvidius, Thraséas, Épictète, le sublime esclave, et Marc-Aurèle, l'empereur philosophe, sans parler des pages sublimes qu'elle a inspirées à Cicéron et à Sénèque ;

La *Nouvelle Académie*, fondée par Arcésilas qui opposa le scepticisme au dogmatisme de Zénon et des Stoïciens, ou plutôt par Carnéade qui florissait au milieu du second siècle avant l'ère chrétienne et qui mit en vogue le probabilisme, la théorie de la vraisemblance, que soutinrent après lui Clitomaque, Antiochus, Philon, Cicéron lui-même dans ses *Académiques* ;

L'*école pyrrhonienne*, ainsi appelée de Pyrrhon, son fondateur, au quatrième siècle avant Jésus-Christ, et qui eut pour représentants, dans la dernière période de la philosophie ancienne : Timon, l'auteur des *Silles* ; Ænésidème, qui écrivit au premier siècle de l'ère chrétienne les *Discours des Pyrrhoniens*; Agrippa, qui vivait au second siècle et nous a laissé ses *Cinq motifs de doute*; *Sextus Empiricus*, qui a donné, dans ses *Hypotyposes pyrrhoniennes*, le résumé précis et complet de tout le scepticisme de l'antiquité; enfin Lucien de Samosate, son contemporain, qui dans ses *Dialogues des dieux*, ses *Dialogues des morts*, son *Icaro-Ménippe* et son *Timon le misanthrope* a spirituellement tourné en ridicule la religion et la philosophie;

L'école gnostique, qui au premier et au second siècles de l'ère chrétienne, avec Simon le Magicien, Ménandre, Marcion, Cerdon, etc., professa une sorte de syncrétisme d'idées empruntées à l'Inde, à la Perse, à l'Égypte, à la philosophie platonicienne, à la religion juive, au christianisme, et où dominent le panthéisme émanatiste et un mysticisme exalté;

Enfin l'*école d'Alexandrie*, qui eut pour précurseurs Philon, Apollonius de Tyane, Plutarque de Chéronée, Numénius d'Apamée, Apulée de Madaure, et dans l'histoire de laquelle on peut distinguer comme trois phases différentes : dans la première, au troisième siècle de l'ère chrétienne, elle se fonde et se développe avec Ammonius Saccas et Plotin, qui coordonne ses doctrines et vient les enseigner à Rome avec un éclat extraordinaire; dans la seconde, au quatrième siècle, avec Porphyre et Jamblique, Sopater, Édésius, Maxime et Julien l'Apostat, elle entreprend une guerre acharnée contre le christianisme et incline de plus en plus vers le mysticisme; dans la troisième, au cinquième et au sixième siècles, elle devient l'école d'Athènes, organisée par Plutarque d'Athènes et Syrien, illustrée par Proclus et fermée par l'édit de Justinien.

La philosophie alexandrine a pour premier et principal caractère l'*éclectisme*. Ce fut la prétention avouée des Alexandrins de recueillir et de concilier tous les systèmes, parce qu'à leurs yeux toutes les doctrines se ressemblaient et que leurs différences ne venaient que de malentendus. Ce fut leur préoccupation constante de s'affranchir des préjugés étroits qui veulent maintenir la séparation entre les dogmes et de réunir tout ce qu'ils croyaient bon dans les systèmes anciens pour en former un tout harmonieux qu'ils pussent opposer au christianisme. On a les mêmes accusés d'avoir poussé l'éclectisme jusqu'à un syncrétisme aveugle, à cause de la facilité avec laquelle ils reçoivent de toutes mains et sans discernement les théories les plus contradictoires.

La philosophie alexandrine est aussi appelée *néoplatonicienne*, parce qu'en voulant concilier toutes les doctrines, elle incline évidemment vers celle de Platon : c'est celle qui prête le plus à l'enthousiasme; c'est celle qui, par ce qu'elle a de vague, de symbolique et de mystérieux, s'harmonise le mieux avec le génie des Alexandrins. Pourtant l'autorité de Platon n'est pas souveraine pour eux; Plotin répétait souvent le fameux adage : *Amicus Plato, sed magis amica veritas*; les professeurs alexandrins disaient continuellement dans leurs leçons publiques : εἰ ἀληθῶς, εἰ πλατονικῶς, au point de vue de la vérité, au point de vue de Platon.

La philosophie alexandrine est encore une philosophie *théologique* et *mystique* : théologique, parce qu'elle se préoccupe avant tout de la nature de Dieu; mystique, parce qu'elle donne l'extase, les illuminations divines comme moyens d'arriver à la vérité.

Voici les principaux points de cette philosophie.

Le *Dieu* des Alexandrins est à la fois l'*unité* absolue des Éléates, l'*intelligence* suprême, soleil du monde intelligible dont parle Platon, ou l'intelligence immobile dont Aristote nous dit qu'elle est la pensée de la pensée, et enfin le *principe actif* et organisateur du *Timée*, le père, le roi de toutes choses, la Providence universelle dont la force engendre toute force, dont la vie est le foyer même de toute vie. Dieu en soi, comme unité absolue, Dieu comme intelligence, Dieu comme puissance, voilà la trinité alexandrine, imitation visible de la Trinité chrétienne, mais imitation trompeuse qui diffère essentiellement de son sublime modèle et lui est profondément inférieure.

Le *monde*, d'après les Alexandrins, est produit par émanation; il sort de Dieu comme le contenu d'un vase s'en échappe, quand le vase est trop plein, comme les rayons de la lumière s'élancent de leur foyer, comme l'enfant descend du père dont il est issu : Plotin se sert de toutes ces comparaisons. Mais en dehors de Dieu il n'y a rien, ni espace, ni matière ; car s'il existait quelque chose hors de Dieu, Dieu serait limité, ce qui est impossible. Donc tout est en Dieu et c'est en lui-même que Dieu produit le monde ; comme l'intelligence divine est le lieu des esprits, l'âme, la puissance divine, le démiurge est le lieu des corps. Les êtres une fois engendrés tendent sans cesse à retourner vers leur source et à s'absorber en Dieu : tout sort de Dieu, tout rentre en Dieu. Le Dieu de Plotin est ainsi l'*alpha* et l'*oméga*, comme celui de l'Écriture, le principe et la cause finale de toute existence, de tout mouvement. Le monde est produit nécessairement, sans commencement ni fin, profondément distinct, mais non séparé de la nature divine, dans laquelle il va se perdre et s'absorber. Voilà bien le panthéisme avec tous ses caractères.

La *psychologie* des Alexandrins découle de leur métaphysique. Elle distingue cinq degrés dans la connaissance humaine : 1° la connaissance sensible ; 2° la connaissance des opérations de l'âme ; 3° la connaissance obtenue par l'emploi de l'analyse et de la synthèse ; 4° la connaissance rationnelle qui atteint des vérités supérieures à l'expérience ; 5° la connaissance obtenue par une opération qui s'élève au-dessus de la raison et qui s'appelle ἁπλώσις, simplification, réduction de l'âme à l'unité.

On conçoit aisément quelle *morale* dérive d'une pareille psychologie. Platon avait assigné à l'homme comme but de sa vie la ressemblance avec Dieu dans la mesure du possible : ce n'est pas assez pour les Alexandrins ; ils veulent l'unification de l'homme avec Dieu, ἕνωσις, c'est-à-dire la suppression de l'humanité. Pour arriver à cette unification, il faut pratiquer d'abord les vertus que Plotin appelle politiques, la prudence, le courage, la tempérance ; puis les vertus qu'il nomme purificatrices, initiatrices, la justice, la science, l'amour, qui nous dégagent absolument du monde et nous préparent à l'extase. Dans cet état, l'esprit uni à Dieu n'habite plus le corps ; le corps est un palais désert, abandonné par son maître et qui ne subit plus d'autres lois que celles de la nature organique. L'extase est une mort anticipée ou plutôt une vie anticipée ; car c'est bien surtout pour les mystiques qu'est vrai le mot de Platon : « Mourir, c'est vivre. » Il est superflu d'ajouter que les Alexandrins admettent l'immortalité de l'âme ; mais ils parlent de métempsycose, de purification, de transmigrations des âmes, et puis, comme l'absorption en Dieu est le terme où l'âme tend, l'immortalité, telle que l'entendent les Alexandrins, n'est pas l'immortalité véritable, l'immortalité personnelle, mais seulement l'immortalité, l'indestructibilité de la substance.

Telle est dans son ensemble la doctrine de l'école d'Alexandrie, formée par la réunion de principes contradictoires et d'éléments disparates, qui jurent ainsi associés. « Les Alexandrins, dit M. Jules Simon, leur historien, voulaient à eux seuls rassasier ces deux besoins qui partageaient les hommes : le besoin de croire aveuglément, le besoin de voir évidemment. Ils ne savaient pas qu'à force de tout amnistier, on perd le sentiment même de l'histoire et cet emportement nécessaire en faveur d'un principe ou d'une doctrine qui seul donne l'énergie et imprime un caractère. »

Sujets à traiter. — 1. Quelle différence y a-t-il entre l'*Académie ancienne* et l'*Académie nouvelle* ? (Sorbonne, 13 août 1875.)
2. Définir le mysticisme par quelques éléments empruntés à l'école d'Alexandrie. (Sorbonne, 24 juillet 1881.)
3. Vous ferez connaître les principales périodes de la philosophie grecque. (Faculté de Clermont, août 1881.)

CLI.

Quel jugement faut-il porter sur la Scolastique ?
(Faculté de Bordeaux, août 1869.)

La Scolastique, ainsi appelée parce qu'à son origine elle a été enseignée dans les écoles, *scholæ*, fondées par Charlemagne, est la philosophie du moyen âge.

Elle comprend trois périodes distinctes : la première, qui est une *période de formation*, s'étend du huitième siècle à la fin du douzième ; la seconde, qui est *l'âge d'or* de la philosophie Scolastique, n'embrasse que le treizième siècle ; la troisième, qui est une *période de décadence,* comprend le quatorzième et le quinzième siècles.

On a souvent reproché à la Scolastique d'avoir été stérile et de s'être dépensée en querelles frivoles, en disputes sans fin et en discussions oiseuses. Ces reproches sont exagérés, et pour juger équitablement la philosophie du moyen âge, il faut se rendre compte des caractères généraux qu'elle a conservés depuis sa naissance jusqu'à ses derniers jours.

Le premier de ces caractères, c'est la *subordination à la théologie.* Le moyen âge, en effet, n'étant dans l'ordre intellectuel que le règne absolu de la religion chrétienne, la philosophie de cette époque ne pouvait être que le travail de la pensée au service de la foi régnante et sous la surveillance de l'autorité religieuse. Le fond des doctrines était tout trouvé, tout fixé : il ne s'agissait que de les développer, de les expliquer, de les présenter avec ordre et méthode; c'était tout le rôle de la philosophie, qui s'intitulait modestement la servante de la théologie, *ancilla theologiæ.* Ce rôle n'est pas si humiliant qu'on a bien voulu le dire et on en comprendra toute la gloire pour peu qu'on songe que la doctrine catholique est l'œuvre de Dieu lui-même et qu'en la suivant fidèlement, la philosophie est sûre de ne jamais s'égarer. D'ailleurs la servitude de la raison n'était pas telle qu'on se le figure souvent, et certes il y a de l'indépendance et même une hardiesse étonnante dans les écrits d'un saint Anselme, d'un Abélard, d'un Albert le Grand, d'un saint Thomas, d'un saint Bonaventure, d'un Roger Bacon, etc. Leurs ouvrages ont magnifiquement montré ce que peut la raison soutenue par la foi.

Un second caractère de la scolastique, c'est sa *soumission à l'autorité d'Aristote :* il fait loi sur toutes les questions que la foi n'a pas résolues; il est le *maître,* le *philosophe* par excellence; quand il a parlé, tout est dit, on n'a plus qu'à s'incliner : « *Magister dixit; Philosophus ait,* » répètent sans cesse les Scolastiques, rejetant comme fausse *à priori* toute opinion qui contredit l'*Organon.* Ce respect exagéré a sans doute une raison d'être dans l'exactitude et la précision de l'enseignement d'Aristote ; il s'explique surtout quand on songe que le moyen âge ne connut pendant longtemps que les ouvrages de ce philosophe ; mais il n'en fut pas moins fâcheux pour le progrès de la science, qu'il condamna à la routine et à l'immobilité.

Un autre caractère distinctif de la Scolastique, c'est *sa méthode* : cette méthode consiste uniquement dans le syllogisme, la déduction, la démonstration. Dès lors, en effet, que la doctrine est toute faite dans les livres sacrés, l'intelligence doit s'appliquer exclusivement à déduire des vérités révélées tout ce qui peut s'y trouver contenu. De là le dédain de l'observation et de l'expérience, même dans les sciences physiques et naturelles, où elles ont seules le droit de prononcer. De là le culte exagéré de la forme syllogistique, sans laquelle, semble-t-il aux Scolastiques, il n'y a ni vérité ni science. De là l'abus du raisonnement; de là des distinctions, des divisions, des subdivisions à l'infini; de là les subtilités souvent inintelligibles dans lesquelles tombent les logiciens du moyen âge, surtout à l'époque de la décadence de la Scolastique.

Ce qui distingue enfin cette philosophie, c'est son *langage obscur et sa terminologie barbare*. On les a souvent tournés en ridicule : on a eu tort; car l'esprit humain n'arrive pas d'un seul coup à la perfection du langage et de la méthode, et les Scolastiques, qui avaient tout à créer, ont dû nécessairement laisser quelque chose à faire à leurs successeurs. Ce qu'il y a de rude et de sévère dans la forme scolastique est le fait de l'époque plutôt que des grands hommes qui la représentent. D'ailleurs, cette forme a été loin d'être inutile; comme le dit fort bien M. Barthélemy Saint-Hilaire, c'est à elle que les langues modernes, alors en voie de formation, ont dû la précision et la clarté qui font leur supériorité sur les langues anciennes.

La Scolastique nous apparaît, en définitive, comme l'un des plus vigoureux et des plus nobles efforts de l'esprit humain pour résoudre les grands problèmes qui l'agitent. Sur tous ces grands problèmes, elle a fixé la doctrine pour tout cœur catholique, qui s'incline avec respect et avec bonheur devant les décisions des docteurs du treizième siècle.

Sujet à traiter. — Que savez-vous de la querelle des Universaux au moyen âge? (Sorbonne, 2 décembre 1878.)

CLII.

Comparer Bacon et Descartes.
(Sorbonne, 6 août 1870.)

Bacon et Descartes, l'auteur du *Novum Organum* et l'auteur du *Discours de la méthode,* nous apparaissent au commencement du dix-septième siècle, l'un en Angleterre, l'autre en France, comme les rénovateurs des méthodes et des sciences et les fondateurs de la philosophie moderne.

Tous deux, en effet, comprirent dès leur jeunesse le besoin qu'avait l'esprit humain, au sortir de la Renaissance, d'une direction ferme et sûre; tous deux protestèrent contre les erreurs et les préjugés accumulés par l'ignorance ou la demi-science de plusieurs siècles, et, sous ce rapport, il est curieux de comparer la « *pars destruens* » du chancelier d'Angleterre avec le « doute méthodique » du philosophe français; tous deux substituèrent à l'autorité d'Aristote, souveraine au moyen âge, l'autorité plus incontestable de l'évidence et de la raison; tous deux remplacèrent la méthode syllogistique, bonne pour la démonstration plutôt que pour la recherche de la vérité, par une méthode plus large et plus féconde, une méthode à la fois expérimentale et rationnelle, inductive et déductive, capable de faire progresser toutes les sciences; tous deux enfin poursuivirent le même but, la conquête de la nature par la science et l'industrie, l'amélioration physique et morale du genre humain : car si Bacon veut que la philosophie ne soit pas une science purement spéculative, sans résultat, sans utilité pratique, mais « une science active, une science opérative », comme il le dit lui-même, Descartes entrevoit, au bout de ses recherches et comme prix de ses travaux, la possibilité d'exempter les hommes « d'une infinité de maladies tant du corps que de l'esprit et même aussi peut-être de l'affaiblissement de la vieillesse ».

Mais si Bacon et Descartes ont des mérites communs, ils ont aussi des caractères profondément opposés.

Ainsi d'abord, la *réforme de Bacon est partielle* et ne vise qu'un seul ordre de connaissances, les sciences physiques et naturelles, dont le *Novum Organum* trace la législation. — La *révolution cartésienne* est beaucoup *plus large* et s'applique à la fois à la philosophie et aux sciences en général. Aussi exerçat-elle, dès l'origine, une influence profonde dans l'Europe tout entière, tandis que Bacon eut besoin des Encyclopédistes pour se faire connaître à la France.

Ainsi encore, Bacon *n'a guère pratiqué la méthode* dont il est l'auteur : aucune science n'a enregistré de grandes découvertes portant son nom et les expériences sans suite et sans portée qu'il décrit dans sa *Sylva sylvarum* ne lui assurent pas une place distinguée parmi les naturalistes. — Descartes, au contraire, est *aussi célèbre comme savant que comme philosophe :* il est le plus grand physiologiste de son temps après Harvey, le plus grand physicien depuis Képler et Galilée jusqu'à Huyghens, le plus grand mathématicien depuis Viète jusqu'à Fermat. Physicien, il énonce très clairement la loi de la réfraction découverte par Snellius ; il donne la théorie de l'arc-en-ciel que Newton n'aura qu'à perfectionner ; il expose sur la lumière une hypothèse dont la science contemporaine se rapproche de plus en plus ; il constate avant Pascal la pesanteur de l'air ; enfin, par son hypothèse des *tourbillons* que Voltaire et le dix-huitième siècle n'avaient pas le droit de poursuivre de leurs sarcasmes, il prépare la découverte de la grande loi de la gravitation. Mathématicien, il invente les exposants pour la notation des puissances ; il fait l'application de l'algèbre à la géométrie ; il crée la géométrie analytique ; il expose comment toute courbe peut être représentée par une équation ; enfin il interprète le premier les racines négatives des équations. Il faut dire cependant que Descartes, tout grand savant qu'il est, dédaigne trop l'histoire lorsqu'il ne veut pas savoir s'il y a eu des hommes avant lui ; il ne s'occupe pas non plus de politique et n'est pas à proprement parler un moraliste, quoique dans ses *Lettres* et ailleurs il ait écrit des pages dont la mâle doctrine rappelle les plus pures inspirations du stoïcisme ancien. Bacon lui est supérieur dans ces sciences et son *Histoire de Henri VII*, ses *Essais de morale et de politique* sont riches en observations fines et judicieuses, qui, sans révéler un réformateur des sciences sociales, dénotent un profond penseur.

Mais là où Bacon et Descartes diffèrent le plus, c'est en *métaphysique*. — Le philosophe anglais *n'a pas de système;* ses vues sont incohérentes et souvent contradictoires; toutefois à force de s'attacher à la nature et de relever le rôle des sens qui nous la font connaître, il donne à ses idées une tendance sensualiste et empiriste, qui s'accentuera de plus en plus profondément dans son école avec Hobbes et Locke. — Descartes, lui, *est métaphysicien avant tout* et son système offre un tout homogène et conséquent, qu'on peut critiquer à bon droit à cause des erreurs qu'il renferme, mais qu'on doit admirer comme l'œuvre d'un grand et vigoureux esprit, qui n'emprunte rien à personne et tire tout de son propre fonds. A l'encontre de Bacon qui s'enferme dans l'expérience sensible, Descartes s'enfonce dans le monde de l'esprit, dans l'observation psychologique et les conceptions supérieures de la raison : de là la tendance idéaliste de sa doctrine que ses disciples exagèrent encore.

Enfin, si Bacon et Descartes sont chacun dans leur langue d'éminents écrivains, *leur style* comme leur génie a les qualités les plus opposées. Celui de Bacon, plein de grandeur et d'éclat, étincelant d'esprit et de verve, frappe vivement par ses tours oratoires et poétiques, mais tombe aussi quelquefois dans la déclamation et l'emphase. La prose de Descartes, naturelle et facile, sobre avec élégance, semée de traits heureux et de comparaisons ingénieuses, offre avec une parfaite justesse d'expression une clarté qui ne se dément jamais. « Pour exprimer toutes ses grandes créations, dit M. Cousin, Descartes a créé un langage digne d'elles, naïf et hardi, cherchant avant tout la clarté et trouvant par surcroît la grandeur... Il est le Malherbe de la prose : ajoutons qu'il en est le Malherbe et le Corneille tout ensemble. Dès que le *Discours de la méthode* parut, en même temps que le *Cid*, tout ce qu'il y avait en France d'esprits solides, fatigués d'imitations impuissantes, amateurs du vrai, du grand et du beau, reconnurent à l'instant même le langage qu'ils cherchaient. Depuis on ne parle plus que celui-là, les faibles médiocrement, les forts en y ajoutant leurs qualités diverses, mais sur un fond invariable devenu le patrimoine et la règle de tous. »

Sujets à traiter. — 1. Exposer et discuter la méthode de Bacon. (Faculté de Toulouse.)
2. De Bacon, de son œuvre et de ses disciples. (Faculté de Toulouse.)
3. Nommez les plus grands philosophes modernes en caractérisant brièvement leur doctrine. (Sorbonne, 21 mars 1874.)

CLIII.

Analyser la quatrième partie du *Discours de la méthode* et en faire ressortir l'importance dans l'ensemble du système de Descartes. (Sorbonne, juillet 1875, 7 avril 1882.)

La quatrième partie du *Discours de la méthode* est intitulée par Descartes lui-même : *Raisons par lesquelles il prouve l'existence de Dieu et de l'âme humaine, qui sont les fondements de sa métaphysique.*

Elle débute par l'exposé du *doute méthodique*. Descartes rejette comme absolument faux tout ce en quoi il pourra imaginer le moindre doute, afin de voir s'il ne restera point après cela quelque chose en sa créance qui soit entièrement indubitable. — Ainsi, il ne veut pas croire au témoignage des sens, parce que nos sens nous trompent quelquefois. — Il ne veut pas croire au raisonnement, parce qu'il y a des hommes qui se méprennent en raisonnant sur les plus simples matières de géométrie. — Il ne veut pas croire à la véracité de l'intelligence, parce que toutes les pensées que nous avons étant éveillés peuvent nous venir quand nous dormons, sans qu'il y en ait aucune pour lors de vraie, et il feint que « toutes les choses qui lui sont entrées en l'esprit ne sont pas plus vraies que les illusions de ses songes ».

Mais Descartes a beau douter de tout, il ne peut douter de son doute ; il a beau penser que tout est faux, il faut nécessairement que lui qui le pense soit quelque chose. « *Cogito, ergo sum.*

... Et remarquant, dit-il, que cette vérité : *Je pense, donc je suis*, était si ferme et si assurée que toutes les plus extravagantes suppositions des sceptiques n'étaient pas capables de l'ébranler, je jugeai que je pouvais la recevoir sans scrupule pour le *premier principe* de la philosophie que je cherchais. »

De ce principe Descartes tire d'abord la *distinction de l'âme et du corps*. Examinant avec attention ce qu'il est et voyant qu'il peut bien feindre qu'il n'a aucun corps, mais non pas qu'il n'existe point, car feindre, c'est penser, et pour penser il faut être, l'auteur du *Discours de la méthode* reconnaît « qu'il est une substance dont toute l'essence ou la nature n'est que de penser, et qui pour être n'a besoin d'aucun lieu, ni ne dépend d'aucune chose matérielle ». « Le moi, ajoute-t-il, c'est-à-dire l'âme par laquelle je suis ce que je suis, est entièrement distincte du corps et même elle est plus aisée à connaître que lui. »

Descartes tire ensuite du *Cogito, ergo sum*, le *critérium de la certitude, la règle de l'évidence*. « Je considérai en général, dit-il, ce qui est requis à une proposition pour être vraie et certaine. Et ayant remarqué qu'il n'y a rien du tout en ceci, *je pense, donc je suis*, qui m'assure que je dis la vérité, sinon que je vois très clairement que pour penser il faut être : je jugeai que je pouvais prendre pour règle générale que les choses que nous concevons fort clairement et fort distinctement sont toutes vraies; mais qu'il y a seulement quelque difficulté à bien marquer quelles sont celles que nous concevons distinctement. »

Le fondement de la logique ainsi posé, Descartes donne les *preuves de l'existence de Dieu*.

La première se tire de l'*origine de l'idée d'être parfait* :

« Je m'avisai de chercher d'où pouvait me venir l'idée d'un être plus parfait que le mien :

« De la tenir du néant, c'était chose manifestement impossible.

« Je ne la pouvais tenir non plus de moi-même; car s'il répugne que de rien procède quelque chose, il ne répugne pas moins que le plus parfait soit une suite et une dépendance du moins parfait.

« Il restait donc qu'elle eût été mise en moi par une nature véritablement plus parfaite que je n'étais, et même qui eût en soi toutes les perfections dont je pouvais avoir quelque idée, c'est-à-dire, pour m'expliquer en un mot, qui fût Dieu. »

La seconde preuve de l'existence de Dieu donnée par Descartes se tire de l'*imperfection* de notre nature :

« Je connaissais, dit-il, quelques perfections que je n'avais point;

« Donc je n'étais pas le seul être qui existât et il fallait de nécessité qu'il y en eût quelque autre plus parfait, duquel je dépendisse, et duquel j'eusse acquis tout ce que j'avais;

« Car si j'eusse été seul et indépendant de tout autre, en sorte que j'eusse eu de moi-même tout ce peu que je participais de l'Être parfait, j'eusse pu avoir de moi, par même raison, tout le surplus que je connaissais me manquer, et ainsi être de moi-même infini, éternel, immuable, tout connaissant, tout-puissant et enfin avoir toutes les perfections que je pouvais remarquer être en Dieu. »

La troisième preuve est la *preuve ontologique :*

« Revenant à examiner, dit Descartes, l'idée que j'avais d'un Être parfait, je trouvais que l'existence y était comprise en même façon qu'il est compris en celle d'un triangle que ses trois angles sont égaux à deux droits, ou en celle d'une sphère, que toutes ses parties sont également distantes de son centre, ou même encore plus évidemment; et que par conséquent il est pour le moins aussi certain que Dieu, qui est cet Être parfait, est ou existe, qu'aucune démonstration de géométrie le saurait être. »

Avant de donner cette troisième preuve, Descartes indique la *méthode à suivre pour déterminer les attributs de Dieu :* elle consiste à nous étudier nous-mêmes et à affirmer que tous les germes de perfection qui sont en nous, sont aussi en Dieu, mais à un degré infini. « Pour connaître la nature de Dieu, autant que la mienne en était capable, dit Descartes, je n'avais qu'à considérer de toutes les choses dont je trouvais en moi quelque idée, si c'était perfection ou non de les posséder, et j'étais assuré qu'aucune de celles qui marquaient quelque imperfection n'était en lui, mais que toutes les autres y étaient. »

Après avoir démontré l'existence de Dieu, Descartes *condamne en passant les sensualistes,* « qui n'élèvent jamais leur esprit au delà des choses sensibles, et qui tiennent pour maxime dans les Écoles qu'il n'y a rien dans l'entendement qui n'ait premièrement été dans le sens, où toutefois il est certain que les idées de Dieu et de l'âme n'ont jamais été... Ni notre imagination ni nos sens ne nous sauraient jamais assurer d'aucune chose, si notre entendement n'y intervient. »

Descartes donne ensuite l'*existence de Dieu comme fondement de la règle de l'évidence :* « Que les meilleurs esprits, dit-il, y étudient tant qu'il leur plaira, je ne crois pas qu'ils puissent donner aucune raison qui soit suffisante pour ôter ce doute (à savoir que les idées que nous avons étant éveillés ne sont peut-être pas plus vraies que les illusions des songes), s'ils ne présupposent l'existence de Dieu. Car cela même que j'ai tantôt pris pour une règle, à savoir que les choses que nous concevons très clairement et très distinctement sont toutes vraies, n'est assuré qu'à cause que Dieu est ou existe, et qu'il est un être parfait, et que tout ce qui est en nous vient de lui; d'où il suit que nos idées ou notions étant des choses réelles et qui viennent de Dieu, en tout ce en quoi elles sont claires et distinctes, ne peuvent en cela être que vraies... Il répugne que la fausseté ou l'imperfection procède de Dieu en tant que telle. »

Enfin Descartes démontre par *la véracité divine* que les illusions de nos songes ne doivent aucunement nous faire douter de la vérité des pensées que nous avons étant éveillés : « En effet, la raison nous dit que toutes nos idées ou notions doivent avoir quelque fondement de vérité, car il ne serait pas possible que Dieu, qui est tout parfait et tout véritable, les eût mises en nous sans cela. »

Telle est en substance la quatrième partie du *Discours de la méthode :* elle contient comme l'abrégé de toute la métaphysique cartésienne.

On y voit d'abord le point de départ de cette métaphysique, le *doute provisoire ou méthodique,* que Descartes développera dans la *Première méditation,* et qui sait tirer du scepticisme une réfutation éclatante de ce système; car Descartes ne doute pas pour douter; « tout son dessein ne tend qu'à s'assurer et à rejeter la terre mouvante et le sable pour trouver le roc et l'argile. »

On y voit ensuite, avec le *Cogito, ergo sum*, l'étude de la pensée par la réflexion, c'est-à-dire la psychologie, reconnue et établie comme le fondement nécessaire de toute philosophie : c'est là une révolution semblable à celle qu'opéra autrefois Socrate par sa fameuse maxime : Connais-toi toi-même, γνῶθι σεαυτόν.

On voit encore dans la quatrième partie du *Discours de la méthode* l'abrégé de toute la logique de Descartes, qui repose sur le principe de l'évidence et dont les *Règles pour la direction de l'esprit* ne sont que le développement.

Que sont aussi les *Méditations* sinon l'exposé plus ample et plus large de ce que Descartes a condensé en quelque sorte dans la partie du *Discours de la méthode* que nous analysons, soit sur la distinction de l'âme et du corps, soit sur l'existence de Dieu et de ses attributs, soit même sur l'origine des idées et l'innéité de quelques-unes de nos connaissances?

Il n'y a pas jusqu'au *mécanisme géométrique* de Descartes qui ne se trouve en germe dans le passage où il dit que l'âme est une chose pensante, *res cogitans*. Il ne lui reste plus qu'à faire de l'étendue l'essence de la matière, à la définir une chose étendue, *res extensa*, et à formuler sa célèbre maxime : « Qu'on me donne de l'étendue et du mouvement et je vais créer un monde ! »

Enfin l'*idéalisme* exagéré de Descartes et les dangers de sa doctrine se font jour dans la démonstration qu'il croit devoir donner de la règle de l'évidence et de l'existence du monde extérieur : par là, il a ouvert la voie au scepticisme sur les réalités sensibles et suscité toutes ces théories modernes vaines et hasardeuses : vision en Dieu de Malebranche, idéalisme de Berckeley, nihilisme de Hume, recherche du passage du subjectif à l'objectif de l'école allemande.

Sujets à traiter. — 1. Des raisons qui prouvent l'existence de Dieu, d'après la quatrième partie du *Discours de la méthode*. (Sorbonne, 12 août 1867.)

2. Analyser la quatrième partie du *Discours de la méthode.* Descartes peut-il être considéré comme sceptique à l'égard du monde extérieur? (Sorbonne, 24 mars 1879.)

3. Faire connaître les principaux points de la philosophie cartésienne. (Faculté de Toulouse.)

4. Quelle est la portée du *Cogito, ergo sum,* de Descartes? (Toulouse, mars 1882.)

5. Faire la part de la vérité et de l'erreur dans la philosophie de Descartes. (Faculté de Poitiers, 10 juillet 1883.)

6. Expliquer et apprécier ces paroles de Pascal: « Je ne puis pardonner à Descartes : il aurait bien voulu, dans toute sa philosophie, se passer de Dieu ; mais il n'a pu s'empêcher de lui faire donner une chiquenaude pour mettre le monde en mouvement ; après cela, il n'a plus que faire de Dieu. » (Faculté de Bordeaux, 21 juillet 1876.)

CLIV.

Exposer les quatre règles de la méthode données par Descartes. (Sorbonne, 9 août 1866.)

C'est dans la seconde partie de son *Discours de la méthode* que Descartes, après avoir passé en revue et critiqué comme trop exclusives la méthode de la logique ou méthode syllogistique, l'analyse des géomètres et la méthode de l'algèbre, donne les quatre règles de la méthode qu'il s'est tracée et qu'il doit suivre dans son entreprise hardie de jeter à nouveau les fondements de la science et de la philosophie.

« Le premier précepte de ma méthode, dit-il, était *de ne recevoir aucune chose pour vraie que je ne la connusse évidemment être telle,* c'est-à-dire d'éviter soigneusement la précipitation et la prévention et de ne comprendre rien de plus en mes jugements que ce qui se présenterait si clairement et si distinctement à mon esprit que je n'eusse aucune occasion de le mettre en doute. »

Par cette règle, Descartes fait d'abord de l'*évidence le critérium de la certitude ;* puis il indique la principale cause de nos erreurs, la précipitation du jugement ; enfin il donne le moyen de ne pas se tromper : ne juger que quand on voit clair.

En disant à l'intelligence humaine : « Ne t'en rapporte qu'à la vue claire de la vérité, » l'auteur du Discours de la méthode discipline cette intelligence autant qu'il l'émancipe. Il fait pour la raison ce que fait pour la volonté le moraliste qui nous dit : « N'obéissez pas à la mode, au respect humain, à la tyrannie des préjugés ; mais consultez votre conscience et soumettez-vous en tout à la loi morale. » De même que celui qui s'inspire de sa conscience n'est pas maître d'agir de quelque façon que ce soit, de même celui qui ne se rend qu'à l'évidence ne demeure pas libre de décider ce qu'il doit croire ou ne point croire. La raison d'ailleurs peut se démontrer à elle-même qu'elle doit accepter l'autorité dont les titres lui paraissent évidents et incontestables.

« Le second précepte de ma méthode, dit Descartes, était *de diviser chacune des difficultés que j'examinerais* en autant de parcelles qu'il se pourrait et qu'il serait requis pour les mieux résoudre. »

C'est la *règle de l'analyse*, première condition de tout travail intellectuel, premier procédé de toute méthode : toute question, en effet, est complexe et peut se résoudre en un certain nombre d'éléments, de faits sensibles, s'il s'agit d'une question de physique ou de chimie ; de propositions évidentes, s'il s'agit de mathématiques ; de faits de conscience ou de principes rationnels, s'il s'agit d'un problème de philosophie, etc. : or, l'esprit humain est ainsi fait qu'il ne peut saisir dans leur ensemble ces divers éléments et que, lorsqu'il veut tout voir à la fois, il ne voit rien ; il doit donc décomposer les choses par l'abstraction et l'analyse.

« Le troisième précepte, ajoute Descartes, était *de conduire par ordre mes pensées*, en commençant par les objets les plus simples et les plus aisés à connaître, pour monter peu à peu comme par degrés jusqu'à la connaissance des plus composés, et supposant même de l'ordre entre ceux qui ne se précèdent point naturellement les uns les autres. »

Cette règle comprend deux parties : la première indique la *marche*, *de l'analyse* qui doit aller du facile au difficile, du connu à l'inconnu et suivre en tout l'ordre de la nature ; la seconde montre l'*utilité des hypothèses* et des classifications artificielles dans les sciences.

Le dernier précepte de la méthode de Descartes est « de *faire partout des dénombrements si entiers* et des revues si générales qu'on soit assuré de ne rien omettre ».

C'est la règle de la *synthèse* qui succède à l'analyse et qui, pour être légitime, doit être exacte, complète et reproduire fidèlement la physionomie des objets de la connaissance. « La vraie philosophie, dit Bacon, est celle qui est l'écho fidèle de la voix du monde et qui est écrite, en quelque sorte, sous la dictée des choses. »

Les quatre règles de la méthode cartésienne ont l'avantage d'être puisées dans la connaissance profonde de l'esprit humain, de sa nature et de ses lois. Voilà pourquoi elles constituent une méthode vraiment universelle qui s'applique à tous les actes de l'esprit, à toutes les opérations de la pensée, à tous les travaux de la science. Voilà pourquoi aussi la science moderne, qui se les est appropriées en même temps que celles du *Novum Organum* de Bacon, leur doit sa supériorité sur la science ancienne et une belle part de ses progrès rapides et de ses merveilleuses découvertes.

Sujets à traiter. — 1. Analyser les quatre règles du *Discours de la méthode* de Descartes et les réduire à l'essentiel de la méthode qu'elles contiennent. (Sorbonne, 7 novembre 1874.)

2. La meilleure constitution est-elle celle qui est établie en une fois, comme le veut Descartes, et par la raison d'un individu ? (Faculté de Bordeaux, 17 novembre 1882.)

3. La méthode de Descartes. (Sorbonne, 16 juillet 1883.)

CLV.

Sur quels points Looke s'est-il séparé de Descartes et des Cartésiens ? (Sorbonne, 1er avril 1882.)

C'est dans l'*Essai sur l'entendement humain* de Locke, qui contient à peu près toute sa philosophie, que l'on trouve les divers points de doctrine sur lesquels il s'est séparé de Descartes et des Cartésiens soit en psychologie, soit en métaphysique.

Descartes avait enseigné dans ses *Méditations* qu'outre les idées *adventices* et *factices*, il y a en nous des idées *innées*, comme les idées de parfait et de moi : — Locke consacre tout le premier livre de l'*Essai sur l'entendement humain*, *Des notions innées*, à réfuter la théorie de Descartes, et il s'efforce d'établir que ni les principes spéculatifs, ni les principes pratiques, ni les idées qui leur servent d'éléments ne peuvent s'appeler innés, d'abord parce qu'ils ne sont pas primitifs, puisque les enfants ne les possèdent pas, ensuite parce qu'ils ne sont pas universels, puisque les idiots et les sauvages en sont dépourvus.

Descartes, dans son *Discours de la méthode* (quatrième partie) et dans ses *Méditations*, s'était élevé contre la maxime sensualiste : Il n'y a rien dans l'entendement qui n'ait premièrement été dans le sens, « où il est certain, dit-il, que les idées de Dieu et de l'âme n'ont jamais été... Ni notre imagination ni nos sens ne nous sauraient jamais assurer d'aucune chose, si notre entendement n'y intervient. » — Locke, dans le second livre de l'*Essai sur l'entendement humain*, *Des idées*, fait de la maxime : *Nihil est in intellectu quod non prius fuerit in sensu*, le point de départ de sa théorie sur l'origine de nos connaissances, qu'on appelle la *théorie de la table rase*. Il suppose, en effet, « que l'âme, à l'origine, est une table rase, vide de tous caractères, sans aucune idée quelle qu'elle soit, et il s'efforce de montrer que toutes ses connaissances lui viennent de l'expérience, c'est-à-dire des sens et de la réflexion, directement ou indirectement : directement, par la perception qui nous donne les *idées simples*; indirectement, par le travail de l'esprit qui, unissant, combinant les idées simples, en forme les idées *complexes*, les plus élevées et les plus abstraites. C'est l'empirisme substitué à l'idéalisme cartésien.

Descartes et les Cartésiens soutenaient que nous *percevons directement* et immédiatement les propriétés des corps, qualités premières et qualités secondes. — Locke enseigne que l'esprit ne connaît pas les choses immédiatement, mais par l'*intermédiaire des idées* qu'il en a, et que par conséquent notre connaissance n'est vraie qu'autant qu'il y a conformité entre nos idées et leur objet : c'est la théorie des idées-images d'où Berkeley et David Hume ont tiré leur scepticisme.

Descartes et les Cartésiens voyaient dans la *liberté* le pouvoir de se déterminer par soi-même et de son propre mouvement. — « Notre idée de la liberté, dit Locke, s'étend aussi loin que la puissance d'agir ou de s'empêcher d'agir, mais elle ne va point au delà : » c'est là la *liberté d'action* ou liberté physique; ce n'est pas la vraie liberté morale.

Descartes et les Cartésiens prouvaient la *spiritualité de l'âme* par le témoignage de la conscience, qui nous dit que l'âme est « une substance dont toute l'essence ou la nature n'est que de penser, et qui pour être n'a besoin d'aucun lieu ni ne dépend d'aucune chose matérielle, en sorte que ce moi, c'est-à-dire l'âme par laquelle je suis ce que je suis, est entièrement distincte du corps, et même qu'elle est plus aisée à connaître que lui ». — D'après Locke, dans le quatrième livre de son *Essai sur l'entendement humain*, « bien que nous ayons des idées de la matière et de la pensée, peut-être ne serons-nous jamais capables de connaître si un être purement matériel pense ou non, par la raison qu'il nous est impossible de découvrir par la contemplation de nos propres idées, sans révélation, si Dieu n'a pas donné à quelque amas de matière, disposée comme il le trouve à propos, la puissance d'apercevoir ou de penser, ou s'il a joint à la matière ainsi disposée une substance immatérielle qui pense ».

Descartes avait prouvé l'*existence de Dieu* : 1° par l'origine de l'idée d'être parfait; 2° par l'imperfection de notre nature; 3° par l'argument ontologique qui se tire de l'idée même d'être parfait. — Locke n'admet aucune de ces preuves et s'il croit à un Être suprême, c'est parce que le spectacle de la nature et de ses merveilles le force, pour ainsi dire, à reconnaître une intelligence ordonnatrice du monde.

Malgré ces divergences profondes entre l'auteur du *Discours de la méthode* et l'auteur de l'*Essai sur l'entendement humain*, Locke est cartésien par l'esprit et par la méthode, comme presque tous les philosophes du dix-septième siècle. C'est la lecture de Descartes qui lui révéla, comme à Malebranche, sa vocation philosophique ; c'est l'étude de l'âme et de la pensée par la réflexion, tant recommandée par Descartes, qui lui a inspiré toute sa philosophie et l'*Essai sur l'entendement humain* semble n'être au fond que le développement, au point de vue empirique, du fameux principe : *Cogito, ergo sum*.

Sujets à traiter. — 1. Exposer et apprécier la doctrine de Leibnitz. En quoi diffère-t-elle de celle de Descartes et de Locke ? (Faculté de Lyon, août 1872.)
2. Principales écoles modernes depuis Descartes. (Faculté de Toulouse.)

CLVI.

Que savez-vous de la philosophie de Leibnitz ? Qu'est-ce que les monades, l'harmonie préétablie, l'optimisme ? Qu'a-t-il ajouté à la philosophie de Descartes ? (Sorbonne, 28 mars 1878).

Leibnitz, né à Leipsig en 1646 et mort à Hanovre en 1716, est un génie vraiment encyclopédique : grand mathématicien, grand naturaliste, grand jurisconsulte, grand historien, grand érudit, il appartient aussi à cette famille d'esprits puissants et originaux qui ont renouvelé et agrandi la métaphysique et laissé dans l'histoire de la philosophie une trace immortelle, Socrate, Platon, Aristote, Plotin, Descartes.

Sa philosophie est contenue dans une foule d'opuscules et de grands ouvrages dont les principaux sont : les *Nouveaux Essais sur l'entendement humain*, où, à l'axiome empirique de Locke : *Nihil est in intellectu quod prius non fuerit in sensu*, Leibnitz oppose sa fameuse exception : *Excipe, nisi ipse intellectus*; les *Essais de Théodicée sur la bonté de Dieu, la liberté de l'homme et l'origine du mal*, composés à la prière de la reine de Prusse, Sophie-Charlotte, pour répondre aux objections de Bayle contre la Providence, et enfin la *Monadologie*, qui est comme un résumé de métaphysique, dédié au prince Eugène de Savoie.

Le caractère général de la philosophie de Leibnitz, c'est l'éclectisme : son vaste génie, qui connaissait toutes les théories scientifiques et philosophiques, n'aspirait qu'à les concilier, à les compléter, à les harmoniser. « J'ai été frappé, dit-il quelque part, d'un nouveau système. Ce système paraît allier Platon avec Démocrite, Aristote avec Descartes, les Scolastiques avec les modernes, la théologie et la morale avec la raison. Il semble qu'il prend le meilleur de tous côtés et qu'après il va plus loin qu'on n'est allé encore. »

Le point capital de la philosophie de Leibnitz, c'est sa *théorie des Monades*. Les *Monades*, du grec μονάς, unité, sont des forces, des unités de force, ou des substances simples, c'est-à-dire sans partie, créées par Dieu et ne pouvant périr que par annihilation. Elles diffèrent à l'infini par leurs qualités, sans lesquelles elles seraient « indiscernables », et sont douées de deux propriétés essentielles, l'*appétition* et la *perception*. — L'*appétition* est une sorte d'action, d'effort, de *nisus* interne, qui fait que les Monades changent continuellement et passent d'une *perception* à une autre. Le principe de tous leurs changements réside en elles-mêmes et elles n'exercent les unes sur les autres aucune influence : « Les Monades n'ont point de fenêtres par lesquelles quelque chose y puisse entrer ou sortir. » « Tout leur naît de leur propre fonds, » comme dit Leibnitz. — La *perception* est l'état passager par lequel les Monades représentent, expriment l'univers tout entier, la multitude dans l'unité : chacune d'elles, en effet, est l'univers en abrégé, un microcosme, un miroir vivant qui réfléchit l'univers sous un point de vue particulier. — Il y a une infinité de ces Monades, qui sont les véritables atomes de la nature, les éléments des choses : ainsi les *Monades nues*, qui n'ont que des perceptions inconscientes, constituent la matière et les corps, au dire de Leibnitz, qui s'efforce en vain de démontrer que des forces immatérielles peuvent occuper des places, les unes par rapport aux autres; les *Monades sensitives*, qui ont des perceptions plus vives et plus relevées, forment les âmes des bêtes, dans lesquelles nous remarquons une espèce de consécution qui imite la raison, mais qui doit en être distinguée; les *Monades raisonnables*, qui connaissent les vérités nécessaires et éternelles, sont les âmes humaines; enfin il y a la *Monade suprême* ou Dieu, dont les perceptions sont parfaites et infinies et qui est une substance nécessaire, dernière raison des choses.

L'harmonie préétablie découle naturellement de cette théorie : puisque les Monades sont solitaires, inaccessibles à toute influence du dehors, il faut que Dieu, leur Créateur, ait déterminé à l'avance leurs changements et leurs relations : en réglant le tout, il a eu égard à chaque partie et toutes les parties sont tellement liées entre elles qu'il ne peut se produire aucun changement, qui n'ait pour ainsi dire son retentissement dans l'univers entier, par suite de ce que Leibnitz appelle « la connexion de toute la matière dans le plein ». « Celui qui voit tout pourrait lire dans chaque corps ce qui se fait partout et même ce qui s'est fait ou se fera, en remarquant dans le présent ce qui est éloigné, tant selon les temps que selon les lieux : Σύμπνοια πάντα, disait Hippocrate. L'ensemble des êtres est donc pareil « à un chœur de musiciens » dont chacun, faisant sa partie sans entendre distinctement les autres, mais docile au chef commun qui les dirige tous, contribue à former un merveilleux concert. Sous la loi de la Monade suprême, les Monades créées développent les symphonies cachées en elles; tout vibre et l'écho des mondes emplit l'immensité. Leibnitz a exprimé la même pensée sous une forme plus populaire, mais moins exacte, en comparant les différents êtres qui paraissent agir l'un sur l'autre à des horloges « entre lesquelles un parfait ouvrier a établi l'accord et qui continuent de s'accorder sans exercer l'une sur l'autre aucune action physique. »

Si telle est la liaison, si tel est « l'accommodement de toutes les choses créées à chacune et de chacune à toutes les autres », si tout est coordonné, prédéterminé par Dieu en vertu de cette « prédélinéation » qui trace à l'avance les lignes invisibles que les événements viendront infailliblement marquer en traits plus forts, il est impossible de ne pas reconnaître que le monde créé est le meilleur des mondes possibles. C'est là « *l'optimisme* » de Leibnitz, que ce philosophe établit au nom du principe de la raison suffisante qui détermine Dieu à choisir, dans l'infinité des univers possibles, l'un plutôt que l'autre : ce choix ne peut venir que de la convenance ou des degrés de perfection que ces mondes contiennent. « Et c'est ce qui est la cause de l'existence du meilleur, que la sagesse fait connaître à Dieu, que sa bonté le fait choisir, et que sa puissance le fait produire. » Mais quand Leibnitz affirme que le monde créé est le meilleur des mondes possibles, il entend parler, non du monde tel qu'il est ou tel qu'il sera à un moment quelconque de sa durée, mais du monde considéré dans la progression indéfinie de ses développements, ou bien « de la suite des choses à l'infini qui peut être la meilleure possible ». C'est grâce à cette théorie de l'optimisme que Leibnitz se flatte de répondre à toutes les objections de Bayle contre la Providence à propos de l'existence et de l'origine du mal.

Dans la *théorie des Monades*, l'*harmonie préétablie* et l'*optimisme* de Leibnitz, il est impossible de reconnaître l'influence de Descartes. Et pourtant Leibnitz est cartésien, en dépit de lui-même, par l'esprit et la méthode. Seulement au *Mécanisme* de Descartes, il ajoute le *Dynamisme* : « Omnia ἀπὸ τοῦ δυναμικοῦ derivo, » dit-il lui-même pour caractériser d'un mot son système. C'est en effet ce qui distingue au premier abord le spiritualisme de Leibnitz du spiritualisme de Descartes : Leibnitz voit des forces partout où Descartes ne voyait que des substances. Il n'admet pas, comme l'auteur du *Discours de la méthode*, deux sortes de substances, radicalement opposées, irréductibles l'une à l'autre, l'Étendue qui n'est qu'étendue, et la Pensée qui n'est que pensée : il ne croit qu'à une espèce de réalité, les Monades immatérielles, les forces inétendues, qui constituent dans leur infinie variété tous les êtres de l'univers. Aussi tandis que Descartes soutenait que la même quantité de mouvement demeure dans l'univers, Leibnitz montre que ce n'est pas la quantité de mouvement, mais la quantité de force qui ne change pas.

On ne saurait méconnaître la profondeur de ce *Dynamisme* idéaliste et il faut avouer que la doctrine de Leibnitz forme un ensemble harmonieux et imposant, et demeure, malgré bien des imperfections et des erreurs, l'un des plus puissants efforts de la pensée humaine.

Sujets à traiter. — 1. Qu'est-ce que le système de l'harmonie préétablie de Leibnitz? (Sorbonne, 11 juillet 1882.)
2. Qu'est-ce que l'optimisme de Leibnitz? Que pensez-vous de ce système? (Sorbonne, 11 juillet 1878.)
3. Quelles différences essentielles y a-t-il entre les atomes des anciens et les monades de Leibnitz? (Faculté de Bordeaux, juillet 1881.)
4. Résumer les arguments opposés par Leibnitz aux objections contre la Providence. (Sorbonne, 24 juillet 1876.)
5. Exposer la théorie de Leibnitz sur les monades. (Sorbonne, 3 juillet 1883.)

CLVII.

Que savez-vous de la philosophie du dix-huitième siècle?
(Sorbonne, 26 juillet 1876.)

Le dix-septième siècle avait été l'âge d'or de la philosophie moderne : le dix-huitième n'eut ni de Bacon, ni de Descartes, ni de Malebranche, ni de Leibnitz. Après ces grands penseurs, l'esprit métaphysique sembla épuisé, jusqu'à ce que Kant vint le raviver. En *France*, en *Angleterre*, en *Allemagne* même, la philosophie devint généralement athée, matérialiste ou sceptique, s'attaqua à la religion, aux institutions sociales, et prépara la Révolution.

I. — Il y eut en *France*, au dix-huitième siècle, comme un double courant philosophique : d'un côté, une philosophie spéculative qui commença par le sensualisme pour aboutir au matérialisme ; de l'autre une philosophie sociale, qui, laissant de côté les grandes questions psychologiques et métaphysiques, ne s'occupa que de la société, des droits de la personne humaine et des institutions politiques.

La philosophie spéculative au dix-huitième siècle fut représentée par :

Voltaire (1694-1778), qui fit connaître l'empirisme de Locke ;

Condillac (1715-1780), qui d'abord le résuma dans son *Essai sur l'origine des connaissances humaines*, et puis, sous prétexte de le simplifier dans son *Traité des sensations*, exposa une théorie à lui, la théorie de la *sensation transformée* ;

Charles Bonnet (1720-1793), auteur de l'*Essai analytique sur les facultés de l'âme* et de la *Palingénésie philosophique*;

Destutt de Tracy (1754-1836), dont les principaux ouvrages philosophiques sont : l'*Idéologie*, la *Grammaire générale*, la *Logique*, le *Traité de la volonté*;

Enfin les *Encyclopédistes*, qui tirèrent du sensualisme de Condillac toutes les conséquences qui en découlent logiquement, le matérialisme et l'athéisme. Les principaux d'entre eux furent :

Diderot (1713-1784), l'auteur de l'*Essai sur le mérite et la vertu*, des *Pensées philosophiques*, de la *Lettre sur les aveugles à l'usage de ceux qui voient*;

Dalembert (1717-1783), qui a écrit le *Discours préliminaire de l'Encyclopédie* et des *Éléments de philosophie*;

Lamettrie (1709-1751), auteur de l'*Histoire naturelle de l'âme* et de l'*Homme plante*;

Helvétius, dont le livre *De l'esprit* obtint un immense succès;

Le baron *d'Holbach* (1723-1789), auquel on doit le *Système de la nature*;

Le marquis *de Saint-Lambert*, *Naigeon*, le comte *de Volney*, auteur des *Ruines*, *Cabanis* et *Broussais*, qui professèrent le matérialisme le plus catégorique et le plus absolu.

La philosophie sociale fut en France la grande préoccupation du dix-huitième siècle : elle fit éclore des systèmes très divers, qui allaient produire en politique une révolution aussi radicale que celle qu'un siècle auparavant Bacon et Descartes avaient opérée dans la philosophie et les sciences.

Les principaux représentants de cette école sont :

Voltaire, dont le génie multiple touche à tout;

Montesquieu (1687-1655), qui, dans son *Esprit des lois*, expose la théorie du gouvernement constitutionnel tel qu'il se pratique en Angleterre;

Jean-Jacques Rousseau (1712-1778), qui, dans le *Contrat social*, proclame le dogme de la souveraineté populaire, au nom duquel allaient se faire la Révolution française et la Constitution mort-née de 1793;

Turgot (1727-1781), qui s'occupe surtout d'économie politique;

Et *Condorcet* (1743-1794), auteur de l'*Esquisse d'un tableau historique des progrès de l'esprit humain*.

II. — Dans l'histoire de la philosophie anglaise au dix-huitième siècle, il y a comme deux époques. Pendant la première, règne l'empirisme de Locke, — contre lequel

Samuel Clarke (1675-1729), proteste énergiquement dans sa *Démonstration de l'existence de Dieu* et dans son *Discours sur les devoirs immuables de la religion naturelle;*

Tandisque *Berkeley* en tire le scepticisme idéaliste, développé dans son *Traité sur les principes de la connaissance humaine* et dans ses *Dialogues entre Hylas et Philonoüs,*

Et *David Hume* le scepticisme empirique ou le nihilisme, qu'il expose dans son *Traité sur la nature humaine,* dans ses *Recherches sur l'entendement humain* et dans ses *Dialogues sur la religion naturelle.*

La seconde époque voit se produire une réaction contre les excès de l'école empirique : c'est l'*École écossaise* qui marche à la tête de cette réaction. On appelle ainsi l'école de psychologie, de philosophie morale et d'économie politique fondée vers le milieu du dix-huitième siècle dans les universités d'Aberdeen, de Glascow, d'Édimbourg, et représentée par :

Hutcheson (1694-1753), l'auteur de la morale du sentiment;

Adam Smith (1723-1790), qui s'est rendu célèbre par sa théorie morale de la sympathie, et ses *Recherches sur la nature et les causes de la richesse des nations,* qui l'ont fait regarder comme le véritable fondateur de l'économie politique;

Thomas Reid (1710-1796), le plus illustre philosophe de cette école, « le vrai Socrate du dix-huitième siècle, » comme l'appelle M. Cousin, et qui a réfuté David Hume dans ses *Recherches sur l'entendement humain,* ses *Essais sur les facultés intellectuelles,* ses *Essais sur les facultés actives,* etc.;

Beattie, l'auteur des *Éléments de science morale;*

Adam Ferguson et *Dugald-Stewart* (1753-1828), qui continua avec éclat l'enseignement de Thomas Reid, mais auquel on peut cependant reprocher d'avoir réduit la philosophie à l'étude de l'esprit humain et négligé, sinon proscrit, les grandes questions métaphysiques.

III. — En *Allemagne*, la philosophie ne fut d'abord au dix-huitième siècle qu'un écho affaibli de la doctrine de Leibnitz avec :

Wolf (1779-1654), auteur de la *Logique*, de l'*Ontologie*, de la *Cosmologie*, de la *Psychologie expérimentale*, de la *Psychologie rationnelle*, de la *Théologie naturelle*, etc. ;

Bilfinger, qui enseigna la philosophie et la théologie à Saint-Pétersbourg et à Tubingue ;

Et *Baumgartem*, qui passe pour le fondateur de la science du beau à laquelle il a donné le nom d'*esthétique*.

Il y eut ensuite en Allemagne une sorte d'éclectisme philosophique, dont les principaux représentants sont *Sulzer, Basedow, Mendelssohn, Platner, Garve, Meiners* et *Hemsterhuys*.

Enfin un grand métaphysicien, *Emmanuel Kant* (1724-1804), fonda une école célèbre sous le nom d'*École critique*. Entre le dynamisme dogmatique de Leibnitz et de Wolf et le scepticisme de David Hume, issu de l'empirisme de Locke, Kant résolut de tenir un milieu, en remontant aux principes de la connaissance pour en déterminer l'origine, la valeur et la portée. De là ses grands ouvrages : *Critique de la raison pure* (1781), *Critique de la raison pratique* (1788), *Critique du jugement* (1790), *Éléments métaphysiques de la doctrine du droit*, *Éléments métaphysiques de la doctrine de la vertu* (1797).

D'après ce philosophe, les idées de la raison pure, formes de la sensibilité, catégories de l'entendement, idées du moi, du non-moi et de l'absolu, n'ont qu'une valeur subjective et ne correspondent à aucune réalité. Mais les concepts de la raison pratique et l'*impératif catégorique* se présentent à nous avec une autorité absolue : or, de l'existence de la loi morale découlent nécessairement celle de la liberté, l'immortalité de l'âme et l'existence de Dieu, que Kant établit invinciblement au nom de la raison pratique. Il donne ensuite sur l'esthétique des principes remarquables et expose sur le droit des théories élevées.

Kant est un des plus grands penseurs et des plus profonds métaphysiciens des temps modernes, et quoique son langage soit souvent obscur et nuageux, l'influence de son système fut rapide et profonde. Lui-même avait conscience d'avoir opéré en métaphysique une révolution analogue à celle de Copernic en astronomie : il a, en effet, changé le point de vue de la science et déplacé le *centre* du monde intellectuel et moral, en disant que c'est notre pensée qui règle les objets, au lieu qu'on avait soutenu jusque-là que l'intelligence se réglait sur les choses.

Sujets à traiter. — 1. La culture des lettres, des sciences et des arts est-elle, comme l'a soutenu Rousseau, une cause de décadence et de corruption ? (Sorbonne, 27 octobre 1876.)

2. Vous établirez une comparaison entre les études psychologiques en France et en Allemagne au point de vue de la méthode qu'elles ont suivie et des résultats qu'elles ont donnés. (Clermont, 10 juillet 1883.)

CLVIII.

De la morale de Kant.
(Faculté de Clermont, 10 novembre 1882.)

La morale de Kant est la partie la plus remarquable de sa philosophie. On la trouve exposée dans les *Fondements de la métaphysique des mœurs* (1783), dans la *Critique de la raison pratique* (1788), dans les *Éléments métaphysiques de la doctrine du droit* et les *Éléments métaphysiques de la doctrine de la vertu* (1797).

Kant commence par établir qu'il y a des principes pratiques *à priori*, distincts des principes empiriques, et qui se présentent à notre volonté comme les lois de toute volonté raisonnable. De là cette formule adoptée par lui comme le *critérium* infaillible de la moralité de nos actions : « Agis toujours de telle sorte que la maxime de ta volonté puisse revêtir la forme d'un principe de législation universelle. » C'est parce que les lois morales sont aussi universelles que les vérités mathématiques qu'elles s'imposent comme obligatoires à la volonté de chacun de nous.

Kant examine ensuite les théories qui ont pris pour principe de la loi morale soit l'*éducation* (Montaigne), soit la *constitution civile* (Mandeville), soit la *sensation physique* (Épicure), soit le sens *moral* (Hutcheson), soit même la *perfection* (Wolf et les

Stoïciens), soit enfin la *volonté de Dieu* (Crusius et les théologiens), et il essaie de prouver que tous ces principes *matériels*, comme il les appelle, ne peuvent servir de fondement à la morale. La réfutation de la doctrine du plaisir ou de l'intérêt est particulièrement remarquable, au dire de M. Barni, le traducteur de Kant.

Mais l'existence de la loi morale assure la réalité objective de la liberté, que l'expérience et la raison pure ne sauraient démontrer : on contraint, on violente un être qui ne s'appartient pas; on n'oblige qu'un être libre.

C'est ce que fait le devoir, l'*impératif catégorique*, comme l'appelle Kant, ou la nécessité d'obéir à la loi par respect pour la loi. « Devoir, s'écrie le philosophe de Kœnigsberg, mot grand et sublime ! toi qui n'as rien d'agréable ni de flatteur et commandes la soumission, sans pourtant employer pour ébranler la volonté des menaces propres à exciter naturellement l'aversion et la terreur, mais en te bornant à proposer une loi, qui d'elle-même s'introduit dans l'âme et la force au respect, sinon toujours à l'obéissance. »

L'idée de devoir est si importante aux yeux de Kant qu'il en fait le principe du bien. D'après lui, une chose n'est bonne ou mauvaise que parce qu'elle est commandée ou défendue. Il ne faut pas dire : « Fais cela, parce que cela est bien, mais : Cela est bien parce que tu dois le faire. »

Le devoir est un mobile essentiellement désintéressé, qui exige même quelquefois le sacrifice absolu du bonheur. Cependant nous concevons nécessairement que celui qui pratique la vertu mérite le bonheur dans la mesure des sacrifices qu'il s'impose. Or, comme dans cette vie, le mérite n'est pas toujours récompensé, il faut qu'il y ait par delà la tombe une vie nouvelle où sera rétabli l'équilibre si souvent troublé ici-bas entre le bien et le bonheur, le mal et le malheur.

Mais cette harmonie morale n'est possible qu'autant qu'on admet l'existence d'une cause parfaite et infinie, d'un Dieu souverainement juste, qui rendra à chacun ce qui lui est dû. Ainsi Dieu, qui n'était qu'un idéal pour la raison théorique, devient pour la raison pratique l'objet d'une croyance nécessaire et légitime, et c'est à lui que se rattachent les lois morales, qui ne sont, d'après Kant, que des commandements divins.

Après la science du devoir, développée dans la *Critique de la raison pratique,* vient la science des devoirs qui doit être double ; car, pour Kant, il y a deux espèces de devoirs bien distincts : les uns, qui peuvent être l'objet d'une législation extérieure et positive, ce sont les *devoirs de droit;* les autres, que les lois humaines ne sauraient atteindre, mais qui n'en dérivent pas moins de la législation immédiatement imposée à la volonté par la raison, ce sont les *devoirs de vertu.*

Les devoirs de droit sont exposés dans les *Éléments métaphysiques de la doctrine du droit,* où Kant pose comme principe général cette maxime : « Agis de telle sorte que le libre usage de ta volonté puisse subsister avec la liberté de tous. » Comme la violation du droit est une violation de la liberté d'autrui, il s'ensuit que l'accomplissement des devoirs de droit peut nous être imposée par une contrainte extérieure et que la violation de ces devoirs est réprimée par les lois humaines. — Il faut bien distinguer d'ailleurs le *droit naturel,* qui repose uniquement sur des principes *à priori* et le *droit positif,* qu'impose la volonté d'un législateur. Dans le droit naturel, le seul dont la métaphysique des mœurs ait à s'occuper, il y a le *droit inné,* que tout homme possède naturellement, indépendamment de tout acte particulier, et le *droit acquis,* qui se fonde sur des conventions et des contrats, le *droit privé* et le *droit public.* La théorie de Kant sur le droit public, qu'il divise en *droit politique ou de cité* et *droit des gens* ou *droit cosmopolitique,* est remarquable par la largeur et l'élévation des vues.

Les devoirs de vertu, c'est-à-dire ceux auxquels nous ne pouvons être contraints par une force extérieure, sont développés par Kant dans les *Éléments métaphysiques de la doctrine de la vertu.* Ils supposent certaines conditions subjectives, qu'il faut travailler à cultiver et à développer, telles que le *sentiment moral,* la *conscience morale,* l'*amour des hommes* et le *respect de soi-même.* Mais toutes ces choses ne sont pour Kant que l'effet intérieur nécessairement produit par le concept même de la loi morale. — La doctrine de la vertu comprend deux parties : la première, où Kant indique les devoirs qu'on désigne sous ce titre et qu'il ramène à deux classes : devoirs envers soi-même et devoirs envers autrui, laissant ainsi de côté toute une classe de devoirs reconnue par la plupart des moralistes, les devoirs religieux ou devoirs envers Dieu; la seconde ou *Méthodologie morale*, dans laquelle Kant trace les règles de l'enseignement (*didactique*) et de l'exercice (*ascétique*) de la vertu, et où il recommande aux instituteurs de la jeunesse l'usage d'un catéchisme moral, qui serait pour la morale et la religion naturelles ce que sont les catéchismes ordinaires pour la religion positive.

Telle est dans son ensemble la morale de Kant. Si on peut lui reprocher d'être trop sévère, parce qu'elle ne fait pas une assez large part au sentiment moral, et trop étroite, parce qu'il n'insiste pas suffisamment sur la charité et néglige les devoirs envers Dieu, il faut reconnaître qu'elle est pure et élevée et que, comme le dit M. Barni, la conclusion de la *Critique de la raison pratique*, où Kant nous montre « le ciel étoilé au-dessus de nos têtes et la loi morale au dedans de nous-mêmes », est une des pages les plus sublimes qu'ait inspirées la pensée philosophique. « On peut la mettre à côté de ce que Platon et Pascal ont écrit de plus beau. »

Sujets à traiter. — 1. Exposer et apprécier la philosophie de Kant. (Faculté de Toulouse).

2. Qu'entend-on aujourd'hui par objectif et subjectif? Quels sont les problèmes liés à l'opposition de ces deux termes? (Sorbonne, 8 avril 1876.)

3. Kant a-t-il raison de dire qu'il avait opéré en philosophie une révolution semblable à celle opérée par Copernic en astronomie? (Faculté de Toulouse, août 1880.)

Les successeurs de Kant : Fichte, Schelling, Hegel.
(Faculté de Toulouse.)

CLIX.

C'est au commencement de ce siècle que les successeurs de Kant, *Fichte, Schelling, Hegel*, ont soutenu avec éclat, en Allemagne, leurs doctrines plus originales que vraies, puisqu'elles ne sont que trois formes diverses de l'idéalisme et du panthéisme progressif.

Le philosophe de Kœnigsberg avait enseigné que les idées de la raison théorique, formes de la sensibilité, catégories de l'entendement, concepts de la raison pure, n'ont qu'une valeur subjective, et que toutes les fois que l'intelligence tente de passer des *phénomènes* ou choses telles qu'elles nous apparaissent, aux *noumènes* ou choses en soi, elle tombe dans des *antinomies* ou contradictions insolubles. Kant, il est vrai, accordait bien une valeur objective aux données de la raison pratique; mais il ne le faisait qu'en se contredisant. C'est pour éviter cette contradiction que ses successeurs ont identifié le sujet et l'objet et professé la doctrine de l'unité de substance.

Fichte était né en 1762, dans la Haute-Lusace; après une jeunesse errante et malheureuse, il entra en relations avec Kant, qui ne tarda pas à reconnaître en lui un disciple enthousiaste et un penseur original. Il se passionna d'abord, comme son maître, pour les principes de 89 et publia ses *Mémoires pour rectifier le jugement du public sur la Révolution française*, puis une *Réclamation pour la liberté de penser*, qu'il adressa à tous les souverains de l'Europe et data de la ville du soleil et de l'an dernier des ténèbres. Nommé professeur de philosophie à Iéna, il y enseigna d'abord la doctrine de Kant, puis la sienne propre et y écrivit sa *Destination de l'homme*, ses *Caractères du siècle présent* et sa *Philosophie religieuse*. Après Iéna et Awerstaedt, il se réfugia à Kœnigsberg avec le roi de Prusse et par ses *Discours à la nation allemande* contribua puissamment à préparer le grand mouvement national qui devait éclater en 1813. Quand l'université de Berlin fut reconstituée en 1810, on lui donna la chaire de philosophie. Il enflamma contre nous la jeunesse des écoles et mourut en 1814 après avoir assisté au triomphe de sa patrie.

Fichte, plus logique et plus absolu que son maître, a supprimé les *noumènes*, ou choses en soi, et réduit tout au seul terme de la connaissance qu'admet l'idéalisme, le sujet pensant ou le moi. De là le nom de *pantégoïsme* ou d'*idéalisme subjectif* qu'on donne à son système.

Le moi, non pas le moi individuel, le moi humain en général, mais le moi absolu est le seul être réel et nécessaire : tout ce qui est est par le moi et pour le moi. Tout d'abord le moi se pose ; puis il s'oppose le non-moi ou le monde ; enfin il pose Dieu comme l'idéal et de lui-même et du monde. Dieu est ainsi une création de l'esprit et il en est de même du monde extérieur ; c'est encore le sujet qui se pose hors de lui ; reste donc un être solitaire, à la fois sujet et objet, qui, en se développant, crée l'univers, la nature et l'homme. La philosophie spéculative de Fichte n'est donc qu'un Kantisme immodéré.

Il en est de même de sa philosophie morale. Le moi, dit-il, trouve en lui une loi morale absolue : or, cette loi suppose un être absolu qui en est la dernière raison. Il faut donc chercher à s'unir à lui, renoncer à sa propre personnalité, vivre pour autrui et travailler à établir sur la terre le règne de Dieu, de l'absolu. Cette morale est profonde, élevée ; mais le « héros de la philosophie de la volonté et du moi », comme on l'a nommé, se précipite vers la fin dans une sorte de stoïcisme mystique.

Schelling naquit en 1775, dans la Souabe, et étudia la philosophie et la théologie à Tubingue où il eut Hegel pour condisciple. Il s'attacha d'abord à la doctrine de Fichte ; mais son imagination vive et brillante, son âme passionnée pour la nature et les arts, son cœur tout débordant de poésie ne pouvaient se trouver à l'aise dans la sphère du sujet pensant où son maître s'était emprisonné. Il se créa donc une doctrine plus large et l'enseigna à Iéna, à Wurtzbourg, où il fit de remarquables cours d'esthétique auxquels l'avaient préparé ses études sur les beaux-arts et sa liaison avec Gœthe et Schiller, à Erlangen, à Munich, où il attira autour de sa chaire les hommes les plus distingués de l'Europe, enfin à Berlin, où il succéda à Fitche et à Hegel et où se sont écoulées les dernières années de sa glorieuse vieillesse. Il y est mort en 1854.

Ses principaux ouvrages sont *Première esquisse d'un système de la philosophie de la nature, Système de l'idéalisme transcendantal, Du rapport de la réalité et de l'idéal dans la nature, Du rapport des arts plastiques et de la nature, Philosophie et religion, Monument élevé aux choses divines.*

Fichte avait proclamé que le non-moi n'était que le moi objectivé; il avait sacrifié le premier au second : *Schelling* chercha à les coordonner et à les unir. Suivant lui, le non-moi ou l'objet n'est pas une simple création du moi ou du sujet; ils existent tous deux, au même titre l'un que l'autre; ils ont un principe commun, principe à la fois subjectif et objectif, intelligent et intelligible, source unique de la pensée et de l'être. Ce principe, le *sujet-objet-absolu*, comme l'appelle Schelling, est l'idée-mère de sa philosophie. L'absolu, en se développant, devient l'univers, la nature et l'homme : il sommeille dans la plante, il rêve dans l'animal, il se réveille dans l'homme.

Il y a donc, d'après *Schelling*, un parallélisme constant entre le monde physique et le monde moral, entre la philosophie de la nature qui étudie l'univers et la philosophie de l'esprit qui s'occupe des êtres moraux. Au-dessus de ces deux sciences, il y a la philosophie religieuse, dans laquelle Schelling cherche à mettre d'accord la philosophie et la révélation en interprétant cette dernière à sa façon.

Tels sont les principaux points du système de Schelling qu'on a appelé le système de l'identité, le système de l'absolu, ou l'*idéalisme objectif*, par opposition à l'idéalisme transcendantal de Kant et à l'idéalisme subjectif de Fichte.

Hegel naquit à Stuttgard, en 1770. Après avoir fait ses études à Tubingue avec Schelling, il devint successivement professeur en Suisse, à Francfort, à Iéna, à Heidelberg, enfin à Berlin, où jusqu'à la fin de sa vie, en 1831, il fut environné de la plus grande célébrité.

Il a laissé la *Phénoménologie de l'esprit*, la *Logique*, la *Philosophie du droit*, les *Leçons sur l'esthétique*, les *Leçons sur la philosophie de la religion*, les *Leçons sur la philosophie de l'histoire*. Hegel avait une intelligence puissante et quelques-unes des qualités d'un homme de génie : sa pensée, aussi vaste que profonde, embrasse toutes les connaissances humaines et ouvre sur l'esthétique, le droit, la logique et la philosophie de l'histoire des perspectives toutes nouvelles, qui offrent le plus grand intérêt même pour ceux qui ne partagent pas les idées du philosophe. Son style, souvent embarrassé, hérissé de termes métaphysiques et bizarres, est quelquefois d'une originalité pittoresque et d'une véritable éloquence. Mais il semble encore plus obscur que celui de Schelling et on rapporte qu'Hegel disait en mourant : « Il n'y a qu'un homme qui m'ait compris et encore n'est-ce pas bien sûr. »

On a appelé le système de Hegel *l'idéalisme absolu* ou la *philosophie de l'idée*. *L'idée*, en effet, est pour ce philosophe le principe universel : par une série de développements, d'évolutions, de progrès, l'idée, qui est identique à l'être abstrait, devient la nature que nous voyons avec les innombrables attributs qu'elle possède et la vie qui l'anime, puis l'humanité intelligente et libre, qui se développe dans l'histoire. Dieu et la nature, Dieu et l'humanité ne font qu'un. Dieu est un être qui se fait, qui devient : c'est l'éternel devenir, τὸ *fieri*. L'homme n'a pas de véritable individualité : sa personnalité s'efface et s'évanouit en Dieu, ou plutôt dans cet infini vague et indéterminé qui est le Dieu de Hegel.

Fichte, Schelling et *Hegel* ont eu raison de soutenir contre Kant qu'il y a entre les lois du sujet pensant et celles de la réalité objective une intime harmonie, et que, pour résider dans un sujet, l'idée de Dieu et celle de l'univers ne sont pas nécessairement subjectives. Mais sans aller jusqu'à dire avec leur amer et spirituel adversaire, Schopenhauer, qu'ils ne sont que des «sophistes», on doit faire remarquer qu'ils ont eu tort « de proclamer l'identité de toutes choses, et de tout faire dériver de l'être pur, de l'absolu : c'était répondre à une erreur par une autre, au scepticisme par le panthéisme. D'ailleurs cet être pur, cet absolu, qu'on nous donne pour le suprême objet de la raison, pour le principe d'où tout le reste découle, qu'est-il en définitive? Loin d'être le plus haut objet de la raison, il n'est que le dernier terme de l'abstraction et de la généralisation. Un être si indéterminé, une réalité si pauvre ne saurait expliquer les réalités si riches qui composent l'univers et l'humanité. Le moins ne peut produire le plus, l'imparfait le parfait, le non-être l'être. D'un autre côté, que devient l'homme dans cette évolution dont chaque mouvement est déterminé par une nécessité inflexible? Il ne peut plus choisir entre le bien et le mal, parce qu'il n'est pas libre et aussi parce qu'il n'y a pas de mal dans le monde. Comment y en aurait-il, puisque le monde n'est, suivant l'expression de Hegel lui-même, que la raison réalisée? Faut-il s'étonner après cela que le philosophe allemand sacrifie le droit au fait, qu'il fasse l'apologie de la guerre, c'est-à-dire de la force, et qu'il glorifie le vainqueur debout sur son ennemi terrassé? Il n'est pas possible d'ébranler la croyance à la personnalité divine et la croyance à la personnalité humaine sans faire chanceler tout l'ordre moral. » (FERRAZ.)

Sujet à traiter. — Vous établirez une comparaison entre les études psychologiques en France et en Allemagne, au point de vue de la méthode qu'elles ont suivie et des résultats qu'elles ont donnés. (Faculté de Clermont, 10 juillet 1883.)

CLX.

Du positivisme ; son principe, sa méthode, ses résultats.
(Faculté de Toulouse.)

Le *positivisme* est le système de philosophie exposé par Auguste Comte (1798-1857) dans son *Cours de philosophie positive* et adopté depuis par de nombreux partisans, dont les plus remarquables sont MM. Littré, Taine et Stuart-Mill.

Auguste Comte appelle David Hume « son principal précurseur en philosophie », et en parlant de la sorte il est bien plus près de la vérité que lorsqu'il se déclare le successeur de Descartes et de Leibnitz : il prétend, en effet, opérer une révolution contre ces grands métaphysiciens, au nom de ce qu'il appelle « la loi de l'histoire » ou « la loi des trois époques ». Cette loi, dit-il, consiste en ce que chacune de nos conceptions principales, chaque branche de nos connaissances passe successivement par trois états théoriques différents : *l'état théologique* ou *fictif*, *l'état métaphysique* ou *abstrait*, *l'état scientifique* ou *positif*. De là trois grandes époques dans l'évolution de la pensée humaine : l'*époque théologique* ou *religieuse*, où l'esprit humain vivait de dogmes et se représentait les phénomènes comme produits par des agents surnaturels; l'*époque métaphysique*, où les agents surnaturels ont été remplacés par des forces abstraites, des entités et des causes créées par l'esprit, et l'*époque scientifique*, qui doit débarrasser l'esprit humain des conceptions de la métaphysique et inaugurer le règne de la raison positive. « La philosophie théologique, dit M. Littré, est l'œuvre de la raison concevant des volontés dans les choses ; la philosophie métaphysique, l'œuvre de la raison mettant dans les choses les vues de l'esprit ; la philosophie positive, l'œuvre de la raison puisant dans les choses ce qui doit être mis dans l'esprit. » C'est à cette dernière philosophie qu'aboutit toute l'histoire et le positivisme « est la propriété générale du dix-neuvième siècle ».

Le principe fondamental du *positivisme*, c'est que la science a pour objet unique des faits et des lois, parce qu'il n'y a de réel et de positif que les faits et les lois qui les régissent, c'est-à-dire les relations que les faits ont entre eux, et parce qu'il n'y a de certain que ce qui se voit, se touche, se sent ou se démontre mathématiquement.

Cette conception de la science exclut la recherche des principes et des causes, de l'origine et de la fin des choses : Dieu, l'âme, la matière, la substance des êtres, sont des objets placés hors de la portée de notre intelligence et dont la philosophie positive ne sait rien et ne dit rien ; telle est du moins sa prétention, quand elle affirme que la véritable science ne peut pas, ne doit pas franchir le seuil du monde métaphysique.

D'après Auguste Comte, la philosophie positive comprend six sciences, d'autant plus élevées et plus difficiles qu'elles sont plus complexes : 1° la *mathématique*, science abstraite de la quantité et de qui relèvent les lois de l'étendue et du mouvement; 2° l'*astronomie*, qui applique les lois abstraites de la géométrie et de la mécanique aux mouvements des globes célestes ; 3° la *physique*, qui étudie les grands agents de la nature, pesanteur, chaleur, électricité, lumière, et les phénomènes qui n'altèrent pas la constitution des corps; 4° la *chimie*, qui pénètre plus avant dans la nature intime des corps, étudie leur constitution moléculaire et s'occupe des phénomènes qui altèrent cette constitution ; 5° la *biologie*, qui a pour objet les diverses manifestations de la vie; 6° enfin la *sociologie,* qui s'attache à l'étude de l'homme vivant en société et suit les diverses évolutions de l'humanité dans l'histoire.

La méthode que le positivisme fait profession de suivre dans l'étude de ces diverses sciences, c'est la *méthode expérimentale :* « La science, dit-il, se fait par l'expérience. » Seulement, il n'y a pas pour lui d'autre expérience que celle des sens. C'est par les sens que nous savons tout ce que nous pouvons savoir de la réalité. Le raisonnement ne fait qu'abstraire ou généraliser les données des sens ou en déduire ce qu'elles contiennent à l'origine. C'est donc l'observation sensible qui doit être l'âme de la science de la vie, de la science des faits de l'ordre intellectuel et moral, comme elle est l'âme de la physique et de la chimie. Le même mode d'expérimentation doit s'appliquer aux faits matériels et aux faits psychologiques et moraux. C'est faute d'avoir compris cette grande vérité que les sciences morales, ou biologiques et sociologiques, sont restées en arrière des sciences physiques, retardées ou empêchées qu'elles étaient par les procédés métaphysiques. La science de l'homme, base de toutes les sciences morales, aura donc pour fondement l'anatomie et la physiologie.

L'application de cette méthode devait aboutir et a abouti, en effet, à des résultats qui ne sont rien moins que la négation des grandes vérités philosophiques.

Ainsi d'abord, les positivistes ne se sont pas contentés d'ignorer, comme le voulait Auguste Comte, les causes et les principes métaphysiques : ils les ont niés formellement. « Il ne faut pas, dit M. Littré, considérer le philosophe positif comme si, traitant uniquement des causes secondes, il laissait libre de penser ce qu'on veut des causes premières. Non, il ne laisse là-dessus aucune liberté. » Et M. Taine appelle les substances et les causes « des entités verbales, des fantômes métaphysiques » dont il est temps de débarrasser l'esprit humain.

Ainsi encore, les positivistes qui, en principe, ne sont ni matérialistes ni spiritualistes, parce que le matérialisme et le spiritualisme leur apparaissent comme des systèmes métaphysiques, c'est-à-dire antiscientifiques, en viennent tous plus ou moins à nier l'existence de l'âme et à dire avec M. Littré « que la pensée est inhérente à la substance cérébrale comme la contractilité aux muscles et l'élasticité aux cartilages ».

Le *positivisme* parle bien de liberté, de devoir et de droit; il se pose même en défenseur de toutes les libertés qu'il revendique avec énergie; mais quelle peut être notre liberté, s'il n'y a en nous que le corps et les organes, si tous nos actes sont déterminés par des lois fatales? Or, si nous ne sommes pas libres, nous aurons bien des besoins et des désirs; des droits, jamais.

En esthétique, les positivistes devaient nier et ils nient l'idéal, pour faire de l'art l'imitation de la nature et soutenir, comme M. Taine dans sa *Philosophie de l'art*, que les artistes et les poètes sont la résultante de la race, du tempérament, du milieu, de l'éducation et des idées dominantes dans leur siècle.

Enfin, en religion, le *positivisme*, qui devait s'abstenir de parler de Dieu, en arrive à nier son existence : « Dieu, dit M. Littré, idéalisation fictive, hypothèse désormais inutile, réduit à la nullité et à un office purement nominal et surérogatoire. » Son Dieu à lui, c'est la nature, comme celui d'Auguste Comte, c'est l'humanité, à laquelle il veut qu'on rende un culte dans la personne de la mère, de la femme et de la fille, qui la symbolisent dans les trois divisions du temps.

Quoi qu'il en soit de cette religion humanitaire, que Stuart-Mill désavoue comme une aberration du chef de son école, les conséquences du *positivisme* sont l'empirisme en métaphysique et dans la science, le matérialisme en psychologie, le fatalisme en morale et l'athéisme en religion. S'il est vrai qu'on doit juger d'un arbre par ses fruits, d'un système par ses résultats, « *A fructibus eorum cognoscetis eos*, » on voit aisément ce qu'il faut penser d'une doctrine d'où découlent logiquement les plus dangereuses erreurs.

Sujet à traiter. — L'école positiviste en France; ses principaux représentants; ses doctrines, son influence. (Faculté de Poitiers, novembre 1883.)

FIN.

TABLE DES MATIÈRES.

INTRODUCTION.

		Pages.
I.	Expliquer cette assertion d'Aristote : « Il n'y a pas de science du particulier. » La rapprocher de cette formule de la philosophie scolastique : « *Nulla est fluxorum scientia.* ».	1
II.	Énumérer, définir et classer les différentes sciences.....	3
III.	Qu'entend-on par philosophie de l'histoire, philosophie du droit, philosophie des beaux-arts, philosophie des sciences, et, en général, quel est le sens du mot philosophie dans toutes les expressions analogues?......	8
IV.	La philosophie est-elle une science particulière ou la science universelle? Dans quel sens pourrait-elle être l'une et l'autre?.....	11
V.	Division de la philosophie. Comment peut-on justifier l'ordre suivi dans l'étude des diverses parties de la philosophie?.....	14

PSYCHOLOGIE.

VI.	De la science psychologique. Rapports et différences entre la méthode de la psychologie et la méthode des autres sciences.....	19
VII.	Marquer par des traits précis et par des exemples la distinction des faits psychologiques, des faits physiologiques et des faits physiques.....	23
VIII.	De la méthode psychologique. Ses difficultés. Objections élevées contre cette méthode.....	27
IX.	Quels sont les moyens auxiliaires dont dispose la psychologie pour compléter et confirmer les résultats de l'observation intérieure?.....	32
X.	Classer les faits psychologiques. Sur quoi se fonde cette classification?.....	35
XI.	Analyse des sensations. Insister sur la distinction des sensations externes et des sensations internes. Expliquer en quoi la sensation diffère : 1° de la perception; 2° du sentiment..	38

	Pages.
XII. — Du plaisir et de la douleur. Quelles sont les causes de ces deux genres d'émotions? Existe-t-il des émotions indifférentes?..	44
XIII. — Définir, classer et caractériser les sentiments, les inclinations, les appétits, les penchants et les passions..........	48
XIV. — Quel est le rôle des passions dans la nature humaine? L'homme doit-il chercher à les détruire ou seulement à les modérer et à les diriger? Quelles sont les deux écoles philosophiques de l'antiquité qui ont soutenu l'une et l'autre de ces doctrines?...	54
XV. — Tableau raisonné des facultés, des opérations et des procédés de l'intelligence..	57
XVI. — Objet et instruments de la perception externe. Objet et instrument de la perception interne. Comparer entre elles ces deux espèces de perceptions.................................	62
XVII. — De la conscience et de l'inconscience. Des différents degrés de la conscience..	65
XVIII. — Énumérer et classer les sens sous le double rapport de l'utilité pratique et de la dignité morale..................	69
XIX. — En quoi consiste la différence des perceptions naturelles et des perceptions acquises? De l'éducation des sens par l'esprit..	73
XX. — De la théorie des idées-images. Discuter cette théorie; en indiquer les conséquences..	76
XXI. — De la mémoire. Lois de la mémoire. Qualités d'une bonne mémoire. Des divers genres de mémoire. De la mnémotechnie...	80
XXII. — Quelles sont les principales lois de l'association des idées? Montrer l'importance de l'association des idées dans la formation de l'intelligence et du caractère...............	85
XXIII. — Distinguer la mémoire imaginative de l'imagination créatrice..	90
XXIV. — Peut-on dire que l'imagination crée quelque chose? En quoi consiste le travail créateur de l'art?...................	95
XXV. — Du rôle de l'imagination dans la vie humaine..........	98
XXVI. — Analyser l'attention. Son rôle dans la formation de nos idées..	101
XXVII. — Des idées abstraites. En donner des exemples dans les différentes sciences...	104
XXVIII. — De la comparaison. Son rôle dans la formation de nos connaissances..	107
XXIX. — Comment se forment les idées abstraites de genres et	

	Pages.
d'espèces? Définir ces deux termes. Qu'entend-on par extension et compréhension?...........................	110
XXX. — Quelle est la nature et la valeur des idées générales? Qu'appelle-on dans l'histoire de la philosophie Nominalisme, Conceptualisme, Réalisme?......................	112
XXXI. — Du jugement et de ses diverses espèces.............	115
XXXII. — « Tout le monde, dit un moraliste, se plaint de sa mémoire et personne ne se plaint de son jugement. » Sur quoi se fonde cette préférence donnée au jugement?...........	120
XXXIII. — Distinguer et comparer les principales espèces de raisonnement..	122
XXXIV. — Qu'entend-on par raison? Quel est le rôle de cette faculté dans la formation et le développement de nos connaissances?...	125
XXXV. — Quelle différence y a-t-il entre les notions et les vérités premières? A combien d'idées fondamentales peut-on réduire les notions premières?.....................	128
XXXVI. — Expliquer cette pensée de Leibnitz : « Que les principes entrent dans toutes nos pensées et qu'ils sont nécessaires pour penser, comme les muscles et les tendons le sont pour marcher, quoiqu'on n'y pense point. ».................	131
XXXVII. — Exposer et discuter le système de la sensation transformée...	135
XXXVIII. — Exposer et discuter la théorie des idées innées et celle de la table rase	140
XXXIX. — Peut-on expliquer les principes premiers de la connaissance par l'association des idées?...................	145
XL. — Qu'est-ce que le principe de causalité? Qu'est-ce que le principe de substance? Ces deux principes tirent-ils leur origine des sens?..	148
XLI. — De la notion du moi. Caractères distinctifs de cette notion. Son importance en psychologie et en morale........	151
XLII. — Comment arrivons-nous à la connaissance de la matière? Cette connaissance est-elle proprement une perception ou une conception?.....................................	154
XLIII. — Comment peut-on dire que l'idée de Dieu résume en elle tous les principes directeurs de l'entendement humain?.	156
XLIV. — Y a-t-il une science du beau? S'il y en a une, quels doivent en être les caractères et la méthode?.............	159
XLV. — Distinction du beau et du sublime..................	161
XLVI. — Quel est le sens de ces diverses expressions employées dans la théorie des beaux-arts, l'imitation, la fiction, l'idéal?.	164

	Pages.
XLVII. — L'instinct peut-il se ramener à une habitude devenue héréditaire?...	168
XLVIII. — Qu'appelle-t-on instinct soit dans les animaux soit dans l'homme? Quels en sont les caractères? Comment le distingue-t-on de l'habitude et de la liberté?............	170
XLIX. — Distinguer et définir les différentes sortes d'habitudes : habitudes organiques, habitudes instinctives, habitudes morales..	174
L. — Analyser le fait de la résolution volontaire.............	177
LI. — Distinction du désir et de la volonté.................	180
LII. — Des divers phénomènes moraux par lesquels se manifeste la croyance universelle des hommes au libre arbitre.......	183
LIII. — Distinguer le fatalisme et le déterminisme. Réfuter ces deux systèmes..	186
LIV. — Qu'entend-on par signes? Des différentes classes de signes, selon qu'elles correspondent aux différentes modifications de l'âme : nos besoins, nos désirs, nos idées. Donner des exemples..	191
LV. — Qu'appelle-on langage naturel et langage artificiel? Dans laquelle de ces deux classes doit être rangée la parole humaine?...	194
LVI. — Le langage est-il antérieur à la pensée ou la pensée est-elle antérieure au langage? Quelles sont les principales opinions des philosophes sur l'origine du langage?...........	196
LVII. — L'homme pourrait-il penser sans le secours des mots?.	200
LVIII. — Exposer les principaux faits par lesquels se manifestent l'influence du physique sur le moral et réciproquement l'empire du moral sur le physique......................	202
LIX. — Comparer les phénomènes psychologiques du rêve, de la rêverie, de l'hallucination. Qu'y a-t-il de commun, qu'y a-t-il de différent entre eux?..........................	206
LX. — De l'âme des bêtes. Quelles sont les diverses opinions sur cette question?......................................	210

LOGIQUE.

LXI. — Objet et division de la logique. Ses rapports avec les autres parties de la philosophie........................	215
LXII. — Qu'entendait-on dans l'ancienne logique par les trois opérations de l'esprit? Expliquer les caractères propres à chacunes d'elles et leurs rapports.......................	219
LXIII. — Classification des idées..........................	221

Pages.

LXIV. — Théorie de la proposition. Ses éléments. Ses diverses espèces. Importance de cette théorie pour la théorie du syllogisme... 225

LXV. — De la définition. Différence de la définition de mot et de la définition de la chose. Règles de l'une et de l'autre. Donner des exemples... 233

LXVI. — Quelle différence y a-t-il entre les modes et les figures du syllogisme? Combien y a-t-il de figures? En quoi consistent-elles? Quels sont les modes concluants dans les deux premières figures?... 237

LXVII. — Théorie du syllogisme................................. 239

LXVIII. — Qu'entend-on par enthymème, épichérème, prosyllogisme, sorite, dilemme? Qu'est-ce qu'un argument *ad hominem*, un argument *à fortiori*, une réduction à l'absurde?.. 246

LXIX. — Théorie de la démonstration. Ses diverses espèces; ses règles.. 250

LXX. — Expliquer par des exemples cette maxime de Descartes : « Ce n'est pas assez d'avoir l'esprit bon ; le principal est de l'appliquer bien. »... 254

LXXI. — Quels sont les différents sens des mots si souvent employés d'analyse et de synthèse?........................ 257

LXXII. — Qu'entend-on par méthode expérimentale? En donner les règles. Citer des exemples................................. 260

LXXIII. — Distinguer l'observation de l'expérimentation....... 265

LXXIV. — Des classifications soit naturelles soit artificielles. Montrer leurs différences par des exemples détaillés....... 267

LXXV. — Faire la part de l'expérience et de la raison dans l'induction... 271

LXXVI. — De l'hypothèse. Son utilité et ses dangers. Caractères d'une bonne hypothèse..................................... 273

LXXVII. — De l'analogie... 275

LXXVIII. — Comparer l'expérience en physique et l'expérience en psychologie. Montrer les analogies et les différences..... 277

LXXIX. — Analyser la foi naturelle au témoignage de nos semblables. Quelle est la part de témoignage dans le progrès de nos connaissances?... 280

LXXX. — Qu'entend-on par consentement universel? Ses principales applications aux diverses questions philosophiques. Appréciation de la valeur de cet argument................. 283

LXXXI. — Quelles sont les principales règles de la critique historique s'appliquant soit à la tradition, soit aux monuments,

	Pages.
soit aux mémoires d'un homme ou aux annales d'une époque?...	287
LXXXII. — Distinguer la méthode démonstrative de la méthode expérimentale. De l'union de ces deux méthodes dans les diverses sciences...	289
LXXXIII. — L'erreur est-elle dans l'idée ou dans le jugement?..	293
LXXXIV. — En combien de classes peut-on diviser nos erreurs? Quels sont les principaux moyens d'y remédier? Donner des exemples..	295
LXXXV. — Qu'appelle-t-on erreurs des sens? Expliquer comment il est vrai de dire que l'erreur n'est jamais dans le sens lui-même, mais dans le jugement........................	299
LXXXVI. — Définir les paralogismes et les sophismes. Donner des exemples de la pétition de principe, du dénombrement imparfait, de l'ignorance de la cause et des ambiguités de mots.	302

MORALE.

LXXXVII. — Objet et division de la morale et plus particulièrement de la morale spéculative............................	307
LXXXVIII. — Qu'est-ce que la conscience morale? Faut-il la rapporter à la sensibilité ou à la raison?.....................	309
LXXXIX. — Réfuter l'opinion suivant laquelle la distinction du bien et du mal n'est qu'un résultat de la coutume et de l'éducation...	312
XC. — Expliquer et apprécier ces vers d'Ovide :	
...... Video meliora proboque : Deteriora sequor..	315
XCI. — Préciser le sens scientifique du mot loi. Montrer ce qu'est la loi : 1° dans le monde physique; 2° dans le monde moral..	318
XCII. — Caractères qui distinguent le principe du devoir du principe de l'intérêt personnel...............................	320
XCIII. — Définir les principes incomplets ou faux qui altèrent ou nient le principe de la loi morale......................	323
XCIV. — Exposer et réfuter la doctrine qui fait reposer toute la morale sur le sentiment..................................	327
XCV. — De l'obligation morale; en quoi elle consiste et ce qu'elle produit en nous..	331
XCVI. — Le droit et le devoir...............................	334
XCVII. — De la vertu et des diverses espèces de vertus.......	338

	Pages.
XCVIII. — Sanctions de la loi morale. Les énumérer, les définir et donner des exemples..................................	342
XCIX. — Qu'entend-on par devoirs positifs et par devoirs négatifs? En donner des exemples soit dans la morale individuelle, soit dans la morale sociale, soit dans la morale religieuse..	346
C. — L'homme a-t-il des devoirs envers lui-même?............	348
CI. — Quels sont les fondements et les limites du pouvoir paternel?..	354
CII. — Qu'est-ce que la morale sociale? Quels en sont les principes et les règles essentielles?............................	356
CIII. — Quels sont les droits respectifs de l'État et des individus dans la morale sociale?................................	359
CIV. — Montrer que la liberté politique suppose la liberté psychologique ou morale......................................	362
CV. — Du culte dû à la divinité et des diverses formes de ce culte..	365

ÉCONOMIE POLITIQUE.

CVI. — Quelles sont les différences entre les principes, les moyens et les fins de la science, de l'art et de l'industrie?...	369
CVII. — Du droit de propriété. Réfuter les objections dont il a été l'objet..	372
CVIII. — Pourquoi Platon voulait-il que les biens fussent communs et pourquoi l'économie politique a-t-elle condamné cette théorie?...	376

MÉTAPHYSIQUE ET THÉODICÉE.

CIX. — Notions principales de métaphysique générale..........	380
CX. — Qu'entend-on par causes et quelles sont les différentes espèces de causes?..	385
CXI. — Des idées d'espace et de temps......................	388
CXII. — Qu'appelle-on vérité, erreur, ignorance, certitude, foi, probabilité, doute, science, opinion?......................	391
CXIII. — Distinguer par des analyses et des exemples l'évidence sensible, l'évidence rationnelle et l'évidence morale........	395
CXIV. — Qu'entend-on par critérium de la certitude? Quels sont les divers principes auxquels on attribue le rôle de critérium?..	398
CXV. — Y a-t-il lieu de mettre en doute la réalité des choses	

extérieures? Sur quoi a-t-on pu fonder un doute si extravagant et si contraire au sens commun?........................ 402

CXVI. — Quelle différence doit-on faire entre le dogmatisme, le probabilisme et le scepticisme? Donner des exemples historiques de ces trois états de l'esprit philosophique........... 405

CXVII. — Quelles sont les différentes formes du scepticisme? Les énumérer, les classer, les réduire...................... 408

CXVIII. — Discuter ce mot célèbre de Pascal : « Vérité en deçà des Pyrénées ; erreur au delà. »........................ 413

CXIX. — Qu'est-ce que le mysticisme? Passer rapidement en revue les principaux philosophes mystiques de l'antiquité, du moyen âge et des temps modernes..................... 417

CXX. — Le principe de la vie est-il le même que le principe de la pensée? Quelles raisons peut-on donner pour ou contre cette doctrine?... 421

CXXI. — Après avoir distingué les trois facultés principales de l'âme, montrer comment elles s'unissent dans tous les phénomènes psychologiques.................................. 424

CXXII. — Démontrer l'unité et la simplicité du moi par l'analyse des opérations intellectuelles....................... 427

CXXIII. — Exposer et discuter les objections du matérialisme contre la distinction de l'âme et du corps.................. 430

CXXIV. — Développer et, s'il y a lieu, critiquer cette définition de M. de Bonald : « L'homme est une intelligence servie par des organes. »...................................... 436

CXXV. — Qu'appelle-t-on dans les sciences philosophiques la théodicée? Quelles questions contient-elle? Dans quel ordre ces questions doivent-elles être traitées?.................. 439

CXXVI. — Énumérer et classer les preuves de l'existence de Dieu.. 441

CXXVII. — Expliquer comment il faut entendre cette parole de Bossuet : « La connaissance de nous-mêmes nous élève à la connaissance de Dieu. »................................ 446

CXXVIII. — Par quelle méthode peut-on déterminer les attributs de Dieu? Est-ce par la méthode déductive ou par la méthode inductive ou par les deux à la fois? Distinguer les attributs métaphysiques des attributs moraux.............. 452

CXXIX. Démontrer que les attributs métaphysiques de Dieu reposent tous sur l'idée d'infini............................ 454

CXXX. — De la Providence divine. Comment se manifeste-t-elle dans la nature et dans l'histoire?...................... 457

CXXXI. — Expliquer et développer cette maxime scolastique :

	Pages.

« *Malum habet causam non efficientem, sed deficientem.* »... 461
CXXXII. — En quoi consistent le panthéisme et l'athéisme ? Quels sont leurs rapports et leurs différences ?........... 464
CXXXIII. — De l'optimisme. Du vrai et du faux optimisme... 467
CXXXIV. — Que savez-vous du pessimisme ? Comment peut-on le réfuter ?.. 470
CXXXV. — Exposer les preuves de l'immortalité de l'âme.... 476
CXXXVI. — Quelle différence y a-t-il entre l'immortalité de la substance et l'immortalité personnelle ?.................. 482

CONCLUSION DU COURS.

CXXXVII. — De l'esprit philosophique. En quoi il consiste ; ses qualités, ses avantages.................................. 485
CXXXVIII. — Analyser les rapports de la philosophie avec les autres sciences, spécialement avec les sciences physiques et naturelles... 488

HISTOIRE DE LA PHILOSOPHIE.

CXXXIX. — Utilité de l'histoire de la philosophie pour la philosophie elle-même....................................... 493
CXL. — Énumérer et classer les principaux systèmes philosophiques... 495
CXLI. — Résumer l'histoire de la philosophie grecque avant Socrate... 499
CXLII. — Exposer la philosophie de Socrate................. 502
CXLIII. — Donner une analyse du huitième livre de la *République* de Platon et dire si toutes les doctrines de cet ouvrage paraissent mériter également les éloges de la critique...... 505
CXLIV. — Platon et Aristote.............................. 513
CXLV. — Quelles sont les écoles de philosophie désignées par ces noms : l'Académie, le Lycée, le Portique ? Caractères principaux de chacune de ces écoles........................ 516
CXLVI. — Qu'est-ce qu'un stoïcien, un épicurien, un pyrrhonien, un platonicien, un péripatéticien, un néoplatonicien ?....... 520
CXLVII. — Sur quoi portait le débat entre les Épicuriens et les Stoïciens ?... 524
CXLVIII. — Du caractère de la philosophie de Cicéron......... 527
CXLIX. — Que savez-vous d'Épictète et de Marc-Aurèle ?...... 529
CL. — Comment finit la philosophie ancienne ? Quelles sont les écoles célèbres de la dernière époque ? Que savez-vous de la philosophie alexandrine ?............................. 531

		Pages.
CLI.	— Quel jugement faut-il porter sur la Scolastique?......	539
CLII.	— Comparer Bacon et Descartes........................	542
CLIII.	— Analyser la quatrième partie du *Discours de la méthode* de Descartes et en faire ressortir l'importance dans l'ensemble du système de Descartes........................	545
CLIV.	— Exposer les quatre règles de la méthode données par Descartes,...	550
CLV.	— Sur quels points Locke s'est-il séparé de Descartes et des Cartésiens?..	552
CLVI.	— Que savez-vous de la philosophie de Leibnitz? Qu'est-que les monades, l'harmonie préétablie, l'optimisme? Qu'a-t-il ajouté à la philosophie de Descartes?................	555
CLVII.	— Que savez-vous de la philosophie du dix-huitième siècle?...	559
CLVIII.	— De la morale de Kant.............................	563
CLIX.	— Les successeurs de Kant : Fitche, Schelling, Hégel....	566
CLX.	— Du positivisme; son principe, sa méthode, ses résultats...	571

FIN DE LA TABLE DES MATIÈRES.

www.ingramcontent.com/pod-product-compliance
Lightning Source LLC
Chambersburg PA
CBHW060302230426
43663CB00009B/1554